RAOUL ASLAN — TONIO RIEDL
Briefwechsel

Für Ludwig!

Hoffe Du liest dieses
Buch mit Freude!

Tonio

München 16. IV. 1991

RAOUL ASLAN
Begegnung im Licht

Briefwechsel mit Tonio Riedl

Herausgegeben

von

MARGARETE GRUBER

WILHELM BRAUMÜLLER
Universitäts-Verlagsbuchhandlung Ges. m. b. H.
A-1092 Wien

Alle Rechte, auch das des photomechanischen Nachdrucks und der Speicherung in
elektronischen Datenverarbeitungsanlagen, vorbehalten.

© 1978 by Wilhelm Braumüller, Universitäts-Verlagsbuchhandlung Ges. m. b. H.,
A-1092 Wien

ISBN 3 7003 0178 2

Druck: Friedrich Jasper, A-1030 Wien

INHALTSVERZEICHNIS

Abbildungsverzeichnis	VII
Einleitung von Margarete Gruber	1
Vorbemerkung für den Leser	12
Der Briefwechsel	14
Tonios „Testament"	17
Vom 24. Dezember 1940 bis zum 5. September 1941 . .	27
Vom 2. Oktober 1941 bis zum 7. April 1942	62
Vom 23. April 1942 bis zum 10. Juni 1942	188
Vom 19. Juli 1942 bis zum 11. September 1942	205
Vom 20. September 1942 bis zum 19. Dezember 1942 . .	229
Vom 5. Jänner 1943 bis zum 1. Juli 1943	259
Vom 17. August 1943 bis zum 18. September 1943 . . .	322
Vom 29. September 1943 bis zum 7. Jänner 1944 . . .	334
Vom 2. Februar 1944 bis zum 18. März 1944	376
Vom 27. März 1944 bis zum 12. Juni 1944	394
28. Juni 1944	431
Vom 7. August 1944 bis zum 30. August 1944	432
Vom 31. August 1944 bis zum 7. Dezember 1944 . . .	445
Abbildungen	535

ABBILDUNGSVERZEICHNIS

Abb. 1: Raoul Aslan als Marquis Posa in „Don Carlos" von Friedrich Schiller. 1926.
Abb. 2: Raoul Aslan als Gyges in „Gyges und sein Ring" von Friedrich Hebbel. 1920.
Abb. 3: Raoul Aslan als Orestes in „Iphigenie auf Tauris" von Johann Wolfgang Goethe. 1923.
Abb. 4: Raoul Aslan als Coriolan in „Coriolanus" von William Shakespeare. 1922.
Abb. 5: Raoul Aslan als Todesengel in „Hanneles Himmelfahrt" von Gerhart Hauptmann. 1921.
Abb. 6: Raoul Aslan als Mephisto in „Faust" von Johann Wolfgang Goethe. 1932.
Abb. 7: Raoul Aslan als Mephisto in „Faust" von Johann Wolfgang Goethe. 1955.
Abb. 8: Raoul Aslan als Tasso in „Torquato Tasso" von Johann Wolfgang Goethe. 1932 (mit Else Wohlgemut als Leonore) in Weimar.
Abb. 9: Raoul Aslan als Bruder Lorenzo in „Romeo und Julia" von William Shakespeare. 1925.
Abb. 10: Raoul Aslan als Chevalier Dumont in „Der Verschwender" von Ferdinand Raimund. 1935.
Abb. 11: Raoul Aslan als der alte Klingsberg in „Die beiden Klingsberg" von August Kotzebue. 1942.
Abb. 12: Raoul Aslan als „Nathan der Weise" von Gotthold Ephraim Lessing. 1945.
Abb. 13: Raoul Aslan als Othello in „Othello" von William Shakespeare. 1935.
Abb. 14: Raoul Aslan als Philipp II. in „Don Carlos" von Friedrich Schiller. 1938.
Abb. 15: Raoul Aslan als Teiresias in „Antigone" von Friedrich Hölderlin. 1940.
Abb. 16: Tonio Riedl, als ihn Aslan kennenlernte. 1931.
Abb. 17: Tonio Riedl als Fabricius in „18. Oktober" von W. E. Schäfer. 1941.
Abb. 18: Tonio Riedl als Jakob Dorn in „Der Strom" von Max Halbe. 1942.
Abb. 19: Tonio Riedl als Carlos in „Don Carlos" von Friedrich Schiller. 1942.
Abb. 20: Tonio Riedl als Prinz von Homburg in „Der Prinz von Homburg" von Heinrich Kleist. 1943.
Abb. 21: Tonio Riedl als Bruder Martin in „Die heilige Johanna" von George Bernhard Shaw. 1936.
Abb. 22: Tonio Riedl als Romeo in „Romeo und Julia" von William Shakespeare. 1944.
Abb. 23: Tonio Riedl als Louis Ferdinand in „Rheinsberg" von Friedrich Forster. 1942.
Abb. 24: Tonio Riedl als Jason in „Jason und Medea" von Franz Grillparzer.
Abb. 25: Tonio Riedl als Eugen Marchbanks in „Candida" von George Bernhard Shaw (mit Dagny Servas als Candida). 1942.

Abb. 26: Tonio Riedl als Hansl in „Hofrat Geiger" von W. E. Schäfer. 1943.
Abb. 27: Tonio Riedl als Konditorgeselle Pepuschka in „Der Gigant" von Richard Billinger. 1943.
Abb. 28: Sommer in Salzburg. 1951.
Abb. 29: Raoul Aslan und Tonio Riedl. Wien 1937.
Abb. 30: Wien 1955.
Abb. 31: In Brühlitz (bei Wittgenberg) 1937.
Abb. 32: Raoul Aslan im „Engelszimmer" seiner Wiener Wohnung. 1955.
Abb. 33: Raoul Aslan in seiner Wohnung in der Strudlhofgasse. 1955.
Abb. 34: Athen 1933. (Mit Dimitri Rondiris links im Bild.)

EINLEITUNG

„Dem großen Meister, der den ganzen Zauber des mittelalterlichen Orients verkörpert, der selbst ein wiedergeborener Fürst der Kreuzfahrerzeit scheint, Raoul Aslan, der die Schwester Athens, Wien, in seinem Zauberbann hält, widmet dies Buch in Verehrung der Verfasser."

Mit diesen Worten widmete der österreichische Dichter und Maler Friedrich von Herzmanovsky-Orlando eines seiner Bücher dem großen Schauspieler des Wiener Burgtheaters.

So seltsam diese Worte klingen mögen, der Dichter hat in ihnen wirklich etwas von dem ganz einzigartigen Zauber ausgedrückt, der diesen großen Künstler umgab, der, als Kind eines armenischen Vaters und einer italienischen Mutter am 16. Oktober 1886 an den Gestaden der Ägäis im Anblick des Olymps geboren, bei französischer Umgangssprache aufgewachsen, an österreichischen Schulen erzogen, einer der größten Schauspieler deutscher Zunge wurde.

Der ungeheure Reichtum seiner Natur, seine glühende Leidenschaft, seine blühende Phantasie, die Weite und Tiefe seines Geistes wie seines Gemütes in Verbindung mit einer außergewöhnlichen klassisch-edlen Schönheit der Erscheinung, einer wunderbaren, „alles Süßen und alles Hohen" fähigen Stimme und dem unausgesetzten Streben nach Vervollkommnung seiner künstlerischen Ausdrucksmittel befähigten ihn, die verzehrende südliche Glut eines Romeo und die stille Gottinnigkeit eines Bruders Lorenzo wie die dunkle Melancholie und den nordisch-philosophierenden Grüblergeist des tragischen Dänenprinzen Hamlet, den gallischen Esprit und die weltmännische Eleganz eines Bolingbroke wie die abgeklärte tiefe östliche Weisheit eines Nathan in einer ebenso glaubwürdigen wie hinreißenden Form darzustellen, daß, wie es oft wie mit den historischen Gestalten großer Dichter geschieht, Urbild und Phantasiegestalt in Geist und Seele des Zuschauers in eins verschmolzen und nicht mehr zu trennen waren, so daß sie ihm in anderer Darstellung fremd und verblaßt erschienen.

Eben diesen Zauber Aslanischer Schauspielkunst, den die Älteren unter uns noch selbst erlebten, will der Dichter Herzmanovsky-Orlando mit seinen Worten beschwören. Immer umwehte es diesen Künstler wie ein Hauch aus fernen Zonen, aus Vergangenheit und

Traum, aus dem Wunderreich menschlichen Geistes und göttlicher Unendlichkeit, der seine Seele zustrebte. Faßte er doch nach seinen eigenen Worten seinen künstlerischen Beruf als eine Art Priestertum auf, und so gelangen ihm denn auch seine Priester — wie seine Fürstengestalten besonders eindrucksvoll. Denn er war in Wahrheit ein großer Mensch, wie er ein großer Künstler war.

Über Raoul Aslan sind noch zu seinen Lebzeiten zwei Bücher geschrieben worden. Beide enden mit dem Jahre 1946, also zwölf Jahre vor seinem Tode. Es war dies das Jahr seines 25jährigen Burgtheaterjubiläums.

Das eine dieser Bücher stammt von Erhard Buschbeck, einem Dramaturgen des Wiener Burgtheaters, erschien 1946 im Verlag Erwin Müller, Wien, unter dem Titel „Raoul Aslan und das Burgtheater" und beschäftigt sich naturgemäß hauptsächlich mit den Rollen des Schauspielers an dieser weltberühmten Bühne.

Das andere, als großes zweibändiges biographisches Werk gedacht, verfaßte Aslans Bruder, der Operettentenor Didier Aslan.

Der erste Band erzählt von Aslans Elternhaus und Kindheit in der herrlichen Villa von Saloniki am Mittelmeer, seinen Schuljahren in Österreich, seinen Reisen, seinen ersten Schritten auf deutschen Bühnen (Hamburg, Stuttgart) und österreichischen Privinztheatern (St. Pölten, Graz) sowie am Volkstheater in Wien und reicht bis zu seinem 1920 erfolgten Engagement an das Wiener Burgtheater, der künstlerischen Heimstätte seiner ferneren Jahre, der er bis zu seinem Tode treu blieb.

Mit vielen eigenen Worten des jungen Künstlers aus Tagebuchstellen und Briefen versehen, erschien dieser erste Band, schön ausgestattet und reich bebildert, 1953 im Verlag Wilhelm Frick (Wien, Stuttgart, Zürich) unter dem Titel „Nichts Menschliches ist mir fremd".

Leider aber stellte dieser Verlag kurz nachher seine Tätigkeit ein, und so ist der zweite Band in seiner Gänze nur als Manuskript vorhanden. Er erzählt von Aslans Wirken am Burgtheater, wo er auch als Regisseur tätig war, von seinen Reisen, Gastspielen und Burgtheater-Tourneen. Als besondere Höhepunkte ragen hier hervor: das Tasso-Gastspiel des Burgtheaters in Weimar 1932 zum 100. Todestage Goethes, das, auf Initiative Aslans und von ihm unter sehr erschwerten Umständen rein äußerer Natur durchgesetzt, mit ihm als Leiter, Regisseur und Darsteller der Hauptgestalt nach allgemeinem Urteil der Glanzpunkt der Goethe-Ehrung in Weimar war, sowie das Gastspiel des Burgtheaters zur Weltausstellung 1937 in Paris mit dem

„Großen Welttheater" Hofmannsthals und der in französischer Sprache gehaltenen Einleitungsrede Aslans, bei welcher Gelegenheit die Comédie française ihn für sich als französischen Schauspieler anwerben wollte. Raoul Aslan aber blieb dem Wiener Burgtheater treu, auch gegenüber den Berliner Anträgen Max Reinhardts, in dessen Inszenierung er später nur bei den Salzburger Festspielaufführungen in der „Fauststadt" seinen berühmten Mephisto spielte. Wurde schon damals im Bewußtsein Wiens sowie des Auslandes Raoul Aslan als edelste Verkörperung des eigentlichen Burgtheatergeistes empfunden, so wählte man ihn nach dem Zusammenbruch des „tausendjährigen Reiches" 1945 zum Direktor dieses Hauses, das er aus den Trümmern der damaligen Zeit unter Einsatz all seiner Kräfte und Opferung seiner Gesundheit zu neuem Glanze emporführte.

Auch dieser zweite Band des Werkes, der den Titel „Großes Wiener Welttheater" tragen sollte, war bereichert durch persönliche Worte Aslans selbst, außer Tagebuchnotizen und Briefstellen diesmal auch durch Teile seiner Aufzeichnungen und Reden über die Schauspielkunst, über die Beziehung zwischen Kunst und Religion usw.

Ein Teil dieses, wie gesagt, nur als Manuskript vorhandenen Bandes erschien auszugsweise ein Jahr nach Aslans Tod im Jahrgang 1959 der damaligen Wiener Theaterzeitschrift „Die Bühne", welche ihren Bericht mit einem Nachruf auf den großen Künstler schloß, der 1949 aus gesundheitlichen Gründen die Direktionsstelle niedergelegt hatte, jedoch weiterhin trotz schwerer körperlicher Leiden bis zu seinem Tode am 18. Juni 1958 an der geliebten Bühne als Schauspieler und Regisseur tätig war und 1955 noch die Übersiedlung in das wiederhergestellte Haus am Ring erlebte, das ja bekanntlich im Krieg durch Bomben schwer beschädigt worden war, so daß seit 1945 in einem Ausweichquartier, dem ehemaligen Varieté Ronacher, gespielt werden mußte. Bei der feierlichen Eröffnungsvorstellung im altehrwürdigen Hause spielte Aslan zunächst den Dichter im Faust-Vorspiel auf dem Theater und sprach sodann in Grillparzers „König Ottokars Glück und Ende" als Ottokar von Horneck den Lobspruch auf Österreich. Auch konnte man sich noch bis in seine letzten Lebensjahre bei seinen herrlichen Vortragsabenden, die, in weitem Bogen die klassische Weltliteratur umspannend, auch die wunderbare Märchenwelt eines Andersen einbezogen, an seiner berühmten Stimme erfreuen.

Wie aber dachte Raoul Aslan selbst über ein Werk, das seine Person betreffen sollte?

Keineswegs war er einem solchen Gedanken im Prinzip abgeneigt. Er war auch nicht der Meinung, daß ein wirklich bedeutender Schauspieler im Gegensatz z. B. zu einem Dichter durchaus von der Nachwelt vergessen werden müßte. Er wies dabei auf Künstler der Bühne hin wie Karoline Neuber zu Lessings Zeiten, auf Kean, den berühmten englischen Schauspieler, auf Talma, bei dem Napoleon Sprechunterricht nahm, auf die geniale Eleonore Duse, die er noch selbst erlebt, auf Kainz, dessen Nachfolge er im Burgtheater angetreten hatte.

Als er jedoch von Erhard Buschbecks Plan, ein Buch über ihn zu schreiben, hörte, schrieb er unterm 7. August 1942 an seinen Freund, den Schauspieler Tonio Riedl: „Wenn man unsere Briefe abdruckte, von mir einige Stellen, von Dir die meisten, würde das bestimmt das beste Raoul Aslan-Buch ergeben."

Diesem Wunsche des großen Künstlers zu entsprechen, dient die Herausgabe des vorliegenden Briefwechsels.

Tonio Riedl, dieser wesentlichste Mensch im Leben des großen Schauspielers Raoul Aslan, wurde am 17. Februar 1906 in Wien geboren, trat mit 21 Jahren in Godesberg am Rhein als „Tänzer unserer lieben Frau" in einem Legendenspiel von F. J. Weinrich zum ersten Mal vor das Publikum und erhielt ein Jahr darauf sein erstes Jahres-Engagement am Stadttheater von Konstanz. Und abermals ein Jahr darauf spielte er schon an den Münchener Kammerspielen unter Otto Falckenberg den jungen Zedlitz neben Albert Bassermann als Traumulus in dem gleichnamigen Drama von Arno Holz. (Mit demselben großen Schauspieler ging er auch später einmal auf Tournee über die Städte Prag, Budapest, Bukarest usw.) In München sah Rudolf Beer, der ehemalige Direktor des Wiener Volkstheaters, den jungen Schauspieler und holte ihn an seine Bühne. So kehrte Tonio Riedl im Herbst 1929 in seine Vaterstadt zurück und wirkte mit Unterbrechung durch ein einjähriges Engagement am Hamburger Thalia-Theater bis 1938 an der angesehenen Wiener Bühne. Nach der Besetzung des „Protektorats" durch die Deutschen in diesem Jahre verbrachte er eine Saison am Stadttheater von Reichenberg in Böhmen, um nach der abermaligen Rückkehr in seine Vaterstadt ein Engagement bei Direktor Leon Epp an der Wiener „Komödie" anzunehmen.

1931, also während Tonio Riedls Volkstheaterjahren, erfolgte die schicksalhafte Begegnung der beiden Freunde. Der damals 45jährige Raoul Aslan stand als großer, berühmter Künstler im Zenit seines Lebens, der um 20 Jahre jüngere Tonio Riedl in der Blüte seiner Jugendzeit und am Beginn seiner schauspielerischen Laufbahn.

Beide Menschen wußten von Anfang an, daß dies ein Bund fürs ganze Leben sei. Und dieser Bund hat auch tatsächlich durch Freud' und Leid in immer gleicher inniger Liebe und hoher geistiger Gemeinschaft, allen inneren und äußeren Hemmungen und Gefahren zum Trotz, bis zum Tode des älteren der beiden Freunde bestanden.

Da war zunächst einmal der schwerwiegende Umstand, daß Raoul Aslan, als er Tonio begegnete, bereits seit 25 Jahren, also seit seinem 20. Jahre, in enger Gemeinschaft mit einem Jugendfreund namens Zeljko Kočonda lebte, einem leidenschaftlichen Kroaten, mit dem er auch die Wohnung teilte. Diese Beziehung wurde für den überaus feinfühligen Künstler in dem Augenblick zum tragischen Konflikt, als er in Tonio den für sein Leben wesenhaften Menschen erkannte. Zeljko klammerte sich mit allen Kräften eines in seinem Besitz bedrohten eifersüchtigen Menschen an den ihm entgleitenden Freund, und Aslan litt schwer unter Schuldgefühlen seiner Untreue und brachte es aus Mitleid nicht über sich, eine Trennung herbeizuführen, obwohl seine ganze Seele bereits Tonio gehörte. Zeljko aber besaß lange Zeit nicht genug Kraft und Großmut zum freiwilligen Verzicht. Und so zog sich dieses schmerzhafte „Dilemma" noch durch Jahre hin, und wir werden ihm in Aslans Briefen noch weiterhin begegnen. 1934 war zwar insofern eine Änderung eingetreten, als Aslan die gemeinsame Wohnung im 4. Bezirk verlassen hatte und zu seiner Mutter in den 9. Bezirk in das Haus Strudlhofgasse 13 gezogen war, in dem er dann bis zu seinem Tode wohnte. Doch war diese Änderung nur eine äußere Maßnahme geblieben. Was Tonio betrifft, so hat dieser nach anfänglichen Versuchen, Zeljko zum Verzicht zu bewegen, Versuchen, die er der Seelenruhe Aslans wegen unternahm, mit großer Toleranz aus Rücksicht auf Aslan diesen immer wieder bezüglich des „Dilemmas" zu beruhigen versucht und ihm immer wieder erklärt, er brauche sich seinetwegen (Tonios wegen) keine Sorgen zu machen, wie immer wieder aus Tonios Briefen hervorgeht. Gegen Ende der dreißiger Jahre hat sich dann Zeljko offenbar doch in Erkenntnis der unabwendbaren Sachlage zu einem Entschluß durchgerungen. Er vollendete in späten Jahren mit staunenswerter Energie sein einst begonnenes Medizin-Studium in Wien und München, wo er sich 1943 als Arzt niederließ und wenige Jahre später starb. Aslan hat ihn bis zuletzt dort immer wieder besucht und sich um ihn gekümmert, wie aus den Briefen hervorgeht, und Zeljkos Tod hat ihn sehr erschüttert.

War dieses sich durch so viele Jahre hinziehende „Dilemma" eine innere seelische Belastung, so brachte 1938 das über Österreich hereinbrechende Hitler-Regime schwere äußere Belastungen und Gefahren, da auf die Liebe, welche die beiden Freunde verband, unter der nationalsozialistischen Regierung nicht mehr und nicht weniger als das Konzentrationslager stand.

Hiezu kam, daß Raoul Aslan, seiner ganzen Natur und Wesenheit nach selbstverständlich ein leidenschaftlicher Gegner des NS-Regimes, aus seinem Herzen keine Mördergrube machte und mit ebenso mutiger wie unvorsichtiger Offenheit sich gegen dieses Regime äußerte. Seine Freunde waren mit Recht in großer Sorge um ihn, und es ist tatsächlich fast ein Wunder zu nennen, daß er der Haft entging. So forderte ihn z. B. das Propaganda-Ministerium eines Tages auf, die Rolle des Jud Süß in dem gleichnamigen nazistischen, antisemitischen Film zu übernehmen. Aslan verlangte das Drehbuch, und, als er es gelesen hatte, lehnte er ab. Abgesehen von dem Riesenhonorar, auf das er hiemit verzichtete, nahm er dadurch bewußt das große Risiko seiner Verhaftung durch Goebbels auf sich. Sie erfolgte nicht. Es mag sein, daß sich die nazistischen Machthaber wegen der großen Verehrung und Beliebtheit, deren Aslan sich bei der theaterbegeisterten Wiener Bevölkerung erfreute, nicht an ihn heranwagten. So schreibt z. B. Walter Thomas, der zur Hitlerzeit in Wien Kulturreferent war, in seinem 1947 erschienenen Buch „Bis der Vorhang fiel" (Verlag Schwalvenberg, Dortmund) von einer Unterredung mit Baldur von Schirach, dem damaligen Gauleiter von Wien. Dieser hätte ihm (Thomas) gegenüber eines Tages geäußert, daß gegen Raoul Aslan ein Haftbefehl vorliege, worauf er (Thomas) erwidert hätte: „Herr Gauleiter, wenn Sie die Revolution in Wien haben wollen, so verhaften Sie Raoul Aslan!" Sollte diese Geschichte nicht wahr sein, so wäre sie doch gut erfunden. Jedenfalls aber entging Aslan einmal nur durch einen zufälligen Spitalsaufenthalt einem Besuch der Gestapo, wie ihm die Gattin des damaligen Bürgermeisters von Wien, Hermann Neubacher, warnend mitteilte (s. Aslans Brief v. 4. Juli 1941). Seine Persönlichkeit übte eben auch auf manche Nationalsozialisten eine solche Faszination aus, daß sie ihm gegenüber ein Auge zudrückten, obwohl sie wußten, daß er ein Gegner des Regimes war und auch trachtete, rassisch Verfolgte zu retten, so z. B. die befreundete Schriftstellerin Luise Maria Mayer, von der in den Briefen öfters die Rede ist, die aber leider nicht zu retten war, sondern im K.Z. umkam (wahrscheinlich vergast wurde). Daß eine Kollegin wie die berühmte Burgschauspielerin Else Wohlgemuth aus demselben Grunde das Burgtheater verlassen mußte, sowie überhaupt die auf das Burgtheater übergreifenden Zustände jener Zeit verleideten ihm in jenen Jahren sogar den sonst so heiß geliebten Beruf.

Am schlimmsten aber waren die gefährlichen anonymen Drohbriefe, welche die Freunde in jenen Tagen erhielten und die sie veranlaßten, am Ende des Jahres 1940 ihren bisherigen Briefwechsel, der sich über die ersten zehn Jahre ihrer Freundschaft erstreckte, schweren Herzens zu verbrennen.

Indessen erhob sich die weitere Gefahr, daß im Verlauf der Ausdehnung des ausgebrochenen Krieges Tonio zur Wehrmacht einberufen würde. Um vorläufig dieser Gefahr zu entgehen (Goebbels legte ja Wert auf ostentative Weiterführung des kulturellen Lebens), ging er im Juni 1941 über Berlin auf Wehrmacht-Tournee in das 1939 von den Deutschen eroberte Polen und nahm im Anschluß daran auf unbestimmte Zeit ein Engagement an dem nach der 1940 erfolgten Eroberung Lothringens neu gegründeten deutschen Theater in Metz an. Dadurch war auch die Gefahr einer Verfolgung der beiden Freunde vermindert, jedoch litten beide natürlich sehr an der räumlichen Trennung.

Als jedoch auf Goebbels' Befehl im August 1944 mit Beginn des totalen Krieges sämtliche Theater im Großdeutschen Reich geschlossen wurden, wurde auch Tonio zur deutschen Wehrmacht eingezogen. Er kam in das 1938 von den Deutschen besetzte „Protektorat" und zwar letztlich nach Gutenfeld bei Pardubitz, wo er zum Panzer-Grenadier ausgebildet wurde. Glücklicherweise aber gelang es Wiener befreundeten Ärzten, ihn nach drei Monaten in ein Wiener Kriegslazarett zu bringen, wo er bis Ende des Krieges verblieb.

Als in den Ostertagen des Jahres 1945 in Wien die letzten Schüsse fielen, waren unter den schwer verletzten Gebäuden der Stadt auch die Oper und das Burgtheater. Die meisten Schauspieler waren versprengt, es fehlte an allem. Die Russen, die Wien eingenommen hatten, aber wollten, daß gespielt werde und zwar ein österreichischer Klassiker. Da trat Raoul Aslan mit dem letzten Intendanten Müthel und den beiden in Wien verbliebenen großen Schauspielerinnen Hedwig Bleibtreu und Maria Eis zusammen, und sie vereinbarten, in dem unverletzt gebliebenen Gebäude des ehemaligen Kabaretts Ronacher Grillparzers „Sappho" aufzuführen mit Maria Eis als Sappho und Tonio Riedl als Phaon. So kam Tonio ans Burgtheater, indes Aslan Direktor des Hauses wurde.

Da auch Tonios Wiener Wohnung in jenen Tagen verlorengegangen war, zog er im Jahre 1947 zu seinem großen Freund in die Strudlhofgasse. Dort waren ihnen noch zehn gemeinsame Jahre vergönnt. Dort umhegte und umsorgte der Jüngere den Älteren in dessen letzten Leidensjahren mit rührender Liebe und Treue. Dort bewahrt er in den schön ausgestatteten Räumen inmitten der von Aslan so geliebten Engelsfiguren voll Pietät das Andenken des großen geliebten Freundes.

Von dem Hintergrund nun der schweren Jahre des Nationalsozialismus und des Zweiten Weltkrieges hebt sich der vorliegende Briefwechsel der beiden Freunde ab. Die Briefe ihrer ersten zehn Jahre hatten sie, wie oben berichtet, verbrannt. Nur einer dieser Briefe ist durch Zufall diesem Autodafé entgangen. Er stammt vom 24. Dezember 1940, und wir teilen ihn seines wesentlichen Inhalts wegen ebenfalls mit. Als jedoch im Juni 1941 durch Tonios Abgang zur polnischen Wehrmachts-Tournee eine räumliche Trennung der beiden Freunde erfolgte, die sich weiterhin über das Metzer Engagement und die Militärzeit in Gutenfeld fortsetzte, begann naturgemäß, allen Gefahren zum Trotz, mit dem Juni 1941 ein neuer Briefwechsel, der bis zu Tonios Rückkehr nach Wien im Herbst 1944 andauerte, also einen Zeitraum von etwa viereinhalb Jahren umfaßt. Da die Freunde einander jedoch im Verlauf einer Woche mehrmals schrieben, sind es viele hundert Briefe, und in dem kurzen Zeitraum von nicht einmal fünf Jahren spiegelt sich darin ihr ganzes Leben, Fühlen und Denken, eine ganze Welt.

An den Anfang dieses Briefwechsels setzen wir ein Dokument — man kann es schon nicht mehr einen Brief nennen — das Tonio am Ende seiner Ausbildungszeit in Gutenfeld in der Kaserne schrieb und das er „Testament" betitelte. Dem Datum nach müßte es am Ende dieses Briefwechsels stehen. Aber in diesem Schriftstück, geschrieben mit der Aussicht, in Kürze an die Front zu müssen, von wo es möglicherweise keine Wiederkehr gab, wirft der damals 38jährige in begeisterten, geradezu hymnischen Worten einen Rückblick auf sein herrliches Zusammenleben mit dem geliebten Freund vom Anfange ihrer Begegnung an, gedenkt in leuchtenden Farben der wundervollen gemeinsamen Reisen nach Italien und Griechenland und all des Schönen und Edlen, das er für sein Leben und seine Kunst dem großen Freunde verdankt, der ihm Glück und hohes Vorbild zugleich war.

Und so ersetzt dieses „Testament" gewissermaßen die verlorenen Briefe der ersten zehn Jahre.

Zugleich aber klingen in ihm für den Leser dieses Briefwechsels wie in der Ouvertüre einer Oper alle jene Leitmotive an, mit denen sich die Briefe unaufhörlich beschäftigen und welche dieser 28 Jahre lang währenden Beziehung Glanz, Zauber und Tiefe verliehen haben.

Und wie in einem Brennpunkte strömen hier auch alle Wesenszüge zusammen, die diesen ewigen Jüngling auszeichnen und ihn seinem großen Freunde so liebenswert und teuer machten: seine lebendige, reiche Aufnahmsfähigkeit, seine innige Begeisterung für alles Schöne, Große und Gute, seine tiefe Verehrungs- und Liebesfähigkeit, seine noble Gesinnung, seine Bereitschaft zu opferndem Verzicht um der Seelenruhe des Freundes willen. In Rücksicht auf dessen religiöse Anliegen hatte er sogar einmal freiwillig Wien verlassen und war nach Hamburg gegangen. Aslan nannte Tonio: „Mein geliebtes Engerl!" Er gab damit seiner Erkenntnis Ausdruck, daß in Tonios Gemüt eine seltene Harmonie herrsche, ein selbstverständliches, in Gott ruhendes unschuldiges Lebensgefühl, für das Körper und Seele, Sinne und Geist, irdische und himmlische Liebe keinen Gegensatz bedeuten, sondern in schönem Einklang zusammenfließen. Einmal sagte Aslan auch in Anbetracht dessen, daß man ihn selbst seiner schönen und ebenmäßigen edlen Erscheinung nach oft einen Griechen nannte (tatsächlich glich Aslan in jungen Jahren z. B. als Gyges einer edlen griechischen Jünglingsgestalt, wie er im Alter ein ehrwürdiger Ödipus auf Kolonos und ein von mystischen Schauern umwehter Seher Teiresias war), dies sei falsch, nicht er sei der Grieche, sondern Tonio in der Ausgeglichenheit und Harmonie seines ganzen Wesens. (S. a. 3. IX. 41.) Und tatsächlich war es gar oft der jüngere Freund, der, obwohl in unwandelbarer liebender Verehrung und hoher Begeisterung zu dem großen Künstler aufblickend, diesem immer wieder Trost und Beruhigung für sein stürmisches Herz schenkte, ja, zuletzt seine eigene künstlerische Laufbahn dem liebenden Dienst an dem Größeren opferte.

Denn Raoul Aslan selbst hatte eine viel schwerere Seele. Die große Spannweite seines Innern, die ihn zu so genialen Verkörperungen entgegengesetzter Gestalten befähigte, hatte ihre Wurzel in einer großen und heftigen Polarität seines Wesens. Einer fast d'Annuzianischen sinnlichen Leidenschaft, die besonders seine Jugendjahre beherrschte (s. Brief v. 18. V. 43), stand in seinen späteren Jahren ein ebenso leidenschaftliches Streben nach heiligender Vervollkommnung gegenüber, das fast an einen Johannes vom Kreuz gemahnte. Himmlische und irdische Liebe empfand er als Polarität, und dies verursachte ihm bittere Schmerzen, was sich immer wieder in erschütternder Weise in seinen Briefen spiegelt.

Wenn es nun manchen Leser befremden mag, daß dieses großen und hochgeistigen Künstlers religiöses Leben und Streben sich ausschließlich auf dem Boden und in den Grenzen der katholischen Kirche vollzog, so wäre hiezu vielleicht folgendes zu bemerken: Abgesehen davon, daß Abstammung und Erziehung sowie der Lebensraum, in dem sich des Künstlers Kindheit und Jugend vollzog, hierin eine bedeutende Rolle spielen mochten, neigte wahrscheinlich sein ganzes Wesen zu Lehre und Kult der katholischen Kirche hin, die auch seinen künstlerischen sowie seinen mystischen Neigungen entsprach, holte er sich doch nicht nur bei der Elite der damaligen Wiener katholischen Geistlichkeit Rat, sondern vertiefte sich auch persönlich innig in die christliche Mystik etwa eines Meisters Eckehart. Und im übrigen kann man ja in jeder Hochreligion, sofern man nur in ihre Tiefen eindringt und den ernsten Willen hat, Erkennen und Leben in

Einklang zu bringen, den Weg zu Gott finden. Der Inder sagt, Gott spreche zum Menschen: „Auf dem Wege, auf dem du mich suchst, werde ich dir entgegenkommen." Es kommt eben nur auf den ernsten Willen des Menschen an. Und es ist ebenso staunens- wie bewundernswert, daß in einem Jahrhundert, in dem das Abendland sich in fortschreitendem Maße so sehr der Anbetung äußerer Dinge hingibt, der Materie, der Technik, der Macht, dem Erfolg huldigt, die inneren Werte der Seele aber so sehr vernachlässigt, ein so schöner, welt- und lebensdurstiger, umworbener und verwöhnter Mensch, ein so großer Künstler, dem Erfolg, Ruhm, Ansehen, Verehrung und Liebe in so hohem Maße zuteil wurden (s. Anmerkung zu Aslans Brief v. 9. Oktober 1941), daß sogar seine Begräbnisfeierlichkeiten dem eines Fürsten glichen, sich auf die wahren und ewigen Werte besann, auf die es letztlich im menschlichen Leben ankommt, und in heißem und leidvollem Streben nach aufrichtiger Selbsterkenntnis und in ergreifender echter Demut vor seinem Gott um Verinnerlichung, Vergeistigung, Vervollkommnung rang, wie er in seinem künstlerischen Beruf nach immer größerer Vollendung strebte.

Und so konnte aus der großen geistigen Kraft heraus, die ihm durch dieses fortgesetzte Streben zuwuchs, der ältere Freund trotz seines eigenen schweren Erleidens der schweren Zeit dem jüngeren Freund eine unendliche Stütze sein, als dieser in den letzten Monaten des Jahres 1944 den schwersten Schicksalskampf seines Lebens zu bestehen hatte, den er in seinen Briefen aus der Kaserne von Gutenfeld schildert, wo er seine Ausbildung zum Panzergrenadier erfuhr.

Wer in der NS-Zeit eine solche Ausbildung selbst mitmachte, weiß Bescheid. Wer sie nicht selbst erlebte, bekommt durch diese Briefe ein anschauliches Bild davon. Gewiß war das Grauen an der Front noch weit, weit größer, ganz zu schweigen von der Hölle der K.Z. Und doch genügte schon eine solche Ausbildungszeit in der NS-Ära, um einen körperlich nicht robusten und seelisch feinfühligen Menschen zur Verzweiflung zu bringen. Es ist ja allgemein bekannt, daß in der NS-Zeit den Brutalen unter den Vorgesetzten freie Hand gelassen wurde, die dann ihren Sadismus gerade an den feinfühligen und feinnervigen Untergebenen austobten. Das Leben in diesen Kasernen war dem Leben in einem Zuchthaus nicht unähnlich, und viele zerbrachen daran.

Tonio aber gelang es, wenn auch in schwerem Kampf, trotz allen Ansturms von Qual, Zwang und Entwürdigung die Freiheit seines inneren Menschentums zu bewahren, ja, zu stärken, gestützt durch die geistige Kraft, die ihm unaufhörlich von seinem großen Freunde zuströmte, und geborgen in ihrer gegenseitigen großen Liebe.

So erleben wir denn in diesem Briefwechsel, auf den engen Raum von viereinhalb Jahren zusammengedrängt, in ergreifenden Tönen das immer tiefere Ineinanderwachsen zweier Menschen, die füreinander geschaffen waren und miteinander, unbeirrt durch alle irdischen Hindernisse, den Weg nach oben gingen.

Dieses Buch ist keine Biographie, wenn wir auch über die Erlebnisse der beiden Freunde während dieser wenigen, aber schicksalsreichen Jahre vieles erfahren. Es ist keine Würdigung des großen Schauspielers Raoul Aslan, wenn auch in den Briefen des jungen Freundes die Begeisterung für seine große Kunst immer wieder aufleuchtet.

Der feinsinnige Leser aber wird finden, daß die Briefe eigentlich Gedichte in Prosa sind und wie zweistimmige melodische Variationen in unendlichem Wandlungsreichtum die großen und ewigen Themen umkreisen, die tiefe, leidenschaftliche, hoch denkende und innig fühlende Menschen zu allen Zeiten beschäftigten: Gott und Unsterblichkeit, Schönheit und Kunst, vor allem aber Glück und Leid einer großen, echten, ewigen Liebe.

Das Buch sei daher nicht nur jenen Älteren unter uns gewidmet, die Raoul Aslans große Kunst noch selbst erlebt haben, sondern auch allen Jüngeren, die ihn nicht mehr persönlich sehen und hören konnten, denen aber großes und hohes Menschentum etwas zu sagen und zu geben hat.

Margarete Gruber

ÄUSSERE VORBEMERKUNGEN FÜR DEN LESER

Bei der trotz des kurzen Zeitraums gewaltigen Menge der Briefe war es natürlich notwendig, Kürzungen vorzunehmen. Gestrichen wurden daher die Erwähnung von äußeren Ereignissen und Personen, die für Wesen und Schicksal der beiden Freunde von geringerer Bedeutung waren, sowie bloße Bestätigungen erhaltener Briefe, Pakete usw. Ganz selten wurden ganze Briefe weggelassen. Manchmal aber wurden auch an sich belanglose Mitteilungen des einen belassen, weil sich in der Antwort des anderen bedeutende Bemerkungen daran schließen. Dieser Umstand ist ein Beispiel für die größere Schwierigkeit bei Herausgabe eines Briefwechsels im Vergleich zu der Briefsammlung eines einzigen Autors.

Wie schon in der Einleitung erwähnt wurde, mußten die Freunde in der Zeit des nationalsozialistischen Regimes, in die ja unser Briefwechsel zur Gänze fällt, besondere Vorsicht walten lassen. Anrede und Unterschrift wurden daher meist nur in Buchstaben angedeutet. Aslan schrieb: „M. g. E.!", das hieß: „Mein geliebtes Engerl!", Tonio schrieb zwar manchmal: „Mein geliebter Raoul!" oder: „Mein innigst geliebter Raoul!", meist aber doch auch nur: „M. g. R.!" oder: „M. i. g. R.!". Als Unterschrift setzten sie beide nur den Anfangsbuchstaben ihrer Vornamen: R. (für Raoul) und T. (für Tonio). Ja, zu Zeiten, wie am Neubeginn des Briefwechsels oder während Tonios Militärzeit wurde auch der Name einer gemeinsamen Freundin, der Schauspielerin Erni Hrubesch, als Anrede bzw. Unterschrift verwendet und die Briefe über sie geleitet.

Was die Reihung der Briefe anlangt, so bot sich als einzige Möglichkeit die streng chronologische Anordnung (mit einziger Ausnahme des „Testaments", s. Einleitung), wobei es sich oft ergab, daß beide Freunde am gleichen Tage schrieben. Bei der kurzen Aufeinanderfolge der Briefe — man schrieb einander ja mehrmals in der Woche — findet der Leser auch nicht gleich im folgenden Brief des Partners eine Erwiderung, sondern die Antwort erfolgt meist erst in einem der späteren Briefe.

Die zahlreichen Anmerkungen sollen dem Leser natürlich in erster Linie die für das Verständnis der jeweiligen Briefstelle notwendige Aufklärung verschaffen, ihn darüber hinaus aber auch mit Umständen und Personen bekannt machen, die seinem Interesse begegnen. Es wurde hiebei auch auf jene Leser Rücksicht genommen, die mit der Materie nicht so vertraut sind. Die es sind, mögen dies entschuldigen!

Die höchst persönliche Zeichensetzung beider Freunde wurde wegen ihrer charakteristischen Originalität zum großen Teile beibehalten, ebenso Tonios Zusammenfügung von Wörtern zu eigenen Wortgebilden und Aslans Trennung zusammengesetzter Wörter durch Bindestriche zum Zwecke der Hervorhebung ihrer Bedeutung.

Der Briefwechsel

TONIOS „TESTAMENT"

Dezember 1944

Ihm, den ich im Leben über alles liebe, ihm mein Vermächtnis über meinen Tod hinaus: Liebe.

Unverloren und gelebt mein Leben, weil ich Dich fand. Ich kannte Dich und sah Dich, ehe Du mich sahst. 25 Jahre mußte ich leben, und dann war der Augenblick gekommen, an dem wir uns begegnen durften. In unseren Augen lag das Wissen um Ewigkeit, und, als ich zum ersten Male zu Dir geführt ward, da war die Erkenntnis in mir: Der da mit seinem herrlichen Menschenantlitz ist Schicksal. Ich wußte es gleich, wie eine Lawine stürzte das in mich hinein. Und nun hatte ich nichts anderes zu tun, als mich dem Willen Gottes zu überlassen. Es strömte in mich hinein, und ich, ganz Schale, war bereit, zu empfangen und zu geben.

Dann kam ein ganzer Monat Wartezeit. Am Fuße des Pergamon-Altars, im Anschauen von griechischer Schönheit, gingen mir die Augen auf, und ich sah Dich zum ersten Mal in Deiner ganzen wirklichen Schönheit. So mögen die die Stufen geschritten sein, die sich in Platons Akademie eingefunden haben. Im Auto sprachst Du dann die Verse Tassos, und als ich mich verabschiedete — wie gerne wäre ich geblieben — kam Leid und Melancholie in Dein Gesicht. Doch ging ich — um nach Minuten wieder zurückzukehren. Da standest Du an derselben Stelle, ganz Leid geworden, und ich sah da zum ersten Male Sterneneinsamkeit.

Zur Liebe kam Dankbarkeit, weil Du mich lehrtest zu schauen, Empfindungen auszudrücken, Gefühle zu sagen, innerlich Empfundenes auf Gesicht und Körper sichtbar werden zu lassen. So wurde ich Dein Schüler.

Doch als ich zu Dir kam, ganz Bereitschaft, da sah ich auch tragische Bindung an einen anderen Menschen [1]. Und so lernte ich Leid sehen, Leid tragen. Verstehen wollte ich, mit Mitgefühl klopfte ich an harte verschlossene Türen. Doch Gott, der wunderbar ist, führte mich aus Verwirrung ins Licht. Ich blieb in meiner Liebe. Irgendwo hielt ich, wartete auch auf den Verlassenen. Doch der blieb hart, fand mich unwürdig und flüchtete ins Land des Leidens, wo er bis zu seinem Tod auch blieb.

Unermeßlich in Leib und Seele schlug Liebe in mir. Ich erkannte in mir gewaltige Liebesfähigkeit und die Bereitschaft zum Tode für den Geliebten.

Aktives und Passives reifte in mir. So schenkte ich Dir den kleinen Barockengel, den Du mir wieder brachtest und sagtest: „Bis zum Tage des Lebensendes behalte ihn!" So gebe ich ihn Dir in meinem Testament wieder, denn bis ans Ende meiner Tage flog er als treulicher Begleiter mit mir. Nun, da das Ende da ist, wird er Dich geleiten und uns drüben ewig vorausfliegen. Auch den Ring mit dem kleinen Aquamarin nimm an Dich! Du gabst ihn mir als sichtbares Symbol unserer Verbindung. Er war ein königlich Geschenk, und meine Hände beugten sich unter dieser Krönung, beschämt, weil Gold und Purpur Dir zugehören.

So ging ein großer Herr täglich in einem kleinen Haus nahe der herrlichen Karlskirche [2] in Wien zu Gast. Liebe enthält alles: Seele und Leib, Religion und Kunst, und Gott gewährt manchesmal Erfüllung, die schon Vollendung ist. So kamen Liebesernten der Geburt, des Lebens, der Kunst, des Todes, der Unsterblichkeit. Wieviele Gesichte tauchen auf: Mephisto, der gefallene Engel und Herr der Hölle, Coriolan mit verhängtem, verbanntem Gesicht, Richard, Gott und die Engel rufend zum Schutze der Königswürde, Franz Moor, der von Gott Geschlagene und sich am Menschen rächen Wollende, die Reihe der unglücklichen Habsburgerkaiser — allen liehst Du die Transparenz Deiner herrlichen Seele, dieses weiten Landes; und darin fand auch ich meinen Platz.

Über allen steht des Menschen Antlitz, Dein hohes, herrliches Gesicht und diese Wolken des Leidens, die es noch schöner machen. Dieses fast unendliche Schöpfen aus Bezirken des Metaphysischen gibt Dir die Größe von Heroen und reiht Dich ein in die Geschichte der Genien. Von Tag zu Tag, von Jahr zu Jahr sah ich Dich immer besser, an Dir wuchs ich, und von Tag zu Tag und von Jahr zu Jahr liebte ich Dich immer mehr. Und als Du mir das Coriolan-Bild brachtest, da saß ich oft stundenlang davor und sprach mit ihm und meditierte. Nimm auch dieses an Dich zurück.!

Und so kam ein Tag, da stieg ich am Semmering in den Zug und fuhr mit Dir nach Venedig. Italien, Land der Sonne, Land der Kunst! Venedig, märchenhafte Stadt, aufgetauchtes neues Byzanz! Wie traumschwebend fliegt's vorbei: Gondeln am Canale Grande, das Duse-Haus, der Balkon der Desdemona, der Dogenpalast, die Markuskirche, der herrlichste Saalplatz der Erde, der Markusplatz, freigebig gütiger Himmel, lachend auf Kirchen, Plätze, Menschen. Großer himmlischer Coreggio, saftiger Tizian, herber, keusch verhaltener

Masaccio und — zum ersten Mal — das mittelländische Meer! Abende in schwarz verhängter Gondel, über allem das Verstehen zweier Seelen, die eins geworden sind, an der Quelle alles Lebens stehend, stark im Verbundensein, in sich ruhend und doch über sich hinausgehend in Liebesglück.

Zweite Italien-Station: Florenz. Rausch der Renaissance-Zeit, nicht zu fassender Michelangelo, himmlisch süßer Fra Angelico! Das Stehen und Schauen in San Marco, Impression des Himmels mit all seinen Heerscharen. Die Tränen quellen aus den Augen, die Seligkeit ist zu groß. Und dann — weißt Du noch — in Fiesole das kleine naive Mönchlein? Wäre es nicht meine Bestimmung, Dich zu lieben, möchte ich dort leben in der Toscana, singend den Sonnengesang, und dieses Mönchlein sein. Und dann die Wagenfahrten mit dem Eselein, das auf seinem Rücken, seit es Jesus trug, ein Kreuz trägt, an den Gärten von Florenz vorbei.

Und dann weiter nach Assisi. Der „Santo" schreitet heute noch wie vor 700 Jahren in den steinigen Straßen herum — mit Dir auf den Spuren des Heiligen. Deine Kommunion am Grabe früh um 6 Uhr, Dein Gesicht, das plötzlich die Geistigkeit Girlandhajischer Bilder aufzeigte, der Geruch von Linden, das alles wird mich immer begleiten, wenn nur das Wort Assisi fällt. Hotel Subasio, der Blick vom schmalen, engen Balkon auf ganz Umbrien, der Sonnengesang über allem, das Summen der Bienen! Großes, einmaliges Erleben, Glücksempfinden, nicht mehr begreifbar, woher kommend, gelehnt an Deine Schulter, durch Dich zurückgeführt in unsere Kirche, durch Dich zu Höchstempfindungen gelangt, die zu Lebensanfang und Lebensende führen. Müßte ich psychologisch diese Tage erfassen, käme als Resultat meine künstlerische Geburt. Das unsterbliche Gefühl „Liebe" trug uns zu den Wolken. Die Wanderung in die Einsamkeiten des Heiligen, das verklärte Gesichtchen der heiligen Klara, der Blumenbalkon, von wo zum ersten Mal der Sonnengesang erklang, die kleinen, dunklen romanischen Kirchen mit den Altarbildern Giottos! Daß Du mir das alles zeigtest!

Und wieder ging es weiter: nach Rom. Die Wanderungen durch den Vatikan, an den Quellen der Kunst. Wie ist es nur möglich, daß ein kleiner Mensch all das sehen darf! Fassen kann er es ja doch nicht. Ich war nur in diesen Tagen, diesen Wochen so aufnahmsfähig, Du warst um mich, Tag und Nacht, stündlich, minütlich. O Rom, ewige Stadt!

Und dann kam Neapel, Sorrent. Was dachte Gott sich, als er uns, uns das alles dort erleben ließ? Weißt Du es noch? Ich weiß jede Kleinigkeit, jede Einzelheit: den Garten mit den Orangen — und Zitronenbäumen, das Pflücken der Früchte, die Bäder, die Terrasse, die ins Meer hinaus ging. Stand man am Ende — gegenüber lag der rauchende Vesuv — glaubte man, im Meer zu stehen. Dort standen wir oft, nachts, in leichten Gewändern, nur die Elemente, Meer, Himmel, Sterne, Mond, nur die Elemente, die Liebe, Gott und wir beide. Menschenanfang, Uranfang alles Lebens, alles Seins.

Und muß ich irgendwo auf fremder, einsamer Erde sterben, werden diese Stunden mir vor meiner Seele stehen, und ich werde Dich lobpreisen und mit Deinem Namen auf meinen Lippen meinen Geist aufgeben. Du hast mich weinen und lachen gemacht. Über nichts und niemanden konnte ich so weinen wie über Dich, über nichts und niemanden so lachen wie über Dich. Du bist aus königlichem Geschlecht, die Traditionsgeschichte Deiner Ahnen, die ich aus den Erzählungen Deiner hohen Mutter her kenne, weisen nach dem Orient und sind Geschichten wie aus tausend und einer Nacht. Doch in Dir sind sie noch einmal Fleisch, Blut und Geist geworden. Du trägst sogar sichtbar eine Krone. So wollte ich Dir eigentlich dienen. Doch Du hast es anders bestimmt, und so hast Du mich erhöht, als Du eines Tages den Smaragd von Deinem Finger zogst und mir sagtest: „Trage Du ihn!" Das war nicht nur ein Geschehen, es war ein Symbol. Es war der aus weiten Fernen kommende Maharadscha. Die Märchenwelt, die ich so liebe, verkörperst Du mir immer wirklich. Das Märchen mit Dir dauert nun schon an die 13 Jahre, und der Zauber hält wie am ersten Tage an. Und so sind alle die Orte, die ich mit Dir besuchte, mir noch eingeprägt durch besonderes Geschehen.

Und wieder war ein Sommer gekommen. Wir wollten auf eine Insel, fuhren nach Rhodos. Wieder das Meer, wieder Venedig. Dann die italienische Küste entlang über Bari, Brindisi, Golf von Korinth. Herrliche Tage mit Dir auf einem Schiff! Kann es etwas Schöneres geben, als sorglos, gelöst von allen Beschwerden, Betrieb, Theater, Menschen, nur Du und ich und der blaue Himmel, die Möwen, das Wasser die Sonne, der Mond, die Sterne, die Liebe und in uns und über allem Gott! Wie oft hatte ich das Gefühl, Flügel zu haben! Ich flog über Sterne, Welten hinaus, war voll des Dankes und Lobpreisens. O, Glück macht schön, gut und milde, ich wollte soviel Gutes, Schönes tun, Schwüre und Gelübde legte ich ab in diesen Tagen und Nächten auf offener See.

Dann waren wir auf der Insel der Rosen. Du warst krank, Sorge kam über mich, ich pflegte Dich. Doch die Tage, die andern Tage! Die Wagenfahrten über die ganze Insel! Der Orient warf seine Schleier um mich, alles nahm ich mit Begier in mich auf. Die Kreuzritterstraße, in der Kirche stand ein Donatello, wieder Kunst — und

Du in Deiner Geburtsheimat, in Griechenland. Auf den Mauern um Rhodos unsere Abendspaziergänge — schon Helena labte sich hier einst an der herrlichen Abendkühle. Da stand einst der Koloß von Rhodos. Alles das zeigtest Du mir, alles das gabst Du mir!

Und dann blieben wir noch einige Tage in Salzburg zusammen. Du spieltest dort den Mephisto, und ich ging nach Wien an die Kammerspiele und ans Volkstheater, wo ich den Carlos spielte. Und dann waren wir wieder beide in Wien. Wer hat wohl das Leben in solcher Schönheit gelebt wie wir? Wer hat die Liebe so begriffen in ihrer Einmaligkeit, in ihrer persönlichen Einzigkeit wie Du und ich?

Die Menschen fingen an, über uns zu reden. Ich wuchs künstlerisch, man wollte es nicht sehen. Du wurdest von Rolle zu Rolle herrlicher (Bruderzwist), Du übertrafst Deine bisher geschaffenen Rollen, bei Dir sah und anerkannte man Dein Reifen. Welches Glück für mich! Ich hatte teil an Dir, an Deinem Ausstrahlen. Nur Du hattest mich erhöht, ich mußte halten, was Du von mir glaubtest.

Doch dann kam etwas über mich, geboren aus zu großem Glück. Ich sah, Du wolltest über Dich hinaus, in geistigere Sphären. Ich, meine Gegenwart hielt Dich vielleicht zu sehr noch in dieser Welt. Aber was vermag wirkliche Liebe! Ich war bereit zu gehen, mich, den Gegenstand Deiner Unvollkommenheit, wegzunehmen, um Dich Deiner größeren, höheren Konzentration zu überlassen. So beschloß ich, nach Hamburg zu gehen. Es waren noch schöne Sonnentage in Salzburg. Auch das tatest Du noch: Du zeigtest mir meine schöne Heimat. Ein paar Bilder sind geblieben, und die zeigen schon die Trauer, das Leid um unsere Trennung. Denn ich wollte ja nicht, ich mußte nur einer inneren Stimme gehorchen.

So kam der Tag des Abschieds. Haben je Liebende so den Abschiedsschmerz in seiner ganzen grenzenlosen Trauer gefühlt wie wir? — Das Auto trug mich zur Bahn. Du kamst — unvergeßlicher Anblick des Schmerzes! Nie, auch nicht in der Kunst, sah ich soviel Leid. Wie mußt Du mich geliebt haben!

Hamburg — Wien — Wien — Hamburg — elfmal, mit Bahn, im Flugzeug! Du kamst! Neues Erleben für uns beide im Norden. Fügte ich Dir Schmerz zu? Ich wollte mit allen Mitteln Dich Dir selbst zurückgeben — es gelang nicht. Über uns das *Es* war stärker. So kamen auch da wieder Tage, gesteigert, intensiver, durch Trennung noch mehr gebunden und verbunden. Du warst und bliebst schön, liebenswert, Mensch, Künstler, meine Erfüllung, mein Ideal. Nichts gab und gibt's mehr für mich als mein Einssein mit Dir. Selten fanden zwei Menschenwesen so ihre Einheit. Heute in meinen schwersten

Lebenstagen weiß ich es ganz bestimmt. So gingen wir die Jahre durch Glück, Leid, Rausch, Kunst, Erkennen, Wollen, Höhersteigen.

Und dieses Jahr in Hamburg ging zu Ende. Ich wollte nach Wien an meine alte Arbeitsstätte zurück. Dich freizugeben, gelang mir nicht, Dich freizugeben für eine höhere Welt, und Du weißt es, und Du wolltest es so. Und nicht, daß ich nur willenlos mich immer Dir überließ. Aber wenn es um große Gefühlsentscheidungen ging, waren wir eben nur eines Willens. Das, was ich für Dich wollte, war ja über mein Menschenmaß hinaus, und auch Du ahntest meine Schwäche, und so wollten wir neu — alt und wieder neu leben. Die Melodie unseres Liebesliedes schien eine andere werden zu wollen. Ich litt. Die letzten wesentlichen Dinge in der Kunst und in der Liebe sind unaussprechbar. Doch fließt der Impuls einer Liebesbeziehung vom geistigen Ursprung her, so bleibt die Lebenskraft der Beziehung erhalten. Und auch wir machten eine Wandlung durch, und es wurde schöner. Wenn das Herz Kraft hat, wird es immer aus Seele, Geist und Körper ein Ganzes bilden.

Dann aber kam das Jahr Wien. Jeder Schaffende, jeder Künstler hat Perioden des Zweifels, ja, des Verzweifelns. So war es bei mir. Ich hatte keine Wirkungsmöglichkeit, in Deinem Schatten stand ich, und das machte mich klein. Nicht die Eitelkeit war es, die mich quälte, ich wäre kein Künstler, hätte ich nicht gespürt, daß Entscheidung geheimnisvoll nach Begnadung geschieht. Der Konflikt war da: Liebe oder Kunst. Liebe war und wurde später Hauptatem meines Lebens. In diesem Jahr aber meinte ich, es wäre Treubruch an der Kunst. Und so wankte ich hin und her, fand mich nirgends verkörpert, sah Dich immer vollkommener Deine Gestalten schaffen. Ich wollte Dir nach, ich hatte auch Kraft, Innigkeit, Gemütstiefe, Energie, innere Wahrhaftigkeit. Aber Deine Persönlichkeit überstrahlte mich — und ich mußte wieder gehen, diesmal aber diktiert von der Kunstaufforderung. Ich ging mit einem Großen [3] auf Tournée, spielte in großen Städten (Prag, Budapest, Bukarest, Sofia, Belgrad, Zürich), holte mir Bestätigung und — kam wieder ganz zu Dir zurück.

Und wieder fuhren wir nach Griechenland. Wieder das Meer. Zu Schiff die Küste entlang. Wie oft flog ich mit meiner Seligkeit zu den Sternen! Ich war ihnen nachts besonders nahe. Und er, mein Großer, war wieder immer bei mir. Goldene, unvergessene Tage der Freude, der Liebe!

So kamen wir in den Peloponnes über Daphne, Eleusis — dunkles Muttermysterium — und, auf die Trümmer gelehnt, staunten wir in die Sonne, schauend, begreifend, daß Menschen auch hier einst nach letzter Enthüllung verlangten. So zogen wir weiter durch die Vergangenheit, am Helikon und Parnaß entlang nach Delphi. In den Ruinen, den Hainen, unter Mandelbäumen und Immergrün tönten unsere Seelen ineinander und formten an den Akkorden mit. Voll Begeisterung warf ich mich in die kastalische Quelle, unüberwindlich wie ein Halbgott fühlte ich mich, und er, der andere, stand unterm grünenden Lorbeer, lächelnd, wie Unsterblichkeit ahnend, die Gott ihm schicksalhaft zugestand.

So zog die Sonne ihre uralte Bahn, Vergangenheit regte sich aus allen Tempeln und Ruinen. Göttlicher Wagenlenker von Delphi, auch deine Schönheit bewahre ich in mir. Solange ich lebe, stirbt diese Liebe nicht mehr in mir.

So vereinten wir uns mit der alten schönen Welt, mit allen großen Liebenden Griechenlands, erneuerten das Gelöbnis Achills mit seinem Patroklos, verloren uns in den Armen dieser Natur. Ach, Heimat ist doch immer der geliebte Mensch! Dort in seiner Brust ist unsere Bleibe. Ich sehe noch Dein Auge Himmel und Meer durchdringen. „Bewahr' mir diesen!" war mein täglich Gebet.

Und dann Mykenä. Agamemnon, Klytemnästra, Iphigenie, Elektra, Orest. So wollten wir weiter ins Geheimnis, ins Zauberland der griechischen Welt. Über uns der ewig blaue Himmel Griechenlands. Am Grabe des Atreus war es Abend. Die heiligen Sterne über uns, in nicht zu klärendem Rätsel weiter leuchtend. Wie fühlt' ich uns beide, wenn vergangenes Großes vor mir stand, wie fühlt' ich immer lebendige Gegenwart! Es waren goldene Tage, die uns da umfingen. Wer hält sie fest, wenn nicht unser leider so vergeßliches Herz? Aber mit der Kraft der Liebe wollten wir die Welt erfüllen, den Weltengeist.

Athen, die Mutter der europäischen Kultur. Heiße, glühend heiße Tage. Aber über allem glänzt die goldene Akropolis. Volk von Athen, wie war dir, als du die geheiligten Marmorstufen zu deinem Parthenon hinanstiegst? Wie hat man versucht, dich zu verstümmeln, du herrlicher Tempel! Alle haben von deiner göttlichen Pracht gestohlen, aber die Schönheit blieb auch im Torso. Der Geist ergänzt Fehlendes, und Fehlendes macht zu Tränen rühren, weil so viel Schönheit, vollendete Schönheit über Menschenmaß hinausgeht, doch Göttliches durch Wesenähnliches geahnt wird. So standen wir, standen, schauten ergriffen. Dort lernten wir auch still sein, still vor soviel Gottnähe.

Ich grüße dich, honigreicher Hymettos, in deiner rosafarbenen Abendbeleuchtung. Und Sokrates stand lebendig vor mir vor dem Areopag. Sicher war das damals ein göttlich Leben, und der Mensch war Mittelpunkt alles Lebens. So fand ich in allem das Echo meiner Begeisterung, und so reichten wir uns, still geworden, die Hände, neuen Schwur gelobend. Und in *ihm* erstanden mir lebendig die schönsten Menschen und Helden des alten Hellas wieder. In Dir, der Du selbst in Griechenland das Licht der Welt erblicktest, in Dir erlebte ich an Ort und Stelle wieder heiligstes altes Zeitalter.

Ich sah die Agorà und was er mir sonst zeigte. Diese königliche Verschwendung an Schönheit, Größe, Herrlichkeit ist lebendig, reich ist der Geist über die Jahrhunderte geblieben, und in Dir feierte er seine Auferstehung. Ohne Dich hätte ich alles anders erlebt, mit Dir drang ich in den Geist der Antike ein und hielt meine Ernte, und ich danke Dir für mein Leben. Mein ganzes Wesen war beflügelt.

Seltsam berührt, standen wir im Museum von Athen vor den Goldmasken Agamemnons und Klytemnästras. Nichts weht da in Elysiumsstille her, aufwühlend eher erlebt man nochmals nach tausenden Jahren die Tragödie von Mykenä.

Und über allem stand immer wieder das Blau des griechischen Himmels. Kalandri: Idyll, Schafherden, alte Bäume, Homer ward lebendig. Heiße, glühend heiße Tage. Ich sehe uns am Brunnen, Wasser schöpfend, in leichten griechischen Gewändern. Das primitive kleine Haus, Deine hohe Mutter [4], ein edles, schönes Bild. Ob sie wohl schon immer das Geheimnis unserer Herzen ahnte? Sie war so voll kluger Harmonie und strahlte die Heiterkeit hoher griechischer Frauen aus. Wer Euch zusammen in Kalandri in griechischen Gewändern wandern sah, wußte, da ist Eure Heimat, da seid Ihr zu Hause, und überall sonst bleibt Ihr Gast, auch nach langen Jahren der Wahlheimat. In Wien spürt man immer, Ihr seid verpflanzt, Fremde, auch Du, der Du mit Deiner Kunst Dir längst Heimatrechte erworben hast. Dort, auf griechischem Boden, da warst Du ganz Du.

Die Ausflüge nach Sunion! O herrlicher, alter, vergessener Poseidontempel! Und wie bis Du lebendig, rote Erde von Attika! Sonne, Meer, Himmel, Mond, Sterne, wie nahe war ich euch, ich saugte euch in mich hinein, die Seele war trunken. Die Feuerrosse des Phöbos sprengten hinab, die Luft spielte um uns mit freundlichem Säuseln, mischte sich in unsere Gespräche, mischte sich in das Stillesein, in das Zurückschauen ins alte goldene Zeitalter.

Dann stiegen wir wieder ins Schiff zur Inselfahrt. Wir landeten auf Spetsae. Weißt Du noch: das kleine Haus am Meer, das Kloster in der Nähe mit seinem täglichen Aveläuten und das Meer! Und mehrmals am Tage kühlten wir das übermütige Blut — ach, diese Wonne, hineinzuspringen, im frischen Bade sich zu kühlen, die Hitze des Tages zu bannen in der unendlichen Kühle! Oder aus altem Kruge — Du zogst es vor — von mir übergossen zu werden.

Alle Fülle und Tiefe des Lebens war um uns. Einer entzündete den andern. Und Du warst um mich wie ein warmer, befruchtender

Regen. Du wolltest, ich sollte denen ähnlich sein, die vorher über diese Erde schritten. Freilich, allerdings durchs Christentum gegangen, gleichsam die Antike übersteigend in christlicher Liebe. In allem sahst Du das und lehrtest auch mich in meiner Hingerissenheit, das zu sehen. Dein Wesen wuchs über das der antiken Helden hinaus. Du standest ja unbeirrbar in Deiner Erkenntnis und Erfahrung. So erlebte ich zwiefaches Griechentum. Du hattest dann den Ausdruck antiker Helden mit dem Leidenszug, den Erkenntnis im tiefsten zeugt.

Guter Gott, Du schicktest uns auch noch eine sehr bewegte Heimfahrt. Aber reich an erlebter Schönheit nahm ich kleine Heimsuchungen gerne hin, und Du, mein Stolzer, Schöner, ertrugst in lächelnder achäischer Gleichmütigkeit alles, wie es auch kam, und so bliebst Du immer Vorbild.

In Venedig machten wir noch kurze Rast. Dann ging's wieder heim in den Herbst, in die Arbeit. Ich war so bereit zu neuen Taten. Hatte ich doch gesammelt! Ich war zum Bersten voll, reif zum Geben, ich wollte alles Erlebte verwandeln, in Taten neu formen — es ist beim Wollen geblieben.

T.

[1] Zeljko Kočonda (s. Einleitung).
[2] Tonios Wohnung im 4. Bezirk.
[3] Albert Bassermann (s. Einleitung).
[4] Raoul Aslans Mutter Corinne verbrachte ihre Sommer noch oft und gerne in Griechenland.

Tonio an Aslan

Wien, 24. Dezember 1940 [1].

M. g. R.

Eigentlich wollte ich Dir eine Antwort auf Deinen Brief vom 12. d. M. geben. Es ist alles ganz so, wie Du es sagst. Du fühlst, was ich fühle, und ich fühle, was Du fühlst. Ich sage mit Jason [2]:

„Es ist ein schöner Glaub' in meinem Land,
Die Götter hätten doppelt einst geschaffen
Ein jeglich Wesen und sodann geteilt.
Da suche jede Hälfte nun die andre
Durch Meer und Land, und wenn sie sich gefunden,
Vereinen sie die Seelen, mischen sie
Und sind nun eins."

Und darum glaube ich, ist es heute nicht mehr nötig, überhaupt noch ein Wort zu sagen. Wir sind eins. Was sollte da noch sein? Und Gott wird nicht wollen, daß diese Eins wieder eine Zwei wird.

Und dies ist mein größtes Geheimnis, Dir sage ich es: Da ich diese Einheit erkannt habe und auch den Sinn begriffen habe, bin ich sicher und ruhig über alles, was mit uns geschieht und noch vielleicht geschehen wird. Bitte, sei Du es auch!!!

Tiefer Dir und nur Dir verbunden wie am ersten Tag unserer Begegnung (Dies ist Wahrheit!!)

T.

[1] Der einzige dem großen Autodafé entgangene Brief.
[2] Zitat aus dem 3. Akt der „Argonauten" von Grillparzer. Tonio spielte damals an der Wiener „Komödie" den Jason in den Aufführungen der „Vließ"-Trilogie anläßlich des 150. Geburtstages von Grillparzer (geb. 15. Jänner 1791).

Tonio an Aslan

Berlin, 9. Juni 1941 [1].

L. R.

Du wirst es fast nicht glauben, aber es ist so. Seit ich in Berlin bin, arbeite ich von früh bis abends. Ab morgen ist es dann leichter.

Gestern war die erste Vorstellung von „Scampolo", morgen ist die erste von „Der Zerrissene". Weder habe ich jemanden gesehen noch gesprochen, nur geprobt und seit gestern gespielt. Ich bin so müde, daß ich nur die eine große Sehnsucht habe: Schlaf.

Ich habe ein paarmal versucht, mit Wien zu telefonieren, aber vergebens. Durch die hiesigen Zeitungen erfuhr ich von Deinem Unfall [2]. Ich war wie zu Eis erstarrt. Hoffentlich ist es nur so, wie Du auf Deiner Karte geschrieben hast! Ich bin so voll Sorge und Unruhe um Dich. Wie Du am letzten Abend auf dem Wege durch die Sensengasse gesagt hast, Du fühlst, es passiert irgend etwas, da dachte ich nicht, daß ein Unglück so nahe ist. Niemand schrieb mir bisher Einzelheiten. Nur eine Karte kam von Dir [3]. Ich hätte auch so gerne Deine Stimme am Telefon gehört. Na ja, so warte ich halt auf das, was kommt.

Ich bleibe bis Freitag hier, d. h. Freitag früh fahren wir weiter — nach Polen.

Die Leute (Schilling) [4] sind von einer Herbheit, daß es einem alles zusammenzieht. Nicht ein Wort wird einem gesagt. Es ist überhaupt bei und mit mir so, daß ich immer das Gefühl des Unwirklichen, Improvisierten habe. Alles geht so kaleidoskopartig an mir vorbei.

Huttig [5] hat wieder telegrafiert. Ich werde mich doch entschließen müssen zu unterschreiben [6]. Das bedeutet: ganz weg von Wien. Auch das ist alles unwirklich. Ab und zu, wenn ein Ruhemoment in dieser Hast und Arbeit eintritt, kommt so eine grenzenlose Traurigkeit über mich, und, wenn dann nicht die Müdigkeit meine Augen schließt und ein wohlwollender Engel seine Flügel des Schlafes über mich breitet, würde ich weinen, weinen, wie nur Du es in Augenblicken des Leidens kannst.

Wenn Du mich noch vor meiner Abreise von hier telefonisch sprechen könntest, wäre ich sehr froh, es würde mich beruhigen.

Ich bin überzeugt, daß Liebe und Besorgtheit um Dich ist und daß Du sicher in guten Händen aufgehoben bist. Also alles, alles Liebe und viele gute Gedanken, und Gott behüte Dich!

T.

[1] Berlin war die erste Etappe auf dem Wege nach Warschau.
[2] Am Tage von Tonios Abreise nach Berlin war Aslan während der Abendvorstellung von Don Carlos, in der er den Philipp spielte, in eine Versenkung gestürzt und hatte sich dabei am Bein so schwer verletzt, daß er sich ins Krankenhaus (Rudolfinerhaus) begeben mußte. Daher zunächst Tonios oft vergebliche Telefonanrufe, besorgte Telegramm, Briefe und Karten aus Berlin und Warschau und erst am 26. Juni ein Antwortbrief Aslans.
[3] Diese Karte ist nicht erhalten.
[4] Erich Schilling, Veranstalter von „Kraft durch Freude".
[5] Alfred Huttig, Intendant vom Metzer Theater.

[6] Nämlich den Vertrag mit dem Metzer Theater, an das Tonio dann nach der Polen-Tournée abging. Eine diesbezügliche frühere Mitteilung (Karte?) muß verlorengegangen sein. (Über die Gründe: s. Einleitung).

Tonio an Aslan

Berlin, 13. Juni 1941.

L. R.

Dein Telefon-Anruf war lieb, aber so schrecklich gehemmt. Hoffentlich war es nur der danebenstehende Arzt mit Krankenschwester, die Dich so unfrei gemacht haben!
Morgen früh fahre ich nach Warschau. Dann weiter, wohin — Fragezeichen!! Wir fahren mit vier Privatwagen.
In Berlin konnte ich für mich nichts erledigen, außer, daß ich bei der Ufa [1] und der Terra [1] war. Die Terra wollte mich gleich für einen Film im Juli. Nun kann ich aber nicht mehr, da die Tournée auf drei Monate unterschrieben ist.
Neugierig bin ich, was Du machen wirst, ob Film, Erholung oder auch Tournée. Wünschen tät' ich Dir Erholung.
Vorläufig kann ich Dir auch keine Feldpostennummer sagen, weil ich sie noch nicht weiß. Du kannst also vorläufig auch gar nicht an mich schreiben. Hoffentlich geht es Dir nur gesundheitlich bald wieder ganz gut!
Es macht mir viele Sorgen, daß ich in diesen Tagen nicht bei Dir sein konnte. Da Du aber in allem Geschehen etwas Gottgewolltes siehst, ist eben auch dieser oben erwähnte Zustand gottgewollt. Ich wollte, Du fühltest Dich in Deinem Gott hingegebenen Zustand wohl und fändest auch den weiteren Weg in ihm.
Für mich ist das alles weit schwerer und kämpferischer. Doch da ich Dich verstehen will und aus Hingabe an Dich so vieles mir Conträre verstehe, kann ich all Dein Tun meistens nur gut heißen und schweigen. Es liegt im Schweigen überhaupt mehr Kraft als im Reden, im passiven Erleiden mehr Größe als im aktiven Handeln.
Werde und bleibe gesund, lebe und erkenne, ab und zu wende Deine Gedankenwelt ganz mir zu und begleite mich, so wie ich Dir verbunden bin weiter auf meinem Lebensweg!
Auf Wiedersehn, Raoul!

Dein T.

[1] Filmgesellschaften.

Tonio an Aslan

Warschau, 17. Juni 1941.

L. R.

Erst heute habe ich eine Anschrift von mir bekommen. Ob ich noch da bin, wenn eine Antwort von Dir kommt, weiß ich nicht. Es heißt, wir bleiben 14 Tage hier.

Wie geht es Dir vor allem? Ich bin so abgeschnitten von Euch allen. Es ist mir, als wäre ich nicht mehr in Europa. Und weit, weit weg von Euch!

Bist Du so weit wieder hergestellt? Nicht einmal sorgen kann ich für Dich. Bitte, mache Du keine Tournée! Die Strapazen sind zu groß. Vor allem nach Deinem Unfall. Schonung!

Ab Freitag spielen wir zum ersten Mal hier in der Umgebung. Ich sehe viel Neues und Interessantes. Und immer, wenn ich reise, habe ich ein stark erhöhtes Lebensgefühl. Ach, wie so merkwürdig bunt doch mein Leben ist!

Nur dieses Gefühl des Losgerissenseins von Wien quält mich, weil so keine Verbindung besteht. Ich werde mich sehr freuen, wenn ich erst eine Zeile von Dir in Händen halten werde.

Ich stand in einer Kirche vor dem Herzen Chopins — und dachte an Dich. Ich stand im Hause, wo Napoleon der Walewska begegnete — und dachte an Dich. Jetzt sitze ich im Garten des Deutschen Hauses — und denke an Dich.

Hoffentlich geht es Dir schon wieder gut! Ich soll Dich auch von Epps [1] und allen andern herzlich grüßen, sie haben alle regen Anteil an Deinem Unfall genommen.

Ich bin so weit von Euch, das ist mein stärkstes Gefühl. Oft denke ich, ich höre jetzt monatelang nichts von Dir und meiner Mutter, und das macht mich unruhig. Und die Gedanken schweifen oft am Tage von Warschau nach Wien. Was wird nach den 3 Monaten sein? Wien — Metz — Berlin — oder Militär? Man lebt den Tag und die Stunde, und doch lebt man Vergangenes, Verbundenes und Kommendes.

Allen liebe Grüße, Dir mein Herz!

T.

---

[1] Leon Epp, Direktor der Wiener „Komödie", an der auch Tonio als Schauspieler tätig war (s. Einleitung), damals mit seiner Frau, der Schauspielerin Elisabeth Epp, gleich Tonio auf polnischer Wehrmachts-Tournée, dann bis gegen Ende des Krieges am Theater in Bochum; nach dem Krieg Begründer und Leiter der literarischen Bühne „Die Insel" in Wien, ab 1952 bis zu seinem Tode Direktor des Wiener Volkstheaters. Einer der verdienstvollsten Wiener Theaterdirektoren.

Aslan an Tonio

Wien, 26. Juni 1941.

M. g. E.

Ich erhielt bisher von Dir eine Karte [1] gleich nach Deiner Ankunft. Schon die war für mich Arznei und Balsam in meiner Krankheit. Ich lese sie immer wieder und danke Dir. Dann kam ein Brief vom 9. Juni. Du kannst Dir nicht vorstellen, was für mich so ein Briefli ist. Dann kam der vom 13. Juni. Darin wünschest Du mir Erholung. Dann sagtest Du, es liegt im Schweigen mehr Kraft als im Reden. Da mußte ich daran denken, daß Du einmal mein Schweigen unbegreiflich fandest, als ich Dir nicht sagte, daß Z. [2] in Berlin mit mir war.

Dies Dilemma [3] zwischen Liebe und Pflicht, oder wie immer man dieses Dilemma nennen möchte, dieses durchgehende Thema, das ich so gerne irgendwie aufgelöst sähe, bereitet mir immer wieder große Schmerzen. Aber die tiefsten Dinge scheinen doch die unbegreiflichsten zu sein. Dann sagst Du: „Ab und zu wende Deine Gedankenwelt ganz mir zu!" Da konnte ich freilich nichts als weinen. Ab und zu? Im Dilemma, im Glück, im Ruhm, im Unglück, in Krankheit und Gesundheit wende ich immer den gleichen Dingen die ganze Gedanken- und Gefühlswelt zu, und daß bei den immer gleichen Dingen *Du* dabei bist, und zwar nicht so dazwischen oder daneben, sondern ganz und lebendig und aufwühlend und begehrend und auch rein und still und unheilig und heilig und lachend und weinend, das ist doch wohl klar und eindeutig. Dann kam der Brief vom 17. Juni und die Karte [4] mit den Unterschriften der Kollegen, die ich alle herzlich grüße und alle sehr nett finde. Und Du sagtest es selbst: „Man lebt den Tag und die Stunde, und doch lebt man Vergangenes, Verbundenes und Kommendes." Aber dann siegt Vergangenes und Verbundenes, und ich greife zum Gebetbuch.

Im Juli fahre ich nach Karlsbad. Bis dahin hoffe ich auf ein Telefongespräch. Mit Huttig rede ich in Marienbad.

Ich gehe und spiele alles mit Stock. Aber das macht nichts. Trotzdem war der Unfall eine Gnade [5].

Deine Erni [6]

[1] Karte nicht vorhanden.
[2] Z. ist Zeljko Kočonda (s. Einleitung).
[3] „Dilemma" (s. Einleitung).
[4] Karte nicht erhalten.
[5] S. Brief Aslans vom 4. Juli, der die Erklärung dieser Stelle in der Anmerkung gibt.

[6] Aslan verwendet in diesen ersten Briefen als Unterschrift den Namen von Erni Hrubesch (s. Vorbemerkungen), Schauspielerin und Schauspiellehrerin am Reinhardt-Seminar in Wien, mit Aslan eng befreundet.

Tonio an Aslan

Warschau, 2. Juli 1941.

M. g. R.

Dein Brief vom 26. Juni kam gestern abends an. (Montag und Dienstag waren spielfrei, und daher waren wir in Warschau.) Ich hatte viel Freude damit. Du bleibst Dir durch alle die Jahre treu. Vielleicht ist es sogar sehr beglückend, diese Stabilität. Was ich Dir persönlich noch wünschen würde, ist eine gewisse große Freiheit über Deine persönlichen Gefühle, ein restloses Unabhängigsein von Liebe und Pflicht. „Frei sein im Dilemma", wie Du es so schön sagst.

Ich finde, daß Enfernung und Getrenntsein von der geliebten Person erst das wahre Gewicht der Beziehung zeigt. Ich bin frei und deshalb klar. Es ist oft nur ein Moment im Trubel des Geschehens, daß einen nüchternste Klarheit anfällt und im gezwungenen dauernden Beisammensein mit vielen Menschen herrliche Einsamkeit anhält; dann ist nämlich bei mir meistens der stärkste Moment. Und alle Irrungen, Verirrungen lösen sich, und ein so großes Glück kommt über mich — und dann, gerade dann bist Du bei mir. Das und nur das sind die herrlichsten und reinsten Momente der Liebe. Das sind auch die großen Unterschiede von Z. und mir. Dort alles Krampf und Zwang. Hier Gelöstsein und Freiheit. Diese Erkenntnis allein ist es, die mich manchmal veranlaßt, dort kritisch zu sein oder zwar zu schweigen, aber tief innerlich nicht ganz einverstanden zu sein. Aber auch wieder aus keinem persönlichen Gefühl heraus, sondern aus Sorge, oder wie magst Du es sonst nennen, um Dich!! Das fürchte ich immer wieder, ist Dir nicht so ganz klar. Z. braucht Dich scheinbar notwendig, und Du brauchst Z. Es ist nicht allein Pflicht!

Ich brauche Dich nicht mehr [1]. Bitte mich richtig zu verstehen! Es wird sich weisen, ob das, was Du an mich gegeben, Früchte tragen wird. Ich brauche sogar dieses Getrenntsein von Dir, um mein persönlichstes Ich zu finden, das heißt, zu beweisen, daß ich ein Persönliches bin. Sei es in der Kunst, sei es im Leben. Brauchen tue ich Dich als die Schönheit in meinem Leben! Tiefste Dankbarkeit und Liebe erfüllt mich für alle die Verschwendung Deines besten Ichs, das Du mir gegeben. Du bleibst und bist der rote Faden, der durch mein Leben wie mein eigen Blut rinnt.

Bis zum 15. haben wir acht Einsätze an acht verschiedenen Orten. Zwischendurch kommen wir immer auf ein paar Stunden nach Warschau, das uns ein wenig Heimat geworden ist.

Im September hoffe ich Dich als „Faust" zu sehen. Wenn die Tournée wirklich bis zum 13. September dauert, hoffe ich, spätestens am 15. September in Wien zu sein. Dann allerdings am 1. Oktober muß ich in Metz sein. Ja, ich habe abgeschlossen. Du wirst verstehen, warum ich es getan habe. Es scheint mein Los zu sein: das Wandern.

Mein Gott, der Du unser aller Schicksal lenkst, ich vertraue auf Dich und hoffe, ich habe es so recht gemacht.

Lebe wohl und laß es Dir recht gut gehen, erhole Dich körperlich, und sei gesegnet für all das Gute, das Du mir getan hast!

Immer

Dein T.

[1] Um diese Stelle nicht mißzuverstehen (s. Einleitung): Tonio will Aslan hier wie immer punkto Zeljko beruhigen.

Aslan an Tonio

Wien, 4. Juli 1941.

M. g. E.

Einige Minuten nach unserem Telefongespräch [1] kam Deine Karte vom 27. Juni. Daß es mir doch gelang, Dich einen Moment lang an das andere Ende der Telefonschnur zu binden, freut mich. Deine Nachricht vom Metzer Engagement, die auch in Deiner Karte [2] angedeutet ist, hat mir wieder bestätigt, wie recht ich hatte, von allen Abschieden gerade diesen am 3. Juni besonders schwer zu empfinden. Bedenke: 1. der Abschied selbst. 2. Der Unfall; 3. das Metzer-Engagement; 4. Tinys [3] Tod und 5. die Bestätigung der Frau Dr. Neubacher [4], daß ich am 3. Juni gerade „Besuch" [5] bekommen sollte, wie schon Direktor Müthel [6] ahnte, und nur durch den Unfall sozusagen darum herum kam. Gerade zum Abschied!

Das Metzer Engagement, das ich mit Vernunft begrüßen sollte, denn es schützt Dich ja vor manchem Ungemach und bringt Dich beruflich irgendwie weiter, ist nun aber doch das Glockengeläute, mit dem ich meine Jugend endgültig begrabe [7].

Überall begegnen wir doch der Angst der Kreatur. Wovon diese sich aber im tiefsten ängstigt, weiß sie selbst nicht. Oft haben wir alle diese unbegreifliche Angst gespürt.

Montag früh fahre ich also nach Karlsbad, Haus Quirinal.

Ich danke Dir für Deine Karten und Briefe, sie sind für mich Medizin.

Grüße auch Epps und die Kollegen, die sich ev. darüber freuen!

Immer
Deine Erni

[1] Ein Telefongespräch war also endlich zustandegekommen.
[2] Die Karte mit der Nachricht vom Metzer Engagement ist nicht erhalten.
[3] Tiny Senders, Burgschauspielerin, gute Freundin Aslans.
[4] Dr. Ing. Hermann Neubacher, damals Bürgermeister von Wien.
[5] Diese verschlüsselte Mitteilung besagt, daß die Aslan wohlgesinnte Gattin des Bürgermeisters ihn von einem geplanten „Besuch" der Gestapo unterrichtet hatte, dem er durch den Unfall mit anschließendem Spitalsaufenthalt entgangen war (s. Einleitung).
[6] Lothar Müthel, damaliger Direktor des Burgtheaters.
[7] Aslan war damals 55 Jahre alt.

Aslan an Tonio

Wien, 5. Juli 1941.

M. g. E.

Arndt [1] war eben bei mir und bittet mich, Dich zu grüßen.

Du hast ganz recht: „Frei sein vom Dilemma". Konnt' ich das je? Und das größte Dilemma: menschlich — übermenschlich, mit Gnade — ohne Gnade, in Sünde — ohne Sünde, Natur — Übernatur, diesseits — jenseits, Engel oder Teufel — wer findet von sich aus und allein den Weg? Du hast mir das Glück der Dilemmalosigkeit gegeben, soweit es Dich allein angeht. Für mich ist meine Beziehung zu Dir kein Dilemma; Du bist eindeutig das, was Du immer warst, ich will das hier nicht ausführen. Das bedeutet sehr viel. Dilemma entsteht in mir nur durch mich, nicht durch Dich. O, ich sehe alles klar, kann es nur hier nicht so deutlich sagen. Ja, selbst das Dilemma: Gott und Du — liegt nur in mir, Du bist daran unschuldig. Ich bin es, ich, gekettet an gewisse Dinge.

Gestern abends war ich in Gesellschaft von Literaten, Journalisten, Theatermenschen. Es wurde die 8. Duineser Elegie [2] gelesen und Stefan George. Ganz nett. Es lenkt ab. Heute gehe ich zum Maler Jung. Wieder Menschen, und es wird gewiß nicht dumm geredet. Sehr nett, ja. Es lenkt ab. Alles Ersatz für Ruhe.

Zwei Sätze fallen mir so oft ein: d'Annunzios: „Wann wird mir die Liebe nicht mehr weh tun?" und Augustinus': „Du hast uns für

Dich geschaffen, o Gott, und unruhig ist unser Herz, bis es ruhet in Dir". In diese zwei Sätze kann man alles hineinwerfen, auch den Alltag. Manchmal möchte ich zwanzig Jahre älter sein, manchmal dreißig Jahre jünger, um es richtiger zu machen. Metz ist für mich natürlich eine große Tränenangelegenheit. Aber reden wir nicht davon!

Ich muß noch einmal darauf zurückkommen: Du hast recht mit „Krampf". Wenn nämlich Z. das begreifen könnte, krampflos, was ich Dir z. B. heute schrieb, so würde er für mich kein Dilemma mehr, sondern eine tief verwurzelte, zwar leidvolle, aber doch tiefe Angelegenheit sein. Schade! Der Krampf! Das ist's!

Montag früh fahre ich. Dank! Dank! Dank! Wie sich Seligkeit und Leid mischt! Ach! Immer wieder!

Deine Erni

[1] Ernst Arndt, Burgschauspieler, später von den Nazis vergast.
[2] Von Rilke.

Aslan an Tonio

Karlsbad [1], 8. Juli 1941.

M. g. E.

Gestern abends acht Uhr kam ich gut an. Mein Zimmer ist sehr schön, ich bin zufrieden. Trotzdem Karlsbad sich sehr, sehr verändert hat, erwarte ich mir von seinen Moorbädern, Wassern und Wäldern Erholung, Genesung und Verjüngung. Noch humple ich mit Stock. Ich müßte dankbar sein und bin es, aber Du weißt, was ich möchte. Und der Schatten, der in Form eines Kreuzes über meinem Leben lastend liegt, weicht halt nicht.

Noch bin ich nicht eingelebt, aber das wird schon werden. Worüber die anderen jammern (Verpflegung etc.) stört mich fast gar nicht. Mir geht's um was anderes! Pater Diego [2] hat ein Büchlein herausgegeben „Der begnadete Mensch". Das müßte man auswendig lernen. Ich frage, ob man nach Polen Bücher schicken kann, und lasse Dir durch meine Buchhandlung in Wien das Buch direkt zuschicken. Es ist mir eine tiefe Freude, mir vorzustellen, wie Du liest.

Deine Erni

[1] Wie von Aslan schon im Brief vom 26. Juni erwähnt, fuhr er am 7. Juli zur Kur nach Karlsbad.
[2] Diego Götz, Dominikanerpater, berühmter Kanzelredner in der Kirche zu

St. Anna in Wien, wo viele Künstler, hauptsächlich Schauspieler, seine Predigten hörten. Auch Verfasser religiöser Bücher. Mit Aslan eng befreundet.

Tonio an Aslan

Warschau, 9. Juli 1941.

M. l. R.

Heute bin ich wieder auf ein paar Tage hier in Warschau, eine Kollegin ist erkrankt, und so sind wir ein paar Tage spielfrei. Ich werde baden gehen und mich in die Sonne legen.

Am Sonntag war ich in der Kirche (die Stunde der Ruhe in der ganzen Woche) und stand wieder unter dem Herzen Chopins (eine Kugel ist durch die Grabplatte gegangen) mit dem kleinen Gebetbuch von Dir in der Hand, in dem ich auch fleißig las. Und ganz Deinem Beispiel folgend, „löste ich mich in Tränen auf". Die Tiny [1] will auch mir nicht aus dem Sinn, ebenso und noch mehr die L. Marie [2]. Mein ganzes Leben, meine Sünden, meine Begegnungen mit Menschen, meine Mutter, meine Familie, der Krieg, die Welt, alle Träume und Sehnsüchte und vor allem auch Du. Das sind doch Gründe genug, mit dem Herrgott zu reden, ihn zu bitten und zu weinen aus Dank und auch aus Verzeihen! Wirklich, so eine Stunde der Besinnlichkeit tut not.

Ich sehe so viel Elend und Not, daß ich erstarre und oft nicht mehr begreife. Das Elend der anderen ist so groß, daß ich ganz gebückt bin.

Daß Du den Cyrano [3] in Berlin spielen sollst, ist sehr gut. Eine herrliche Rolle gerade für Dich!! Du sollst Ruhm und Verehrung noch und noch haben! Du bis bestimmt ein Großer! Daß mir so lange das Glück zuteil war, Dein Nächster zu sein, ist ein herrlich Gefühl für mich und macht mich glücklich. Ich wollt', ich könnte in jeder Beziehung Dir in meiner künstlerischen und menschlichen Entwicklung folgen. Leider fehlt mir jedes Format. Ich habe durch Sehnsucht und Phantasie vielleicht aus mir etwas gemacht, was scheinbar Menschen in Liebe an mich anhangen läßt. Aber künstlerisch, mein Gott, habe ich vielleicht Minuten gelebt. Weißt Du, es macht nicht unglücklich, denn Erkenntnis, ich weiß, ist die erste Stufe zum Bessermachen. Aber wenn man es aus Mangel nicht besser machen kann, das kann sehr traurig machen. Für Dich, das weiß ich, kommt viel Künstlerisches noch, und auch menschlich gehst Du den richtigen Weg.

Die drei Monate werden sicher hier in Polen vergehen. Die Soldaten sind unerhört dankbar, und oft hat man den Eindruck, eine gute Tat zu tun.

Erhole Dich gut! Karlsbad wirkt auf Dich erholsam und und gesundmachend. Ich weiß es. Freue Dich, daß Du gesund und schön leben darfst! Alle Schönheit der Erde Dir und alle Erkenntnisse, die zum Himmel führen!

Auf Wiedersehn!

T.

[1] Tiny (s. Aslans Brief vom 4. Juli 1941).
[2] Luise Marie Mayer, Schriftstellerin (z. B. „Israeli", am Burgtheater mit Ernst Deutsch aufgeführt), war mit Aslan und Tonio befreundet; wurde von den Nazis rassisch verfolgt und schließlich vergast. (S. Einleitung.)
[3] „Cyrano de Bergerac" von Edmond Rostand.

Tonio an Aslan

Warschau, 10. Juli 1941.

M. g. R

Deine beiden Briefe vom 4. und 5. habe ich gestern erhalten. Ich bin doch ein wenig starr über den „Besuch"[1], den Du am 3. Juni haben solltest. Was will man von Dir? Du mußt klare Situation schaffen. So ist das doch kein Leben. Das Metzer Engagement mußt Du so nehmen, als ob ich zum Militär müßte. Abschiede haben uns immer wieder bange gemacht. Und ist es nicht das beste Zeichen für uns, daß es immer wieder so schmerzhaft ist? Ich wünschte Dir Ruhe und wieder Ruhe. Und wenn Du alles persönliche Geschehen von dieser Warte aus (von dieser höheren Warte, wie Du oft selber sagtest) betrachtest, dann mußt Du doch die natürliche Entwicklung erkennen, Dich freuen. Dann will ich sogar die Glocke läuten zu Deiner „neuen, schöneren Geburt". Schau, Du bist doch der Reifere, Du mußt mir helfen bei diesem Schritt, den ich mit großer Qual mache. Ich habe mich stets in Deinen Schatten gestellt — aus Liebe und Hingabe — bitte, ja — nun soll es sich aber endlich weisen, ob ich die Kraft zur eigenen Persönlichkeit habe. Wie falsch hat mich gerade Z. in all den Jahren beurteilt! Gerade die Gegengründe, die er anführt, haben mich veranlaßt, bei Dir zu bleiben, und gerade die Gegengründe, die er jetzt anführen würde, wenn man mit ihm darüber spräche, veranlassen mich, Dir freie Bahn zu geben[2]. Warum ich das sage? Weil dort

Z. um Dich ist und weil ich schon seit langem das Gefühl habe: Ein Kreis schließt sich. Verstehe recht! Ich sage das kühl und klar, und diese Kühle des Verstandes und diese Klarheit des Herzens wünsche ich auch Euch.

Du hast in mir eine Komponente geweckt: die des Opfers. Am Tage oft werde ich ganz weich in Gedanken an Dich, und die Augen füllen sich mit Tränen. Ich weine, weil ich doch immer wieder anders handle, als es in mir will. D. h.: Das Herz will. Jetzt handle ich, wie es mir die Vernunft eingibt.

Die Tage gehen hin, einmal spiele ich, dann wieder nicht. Glücklich bin ich, wenn ich wo in der Sonne liegen kann und mit geschlossenen Augen in den blauen Himmel träume. Oft müßte man viel trinken. Im Heere Alexanders mußte man das auch!

Du bist in meinem Herzen und in meinem Sinn.

T.

[1] S. Aslans Brief vom 4. Juli 1941.
[2] Dieser Satz sowie der ganze Brief bezweckt nichts anderes, als dem Freund die Unruhe über das „Dilemma" zu nehmen, und sei es um den Preis des eigenen Verzichtes. (S. Einleitung.)

Aslan an Tonio

Karlsbad, 11. Juli 1941.

M. g. E.

Welche Freude, in so kurzer Zeit einen Brief von Dir erhalten zu haben! Ist das möglich? Von uns zu Euch dauert es anscheinend länger. Wie immer, es war herrlich! Und daß Du ein paar Tage spielfrei bist, ist ja wundervoll. Noch größer ist meine Freude, daß Du in die Kirche gehst und das Beten lernst. Wie ich darüber weinen kann, ist nicht zu sagen. Auch noch in vielen Jahren, wenn ich daran denken werde. Wohl gingst Du immer, aber es ist doch schön. Pater Diego sagt: Der Mensch ist „ein Sünder, der an den heiligen Geist glaubt", und meint, das wäre schon viel. Wehe dem Menschen, der nur ein Sünder ist und nicht an den heiligen Geist glaubt! Ich schrieb ihm — er ist jetzt in Freiburg bei seiner Mutter —: „Ein Sünder, der an den heiligen Geist glaubt, das war ich lange genug. Es wäre an der Zeit, daß ich jetzt Werkzeug des göttlichen Lebens werde." Und solange ich das nicht bin, erscheint mir meine Kunst nur als ein Können und eine Art Zauberei. Aber Kunst — Ausdruck des göttlichen Lebens, muß von einem Werkzeug des göttlichen Lebens nachgeschaffen werden. Du siehst, wir leiden beide an unserer Kunst. Du, weil Du glaubst, Dein „Format" oder, wie ich sagte, das „Können", sei zu klein, ich, weil ich dieses „Können" nicht schätze. So leiden wir beide um den heiligen Geist, der uns nicht, wie wir es möchten, be-geistert! Und daß dieses „Format" oder „Können" bei mir bessere Verträge und größere Gagen bringt, das scheint ein Vorteil zu sein. Ich aber sage Dir, es schafft noch größeres Leid. Wie gerne wäre ich ein armer Gärtner, der nur den Garten seiner Seele pflegt! O, ich bin kein Heiliger, ich begehre nach diesen Blumen, nach ihrem Duft und ihrer Wonne. Ich muß es sagen, sonst würde ich lügen. Meine ganze Heiligkeit besteht darin, daß mir die andern Blumen weniger zusagen. Dann lieber die Rosen meines Rosenkranzes! Und das kann mir kein Theologe beantworten, ob es denn auch so eine Sünde ist, nur nach einer Blume zu begehren. Du kennst ja dieses alte Lied. Es klingt schrecklich undankbar, aber ich empfinde die Riesenarbeit, die ich leisten muß, mehr als einen Fluch. (Trotzdem bin ich froh, daß Vertrag u. s. w. da sind.)

Wenn man ganz aufrichtig ist, sieht alles anders aus. Ich möchte halt viel Geld haben, keinen Konflikt und kein Dilemma im Herzen und so frei und ungequält (auch von mir) mit Dir etwa in Capri leben. Sonst nichts. Und das geht eben nicht.

Herzlichste Grüße
Deine Erni

Aslan an Tonio

Karlsbad, 13. Juli 1941.

M. g. E.

Nein, nein, der Kreis schließt sich nicht [1], das möchte ich wirklich nicht! Schlösse er sich, dann wäre es der Ring, der mich erwürgt. Nein, nein, es ist auch, Gott sei Dank, nicht die Rede davon.

Z. ist wohl seit gestern hier, aber er sucht in München oder Berlin eine Anstellung mit fixem Gehalt, was schwierig ist, da er ja Ausländer [2] ist. Und ich bleibe ja in Wien. Ich werde ihn ein- bis zweimal im Jahr sehen, kürzer oder länger, ich tue es aus dem Herzen, wenngleich aus einem zerklüfteten, ich verstehe alles, ich kann opfern. Aber der Kreis schließt sich nicht! Wenn sich ein Kreis schließt, soll es der Ring sein, der mir bei der Taufe eingegossen wurde und mich am Tode und an der Auferstehung des Herrn teilnehmen ließ. Das ja, das, was auch

Du mir wünschest, worüber Du so oft und auch diesmal wieder geschrieben hast — vorläufig habe ich alle Deine Briefe wieder aufgehoben — das, was mich immer so erschüttert, wie Du es im tiefsten verstehst, das, was ich so sehr wünschte: „die natürliche Entwicklung, die neue, schönere Geburt". Aber das andere ist vorbei. Zusammenleben und Zusammenwohnen mit Z.: nicht mehr. Für fünf Jahre ist einmal vorgesorgt. O, ich wünsche ihm so sehr Ruhe und Frieden. Er ist irrsinnig nervös. Aber den Kreis, nein, den könnte ich nicht schließen!

Du machst mich zum jungen Werther. Ich werde überhaupt nicht mehr mit Tinte, nur mehr mit Tränen schreiben. Diesen Kampf zwischen unserem Herzen und unserer Vernunft — so man beides hat — kämpfen wir das ganze Leben, so oder so.

Manchmal müßte man sich betrinken, sagt Du. Ja, ich trinke Brunnen! Könnt' ich nicht auf eine halbe Stunde zu Dir kommen!

Ich bin schon wieder brav. Es ist $^1/_2 7$ Uhr früh, die Vögel zwitschern vor meinem Fenster, um 7 Uhr will ich in die Messe, es ist ja Sonntag früh.

Ich habe Mitleid mit Z., gewiß, ich verstehe alles. Aber nun liebe ich Dich, und dieser Kreis braucht sich nicht zu schließen, der ist geschlossen. Es ist mein (unser) tiefstes Geheimnis. Es macht mich glücklich und unglücklich und wahnsinnig und heilig.

Deine Erni

[1] S. Tonios Brief vom 10. Juli.
[2] S. Einleitung. Zeljko war jugoslawischer Staatsbürger.

Tonio an Aslan

Skiernewice, 22. Juli 1941.

M. l. R.

Vier Tage bin ich von Warschau fort. (Die Adresse bleibt vorläufig die alte, weil wir ja auch unsere Quartiere behalten.) Am Freitag spielen wir vormittag in Warschau, am Abend geht es wieder weiter. Die letzten drei Tage waren täglich zwei Vorstellungen. Einmal war eine Bühne auf Tischen aufgebaut. Heute abends spielen wir in einem ehemaligen Jagdschloß des Zaren. Die Ortschaften wirken alle sehr russisch. Wie ich gestern gehört habe, sollen wir überhaupt auch nach Rußland kommen [1]. Gestern waren wir in einem Ort privat untergebracht. Wie die Leute gehört haben, ich sei Wiener — sie selbst haben jahrelang in Wien gelebt — haben sie mir Gastrecht erwiesen. Es war der schönste Tag der Tournée. Der Sohn des Hauses spielte Chopin, Liszt und polnische Präludien, daß man ganz sehnsüchtig wurde. Vielleicht entsteht da einmal eine polnische Freundschaft.

Viel hätte ich Dir auf Deine letzten Briefe zu antworten, viel viel! Jedenfalls bin ich so überaus glücklich, Dich als meinen Freund zu wissen. Du strahlst auf mich wie eine Sonne. So viel bin ich durch Dich geworden! Maßloses danke ich Dir.

Kennst Du Stimmungen, wenn man nachts im Auto durch die Länder fährt und ganz seinen Gedanken überlassen ist, oder auch am Tage bei glühender Sonne mit offenen Augen träumt? Ich bin so reich, ich bin so dankbar und oft so restlos glücklich. Glücklich in der Erkenntnis, glücklich im Erinnern, glücklich im Vollgefühle dessen, daß ich lebe, glücklich im Kommenden; dann wieder so voll der Erschütterung über menschliches Leid, es greift in die letzten Tiefen der Seele. Und dann glaube ich, wirklich einmal ein großer Schauspieler sein zu können. Ich möchte die Fähigkeit ganz haben, all das Erlebte auch wirklich gestalten zu können. Du kannst es! Im Leben kann ich es auch tun. Auf der Bühne manchmal. Ich bin für alles so offen, so bereit zum Empfang. Die Jahre mit Dir haben mich so reif gemacht. Hoffentlich kommt der Tag, an dem ich Dir beweisen kann, was Du mir in meinem Leben bist und immer bis zu meinem Tode bleiben wirst.

Werde ganz gesund an Seele und Leib, bleib' schön, schön, wie ich Dich kenne!

Mein Herz Dir!

T.

[1] Seit einem Monat war Deutschland im Kriegszustand mit Rußland. Der deutsche Vormarsch hatte mit der Eroberung Russisch-Polens begonnen.

Aslan an Tonio

Karlsbad, 23. Juli 1941.

M. g. E.

Daß Du nun täglich spielen mußt, ist nach dieser Wintersaison gewiß tierisch anstrengend. Vielleicht ist es Dein einziger Trost, daß Du keinen neuen Text lernen mußt und keine Proben hast. Schwacher

Trost für die Mühe, aber doch etwas. Aber ein anderer Gewinn erwächst Dir aus dem Viel-Spielen. Nämlich die Technik. Guardini sagt: „Von allen Dingen, auch den geistigen, sagt man, sie wollen gelernt sein." Lernen aber geschieht durch Übung. Und Übung bedeutet nichts anderes, als daß „Techniken" ausgebildet werden, durch die ein „Tun" von selbst geht. Genauer gesagt: Kraft und Aufmerksamkeit für das Wichtige (die Rolle) muß frei bleiben. Solange man es noch nicht kann, muß man jeden einzelnen Akt beaufsichtigen, und das Eigentliche (die Rolle) kommt zu kurz. Sobald man es kann, d. h. eine Technik entstanden ist, wird diese (die Rolle) „frei" Er meint es vom Beten; es gilt aber dasselbe für unsere Kunst. Die Technik muß so groß sein, daß sie überwunden ist, dann blüht die Rolle, und durch vieles Spielen könntest Du zu diesem Punkt gelangen. Es ist ein ungeheures Kapitel. Technik ist nicht Routine. Routine ist unser größter Feind. Technik ist Einüben des Geistigen ins Materielle, sodaß durch das Hineinüben, Durchüben, Einüben der Teig ganz und gar durchsetzt ist und lebendig wird. So müßte auch das Beten im Leben eingeübt werden, bis das Leben durchsetzt ist, durchleuchtet und Beten lebendig, also Leben wird. Das möchte ich noch erleben, daß Du in der Kunst — Flamme wirst. Betende Flamme. Natürlich geht das weder in „Scampolo"[1] zu machen noch im „Zerrissenen". Aber das sollen alles Vorstufen sein.

Daß Du Dich bei der Arbeit trotzdem wohlfühlst und doch auch Schönes hast, freut mich für Dich. Ich danke Dir sehr, daß Du auch in die Messe gehst. Auch das will ich erleben, daß Du zur Kommunion gehst. Hoffentlich hast Du das Büchlein von Pater Diego aus Wien bekommen! Im September bekommst Du dann auch das Buch von Guardini: „Der Rosenkranz unserer lieben Frau". Mit diesen beiden Büchlein ist man vollkommen ausgerüstet. Eigentlich steht alles darin.

Z. ist wieder zurück nach München. Diesmal war das Wiedersehn kurz. Ein andermal wird es wieder länger. Er hat den festen Entschluß, eine fixe Anstellung zu erwerben, oder er geht endgültig in seine Heimat. Erfreulich ist, daß er im Spital nicht geduldet, sondern gebraucht wird. Das freut mich sehr. Etwas nützen meine Gebete doch. Vielleicht kommt er doch noch auf den Weg. Gott geb's!

Ich bin allein. Auch das will ich üben. Es gibt auch eine Technik des Allein-Seins.

Die Kur ist gut. Aber es hat sich herausgestellt (Erklärungen wären zu lang), daß für mich das Radium sehr wichtig ist. Ich soll also auf 8 bis 10 Tage nach St. Joachimsthal. Aber das alles ist unsicher, da alles doch sehr teuer ist [2].

Deine Briefe habe ich verschlossen der Erni ³ geschickt, damit sie sie zu den andern tut und gut aufhebt. Glaubst Du, sie hat meinen eingeschriebenen Brief bestätigt? Und ich zittere hier, daß alles und ob alles schön versiegelt an Ort und Stelle ist ⁴.

Ich will mich sehr pflegen, denn ich will Dir Mitte September gefallen. Das mußt Du schon verstehen. Es ist alles wahr, was ich sage. Guardini über alles und gewiß — ja-hinauf-hinauf, aber doch stehe ich im Leben (auch im Beruf), und mein Beruf ist auch, Dir zu gefallen. Ach, laßt mir noch diese Spanne Zeit, ihr lieben Engel mein, wie lange kann es denn noch dauern!

So schließe ich heute wie täglich Dich in meine Arme

D. R.

¹ Komödie von Dario Nicodemi, worin Tonio auf der Tournée den Tito, die Hauptrolle, spielte.
² Aslan konnte wie viele geniale Menschen mit dem Geld nicht allzu gut umgehen, nicht zuletzt wegen seiner Großzügigkeit im Schenken und Wohltun.
³ Erni Hrubesch (siehe Aslans Brief vom 26. Juni 1941).
⁴ Die Briefe mußten natürlich wieder gefahrensicher aufgehoben werden wegen der Gestapo. (S. Einleitung.)

Tonio an Aslan

Lovicz, 24. Juli 1941.

M. l. R.

Leider habe ich seit Tagen keine Nachricht von Dir. Epp fuhr gestern nach Warschau und bringt uns heute die Post. Morgen spiele ich in Warschau und bin dann bis Ende des Monats jeden Tag an einem anderen Ort. Ob ich zwischendurch nach Warschau komme, ist fraglich. Gestern stand schon in der Krakauer Zeitung, daß wir nach Rußland kommen.

Was machst Du nach Deinem Karlsbader Abenteuer? Gehst Du zur Dorsch ¹? Was macht übrigens Deine Mama und Didier? Ich wäre froh, von hier wieder fortzukommen. Die Zeit vergeht so langsam! Die Gewohnheiten meiner Kollegen sind mir odios. Das lange dauernde Zusammenleben erfordert eine große Lebensklugheit, und ich bin vielleicht der einzige, der ohne Spannungen mit jedem auskommt.

Der Gedanke, daß Du Deiner Gesundheit leben kannst, macht mich glücklich. Wenn Du Geld brauchst, ich kann Dir etwas überweisen lassen.

Alles Liebe und immer wieder

Dein T.

[1] Käthe Dorsch, die berühmte Schauspielerin, hatte eine Villa in Schörfling am Attersee.

Aslan an Tonio

Karlsbad, 28. Juli 1941.

M. g. E.

In Deiner letzten Karte vom 24. schreibst Du, Du wärest ohne Nachricht. Ich bin entsetzt. Eigentlich habe ich täglich geschrieben, manchmal jeden zweiten Tag, und nur die letzten zwei Tage habe ich nicht geschrieben, weil ich mich gräßlich aufgeregt habe und noch immer in Spannung bin. Es handelt sich um finanzielle Dinge [1]. Mein Plan war, nach Joachimsthal zu gehen, dann über München, Salzburg (Dorsch) nach Wien. Wenn alles mißlingt, fahre ich direkt nach Wien. So will ich noch zuwarten, wie sich's gestaltet, und dann ausführlich berichten.

Pater Diego ist ab 29. in München. Ich wollte ihn auf der Durchreise sehen, Z. etwas Geld bringen, nach Salzburg, von dort Mama und Dorsch [2] besuchen (alles nach der Joachimsthaler Kur) und dann nach Wien. Jetzt steht alles am Kopf, weil kein Geld da ist. Rührend, daß Du mir Geld anbotest. Aber bis dieser Brief zu Dir kommt und das Geld da ist, dauert es zu lang. Du begreifst, daß ich deprimiert bin. Und doch wieder dankbar für Deine Briefe und viele andere Gnaden. Schreibe Du mir jedenfalls hieher, es wird mir nachgeschickt werden.

Denk' Dir, am hiesigen Theater wurde auch Scampolo gegeben. Ich habe mir die Vorstellung angeschaut. In der Tito-Rolle sah ich im Geiste immer Dich. Der hiesige Darsteller „hölzelt" und sieht sehr schlecht aus. Das Stück ist sehr nett. Aber meine Gedanken waren in Warschau. Würde Dich doch gerne auch in der Rolle sehen!

Ich schicke nur diese Zeilen gleich weg, damit Du nicht ohne Nachricht bist, und umarme Dich mit aller Glut meines Ichs.

D. R.

[1] Finanzielle Dinge (s. Fußnote zu Aslans Brief vom 23. Juli 1941).
[2] Siehe Fußnote zu Tonios Karte vom 24. Juli 1941.

Tonio an Aslan

Minsk, 28. Juli 1941.

M. g. R.

Herrlich schön, was Du da über die „Techniken" sagst! Ich lerne, weil ich oft selbst Gedachtes, von einem „Reifen" ausgesprochen, begreife, erfasse, verstehe und dann bewußt in die Tat umsetze, das heißt, in die Tat umsetzen möchte!

Das Büchlein von Diego kam auch. Sicher wunderbar. Da es aber vollkommenste Konzentration verlangt, gelingt es mir fast nicht, es zu lesen. Ich muß einen passenden Moment abwarten. Konzentration, ich weiß, ist nur durch Übung zu erreichen. Aber es ist nicht möglich, da der momentane Alltag die primitivste Konzentration auf das rein vegetative Leben beansprucht. (Z. B. jetzt, ich will Dir diesen Brief schreiben, habe Gedanken, die ich Dir sagen will, und schon kommt einer und sagt: „Neun Uhr, bitte zum Frühstück, in einer halben Stunde ist Abfahrt".) —

Nach dem Frühstück: Ich habe noch eine halbe Stunde Zeit. Gestern, heute und morgen sind zwei Vorstellungen. Bei der Hitze oft schon um zwei Uhr mittags. Aber ich denke tapfer an das von Dir Gesagte. Am Freitag geht es nach Warschau zurück. Dort spiele ich dann täglich 14 Tage lang Scampolo. Den weiteren Einsatz weiß ich vorläufig noch nicht.

Also Z. ist wieder zurück nach München. Ich weiß nicht, soll ich mich für Dich freuen? In Gedanken wünsche ich ihm viel Gutes. Ich bin überzeugt, er wird als Arzt Erfolg haben. Ich fühle, er ist, wenn gewisse Starrheiten von ihm weichen, positiv. —

Ich schreibe abends weiter. Inzwischen ist wieder ein ganzer Tag vergangen. Siedlce, ein neuer Ort, an dem wir leider drei Tage bleiben. Gestern zwei Vorstellungen in einer Scheune, das erste wirkliche Front-Theater, ohne Kulisse. Doch viel Freude und Lachen haben wir gebracht. In den Zwischenpausen spielte Militärmusik Zirkusmärsche, es war wie in der Manege.

Ich lebe sehr die Situation, aber sekundenweise wünsche ich mir oft einen Tag aus der Vergangenheit: Sorrent oder Anacapri, Rhodos, Florenz oder Fiesole oder auf dem Schiff im Adriatischen Meer! Ob das alles so ganz vorbei ist, oder ob es noch schöner kommt?!

Ich mache Schluß. Die Bande kommt ins Zimmer, läßt mir keine Ruhe. Ich soll mitkommen auf einen Bummel durch den Ort.

Weißt Du auch, daß ich bei der Terra ¹ einen großen H. J.-Film ² machen sollte?

Wie immer ganz und gar verbunden

Dein T.

[1] Terra = Berliner Filmfirma.
[2] H. J. = Hitler-Jugend.

Aslan an Tonio

Joachimsthal [1], 1. August 1941.

M. g. E.

Seit heute früh bin ich hier. Ich soll bis 12. August bleiben. Es ist wohl das fadeste und einsamste Nest, das man sich denken kann. Und da es keine Wagen und keine Busse gibt, muß man alles zu Fuß machen. Ich nehme also Radium-Bäder, Radium-Bestrahlung und Massage. Es ist schwer für mich, so allein zu sein. Aber vielleicht ist es auch gut. Umso mehr bin ich auf ein Briefli angewiesen.

Heute abends hält mein Arzt, Dr. Heiner, einen Lichtbildvortrag im Kino: „Das Rätsel Radium".

Die Kirche ist furchtbar weit, aber in der Nähe, d. h. eineinhalb Stunden entfernt, soll ein berühmter Wallfahrtsort sein: „Maria Sorg". Da muß ich hin.

Viele Küsse

D. R.

[1] Wie aus dieser Karte Aslans ersichtlich ist, fuhr er also doch nach Joachimsthal.

Tonio an Aslan

Warschau, 2. August 1941.

M. g. R.

Innigen Dank für Deinen Brief mit den Engeln [1]. Sämtliche Engelsköpfe hängen über meinem Bett und halten Wacht, singen mich in den Schlaf. Die beste Gesellschaft!

Gestern war sozusagen Première von Scampolo in Warschau. Endlich wieder ein richtiges Theater, eine richtige Bühne. Die beste Vorstellung meinem Gefühle nach. Ich glaube, wir spielen alle Tage im Hollywood-Theater Warschau. Herrlich nach all den Schreckensnestern. Hier habe ich ein sehr nettes Zimmer mit Bad im K. d. F.-Künstlerheim. Alles neu und schön.

Am Geburtshaus der Madame Curie gehe ich täglich vorbei. Ich wollte mir das Buch über sie [2] kaufen, aber in deutscher Sprache ist es nirgends zu bekommen. Ich hätte es zu gerne gelesen. Das Büchlein von Diego ist wunderbar. Man muß es langsam und immer wieder lesen. Ich finde, Du bist all diesen Forderungen sehr nahe. Du bist das einzige menschlich-künstlerische Wesen, das dieser Ethik oft ganz entspricht. Wenn Du diese Ethik lebst, bist Du der einzige und beste Lehrer, den der deutsche Staat an seine Spitze berufen müßte. „Wer die Tiefen des Lebens kennen will, muß um die Liebe leiden und erfährt Weisheit und Schönheit und Macht." Ein Satz, fast auf mich geprägt. „Und es gibt keinen anderen Weg und keinen Ausweg als den des Leides, zu tragen die Seligkeiten, die über trennenden Wassern schweben." Das Kapitel: „Der schöpferische Mensch" ist in seiner Klarheit und Schönheit für mich am beglückendsten gewesen. Nicht weil ich mich plötzlich als schöpferisch erkannt hätte, im Gegenteil, ich bin voll des tiefsten Leides, daß ich erkennen muß, daß ich weder Künstler noch schöpferisch bin. Aber Dich erkenne ich mit Hilfe dieser Klarheit endlich ganz, und das ist wieder beglückend, so einen Menschen lieben zu dürfen. Ich selbst kann nie diesen Forderungen nahekommen, weil ich viel zu zerstreut und abgelenkt bin, viel zu sehr im Triebhaften stecke und ohne jegliche Konzentration bin. Du hobest mich nur zu oft durch Deine Phantasie in Regionen, in denen Du Sehnsucht hattest zu leben. Aber manchmal gelingt es mir, dankbar zu sein, und daher habe ich oft die heitere Lebenskraft.

Fein, daß Du es möglich gemacht hast, noch etwas für Deine Gesundheit tun zu können! Erhole Dich für neue künftige Taten! Emilio [3] erklärte einmal, erst als ich zu Dir kam, begann mein Aufstieg.

Lebwohl und lebe wohl und auf Wiedersehn! Die Zeit soll fliegen und vergehn! Wie wünsche ich mir das Vergehen! Deine Engel seien um Dich!

Immer
T.

---

[1] Dieser Brief ist nicht erhalten. Er enthielt Engelsbilder, die Tonio über sein Bett hängte.
[2] Eve, die Tochter von Marie Curie und ebenfalls Radium-Forscherin, schrieb ein Buch über ihre berühmte Mutter.
[3] Emilio, ein Freund Tonios.

Aslan an Tonio

Joachimsthal, 4. August 1941.

M. g. E.

„Kinder, wer Gott also wesentlich besitzt, der nimmt Gott göttlich, und einem solchen Menschen leuchtet Gott in allen Dingen, und Gott erbildet sich ihm aus allen Dingen. In ihn blickt Gott alle Zeit, und er hat die Vorstellung seines gegenwärtigen Gottes. Geradeso, wie wenn jemand einen brennenden Durst hat, er mag wohl auch etwas anderes tun als trinken und mag wohl auch andere Dinge denken, aber was er tut und bei wem er auch sei und in welcher Meinung oder was immer er denkt und wirkt, ihm vergeht dabei doch niemals die Vorstellung des Trinkens, solange er Durst hat."

Meister Eckehart

Dieser Satz gefällt mir besonders, und man kann ihn so schön anwenden auf sein tägliches Leben. Jetzt habe ich z. B. Durst nach einem Briefli. Das letzte war datiert vom 24. Juli. Was immer ich denke und wirke, mir vergeht nicht die Vorstellung des Brieflis, so lange ich Durst habe. Das ist freilich eine Variante auf das mystische Thema. Aber die großen Gedanken und Gefühle sind nie starr. Sie fließen und „Gott erbildet sich ihm aus allen Dingen". Eine Liebe fließt in die andere, eine Vorstellung schiebt sich bald vor, bald hinter eine andere, und, ohne den Zentralpunkt aufzugeben, erbildet sich in der Phantasie so eine Vorstellung von Worten, von Gefühlen, die (in diesem Falle) brieflich kommen und gehen und eben diese Welt von Vorstellungen bevölkern.

Mein Unfallsbein ist ganz geheilt. Jetzt beginnt das rechte Knie, Manderln zu machen. Gar nichts soll einem fehlen? Das ist zuviel verlangt. Ich habe immer mit meiner Gesundheit geprotzt, seit dem Unfall hat's mich in den Beinen. Schwamm drüber!

Du bist entsetzlich geplagt. Wie oft denke ich: Seit Oktober 1940 jeden Tag Vorstellung und fast täglich Probe! Enorm! Das rächt sich eines Tages, und irgendwo erwischt's einen. Ich denke und denke! (Vielleicht habe ich morgen ein Kärtli.)

Jetzt lese ich — ich gebe zu, es ist grotesk, wenn man mich kennt, und es ist wie Theater, wenn ich Dir's sage — dann lösch' ich die Lichter, setze mich in einen Fauteuil, nehme eine Decke über die Füße und versenke mich in meinen Rosenkranz. Den habe ich durch den Guardini diesen Sommer entdeckt. Und es macht gar nichts, wenn zwischen den Perlen, die durch meine Finger gleiten, und den Tränen, die manchmal über meine Wangen rinnen, auch Angstgefühle um

Dich oder Liebesgefühle für Dich sich dazwischenschieben. Das macht gar nichts. Aus all dem wird doch mit Gottes Gnade irgend etwas herauswachsen, das Ruhe bringen wird.

Hab' ich Dir schon gesagt, daß ich bis 12. bleiben soll? Dann ist's ja bald aus. Dann noch 14 Tage, und ich muß als Shrewsbury [1] am 1. September auf der Bühne stehen. Auch grotesk. Mein Widerwillen gegen den Beruf ist ganz groß. Kunst, ja, und dosiert. Aber Beruf und Handwerk und Drill und plätscherndes lustiges Theatervölkchen — es kann sein, daß mir ganz einfach vor Widerwillen und Ekel das Herz bricht. Aber dann ist man doch wieder schön stad und trottet weiter.

Gute Nacht, m. l. E.!
D. R.

[1] In „Maria Stuart".

Aslan an Tonio

Joachimsthal, 6. August 1941.

M. g. E.

Als ich den 4. August-Brief wegschicken wollte, kamen zwei Briefli auf einmal: vom 28. Juli und 2. August. Der Durst war gestillt. Danke. Daß Du einen großen H. J.-Film bei der Terra machen solltest, wußte ich nicht. Daß Du in Warschau bleiben kannst, ist gut. Vielleicht kann ich das Buch über Madame Curie besorgen. Ich hätte es gerne für meine Bibliothek, und dann leihe ich es Dir in Wien. Ich versuche es. In Deutschland ist das Buch verboten, weil die Autorin (Eve Curie, die Tochter) gehetzt haben soll [1].

Ja, das Buch von Pater Diego ist schön. Vielleicht ist manches „jugendlich" [2] und wird sich ausreifen. Leider glaube ich heute nicht mehr ganz an die völlige Verquickung von Kunst und Religion. Das Reich der Schönheit ist nicht immer das Reich der Wahrheit. Wo Diego rein theologisch ist, ist er phänomenal, in Verbindung mit Kunst wird's dann oft nur Theorie. Ich möchte so gerne lang, lang und tief und schürfend und erschöpfend mit ihm reden können. Auch will ich bei ihm lange und so beichten, daß ich voll befriedigt bin — so oder so.

Ich fahre also nach der Kur über München ins Salzkammergut und von dort nach Wien. Hier soll ich bis 12. August bleiben.

Ich lese den „Begnadeten Menschen" zum dritten Mal und werde ihn daraufhin, daß Du ihn auch liest, noch einmal lesen.

Du fragst mich, „ob alles so ganz vorbei ist oder ob es noch schöner kommt". Goethe sagt: „Die Gegenwart ist eine mächt'ge Göttin." Es wäre möglich, daß Du Rhodos und Florenz und Fiesole noch einmal erlebst und es noch schöner findest als auf unseren Reisen. Das wäre möglich! Denn die Gegenwart ist eine mächt'ge Göttin. Vielleicht muß ich dieses letzte Leid durchmachen, um die Welt zu überwinden! Wehe, wenn ich bis dahin nicht stark genug bin im Glauben, nicht voll genug in der Kraft der Hoffnung, nicht voll entzündet in der Macht der Liebe!

Diese Steigerungen von schön, schöner, am schönsten sind eben der ganze Trug der Welt. Fiesole darf nur schön sein, und Christus muß am schönsten sein. Denn sonst ist Fiesole immer schöner, und man weiß nie, wann es am schönsten ist. O Trug! Mir war es so, daß ich es nicht schöner haben will!

Der Gedanke, daß mein Aufstieg beginnen könnte, wenn Du weg bist, ist für mich widersinnig. Widerspricht meinem Blut wie meinem Geist! Ist unmöglich! Und sollte ich Kaiser von Byzanz werden, wird es kein Aufstieg sein, sondern eine Veränderung. Aufstieg kann nur zu Gott sein, und darin hast Du mich nie gehemmt, sondern gefördert. Gehemmt hab' ich immer nur mich selbst. Nein, nein, manche Dinge weiß ich genau. Und wenn ich manches scheinbar halb und schwach mache und vielen darin unbegreiflich bin, so ist es für mich doch richtig. Ich bin nun einmal ein verpatzter Liebhaber und ein lächerlicher Heiliger. Aber Du liebst mich ja auch so, und das genügt.

D. R.

[1] Eves Gatte, Joliot-Curie, ebenfalls Radium-Forscher, war Kommunist und natürlich gegen Hitler-Deutschland.
[2] Pater Diego Götz war damals noch sehr jung.

Tonio an Aslan

Warschau, 8. August 1941.

M. g. R.

Überanstrengt bin ich jetzt gar nicht. Ich spiele jeden Abend Scampolo. Aber tagsüber bin ich doch frei. Ich bleibe viel im Bett, oft bis 4 Uhr nachmittags. Es erholt mich sehr. Es ist eine große Wohltat nach dem vielen Herumfahren, so an einem Ort zu bleiben. Ab 15. sollen wir dann den „Zerrissenen"[1] spielen. Und vielleicht fahren wir am 1. September nach Riga. Am 13. oder 14. September hoffe ich aber auf alle Fälle in Wien zu sein. Meine Kollegen sehe ich nur am Abend. Ein kleiner Kreis von polnischen Schauspielern hat sich um mich gebildet, da gehe ich oft nach der Vorstellung hin. Es ist mir dort so, wie ich es oft in russischen Romanen gelesen habe. Viele sprechen sehr gut deutsch. Man trinkt Tee und debattiert. Auch im Temperament und im Seelischen erinnern sie mich sehr ans Russische. Ich fühle mich dort sehr wohl. Schade, daß Du nicht dabei sein kannst! Dann wäre ich überhaupt wunschlos. Ich habe mir oft diese Art Situationen in einer fremden Stadt mit Dir zu erleben gewünscht. Ich weiß nicht, warum ich so oft an die Duncan [2] denken muß. So stelle ich mir die Situation vor, wie sie in Rußland ihren Jessenin [3] kennen lernte.

Das Land, in dem man lebt, erleben, so wollte ich immer reisen. Und immer wollte ich das eigentlich mit Dir. Es ist schön, wenn man sich durch all die Jahre seine romantischen Wünsche bewahrt hat.

Aber die Kur ist für die Gesundheit wichtig. Und dann kommt nach Bernhard Shaw „die neue Jugend".

Du bist viel allein? Hast Du Dir das nicht auch sehr oft im Leben gewünscht, wo Du es vielleicht gar nicht warst?

Hast Du dienende Geister um Dich?

Hier lege ich Dir zwei Bilder von mir bei, die in dem Garten eines ehemaligen Zarenschlosses gemacht wurden, damit Du nicht ganz auf mein „Ausg'schau vergißt. Die Tracht ist nicht ganz passend, aber — ja — es ist ja auch keine Zarenzeit mehr.

Immer und immer wieder
T.

[1] „Der Zerrissene", Posse von Nestroy.
[2] Isadora Duncan, die berühmte amerikanische Tänzerin.
[3] Jessinin, Gatte der Duncan, berühmter russischer Lyriker.

Aslan an Tonio

München, 9. August 1941.

M. g. E.

Nun, Gott sei Dank, nun ist mit dem Geld alles in Ordnung. Im Gegenteil, jetzt habe ich zuviel bekommen. Und ich schicke gleich der Herold [1] einen Teil zurück, um nicht in die Versuchung zu kommen, es auszugeben. Jeder normale Mensch würde sagen: „Das hätten Sie unter allen Umständen bekommen." Ich aber sage Dir: Das haben meine Engel gemacht. Es waren zwar vier sehr aufregende Tage, aber auch das war Absicht. Meine Engel wollten mir einmal den Korb höher hängen, damit ich sehe, wie das ist. Ich habe sie aber so lange sekkiert (Methode Lobkowicz [2]), bis sie den Korb wieder senkten und die Fülle der Gnade sich über mich ergoß. Das meine ich aber nicht bildhaft, sondern wirklich. Ich habe in diesen vier Tagen wieder gelernt, und heute werde ich wieder meine Lichter löschen und recht dankbar sein.

Wirklich groß und instruktiv und wichtig fürs Leben ist „Das Reich der Dämonen" von Frank Thiess [3], das ich eben gelesen habe. Das kaufe ich für Dich in Wien, das wird Dir auch Monate lang ungeheuer viel Freude machen.

Ich schreibe Dir von München, wo ich drei Tage bleiben möchte. Und so wäre das Kapitel Joachimsthal auch zu Ende. Von den Aufregungen abgesehen, war es für mich eine Schule des Alleinseins und eine große Übung fürs Gebet. Und das ist gut.

Viele Küsse!

D. R.

[1] H. eine Freundin.
[2] Fürstin Irma Lobkowicz, deren Gatte einst Adjutant des Kaisers Franz Joseph war, eine tief religiöse und caritativ sehr tätige alte Dame.
[3] Das berühmte geschichts-philosophische Werk über das byzantinische Kaiserreich.

Aslan an Tonio

München, 14. August 1941.

M. g. E.

Das Hotel hier ist sehr sympathisch. Ich telefoniere von hier mit der Dorsch. Sollte ich zu ihr können, fahre ich von hier an den Attersee, sonst direkt nach Wien. Das Geld fliegt nur so. Mein rechtes Knie ist noch nicht ganz in Ordnung. Trotzdem bin ich mit der Kur zufrieden. Ich freue mich auf Pater Diego, wenn er Zeit hat und sich eingehend mit mir beschäftigen kann.

Der Gedanke, daß ich den ganzen Winter ohne Dich sein werde, reißt solche Abgründe in mir auf, daß ich richtig nicht daran denken kann und will. Ich sage mir nur, mein altes Ich wird es kaum ertragen, d. h.: dauernde Unruhe, Melancholie, Nervosität usw.. Ich muß also ein neues Ich bauen. Dazu soll mir Pater Diego verhelfen.

Werde ich wirklich jeden Abend mit ... [1] im Josefinum [2] sitzen? Das alles lastet. Ich möchte gerne etwas Großes machen. Ewige Unruhe! Ich bin schon beruflich infiziert, die Ferien gehen zu Ende.

Also, m. E., morgen oder übermorgen schreibe ich Dir, ob hier was los war. Nur nebenbei: Nicht nur am Tag beschäftige ich mich mit Dir, auch nachts, wenn ich nicht schlafe. Eben das alte Ich!

D. R.

[1] Hier folgen die Namen einiger Freunde und Kollegen, z. B. Hermann Thimig, Herbert Waniek (Regisseur am Burgtheater) usw.
[2] Josefinum, ein Kaffeehaus in der Nähe von Aslans Wohnung.

Aslan an Tonio

München, 15. August 1941.

M. g. E.

Heute will ich berichten: Ich fahre nicht zur Dorsch, weil sie wieder krank ist, sondern direkt nach Wien. Was ich von dort aus mache, weiß ich nicht, wahrscheinlich nix.

Heute vormittag lange, lange Unterredung mit Pater Diego samt vorangehender Messe und Kommunion. Es war sehr schön.

Eine Ahnung [1] habe ich, daß in ein bis zwei Jahren, falls wir siegen, der gesamte christliche Glaube verboten wird. Ein ganz anderer Zustand als der gegenwärtige. Und das wird wahrscheinlich mein ganzes Leben und meinen Standard grundsätzlich ändern, falls wir siegen. Die Ahnung ist sehr begründet, und ich phantasierte mich in tolle Situationen hinein. Der mildeste Ausgang könnte sein: nach Abzug der Steuern 300 Mk Einkommen. Wenn man es früh genug weiß, kann man sich einrichten. Bös' wäre es, wenn es über Nacht käme.

Ich bin froh, daß (von unveränderlichen Dingen abgesehen) Z. fest an der Verwirklichung des Planes arbeitet, hier und nicht in Wien (vorläufig) Geld zu verdienen, und sich mit meiner „Ahnung" vertraut gemacht hat. Gelingt der Plan nicht, daß er dann zu seiner Schwester nach Jugoslawien fährt. Wenn ich Dir erzählen werde, warum meine Ahnung begründet ist (im Falle des Sieges), werden Dir die Haare zu Berge stehen. Mir stockt der Atem.

Gute Nacht, g. E.! Du weißt, wie ich Dich liebe.

D. R.

[1] Die Unterredung samt „Ahnung" bezieht sich jedenfalls auf die militärisch-politische Situation und ihre voraussichtlichen katastrophalen Folgen.

Aslan an Tonio

                                Wien, 21. August 1941.

M. g. E.

Gestern programmgemäß in Wien eingetrudelt. Ich glaube nicht, daß ich von hier noch wegfahre, obwohl ich noch 9 Tage Ferien habe. Ist doch das Wegfahren immer nur eine Flucht von sich selbst, dabei läuft das Selbst ja doch immer mit. Ruhe kann also nur immer außerhalb von uns selbst sein, resp. Überwindung des Selbst. Aber wer kann das schon?

Jedesmal, wenn ich lange von Dir nichts höre, bin ich, wie Du weißt, besorgt. Dann kommt meistens ein Briefli, das mich wieder beruhigt. Hoffentlich kommt das bald!

Mein „Unfallsbein" ist wieder ganz in Ordnung. Wenn das blöde rechte Knie auch pariert, dann ist alles gut.

Von meiner alten heiligen Freundin [1] leider keine guten Nachrichten. Auch Pater Diego ist deprimiert. Mama geht es gut.

Das sind so die äußeren und inneren momentanen Spannungen. Also rasch ein Kärtli zur Beruhigung

                Deines Dich liebenden

                            R.

---

[1] Da es sich um politische Nachrichten handelt, wird der Name der Fürstin Lobkowicz nicht genannt.

Tonio an Aslan

                           Warschau, 23. August 1941.

M. g. R.

Ich habe Dir die ganze Zeit nicht geschrieben, weil ich keine feste Adresse von Dir wußte. So bist Du also wieder in Wien. Du bist in Deinen Briefen voller Andeutungen und Ahnungen. Ich begreife nichts. Ich lebe hier von so vielem ganz losgelöst, und, wie Du selbst sagtst, ist die Gegenwart eine mächtige Göttin. Ich lebe mehr den Tag, ja, fast möchte ich sagen, ich lebe die Stunde. Wenn man unterwegs ist, das Hotel-und-Koffer-Leben vermittelt einem diese Einstellung. Ich habe es irgendwie ganz gern.

Ich werde aber am 14. September in Wien sein. Am 1. Oktober muß ich in Metz eintreffen [1]. 14 Tage habe ich dann in Wien. Ich will über Stuttgart; der Scheuble [2] liegt dort in der Nähe in einem Lazarett, ich hoffe ihn zu sehen. Er ist voller Todessehnsucht, ich muß ihm die Freude am Leben wieder vor Augen führen. Er ist so niedergedrückt von fremdem Elend und Leid. Er ist einer meiner besten und wirklichsten Freunde.

Auch Deine Briefe, ich weiß nicht, aber sie machen mich traurig. Wie überhaupt das Denken an Dich mir die Tränen in die Augen treibt. Du bist zu viel, zu gut für mich. Ich bin sicher Deinem großen Gefühl für mich nicht gewachsen. Vor allem wünschte ich Dir mehr Ruhe und Überlegenheit im Denken an mich.

Wenn Du schon so im Geistigen glücklich bist, dann sei es doch ganz! Ich habe noch so eine hohe, lange Leiter zu erklettern, die muß ich aber allein ersteigen, weil ich doch noch so ganz unten stehe. Zu Dir schaue ich aber hinauf. Nur möchte ich aber, daß Du dort oben glücklich und heiter bist. Laß mich ruhig zappeln, ich werde Dich schon auch finden.

Deine Briefli habe ich vorläufig fast alle aufgehoben. Die alte Krankheit. Man ist eben unverbesserlich [3]. Hier schicke ich Dir ein wirklich reizendes Bildi mit den Eseln. Meiner hört auf den Namen Egon. Die Soldaten haben ihn aus Saloniki mitgebracht. Sie hätscheln und verwöhnen ihn sehr. Das war auch mein Liebling. In Minsk bin ich mit ihm spazieren gegangen, und sogar auf die Bühne habe ich ihn im „Zerrissenen" mitgenommen. Du hättest auch Deine helle Freude daran gehabt.

Warum haben wir nie miteinander eine Tournée gemacht? Immer habe ich mir das gewünscht. Überhaupt das Reisen mit Dir! Ob es je wiederkommt? Du hast es damals ganz falsch verstanden. Mit Florenz, Sorrent u. s. w.. Ich meinte doch mit Dir! Und Du hast darüber meditiert [4]!

Ich muß zu meinem Auftritt.

Kuß, Kuß!

D. T.

---

[1] 14. September: Ende der polnischen Tournée, 1. Oktober: Beginn des Metzer Engagements.
[2] Eugen Scheuble, ein guter Freund Tonios, Antiquitätenhändler, kriegsverletzt.
[3] Das Aufheben der Briefe war gefährlich. (S. Einleitung.)
[4] S. Aslans Brief vom 6. August 1941.

Aslan an Tonio

Wien, 28. August 1941.

M. g. E.

Du bist meinem Gefühl nicht gewachsen? Irrtum. Ich bin weder so hoch, daß ich herabschauen kann aus weiser Höhe, noch bin ich besser als Du, obwohl ich 20 Jahre älter bin als Du. Und was Du in Deinem letzten Brief mir schreibst, könnte ich mit kleinen Änderungen auch Dir geschrieben haben. Deine „Reise"-Stelle am 28. Juli lautete: „... sekundenweise wünsche ich mir oft einen Tag aus Vergangenem — Sorrent oder Anacapri — Rhodos — Florenz ... ob das alles so ganz vorbei ist — oder ob es noch schöner kommt?!" Diese Fragezeichen und dieses Rufzeichen haben meine Eifersucht geweckt, als ob Du damit andeuten wolltest, daß Du dieselben Reisen vielleicht im Leben noch einmal und noch schöner erleben könntest oder möchtest und vielleicht in anderer Gesellschaft? ... Dieses kitzelte meine Phantasie aus den Worten heraus, wie ich manchmal zwischen den Zeilen zu lesen glaube und meistens gegen mich lese — wie alle Eifersüchtigen. Ich bin eben immer unverändert der Alte. In allem! Nur in der Sehnsucht, in der Phantasie, im Wunsch und in der Vernunft erhöht und überlegen. Aber im Konkreten immer der Alte, der unverbesserliche, der unruhige, der rastlos suchende, fragende, staunende Liebende! Und trotzdem weiß ich, daß es eine Gnade ist, dieses Metzer Engagement, und ich weiß, daß es hier doch zu einem Krach käme (mit der Umwelt). Aber trotzdem, daß es für Dich und für mich besser ist, kann ich mich nicht darein schicken. Es macht mich so rasend, daß ich ganz falsch reagiere und, statt zu steigen, ruhig zu werden und harmonisch, ganz tief zu fallen glaube in weiß Gott was für einen Abgrund. Nein, ich bin jetzt sehr verlassen und unvernünftig — und will nach Australien [1]!

Das Eselsbild ist reizend, aber ich denke jetzt nur an unser Zusammensein. Könntest Du nicht mit Militärflugzeug auf zwei Tage kommen, ehe Du auf 14 Tage kommst? So ganz privat. Möchte so gerne zwei Tage versteckt sein irgendwo mit Dir.

Es wäre doch besser, Du zerrissest alle Briefe.

D. R.

---

[1] Das Ehepaar Alfred u. Else Baring sind die Mitbegründer des „Kleinen Wiener Theaters" in Sidney, welches noch immer mit Alfred Baring als Präsident besteht.

Tonio an Aslan

Warschau, 28. August 1941.

M. g. R.

Da die Post ungleich lange braucht, kommt es oft vor, daß Du tagelang ohne Nachricht von mir bleibst, obwohl ich doch sonst regelmäßig auf jeden erhaltenen Brief antworte. Die nächsten und letzten 14 Tage wirst Du also nicht mehr allzu viel Geschriebenes von mir bekommen. Deshalb brauchst Du aber nicht unruhig zu werden. Hier geht alles seinen täglichen Lauf.

Hoffentlich war der Sommer für Deine Gesundheit gut und erholend! Am 1. September beginnt für Dich ja wieder ein Brocken Arbeit. Ich verstehe jetzt oft, wie unlieb Dir der ganze Betrieb des Theaters ist. Ich verstehe es besser als vor einem Jahr.

In der Phantasie habe ich die Spaziergänge (Sommerhaidenweg, Neuwaldegg) mitgemacht. Grüße die Mama recht tausendmal, gib ihr einen Kuß der Liebe von mir! Einmal, damals in Griechenland, es war auf einem Bergkloster von Kallandri [1], als sie sagte, ich sei „Dein guter Engel", glaubte ich, daß sie mich liebt. Heute glaube ich an eine Zuneigung, aber an keine Liebe. Warum, ich weiß es nicht, es ist ein Gefühl. Trotzdem habe ich für sie ein gleichbleibendes Gefühl der Liebe.

Wann ich ankomme? Ich will es nicht sagen, ich will auch nicht abgeholt werden. Ich rufe Dich am 14. in der Frühe vom Bahnhof an [2].

So, das wäre die heutige Epistel.

Innigst und immer

D. T.

[1] Kallandri s. „Testament".
[2] Wegen der Gefahr durch die Gestapo (s. Einleitung).

Aslan an Tonio

Wien, 30. August 1941.

M. g. E.

In Eile beantworte ich den eben erhaltenen Brief. Der Brocken Arbeit für mich fängt lustig an. Woester [1] hat schwere Nierenkolik, und ich übernahm seine Rolle in „Genoveva" [2]. In fünf Tagen ist Première. Dazu täglich Riesenrollen, täglich eine andere.

Gestern war ich noch in Nikolsburg [3] eingeladen. Es ist wirklich eine historische und kulturelle Sehenswürdigkeit. Alexandre [4] und

Frau sehr, sehr nett und höflich. Aber es ist eine gesellschaftliche Beziehung. Und im Grunde doch leer. Anders ist meine Beziehung zur Fürstin Irma [5], die ich gestern besuchte. Ich habe nur Tiefen in dieser Frau entdeckt, die erschütternd sind.

Huttig [6] will mich durchaus gastieren lassen, und ich will es natürlich auch. Im September habe ich auch Konferenz mit Gründgens [7] wegen Berlin-Gastspiel.

Du klagst Dich jetzt öfters an wie „Ich verdiene es nicht...". Ich antworte darum nicht ausführlich darauf, weil ich vor gewissen Dingen den Kopf in den Sand stecke. Gewisse Dinge spreche ich nicht aus, weil, einmal ausgesprochen, die Worte wie Pfeile sich gegen mich kehren und mich durchbohren. In solchen Momenten hilft nur und nur die Religion. Einzige Ausflucht. Aber dann strömen auch herrliche Worte und Gefühle hart neben Deiner Selbstanklage, oder wie man's nennen soll, und an die halte ich mich dann. Und dann sage ich mir wie alle Feiglinge: Ach, nur das gilt — das andere wird wohl nicht so sein! Verstehst Du mich? Wenn's eine Seligkeit gibt, wär's eigentlich nett, wenn ich etwas früher dahin gelangte. Was hat Gott mit mir noch vor in dieser Welt? Theaterspielen? Wenn ich wenigstens einen Kreuzzug für ihn machen könnte! Oder sonst was Großes!

Sonst find' ich es hier auf Erden herzlich langweilig. Soll ich wirklich einen Winter lang so nichts haben?

Innigst und immer

Dein R.

[1] Heinz Woester, Burgschauspieler.
[2] Genoveva, Trauerspiel von Hebbel.
[3] Schloß Nikolsburg in Mähren, nahe der niederösterreichischen Grenze, damals also Teil des Protektorates, war Besitz des
[4] Fürsten Alexander von Dietrichstein, mit dem Aslan befreundet und bei dem er zu Gast war.
[5] Fürstin Lobkowitz.
[6] Huttig, Intendant vom Metzer Theater (s. Tonios Brief v. 9. Juni 1941).
[7] Gustaf Gründgens, der berühmte Schauspieler, damals Intendant vom Staatstheater Berlin.

Tonio an Aslan

Warschau, 1. September 1941.

M. g. R.

Ja, Du bleibst irgendwie immer derselbe. Ich wünschte es für Dich und Deine Harmonie anders. Wünschte es Dir aus meinem tiefsten Herzen. Ich habe es da besser. Ich werde wirklich von diesen Qualen nicht heimgesucht. Wahrscheinlich besitze ich eben auch keine Leidenschaft. Meine Begegnungen mit Menschen in der Liebe lassen mich trotz allen Gefühls sicher bleiben. Ich kann an Dich mit aller Sehnsucht denken, und doch kommt nicht eine Sekunde die Qual der Eifersucht über mich. Vielleicht liebe ich Dich mehr als Du mich! Oder: mir fehlt überhaupt jede Fähigkeit der Liebe! Oder es ist eine Glücksgabe — das Stillhalten und das Geschehenlassen. Mit Temperament hat es, glaube ich, nichts zu tun.

Für Australien wäre ich gleich zu haben. Nur ist es zu spät. Und man kann dieses Auswandern nur in der Phantasie erleben.

Nach dem Buch von Frank Thiess bist Du ein ganz großer Grieche. — Ich lese darin. Epp hat es mir geliehen. Gestern nachmittag habe ich Scampolo vor Schwerverwundeten gespielt. Sie lagen auf Strohsäcken. Ich war ganz krank hinterher. In solchen Momenten erfaßt man erst die ganze Grausamkeit des Krieges. Tief erschütternd ist ihre große Dankbarkeit für die zwei frohen Stunden, erschütternd, wie sie trotzdem an diesem Leben hängen. Die Erkenntnis des Gernelebens habe ich selbst jetzt öfters als früher. Ich lebe gerne und liebe dieses Leben in allen Variationen. Vergesse nie, dankbar dafür zu sein!! Nicht stumpf, im Gegenteil, aufgeschlossen, empfänglich, bereit!! Daher bin ich, je älter ich werde, immer weniger unglücklich. Der Zustand meiner Jugend war ein Triebleben und daher oft von einer so unerklärbaren Unglückseligkeit. Ich will nicht sagen und kann es vor allem gar nicht behaupten, daß ich jetzt ein weniger ausgeprägtes Triebleben hätte. Jugendliche Unglückseligkeit kann nicht mehr über mich kommen, denn der Verstand gibt mir die Erkenntnis des über diesem Leben Stehenkönnens, wenn nur der Wille stark genug ist. Wirklich, wenn nicht ausgesprochen unglückliche Konstellationen von außen auf mich eindringen, bin ich mit zunehmenden Jahren fast heiter und gleichmäßig lebensbejahend. Vielleicht habe ich dank meines Wassermann-Sternzeichens die positive Entwicklung vor mir, auf meine höchst persönliche Art glücklich zu sein. Wenn Gott nicht ein furchtbares Unglück für mich vorhat (für das ich vielleicht, so die Entwicklung günstig für mich verläuft, auch nur ein lächelndes Verständnis haben werde), muß ich allerdings dankbar Halleluja singen für mein ganzes bisheriges Leben. Allein sein ist vielleicht für mich meine Stärke. Das Angstgefühl vor der Ungewißheit in diesen drei Monaten ist von mir gewichen. Weißt Du, was das bedeutet?!

Ich freue mich auf die 14 Tage Wien und gehe neugierigen Sinnes Metz entgegen!!

Leb' wohl und auf Wiedersehen, grüße auch alle zu Hause!
           Immer
                      Dein T.

Tonio an Aslan

Warschau, 5. September 1941 [1].

M. l. R.

Ich komme kaum zum Schreiben. Immer ist etwas anderes hier für uns los. Gestern hatten wir die polnischen Schauspieler bei uns zu Gast. Die letzten Tage werden jetzt rasch verfliegen. Ich glaube auch, dies hier sind meine letzten Zeilen an Dich aus Warschau. So schließt sich wieder ein Kapitel meines Lebensromanes. So ganz bewußt werde ich es erst in der Erinnerung erleben und vielleicht gestalten. Die Eindrücke waren sehr viele, langsam muß ich das ordnen, damit sie feste Gestalt annehmen.

In den letzten Tagen mußte ich einen zweimaligen Umzug mitmachen. Unsere Wohnung mußte wegen Wanzengefahr zweimal vergast werden.

Für Dich hat also wieder die Riesenarbeit begonnen. Doch Du bist es ja gewohnt; und Gott sei Dank, daß Du es leisten kannst.

Daß Du in Metz gastieren sollst, hat so ein zwiespältiges Gefühl für mich. Du verstehst, einesteils freut es mich wahnsinnig, andernteils macht es mich ängstlich [2]. Wenn Du aber schon abschließt, dann wäre es herrlich als Philipp in Don Carlos. Das wäre doch eine große Sache. Und ich als Carlos. Ja, das wäre schon schön!

Wie war die Première von Genoveva?

Du schreibst: „Wenn's eine Seligkeit gibt, wär's eigentlich nett, wenn ich etwas früher dahin gelangte..." Ich finde das sehr egoistisch. Warum willst Du Dich uns schon jetzt entziehen? Du hast eine Aufgabe von Gott bekommen — Dein „Wirken" als „Künstler" und als „Mensch". Ist das nicht genug?! Ist es nicht sehr undankbar, sich so der Melancholie hinzugeben?! Das Ende dieses Lebens kommt früh genug!! Du, ich lebe so gerne und möchte dieses mir gegebene hiesige Leben ganz bis zu meinem mir bestimmten Ende leben, leben in Freud' und leben in Leid. Das Licht und den Schatten leben, leben!! Dein Steinbock-Aszendent [3] läßt Dich eben diese melancholischen Anwandlungen haben und auch immer diesen Wunsch lebendig werden, noch etwas Großes — wenn auch für Gott — so doch hier auf dieser Welt etwas zu tun.

Ich komme bald und freue, freue mich so sehr, Du mein einziger, großer, großer Freund.

Hier ein Bild von einer richtigen Frontbühne in Wola an der russischen Grenze. (Scampolo 2. Akt).

T.

[1] Letzter Brief Tonios aus Polen.
[2] Gefahr (s. Einleitung).
[3] Aszendent (nicht Sternbild).

Aslan an Tonio

Wien, 5. September 1941.

M. g. E.

Ich schreibe Dir heute für diesmal den letzten Brief. Bitte, telegraphiere Bahnhof und Zeit der Ankunft!

Ich bin kein Grieche. Du bist ein Grieche. Ein Donaugrieche. Ein 100%iger! Ich bin asiatischer Grieche — Byzantiner, Hellenist, Neuplatoniker, so was! Du bist ein Grieche. Alles ist umgekehrt: Du bist weise, harmonisch, richtig, ich bin chaotisch, unruhig, verkrampft, halb.

Das Reich der Dämonen ist ein ganz großes Buch. Dabei kann man bleiben. Lernen, genießen, sich entfalten. Herrlich!

Deine Entwicklung, Deine lebensbejahende Freude, Deinen Verstand lobe ich — für Dich. Freue mich — für Dich. Hoffe und wünsche alles Gute — für Dich. Es scheint alles richtig zu sein. Für mich ist es anders. Ich wünschte Dich in einen goldenen Käfig und nur für mich da. Das ist natürlich Mord und ganz falsch. Aber das ist ja eben die Eifersucht. An Deine Liebe glaube ich. Wie sollte ich nicht? Aber ich habe keine Ruhe. Ach — Du weißt es ja. Und so wie ich am 3. Juni [1] zitterte, so zittere ich jetzt vor Metz. Dabei (ich wiederhole es) ist es sicher gut (für beide)!

Dich trifft keine Schuld. Die ganze Schuld ist mein. Ich bin schuld, weil ich bin, wie ich bin. Ich müßte so sein wie Du.

Diese äußersten Prüfungen schickt mir der Heiland, weil er Äußerstes von mir verlangt. Und solange ich in den Prüfungen durchfalle, solange werde ich leiden. Das ist klar. Aber dankbar bin ich für alles. Und daß Du mich liebst, das wärmt und tröstet mein zerrissenes Herz.

Was sind 14 Tage, wenn man Proben und Vorstellungen hat! Wenn ich nur zwei Tage irgendwo mit Dir sein könnte — ruhig, nur atmen, schweigen, ein wenig weinen, ein wenig schauen, ein wenig allein sein!

Na, daß Du nur da bist! Bitte, telegraphiere!

Immer

Dein R.

---

[1] Der 3. Juni war der Tag der Abreise Tonios nach Polen.

Tonio an Aslan

Metz, 2. Oktober 1941 [1].

L. R.

Noch immer habe ich Dein bleiches Leidgesicht vor meinen Augen. Du Armer! Und dann wieder Dank für diese große Liebe. Die Fahrt verlief gut. Am Bahnhof München wartete E. Penzoldt [2], mit dem ich 20 Minuten plauderte. Dann kam Stuttgart. Ich übernachtete bei Frau Dulla [3]. Ein Engel, wirklich ein Engel, äußerlich und innerlich. Ein großes Glück für Eugen Scheuble. Im Geschäft von Eugen kaufte ich ein kleines Barock-Gemälde, in das ich mich verliebt hatte. Und dann fuhr ich weiter nach Metz. Eine lange, lange Reise.

Die Wohnung ist noch nicht fertig, und so wohne ich vorläufig noch im Hotel. Du kannst aber ruhig ins Theater oder in die Banaterstraße 4 schreiben. Teddy und Mimi [4] sind dieselben netten Kameraden. In der Wohnung fehlt eine Menge, und am liebsten würde ich im Hotel wohnen bleiben. Ob ich Mutter und Rosl [5] ein paar Tage kommen lassen soll, muß ich mir noch überlegen.

Das Theater ist noch im vollkommenen Rohzustand. Es wird umgebaut, und es sieht so aus, als ob die Saison nie eröffnet würde. Die Eröffnung soll am 15. November sein. Mit „18. Oktober" [6], so heißt das Stück, und mir in der Hauptrolle. Die Proben sollen erst am 15. Oktober beginnen. Vorläufig spaziere ich in Metz mit Teddy und Mimi herum. Die Stadt hat viel Interessantes und Schönes. Doch ist es eine Kleinstadt, und ich liege jeden Tag um zehn Uhr im Bett. Huttig ist charmant und liebt mich allem Anschein nach sehr. Kollegen habe ich noch keine gesehen. Wenn wir also Mitte November oder sogar Ende November erst anfangen zu spielen und schon Ende April wieder aufhören, ist die Saison kurz, und die Zeit geht rascher, als man denkt.

Ich wollte, ich wäre in Wien. Ob ich einmal das Glück der Ruhe, der inneren und äußeren Ruhe kennen lernen werde? Du sagst immer, erst im Tode hat man die!! Du hast sicher recht. Aber traurig leidend sollst Du nicht sein. Das Herz wird mir immer schwerer, wenn ich Dir adieu sagen muß. Dein Gesicht, Deine Augen, wenn Du leidest, dann ist alles Leid an Dir, und das schneidet dann tief in die Seele. Ich muß mich dann immer so zusammennehmen, um nicht laut zu weinen!! Die Tage in Wien, obwohl ich Dich doch immer nur so kurz und müde sah, waren ganz in Deinem Zeichen und ganz eingehüllt in Deine Persönlichkeit. Ich danke Dir für alle Liebe, Güte und großes Verstehen. Ich glaube, ich hoffe, und ich liebe. Und in diesem Zeichen bleibe ich immer

Dein T.

[1] Erster Brief Tonios aus Metz. Vorangegangen waren für die beiden Freunde zwei glückliche Wochen in Wien zwischen Tonios polnischem und Metzer Engagement.
[2] Ernst Penzoldt, Dichter, Maler und Bildhauer in München, schrieb eigens für Tonio das Schauspiel „Die portugalesische Schlacht" mit einer Doppelrolle, den König Sebastian von Portugal.
[3] Frau Dulla, Tochter des österreichischen Malers Kolig und Gattin von Eugen Scheuble. (S. Brief Tonios vom 23. August 1941.)
[4] Teddy und Mimi Grieg, Wiener Schauspieler-Ehepaar, damals auch in Metz engagiert, später wieder am Volkstheater in Wien.
[5] Rosl ist Tonios Nichte. Er überlegt sich, ob er Mutter und Nichte vorschlagen soll, aus Wien herzukommen und mit ihm zu wohnen.
[6] Der „18. Oktober" von W. E. Schäfer.

Aslan an Tonio

Wien, 3. Oktober 1941.

M. g. E.

Heute bist Du den dritten Tag in Metz. Wie's wohl dort sein mag? Theater, Kollegen, Menschen, Stadt, Wohnung, Rollen, Huttig? Alles das beschäftigt mich. Meine vielen Fragen haben Dich oft nervös gemacht. Aber ich bin nicht ungeduldig, und, mit der Zeit da und dort etwas aufschnappend, rundet sich doch das Bild der Antwort.

Didier [1] ist seit gestern in der Sandrartgasse [2]. Aber ich war noch nicht dort, und ich werde auch nicht oft dort sein. Er kommt ja hieher, und mich bedrückt es, wenn ich Dich dort nicht finde.

Bis vor drei Stunden hatte ich Generalprobe des alten Klingsberg [3]. (Es war ein großer Erfolg.) Die Leute sagen, es wird ein „Großer-Mann-privat" [4]-Erfolg. Mag sein. Wenn es nicht ein Erfolg wird, ärgert man sich. Wenn es einer wird, macht es nicht weiter glücklich. Die alte Leier.

Die September-Arbeit war jedenfalls tierisch, wie Du weißt, und morgen Samstag ist nachmittag „Antigone" [5] und abends Première. Und Sonntag zweimal „Kirschen" [6]. Also bleibe ich heute zu Hause, lege mich ins Bett, wiederhole irgendwie die Rollen, lese, schlucke ein Phanodorm und schlafe. Gleich nach dem Mittagessen kam der Pater

Mauer [7] zu mir und blieb zwei Stunden. Er möchte von mir einen Vortrag über „Ausdruck und Stil der Predigt". Nicht leicht. Wie stelle ich mir eine vollendete Predigt vor? Darüber soll ich vor Theologen 1 1/2 Stunden sprechen. Ich sagte zu, und kaum war er draußen, brach mir der Angstschweiß aus. Wie macht man sowas?

Franzl [8] ist in der Nähe von St. Pölten, und ich weiß noch gar nichts. Ist er im Lazarett? Wer? Wie? Was? Wann? Der Arzt hier stellte fest, daß eine Bauchfelltuberkulose vorliegt. Ich erschrak. Wenn sowas nicht erstklassig im Sanatorium behandelt wird, ist es (unter uns gesagt) absolut tödlich. Nicht so sehr, weil's der Franzl ist, der gewiß ein lieber Kerl ist, aber allgemein gesehen vom Standpunkt der Hinfälligkeit, des Unsinns, der Eitelkeit, der Zwecklosigkeit aller Dinge, vornehmlich der Dinge des Körpers, hat es mich mächtig gepackt und erschüttert. (Übrigens starb heute der „Evangelimann" Wilhelm Kienzl [9]. Auch ein Stück Alt-Wien.)

Als Du ins Coupé hüpftest bei Deiner Abreise, sagte ich mir: Ein junger Mensch tanzt ins Leben. Und mein zurückbleibendes Ich war (und ist) ein alter Tränensack. Ich habe hundert Schlußworte in der Phantasie, aber ich sage nur:

Innigst

Dein R.

[1] Didier, Aslans Bruder (s. Einleitung).
[2] Sandrartgasse (heute Rummelhartgasse) im 9. Bezirk: Tonios Wiener Wohnung, die nun Didier bezogen hatte.
[3] „Die beiden Klingsberg", Komödie von August Kotzebue.
[4] „Ein großer Mann privat", Lustspiel von Harald Bratt (Titelrolle).
[5] „Antigone" von Sophokles in der Übersetzung von Hölderlin.
[6] „Kirschen für Rom", Komödie von Hans Hömberg (Lucullus).
[7] Monsignore Otto Mauer, Herausgeber der Zeitschrift „Wort und Wahrheit" und bekannt durch die von ihm geleitete „Moderne Galerie nächst St. Stephan".
[8] Franzl, Schulfreund Tonios.
[9] Wilhelm Kienzl, dessen bekannteste Opern „Der Evangelimann" und „Der Kuhreigen" sind.

Tonio an Aslan

Metz, 6. Oktober 1941.

M. l. R.

Ich habe mich entschlossen, im Hotel überhaupt wohnen zu bleiben. Mutter und Rosl lasse ich nicht kommen. Es ist alles so mühsam und unbestimmt, ich kann Dir das alles nicht so ausführlich schreiben.

Aber Du wirst mich verstehen, wenn ich Dir sage, ich habe die ganze Situation tagelang hin und her überlegt. Kleinbürgerlichkeit und Spießigkeit sind Dinge, die mir unerträglich sind. Und in der Wohnung, wo das Notwendigste fehlt, wäre diese Situation entstanden. So, im Hotel, habe ich den Duft der Großstadt, und ich fühle mich in einem Hotelzimmer sehr wohl, bin frei und ungezwungen. Nur ist es auf die Dauer etwas teuer. Beim Hin- und Herüberlegen war das aber die richtigste Entscheidung. So beginnt jetzt wieder ein Leben der Restaurants und des Hotels. Aber das gibt mir in dieser Kleinstadt das Gefühl des Improvisierten. Mein Engerl und das neu angeschaffte Barockbild geben dem Zimmer mein Persönliches.

Arbeit habe ich noch keine. Ich spaziere weit ins Land. Landschaftlich ist die Gegend zauberhaft. Auch die Altstadt hat viel, viel Schönes. Der Dom: herrlich. Gestern war ich im Hochamt. Es war wunderbar. Aber ich mußte dauernd an Dich und fast nur an Dich denken. Meine Gedanken waren weit, gut und schön!!

Die Griegs sind viel mit mir.

Am Mittwoch spielt die Elly Ney [1] hier. Ich freue mich auf dieses Konzert. Ich habe sie seit Bonn nicht mehr gehört.

Am 15. Oktober sollen vielleicht die Proben beginnen, am 15. November soll die Eröffnung sein. Soll, aber ich glaube es nicht. Im ersten Stück habe ich zu tun, in den vier darauffolgenden Stücken bin ich frei. Das Ensemble ist groß. Huttig komisch in seiner Aktivität.

Ich werde sofort an die Terra schreiben. Oder wenn in der Josefstadt [2] sich eine Gelegenheit findet. Ich glaube, ich würde Urlaub bekommen.

Wie Du an meiner Schrift sehen wirst, bin ich merkwürdig unruhig und unharmonisch. Ich muß halt wieder einen neuen Rhythmus für mich finden.

Kuß, Kuß
T.

[1] Elly Ney, die berühmte Pianistin.
[2] Wiener Josefstädter Theater.

Aslan an Tonio

Wien, 6. Oktober 1941.

M. g. E.

Also die Première ist gut vorbei. Und schon probiere ich den „Turm Nehaj" [1]. Das nebenbei.

Didier wird wahrscheinlich mit „Wiener Blut" eine Tournée nach Belgrad, Saloniki und Athen machen [2]. So bleibt dann 6 oder 8 Wochen Deine Wohnung leer.

Ich höre, daß Du erst am 18. November Première hast. Da hätten sie Dich doch hier lassen können, wenigstens noch 2 Wochen!

Franzl ist auf einen Tag zur Beobachtung ins Rainer-Spital hieher gekommen und mußte wieder zurück nach St. Pölten. Was sie mit dem treiben! Ich weiß nicht, wie das werden wird. Der Arme!

Zufrieden oder gar glücklich bin ich nicht, ich Undankbarer! Nicht einmal ruhig, innerlich gehetzt.

Eben kommt Dein erstes Briefli vom 2. Oktober. Wie schön, daß ich ein bißchen weinen kann! Das hat doch wenigstens einen Sinn. Ich sehe Dich ganz klar vor mir, wie Du in Metz herumgehst, bald mit dem braunen, bald mit dem blauen Hut oder mit einem der anderen 10 Hüte. Ich kenne jede Bewegung, jede Miene, jeden Tonfall, wie Du das sagst und jenes tust. Alles kenne ich und sehe ich und führe oft Dialoge mit dieser Vision.

Manche Dinge, die Du sagst, sind an sich richtig, aber doch nicht wahr. Das Wahre ist nämlich nicht nur auch richtig, es ist geheimnisvoll und unerklärbar. Ich sage nur kurz: Menschenliebe (ethisch, hoch und schön) ordnet das Verhältnis von Mensch zu Mensch (Humanismus). Gottesliebe ordnet das Verhältnis von Mensch zu Gott (Religion). Beides ist notwendig. Wichtiger ist das zweite. Aus dem zweiten fließt das erste, aus dem ersten nicht immer, nur manchmal das zweite. Jedenfalls liebe ich Dich sehr.

Dein R.

[1] „Der Turm Nehaj" von Hans Baumann.
[2] Bruder Didier war Operetten-Tenor.

Tonio an Aslan

Metz, 7. Oktober 1941.

M. l. R.

Heute kam Dein erstes Briefli! Dank Dir. Ich werde Dir alle Fragen beantworten. Über „Tränensack" war ich gerührt und habe wie Du mit nassen Augen gelacht. Ich freue mich sehr über Deinen Erfolg als Klingsberg. Du siehst, Du stehst im Erfolg auf allen Wegen, wie sollte es auch anders sein! Deine Melancholie soll aber wirklich nicht Herr über Dich werden.

Franzls Krankheit hat mich im ersten Moment umgeworfen. Der Arme!

Wenn Du interessante Bücher für mich hast, so schicke sie mir ab und zu zur Lektüre! „Reich der Dämonen" habe ich fast fertig. Ich werde mich auch wieder einmal an die Bibel machen.

Die Schulda-Müller [1] traf ich hier auf der Straße. Sie ist Fotografin und beordnet, lothringisches Land aufzunehmen.

Ich denk' und denk' mit tausend immer wieder neuen alten Gedanken an Dich.

Von ganzem Herzen
Tonio

[1] Schulda-Müller, Theater-Fotografin.

Aslan an Tonio

Wien, 9. Oktober 1941.

M. g. E.

Die beiliegende Liste [1], die ich Dir da schick', ist eine Spielerei. Oberflächliche Aslan-Kenner würden sagen: „Welche Eitelkeit! Der will uns zeigen, wie populär er ist!" Gerade umgekehrt! Wäre ich eitel, müßte ich sagen: „Der Papst hat sich nicht für meine Krankheit interessiert, nicht einmal Herr Schirach [2]! In Amerika weiß man nichts davon, in Japan nicht, auch nicht in Italien!" Gerade umgekehrt! Aus dieser Liste, die ungefähr die Zahl der Menschen angibt, die bei meinem Tod kondolieren würden, ersieht man deutlich, wie nichtig, wie schal und leer jede irdische Popularität ist, gewiß aber die meine! Sehe ich es ernst und philosophisch, ist es eine traurige Liste. Also weg mit den Aslan-Forschern! Ganz falsch. Es ist nur eine Spielerei, hinter der ein Bajazzo-Lächeln spukt. Und lese ich heute die Liste durch, haften fünf bis sechs Namen. Die andern sind Seifenblasen.

In meinem letzten Brief machte ich eine Bemerkung über Menschen- und Gottesliebe. Heute mache ich folgende Betrachtung: Wie Christus vor 2000 Jahren in einem aus Maria entnommenen Menschenleib lebte, so lebt ER heute sein mystisches Leben in einem der ganzen Menschheit entnommenen Leib, der „Kirche" heißt. Kirche ist ein Gnadengemeinschaftskörper mit Christus als Haupt und uns als Gliedern. Daher der „mystische Leib Christi". Biologisch: Das Leben des Organismus ist nicht bloß eine Einheit, sondern zugleich das Ergebnis einer unzählbaren Menge von Einzelzellen. Jede von ihnen besitzt ihr Eigenleben, aber dieses wird gewissermaßen über sich hinausgehoben zu einer höheren Einheit, von der es ein Teil ist, zur Einheit des Organismus. Die einzelnen Glieder der Kirche sind die Zellen, sie zusammen bilden den Organismus des Leibes Christi, der belebt wird vom Geiste Christi, wie der Menschengeist die einzelnen Zellen des menschlichen Organismus belebt. Die Sakramente sind die Blutgefäße, durch die das Leben Christi strömt. Sehr mystisch und doch klar.

Ich weiß, daß Du unbedingt innerlich in diese Gnadengemeinschaft hineingehörst. Ich will Dich nicht zuviel damit quälen, aber hie und da tippe ich daran. Ich weiß es so bestimmt, daß es das Richtige ist.

Morgen gehe ich in „Heimkehr" [3] und nachher ist Empfang bei Schirach [4].

Innigst

Dein R.

[1] Diese Liste, die wegen ihrer Länge weggelassen werden mußte, enthält die Namen von 166 Personen, die Aslan nach seinem Unfall im Juni 1941 im Krankenhaus besucht hatten oder sich nach seinem Befinden erkundigen ließen. Sie setzt sich zusammen aus Schauspielerkollegen und Regisseuren dem Intendanten des Burgtheaters sowie dem Garderobier Aslans, aus weltlichen und Ordensgeistlichen sowie hohen Ministerialbeamten, dem Polizeidirektor sowie dem Stadtkommandanten von Wien, der Gattin des Wiener Bürgermeisters, von der schon die Rede war, aus Aristokraten, Grafen, Fürsten — und dem König Ferdinand von Bulgarien. Eine Liste berühmter Namen, abgesehen von Verwandten und sonstigen persönlichen Freunden.
[2] Baldur von Schirach, damals Gauleiter von Wien.
[3] „Heimkehr": Film.
[4] Schirach gab öfters Empfänge für Schauspieler.

Tonio an Aslan

Metz, 9. Oktober 1941.

M. g. R.

Gestern habe ich die Elly Ney Beethoven, Mozart und Schubert spielen hören. Tief aufgewühlt, erschüttert, glücklich und unglücklich rannte ich durch die mondhelle Nacht. Eine ganz große Meisterin — und so demütig und ganz Instrument für die Welt der Töne. Was für eine Welt ist da durch Gottes Gnade auf die Erde gekommen: Beethoven, Mozart, Schubert! Ich schlage vor, alle Politiker der Welt einzuberufen und Elly Ney Beethoven, Mozart und Schubert spielen zu hören. Ob die Weltgeschichte nicht sofort eine andere Wendung erfahren würde. Wehe der Welt, wehe der Zeit, die nicht auf ihre Großen hört! Dich zähle ich auch dazu! Du mußt Dir dieser Deiner Aufgabe bewußt sein. Auch Du hast die Gabe, einen bis in die letzten Tiefen zu erschüttern. In jeder Rolle ist irgendwann ein Moment, der an dieses Göttliche anstreift. Vielleicht muß man in der Gnade stehen, das zu erfassen. Ich habe diese Gnade. Darum muß ich Dich ja auch bis an mein Lebensende lieben. Verstehst Du mich? So muß ich auch von Stund' an Elly Ney lieben, weil sie ganz in der Gnade steht. Die Liebe zu den Großen macht uns Kleine dann auch etwas besser,

Ein kleines Gedicht kam aus Polen.

„Für Tonio.

Gedenkst Du . . .?
Gedenkst Du des stehenden Zuges, der Dich weiter führte,
des Herbsthimmels, des trostlosen Regens?
Wir, betrübt und pochenden Herzens,
fühlten den Kummer als einen Schmerz.
Und dann ein Pfiff der Maschine trübte den Blick.
Händedruck und für jeden von uns ein fremder Lebensweg.
Gedenkst Du noch?
Einen Augenblick lang träumten unsere Herzen etwas Helles . . .
Heute weit von Dir. Stille. Leere. Einsamkeit.
Bloß die Sterne leuchten . . ."

Überall fehlt Liebe. Die Liebe, so fürchte ich, ist aus der Welt gekommen. Könnte ich ein wenig davon über die Erde tragen, wie schön wäre diese Bestimmung!

Ich habe zwei Briefe von Dir. Ich weiß, daß meine Worte nicht immer richtig sind. Aus der Zusammensetzung meines Charakters vielleicht richtig, aber von der Warte aus beurteilt, wo Du stehst, eben nicht wahr. Habe Geduld! Du sagst selbst immer, ich stehe in der Gnade. Eines Tages leuchtet auch mir das Licht. Auf den schönen Spaziergängen, die ich durch dieses herrliche Land mache, kommen mir viele helle Erleuchtungen. Ich wollt', Du könntest bei mir sein und mit mir wandern, stehen bleiben, Gott loben, weiter gehen, schweigen und denken.

Immer und immer

T.

Aslan an Tonio

Wien, 12. Oktober 1941 ($^1/_2$ 12 Mitternacht).

M. g. E.

Eben komme ich aus dem Josefinum. Ich ging etwas früher nach Hause, weil ich Deine beiden letzten Briefe beantworten wollte.

Ich finde die Hotel-Idee gut (wenn auch nicht ökonomisch). In einem Hotelzimmer bleibt ein Aufenthalt Episode. Ich würde auch lieber im Sacher wohnen in völliger Sorglosigkeit und Unbekümmertheit um Kohle und dgl. Und da ich kinderlos bin, will ich auch nichts besitzen, noch weniger hinterlassen. Kein Besitz! Kein Besitz! Oder für die Kinder. Ich verstehe Dich gut. Freilich wünschte ich, daß Du Deinetwegen sparst. Für Mutter und Rosl ist es im ersten Moment schmerzlich, und ich war doch so dafür, daß Du häuslich seist! Aber es ist doch für die Frauen besser so. Wer weiß, wie sie sich in Metz wirtschaftlich zurecht gefunden hätten, und hier haben sie doch ihre „Beziehungen". Und schließlich sollst Du Dich wohlfühlen. Also mach's, wie Du willst!

Ich wünschte immer in Deiner Nähe einen zumindest religiös interessierten Menschen. Deine Anlagen verdienen Pflege. Wenn Du die Bibel liest (hast Du eine?), lies Apostelbriefe, Apostelgeschichte, 4 Evangelien und Offenbarung Johannis! Das alte Testament ist ein eigenes, furchtbar kompliziertes Buch. Es müßte herrlich sein, das unter wissenschaftlicher Führung zu lesen.

Natürlich schick' ich Dir Bücher. „Reich der Dämonen" ist doch herrlich, nicht wahr?

Terra, Tobis, Ufa, Bavaria, Wien-Film [1] sind gut. Und Deine diesbezüglichen Anfragen oder Bemühungen oder Beziehungen natürlich sehr gut.

Eins ist ganz wichtig: Benütze Metz, um französisch zu lernen [2]! Das ist fürs ganze Leben ein großes Geschenk. Und leichter kann's einem nicht gemacht werden.

Daß Du im Hochamt warst, ist herrlich. O, das ist wichtig! Ich freu' mich ja so bei dem Gedanken, daß wir uns im Jenseits nie mehr trennen brauchen. Und daß verschiedenes anderes im Jenseits viel einfacher und schöner sein wird!! Das weiß ich so bestimmt! Wie schrecklich, das nicht zu wissen!

Elly Ney kenne ich, ich glaube, sie war Leschetitzy-Schülerin, und ich habe sie im Salon der Frau von Duschka, Mölkerbastei 5, seinerzeit spielen gehört.

Ich arbeite noch immer wie ein Hund. Heute hab' ich bei Epps abgesagt. Zu müde. Mottoni ³ sprach ich. Er läßt grüßen. Klingsberg war wirklich ein zu großer Erfolg. Etwas übertrieben.

        Für heute küßt Dich innigst

                                D. R.

[1] Film-Firmen.
[2] Bekanntlich sprach Aslan perfekt französisch.
[3] Erich von Mottoni, Schauspieler.

Tonio an Aslan

                                    Metz, 14. Oktober 1941.

    M. g. R.

Leider kann ich auf Deine Betrachtung im Anschluß an die Liste nicht weiter antworten. Theologisch antworten. Ich kann es als eine Wirklichkeit ev. hinnehmen. Doch würde ich gerne fragen und sie mir erklären lassen, obwohl Du es so klar sagst. Aber ich fürchte, ich lebe nicht in diesem Geist, und Du überschätzest mein In-der-Gnade-Stehen. Aber ich möchte gerne so eine Zelle sein zum mystischen Leibe Christi. Ich fürchte nur, der Erddämon ist doch zu stark in mir, die Freude am Irdisch-Sinnlichen noch dominierend in meinen Jahren, in meinem Charakter, und vor allem werde ich nicht fertig damit, gewisse Triebe, Leidenschaften u. s. w. abzustreifen oder auch nur sie nicht zu wollen. Fast möchte ich Dir zurufen: „Laß mich so, wie ich bin!" Denke vor allem daran, Deine Totalität zu vollbringen! Lebe Du so mit Willen Deinem Dir gesteckten Ziel entgegen! Und wenn Du mich auch tief unten meine Straße ziehen siehst, quäle Dich nicht! Ich will mir das Leben nicht leicht machen, gewiß nicht, aber ich habe so viel Talent zum Glücklichsein, vielleicht auf eine ganz falsche Art. Aber sind die lachenden Gottweisen Gott nicht ebenso willkommen? Ich weiß um das Leid, wirklich, Raoul, ich weiß darum. Ich weiß um das Schicksal, Liebe, Unglück. Ich weiß eigentlich um die menschliche Seele viel. Gerade darum möchte ich lachen, lachen und zu Gott tanzen. Am Anfang meiner Theaterzeit steht als erste Rolle „Der Tänzer unserer lieben Frau" [1], am Ende meiner Lebenszeit möchte ich „Der Tänzer Gottes" sein.

Verstehst Du, mein großer Liebender, wie ich das meine? Durch Deine Seele kam die Leiderfahrung in die meine. Aber Dank Dir, daß es so ist! Durch Dich bin ich geworden. Vielleicht kann ich nicht mit

Dir dorthin gelangen, was Du so als Ziel ersehnst. Aber irgend einmal treffen wir uns bestimmt. Der Gedanke, mit Dir zu sein, nie mehr mich von Dir zu trennen, macht mich weinen.

Du Armer hast viel Arbeit, ich gar keine. Manchmal steht mir ein Auto zur Verfügung. Dann fahre ich ins Land und schaue und träume. Es ist schön, dieses Land. Verlassene Schlösser, Bauerngehöfte geben die Erkenntnis: Vergänglichkeit, Nichtigkeit, Trauer und die Bitte: Lieber Gott, laß mich lachen und laß mich tanzen zu Deiner Ehre!

Die Bibel habe ich mit.

Im Hotel fühle ich mich wohl. Es hat etwas von der Hamburger Stimmung. Bis Montag bin ich frei. Vielleicht fahre ich nach Straßburg, vielleicht nach Luxemburg, vielleicht nach Trier. Merkwürdig: dieses Noch-nicht-Dasein, dieses Zum-Bahnhof-Gehen und Züge-Anschauen, in dieser so unruhigen Zeit der Vergnügungsreisende zu sein! Alles traumhaft, schattenhaft, vielleicht einmal in der Erinnerung ein bißchen wirklicher werdend. Du bist wirklich

Adieu!

T.

[1] S. Einleitung.

Aslan an Tonio

Wien, 14. Oktober 1941.

M. g. R.

„Ich meine, daß, sobald ein Künstler einmal die lebendige Mitte seiner Betätigung gefunden hat, nichts für ihn so wichtig ist, wie sich in ihr zu halten und von ihr aus (die ja auch die Mitte seiner Natur, seiner Welt ist) nie weiter fortzugehen als bis an die Innenbahn seiner still und stetig hinausgetriebenen Leistung; sein Platz ist nicht, nie, auch nicht für einen Augenblick neben dem Beschauer und Beurteiler. Und es gehört auch schon fast eine akrobatische Geschicklichkeit dazu, um von jenem Betrachtungsposten genau und unbeschädigt in die innere Mitte zurückzuspringen. Die meisten Künstler brauchen heute ihre Kraft in diesen Hin-und-Herwegen auf, und nicht nur, daß sie sich an sie ausgeben, sie verwirren sich heillos und verlieren einen Teil ihrer wesentlichen Unschuld an die Sünde, ihr Werk von außen überrascht, es gekostet, es mitgenossen zu haben. Es ist das unendlich

Großartige und Erschütternde in der Erscheinung Césannes, während fast vierzig Jahren ununterbrochen im Innern, in der innersten Mitte seines Werkes geblieben zu sein — und ich hoffe, einmal zu zeigen, wie die unerhörte Frische und Unberührtheit seiner Bilder dieser Obstination zu verdanken bleibt. Ihre Oberfläche ist wirklich wie das Fleisch einer eben aufgebrochenen Frucht. Während die meisten Maler ihren eigenen Bildern schon als Genießer und Koster gegenüberstehen, in der Arbeit selbst als Zuschauer und Empfänger sich an ihnen vergreifend."

Diese Worte Rilkes aus den Briefen aus Muzot sind sehr richtig. Sie gelten für alle Künstler, nicht nur für Maler. Natürlich — wie alles — nicht 100%ig. Die Technik, das Metier, die Umstände bringen es mit sich, daß man sein Werk betrachtet und beurteilt, es objektiviert, mit dem Werk Geschäfte macht, es unter die Menschen trägt, seine Wirkung abschätzt, anpreist, anbietet, kostet, genießt. Gewiß, man verliert damit Zeit, Kraft, Nerven und die Unschuld des Schaffens. Man sinkt, gewiß. Man sollte „in der inneren Mitte bleiben", die Sache um der Sache willen tun und nur um den Geist der Sache. Also einen Menschen darstellen. Niemals die Wirkung abschätzend, sondern den bestimmten Menschen in der bestimmten Situation. Seinen Rhythmus (des betreffenden Menschen) schaffen, seinen Gang, seine Gestik, seinen Atem, seine Hautwirkung suchend, sein Lächeln, sein Sitzen, Gehen, Stehen, Liegen, sein Tempo; und alles das durch das Prisma des eigenen Ich. In sich dies haben und nun modellieren aus sich, immer durch sich und immer in sich mit den Mitteln der betreffenden Kunst (Pinsel, Spachtel, Ton, Sprache u. s. w.). Es ist so klar wie alles Geheimnisvolle. In der Kunst und im Glauben gibt es keine Geheimnisse. Für den Künstler und für den Glaubenden ist das Geheimnis erkannte Wahrheit. Nur dem Nicht-Künstler und dem Ungläubigen sind die Geheimnisse der Kunst und Religion Geheimnisse. Ganz klar.

Du schreibst mir von Elly Ney. Auf mich hat das Klavier auch eine faszinierende Wirkung. Das unmittelbarste unter den Instrumenten. Ich freue mich, daß Du sie gehört hast.

Das Gedicht aus Polen ist sehr innig, echt und gar nicht literarisch. Das ist das ergreifend Nahe daran. Du kannst Liebe über die Erde tragen. Du kannst viel irdische Liebe geben, und das hast Du mit vielen Menschen gemein. Du kannst auch göttliche Liebe über die Erde tragen, und die sichert Dir Ruhe, Glück, Seligkeit.

Suche Dir Bücher aus, und ich schicke sie Dir von Fall zu Fall.

                Immer

                        D. R.

Tonio an Aslan

Metz, 16. Oktober 1941.

(Telegramm)

Alle Engel rufen: 16. Oktober [1]. Ich stimme ein in ihren Jubelschrei! Mit ganzem Herzen und mit ganzer Seele

Tonio

[1] 16. Oktober, Aslans Geburtstag. Bekanntlich waren die Wände in Aslans Schlafzimmer mit vielen barocken Engelsfiguren geschmückt.

Aslan an Tonio

Wien, 16. Oktober 1941.

M. g. E.

Heute ist mein Geburtstag, und darum schreibe ich Dir. In der Früh ($1/_2$ 7 Uhr) war ich bei der heiligen Kommunion und zwar zum ersten Mal in meinem Leben, ohne vorher gebeichtet zu haben! Ein großer Tag! Ich hatte nämlich seit meiner letzten Kommunion keine schwere Sünde am Gewissen! Zum ersten Mal in meinem Leben! Ist das nicht eine besondere Feier?

Mama schenkte mir ein paar Schlapfen, Didier eine Flasche Wein, Sibylle [1] ein Buch und Cakes, Melitta [2] Zigaretten und ein Gedicht.

Da Du eine Sammlung von Engerln hast, schicke ich Dir für Dein Album diese „berühmten" Engerln von dem bekannten Madonnenbild in Dresden [3].

Sicher kommt morgen oder übermorgen Dein Briefli. Didier ist auf einer Nieder-Österreich-Tournée. Um $1/_2$ 5 Uhr habe ich eine Versammlung im Theater. Abends nach der Vorstellung schreibe ich weiter (von meiner Rackerei schreibe ich gar nicht; die ist gigantisch). Von Gründgens noch keine Nachricht.

Nach der Vorstellung.

Dein Telegrammli ist angekommen. Ich sehe und höre Dich mit vielen andern Engerln in den Wolken krabbeln und schreien. Denn die Engel schreien bekanntlich. Die Vorstellung, die man sich von einem Menschen macht, muß gar nicht dem Bilde gleichen, das die anderen Menschen sich von ihm machen.

Meine heutige Betrachtung lautet: In Wirklichkeit trete ich in mein 56. Lebensjahr. In Wahrheit rumoren einige tausend Jahre in mir herum. In der Phantasie bin ich so alt wie Du.

        Gute Nacht! Kuß

                                  R.

[1] Sybille (Leopoldine) Zimmermann, eine Freundin.
[2] Melitta Despič, die Hausdame von Aslans Mutter.
[3] Rafaels „Sixtinische Madonna".

Tonio an Aslan

                              Metz, 17. Oktober 1941.

    M. g. R.

Wie schön der Auszug aus dem Briefe aus Muzot von Rilke! Wie schön Deine Umdeutung und Klarsagung über unseren Beruf! Wirklich, Dich muß man berufen, junge künftige Schauspiel-Künstler zu lehren, was die Klarheit des Geheimnisses Schauspielkunst überhaupt ist. Du und nur Du allein bist der Berufene, diese Aufgabe zu erfüllen. Nur blinde Nichtkünstler können Dich daran hindern, uns Jungen Deine Erkenntnisse weiterzugeben. Jedenfalls danke ich Dir immer wieder aufs neue für Dein großzügiges An-mich-Hinschenken. Ich möchte würdig werden, einmal in Deine Kunstfußstapfen zu treten. Dort, wo Du am höchsten stehst, bist Du mir am nächsten, dort im Seelisch-Geistigen, wo es überhaupt keine Hemmung gibt zu lieben. Was Du mir sagst über Kunst, Glauben, Liebe, ist mir so klar, daß ich mich fast im Augenblick, wo ich das lese, selbst in diese Kunst, diesen Glauben, diese Liebe verwandle. Verstehst Du das?! Ich möchte dann als diese Kunst, dieser Glaube, diese Liebe um die Erde wandern.

So sehr bin ich mit Dir verbunden, daß ich in Erlebens-Momenten eigentlich Du bin. Aber: Ich bin Du, und Du bist ich. Und doch sind wir zwei Wesen, zwei Wesen, die die alltäglichsten Dinge tun, jeder für sich, jeder in einer anderen Stadt, in einem anderen Land, und doch bin ich Du, und Du bist ich! Ganz klar — wie alle Geheimnisse, ganz klar!!

Und darum habe ich auch nicht die Schmerzen und die Leiden um die menschliche Kreatur. Darum auch nicht nur beten! Du sagst, da gibt's nur: beten! Ich sage, da gibt es nur: Hinaufschauen in tiefster

Dankbarkeit und heiterem Lachen! Dankbar, daß Du bist! Ergriffen, daß Du mir bestimmt warst.

T.

Aslan an Tonio

Wien, 20. Oktober 1941.

M. g. E.

Es ist so tierisch, wie sich September und Oktober für mich gestalteten. Erst im November werde ich probenfrei sein.

Deine Lebensfreude ist schön, auch gottgewollt, wie alles. Wenn ich Dich mit meinem „Katholizismus" ein wenig quäle, so ist das durchaus nicht meine Heiligkeit, die mich immer dazu treibt, oder vielmehr meine Sehnsucht danach. Es ist, wie Du weißt, ein großes Stück Egoismus, d. h., Eifersucht. Ich überschätze Dich nicht mit Deinem „In-der-Gnade-Stehen", und Du überschätze mich nicht mit meinem Heiligkeits-Ziel! So lange ich eifersüchtig bin, ist wenig Heiligkeit in mir. Ich müßte, wenn Du in der Sünde lebst, fasten, weinen, mich zerbeten und ganz letztlich vielleicht sogar lächeln können mit der überirdischen Gewißheit, die Heilige wohl haben. Es wird schon besser werden. Statt dessen bin ich ganz gewöhnlich eifersüchtig. Wer also an sich so viel zu arbeiten hat wie ich, soll sich nicht zu sehr mit der Erziehung der anderen mühen. Das ist bestimmt richtig. Natürlich übertreibe ich schon wieder, und die Wahrheit liegt in der Mitte. Aber die Dosierung: so viel Gnade, so viel Ernst, so viel Scherz, so viel Religion und so viel Eifersucht, die nimmst Du ja selbst vor, und mit Deinem guten Instinkt ist die Mischung dann schon die richtige.

Ich selbst kann schon meine nächste heilige Kommunion nicht nehmen, ohne vorher zu beichten. Aber immer drängt sich die Frage auf: Ist es denn eine Sünde? Und warum ist es eine Sünde? Fröhlich sein, das Leben lieben, genießen ist keine Sünde! Aber dem Trieb um des Triebes willen leben, ist halt doch eine Sünde! Der heilige Franz heißt doch „Der Tänzer Gottes", und es scheint, daß die Fröhlichkeit der Heiligen ungleich größer und dauernder sein soll als die Fröhlichkeit der Triebmenschen! Deine Zugehörigkeit zum mystischen Leib Christi ist ohne Zweifel. Christus, der Herr, „nimmt die Sünder an und ißt mit ihnen", steht geschrieben. Du bist ganz gewiß einer, auf dem sein Blick mit Wohlgefallen ruht. Aber manchmal weint ER um Dich. Und das müßte Dich rühren. Denk manchmal an den Heiland, wie ER Dich liebt und wie ER um Dich bangt und wie ER um Dich leidet, und um „Christi willen" . . . Du weißt schon.

Gestern traf ich den Philippo [1]. Er ist wieder einmal „frei"! Er wird mich anrufen, und, wenn ich Zeit habe, möchte ich ganz ernst meine griechischen Sprachkenntnisse aufbügeln. Es müßte herrlich sein, wenn ich das Evangelium Johanni griechisch lesen könnte, wie ich heute schon ganz leicht die Messe lateinisch lese.

Ja, ich lebe viel mit Dir. Und dieses geistige Zusammensein ist intensiv.

     Ich umarme Dich innigst

            Dein R.

[1] Philippo, ein Grieche.

Aslan an Tonio

          Wien, 21. Oktober 1941.

M. g. E.

    Tages-Betrachtung
„Das Herz! Das Herz! Vernunft ist rein und klar,
doch aus dem Herzen steigt der Sturm,
der sie verdunkelt. Wer geliebt, gehaßt,
gehofft hat und gefürchtet, Gott verlassen,
dem Teufel sich verschrieben — in dem Herzen
hat's ihm geklopft, da scholl der Hammerschlag,
der seines Wahnsinns-Schwerter schmiedete,
da quoll der Dampf und sprühten all die Funken,
die ihn betörten! . . ."

            (Grabbe)

Solange das Herz uns beherrscht, regiert, führt, irren wir. Erst das barm-herz-ige Herz führt aus dem Irrsal. Barm! Er-barm! Erbarmen! Und was ist das? Sich mit-teilen oder teilen-mit, mit dem andern teilen, mit ihm teilen, und mitteilen. Das ist mit-leiden. Erbarmen ist Mitleiden. Durch Mit-Leid sich mit-teilen. Darum kam Gott als Mitleidender zu uns. Durch Leid mit uns. Durch Mit-Leid sich erbarmen. Wenn unser Herz also mit-leidet mit dem, der uns das Mitleid gelehrt hat, dann sind wir in ihm und Er in uns. Durch ihn leiden wir mit. Das ist Christentum. Das wird durch den Erlöser erlöst. Darum ist der Barmherzige der Erlösende und Erlöste. Warum denken die Menschen so wenig über den Sinn der Worte, die sie sprechen? Das Herz irrt. Der Barmherzige siegt. Durch Leid. So könnte man stundenlang meditieren. D. h. auch beten.

22. Oktober 1941.

Ich würde gerne so weiter philosophieren, aber es bleibt alles so sehr Fragment.

Ich gehe jetzt auch weniger ins Josefinum. So müde bin ich nach der Vorstellung schon. Und da es auch bitter kalt ist im Zimmer, husch' ich rascher ins Bett [1].

Heute habe ich schöne Gedanken gehabt über das „Wort" und die „Auferstehung".

Wenn ich's nicht vergesse, werde ich ein paar Dinge nächstens festhalten. Jetzt soll der Brief morgen früh weg.

Von Deiner Rosl hör' ich nie etwas. Warum telefoniert sie nicht? Auch zu Deiner Mutter ginge ich gerne, wenn Du glaubst, daß es ihr mehr Freude macht, als es sie stört in ihrem Alltag.

Viele Küsse, Du mein Engerl.

Dein R.

[1] Krieg. Es mangelte an Heizmaterial.

Tonio an Aslan

Metz, 23. Oktober 1941.

M. g. R.

Du hast viel Arbeit. Merkwürdig das Leben. Ich gar keine. Da das Theater erst am 6. Dezember eröffnet wird, gehe ich spazieren. Jeden Tag laufe ich ein paar Stunden in die Herbstlandschaft. Ach Gott, ist die schön! Die Färbung der Blätter: golden, kupfern, rot, grün, eine wahre Farbensymphonie. Das Herz geht auf, der Sinn wird so weit. Das Erbe meines Vaters, die Liebe zur Natur, habe ich wirklich im Blut. Meistens bin ich auf diesen Wegen allein. Die Griechen erkannten in den Mußestunden den Sinn des Lebens. Ich bin da Grieche. Es sind die Stunden, die mich am weistesten bringen.

Ich wünschte dann so sehr, daß Du hier wärst. Du bist das einzige lebende Wesen, das ich dann brauchte, um ganz zu sein. Gehen, schweigen, schauen, sagen, nichts sagen, verstehen, verbunden sein mit Gott — und doch, wenn überhaupt möglich, ganz sein!

Und Du plagst und schindest Dich!

Es gibt auch noch gute französische Weine. Ich bringe Dir sicher, wenn ich einmal komme, ein paar Flaschen mit. Ich möchte mit Dir hier oft trinken.

Wie lange bleibt Didier auf Tournée? Rosl sagt, sie hat den Schlüssel gegeben für eine Bedienerin. Wer ist sie? Wird sie nicht die Finger meiner Engel und Heiligen abbrechen [1]? Ein kleiner sentimentaler Huscher ist über meine Seele gegangen, als ich davon hörte. Man soll an solchen Dingen nicht hängen. Ich hänge auch nicht am Ding selbst, sondern am Geist der Dinge, an der Geschichte, die daran hängt. Du verstehst, ohne daß ich es sage, gelt?

Deine zwei Bildi habe ich auch erhalten. Ich erkenne Dich durch die Verkleidung des Herrn Klingsberg [2], will Dich erkennen, obwohl der alte Steiger mir nicht so liebenswert ist, aber ich lasse ihn trotzdem rokokohaft grüßen. Seine Lehre will ich aber nicht.

Hier auch ein Bildi von mir — als Gänseliesel [3].

Adieu! Der Himmel ist strahlend blau, ich fahre mit der Bahn ganz ins französische Land.

Es gibt ein Buch über Kreutzberg [4] von Pirchan, das hätte ich gerne. Hier bekommt man es nicht.

T.

[1] Auch Tonio hatte in seiner Wiener Wohnung Engelsfiguren, die Aslan ihm geschenkt hatte.
[2] Fotos als alter Klingsberg.
[3] Die in Tonios Karte vom 7. Oktober erwähnte Theaterfotografin Schulda-Müller hatte Tonio inmitten einer Gänseherde fotografiert.
[4] Harald Kreutzberg, der berühmte Tänzer.

Tonio an Aslan

Metz, 25. Oktober 1941.

M. g. R.

Zwei Briefe habe ich von Dir, beide sind in ihren Stimmungen sehr verschieden. Das Herz, ja, man soll es doch nicht unterschätzen, man soll die nicht unterschätzen, die mit dem Herzen leben. Es ist bereits eine hohe Stufe, „mit dem Herzen zu leben". Denn das Im-Trieb-Leben hat doch nichts mit dem Herz-Leben zu tun. Das In-der-Barmherzigkeit-Leben und das Im-Mitleiden-Leben ist ja schon eine ganz, ganz hohe Menschenstufe. Das erreicht sich doch alles nicht leicht.

Vom Triebleben zum Herzensleben ist ein weiter Weg, vielleicht oft ein ganzes Menschenleben, und vom Herzensleben zum Mitleidenleben ist gar nicht jedem Menschen erreichbar. Weißt Du, im Willen — nein, nur in der Phantasie — erlebe ich den Willen zur Barmherzigkeit und im Mitleiden leben. Denn die Erkenntnis davon habe ich längst, aber das Triebleben verschüttet alle Erkenntnis, und nur manchmal reicht es zum Herzensleben. So ist man dann eigentlich dauernd in der Sünde. Denn die Gnade der Erkenntnisse zu haben und dann doch nicht in dieser Erkenntnis leben, ist die schwerste aller Sünden, nämlich die Sünde wider den Geist.

Heute bin und bleibe ich im Bett bis abends. Da gehe ich dann doch gut essen ins Mourtrier [1]. Du kennst diese französischen Betten. Sie sind breit und groß und beherrschen das ganze Zimmer. Ich habe mir alles ganz wohnlich gemacht. Drei kleine Möbel stehen um das Bett, Blumen und ein Sessel. Mittags esse ich nur Trauben. Ich habe eine Menge Briefe zu beantworten und zu lesen. Das Engerl hängt zu meiner Linken. Zu meiner Rechten hängt ein Foto mit einem Engel, der hier gefunden wurde und von dem Naumburger Dom-Meister sein soll. Vor mir hängt der „Schreiber", das von mir neu gekaufte Barockbild. Du siehst, ich bin in bester Gesellschaft.

Ich habe ein Faible für das Hotelleben. Du verstehst das gut, gelt! Telefon, Klingel, alles im Zimmer, Ach Gott, mir geht es ja so gut!! Dieses Mir-gut-Gehen ist eigentlich das, was mich immer am andächtigsten macht. Weil ich mich immer fragen muß, wieso und warum geht es gerade mir so gut? Das ist der Weg der tiefsten Dankbarkeit, der mich zu Gott führt, nicht das Leid, das die Menschen erst schütteln muß, um ihnen den Weg des Trostes zu zeigen. Das Glück, das Ja ist es bei mir.

Wenn es in Deinem Zimmer so kalt ist, kaufe Dir doch einen elektrischen kleinen Ofen! Sie sind hübsch, praktisch und sehr wärmend. Wenn Du in Wien keinen mehr bekommst, kann ich Dir vielleicht hier einen kaufen. Du darfst auf keinen Fall in diesem eiskalten Zimmer wohnen. Ich sehe Dich dann in Dein Eisbett kriechen.

Wenn Du einmal meine Mutter besuchen willst, wird sie das rasend freuen. Nur melde Dich einen Tag vorher an! Du kannst auch sicher Sonntag zu Mittag einmal dort essen, das würde sie ganz besonders glücklich machen. Oder lade Du sie einmal mit der Erni zu Dir. Vielleicht können sich auch die beiden Mütter kurz im Atelier [2] begegnen.

Schön wäre es, wenn ich Weihnachten 2 Tage nach Wien könnte. Ich denk' und denk' und leb' und leb' und hoff' und hoff' und wart' und wart'.

Gott mit Dir!
T.

[1] Maurtrier, bestes Eßlokal in Metz (existiert nicht mehr).
[2] Die Wohnung in der Strudlhofgasse, in der Aslan mit seiner Mutter lebte und in der nun Tonio haust, ist eine Atelier-Wohnung mit herrlichem Blick über die Stadt.

Aslan an Tonio

Wien, 26. Oktober 1941.

M. g. E.

Heute habe ich einen guten Tag. Ich liege den ganzen Tag im Bett, lerne, lese, schreibe, esse, bete, schlafe. Herrlich! Abends gehe ich zum Dozenten Boller. Ein sehr gescheiter Mensch, der das Theater liebt.
Ich wollte etwas über das „Wort" sagen. Das Wort ist menschlich. Denn: Es hat einen Leib — Laut und Klang. Es hat Geist — den ihm innewohnenden Sinn. Es hat Herz — die ihm innewohnende Gemütsschwingung. Wenn nun das Wort eines menschlichen Wesens lebendig ist, Leben hat, wirkt, was ist dann das „Wort" des höchsten Wesens, das „Wort Gottes?" Antwort: nicht nur etwas Lebendiges, sondern das Leben selbst. Wenn aber der Mensch lebend ist, so ist auch das Lebende (durch Leib, Geist und Herz) Lebende ein Mensch! Verstehst Du? Das ist eine Art Meditation, durch die man fast bis an den Rand des Geheimnisses der Menschwerdung gelangt. Also alles ist nicht Glaube. Der Verstand tut auch etwas und trägt uns bis an den Rand. Dann noch ein Ruckerl, und man ist drin, mitten in der Erkenntnis des Glaubens. Ist Dir das klar? Wenn Du einzig das erfaßt hast (im Glauben und im Verstand), dann war unsere Begegnung fruchtbar. Tausend andere Dinge machen sie fruchtbar und in ihrer Fruchtbarkeit üppig, blühend, wonnig, voll Genuß. Aber alles das wiegt nicht das eine auf. Erkenne die Menschwerdung unseres Herrn! Dann hast Du die Fruchtbarkeit der Ewigkeit! Und gib's weiter! Hilf Deinen Mitmenschen zu dieser Erkenntnis! Sei ein Soldat des Herrn! Kämpfe für den Glauben, den Herrenglauben, den Christusglauben! Unendliche Gnaden strömen daraus! Glaube nicht, daß ich Dir zumute, wie Maria von Ägypten (eine berühmte Hetäre) alles zu verlassen und nur mehr zu beten (Sie betete immer: „Der du mich erschaffen hast, er-

barme dich meiner!"). Sie wurde rein wie die Flamme und eine große Heilige! Das dürfte nicht in Frage kommen! Ich meine nur, wenn Du die „Menschwerdung" erfaßt hast, bist du unendlich vorwärts gekommen. Das Übrige geschieht, wie es eben geschehen soll.

Macht Dir das Packerl Freude? Die Zigaretten hab' ich von Konstantinopel bekommen. Die roten Blätter [1] schick' ich Dir als meine Fotos. Der Herbst ist ja das Bild meiner Waage — Seele [2]! Und die rote Farbe ist meine Liebe zu Dir.

Dein R.

[1] Rote Blätter: Aslan schickte Tonio offenbar mit dem Zigarettenpackerl besonders schön gefärbte Herbstblätter.
[2] Aslan ist am 16. Oktober, also im Zeichen der Waage, geboren.

Tonio an Aslan

Metz, 27. Oktober 1941.

M. l. R.

Eben erfahre ich, ein Stubenmädchen, das mir glühende Liebesbriefe schreibt, hätte sich die Pulsadern aufgeschnitten. Wie unangenehm und verrückt! Hysterie ist etwas so Beängstigendes. Die Aufforderung: „Ich liebe dich, du mußt mich auch lieben", ist wohl naiv! Jugend ist so schnell da mit dem Wegwerfen des Lebens.

Wie schön wäre es doch mit Dir auf einer Alm oder in einem kleinen italienischen Dorf in der Nähe von Capri! Ich weiß nicht, ob es Dir angenehm ist, wenn ich Dir sage: „Mein Leben kommt mir so unwirklich vor, nur bei Dir und mit Dir habe ich das Gefühl, es ist mein Leben, und es ist nur bei Dir mein richtiges Leben!" Unangenehm für Dich!?! Aber ich sage das ganz ruhig und ganz ohne Krampf und hoffentlich, ohne Dich zu belasten.

Adieu, Orest, Dich grüßt

Dein Pylades.

Aslan an Tonio

Wien, 27. Oktober 1941.
Café Josefinum, nach der Vorstellung.

M. g. E.

Heute zuerst folgendes: Die „Bedienerin", die hie und da beim Didier aufräumt, ist die Melitta. Es ist alles wohlbehalten und gut gehütet, wie mir berichtet wird. Ich selbst war nicht drüben bisher. Didier ist wahrscheinlich den ganzen November unterwegs. Ich versteh's sehr gut, daß es Dir lieber wäre, wenn niemand dort wohnte. Aber in dieser Kombination ist es relativ erträglich, weil Didier wirklich die Sachen schont. Aber einmal gehe ich doch selbst hinüber, um mich von allem zu überzeugen. Ich bin darin ganz wie Du, und im Grunde will ich auch nicht, daß Deine Sachen angerührt werden. Und ich bin darin sogar übertriebener als Du! Ich will doch Dich und Deine Sachen immer unter einen Glassturz stellen!

Das Gänsebildl ist reizend, und ich habe es zu meinen Kühen [1] gestellt. Dort bleibt es.

Mit Rosl habe ich telefoniert. Im probenfreien November gehe ich, wenn's Dir recht ist, zu Deiner Mutter und Rosl.

Morgen gehe ich zu meiner guten Fürstin [2] und treffe dort die Gräfin Else Thurn, deren Sohn im Felde fiel. Ich will versuchen, sie zu trösten. Sie ist in blinder Verzweiflung.

Heute verschone ich Dich mit theologischen Betrachtungen! Ich betrachte Dich und küsse Dich innigst, Du Gänsehirte!

Dein R.

[1] Kühe: alte Krippenfiguren.
[2] Die mehrfach erwähnte Fürstin Lobkowitz.

Tonio an Aslan

Metz, 30. Oktober 1941.

M. l. R.

Draußen liegt auf den Dächern der erste Schnee. Von meinem Bett aus sehe ich es. Die Bett-Tage sind hier häufiger. Bei schlechtem Wetter mag ich nicht ausgehen. Nebenbei bin ich neuerdings so nässeempfindlich. Ich habe oft tagelang Kreuzschmerzen, die sehr quälend sind. Ich müßte doch im Sommer eine Kur machen, glaube ich. Vielleicht ist es sogar Ischias?

Zucker hab' ich für Dich und Deine Mama ein ganzes Kilo gespart, ich weiß doch, wie knapp der bei Dir zu Hause immer ist. Alle Zigaretten hebe ich selbstverständlich für Dich wieder auf. Ich rauche nie. Und irgend einem läppischen Besucher soll ich sie anbieten? Nein, nein, die gehören Dir.

Gestern sah ich den Film „Komödianten" [1]. Die Dorsch hat herrliche Momente. Die Schlußszene sehr menschlich ergreifend. Momentweise am Schluß sah sie der alten Duse [2] ähnlich.

Ins Kino gehe ich oft. Alle blöden Filme, die ich mir in Wien oder im Reich nicht ansehen wollte, sehe ich hier. Es ist wirklich grauenhaft, auf welchem Niveau der deutsche Film heute steht. Es ist eine wirkliche Qual, und von einem zum anderen Male schwöre ich mir, nicht mehr ins Kino zu gehen. Aber wie in allem scheint bei mir die Sehnsucht nach dem Willen größer zu sein als der Wille selbst.

Das, was Du am 26. Oktober über das „Wort" sagst, hatte ich am selben Tag bei Friedrich Kayßler [3] in seinem Buch „Wandlung und Sinn" (Untertitel „Vertrautheit zu Goethe") so gelesen: „... und mit einem Mal ist es, als sei jedes Wort eine Tür, die sich auftun läßt, und wir wagen es, wir öffnen und treten ein. In das, was hinter den Worten ist. Von diesem Augenblick an sind wir: darin. Im Innern des Wortgeheimnisses. Und die Worte waren die Brücke, der Weg, über die wir hineingelangten. Jetzt, selbst wenn unser Gedächtnis die Worte einmal verlieren sollte: Das Geheimnis bleibt uns für immer, es ist in unsere Seele eingegangen. Am Anfang war das Wort."

Ja, und weiter könnte ich dann Deine Ausführungen anschließen und sagen: „Und das Wort ist Fleisch geworden!" Als ich bei Kayßler über das Wort las, meditierte ich katholisch weiter, und als erkennende, lösende, begreifende Ausführung kam Deine Antwort. Es ist so herrlich, daß man wie bei allem Großen überwältigt weinen könnte. Ich hätte auch gerne etwas Großes getan. Dieses Nur-momentweise-Streifen an die Dinge der Ewigkeit, dieses Begreifen in dem einzigen Teil eines Augenblicks und wieder dieses Sinken ins Nicht-Ganze! Weder Carlos noch Hamlet, weder Schauspieler in andern Rollen noch große Hetäre, weder Soldat des Herrn noch Heiliger, nie groß, immer ein ganz kleiner Alltagsmensch, nicht einmal Helfer für Mitmenschen, kein Werk schaffen können. Einzig und ewig nur allein die Erkenntnis des Unfähigseins. Immer dieses ruhelose Weiterwandern! Wieder müßte ich weinen vor Trauer über soviel Nichts.

An die Ufa, Terra, Bavaria habe ich geschrieben. Sie wissen, wo ich bin. Ob sie mich holen? Ob Film und Theater ganz achtlos an mir vorbeigehen?

Von Herzen
Dein T.

[1] Der Film „Komödianten" mit der Dorsch als Karoline Neuberin.
[2] Eleonora Duse, die große italienische Schauspielerin.
[3] Friedrich Kayßler, berühmter deutscher Schauspieler. Ein Essay über die Schauspielkunst.

Aslan an Tonio

Wien, 31. Oktober 1941.

M. g. E.

In zwei Stunden muß ich in die Première "Turm von Nehay" steigen. Vorläufig sitze ich im Bett und schreibe auf dem rosa Tischchen.

Das Stubenmädchen, das sich die Pulsadern geöffnet hat, könnte einem leid tun. Ab besten wär' es, wenn sie noch so lange leben könnte, daß sie mit Gott versöhnt werden könnte, und dann stürbe. Sollte sie aber gerettet werden, soll man ihr einige Ohrfeigen geben und sie von Metz entfernen. Nicht weil sie verliebt war, sondern weil sie zudringlich war, die dumme Gans! Kannst Du verstehen, daß ich Mitleid und Wut zugleich empfinde? Und wenn sie von Dir erhört worden wäre, wieviel namenloses Unglück hätte in die Welt gesetzt werden können! Welche Folgen kann so etwas haben! Nicht auszudenken! Natürlich kann es auch harmlos sein! Aber es kann so eine scheinbar harmlose Episode die gräßlichsten Tragödien zur Folge haben! Also nur weg, weg, so oder so!!!

Du fragst, ob es mich belastet, daß Du gern mit mir in einem Dorf bei Capri leben möchtest? Darauf kann ich nur sagen: "Ich wollte, alles wäre in meinem Leben anders gewesen und ich wäre aber schon vor 30 Jahren nur in diesem Dorf gewesen und hätte nie etwas anderes gesehen als dieses Dorf und nie mit einem andern Menschen gelebt als mit Dir. Alles wäre anders. Aber dieses sogenannte bunte, abenteuerliche, prominente, teilweise luxuriöse, gewiß interessante, seelisch zerklüftete, romantische Leben in den Großstädten, was hinterläßt es? Sorgen, Schicksale, verkrampfte und verpatzte Halb-Existenzen, unerfüllte Wünsche, Enttäuschungen, Selbstvorwürfe, vergeudete Kräfte und manches andere chaotische Gefühl. Und nie kommt man mehr ganz ins Freie, in die Helle, ins Erlöste! Wäre ich nur ein armer Gärtner in Capri gewesen und hätte nur Dich gekannt! Auch die Trennung von Herz- und Triebleben wäre dann nicht nötig!!

Das sind so private verzwickte Untergefühle, die ich da ausspreche, daß nur die richtige Phantasie das Richtige heraushört. Aber Du hörst es schon! Immer wieder fällt mir der Satz des heiligen Augustinus ein: "Du hast uns für Dich geschaffen, o Herr, und unruhig bleibt unser Herz, bis es ruhet in Dir."

Heute las ich einen Satz von Goethe, der mir auch sehr gefiel: "Das Muß ist hart, aber beim Muß kann der Mensch allein zeigen, wie's inwendig mit ihm steht. Willkürlich kann jeder leben." Schön, nicht?? Aber all diese schönen Gedanken großer Seelen hätte ich in Capri auch haben können.

Mutter und Rosl werde ich einladen.

Innigst

Dein R.

Aslan an Tonio

Wien, 5. November 1941.

M. g. E.

Ich weiß wohl, daß gestern der 2. November war, das Datum, das mit güldenen Runen in Deine Korallen [1] eingraviert ist. Es ist ein Geheimnis, also sprechen wir nicht davon!

Um $^1/_2$ 7 Uhr früh war ich bei der Beichte und Kommunion. Natürlich auch für Deinen Vater und Deinen Bruder.

Hoffentlich bekomme ich ein Auto und fahre bald mit der Mama auf den Zentralfriedhof zum Besuche unserer Lieben!

Nenne Du mir dies oder jenes Buch, das Du lesen möchtest! Momentan weiß ich selbst keines, da ich ausschließlich nur religiöse, kritische, philosophische, theologische Bücher und Heiligen-Biographien lese.

Ich habe im November und Dezember außer Wiederholungen keine Première und werde bald anfangen, etwas aufzuatmen. Theater, Konzerte, Museen, Gesellschaften konnte ich nicht besuchen, also im Großen und Ganzen blieb mir nur die Erni und meine Luftschlösser, die ich in die Rauchwolken meiner Zigarette hineinbaue. Heute lege ich mich um 7 Uhr schon ins Bett und wiederhole „Maß für Maß", „Ahnfrau", „Kabale" (und Liebe — für Dich).

Dein R.

[1] Korallen: ein Geschenk Aslans an Tonio.

Tonio an Aslan

Metz, 4. November 1941.

M. g. R.

Danke Dir für all die guten, schönen Gefühle, die Du so ehrlich sagst. Ich weiß und wußte es, und doch ist es herrlich, sie immer wieder zu hören. Gehöre ich doch zu den Freudvollen und Lebensträchtigen, zu den Erwartenden, Dankbaren und nie Vergessenden.

Die Bilder vom „Turm Nehaj" sind prachtvolle Charakterköpfe. Du bist einer von den Größten in diesem unserem Berufe. Und es ist Verpflichtung für mich, daß etwas von Dir auch auf mich übergehe. In meiner Seele habe ich auf Deine Kunstfahne geschworen. Hoffentlich ist das Talent groß genug, auch diese Deine Fahne weiterzutragen! Spürst Du nie, daß es da um Unsterblichkeit geht?

Gut ist, daß „das Herz unruhig bleibet". Gut ist, daß Dein Herz unruhig bleibt. Das ist Deine Jugend, Deine Schaffenskraft, Dein Herz, Deine Werkstatt, Dein Leben. Dein Leben ist organisch richtig; so, wie es ist, ist es richtig. Du hast im „Muß" gezeigt, wie es inwendig um Dich steht. Ach, wie weit ist es von meiner Willkürlichkeit zu Deinem Muß — so weit so weit!

Adieu! Aber Dank, daß Du lebst, manchmal sogar mir lebst!

R.

Aslan an Tonio

Wien, 5. November 1941.

M. g. E.

„Die kleinen Schwächen legt man am schwersten ab, sowie man der Moskitos weit schwerer Herr wird als des Skorpions oder der Schlange. Und so ist es recht eigentlich das Kleine, was den Fortschritt der Menschheit aufhält: Gedankenlosigkeit, Unaufmerksamkeit, Trägheit, Lauheit."

Christian Morgenstern.

Diesen Gedanken habe ich so gerne und so witzig mit meinem alten Freund Hofmeister [1] im Caffé Königsbau in Stuttgart in allen Tonarten variiert. Die kleinen Dinge, die unbeachteten, die machen's aus. In der Erotik, in der Ehe, im Leben und auf der Bühne. Ein Haaransatz, ein Wimmerl, ein Zahn, eine Zehe, ein Finger, ein Nagel. Wie man aufpassen muß! Und gar auf der Bühne! Dauernd kann man solche Beobachtungen machen.

„Um wahrhaft schöpferisch zu sein, muß man die Menschen im Drama so sehen, als wüßte man gar nichts von ihnen und erführe alles zum ersten Mal. Dieses vollkommen Fremde muß dem Beschauer in seiner kleinsten Funktion das ganze Mysterium in seiner vollen Wunderbarkeit ausdrücken."

Gerhart Hauptmann.

Auch x-mal in allen Tonarten von mir gepredigt. Stanislawski nennt es: „Als ob." Ich sage immer: „Die Situation, nicht die Wirkung!" Und „in seiner kleinsten Funktion". Wie einer steht, geht, sitzt, sich räuspert, Kopf hält, Hände benützt, schaut, schweigt, lacht, weint, dieses kleine Wie und in der Situation, das gibt den Eindruck von „eben entstanden". Fürs Publikum ein Mysterium, für den Begnadeten eine Selbstverständlichkeit. So ist es auch mit den andern Mysterien für den Begnadeten.

Den Film „Komödianten" möchte ich auch sehen. Wann werde ich Zeit haben? Gewiß hat in begnadeten Momenten die Dorsch Ähnlichkeit mit der Duse.

Die Sehnsucht nach dem Willen ist bei uns allen größer als der Wille selbst. Wenn der Wille größer ist, sind wir überm Berg. Aber wir sind eben nicht willensbegnadet, sondern nur sehnsuchts-erfüllt.

Kayßler hat mit jedem Wort recht. Und das Weiterspinnen des Wortes führt uns zu Christus.

Du hättest gerne etwas Großes getan! Wenn Du, so oder so, durchs Wort, durch Worte, durch Wortketten, wie immer, zu Christus findest, ihn persönlich kennen lernst, mit ihm im Sakrament Dich verbindest, hast Du mehr erreicht als Alexander der Große oder Plato oder sonst ein Großer. Des sei gewiß! Das ist so, daß man nur schweigen kann.

Aber wenn Du über Dein Nichts weinen kannst, ist das schon sehr viel. Die meisten Nichtse weinen nicht darüber, sondern blähen sich. Die sind nichts. Diese Tränen sind fruchtbar. Ob ihre Saat hier aufgeht oder drüben, ist nicht so wichtig.

Man kann so viel verstehen, wenn man „Entsprechungen" denkt. Göttliches und Menschliches lassen sich nicht vergleichen, aber sie entsprechen einander. Da gibt es Millionen Fäden der Entsprechung.

Leb wohl!
Dein R.

---

[1] Oskar Hofmeister, Charakterschauspieler am Stuttgarter Theater, an dem Aslan 1911 bis 1916 wirkte, ehe er nach Wien an das Deutsche Volkstheater und später an das Burgtheater kam. (S. Einleitung.)

Tonio an Aslan

Metz, 9. November 1941.

M. g. R.

Ich denke bei den Proben vom „18. November"[1] immer daran, was Du sagst: Situation spielen und nicht wirken. Nun ist es bei einer Rolle, die nur Papier ist, besonders schwer, dieser Leben einzuhauchen. Aber das soll eben die Arbeit sein. Vorläufig stehe ich so ganz neben diesem meinem Fabricius[2]. Merkwürdig zu beobachten, wie der Tonio unbeholfen herumtastet, um das Gehen, Sitzen, Räuspern, Kopfhalten, „kleinste Funktionen" dieses Leutnants Fabricius (der gar kein Leutnant ist, sondern Student der Philosophie), eben dieses Fabricius-Sein ganz zu bekommen. Immer wieder aufs neue spüre ich es, wenn ich Deiner Lehre folge, wie schwer es ist, einen Menschen darzustellen oder dieser andere Mensch zu sein. Ich glaube, ich kann es gar nicht.

Ach, wenn Du irgendwie ein eigenes Theater hättest und ich könnte auch bei Dir im Ensemble sein, wir würden zusammen arbeiten, und vielleicht käme ein wirkliches Ensemble zustande, ein Ensemble von Sehnsüchtigen nach der Kunst mit Dir als Führer.

Ich sehe das Geheimnis des Burgtheaters: wie jeder, der eine Zeitlang in diesem Kreis von Schauspielern lebt und wirkt, plötzlich auch ein Gesicht bekommt und oft sogar Talent. Doch dieses immer wieder mit neuen zufälligen Kollegen Spielen macht mir auch die eigene Arbeit schwer.

Jedenfalls weiß ich heute, man kann sich nicht lange genug selbst prüfen, ob man zu diesem Beruf, Schauspieler zu sein, auch wirklich tauglich ist. Das Ärgste ist, nach Jahren (weil man eben jahrelang dabei war) zu sagen: „Na ja, was soll ich denn jetzt anfangen, ich verdiene doch so schlecht und recht mein tägliches Brot damit, was soll ich denn jetzt anderes anfangen?" Daher dieses große Künstler- oder Schauspieler-Proletariat, das mir wahre Angst einjagt. Ob ich den Mut hätte, die Kraft, nach wirklicher Erkenntnis sozusagen den Schauspieler-Hobel hinzulegen und dem Theater Ade zu sagen? Gott gebe mir diese Kraft und diesen Mut!

„Und so ist es recht eigentlich das Kleine, was den Fortschritt der Menschheit aufhält: Gedankenlosigkeit, Unaufmerksamkeit, Trägheit, Lauheit," zitierst Du Christian Morgenstern in Deinem Brief vom 5. November. Fast fühle ich mich schuldig dieser Gedankenlosigkeit, Unaufmerksamkeit, Trägheit, Lauheit. Es ist oft so eine Müdigkeit über mir — trotz aller Fröhlichkeit. Die Kraft der Zähigkeit, der Fleiß, die Ausdauer, die Treue fehlen. Irgendwie bleibt doch alles bei mir ein Getriebenwerden, Willkür. Verstehst Du mich? Wenn es nicht einmal zum Menschlichen reicht, wie soll es dann erst zur Begegnung Gottes kommen?

Es ist Sonntag. Ich bin mittags bei den Griegs zum Essen. Der Himmel ist sonntäglich blau. Wir werden wohl eine größere Wanderung über Mühlen ins Land hinein machen.

Die beiden sind lieb, aber zum Höhenflug kommt es nicht.

Überhaupt fehlt es mir an einem Wesen, mit dem ich fliegen könnte. Alle Begegnungen sind so Erde. Vielleicht liegt es auch nur an mir und meiner Ausstrahlung, obwohl das Element Luft mein Eigen ist. Dort kann ich erst richtig leben. Muß ich da erdhaft klein herumkriechen mit den anderen Kriechwesen, die sich Menschen, sogar liebende Menschen nennen?

Adieu, mein Begleiter ins Luftreich! Warum immer wieder diese Trennungen, immer wieder dieses Zurückfallen ins Erdreich?

T.

[1] „18. Oktober", Titel des Stückes von W. E. Schäfer, mit dem das Metzer Theater eröffnet wurde und in dem Tonio die Hauptrolle spielte.
[2] „Fabricius", die Hauptgestalt des Stückes, Tonios Rolle.

Aslan an Tonio

Wien, 10. November 1941.

M. g. E.

Heute habe ich Deine Briefli geordnet. Der letzte ist vom 4. November. Und heute nach der Vorstellung, nachdem ich mit der Erni im Josefinum die Rolle für morgen („Maß für Maß") durchgesprochen haben werde, will ich zu Hause im Bettli alle Briefe noch einmal durchlesen. Ich glaube zwar, auf alles geantwortet zu haben, aber vielleicht beim Durchlesen aller Briefe in einem Zuge finde ich dies oder jenes, auf das ich noch einmal antworte.

Also ab 13. November habe ich die Vormittage frei. Da will ich alles nachholen, z. B. die letzte Sitzung für das Bild von Probst [1], die Vorbereitung meines Vortrages „Ausdruck und Stil" [2] für Predigten usw.. Alles das konnte ich seit 1. September nicht machen, da ich täglich bis 2 und oft bis 3 oder 4 Uhr Proben hatte und fast täglich spielte.

Mein alter Monsignore Weczerzik, der begonnen hatte, mit mir das alte Testament zu besprechen, ist gestorben. Jetzt interessiert mich z. B., mit wem Kain Kinder zeugte, da er doch meines Wissens nur einen Bruder hatte (Abel) und sonst keine weiblichen Wesen da waren. Wie ist das zu verstehen?

Ich denke so viel an Dich und baue immer Luftschlösser. So vergehen meine Stunden. Auch im Theater und beim Lernen arbeitet die Phantasie weiter.

Viele Küsse
Dein R.

[1] Es handelt sich um das Porträt Aslans als Herzog in Shakespeares „Maß für Maß" von Erich Probst. Dieses Gemälde hängt heute in der Galerie des Burgtheaters.
[2] Der Vortrag „Ausdruck und Stil" für Predigten, den er über Bitten des Monsignore Otto Mauer halten sollte. (S. Aslans Brief vom 3. Oktober 1941.)

Tonio an Aslan

Metz, 13. November 1941.

M. g. R.

Herrlich, daß Du jetzt endlich ein paar probenfreie Tage hast! Wie ich Dir das gönne!! Und wie ich es verstehe, daß Du Dich darauf freust! Mache auf „reichen Privatier"!

Gestern ist die Hauptszene von mir auf Platten [1] aufgenommen worden. Sollte ich erfahren, wann die Sendung von Saarbrücken [2] aus ist, telegrafiere ich.

Der Name des Weibes von Kain ist nicht vermerkt im alten Bund. Der Sohn war Henoch.

Kennst Du das Buch von Rudolf von Wehrt „Kreuzzug der Kinder"? Die Geschichte eines Opferganges aus dem 12. Jahrhundert. Wird Dich sehr interessieren. Wunderbar ist — und ich lese es mit Begeisterung — das Buch „Der Zauberer Muzot" von E. M. Mungenast. Es ist die Geschichte von Lothringen und Metz. Ich gehe seither wie verzaubert hier in den alten Gassen umher.

Ist Didier in Wien? Wie geht es Deiner Mama?

Der Film „Ich klage an" [3] hat einen großen Eindruck auf mich gemacht.

Heute nur soviel — und doch so viel Unausgesprochenes!!

T.

[1] Platten: Aufnahmen aus dem „18. Oktober" am Saarbrücker Sender.

² Rundfunkübertragung aus Szenen des Stückes durch den Saarbrückner Sender.
³ Film: „Ich klage an" hat nichts mit Zolas berühmten Buch „J'accuse" zu tun.

Aslan an Tonio

Wien, 15. November 1941.

M. g. E.

„Vortreffliche Menschen müssen auch wissen, daß sie es sind, und sich wohl unterscheiden von allen, die unter ihnen sind. Eine zu große Bescheidenheit hat oft die edelsten Naturen zugrunde gerichtet, wenn sie ihrer größeren oder feineren Gesinnungen sich schämten und meinten, sie müßten der ungezogenen Menge sich gleichstellen. Freilich wird man auf der anderen Seite leicht zu stolz und hart und hält zu viel von sich und von den anderen zu wenig. Aber wir haben in uns ein Urbild alles Schönen, dem kein einzelner gleicht. Vor diesem wird der echt und Vortreffliche sich beugen und die Demut lernen, die er in der Welt verlernt"

Hölderlin

Seit dem 12. liegt der Bogen auf dem Schreibtisch, und heute früh, eingehüllt in verschiedene Mäntel, sitze ich in meinem Badezimmer, neben mir das Telefon und schreibe, die Massage-Bank als Tisch benützend ¹.

Letzthin war ich im Kino (Komödianten). Als „Kritiker" hätte ich manches an dem Film auszusetzen, aber als einfacher Zuschauer hat er mir doch sehr gefallen.

Abends war Vorstellung, und nachher habe ich bei Wimberger für Soldaten vorgetragen.

Die Bücher „Kreuzzug der Kinder" und „Der Zauberer Muzot" werde ich mir bestellen und sie lesen. Den Film „Ich klage an" möchte ich mir auch anschauen.

Deine Proben interessieren mich sehr. Stück und Rolle sind gewiß nicht bedeutend. Aber das darf Dich grundsätzlich nicht stören. An sich ist unsere Kunst unabhängig vom künstlerischen Wert des Stückes und der Rolle. Manche Schauspieler sind auch in schlechten Stücken gut wie Niese und Girardi. Natürlich sind da die Rollen gut. Selbstverständlich. Aber der höchste Reiz der Schauspielkunst ist die Selbstbefruchtung. Sich selbst einfließen lassen, das Persönliche! Mit dem Strömen seines Lebens da sein; die Rolle ist nur ein äußerer Behelf.

Als Girardi sagte: „Küssen ist keine Sünd' mit einem schönen Kind", hab' ich plötzlich laut geschluchzt. (Ist der Satz so unbedeutend?)

Paß auf, plötzlich wird es da sein bei Dir, dieses ichhafte Da-Sein. Und war schon da. Einen Moment bei Laertes, einen Moment bei Carlos und in vielen anderen Rollen blitzte das Wahre durch. Ich hab' es selbst gesehen. Man darf es nicht wollen, sonst ist es Krampf. Man muß sich nur locker machen und öffnen, dann kommt's von selbst.

Was Du vom Burgtheater sagst, ist sehr wahr. Das ist das tiefste Geheimnis dieses Theaters. Das hat mit schlechten Vorstellungen nichts zu tun. Aber es ist tatsächlich so.

Gedankenlos, unaufmerksam, träg, lau und untreu sind wir alle, nicht nur Du. Aber wissen muß man es. Bereuen muß man es. Und immer wieder aufstehen. Nicht selbstgefällig sagen: „Ich bin so." Immer wieder bereuen, aufstehen, besser machen. Dann fällt man wieder, und dann steht man wieder auf. Das ist symbolisiert durch die Kreuztragung auf dem Weg nach Golgatha. Immer wieder sich retten in das göttliche Herz. Glaube mir, alles mündet dort. Auch die Untreue. (Was ich zusammen heulen muß!) Die Fürstin sagt: „I zerbet mi!" Und ich sag': „I zerplaz' mi."

Also leb wohl, Du treulos Treuer, ich umarme Dich herzlich

Dein R.

[1] Aslan suchte im Badezimmer Schutz vor der Kälte der Atelier-Wohnung (Brennstoffmangel).

Tonio an Aslan

Metz, 18. November 1941.

M. l. R.

Da Du im Badezimmer schreiben mußt, stelle ich mir vor, wie kalt es in Deinem Zimmer sein muß. Daß Du nicht einmal ein richtig warmes Zimmer hast, erschüttert mich sehr!!

Dank Dir, daß Du meine alte Mutter besucht hast. Bald sehe ich Dich nur mehr mit einem Heiligenschein.

Elly Ney schickte mir ein Bild [1] und schrieb u. a.: „Ich bin glücklich, daß die Musik zu Ihnen spricht. Wenn nur ein Mensch eine empfängliche Seele hat, dann ist das Leben schön, und alles Schwere schwindet. Schreiben Sie mir oft und vor allem von ihrem Beruf! Wenn Musik in Ihnen lebt, dann wird Ihre Sprache warm und lebendig sein, plastisch und wesentlich. Ich wünsche Ihnen vom Herzen alles Gute und möchte Ihnen wieder begegnen." Das war ein Freudentag für mich! Ich werde ihr wieder schreiben.

Die Proben gehen langsam. Man spricht von einer Verschiebung, weil man mit Dekoration, Umbau usw. nicht fertig wird. Vielleicht ist die Eröffnung erst am 20. Dezember. Die Rolle macht mir keine rechte Freude. Ich bemühe mich, das heißt, ich mache mich locker und öffne mich. Aber, aber!

Wenn ich nur zwei Tage zu Weihnachten nach Wien könnte, da ich vorläufig doch erst in einem Stück drinnen bin!

Grüße Mama und Melitta wieder recht herzlich! Und Erni.

Was macht München? Vielleicht willst Du Weihnachten nach München, oder Z.[2] will nach Wien? Ich brauche da kein Hindernis zu sein. Und dann ist ja auch meine Mutter in Wien.

Das Engerl[3] lächelt auf mich herunter und sagt mir: „Ich bin ja bei Dir!" Es verändert tatsächlich sein Gesicht. Manchmal ist es schmerzlich, dann wieder lustig, dann mahnend, verzeihend und nie böse. Die vielen erlebten Geschichten, die mir da einfallen, wenn ich es lange anschaue! Ich sehe die Entwicklung, das Verändern, das Reiferwerden — und doch in einem dasselbe bleibende starke Gefühl, das Gefühl der Liebe zu Dir. Wenn mich Leben, Erinnerung in Wolken hüllt, stehst klar, ganz klar Du und immer wieder Du vor mir. Dem Engerl sage ich alles, und Du hörst es dann gewiß irgend wann einmal in einer Sekunde des Tages.

Hier ein Bildi vom schönen Metzer Dom.

Ich umarme Dich

T.

[1] Tonio hatte Elly Ney geschrieben.
[2] Es handelt sich hier wieder um Zeljko Kočonda, der damals schon in München lebte. (S. Kommentar zu Aslans Brief vom 26. Juni 1941.)
[3] Das schon erwähnte Engerl, das Tonio über seinem Bett hängen hatte.

Aslan an Tonio

Wien, 18. November 1941.

M. g. E.

Diesmal möchte ich Dir eine Betrachtung über das Bildchen[1] schreiben, das ich Dir einschicke. Ich fand es bei Nachlaßpapieren von Ludwig Schwenk [2]. Das Bild datiert von Mitte November 1906 [3] in Hamburg und ist daher 35 Jahre alt. Damals behaupteten allen Ernstes ernste Männer und Frauen, das wäre der schönste Jünglingstyp des mittelländischen Erdteils! Es gäbe vielleicht ostasiatische, indische, arabische, Neger, Indianer, amerikanisch-englische, skandinavische Schönheitstypen dieses Niveaus, aber im Raume des Mittelmeers (Griechenland, Italien, Spanien, Frankreich) gebe es keinen schöneren. Gelungen, wie man nach 35 Jahren darüber sprechen und denken kann! Jeder glaubt, das mache mich stolz und eingebildet! Das Gegenteil stimmt. Es macht mich sehr, sehr traurig. Ich sage nämlich: Wäre meine innere Schönheit so gewachsen, wie meine äußere abgenommen hat, wäre ich heute eine bedeutende Erscheinung des Abendlandes. So bin ich im besten Falle Spezial-Hausknecht und Ensemble-Hund des Burgtheaters zu Wien. Schönheit verpflichtet. Was hab' ich mit dem Gut gemacht, das mir Gott gewiß nicht ohne Absicht gab? Nichts. Heute sehe ich das mit wissenden Augen! Und möchte so gerne der Jugend das mahnend entgegenhalten. Aber es scheint in der Weltordnung zu liegen, daß man nur das lernt, was man erfährt, was man durch Erfahrung, auch durch Leid gewinnt, und niemals das, was einem als Erkenntnis von anderen geschenkt wird. Jeder muß es selbst erfahren! Und weit entfernt, eitel zu sein, bin ich tief beschämt.

Ich lese im Augenblick „Kinder-Kreuzzug".

Ich spiele jeden Abend.

Mein Vortrag „Ausdruck und Stil der Predigt" [4] wird vorbereitet. Das Seelsorge-Amt für religiöse Kultur, Stefansplatz 3, bildet in 2jährigen Kursen Laien zu Theologen aus, weil man vorahnend befürchtet, es könnte eine Katastrophe hereinbrechen, die alle Berufsseelsorger an die Luft setzt. Für diesen Fall bereitet die Kirche alles vor, damit Laien die Sorge um das Seelenheil weiterführen, eventuell auch Sakramente spenden (Nottaufe usw.). Wenn ich kann, trage ich mich ein. Der Zulauf war so stark, daß man die Kurse verdoppeln mußte (Dienstag und Freitag).

Ich umarme Dich in Liebe

Dein R.

[1] Jugendbild Aslans.
[2] Schulfreund Aslans.
[3] Aslan war also damals 20 Jahre alt. Am Hamburger Theater begann er seine Schauspieler-Laufbahn.
[4] S. Aslans Brief vom 10. November 1941.

Aslan an Tonio

Wien, 20. November 1941.

M. g. E.

Am Sonntag vormittag spielt die Elly Ney in der Josefstadt. Ich werde trachten, hinzugehen. (Brahms)

Beim Dr. Weidinger war ich wegen Franzl. Er meinte, der Fall sei gewissermaßen gutartig, aber langwierig. Er muß ruhig liegen und warten. Nichts für ihn, den nervösen Sonderling, der zu Hause sein möchte.

Mein (manchmal) kaltes Zimmer geniert mich weiter nicht. Manchmal wieder stört es mich. Aber meine Phantasie heizt alle Räume.

Epp fühlt sich wohl und versteht sich mit Saladin Schmidt [1]. Seine Frau hat große Sorgen; ich will ein wenig zu ihm fahren. Aurel [2] ist krank und irgendwo auf Erholung. Vielleicht kann ich im Dezember einmal hin.

Über Deinen Weihnachtsbesuch denke ich seit dem Tage Deiner Abfahrt. Aber es macht mich so traurig, daß es ev. aus irgend einem Grunde nicht ginge, daß ich gar nicht darüber spreche. Luise Maries [3] Wohnung ist in Gefahr. Ich war beim Rochlitzer [4]. Der ist immer gut gelaunt und halb betipst. Aber machen kann ich nichts.

Ich bin glücklich, daß das geliebte Engerl bei Dir ist. Ich halte enorm viel von diesen Dingen.

Beim Lieben fängt der Mensch erst an. Von da geht's erst aufwärts. Aber nicht nur lieben, was einem bequem ist, sondern die Liebe lieben. Es ist ja alles so klar. Wenn ich das Büchl bekomme „Aus den Aufzeichnungen des Starez Sosima" (Dostojewski), wird's Dir geschickt.

Du machst mir Freude. Mit jedem Brief! Trotzdem ich unter der Trennung leide, habe ich doch Freude an Dir, und dafür bin ich halt sehr dankbar.

Zeljko kommt nicht. Ich komme auch nicht nach München. Wenn nicht irgendwie früher, sehe ich ihn halt einmal im Sommer. Es ist lieb, daß Du fragst. So weit geht's ihm gut, aber vom göttlichen Herzen ist er noch weit entfernt. Da wäre viel zu sagen.

Viele Küsse, m. g. E.!

D. R.

[1] Saladin Schmidt, Intendant vom Bochumer Stadttheater.
[2] Aurel Novotny, Schauspieler.
[3] S. Tonios Brief vom 9. Juli 1941.
[4] Rochlitzer, Rechtsanwalt.

Tonio an Aslan

Metz, 20. November 1941.

M. l. R.

Da Du probenfrei bist, hast Du gewiß viel zu erledigen. Und der Tag, ich weiß es, läuft einem so schnell weg. Und so fährt das Leben schnell dahin, als flögen wir davon. „Und wenn es köstlich gewesen ist, so ist es Mühe und Arbeit gewesen [1]." Da kannst Du wohl von einem köstlichen Leben sprechen.

Letzthin sah ich den Film „Annelie" mit der Ulrich [2]. Darin ist Werner Krauß [3] sehenswert. Obwohl er den Rahmen des ganzen Filmes sprengt, ist er köstlich. Ich habe über ihn gelacht und geweint. Der hat all das, was Du von der Darstellung durch den Schauspieler in Deinem letzten Brief verlangst.

Unsere Eröffnung ist auf den 20. Dezember verschoben. Wir proben zwar fünf Stücke, d. h. ich nur eines. Den Phaon in Sappho spielt der zweite jugendliche Held. Soll ich mich darüber ärgern? Einerseits hätte ich ihn ganz gerne gespielt. Huttig will mich anscheinend mehr die neuzeitlichen Jugendlichen spielen lassen. Zu einer richtigen Unterredung kommt man ja leider nie bei ihm, da er fast immer blödelt. Aber er ist sehr nett und lustig. Manchmal sieht er wie eine uralte Frau aus. Ich glaube, das Verliebtsein in eine junge Frau macht ihn so alt. Trotzdem wäre er gut als Volkstheater-Direktor in Wien.

Ist Horst Caspar [4] in Wien eingetroffen, und was spielt er?

Immer im ganzen Herzen

Dein T.

[1] Berühmter Satz aus den Psalmen.
[2] Luise Ulrich, Filmschauspielerin.
[3] Werner Krauß, der berühmte Schauspieler.
[4] Horst Caspar, junger Schauspieler, kam ans Burgtheater.

Aslan an Tonio

Wien, 22. November 1941.

M. g. E.

Sollte ich in der Phantasie mehr geschrieben haben als in der Wirklichkeit, da ich immer in Gedanken mit Dir rede? Bitte, ordne mir das! In meinem letzten Brief vergaß ich, Dir für das Bildchen (Metzer Dom) zu danken. Ich habe es in eines meiner Gebetbüchlein getan und zwar in ein altes Büchlein von der Mutter Ernis aus dem Jahre 1893

„Das spanische Edelweiß", ein der heiligen Theresia gewidmetes Büchlein, in dem ich sehr gerne lese. (Denn die heilige Theresia von Avila ist einer meiner Lieblinge.)

Didier war den ganzen November abwesend und kommt Anfang Dezember. Dann bleibt er hier.

Im November spiele ich 32-mal!! Nächste Woche wieder eine Sendung und ein Prolog im Spiegelsaal von Schönbrunn zur Mozart-Feier [1]. Ev. auch mein Vortrag über Predigt.

Hoffentlich kriege ich eine Karte für die Morgenfeier in der Josefstadt (Elly Ney)! Es ist sehr schön, was sie Dir schrieb, und richtig. Musik in der Stimme ist ein Geheimnis der Schauspielerei. Stimme als Instrument der Seele. Caruso war ein Schauspieler des Organs (nicht Sänger). Moissi und Kainz war es zuletzt Selbstzweck. Das ist schlecht. Nicht singen, sondern die Stimme in den Dienst der Seele stellen, und die singt dann durch das Instrument der Stimme. Die Stimme ist nur Werkzeug. Ganz locker sich hingeben!

Daß Du von fünf Stücken nur in einem spielst, scheint mir für den Anfang zu wenig. In zweien wäre gut. Eine klassische und eine moderne Rolle. Phaon ist nicht so wichtig (an sich). Aber der Einsatz oder Start ist mit einer Rolle in einem (fraglichen) Stück zu wenig.

Hast Du mein Mortimer-Bildi erhalten?

Da ihr erst am 20. eröffnet, wirst Du kaum kommen! Oder doch? Mir ist alles Schmerz. Kommst Du, ist es Schmerz, Dich wegfahren zu sehen. Kommst Du nicht, ist es Schmerz um ein lichtloses Fest. Aber lieber doch kommen! Oder könnte ich auf zwei Tage kommen? Oder wäre das nicht gut??!! Um Gottes willen nur nicht Dir schaden! Aber könnte ich nicht etwas spielen? „Kirschen für Rom" oder „Carlos"?

Grüße und küsse das Liebes-Engerl recht viele Male!

Dein R.

[1] Zum 150. Todesjahr Mozarts († 5. 12. 1791).

Aslan an Tonio

Wien, 23. November 1941.

M. g. E.

Also heute habe ich die Elly Ney gehört. Sie ist grandios, sehr gekonnt, (was ich so sehr liebe), sehr persönlich und gleichzeitig sehr sympathisch. Freilich, den Brahms konnte ich, da ich ihn ja nicht so genau kenne, nicht gleich erfassen. Während sie spielte, dachte ich an Dich, und ich vermeinte, Du hörtest es jetzt mit. Ich saß in einer

Loge und war sozusagen mit Dir. So was gibt's. Was wären wir, wenn es so was nicht gäbe!

Eben komme ich von einem kalten Imbiß bei Dr. Boller [1] und Frau, die in der Vorstellung waren und mich dann zu sich einluden. Es wurde ein großer Diskussionsabend zwischen Dr. Boller und mir über Natur und Übernatur, Philosophie, Metaphysik usw. Jetzt ist es glücklich 3 Uhr früh. Solche Gespräche regen kolossal an. Aber im Endeffekt merke ich dann doch, daß ich nicht oder zu wenig weiß. Ganz ehrlich sag' ich mir dann: Am wohlsten ist mir, entweder wenn ich 1. schlafe und nichts weiß, oder wenn ich 2. Luftschlösser baue, oder wenn ich 3. mit Dir innig vereint bin, oder 4. sorglos bastle [2], oder 5. in der „mystischen Sphäre" taumle. Aber alle anderen Realitäten (diskutieren, probieren, spielen, kämpfen u. dgl.) sind Ersatzbeschäftigungen. Beim Genießen des Kunstwerks (wie z. B. Elly Ney) mischt sich Pkt. 3 mit 2 und 5, wobei heute Pkt. 3 der stärkste war, trotzdem ich um $^1/_2$ 7 Uhr früh (Pkt. 5) bei der Kommunion war. (Boltzmanngasse) Das ist ehrliche Gewissenserforschung. Um 5 Uhr früh. (Das konnte ich mit Dr. Boller nicht besprechen.) Und doch ist es das, was eben „über" die Naturwissenschaft hinausgeht, die er so vertritt. Verstehst Du?

Hast Du schon ein festes Arbeitsprogramm für die Weihnachtsfeiertage, oder hüpfst Du doch her?? Wie schön wär's, wenn ich so Klavier spielen könnte wie die Ney und Du mir zuhören würdest! Alles verdreht sich ins Persönliche!

Was ich diese Woche wieder arbeite (Theater, Funk, Vortrag) ist grotesk. Aber immer hoffe ich noch auf eine große Tat. (Steinbock [3]!) Nie ganz befriedigt. Und so nach 12 Uhr nachts, wenn ich wach bin, interessiert mich dann immer am meisten Pkt. 3. Und wie endet es? Bei Pkt. 1. Bis es einmal der Pkt. wird — der Endpunkt.

Gute Nacht, Liebes!

Dein R.

[1] Dr. Boller, Aslans damaliger Arzt.
[2] Basteln: ordnen von Briefen, Kritiken usw.
[3] Steinbock: Geburts-Aszendent von Aslan.

Tonio an Aslan

Metz, 25. November 1941.

M. l. R.

Gestern, als ich von Luxemburg [1] zurückkam, lag Dein Brief vom 22. auf meinem Zimmer. Auch das Kreutzberg-Buch [2]. Danke vielmals!

In all Deinen Briefen bist Du interessant — und vor allem so liebevoll. Wie habe ich nur dieses große, herrliche Gefühl um Dich verdient!

Dein Mortimer-Bild gebe ich Dir zurück. Du sollst es selbstverständlich in Deine Sammlung nehmen. Ich finde es wunderschön! Sicher hatten die ernsten Männer und Frauen recht, wenn sie sagten, das sei der schönste Jünglingstyp im mittelländischen Raum. Und es muß Dich auch nicht traurig machen! Deine äußere Schönheit hat nicht abgenommen, sie hat sich nur gewandelt, und Deine innere Schönheit ist so im Wachsen, daß sie vielleicht alles Damalige überstrahlen wird. Du kannst eher stolz als traurig sein! Du bist eine bedeutende Erscheinung des Abendlandes.

Ich habe so viele Post zu erledigen, daß ich jeden Tag ein paar Stunden dazu verwenden muß.

Arme Luise Marie [3]! Gestern sah ich im Kino einen Kulturfilm „Dalmatien". Es wurde lange und ausführlich Salona gezeigt, die älteste Kulturstadt des Altertums. Dort bin ich mit der Luise Marie herumgestiefelt. Du bliebst damals auf dem Schiff.

Denkst Du auch so oft an unsere Schiffsreisen? Manchmal fallen mir Einzelmomente ein: Ich oben allein mit Dir auf einer Kiste des Schiffes sitzend, die Beine in die Luft hinaushängend, das blaue Meer, der unendliche Himmel mit Mond und allen Sternen und Dein Sprechen über Gott, die Liebe und vieles andere. Dann weine ich, weine vor Glück und Dankbarkeit, daß ich solche Höhepunkte menschlichen Glückes und Empfindens habe erleben dürfen.

Du kennst ein so restloses Empfinden. Doch läßt Dich Dein männlich schaffender Geist darin nicht die Erfüllung des Seins finden — und es ist gut so! Mir aber wäre es Sinn und Erfüllung, doch darf es aber wieder nicht sein. Obwohl es mir Natur wäre, muß ich anscheinend die andere Erfüllung meines Seins suchen. Verstehst Du mich? Das ist also nicht gut und müßte mich eigentlich sehr unglücklich machen. Aber das bin ich wieder nicht. Vielleicht sieht jeder einmal im hiesigen Leben die Erfüllung seines Urbildes, also seines idealen erfüllten Ichs, nur um sich seiner selbst inne zu werden und dann, von Gott kommend, sich erkennend, wieder zu Gott zurückzukehren. In der Zwischenzeit ereignet sich der Kampf zwischen Göttlichem und Dämonischem. Dieses mein Innewerden bist Du!! Da es aber sonst zu einfach wäre, schon jetzt im Himmel zu sein, muß ich immer wieder in das Kampfgebiet des Irdischen, um nur manchmal diesen Himmel offen zu sehen. Wenn ich nur nicht aus Schwäche auf diesem irdischen Schlachtfelde liegen bleibe!

Siehst Du, alles andere, das ich tue: Theaterspielen oder was sonst immer, ist vielleicht gar kein Sinngewolltes, sondern es ist eben, weil eben das andere Sinnerfüllte aus tausenderlei Gründen nicht sein soll.

Fast könnte es mich wahnsinnig machen, und ich verstehe so gut die Trinker, die vielleicht auch diese Erfahrung gemacht haben und sich jetzt betäuben. So komme ich mir vor wie ein Trinker, der sich mit Leben betäubt. Ich höre Deine mahnende Stimme, die sagt und ruft: „Na, und der Weg zu Gott?" Ja, verstehst Du es denn nicht? Ich bin ja auf dem Wege zu ihm, aber eben im Kampfe mit dem Irdischen. Wenn man stark ist, dann entstehen während dieses Kampfes Werke. Bei Dir Deine Rollen; bei meinem geliebten Fra Angelico, der sicher auf Erden kampflos schon im Himmel war, diese himmlisch ausgedrückten Himmelsbilder; bei Schwachen wie bei mir, ist nichts, reicht es zu nichts. Wäre ich stark, müßte ich aus diesem Erdenkampf auch Rollen, Dichtungen, Bilder holen. So aber bleibt es nur Kampf — und ich fühle mich ganz wohl dabei! Ich glaube, das ist das Ärgste!! Nicht? Ewig ein Sehnsuchtsbegabter zu bleiben!! Du, ja, Du hast das Gut, das Du von Gott mitbekommen hast, gut verwaltet und bringst es sogar mit Zinsen an Gott zurück.

Lebe wohl, und immer wieder
Dein T.

[1] Tonio hatte ein Wochenende zu einem Ausflug nach Luxemburg benützt und Aslan von dort auch eine Ansichtskarte geschrieben.
[2] S. Tonios Brief vom 23. Oktober 1941.
[3] Luise Marie Mayer.

Aslan an Tonio

Wien, 25. November 1941.

M. g. E.

Gestern habe ich den „Kinderkreuzzug" fertig gelesen. Grandios. Wer ist diese Alma Holgersen? Eine Tirolerin? Ich weiß nichts von ihr. Wahrlich sehr begabt. Herrlich durchkomponiert, Gestalten, Landschaften, Gedanken, Gefühle. Der Schluß ganz groß. (Der Mönch Ignatius ganz echt.) Manchmal zu zerpflückt, manchmal zu flüchtig, journalistisch, sprachlich nicht genügend streng in der Form, aber doch herrlich hinbrausend und lebendig. Ein großer Genuß. Ich wüßte gern, wie sie aussieht. Her mit ihr!

Noch kenne ich Deine Einteilung für die nächsten Wochen nicht. Ich habe bald zwei, bald drei Tage frei, nie länger (im Dezember).

Das Büchlein von Dostojewski [1] konnte ich noch nicht auftreiben. Danke für Deine Karte aus Luxemburg [2]. Ja, bauen, das lieb' ich! Immer wollte ich ein Schloß und Frieden, innerlich und äußerlich unbeschwert und unbelästigt, dort zurückgezogen mit Dir zu hausen. Wohl dann und wann Freunde zu Gast, aber doch allein sein dazwischen, wochenlang. Landwirtschaft, Wald, Tiere, lesen, baden, schlafen, beten, spazieren gehen oder fahren, dann wieder Gäste — aber innerlich frei, ohne Vergangenheit, nur träumende Gegenwart, nicht altern, weinen, lachen, beten, schlafen und kein Schicksal, keine Vergangenheit, nichts als träumende Gegenwart. O Luftschloß!

Trotz Phantasie bin ich aber doch so unveränderlich! Wie kommt das? Aber gerade Schloß, Land, gerade das wollt' ich doch immer! Und nie, nie hatt' ich es! Wie leicht gäbe ich den schalen Ruhm meiner sogenannten Karrière dafür!! Und wie ganz anders war und ist mein Leben! Aber scheinbar muß es so sein. Ich murre nicht! Ich meine nur!

Danke Dir für jedes Briefli, mit dem Du mir so viel Freude machst!

Gute Nacht, Kuß!

Dein R.

[1] „Die Sanfte" von Dostojewski.
[2] Die Ansichtskarte Tonios aus Luxemburg hatte das dortige Schloß dargestellt.

Tonio an Aslan

Metz, 26. November 1941.

Mein großer Freund!

Ich freue mich, daß die Elly Ney auch auf Dich so gewirkt hat. Alles Große ist so einfach und klar. Das spürte ich auch so an ihr. Leider habe ich hier fast gar keine Gelegenheit, interessante Diskussionsabende zu erleben. Sicher gibt es auch hier Persönlichkeiten, die mir viel geben könnten. Leider kenne ich sie nicht. Mein Umgang mit Menschen ist hier wenig anregend und bewegt sich leider auf so gar keinem Niveau. Das fehlt mir sehr! Bleiben mir hauptsächlich Bücher. Wenn Du immer von Dir sagst, Du weißt nichts, was soll dann ich sagen! Und Deine viele Arbeit! Ich habe gar keine. Merkwürdig ist die Verteilung im Leben. Wenn Du im Radio sprichst, teile mir das doch jedesmal mit! Ich habe Gelegenheit, hier zu hören. Und das wäre doch schön, Deine Stimme plötzlich nahe zu haben.

Eine Begegnung zwischen der Ney und Dir hätte ich gewünscht, es müßte doch herrlich sein, zwei solche Künstlerpersönlichkeiten zusammentreffen zu sehen.

Ich hätte auch gerne etwas Großes vollbracht! Das Größte, was ich bisher in meinem Leben geleistet habe, war meine Liebe zu Dir. Das ist vielleicht die einzige Tat! (Ich habe auch Steinbock [1].) Wie wird mein Endpunkt aussehen?!

Leb' wohl, gute Nacht und guten Schlaf!

Dein T.

[1] Steinbock: Auch Tonio, der im Wassermann geboren ist, hat als Aszendenten den Steinbock.

Tonio an Aslan

Metz, 29. November 1941.

M. g. R.

Mein „Kinderkreuzzug" war von einem Mann, Rudolf von Wehrt. Doch der von Alma Holgersen soll noch besser sein. Das Thema ist dasselbe.

Wenn Frau Schulda-Müller [1] sich bei Dir meldet (Fotografin), so frage sie nach der Holgersen, sie ist mit ihr befreundet und kann sie Dir sicher auch bringen.

Kennst Du Ernst Wiechert [2]? Ein Dichter!! Ganz zufällig, in einer Buchhandlung sah ich ein Buch von ihm. Ich kaufte es mir, las es, und es ist eine tief beglückende Begegnung. Ein Gottsuchender. Sprachlich wunderbar. Das wird einer von meinen Dichtern. Jetzt habe ich den Wunsch, alles von ihm Geschriebene zu lesen. Auch ein Dichter für Dich. Lies ihn!

Das Kreutzberg-Buch hat herrliche Fotos. Dafür Dank.

Es ist schön, mit in Deinem Traum von Luftschlössern zu sein! Und ich folge Dir gerne auf diesen einsamen Bergwegen. Und, war es Wirklichkeit oder Traum, wir waren doch schon so oft dort, wo Du wünschest zu sein! Träumende Gegenwart war lebendigste Wirklichkeit!! Es gab manche Situationen, wo sich restlos erfüllte, was sonst nur Traum war: Sorrent, Assisi, Florenz, Salzburg, Hamburg, Wien, auf dem Schiff, Karlsgasse [3], Berlin, Karlsbad. Immer gleichbleibend, immer anders. Unveränderlich — und so voller Phantasie!

Morgen soll zum ersten Male auf der Bühne probiert werden. Am 15. Dezember ist die erste öffentliche Generalprobe vom „18. Oktober". Ich hoffe sehr, daß ich zwei Tage nach Wien fahren kann. Gerade für den heiligen Abend und einen Feiertag. Die zwei Tage will ich bei Dir mit in Deinem Zimmer wohnen. Nicht in der Sandrartgasse [4]. In den nächsten acht Tagen hoffe ich, Bestimmteres zu wissen. Ich teile es Dir auch sofort mit, wenn ich es weiß.

Meine Tageseinteilung ist so anders; wenn ich keine Probe habe, gehe ich nie vor 4 oder 5 Uhr aus dem Hause. Ich esse dann gar nicht zu Mittag oder nur Kleinigkeiten. Dafür gehe ich abends zu Maurtrier, das ist das beste alte Restaurant, ziehe mich gut an und trinke auch einen herrlichen französischen Rotwein. Oft bleibe ich aber im Bett, schreibe, lese und lerne. Ich genieße dankbar dieses Leben und lebe ganz bewußt glücklich diese Gegenwart. Es kommen wieder Zeiten, wo es ganz anders sein wird.

Wenn Du hier gastierst, mußt Du das Zimmer mit Bad nehmen in meiner Etage.

Wenn wieder einmal Friede sein wird, dann mache ich mit Dir wieder eine schöne Reise, oder wir mieten uns irgendwo im Salzburger Land ein Bauernhaus, oder wir gehen auf ein Schiff. Jedenfalls will ich noch viel, viel mit Dir in meinem Leben zusammen sein. Und ich denke immer und immer wieder daran. Und dieses Denken erfüllt mich ganz: Wieviel Schönes danke ich Dir!

        Adieu, mon ami, mon grand ami!

                                    T.

[1] S. Tonios Brief vom 7. Oktober 1941.
[2] Ernst Wiechert, der große Dichter und Mensch aus Ostpreußen, der mutig gegen Hitler auftrat und dafür ins K. Z. kam.
[3] Karlsgasse 3, erste eigene Wohnung Tonios, ein kleines, altes Wiener Biedermeierhaus, nächst der Karlskirche, heute abgerissen. Tonio wohnte dort zur Zeit, als die Freunde einander kennen lernten.
[4] Sandrartgasse, Tonios spätere Wohnung (s. Aslans Brief vom 3. Oktober 1941).

Aslan an Tonio

                                  Wien, 29. November 1941.
    M. g. E.

Gestern schrieb ich Dir einen sehr aufgeregten Brief [1]. Ich hatte Gewissensbisse und möchte das heute gutmachen. D. h., ich kann leider nichts zurücknehmen, aber es braucht Dich nicht zu belasten. Ich sagte es halt — und es ist richtig — aber ich hätte das allein auskämpfen sollen und nicht Dich damit belasten.

Ich schicke Dir Baldurs [2] Mozart-Rede [3], weil einige Sätze darin sind, die ich 100%ig unterschreibe. Ich müßte mich schämen, wenn ich nicht die Größe aufbrächte anzuerkennen, was gut ist, auch wenn es aus dem Lager der Menschen kommt, die meine Weltanschauung nicht teilen.

Ich freue mich, daß mein Mortimer-Bild Dir gefiel. Danke Dir für Deine Trostworte! Nachträglich fand ich, daß ich in jenem Briefe zu eitel war. (Trotzdem ich es nicht bin.) Aber die Grenzen verwischen sich. Wahrscheinlich gibt es da auch eine höhere Ebene, auf der die Begriffe eine andere Beurteilung erfahren.

Du sprichst mir bis jetzt von keiner neuen Rolle!

Daß Du wenig Anregung dort hast, macht vielleicht nicht soviel aus. Du hast genug inneren Reichtum.

Sag' mir, bitte, ein Wünschli, das Du gerne vom Christkindl erfüllt hättest! Es würde mir solche Freude machen, das Christkind zu bitten, Dir den Wunsch zu erfüllen!! Mein Wunsch wäre, Du gingest am 24. Dezember zur Kommunion.

Soviel für heute. Die nächsten Tage sind erfüllt mit Mozart-Prologen, Mozart-Sendungen, Vorstellungen u. s. w.

Ich liebe Dich sehr!

Dein R.

---

[1] Aus dem folgenden Brief Aslans geht hervor, daß der von ihm erwähnte Brief vom 28. November („gestern") verlorengegangen ist. Ebenso muß ein Brief Tonios fehlen, in dem er Aslan von einer zweiten Rolle in Metz berichtet hat.
[2] Baldur von Schirach, damals Gauleiter von Wien.
[3] S. Aslans Brief vom 22. November 1941.

Tonio an Aslan

Metz, 3. Dezember 1941.

M. l. R.

Der Brief vom 29. November kam durch Gottes Fügung zuerst an, und einen Tag später der „asiatische" vom 28. November [1]. — Ich habe geweint und gelacht zugleich. Gewisse Fragen will ich brieflich nicht behandelt wissen und, sollte ich Weihnachten wirklich zwei

Tage nach Wien können, so wollen wir mündlich gewisse Fragen besprechen. Eines kann ich Dir aber schon heute sagen: Ich kann und will Dich nicht belügen. Über mein Gefühl für Dich brauche ich nie und nimmer zu lügen!! Es ist unwandelbar das gleiche. Und die Wahrheit, die ich Dir zu sagen habe, kannst Du hören, mußt Du hören. In allem, was ich auch tun würde, mußt gerade Du Klarheit haben. Verstehen tu' ich Dich ganz. Und so wie Du mir klar und groß sagst, wie Du fühlst, so sage ich es auch. Ich möchte Dir nur noch das Quälende nehmen. Wenn ich Mut habe, Dir ehrlich meine Seelenkämpfe und Zustände zu schildern, muß Du die Größe haben, sie hinzunehmen. Denn wie willst Du mich sonst leiten auf dem Weg, den wir doch so gerne trotz aller Irrungen gehen wollen, den Weg, der sich ziemt für eine Liebe unseres Formats. Die unvergängliche Frucht unserer Begegnung! Du bist mehr für mich, als Du verlangst und von mir bestätigt zu hören wünschest. Du bist mein Lebensinhalt! Trotzdem danke ich Dir für Deinen temperamentvollen Brief. Der Othello-Komplex sitzt zu tief in Deiner Seele. Ich habe Dich leider nie in dieser Rolle auf der Bühne gesehen. Nur Bilder kamen nach Hamburg, und die waren die besten, die dem Xaver Setzer [2] von Dir gelungen sind. Alles ist einfach und verständlich!! Und darin gibt es kein Ende. Man kann immer wachsen an Seele, Verständnis, Güte, gutem Willen, an Einfühlung im Leiden, an Beharrlichkeit — und in der Gnade.

Innigst

Dein T.

[1] Es ist schade, daß der von Tonio in diesem Brief so ausführlich und eindringlich beantwortete „asiatische" Brief Aslans vom 28. November 1941 offenbar verlorengegangen ist. Er muß besonders charakteristisch und daher interessant gewesen sein, wie aus Tonios Antwort hervorgeht.
[2] Xaver Setzer, berühmter Prominenten-Fotograf in Wien.

Tonio an Aslan

Metz, 4. Dezember 1941.

M. g. R.

Eben habe ich ein Buch von Franz Spunda „Griechische Reise" beendet. Ich bin ganz heiß und glühend, führte es mich doch an Orte wie: Daphne, Eleusis, Athen, Theben, Mykenä, Delphi, überallhin, wo ich mit Dir gewesen bin. Das ganze große Erlebnis Griechenland steht nochmals stark und groß vor meiner Seele. Oder spüre ich es ganz besonders heute, brauche ich nur die Augen zu schließen, und alles ist wieder da? Ich wußte es immer, aber gerade heute spüre ich es so ganz: Das Ergebnis dieser zwei Griechenlandreisen ist der Gewinn eines Weltgefühls. Ich habe so viel zu denken, und alles ist so klar. Du hast mich an die Quellen des reinsten Menschentums geführt. Die schönsten Tage meines Lebens (sonst nur geahnt in der Seele) durfte ich dort als Wirklichkeit erleben. Erlösung durch Reinigung. So schon in Delphi. Immer wieder beginnt dort die Welt, wo der Mensch die Licht-Idee in sich fühlt. In der Astrologie heißt es: „Der Wassermann hat die Aufgabe, das Wasser über die Erde zu schütten." Auch das die Licht-Idee. Im Christentum die Menschenliebe. Erinnerst Du Dich, wie ich in der kastalischen Quelle badete? Die arme Luise Marie war auch anwesend. Sie trug auch die Sehnsucht der Licht-Idee in sich. Vielleicht hat sie durch das viele Dunkel ihres jetzigen Daseins erst richtig die Erfüllung ihres Lichtes gefunden. Gott gebe ihr den Frieden!

In Griechenland, in diesem Lande der Farbe, des Lichtes, der Klarheit ist außen und innen eins. Alle Reinheit kommt aus dem Element des Wassers. Wollte ich Befleckung der Seele reinwaschen? Der pythische Spruch dort sagt:

> „Rein im Herzen tritt ein in den Tempel des lautersten Gottes,
> Wenn du den Körper zuvor erst in der Quelle benetzt.
> Nur ein Tropfen genügt dem Gerechten, aber dem Bösen
> Wüsche der Ozean selbst nicht seine Fehle hinweg."

Besinnung kommt nicht von außen, sondern muß durch einen Akt der Selbstüberwindung errungen werden. (Erst jetzt verstehe ich ganz die Beichte.) Dieses Erinnern der Seele ist vielleicht der Schlüssel zu jeder Mystik.

Weißt Du, Raoul, dadurch, daß ich jetzt so als Müßiggänger in den Tag lebe, arbeitet die Seele zwecklos aus sich selbst heraus. Und ich habe wirklich oft schöne Ideen und Erkenntnisse. Eigentlich sind das die wirklichen Momente des Lebens.

Ob Gott es so besonders mit mir meint, da er immer wieder in mein Leben Stationen einbaut, Ruhepunkte, die nicht durch Frondienste eines Berufes gestört werden. Diese Stationen entfalten Zustände von innerem Glück, die ich beinahe himmlisch nennen möchte.

Tiefste Dankbarkeit erfüllt mich. Und jede Minute dieser Zeit lebe ich bewußt und ganz, nicht stur und dumpf. Vielleicht alles dank dem Bade in der klaren Quelle der Kastalia? —

Morgen höre ich Dich vom Grabe Mozarts sprechen [1]. Ich freue mich sehr darauf.

Lebe glücklich, und Dank Dir für die Höhepunkte meines Lebens!

T.

[1] Am 5. Dezember, dem 150. Todestage Mozarts, sprach Aslan am vermutlichen Grabe Mozarts auf dem St. Marxer Friedhof in Wien. Er hatte Tonio die Stunde genau telegrafiert, weil die Feier im Radio direkt übertragen wurde. In diesem Telegramm verständigte er ihn auch von einem bevorstehenden Hörspiel „Mozart".

Aslan an Tonio

Wien 6. Dezember 1941.

M. g. E.

Daß Dein „Kinderkreuzzung" von Wehrt geschrieben ist, habe ich übersehen.

Schulda Müller traf ich bei einer Matinée in der Komödie, wo Billinger [1] aus eigenen Werken las (sehr, sehr schöne Gedichte). Sie besucht mich einmal in der Garderobe, und da frage ich sie nach der Alma Holgersen.

Ernst Wiechert [2] kenne ich. Ich habe seine Sachen bestellt und gebe sie Dir zu Weihnachten, wenn ich sie bekomme. (Er ist nicht sehr beliebt, und Papiermangel ist eine gute Ausrede, um unbeliebte Leute nicht zu drucken.) Bin gespannt, was ich von ihm bekomme.

Ja, meine Träume wurden oft Wirklichkeit. Das ist wahr. Drum will ich Geduld haben, ob noch weitere Wirklichkeit werden können.

Daß Du ev. herkommst, ist herrlich. Auch ein Traum. Hoffentlich geht er in Erfüllung!

Dein Brief vom 3. Dezember ist schön: „So wollen wir mündlich gewisse Fragen besprechen." Davor habe ich Angst. Aber die „unvergängliche Frucht unserer Begegnung" ist ja auch eine Wahrheit. Angst wohl. Und doch wieder Mut zur Angst, d. h. keine Angst vor der Angst. Ich habe alles dies schon einmal erlebt. Aber es ist ja immer anders. Und wie Du richtig sagst: „Man kann immer wachsen!"

Gestern sprach ich also zum ersten Mal mit Goebbels. Ich fragte ihn direkt, ob das stimmt, daß er eine Aversion gegen mich hat. Er leugnete es und sagte, die Leute reden „Tineff und Quatsch". Ich glaube es ihm zwar nicht, aber es ist höflich und nett, daß er es leugnet. Vielleicht waren es wirklich Unterläufel, die das Gerücht verbreiteten. Wer weiß es ³? Der Abend war positiv, weil ich als einziger vom Burgtheater eingeladen war und Schirach das irgendwie absichtlich gemacht zu haben schien.

Wegen meiner Sendung an Mozarts Grab war ich besorgt. Ich bekam nämlich einen Weinkrampf [4] auf dem St. Marxer Friedhof und fürchtete, daß das in der Übertragung irgendwie unecht wirkt. Ich habe es heute abgehört, und es hat nicht gestört. Morgen ist Übertragung eines Hörspiels „Mozart". Vielleicht hast Du beides gehört.

Donnerstag vormittag hatte ich meinen Vortrag bei dem Prediger-Kurs [5]. Den Vortrag schicke ich Dir.

Aus München bekomme ich seltener Briefe, was darauf hinweist, daß Z. [6] viel arbeitet. Das ist mir sehr recht. Das ist auch ein Traum von mir, daß dort eine Wirklichkeit werde, wie ich sie träume. Aber bis jetzt war's nur ein Alpdruck. Das muß ich sagen. Trotz einiger vernünftiger Wandlungen in ihm macht er mir viele Sorgen. Der Kern ist Sorge. Aber bei Dir ist der Kern (trotz Sorgen) große Freude. Das ist der Kern-Unterschied. Er ist leider zu stur, um das zu begreifen. Ja, ich habe an Dir Freude. Das ist doch ein sehr beglückendes, wahres Wort! Aber diese Sturheit von dem Slawen ist gigantisch. Na, lassen wir das! Es wird schon irgend einen Sinn haben.

Heute abends war ich in der Generalprobe von „Bruderzwist". Werner Krauß ist eine Persönlichkeit als Schauspieler. Und das ist das Entscheidende. Eigentlich das einzige. Trotzdem also die Rolle nicht erfüllt war, ist es doch großartig, weil er halt eine Persönlichkeit ist. Also den Neid habe ich wirklich nicht zu beichten [7]. Die 7 Todsünden sind nämlich: Hoffahrt, Geiz, Unkeuschheit, Neid, Zorn, Völlerei, Trägheit. Neid und Geiz schalten bei mir aus. Über die andern fünf läßt sich streiten.

Nach der Probe traf ich Stefan Hlawa [8]. Er wollte mich verführen, mit ihm zu drahn, und versprach Beefsteak, Rotwein und Mehlspeise. Aber ich fuhr nach Hause und schreibe Dir eben [9].

Das Kämmerchen bei der Küche ist voll mit Holz. Es ist $1/2$ 2 Uhr. Jetzt nehme ich ein Buch und gehe ins Bett.

Ist es nicht merkwürdig, daß der Othello keine berühmte Rolle von mir ist wie etwa der Rudolf im Bruderzwist? Leben und Kunst ist eben nur bei oberflächlicher Betrachtung, so für Journalisten und Publikum, innig verwoben. In Wirklichkeit stehen sie zueinander wie Natur und Übernatur. (Meistens stehen sie miteinander im Kampf [10].)

Ob Du wohl kommst? Und wie wird Deine Rolle?

Viele Küsse, Darling!

R.

[1] Richard Billinger, bekannter österreichischer Dichter.

² Ernst Wiechert (s. Tonios Brief vom 29. November 1941).
³ Die Nazis trauten sich nicht recht an ihn heran. (S. Einleitung.)
⁴ Aslan war bei seinen Reden und Vorlesungen oft selbst bis zu Tränen erschüttert.
⁵ Der Prediger-Kurs über Wunsch von Monsignore Mauer.
⁶ Z.: Zeljko (s. Eileitung).
⁷ Neidlose Anerkennung des ganz anders gearteten großen Künstlers.
⁸ Stefan Hlawa, Bühnenbildner.
⁹ Bei der kriegsbedingten Lebensmittelknappheit ein echter Verzicht.
¹⁰ Bezieht sich jedenfalls auf den verlorenen „asiatischen" Brief, wo von Eifersucht die Rede gewesen sein muß. (Othello.)

Tonio an Aslan

Metz, 8. Dezember 1941.

M. g. R.

Am Samstag habe ich Deine Stimme gehört. Sie war ganz nahe, und mit klopfendem Herzen habe ich sie in mich aufgenommen, ja, ich möchte sagen: „Hineingetrunken. Mein Wunsch wäre, Du kämest auch an mein Fieberbett mit einem Strauß weißer Rosen und sagtest solche Worte mit solcher Stimme zu mir. Leider könnte ich kein Requiem schreiben. Obwohl die Seele empfindungsreich ist, fehlt doch das Talent. Aber ich würde Dir meine Hände reichen und gerne hinüber gehen, dorthin, wo Erlösung wartet, in das Land des Lebens.

Am Samstag ist öffentliche Generalprobe, am 20. Dezember Première, am 21. und 22. Dezember „18. Oktober". Am 23. früh will ich nach Wien fahren, am 24. früh in Wien ankommen, heiligen Abend und 25. Dezember bis 26. Dezember mittags in Wien sein, dann am 26. Dezember mittags zurückfahren nach Metz, am 27. Dezember hier „18. Oktober" spielen. So ist mein Plan. Hoffentlich erlaubt es Huttig! Sage aber niemandem noch etwas davon! Ich telegrafiere noch Dir und meiner Mutter, wenn ich es sicher weiß. Wenn es sein kann, wollen wir es als ein wahres Christgeschenk annehmen.

Von einer zweiten Rolle reden wir erst nach Weihnachten. Zuerst müssen die anderen Stücke: „Sappho" ¹, „Biberpelz" ² und „Brillanten aus Wien" ³ starten.

Ein neues großes Erlebnis ist mir Nikolaus Lenau, den ich fast nicht kannte und jetzt lese. Sicher mit Heinrich Heine der größte deutsche Lyriker. Du, sein „Faust", den ich gerade lese, ist großartig. Ich möchte einmal in den Ferien irgendwo mit Dir seinen „Faust" und „Savonarola" lesen. Goethe, Grabbe ⁴, Lenau, alle drei haben einen Faust geschrieben. Wie verschieden, was für enorme große Geister! Ich bin tief erschüttert, glaubst Du mir das, Raoul?! Und ich stehe als Nichts vor diesen Montblancs an Denk- und Gestaltungskraft. Herrgott, ist die Welt doch voll der herrlichsten Wunder! Warum lernt die Staatenlenkung nichts von großen Kunstwerken? Warum lenken die größten Geister nicht den Staat?! Aristokratie, im wahrsten Sinne des Wortes, allein ist berechtigt zu lenken und zu leiten! Wir standen, ich glaube, vor zwei Jahren in Weidling am Grabe von Lenau. Ein grauer Granitgrabstein mit seinem Bild. Um sein Bild rankt sich die Schlange, im Altertum das Zeichen des Genius, im Christentum das des Unvergänglichen. Hier nach Metz mußte ich fahren, bei einer befreundeten Lothringer Familie im Bücherschrank Lenau entdecken. Wie von unsichtbarer Hand geleitet, nehme ich den Band, bitte darum, ihn mir zu leihen, und jetzt bin ich ganz übergossen und innen und außen voll von Lenau! Ach, welch ein großes, unbeschreibliches Glück, im Lichte dieses Genius zu wandeln!

Mein Gott, wie danke ich Dir, daß Du mir die Fähigkeit gegeben hast, überhaupt diese Großen durch das Tor meiner Seele eintreten zu lassen!

Siehst Du, Raoul, deshalb liebe ich so sehr dieses Leben, weil Gott es so reich und schön gemacht hat. Und ich will mich auch leidenschaftlich weiterbemühen, dieser empfänglichen Seele auch ein so reines, schönes Gebäude des Körpers als Wohnhaus herzurichten. Denn was für ein Haus muß das sein, um alle diese Seelengäste auch dementsprechend zu beherbergen!

Diese zwei Monate Metz waren eine gute, reiche Zeit. Ich fühle es schon jetzt. Allein Erlebnisse, Begegnungen mit: Musik, Beethoven, Mozart, Schubert (Elly Ney), Ernst Wiechert (Dichter von „Flöte des Pan"), Deine Briefe, Deine Stimme, Teile aus dem neuen Testament, das zwecklos aus der eigenen Seele heraus Arbeiten, Lothringen als Land, die Stadt Metz und jetzt Lenau! Eine reiche Ernte!!!

Weihnacht ist ein Einschnitt. Und hoffentlich geht dann die Arbeit am Theater richtig für mich los!

Und um das alles herum tobt ein Krieg, ein Weltkrieg, wie er noch nie da war. Doch, wie merkwürdig, nur selten rückt dieses Geschehen ganz in mein Bewußtsein vor. Es ist ein Alptraum, der nach dem Erwachen nur mehr als Erinnerung des Gruselns gefühlt wird. Verstehst Du das?! Ich glaube, Dir geht es so ähnlich.

An alle zu Hause, denen Du Heimat bist, viel Liebes und Gütiges und Verzeihendes

T.

[1] „Sappho" (Grillparzer).
[2] „Biberpelz" (Gerhart Hauptmann).

[3] „Brillanten aus Wien" von Alexander Steinbrecher.
[4] Christian Dietrich Grabbes „Don Juan und Faust".

Aslan an Tonio

Wien, 8. Dezember 1941.

M. g. E.

Franz Spunda kenne ich persönlich. Er hat auch ein Buch über den Berg Athos geschrieben. Ja, Griechenland! Ehrlich finde ich das heutige Griechenland nicht schön. Aber die Idee Griechenland! Und unsere Reise! Und was daraus und dadurch bewußt und frei wurde an Unbewußtem, daß man „Das Reich der Dämonen" [1] plastischer empfindet und besser versteht, der viele und große Gewinn an Seelischem, ja, das ist's! Wenn es unbewohnt wäre, dieses Griechenland, und nicht so ausgeraubt, seiner Schönheiten beraubt, dann hätte es die Stimmung eines unbesetzten und geschlossenen Friedhofs (St. Marx). Aber dieses balkanesische heutige Griechenland tut mir, dem alten Griechen, irgendwie weh. Wenn ich bei Dir bin, habe ich mehr Griechenland-Gefühl als in den Straßen von Athen. Ich bin eben ein wirklicher alter Grieche, dem der heilige Paulus andauernd eins auf den Schädel haut. Ja, diese Stationen, von denen Du sprichst, sind eine große Sache! Stationen! 14 Stationen hat der Kreuzweg!

Gestern war Schulda in meiner Garderobe. Sie brachte mir 2 farbige Bildl von Dir und zeigte mir viele Metzer Ansichten. Es gefällt mir sehr. Wenn Du französisch lesen könntest, verstündest Du, was ich an Frankreich liebe, ähnlich wie bei Griechenland, auch versunken, aber die Sprache lebt, das Gefühl für den Logos, während die Griechen auch in ihrer Sprache balkanisiert sind. Ja, Klarheit! Mein Mittelmeer! Aber noch mehr in meiner Phantasie! Durch das Christentum hat sich eben alles verlagert. Vor ihm scheint mir das Mittelmeer Paradies gewesen zu sein, durch das Christentum hat sich's in eine geistige Ebene verlagert, und was zurückblieb, ist wirklich ein Tränen-Tal, ein Erdenjammertal.

Ja, die Beichte! Urtiefes Geheimnis! (Auch wenn Beichtväter oft nur Beamte sind.) Alle Geheimnisse sind gekleidet in scheußliche Banalität. Ist es beim Geheimnis der Kunst anders? Aber hat man's einmal und irgendwie erfaßt, stören die Banalitäten nicht mehr. Ich spüre die heilige Theresia auch in der Elektrischen!

Ich höre, ab 15. ist Zugsverkehr nur mit Zulassungsschein möglich! Wie ist das??

Jetzt eil' ich auf die Generalprobe von Hedda Gabler. Bin doch gespannt auf Ibsen 1941!
Innigst
D. R.

[1] S. Aslans Brief vom 9. August 1941.

Aslan an Tonio

Wien, 10. Dezember 1941.

M. g. E.

Eben telegrafierte ich Dir, dann ging ich ins Bett und schreibe Dir auf dem rosa Tischchen.

Dein Reiseplan ist wohl schön. Ich sage aber nichts, bis er Wirklichkeit wird. Ich stelle mich innerlich ein auf „zu schön" und lasse mich überraschen.

Nikolaus Lenau — das glaub' ich! Seit meiner Schulzeit hab' ich ihn nicht mehr vorgenommen, aber Du sollst mir daraus vorlesen!

Es gibt nur drei Dinge: Religion, Kunst, Liebe. Diesen drei (ich sage: trinitarischen) Wahrheiten entsprechen:

Religion...	das Wahre...	Gott Vater
Kunst...	das Schöne...	Gott Sohn
Liebe...	das Gute...	Gott hl. Geist

Auf diesen drei Grundwahrheiten ist alles aufgebaut, nicht nur unser Planet, sondern die ganze Schöpfung. Alle drei sind unsterblich. Natürlich besteht nicht jedes für sich allein, und doch ist jedes ganz. Sie durchdringen einander. In jedem sind die anderen zwei enthalten. Das ließe sich nicht stundenlang, sondern immer wieder durch unser ganzes Leben und durch das Leben der Geschichte erweisen. Alle Philosophien streben nur das an und jede auf ihre Art. Alles andere, was wir sehen, denken, fühlen, erleben, wurzelt darin. Heute verstehst Du unendlich viel mehr als etwa vor zehn Jahren von diesen Dingen und verstehst auch, warum gewisse Bindungen im Leben, die irgendwie in diesen drei Dingen verankert sind, irgendwie ihre schicksalsmäßige Kurve erleben. Es ist auch dann für Dich (für andere ja nicht) begreiflich, daß diese Verankerungen auch ihre dämonischen Rückschläge haben. Ja, da kommt man so in die Untiefen zu den „Müttern", gebunden an das Wahre, an das Schöne, an das Gute, ohne die Kraft und die Gnade zu haben, es zu erfüllen. Ewige Tragik der

Gott-Sucher, der Kunst-Sucher und der Liebe-Sucher. Natürlich ist die in diesen Elementen eingebettete Triebhaftigkeit der menschlichen Natur ein gewaltiges Moment, bei vielen dominierend und alles verschüttend. Bei mir z. B. eine der größten Prüfungen, geradezu ein Fluch.

Daß Du Deinen Körper als Wohnhaus dieser Grundwahrheiten betrachtest, ist instinktiv von Dir einer der tiefsten Gedanken der katholischen Philosophie und ein Grundthema der Moral-Theologie. Wer das kann, dem ist der mystische Weg erschlossen!!

Heute war ich mit Anna Bahr-Mildenburg [1] lange zusammen. Da hat man, weiß Gott, wieder in Abgründe geschaut. Mir war sie die erste Isolde und vieles anderes mehr. Künstler-Schicksale sind wohl das Tragischeste. Aber es muß ja so sein, da sie, die Künstler, verkettet sind am Grundelemente der Schöpfung. Ist es ein Wunder, daß manche überschnappen? Das Älterwerden ist an sich schon ein ungeheures Erlebnis!

     Ich küsse Dich innigst

         D. R.

[1] Anna Bahr-Mildenburg, berühmte Wagner-Sängerin, Gattin des Dichters Hermann Bahr. Das Tragische bestand offenbar in dem Umstand, daß die alternde Künstlerin nicht mehr nach Wunsch beschäftigt wurde und sich dies tief zu Herzen nahm.

Tonio an Aslan

         Metz, 11. Dezember 1941.
M. l. R.

Ich habe ein paar Tage nicht geschrieben. Ich fühle mich ein wenig matt. Irgendwie habe ich so das Gefühl, als ob ich eine leichte Furunkolose bekäme. Es soll mit der Ernährung zusammenhängen. Dumm wäre das! Jetzt, wo ich endlich spielen soll. Ich schlucke Pulver und Kügelchen.

Im Theater herrscht der Irrsinn. Fünf Stücke werden probiert, es soll eben eröffnet werden. Deshalb wagte ich noch immer nicht an den Huttig wegen des Weihnachts-Urlaubes heranzutreten. Theddy meint, ich soll einfach die zwei Tage schwarz fahren. Ich will auf alle Fälle fragen, so oder so.

Morgen ist die erste Hauptprobe in Maske und Kostüm, Montag die erste Generalprobe und dann noch eine öffentliche Generalprobe. Nach der Première ist eine Einladung zum Gauleiter [1] vorgesehen.

Ich denke aber nur an Weihnachten, habe nur den einen Gedanken: zwei Tage in Wien zu sein. Dieses Denken frißt alles andere auf. Alles ist nur Schleier; Wirklichkeit ist allein Weihnachten in Wien.

Deine beiden ausführlichen Briefe vom 6. und 8. habe ich erhalten. Ein Ausschnitt aus Deinem äußeren Leben. Ein buntes Vielerlei. Ich wundere mich immer wieder, wie Du doch alles so neben Deiner kolossalen Arbeit machen kannst.

Schirach scheint Dir wirklich freundschaftlich gesinnt zu sein. Es ist gut, daß es so ist. Schön ist, daß Deine Persönlichkeit so über alle Politik hinweg immer gleichbleibend die Menschen bezwingt. Jeder Erfolg von Dir, sei es künstlerischer oder persönlichster Natur, freut mich tief im Herzen.

Was sagst Du zu Amerika und Japan [2]? Wir haben hier oft Flieger-Alarm. Obwohl man im Bett liegen bleibt, ist es unheimlich, die Sirene heulen oder die Motoren der Flugzeuge surren zu hören. Vor 14 Tagen ging ein Blindgänger im Sablon nieder [3].

Unter den Kollegen komme ich mir wie ein fremder, sonderbarer Vogel vor. Ich habe fast keinen Berührungspunkt. Obwohl sie nett sind, leben sie alle in einer anderen Welt. Wenn ich nicht rein äußerlich mit Menschen zusammen wäre, müßte ich von großer Einsamkeit reden. Oft glaubt der eine oder andere, mir etwas zu sein. Irrtum, Luft, ich schaue durch, niemand hat mich. Ich kann nicht, ich will nicht. Heute bin ich müde und schlapp. Hoffentlich werde ich nicht krank!

Dein T.

[1] J. Bürckel, Gauleiter des „Saarlandes", früher vor Schirach Gauleiter der „Ostmark".
[2] Eintritt der beiden Staaten in den Krieg.
[3] Vorort von Metz.

Aslan an Tonio

Wien, 12. Dezember 1941.

    M. g. E.

Daß ich mit der Mildenburg zusammen war, schrieb ich Dir wohl. Sie bittet mich um eine Protektion für ihre Opernkurse und -Abende.

Daß ich mit Goebbels sprach, sagte ich Dir auch. Ob das Folgen und Wirkungen haben wird, ist abzuwarten.

Morgen nachmittag geh' ich zu Kreutzberg. Bin gespannt.

Nächsten Dienstag will ich zu Franzl [1]. Er soll niederschmetternd aussehen. Ob ich ihm nicht die Fürstin schicken soll? Vielleicht erleichtert sie ihm die Reise ins Jenseits. Ich fürchte, ich fürchte, er ist gezeichnet!

Daß wir Krieg mit Amerika haben sollen, hab' ich geträumt. Es ist furchtbar, aber mein Innerstes trifft es nicht. Es ist eben ein furchtbarer Traum. Moral-Theologie, Dogmatik, Kunst, Liebe, Freundschaft und Luftschlösser besitzen mich. Am meisten Luftschlösser, und in diesen geisterst Du in allen Gestalten. Und ein großer Drang nach Taten wurlt in mir. Ich träume nur wachend, mein Schlaf gleicht dem Tod.

„Figaro" möcht' ich so gerne sehen — und komm' nicht dazu. Reiten möcht' ich — und es wird nicht. Mein eigenes Theater möcht' ich — und krieg's nicht. Jung möcht' ich sein — und bin's nicht. Und doch dank' ich für vieles, vieles! Viel Glück möcht' ich schenken — und kann's nicht. Daß Du Dich beschenkt fühlst von mir, macht mich verlegen. (Aber auch stolz). Aber sehr verlegen-stolz. Ich möchte selbst daran glauben.

Theater-spielen tu' ich ungern. Seit Wien nicht mehr die Hauptstadt von Österreich ist [2], fühle ich mich wie in der Fremde. Und so dumm-sentimental es ist, ich weine manchmal nach unserem alten Kaiser Franz-Josef. Ich bilde mir ein, er hätt' ein Herz für mich gehabt. (Das dürften ausgesprochene Verkalkungs-Erscheinungen bei mir sein.)

Grüß' mir das Engerl recht herzlich!

Kuß

D. R.

[1] S. Aslans Brief vom 3. Oktober 1941.
[2] D. h. seit es als „Ostmark" ein Teil des „großdeutschen Reiches" war mit Berlin als Hauptstadt. Aslan stand in seiner innersten Seele durchaus auf dem Boden der konservativen Mächte und liebte Österreich als seine Wahlheimat sehr, die für ihn mit dem Begriff des Burgtheaters eng verbunden war.

Aslan an Tonio

Wien, 14. Dezember 1941.

M. g. E.

Kreutzberg ist gewiß ausgezeichnet. (Erinnert an Gründgens.) Voller Einfälle. Sehr gekonnt. Sehr persönlich. Voll Charme und

Wirkung. Und alles das zusammen ist noch nicht — große Kunst. Kunst ist immer an der Grenze von Physischem und Metaphysischem, ist immer Einbruch des Geheimnisses in die Materie, ist „Philosophie des Konkreten". Populär gesagt: erschütternd.

Votivkirche	Stephanskirche
Mayerhofer	Girardi
Kreutzberg	Nijmski
Müthel	Reinhardt
Richard Strauss	Mozart
Knappertsbusch	Toscanini
Anni Konetzni	Mildenburg
Partei-Gelände Nürnberg	Markusplatz
Stadion Berlin	Circus Maximus
Berlin	Paris
Stefan George	Lenau
Karsawina	Pawlowa [1]

Ich freue mich auf Dienstag, 11.00 Uhr [2]. Da das Haus-Radio zu riskant und zu primitiv ist, so hör' ich es im Burgtheater oder in einem Privat-Radio, das verläßlich ist.

Ob Du wohl kommst? Zulassungsschein? Strapaz?

Dienstag fahre ich mit der Fürstin zu Franzl. Mittwoch schreibe ich Dir.

Kleine Betrachtung: Eigentlich bin ich froh, daß Werner Krauß den Rudolf II. spielt und ich dadurch freie Abende habe [3]. Grotesk! Ehrgeiz, wo bist Du? Theaterspielen stört mich.

Die Menschen sind nett und anerkennend, aber sie sagen mir deutlich: „So ein großer Künstler wie Werner Krauß oder Kreutzberg oder Gründgens oder George oder Müthel oder gar Matkowsky und Kainz usw. bist Du nicht" und ich bin ihnen nicht böse! Entweder sie haben recht, dann ist es ja gut. Oder sie haben unrecht, dann verzeihe ich. Aber warum böse? Manche sind nur dumm — und die tun einem leid.

Viele Küsse
D. R.

---

[1] Sehr aufschlußreich ist dieser Brief in mehrfacher Hinsicht. Aslans Gegenüberstellung von Dichtern, Komponisten, Regisseuren, Dirigenten, Schauspielern, Sängern, Tänzern, Städten, Plätzen, Bauwerken, beinhaltet in seinen Augen den Unterschied von: natürlich, gewachsen, intuitiv, vom Herzen her — gegenüber: künstlich, konstruiert, erdacht, vom Verstande her, wobei man natürlich bei aller noblen Schätzung des andern deutlich fühlt, wo er selbst steht und was er höher wertet. Trotz allem aber auch hier diese in geistigem wie charakterlichem Belang weise und liebevolle Haltung dem „andern" gegenüber.

Die betreffenden Namen dürften, wenigstens der Mehrzahl nach, hinlänglich bekannt sein, damit man versteht, was gemeint ist. Wir verzichten der Kürze wegen auf nähere Erklärungen.
[2] Die Radio-Sendung aus Metz mit Tonio im „18. November".
[3] Rudolf II. in Grillparzers „Bruderzwist" war eine berühmte Rolle beider Schauspieler.

Tonio an Aslan

Metz, 15. Dezember 1941.

M. g. R.

Bei der Mildenburg hatte ich einmal in München (Filmschule) ein paar Vorträge gehört. Auf der Bühne sah und hörte ich sie nie. Eine große Künstler-Persönlichkeit.

Gestern war ich zum ersten Male zu Huttig eingeladen. Bei Austern und französischem Champagner haben wir viel über Dich gesprochen. Es ist alles im Gange. Du sollst hier gastieren. Und zwar ist es der Wunsch des Gauleiters, daß Du „Maß für Maß" hier spielen sollst. Nur der Brief an Schirach kostet ihn schwere Überwindung, sie sind aufeinander böse. Huttig selbst schätzt und liebt Dich sehr.

Er hat eine schöne Wohnung. Und der Abend war (Mimi, Theddy, und Karin Gert [1] waren auch dabei) echt österreichisch temperamentvoll. In seinem Überschwang schenkte Huttig mir ein Buch mit der Widmung: „Bitte, Bubi, sei brav! Schön folgen! — Ja? — Dein Vati!". Und für Dich bekam ich ein Flascherl Chanel-Parfum.

Ich finde, er müßte Volkstheater-Direktor in Wien werden. Wenn Du etwas dazu tun kannst, tue es! Morgen nach der Generalprobe will ich ihn wegen des Weihnachts-Urlaubes angehen. Wenn jemand so besonders nett ist, habe ich immer doppelte Hemmungen, etwas zu verlangen.

Der arme Franzl! Ich habe ihm einen langen Brief geschrieben, aber keine Antwort von ihm bekommen. Ich möchte ihn gerne sehen! Wenn ich Weihnachten in Wien bin, möchte ich den ersten Feiertag gleich vormittags zu ihm fahren. Ich möchte so gerne etwas für ihn tun.

Was spielst Du jetzt? Was kommt Neues für Dich? Werde ich Dich auf der Bühne sehen? Ach, es wär' zu traurig, wenn ich nicht fahren könnte!

Hoffentlich bald auf Wiedersehen!

T.

[1] Karin Gert, Kollegin und später auch Partnerin Tonios am Metzer Theater.

Aslan an Tonio

Wien, 16. Dezember 1941.

M. g. E.

Heute war ein ganz verärgerter Tag. Fast so ein Gegenstück zu Deinem Briefli vom 11. Dezember. Ich hoffe, daß der Ausdruck „Furunkolose" nicht stimmt. Vielleicht hast Du einen nervösen Ausschlag. Vitamine A, B, C, D bekommt man in Pillen. Aber man muß wissen, welches einem besonders fehlt. Daß das immer wieder bei Dir auftaucht: Ausschlag, Rheuma, Müdigkeit! Da muß einmal etwas Gründliches geschehen!

Daß Du kommst, ist herrlich!

Also mein Ärger: Nachdem ich vier Privatleute angegangen bin wegen Radio und alle versagten, ging ich um $^1/_2$ 11 Uhr zum Reichssender in der bestimmten Annahme, die müssen's doch können. Wir haben dort mit den Technikern bis $^1/_2$ 12.00 Uhr gebastelt und konnten Straßburg nicht einfangen. Ihre Erklärungen mit Lang- und Kurz-Wellen und Übertragung usw. hab' ich ja sowieso nicht verstanden, aber Tatsache ist, ich konnte nicht hören!

Dann ging ich zum Nagl [1] mittagessen, weil ich um 1 Uhr Probe hatte, und das hat meiner Verärgerung den Rest gegeben. Dort umfing mich des Jammers ganzer Chor: Karlsgasse, Louise-Marie und alle die Erinnerungen! Und dazu ein elender Fraß! Na, der Tag war recht mies!

Durch den Amerika-Krieg sind Marcel und Guy [2] bedroht, was auch unangenehm ist und schwierig.

Dann spiel' ich am 25. nachmittag, was mir auch nicht paßt.

Aber wenn Du nur da bist, das ist ja wirklich das schönste Geschenk! Von meiner Theatermüdigkeit machst Du Dir keine Vorstellung. Das ist grotesk. Bin neugierig auf Deine Première.

Also hoffentlich schlafe ich gut!

Viele Küsse

D. R.

---

[1] Nagl, Restaurant in der Nähe der Karlsgasse, wo er mit Tonio oft gegessen hatte.
[2] Marcel und Guy, außer Didier die beiden anderen jüngeren Brüder Aslans, waren bis Ende des ersten Weltkrieges Berufsoffiziere und mußten dann

wie viele andere Offiziere den Beruf wechseln. Marcel wurde Kaufmann, Guy wurde Ingenieur und ging nach Argentinien.

Aslan an Tonio

Wien, 18. Dezember 1941.

M. g. E.

„... Das ist es, wodurch Rubens sich groß erweist und an den Tag legt, daß er mit freiem Geist über der Natur steht und sie seinen höheren Zwecken gemäß traktiert. ... Wenn es gegen die Natur ist, so sage ich zugleich, es sei höher als die Natur, sage ich, es sei der kühne Griff des Meisters, wodurch er auf geniale Weise an den Tag legt, daß die Kunst der natürlichen Notwendigkeit nicht durchaus unterworfen ist, sondern ihre eigenen Gesetze hat ... Der Künstler will zur Welt durch ein Ganzes sprechen; dieses Ganze aber findet er nicht in der Natur, sondern es ist die Frucht seines eigenen Geistes oder, wenn Sie wollen, das Anwehen eines befruchtenden göttlichen Odems ..."
            Goethe zu Eckermann am 18. April 1927.

Ist es nicht seltsam, daß dieselben Gedanken bei allen großen Künstlern und zu allen Zeiten wiederkehren? Eigentlich gibt es überhaupt nur 100 bis 200 gescheite und richtige Sachen! Die werden in den verschiedenen Zeitaltern auf verschiedene Weise abgewandelt. Darauf bin ich jetzt gekommen! Grundsätzlich bleibt in seelischen Dingen alles für alle und immer gleich.

Ich hoffe, dies ist mein letzter Brief vor dem 24. Dezember. Und am 24. Dezember hüpfst Du an! Wenn es aber nicht sein sollte, wollen wir alle hier weinen und uns einbilden, daß es zu Deinem Guten war! Irgendeinen Trost braucht man doch!! Ich mache mich auf alles gefaßt, um nicht ganz zu verzweifeln.

Wahrscheinlich lerne ich die Alma Holgersen kennen. Samstag bin ich wieder mit der Mildenburg, der Dagmar Schmedes [1] und der Alma Seidler [2] beisammen.

Toi, toi, für die Première. „18. Oktober" — nicht weit vom 16. Oktober [3]!

Kämest Du nicht (was ich nicht hoffe), schicke ich Dir mein Päckli mit kleinen Basteleien.

Louise-Marie schreibt, daß sie es als großes Glück empfindet, nach langer Einzelhaft am Gang Boden reiben zu können, Stiegen waschen zu können und andere Menschen zu sehen, die dasselbe machen. Eine Dame entdeckt das Glück der Bedienerin! Das spricht Bände! Mehr als ein dicker Band Schopenhauer! Das hat mich umgeworfen! O, seien wir dankbar! Dankbar! O, wie gut geht es uns!

Ich hoffe bald, von Mund zu Mund zu sein

D. R.

[1] Dagmar Schmedes, Sängerin, Tochter des berühmten Tenors Eric Schmedes.
[2] Alma Seidler, die berühmte Burgschauspielerin.
[3] Aslans Geburtstag.

Aslan an Tonio

Wien, 29. Dezember 1941.

M. g. E.

Am 27. Dezember um 2 Uhr mittags fuhrst Du wieder weg [1]. Die 3$^1/_2$ Tage Deines Aufenthaltes waren schön, ungetrübt, gut ausgenützt, richtig. Dafür wollen wir sehr, sehr dankbar sein. Daß freilich viele Wünsche unerfüllt bleiben, daß die Zeit schwerer empfunden wird, in der Du fehlst, kurz, alle Schattenseiten kennen wir, aber wir dürfen nicht jammern. „Prüfet alles, und behaltet das Beste!" Dieses Wort des heiligen Paulus fällt mir immer wieder ein. Und immer folgt auf so eine Spanne der Freude und der Lust eine Periode der Depression und Leere. Ich spüre so stark das Interimistische der Dinge, d. h. das Zwischenstationliche. Das Definitive ist nicht da, noch nicht da. Wie das aussieht, wissen wir nicht. Kommt es überhaupt je? Oder ist wirklich das ganze Leben eine Zwischen-Station? Man sucht immer das Definitive, den Endpunkt, den festen Schlußpunkt, die unverrückbare Basis. Es ist ein Geschaukel (Lebensschifflein), wo ist das Ufer? In jeder Beziehung. Äußerlich und innerlich. Manche finden diese feste Basis schon in diesem Leben im Äußerlichen, manche nur im Innerlichen, manche nie und nirgends, manche halb. Wie weit bist Du? Wie weit bin ich? All diese Dinge rumoren, suchen Ausdruck und Erfüllung. Nennen wir sie heute Sylvester-Betrachtungen! Du kennst doch dieses Glücklich-Unglücklichsein, dieses Ja-Nein zugleich. Das schönste Ersatzmittel in diesem Dilemma ist und bleibt: Helfen und Freude machen, wo man kann.

In diesem Sinne fuhr ich heute mit der Fürstin zum Franzl. Ich glaube, wir haben ihm geholfen und Freude gemacht. Die Fürstin ist ihres Erfolges sicher und geht jetzt dann öfter und allein zu ihm. Er läßt Dich grüßen.

Und Anfang Jänner will ich auf zwei Tage nach München [2] helfen und Freude machen. Aber meines Erfolges bin ich nicht so sicher.

Vielleicht gelingt mir im Jänner die Rückgabe der Rolle in der „Iphigenie in Delphi" [3], und vielleicht gelingt auch im neuen Jahr ein längeres Gastspiel in Metz. Das wünsche ich mir.

Zwei Bücher Wiecherts (eben erhalten) schicke ich wegen Postrummel erst in den ersten Jännertagen.

Unter Tränen, gemischt aus Glück und Unglück, drücke ich das alte Jahr an mein Herz. Komm gut ins neue!

M. g. E.

Dein R.

[1] Es war Tonio also gelungen, Weihnachten in Wien zu verbringen.
[2] Nach München zu Zeljko Kočonda.
[3] Gerhart Hauptmann's „Iphigenie in Delphi", in der Aslan den Apollopriester Pyrkon spielen sollte. Das Stück wurde zu Hauptmanns 80. Geburtstag gegeben. Der Dichter wohnte den Proben und der Première bei.

Tonio an Aslan

Metz, 30. Dezember 1941.

Mein innigst geliebter Raoul!

Unglücklich lieben, das ist der Boden, aus dem alle Kunst erwächst. Vielleicht ist es dehalb von unserem gemeinsamen Schicksal so gewollt, daß immer wieder Zwang-Getrenntsein in unser Leben tritt. Denn unser Lieben wäre ja sonst zu glücklich, da es doch Erfülltsein ist, soweit Erfüllung auf Erden überhaupt sein kann.

Die drei Tage waren schön, und ich bin ganz im Banne Deiner Persönlichkeit. Alles an Dir ist so transparent, so nobel. Du sagtest mir einmal: „Wahre Kunst allein erschüttert." Nun, Ich bin erschüttert von Dir. Ob ich Dich auf der Bühne sehe oder im Leben Dir gegenüber stehe, ich bin erschüttert, denn auf der Bühne und im Leben bist Du Künstler, ganz großer Künstler. Deine Haltung, Deine fast überirdische Noblesse. Du bist sicher nicht ganz erkannt in Deiner Größe als Schauspieler. An der Zeit und Deinen Zeitgenossen liegt es, sie erkennen Dich nicht. Schade, schade!!

Ein Rausch von Glück kommt über mich, wenn ich Dich spielen sehe. Doch glaube mir, ich sage das nicht nur aus persönlichen Gründen. Heimweh nach Dir ist Heimweh nach meiner Seelen-Heimat, die nur Du mir gibst. Du hast mir den höchsten Begriff vom Schauspieler gegeben. Als Mensch liebe ich Dich. Doch geht Mensch und Schauspieler ineinander über. Was ist Kunst, was ist Natur? Beides an Dir ist Wunder. Was soll ich tun? Ich bin an Dein Schicksal gebunden. Soll ich mich ändern?! Ich müßte aufhören zu leben.

So schreiben wir bald das Jahr 1942. Es ist in diesem Jahre auch nicht anders. Empfinden heißt Leben, und ich lebe!!

Immer und immer
Dein T.

Aslan an Tonio

Wien, 1. Jänner 1942.

M. g. E.

Ich beginne das neue Jahr mit einem Briefli an Dich. Dein Telegramm wurde mir telefonisch übermittelt, wahrscheinlich bekomme ich es noch durch die Post. Mein Telegramm dürftest Du schon gestern erhalten haben.

Ich war Sylvester (zum 1. Mal zu Hause) mit Mama, Melitta [1], Didier, Sibylle [2] und Erni, und gegen 12 Uhr kam ein Freund der Melitta als Glücksesel und brachte die Grüße und Wünsche des neuen Jahres. Die Lichter am Baum brannten. Unnötig zu sagen, daß ich manche Träne schluckte, aber Gott sei Dank, hat es niemand gemerkt. Mama war sehr glücklich.

Heute abends geh' ich in „Tristan".

Heuer hab' ich fast niemandem gratuliert, und einige werden beleidigt sein, aber das geht nicht anders, da brauchte man ein Büro und dürfte keinen Beruf haben, d. h. nur Beruf „Gesellschaft".

Ich glaube, das Jahr 1942 wird äußerlich ein schlimmes Jahr. Viel Kummer, viel Unglück, viele Sorgen, ja Verzweiflung [3]. Umso mehr soll und muß es ein Jahr der inneren Erhebung sein. Und wir wissen, daß das nur in Jesus Christus möglich ist. Versäumen wir das, könnte nur Verzweiflung bleiben, und d. h. Katastrophe. Also in diesem Sinne: „In hoc signo vinces." D. h.: „In diesem Zeichen wirst Du siegen." Garde à vous!!

Kuß des Friedens,
Kuß der Liebe!
D. R.

[1] S. Aslans Brief vom 16. Oktober 1941.
[2] S. Aslans Brief vom 16. Oktober 1941.
[3] Kriegsereignisse.

Tonio an Aslan

               Metz, 4. Jänner 1942.
  M. g. R.

  Es ist Sonntag vormittag; ich spiele Deine Platten und denke mit innigster Liebe an Dich, und keinen anderen Wunsch hätte ich, als mit Dir zu leben, irgendwo, klein, unbekannt — ich träume bei Deiner Stimme!! Warum will es das Schicksal anders? Ich fühle mich irgendwie in der Verbannung, Heimat bist doch nur Du! Ich bin nicht sentimental. Vielleicht hat jeder Mensch einmal den Augenblick, wo er den für ihn bestimmten Menschen trifft, mancher vielleicht auch nicht. Aber wir hatten doch das Finden unseres Erfülltseins, und nun ist es immer wieder unser Wunsch, dieses Erfülltsein zu leben. Das ist ganz natürlich.

  Jetzt gehe ich essen. Dann zweimal „18. Oktober". Könnte ich Dich doch nachher im Josefinum treffen!

      Adieu, Leb' wohl! In Liebe
                  T.

Aslan an Tonio

               Wien, 4. Jänner 1942.
  M. g. E.

  Wie soll ich Dir für Deinen letzten Brief vom 30. Dezember danken! Und für Liebe kann man nur danken. Vergelten, erwidern ist alles zu wenig. Danken und schweigen. Es ist eben ein Mysterium, in seinen besten und höchsten Momenten. Dazwischen ist allerlei von Alltag und Materie. Aber über das Mysterium gelangt man nicht hinaus. Das muß man stumm entgegennehmen und dankbar sein.

  Man liebt auch immer nur das Bild, das man sich von seiner Liebe macht. Es muß gar nicht mit dem Bild der Wirklichkeit übereinstimmen. Liebe ist so groß und so unbegreiflich (wie Gott, denn „Gott ist die Liebe"), als daß man sie selbst lieben könnte; man liebt das Bild der Liebe. Und wenn das Bild Deiner Liebe Noblesse, Wunder und was immer ist, dann bin ich es eben im Bilde.

  Aber der Mensch liebt auch sich, und darin liebt er auch nur das Bild, das er sich von sich selbst macht. Das Bild, das ich mir von mir mache, ist natürlich nicht Noblesse, Wunder. Aber was tut's? Vielleicht heißt das Bild, das ich mir von mir mache, nur „Sehnsucht nach Höherem". Aber das tut nichts. Du liebst dieses Bild in Deiner Seele, und ich kann nur danken. Und denke ich an meine Liebe zu Dir, an Dein Bild in meiner Seele, dann sehe ich eine Erfülltheit von Glück, die mich beschämt. Ich verdiene es doch nicht und bin nur dankbar. Und dann bete ich, es soll so bleiben und soll wachsen und altern und ganz Mysterium werden, Verbindung, die, losgelöst von allem Irdischen, einfach wesenhaft da ist, ein Licht, das keine Finsternis kennt, nie erlöschen und nie erklärt werden kann, ein ewiges Licht. Dann wird Liebe: Nicht-wissen, Ding an sich, unerklärbar und fortleuchtend. Dann setzt eine merkwürdige Sehnsucht ein nach: Nicht-sein, weil im Sein immer noch Finsternis ist und Trennung und Worte und dies und das. Aber im Nicht-Sein ist dann das Ewige. So werden mir Hamlets Worte von Sein oder Nicht-Sein immer klarer, je mehr sie unwirklich werden, je mehr sie Bild einer Sehnsucht sind.

Im Tristan ist etwas davon drin, recht viel sogar. Daher Liebestod. Dann wird Liebe leuchtend, wenn sie durch den Tod verklärt ist. Schaudervolle Wahrheit! „Schaudervoll, höchst schaudervoll!" (Hamlet). Hamlet und Tristan — zwei Bilder! Hamlet bin ich nicht mehr, und Tristan kann ich nicht sein. Wo kann ich es also im Werk verwirklichen, das Bild? Da fängt man unwillkürlich zu beten an. Seltsam, daß ich eben mein erstes Tristan-Programm fand und mein letztes habe. Ich schicke Dir beide. Heute will ich nichts anderes mehr sagen.

                Kuß

                                Dein R.

Tonio an Aslan

                                              Metz, 6. Jänner 1942.

    M. g. R.

Es ist wundervoll, wie klar Du sagen kannst, was in Deiner Seele vorgeht. So wie andere Sehnsucht nach dem Wald haben, nach einem Vaterland, nach einem Menschen, so bin ich dauernd voll der tiefsten Sehnsucht nach Dir, weil Du mir Wald, Vaterland, Mensch, Seelenheimat bist. Wie ein herrliches Abendleuchten sind mir Deine Briefe. Und tief ergriffen stehe ich immer wieder vor dem Wunder Deiner Persönlichkeit. Und Mut kommt immer mehr über mich, mich restlos zu Dir und Deinem Künstlertum zu bekennen. Auf meine Schauspieler-Fahne setze ich Dein Wappen. Vielleicht ist vorübergehend räumliche Trennung einer großen Beziehung wirklich notwendig, um ganz zu erkennen, was in ihr ist. Wohl glaubte ich immer, bei uns sei diese Notwendigkeit nicht vorhanden, da ich auch im täglichen Umgang das Geschenk Deiner Liebe dankbarst erkannte. Und ich glaube, daß es keine unedle Wallung ist, wenn ich jetzt oft neidisch bin auf alle, die so in Deiner Nähe sein können.

Heute abends ist „Sappho"-Première. Ich bin Publikum. Griechenland zaubert mir viele Bilder vor meine Augen. Ich werde träumen und sicher deshalb alles schön finden.

Dein Tristan-Programm weckte auch die Erinnerung meiner ersten Tristan-Aufführung in Salzburg mit Dir. Und so bist Du dauernd sogar in den kleinsten Augenblicken meines Alltagslebens.

Die zwei Bücher von Wiechert sind wohlbehalten in meine Hände gelangt. Tausend Dank. „Wälder und Menschen"[1] habe ich eben ausgelesen. Das ist ein Dichter, der mir so zusagt, als klänge meine eigene Seele. Am meisten würde mich sein „Einfaches Leben" interessieren, vielleicht bekommst Du es noch. Das Italien-Buch von Wladimir Hartlieb ist mir nicht so lieb. Er schimpft mir zu sehr auf Wien. Und seine Darstellung freut sich zu sehr am Grauen. Aber vieles ist drin, das mir auch wieder zusagt. Assisi hab' ich großartiger, inniger erlebt. Er geht mehr vom Charakterlichen, menschlich Italienischen aus. Wir erleben mehr die Schönheit, und vor allem die Kunst.

Doch lesen ist eine Hauptbeschäftigung von mir, und ich freue mich über die vielen herrlichen Weihnachtsbücher, die alle noch darauf warten, von mir gelesen zu werden.

Huttig hat sich sehr über Dein Bildi gefreut. Erst heute sah ich ihn auf der „Meister"[2]-Probe. Er selbst spielt den Meister und stellt sich damit dem hiesigen Publikum vor.

Die kleine Rolle (Woldemar Wieck) macht mir Freude, weil ich bewußt das anwenden will, was Du mir so oft gesagt hast, in Gang, Gebärde, Schauen, Reden eben dieser Woldemar Wieck zu sein: Dichter und Anarchist, des Brauerreibesitzers Neffe und Erbe. Eine komische Charge. Hoffentlich komisch vom Menschlichen her! Ich will mich mit Recht Deinen Schüler nennen! Deine Saat soll aufgehen.

Wenn ich denke, daß ich nächste Saison auch wieder hier bin, so weit von Wien, so weit von Dir! Wie wird uns diese Trennung bekommen? Dann bin ich plötzlich ganz ratlos, und dann bleibt nichts, als uns in die Arme Gottes zu werfen und ganz auf ihn zu vertrauen, daß er es schon gut mit uns meint. Mein Herz, das so an Deinen Herzschlag gewöhnt ist, müßte ohne Dich aufhören zu schlagen.

Ich wollte Dir Freude und Glück für Dein Leben bringen. Ich wollte so vollkommen das Bild Deiner Sehnsucht sein, daß es Wirklichkeit erreicht. Wahrscheinlich kann man aber doch diese Erlösung als Mensch nicht geben, weil man letzten Endes niemanden aus seinem eigenen Dasein reißen kann. Es gibt eine letzte Einsamkeit, die jedes Menschenherz umhüllt. Wartet Gott auf Dich?! Kann nur mehr er Deinen Durst löschen?!

Lebwohl — Du Tristan — Hamlet!

Dein T.

[1] „Wälder und Menschen": Erster Teil der Selbstbiographie Ernst Wiecherts (Jugendzeit).
[2] „Der Meister" von Hermann Bahr. Direktor Huttig spielte darin die Hauptrolle, Tonio eine Nebenrolle, seine zweite in Metz.

Aslan an Tonio

München, 7. Jänner 1942.

M. g. E.

Montag und Dienstag war ich in München. Heute fahre ich zurück, und morgen spiele ich den „Turm Nehaj" [1]. Es ist hier so ein Papiermangel, daß ich im Hotel (!) nur durch Protektion dieses eine Briefpapier erhalten konnte!! (Und darum meckere ich seit gestern abends.) Wie wird das in einem Jahr aussehen?! Ansonsten ging alles glatt, und ich hoffe, wir sind ein Stückchen weiter in der Anstellungs- und Besoldungsangelegenheit von Zeljko [2]. Wenn das einmal in Ordnung sein sollte, wird eine große Sorge von mir genommen sein.

Gestern war ich lange bei Pater Kollerics [3], und der erzählte mir von den drei Weisen aus dem Morgenlande, und es ist wunderbar, wie Geschichte, Astrologie, Heilslehre, Legende und Forschung durcheinander weben. Es ist wirklich wahr, daß die Menschen über alle Themen einfach reden, ohne den Stoff zu kennen, und es ist wirklich wahr, daß man kaum mehr als eine Sache gründlich kennen kann. Über alles andere müßte man schweigen oder höchstens fragen. So wissen wir Laien vom alten Testament so gut wie nichts, nur ein paar Geschichtchen. Eigentlich ging ich recht gedrückt von ihm weg in dem Bewußtsein, daß ich wirklich nichts weiß. Daß man vom Leben dann doch schließlich viel gelernt hat und dann doch irgendwie viel weiß von den unerlernbaren Dingen, das ist wieder ein ander Ding.

Pater Diego ist in Freiburg.

Während ich hier war, hat mein Dr. Boller in Wien mit Müthel telefoniert, um mir die Rolle in „Iphigenie in Delphi" abzuschminken [4]. Ich bin rasend gespannt, was dabei herauskommt.

Huttig hat mir einen reizenden Brief mit Gastspiel-Antrag geschrieben. Das möchte ich zu gerne machen, wie Du Dir vorstellen kannst!! Daß ich nie, aber auch nie so leben darf, wie ich möchte! Liegt das nur an mir? Ist das Bestimmung? Prüfung? Ich weiß es eben nicht. Und hätte ich, was ich möchte, wäre ich dann zufrieden und wunschlos? Vielleicht sehnt man sich immer nur nach dem, was man nicht hat.

Eben tritt mein alter Grazer Kollege Nestor Lampert [5] vom Staatstheater in mein Zimmer und nimmt meinen Brief mit. Draußen liegt meterhoch der Schnee. Morgen oder übermorgen schreibe ich wieder.

Kuß, Kuß, geliebtes Engerl!

Dein R.

[1] „Turm Nehaj" (s. Aslans Brief vom 6. Oktober 1941).
[2] Aslan bemühte sich immer auch weiterhin um das Schicksal Zeljko Kočondas.
[3] Einer der mit Aslan näher bekannten Wiener Geistlichen. Das Gespräch fand am Dreikönigstag statt.
[4] „Abschminken": Ausdruck aus dem Schauspieler-Jargon, bedeutet: eine unerwünschte Rolle loswerden.
[5] Nestor Lampert, Schauspieler am Staatstheater in München, ehemaliger Kollege Aslans am Grazer Stadttheater, wo Aslan vor seinem Stuttgarter Engagement von 1909 bis 1911 wirkte.

Aslan an Tonio

Wien, 8. Jänner 1942.

M. g. E.

Heute früh 6 Uhr in Wien angekommen, finde ich Deine zwei Briefe vom 3. und 4. vor.

Man findet, ich sei schrullig, und läßt mich eigentlich allein. Die Mama ist sogar oft gekränkt über meine „Eisigkeit" (wie Du weißt), obwohl ich sie doch wirklich liebe.

Die Rolle im „Meister" ist mir nicht gegenwärtig. Aber wenn sie Dir nur Freude macht! (Ich sah seinerzeit Toni [1] als Meister.)

Das Reengagement freilich bis August 1943 ist schwerwiegend. Da kann ich nur gedrückt schweigen. Denn das Reden macht's nicht besser. Ich will meine Traurigkeit und die vielen Gedanken, die sich daran knüpfen, glatt übergehen, denn sonst mach' ich Dir das Herz schwer, und es nützt gar nichts. Ja, ja, das Schweigen ist von ungeheurer Beredsamkeit...

9. Jänner 1942.

Ich bin noch immer sehr gedrückt und schlecht aufgelegt und melancholisch, trotzdem Dein Briefli vom 4. Jänner ja bezaubernd ist. Ja, ich liebe Dich sehr, und ich weiß, wie Du alles meinst, ich weiß das alles, und Du kennst alle meine Fehler und Verpatztheiten meines äußeren und inneren Lebens. Nur das kannst Du natürlich nicht ganz nachfühlen, was es heißt, 20 Jahre älter zu sein als Du und was in all den Jahren alles geschah, als Du noch ein Baby warst und ich schon so und soviele Romane und Entwicklungsphasen hinter mir hatte. Ein wenig kannst Du es sogar nachempfinden, weil Du selbst in den letzten zehn Jahren empfunden hast, wie schwer ein Jahr wiegt.

Natürlich bin ich von meiner Münchener Reise auch nicht aufgeheitert. Wenn es auch friedlich zuging und gute Absichten vorliegen und im Äußern sich manches zu bessern scheint, so bleibt doch immer dieses Bild der Zerstörtheit, diese restlose Nervosität, die ich nun 30 Jahre lang kenne [2].

Der Mann der Frau Medelsky [3] ist plötzlich an einer Lungenentzündung gestorben. Sie hat ihn ein Leben lang gepflegt. Ob sie sich jemals davon erholen wird? Da gehen so meine Gedanken hin und her.

Gestern habe ich eine Stunde mit Müthel geredet. Also Iphigenie muß ich doch spielen; aber wenn ich will, kann ich mich in der „Agnes Bernauer" [4] frei machen, und den Rudolf [5] soll ich spielen, wann ich will. Er richtet sich nach mir. Ich denke nämlich daran, während der Agnes Bernauer nach Metz zu kommen, und schlage heute schon unverbindlich vor: Don Carlos, Klingsberg, Kirschen für Rom, Maß für Maß. Das ist so ein Spiel, das ich träume, vielleicht gelingt's. Ich gestehe, mir wäre sehr geholfen, wenn ich Dich nur hie und da (auch nur einen Tag) sehen könnte! Nun ist dieses Metz auch so weit! Wenn Du wenigstens in Stuttgart wärst oder Berlin oder Breslau oder Graz oder Hamburg! Das ist's bei mir, und Du weißt es ja. Ich bin tief melancholisch mit einer ungeheuren Sehnsucht nach Ruhe und Gott!

Also viele Küsse
Deines alten R.

[1] Toni: Anton Edthofer, bekannter Schauspieler am Wiener Volkstheater und am Theater in der Josefstadt.
[2] Bezieht sich auf seinen Besuch bei Zeljko.

³ Lotte Medelsky, berühmte Burgschauspielerin.
⁴ „Agnes Bernauer" von Hebbel.
⁵ Rudolf II. im „Bruderzwist" von Grillparzer. (S. Aslans Brief vom 14. Dezember 1941.)

Tonio an Aslan

Metz, 9. Jänner 1942.

M. g. R.

Eben erhielt ich Deinen Brief aus München. Ja, ich wünschte auch sehr für Dich, daß diese große Sorge¹ von Dir endlich genommen würde. Hoffentlich hat er sich sehr über Deinen Besuch gefreut!
Hast Du Penzoldt gesehen?
Gestern habe ich ein herrliches Violin-Konzert von Mozart (gespielt von Wolfgang Schneiderhan²) gehört. Ich bin dann immer so erschüttert, daß ich weinen muß. (Ich kopiere Dich.) Schneiderhan sieht Dir nebenbei auf Deinen jüngeren Fotos sehr ähnlich. Und, vom Metzer Stadtorchester gespielt, hörte ich „Die Moldau" von Smetana, sehr schön und voller Wirkung. Ilse Charlemont-Zamara spielte Solo-Harfe. Aber das ist ein Instrument, das auf mich so gar keine Wirkung hat.
Der Film „Ihr erstes Erlebnis"³ läuft nächste Woche hier im Kino.
Leider ist man in einer Stadt wie Metz so furchtbar schnell bekannt. Auf den Straßen bleiben die Leute stehen, im Lokal erkennt man einen. Das sind die Nachteile der Kleinstadt.
Ob das Gastspiel mit Dir hier zustande kommt? Es wäre sehr schön. Carlos wäre herrlich! Überhaupt mit Dir zusammen einmal eine große Rolle zu spielen! Ob das sich noch im Laufe der Jahre erfüllen wird? Und in Wien?!? Du müßtest doch Dein eigenes Theater haben! Oder Huttig als Volkstheater-Direktor. Kannst Du nicht intrigieren? Die Vorstellungen sind bisher hier absolut großstädtisch, Aufmachung und Schauspieler.
Während ich Dir schreibe, schlürfe ich einen guten echten Tee mit Weihnachtsbäckereien von der Mutter. Die Begegnung unserer Mütter nach elf Jahren war eigentlich sehr schön. Allerdings Deine wie eine Königin, aber beide doch Mütter.
Ich habe mir auch ein winziges Bildchen von Dir aufgestellt — neben dem Garde à vous-Schachterl.
Draußen liegt viel Schnee. Ich habe Zeit, alle die herrlichen Bücher zu lesen, die das Christkindl mir gebracht hat. Und es sind wohl

glückhafte Stunden. Mir geht es halt gut. Ich weiß es und bin tief dankbar.

Nur diesen Gruß und Kuß!

T.

[1] Bezieht sich natürlich auf Zeljko.
[2] Wolfgang Schneiderhan, damals Primgeiger des Wiener Philharmonischen Orchesters.
[3] „Ihr erstes Erlebnis", Ufa-Film, in dem Tonio zum 2. Mal eine Film-Rolle spielte. Seine erste spielte er in dem Film „Drei Väter um Anna".

Aslan an Tonio

Wien, 11. Jänner 1942.
(Garderobe)

M. g. E.

Deinen vorletzten Brief habe ich in der Lade zu Hause und beantworte ihn extra. Er war wunderschön, und ich muß meine Betrachtungen daran knüpfen. Heute beantworte ich Deinen letzten vom 9. Jänner, den ich bei mir habe.

Wie war Sappho bei Euch und der Phaon? Gyges [1] müßtest Du aber unbedingt spielen. Penzoldt habe ich nicht gesehen. Schneiderhan habe ich nie gehört. Er sieht mir wirklich irgendwie ähnlich.

Merkwürdig, daß Harfe Dir nicht zusagt. Allerdings ist das mehr ein Instrument für Engel als für Menschen. In den Konzertsaal paßt die Harfe nicht. Nur in die „Ahnfrau". Oder an den Meeresstrand. Oder in altes Gemäuer. Es ist ein Privat-Instrument, aber niemals ein öffentliches Konzert-Instrument. Oder, wie gesagt, für Engel. Orgel paßt nicht ins Kino [2]. Es gibt so ausgefallene Dinge, die ganz falsch wirken, wenn man sie aus ihrem Ganzen reißt. Sappho spielt Harfe, aber nicht auf dem Podium.

Wenn mein Gastspiel möglich ist, müßte ich eine Einladung von Bürckel bekommen. Da brauchte dieser nicht an Schirach zu schreiben. Aber mir gegenüber kann er den Wunsch äußern, im Einverständnis natürlich mit Huttig, der mich ja sehr lieb und herzlich aufgefordert hat. Dann würde ich hier Agnes Bernauer nicht spielen und statt dessen auf eine Woche nach Metz kommen.

Gestern abends nach dem Klingsberg ging ich nach Hause, aß eine Schachtel Sardinen und trank ein Fläschchen Moet et Chandon [3]. Das war ein Fest. Ich duselte dann in mein Bett und lachte. Wenn Du solche Fläschchen hamstern kannst, tu' es bitte! Jetzt hab' ich noch zwei!

Diese Kleinstadtpopularität ist sehr nett. Man darf nicht eitel werden, aber man kann sie benützen, um vielen Menschen persönliche Freude zu machen, indem man sie nur anlächelt. Aber natürlich nur ältere und harmlose Menschen. Nicht kokettieren oder flirten. Das meine ich nicht! Das ist provinziell. Aber nett und leutselig zu guten, braven Menschen sein. Wie Elisabeth von Thüringen.

Zeljko hatte große Freude. Ja. Aber es ist eine tragische Freude. Auch er könnte — stelle ich mir vor — unrasiert und hustend auf einer Insel in einem verlassenen Kloster Harfe spielen. Ein tragischer Fall. Ich wünsche ihm nur Gutes.

Heute habe ich einen Garderoben-Plausch mit Dir gehabt. Den Tee denk' ich mir dazu und das Leuchten Deines Haars.

Nächstens beantworte ich den vorletzten Brief.

Ich küsse Dich innigst.

Dein R.

[1] „Gyges und sein Ring" von Hebbel.
[2] Im Wiener Apollo-Kino war eine Orgel aufgestellt worden, worauf vor der Vorstellung gespielt wurde.
[3] Den herrlichen französischen Champagner, den man in Metz noch bekam und von dem Tonio einige Flaschen geschickt hatte.

Tonio an Aslan

Metz, 13. Jänner 1942.

M. g. R.

Dein lieber langer Brief vom 8. kam schon gestern. Aber es ist eine Zeit bei mir, wo ich zu gar nichts komme. Und kalt ist es auch, so kalt, daß ich dauernd friere.

Die Rolle im Meister ist, obwohl nur eine Szene, voll Wirkung. Du sollst auch nicht gedrückt sein und melancholisch. Ein Glück für mich, daß ich nicht Soldat in Rußland sein muß. Die Gedanken, die Du an das Reengagement knüpfst, habe ich auch. Ja, da kann man wirklich nur beredt schweigen! Daß Du um 10 Jahre älter sein willst, da kann ich nur mit Marchbanks [1] sagen: „In 30 Jahren sind wir gleich alt!"

Über Müthel ärgere ich mich, daß er immer recht behält, der Oberlehrer! Hast Du ihm all das gesagt, was wir besprochen haben?

So viel wie hier bin ich auch noch nie ins Kino gegangen. Oft drei mal in der Woche.

Hier ein Bildi vom „18. Oktober" als Leutnant Fabricius.

Wenn Du einmal abends zu Hause bist, telefoniere ich Dir. Schreibe oder telegraphiere mir diesen Deinen Abend zu Hause! Samstag habe ich Première von „Meister", am 30. Première von „Oberst Rossi" [2]. Dann wahrscheinlich „Hochzeitsreise ohne Mann" [3], meine erste Rolle voriges Jahr an der Komödie.

Kuß, Kuß,

T.

[1] Marchbanks: Gestalt aus „Candida" von G. B. Shaw, eine szt. Rolle Tonios.
[2] „Oberst Rossi", Schauspiel von Edgar Kahn.
[3] „Hochzeitsreise ohne Mann", Lustspiel von Leo Lenz.

Aslan an Tonio

Wien, 14. Jänner 1942.

M. g. E.

Seitdem ich wieder Proben habe („Iphigenie in Delphi") bin ich dauernd nervös und verstimmt.

Heute möchte ich auf Deinen Brief vom 6. antworten. Kann ich wirklich klar sagen, was in meiner Seele vorgeht? Vielleicht ist es Dir klarer als mir! Tatsache ist: a) Ich bin dankbar. b) Ich bin zerrissen. c) Ich bin liebend.

Dankbar bin ich für tausende von Gnaden, zerrissen oder hin und hergerissen zwischen Gott — Teufel, zwischen Beruf — Leben, zwischen Schicksal — Liebe, zwischen Traum — Wirklichkeit, liebend, weil ich liebe, dankbar, zerrissen und liebend liebe. Zu all dem kommen die berühmten „Wechseljahre", die für Mann und Weib immer ein Problem sind. Und dazu noch diese gewisse materielle Abhängigkeit, die alles hemmt.

Das ist so das Gesamtbild, das Du ja kennst, das aber immer in sich wechselt, bald da, bald dort, wie der Tag es bringt, seine besondere Betonung hat. Nur in Deiner Nähe fließt für Augenblicke alles in allem. Daß Du mein Schüler bist, akzeptiere ich, aber nur für unseren Beruf. Da freut es mich. Da bin ich stolz und forme Wünsche für Dich. Aber sonst sei nicht mein Schüler, sondern mein Lehrer! Im Leben sollte ich von Dir lernen, von mir lernst Du nur Schwachheit. Bleib, wie Du bist! Und im geistigen Leben wollen wir beide Schüler sein des einzigen Herrn oder jener im „Herrn" Erleuchteten!

Der letzte Teil Deines Briefes ist gar herrlich. Den muß ich noch einmal behandeln. Vielleicht heute abends. Jetzt geh' ich auf die Probe.

M. g. E.

D. R.

Aslan an Tonio

Wien, 14. [1] Jänner 1942.

M. g. E.

Wieder lieg' ich im Bett, weil ich nicht spiele, und lerne meine Rolle. Nun mach' ich eine Pause und schreibe Dir. Schön ist auch der letzte Teil Deines Briefes vom 6.

Warum aber habe ich, wenn ich Deine Schrift auf dem Umschlag lese, oft ein banges Gefühl? Wird dieser Brief wieder so schön sein? Oder bringt er mir einen Schlag, eine Wunde? Deine Worte, nichts könnte mich aus Deinem Herzen reißen, und viele, viele durch ihre Schönheit mich verwirrende und beschämende Worte in vielen, vielen Briefen in der Zeit vieler, vieler Jahre müßten mich doch beruhigt haben! In dieser Gewißheit müßte ich doch leben: Es kann Dir nix g'schehn! Das ist gewiß: Ich bin ihm der, der ich bin. Wohl kann dies oder jenes ihm nicht passen, aber ... Das steht fest! — Und doch lebe ich im Zwielicht, in der Dämmerung der Gefühle: Jetzt ist's aus! Er hat ausgeträumt. Ich war. — Siehst Du, so bin ich. Das ist wohl mit das Aller-aller-Tiefste, was ich von mir sagen kann. Mir ist alles Traum. Und ewiges Zwischen. Immer die Angst. Immer das Zwielicht. Ewiges Fragen. Ewiges Staunen. Ewiges Fließen. Darum die Bangigkeit vor jedem Brief, vor jedem Tag. Darum so richtig von Dir die Worte: „Kann nur Gott Deinen Durst löschen?" Den Durst nach Wahrheit gewiß, aber den Durst nach Liebe löschest nur Du.

Solche in diesem Dunstkreis wachsende Betrachtungen überfielen mich beim Lesen eben dieses Deines Briefes vom 6. (6. Jänner — Epiphanie-Fest der Erscheinung). Und ich muß es noch einmal sagen: Diese (nennen wir es) Angst ist mit mein Tiefstes! Verstehst Du das? Ich glaube, Du weißt es sogar! Das ist so, daß ich heute nicht mehr sagen will. Jetzt versuche ich wieder weiter zu lernen. Aber doch freue ich mich auch über Dein Briefli vom 9. Lachst Du über mich? Ja?

Kuß

D. R.

[1] Dies ist der zweite Brief, den Aslan am 14. Jänner schrieb.

Tonio an Aslan

Metz, 15. Jänner 1942.
(Im Bett)

M. g. E.

„Sappho"! Was soll ich sagen? Grillparzer siegte! Das sagt alles!! Ich wäre sicher besser als Phaon gewesen.

Schneiderhan mußt Du hören! Die Harfe will ich mir gerne einreden lassen, so wie Du es meinst.

An Huttig würde ich an Deiner Stelle selbst ein paar Zeilen schreiben, dann geht alles von vornherein seinen offiziellen Weg. Wann soll übrigens Agnes Bernauer [1] sein?

Mit dem Moet et Chandon habe ich's also richtig getroffen. Das war einmal ein passendes Geschenk für Dich. Das macht mir noch jetzt im nachhinein Freude. Leider kann ich nirgends mehr etwas davon bekommen.

Gelacht habe ich über Deine Verhaltungsmaßregeln bei Kleinstadtpopularität. Die Gefahr, eitel zu werden, besteht, glaube ich, bei mir gar nicht. Im Gegenteil, es ist mir sehr unangenehm. Ich bekomme leicht Platzangst. Du kennst das doch bei mir. Ich ziehe es vor, unerkannt zu bleiben. Ob mir die Rolle der Elisabeth von Thüringen wohl liegt??

Heute habe ich Hauptprobe im „Meister", dann Arrangierprobe von „Rossi", abends frei. Jetzt habe ich für die nächsten drei Wochen täglich Proben. Nach „Hochzeitsreise" kommt vielleicht „Maria Stuart" [2]. Der Mortimer würde mir große Freude machen. Ob ich ihn wohl gut darstellen kann? Huttig will, ich soll im „Bezaubernden Fräulein" [3] die Max-Hansen [4]-Rolle spielen. Ich getraue mich aber nicht. Die Rolle hat ausgesprochene Gesangspartien. Und das kann ich nicht. Es ist ja auch erst ein Plan. Ich habe zwar den Vertrag bis August 1943. Aber wer weiß, was alles im Frühjahr schon kommt! Man lebt mehr von einem zum anderen Tag. Neuerdings sind wieder viele Einberufungen, auch von Musikern am Theater, Garderobiers usw. Jeder Tag, wo ich in meinem guten Bett liegen kann, ist ein Geschenk.

Ich habe auch schon einen herrlichen Sommeraufenthaltsort für uns in Kärnten. So man überhaupt im Sommer noch wohin fahren kann!

Wenn dieser Krieg einmal zu Ende sein wird, möchte ich dann wieder bei Dir sein. Ich habe weniger Ehrgeiz als Du. Groß bist Du als Schauspieler. Ich möchte Dich nur lieben. Aber nicht als tragischer Fall, sondern lachend, heiter, glücklich, weil ganz bewußt. Es fehlt leider immer nur das nötige Kleingeld. Warum bin ich nicht der Erbe reicher Vorfahren mit Geld und Gut! Was könnte ich Dir da für eine schöne Zukunft bieten! Du als Gärtner in einem großen, reichen Park, ganz Deinem Traum und Deinem Gottsuchen hingegeben und vielleicht sogar einmal nicht mehr Burgtheater spielend!

Jetzt hab' ich ein bissel geträumt. Das kommt vom Noch-im-Bett-Liegen um 1/210 Uhr früh.

Was macht der Franzl? Ich muß ihm schreiben.

Immer

Dein T.

[1] „Agnes Bernauer" von Hebbel.
[2] Schiller's „Maria Stuart".
[3] „Bezauberndes Fräulein", Operette von Ralf Benatzki. Tonio hätte darin eine reine Gesangspartie gehabt.
[4] Max Hansen, Schauspieler für Theater und Operette.

Aslan an Tonio

Wien, 19. Jänner 1942.

M. g. E.

Nun habe ich zwei Briefchen auf einmal bekommen und das Telefongespräch nach dem „Meister". Für alle drei Dank!

Heute bin ich etwas betipst, denn ich hatte meinen Bett-Tag (ab 4 Uhr nachmittag) und habe eben mein letztes Fläschchen Champagner getrunken. Da ich dazu nur ein Süppchen hatte, einige Kartoffeln, ein Radl Schmierwurst und eine Orange, habe ich mehr getrunken als gegessen. Ich bin also in jenem unbekümmertem Zustand der Heiterkeit, den Du in Deinem Briefe mir wünschest. Daß ich mich an diese Rolle im „Meister" gar nicht erinnere! Aber wenn Du Szenen-Applaus hattest und die Rolle Dir Spaß machte, genügt das!

Den Mortimer [1] würde ich unbedingt spielen! Düster - flackernd, nicht schreiend, nur einige Stellen in der Gartenszene stürzen aus der Kehle wie zerrissene Fetzen aus weißem Blut, immer Maria und Madonna ineinander fließen lassend, religiös extasisch, geil und jung, ungeheuer gehetzt im Tempo, straff und kurz in der Bewegung, nicht lyrisch-malend, sondern steil-hinhuschend, brutal. Im Tod kurz und unsentimental. Dunkle Kleidung, keine Locken, herb, gerafft und undurchdringlich, eher Barlach als Makart.

Chanson-Rolle als Gegensatz nicht schlecht. Aber nicht singen, sondern frech pointieren, elegant, nonchalant, aus der Sphäre schicker

Tennisspieler. Warum nicht? Und musikalisch ganz präzis! Nicht wischen! Aber ohne Stimme!

Proben von Iphigenie nehme ich als Demutsübung. Eines gelang: Ich spiele ihn bartlos. Maske der „Cumäischen Sybille" von Michelangelo. Das hab' ich geschafft. Agnes Bernauer schon abgegeben. Première 3. März. Ich schreibe dem Huttig.

Für Deine Mutter wird gesorgt. Mit Franzl steht es nicht gut. Man muß eher mit dem Ärgsten rechnen. Es geht mir besonders nahe. Nicht aus Liebe, aber aus netter Kameradschaft. Er war mir angenehm. Ob noch ein Wunder geschieht? Kaum.

Die Telefonrechnung [2] wird vieleicht 30 MK ausmachen. Ich schicke Dir 20. Du sollst sparen! Ahme mich nicht nach! O, Geld ist wichtig.

An „Militär"-Dienst will ich heute nicht denken! O, liebe, gute Soldaten da draußen, was kann ich tun, daß ihr nicht erfriert! O, Sonne, komm bald heraus!

Möge nur alles so bleiben!

Tausend Küsse

Dein R.

[1] Interessante Regie-Anleitung zur Rolle des Mortimer in Schillers „Maria Stuart". Tonio spielte sie dann leider nicht.
[2] Telefongespräch mit Tonio.

Aslan an Tonio

Wien, 22. Jänner 1942.

M. g. E.

Beide Bilder in Deinem letzten Brief sehr gut im Ausdruck. Dank! Du hast so wie ich Proben. Mich belästigt das sehr.

Im Wilhelminenspital ist ein Typhus-Fall, und das Spital ist 14 Tage für Besucher gesperrt. (Franzl?) Trotzdem habe ich den Pfarrer von Penzing zu ihm geschickt. Vielleicht lassen sie den hinein.

Für den 29. [1] soll ich etwas aus dem „Griechischen Frühling" [2] vorbereiten. Den „Ketzer von Soana" [3] zu lesen, habe ich abgelehnt, da ich es geschmacklos fand, ausgerechnet zu dieser Zeit von einem jungen Priester zu erzählen, der, von der Fleischeslust überwältigt, mit einer Dirne flieht [4]. Ich habe nein gesagt. Darauf haben sie mir den „Griechischen Frühling" geschickt [5]. Dazu da und dort ein Puff, eine Belästigung, eine Schwierigkeit, ein Weg, ein Ärger, und so rinnt der Strom des äußeren Lebens zum weiten, unbekannten Meer.

Und innerlich? Ich registriere Dunkelheit. Denn in den letzten Tagen will es zu keiner Konzentration kommen.

Ein Büchlein über „Vergleichende Religionswissenschaft" hat mich durcheinander geworfen. Zu viele Fragen steigen auf, zu viele Wüsten muß man durchwandern bis zur Oase des Glaubens. Das sind für mich immer böse Zeiten, wenn in Glaubenssachen überhaupt Fragen aufsteigen. Und dann rechne dazu die Unruhe eines liebesdurstigen Menschen!

Freude hatte ich an Deiner Stimme im Telefon. Sagtest Du nicht: „Du Dummer"? Das war nett. So warte ich auf Dein nächstes Briefli. Heute wiederhole ich „Maß für Maß", lerne ein bißchen „Iphigenie" und geh' ins Bett.

Also, Liebes — auf bald! Und so viel Dank, als ich kann, für jedes liebe Wort.

Dein R.

[1] Für einen seiner Vortragsabende, die immer einen besonderen künstlerischen Genuß bedeuteten (s. Einleitung).
[2] „Griechischer Frühling", Reiseaufzeichnungen von Gerhart Hauptmann.
[3] „Der Ketzer von Soana", Roman von Gerhart Hauptmann.
[4] In der Zeit nämlich, da die Priester von den Nationalsozialisten verfolgt wurden und viele im K. Z. umkamen.
[5] All dies zur Feier von Hauptmanns 80. Geburtstag.

Tonio an Aslan

Metz, 23. Jänner 1942.

M. g. R.

Dein unbekümmerter Champagner-Zustand hat mir Freude gemacht. Schade, daß ich nicht bei Dir sein konnte.

Sollte es zum Mortimer kommen, werde ich versuchen, es so zu machen, wie Du es anschaulichst von mir verlangst. Herrlich, wenn ich es so könnte!

Die 20 Mk gebe ich Dir selbstverständlich zurück, das wäre noch schöner! Mir hat es doch so viel Freude gemacht, Deine Stimme zu hören, und wofür sollte ich lieber Geld ausgeben als für Dich! Wie herrlich wäre es, viel Geld zu haben und es für Dich auszugeben! Das ist ein großer Wunsch von mir.

Die Cumäische Sybille habe ich mir angeschaut. (Teddy hat mir ein Michelangelo-Buch geschenkt.) Großartig als Maske!

An Franzl schreibe ich, so wie ich ein Bild von mir habe. Ich denke oft und viel an ihn. Es geht mir auch sehr nahe. Mein Leben würde ohne ihn eine Lücke aufweisen. Er bedeutet mehr für mich als ein guter Kamerad. Ein Stück Jugend, ein Stück Vor-dem-Leben-Stehen, ein Stück Sehnsucht und ein Stück Werden!!

Ich habe das Gefühl, aus Deinem Gastspiel wird heuer hier nichts mehr werden. Das würde auch nichts machen. Die Saison ist kurz. Bald gibt es ein Wiedersehen. Vielleicht können wir auf 2 Tage ein Treffen in Frankfurt haben. Oder Huttig soll statt Maria Stuart Carlos geben. Vielleicht kannst Du das vorschlagen. Wenn schon große Schiller-Proben, warum nicht gleich Carlos?! Du brauchtest ja vielleicht nur 2 Proben mitzumachen. Du müßtest Dein Rollenbuch eingestrichen schicken. Es wäre natürlich herrlich. Aber wenn es heuer nicht wird, muß es fürs nächste Jahr gut vorbereitet werden. Es wäre zu schön, um wahr zu sein.

Die Rolle im „Bezaubernden Fräulein" ist eine richtige Gesangspartie. Ich mache es nicht — nach langer Überlegung, ich kann es nicht, rein gesanglich nicht. Auch nicht so, wie Du meinst. Es ist auch ein Fach, das mir nicht liegt. Ich will auch nicht Operette machen.

Was bringen die nächsten Wochen? Jeder Tag ist neu!

   Lebe wohl, immer

            Dein T.

Tonio an Aslan

            Metz, 26. Jänner 1942.
  M. g. R.

Die Zeit läuft einem davon. Ich komme, da ich Proben habe, fast zu gar nichts! Der Strom des Lebens, des äußeren Lebens, rinnt zum weiten, unbekannten Meer, wie Du so schön in Deinem Briefe sagst.

Die Einberufungen fangen hier auch an, ich bin neugierig, wie das noch wird. Vielleicht muß ich, wenn hier am 15. Mai Schluß ist, doch gleich eine Wehrmachts-Tournée annehmen. Nach Frankreich ginge ich ganz gerne.

Das Leben ist so eine Hetzjagd geworden, und man rennt aus Angst, überrannt zu werden. Es ist wohl eine Dunkelheit in und und um uns. Zur Konzentration fehlt es wirklich. Die Ruhe ist weg. Der Moment ist Sieger. Der Tod lehrt, den Moment zu leben. Alles ist so unwirklich, so traumhaft, verstehst Du das? Angsttraumhaft. Wirklich ist nur die Vergangenheit und die Sehnsucht nach Dir, dem Entfernten. Das allein fühle ich als Wirklichkeit, beglückende Wirklichkeit.

So oder so, ich bleibe

Dein T.

Aslan an Tonio

Wien, 27. Jänner 1942.

M. g. E.

Endlich erhielt ich gestern nachmittag Deinen Brief vom 23. Jetzt bin ich wieder ruhiger, und, da ich heute vormittag keine Probe habe, kann ich auch ruhiger schreiben.

Donnerstag mittags gehen Deine Mutter und Rosl zum Arzt. Dieser wird alle Untersuchungen vornehmen und, wenn nötig, einen Spezialisten zuziehen. Die Gesamtrechnung wird er mir zuschicken, und ich sagte ihm, daß ich das mit Dir verrechne, der Du von Wien abwesend bis und mir die Sorge um Deine Mutter anvertraut hast. Unter uns sage ich Dir aber, daß ich diese Untersuchung als meine Sache betrachte und Dir als Geburtstagsgeschenk sozusagen die gesunde Mutter übergebe. (17. Februar) Kümmere Dich also um nichts! Resultate werden Dir mitgeteilt.

Danke Dir für die Retoursendung der 20 Mark. Es ist rührend, daß Dir meine Stimme so viel wert ist.

Nun etwas Lästiges: Schon wieder kamen Warnungen und versteckte Drohungen [1] an mich heran. Ich sollte doch vorsichtiger sein! Immer die alten Geschichten. Aber ich erzähle es Dir aus Pedanterie der Ordnung!

Nun hab' ich wieder Bedenken, dem Huttig wegen eines Gastspiels zu schreiben. Als ich letzthin die 2 Tage in München war, fragten doch die Kollegen gleich ganz leise: „Waren Sie in Metz? Wie geht's dem Tonio?" — „Dem Tonio geht es sehr gut," sagte ich, „aber ich war in München."

Für ein Wiedersehen in Frankfurt oder wo immer bin ich sehr. (Oder doch in Metz?) Aber die Sehnsucht ist groß, und ich sage es ganz offen, wirkliche Sehnsucht nach innigstem Zusammensein. Ich brauche das. Und recht bald! Ich leg' es mir zurecht. Bitte, schreibe immer Dein Repertoire!

Sonntag hatte Otto Mauer abgesagt, und statt dessen war ein Vortrag von Prof. Dr. Michael Pfliegler [2] über die „Bedeutung des Gewissens". Es war fundamental. Meine Dunkelheit erhellt sich wieder. Ich weiß es (wie seit je), wir kommen um den Gekreuzigten nicht herum. Das ist und bleibt der Mittelpunkt der Schöpfung. Und mein Gewissen sagt mir: Ich darf Dich lieben.

Dann lese ich auch im Hermann Bahr (via Mildenburg). Und auch das ist großartig. Wiechert wird für Dich gesammelt. Meine Freundin Hilde Loewe [3] habe ich in den Hafen der Ehe gesteuert.

Mein einziges Sorgenkind ist der wilde Kroate [4]. Erst der Tod wird ihn von seiner Natur erlösen. Wie gerne würd' ich ihm helfen! Ich gebe nie die Hoffnung auf. Gott ist groß.

Mama wird am 1. März 80. Jahre. Bitte, schreib' ihr dann ein Kärtlein!

Am 29. Jänner habe ich eine Hauptmann-Vorlesung [5] in der Akademie der Wissenschaften. (Griechischer Frühling). Am 10. Februar habe ich Première der Iphigenie in Delphi.

Hast Du gelesen „Von Aslan her gesehen"? Der gute Melchinger [6] ist im Feld. Wenn Du's nicht zerrissen hast, gib es mir wieder!

Schreib mir wieder, g. E., und sei innigst umarmt!

D. R.

[1] Warnungen und versteckte Drohungen (s. Einleitung).
[2] Prof. Dr. Michael Pfliegler, geistig hochstehender Priester, Mitarbeiter in Otto Mauers Zeitschrift „Wort und Wahrheit" (s. auch Aslans Brief vom 13. Februar 1942).
[3] Hilde Loewe hat für Aslan, der sich gelegentlich auch als sehr erfolgreicher Chanson-Sänger bestätigte, „Das alte Lied" komponiert.
[4] „Der wilde Kroate" ist natürlich Zeljko.
[5] Über die Hauptmann-Vorlesung s. Brief Aslans vom 22. Jänner 1942.
[6] Essay über Aslan von Siegfried Melchinger, Schriftsteller und Theaterkritiker, der später auch einmal für Aslan eine Pantomime schrieb, deren Aufführung aber nicht zustande kam.

Aslan an Tonio

Wien, 30. Jänner 1942.

M. g. E.

Danke für Dein Brieflein vom 26. Natürlich kann man nicht und soll man nicht mechanisch regelmäßig schreiben. Ich verstehe das sehr gut. Nur: Wenn Du spürst, jetzt kann ich nicht schreiben, schick' ein Kärtchen mit „Alles gut" oder „In Ordnung" oder „Nichts Neues" oder „Auf bald". Das genügt. Bin ich aber 7—8 Tage ohne Nachricht, mach' ich mir Gedanken, Du bist krank oder eingezogen [1] oder was immer, und dann fliegt der Puls hin und her.

Franzl soll es um eine Spur besser gehen. Ich fragte die Fürstin: „Glauben Sie, daß das die Fürbitte der Gottesmutter ist?" Und da sagte sie: „Was soll es denn sonst sein?" Und das sagte sie mit einem Ausdruck und einem Ton, wie ich ihn noch nie von einer Ophelia oder Hannele gehört habe. Es durchrieselte mich. Daß es so etwas gibt! Dann erzählte sie mir von freiwilligen Leiden und anderen Dingen, die so blitzartig das tiefste Wesen des Leides beleuchten, mehr als alle theologischen oder philosophischen Abhandlungen. Nicht etwa die Resignation, sondern die Freude über das Leid.

Rosl telefonierte heute, der Arzt erklärte Deine Mutter für gesund. Du kannst beruhigt sein.

Nach der Première von „Iphigenie in Delphi" studiere ich den „Bruderzwist" und den Herzog im „Tasso". Das ist für diese Saison alles. Genug.

Du hast recht. Jeder Tag ist neu. Und wer weiß, was morgen kommt.

Die Mildenburg hab' ich mit Lorenz [2] zusammengebracht. Vielleicht hab' ich damit zwei Menschen kolossal geholfen. Das ist gut.

Um der höheren Idee der Ordnung wegen verzichte ich auf einige Bequemlichkeiten.

Der Ausdruck der beiden Fabricius-Bilder ist gut. Auf einem ist der Mund vollendet. Augen sehr gut. Frisur könnte zeitgemäßer sein, mehr Theodor Körner.

Das Reisen soll jetzt schon katastrophal geworden sein. 6—20 Stunden Verspätung und ungeheizte Waggons. Trotzdem möchte ich Dich gerne sehen, und wär' es nur für einen Tag.

Tagesbetrachtung: Die Menschen meinen, ich sei ein weiser, würdiger, wissender Künstler. Ganz falsch. Ich bin ein großer Leidender, ein ringender, kleiner Mensch, ein im Geist und im Blut leidender und ringender kleiner Mensch! Nämlich:

Dein R.

[1] Eingezogen: nämlich zum Militär.
[2] Max Lorenz, berühmter Wagner-Tenor.

Tonio an Aslan

Metz, 31. Jänner 1942.

M. g. R.

Ein paar Tage habe ich Dir nicht geschrieben. Manchen Tag will es so gar nicht gehen. Dein Brief, lieb und lang, vom 27. kam gestern.

Unter diesen Umständen finde ich es auch besser, wenn wir vorläufig Dein Gastspiel lassen. Ich verstehe aber nicht ganz die versteckten Drohungen. Auf was hinauf?

Ich habe hier auch viel Ärger. Ein Jugendlicher, der noch nichts gespielt hat, soll ausprobiert werden und muß deshalb den Mortimer spielen. Es ist zu langwierig, Dir das alles im Detail zu erzählen. Jedenfalls kommen Prüfungen immer wieder von allen Seiten an einen heran. Und dauernd muß man über den Aufruhr seiner Gefühle Herr werden. Demnach habe ich den ganzen Februar keine Proben und spiele nur zwei kleine Rollen ab und zu: im „Meister" und im „Oberst Rossi". Also künstlerisch gleich Null.

Ich will viel lesen. Hermann Bahr kenne ich wenig. Könnte ich ihn nicht auch lesen? Willst Du mir seine Bücher besorgen? Die Weihnachtsbücher habe ich alle ausgelesen.

Du bist wirklich so rührend zu mir! Ich fühle aus jedem Wort Deine Besorgtheit um mich, Deine große Liebe zu mir. Ich bin sehr, sehr glücklich darüber. Ich möchte auch immer zum Dank etwas Gutes tun. Aber alles bleibt immer nur in der Phantasie, in der Sehnsucht stecken. Nichts, was ich so ganz vollbringe. Mein Gewissen hat mir schon immer gesagt: „Ich darf Dich lieben"!! O, wenn in allem mein Gewissen, mein Wollen so klar entschieden hätte! Die Sünde kenne ich gut, aber, bitte, wir wollen nicht gleich „Wehe dem Sünder!" ausrufen, wie Du das in Deinem letzten Brief getan hast. Man muß sein Gewissen reinhalten und um Kraft beten, immer weniger sündhaft zu werden. Aber gleich verdammen wollen wir uns nicht. Es ist ein langer Weg (obwohl das Leben doch so kurz ist) und ein steiler Weg, allein nur die Tugend zu erkennen, und fast unmöglich, sie zu leben. So wie der Schmerz ein Segen für die Entwicklung eines Menschen ist (denn nur er ermahnt den Menschen, sich über sich selbst zu erheben und zeigt ihm Schätze des Gemütes, die sonst in der Tiefe verborgen blieben), so ist die Sünde — fast möchte ich es sagen — der Gnadenweg zur Tugend. Die Möglichkeiten zu beiden trägt der Mensch ja in sich. Der freie Wille entscheidet den Weg. Ist man so recht aufgewühlt und hat die Gnade der Erkenntnis, reinigt das und zieht manchmal die schlummernde Tugend groß. So wie der Mensch durch den Schmerz, der ein heiliger Engel ist, größer wird als durch alle Freuden der Welt, so wird der Sündige, wenn er zur Tugend gereift ist, größer dastehen als der von Natur dazu Bestimmte. Verstehst Du mich? Alles ist Erkennen, Reifen, ein langer Weg. Ein Leben reicht kaum dazu aus. Das viele Irren, das ablenkt vom richtigen Weg! Darum soll man das große Verzeihen im Herzen tragen. Ich treffe es manchmal, weil ich in meiner Sündhaftigkeit einen großen Hang zum

Reinen und Erhabenen habe. Und wenn es ein Jenseits gibt und dort für selige Menschen das Gottanschauen das Höchste ist und wenn Gott anschauen das Erkennen seiner Werke heißt, so ist auf dieser Welt Dein Herz für mich sein höchstes Werk, das ich am besten kenne und in dem ich mein höchstes Glück finde. Wie schön muß diese Liebe dann erst geläutert und gereinigt im Himmel sein! Denn dort wollen wir uns doch wiederfinden und vereint im Chor der Engel Gottes Namen schreien!! Deine Liebe verpflichtet mich bereits, ein tieferes Leben zu verdienen. Denn Freundesliebe ist ein Geschenk des Himmels, und dem Himmel muß man dankbar sein! Solche Gedanken haben, glaube ich, ist schon ein Schritt weiter zur Tugend und manchmal auch ein Schild zum Schutze gegen die anrennenden Versuchungen. So in diesen Gedanken komme ich langsam all dem näher, was Du oft wie ein alttestamentarischer Engel forderst!!

Für heute das, morgen wieder.

Addio

T.

Tonio an Aslan

Metz, 3. Februar 1942 [1].

Da die ganze Woche frei, wäre bereit zur Frankfurter Besprechung.

T.

[1] Dieses Telegramm Tonios schlägt eine mögliche Zusammenkunft in Frankfurt vor. Aus Sicherheitsgründen wird sie als „Besprechung" getarnt.

Aslan an Tonio

Wien, 4. Februar 1942 [1].

Alle Kombinationen, auch per Flugzeug über Berlin, an technischen Schwierigkeiten gescheitert. In ohnmächtiger Wut.

[1] Diesem Telegramm Aslans fehlt aus Vorsicht die Unterschrift.

Aslan an Tonio

Wien, 4. Februar 1942.

M. g. E.

Was hab' ich seit Erhalt Deines Telegramms alles versucht [1]! Kein Zug konnte mir garantiert werden, der Montag früh rechtzeitig ankommt (Kostümprobe in Anwesenheit Hauptmanns) [2]. Kein Flugzeugtermin, der mit den Proben ausgeht, und kein passender Anschluß Berlin — Frankfurt. Natürlich auch kein Schlafwagen, was ich aber in Kauf genommen hätte. Ich bin, wie Du begreifst, gereizt und deprimiert.

Dann die Mortimer-Geschichte. Ich dachte, Huttig will Dich fördern! Freilich: Von oben her gesehen, ist alles nichtig. Ich werde in 10—15 Jahren, Du in 30—40 Jahren tot sein. Man muß nicht den Mortimer gespielt haben, um selig zu werden. Ich habe ihn gespielt und erkenne zu Lebzeiten, daß es unwichtig war. Aber ich begreife, daß man sich trotzdem ärgert.

Daß Du Deine Bücher ausgelesen hast, ist stupend. Liest Du nicht zu schnell? Kannst Du gute Bücher so verschlingen? Bahr-Bücher leihe ich Dir aus meiner Bibliothek.

Dein Traktat über die Sünde hat gewiß Niveau und ist begreiflich. Ich halte mich an den Satz „... und manchmal auch ein Schild zum Schutze gegen die anrennenden Versuchungen". Wie sollte ich mich nicht an diese Worte klammern? Was soll ein Eifersüchtiger tun? Und ich bin es. Was Du in allen Briefen Hohes und Schönes von mir sagst, nehme ich errötend entgegen. Es muß nicht richtig sein, denn ich bin ein kleiner Mensch, aber es ist schön. Und ich liebe Dich immer mehr. Habe ich recht?

Deine Mutter ist gesund. Behandlung wird durchgeführt.

Zu Deinem Geburtstag: a) Platten und Alben, b) Behandlung Deiner Mutter, c) ein Stich von der Pawlowa [3] (der in zehn Jahren, da es keine mehr geben wird, viele 100 Mark wert sein wird). Würde Dir Punkt c) Freude machen? Ich frage an, weil sonst die Ausgabe sinnlos wäre. Ich hätte große Freude, Dir den Stich zu schicken.

Heute hätte ich meine zweite Griechisch-Stunde bei Philippon, wenn er kommt. Wir lesen das Johannes-Evangelium in der Ursprache.

Montag soll ich Dante vorlesen. Ganz wirkungslos als Vortrag, aber ungeheuerlich als Kunstwerk.

Ich freue mich auf Dein nächstes Briefli, tausend Küsse,

D. R.

[1] Leider scheiterte die geplante Zusammenkunft in Frankfurt, wie dieser Brief Aslans so wie sein Telegramm vom selben Tage zeigt.
[2] Hauptmann kam nach Wien zur Aufführung seiner „Iphigenie in Delphi".
[3] Anna Pawlowa, die berühmte russische Tänzerin.

Tonio an Aslan

Metz, 5. Februar 1942.

M. g. R.

Am 31. habe ich meinen letzten Brief geschrieben. Ich dachte, man könnte einen Tag Wiedersehen einschalten. Nun kam gestern Dein Telegramm und Dein Telefonanruf. Vielleicht gelingt es im März! Das ganze Leben ist eigentlich ein Warten. Stuttgart habe ich deswegen nicht vorgeschlagen, weil ich fürchtete, daß man Dich dort zu sehr erkannt hätte [1].

Ja, ja, die Fürstin ist sicher in ihrer Art ein besonderer Mensch, und ich hab' sie auch sehr lieb, weil Du sie und sie Dich so mag. Ob der Franzl aber so weit ist, daß er freiwillig leidet, das glaube ich doch nicht. Aber wenn die Fürstin ihm hilfreich zur Seite steht und er allein dadurch Geduld zum Leiden lernt, so ist das bei seinem Wesen schon ganz besonders viel. Ob wohl noch Hoffnung für ihn besteht?

Man glaubt immer, man müßte Gott verstehen, weil wir doch ein Stück von ihm oder sogar sein Ebenbild sein sollen. Wahrscheinlich haben wir uns aber durch unser Leben so sehr von ihm entfernt, daß wir nicht einmal mehr glauben können. Wie sollen wir dann erst begreifen?!

Du hast am Telefon gesagt, Du hättest so gar nichts mehr vom Leben. Du hast unrecht, ich muß es Dir sagen. Hast Du nicht viel, viel mehr als eh und je? Das, was Du Dir ein Leben lang gewünscht hast: Erkenntnis, das Nahe-Sein dem herrlichsten geistigen Durchdringen und Forschen! Daß Du manchmal oder jetzt sogar oft theatermüde (nicht kunstmüde) bist, kann ich begreifen und verstehen, daß Du frei sein willst von einer Sklaverei, die Dich wegen dieses bißchen blödsinnigen Geldes an die Launen eines Theaterintendanten bindet. Wie soll der denn erkennen, daß Du ein König der Bühne bist! Du müßtest Dich nie mehr binden müssen! Das ist tragisch, daß Du nicht als freier Schauspieler Dir Deine Rollen wählen kannst und nur dann spielen brauchst, wo es Dir auch Freude macht. Ein kleiner Mensch, wie Du schreibst, bist Du gewiß nicht. Leidend, ringend, ja, aber klein — niemals! Ich glaube eher an die Vollkommenheit Deines Geistes, und daher kommt immer dieses Sagen von: „Ich weiß nichts, und was ich kann, ist nichts!" Du, gerade Du darfst das nie sagen. Und ich, mein Gott, ja, ich kann Dich halt lieben. Und diese Liebe wird Dir auch nicht entzogen, auch wenn mich mein Schicksal immer wieder körperlich von Dir forttreibt. Das, was ich Dir geben kann und geben konnte, hätte jeder andere an meiner Stelle ebenso gerne gegeben. Aber was bist Du in meinem Leben! Der Turm, zu dem ich immer wieder neu und begeistert aufblicke.

Natürlich bin ich einsam, obwohl ich viel mit Menschen zusammen bin, aber ich bin sehr allein. Jetzt sage ich etwas sehr Hochmütiges: Ich habe immer das Gefühl (echter Wassermann), ich steige zu den Menschen, die mich umgeben, hinab, ich mache mich gemein, damit sie mich verstehen und damit ich nicht allein sein muß. Aber dieses Hinabsteigen macht mich dann wieder umso mehr leiden, weil die Dummheit und Gemeinheit doch zu bodenlos in ihnen ist. Verstehst Du das, Raoul?! Und dann immer wieder dieses Leid ums Theater. Nur die Starken können einsam sein. Ich fürchte, ich bin sehr schwach. Am stärksten, obwohl auch leidend, bin ich doch mit Dir. Gerade fürs Theater müßte ich mehr Kämpfernatur sein. Ich bin halt ein Schwächling.

Lebe wohl, und bleibe so, wie Du bist!

Kuß, Kuß!

T.

[1] In Stuttgart Gefahr für die Freunde, weil Aslan in seiner Jugend am dortigen Theater engagiert war.

Tonio an Aslan

Metz, 7. Februar 1942.

M. g. R.

Die Rechnung der Mutter will natürlich ich bezahlen. Daß sie gesund ist, ist wirklich ein Geschenk des Himmels, und ich bin darüber selig.

Ein Stich von der Pawlowa, die ich gesehen und geliebt habe, macht mir natürlich Freude. Aber Du weißt, ich bin immer dagegen, daß Du Geld ausgibst.

Daß Du griechisch lesen kannst, ist herrlich. Und Philippou, wie fühlt er sich als Dein Lehrer?

Am 20. fährt die Mimi Grieg auf ein paar Tage nach Wien. Vielleicht bekomme ich zwei Fläschchen Champagner, dann gebe ich sie ihr mit.

So rennt einem das Leben davon. Heute bin ich müde und habe nur die Sehnsucht zu schlafen. Ich bin auch eher melancholisch.

Leb wohl!

T.

Aslan an Tonio

Wien, 8. Februar 1942.

M. g. E.

Das ist wohl sehr richtig, daß wir durch unser Leben die Fähigkeit, Gott zu begreifen, verlieren. Aber ich freue mich, daß alle diese Gedanken in Dir sind. Das ist meine reinste Freude. Wenn ich sagte, ich hätte nichts mehr vom Leben, war das gewiß undankbar. Sagen wir so: Ich finde mein irdisches Leben unerfüllt, oder besser, ich habe nicht richtig gelebt.

Über mein Berufsleben bin ich ziemlich unglücklich. Huttig ist bis heute nicht in Wien [1].

Ob ich mein Griechisch-Studium durchhalte (Philippou), bin ich gespannt. Ich mache Alt-und-Neu-Griechisch.

Montag habe ich Dante-Vorlesung: 3. und 5. Gesang Hölle und 33. Gesang Paradies [2]. Dann Generalprobe, Première und laufendes Repertoire.

Was Du vom Wassermann-Herabsteigen sagst und vom Berufselend, verstehe ich vollkommen. Letzteres ist eine Tragödie, ersteres eine Gefahr. Aber etwas muß auch in Dir sein, über beides Herr zu werden. Und das gelingt Dir schon jetzt öfter.

Schade doch, daß wir unsere ersten Briefe zerrissen haben! Man könnte so schön daran Dich analysieren. Natürlich mich auch. Aber bei Dir ist es interessanter, weil Du jünger bist und die Entwicklung sichtbarer, sprunghafter, verwunderlicher ist.

Daß wir uns treffen wollen, dabei bleibt's. Aber ich denke mir's noch aus, wie's am besten zu machen ist.

„Nur die Starken können allein sein". Ja, und wir sind beide schwach. O, da ließe sich viel sagen!

Ich freu' mich so über Deine Briefe! Jetzt warte ich, bis Du mir auf die letzten Briefe antworten kannst, und schreibe dann. Sonst kreuzt sich immer Gedanke mit Gedanke, Frage mit Antwort. Nur das Gefühl bleibt, auch wenn ich nicht schreibe, Tag und Nacht!

    Kuß!

                                    R.

[1] Huttig: Es handelt sich um das geplante Metzer Gastspiel.
[2] Dante-Vorlesung: Hölle: 3. Gesang: Eingang. Vorhölle; 5. Gesang: Sünder der Liebe (Paolo und Francesca da Rimini). Paradies: 33. Gesang: Der letzte Gesang des ganzen Werkes.

Tonio an Aslan

                                    Metz, 10. Februar 1942.

M. g. R.

Ich muß oft denken, wie Du leben würdest oder gelebt hättest in meinen Jahren, in einer Situation, wie ich jetzt lebe. Eigentlich mag ich Kleinstädte, d. h. Kleinstadtleben überhaupt nicht. Ich habe oft Sehnsucht, eine schöne Oper zu hören und zu sehen, durch Großstadtstraßen zu gehen, elegante Frauen zu sehen, überhaupt Sehnsucht nach dem, was man äußerlich „leben" heißt. Du, der Du das alles immer im höchsten Maße gehabt hast und hast, urteilst darüber natürlich anders. Ich hatte ja voriges Jahr in Wien durch meine viele Arbeit auch nicht teil daran, aber es war halt doch Wien, und ich lebte irgendwie am Pulsschlag des Lebens. Manchmal fühle ich so eine Schwere, und da möchte ich mich fast schütteln und all das abwerfen, was ich gedacht habe, was man in mir sieht, und ganz primitiv, primär leben.

Es ist ja auch immer wieder so ein trübes Kapitel mit dem Theater. Kaum glaube ich, da ist jetzt Zeit und Raum, mich zu entfalten, so kommt irgendwie ein Rückschlag, und schon kommen wieder die Pausen, die ich mit all dem ausfüllen soll, was man Beherrschtheit, Reife nennt und was soviel Kraft braucht, um so ein Kleinstadtleben überhaupt zu ertragen.

Du verstehst mich gut, da Du ja leider alles verstehst. Es ließe sich eine psychologische Abhandlung darüber schreiben. Weißt Du, es fehlt mir in allem an Trunkenheit, so wie man als Liebender zum Geliebten kommt. Es fehlt das heilige Feuer. Es geht Dir so ähnlich, ich weiß es, daher immer wieder Dein Ausruf: „Ich hab' so nichts mehr vom Leben!" Nun ist es doch ein großer Unterschied, Dein Leben und meines. Und vor allem der Reichtum Deiner Persönlichkeit — und mein Ich! Deine Reife, Dein Wissen, Dein Können! Es herrscht eine schreckliche Disharmonie zwischen meinem Wollen und meinem Ausdrucksvermögen. Das heißt, ich finde, ich habe im Moment gar kein Gesicht, keinen Ausdruck. Das menschliche Individuum zur höchsten Aktivität bringen! Mein Weltbild ist verworren. Meine persönliche Individualität findet kein konkretes Gesicht. Alles ist verworren, Willen und Handeln. Jede Tat, die im Geist gesehen, gedacht wird, stirbt, bevor sie ins Materielle geboren ist. Dabei sind meine Sinne von einer Hellhörigkeit und Hellsichtigkeit, die mich befangen machen, befangen vor diesen Nullen oder Mittelmaßmenschen, denen ich gegenüber zu stehen habe. Ja, liebster Raoul, ich leide im Moment sehr an mir, ich komme mir verkrampft und unfrei vor. Ach, und wie ich diesen Krieg hasse mit seiner Verlogenheit und seinem Menschenmorden, diese Maschinen, die alles zum Wahnsinn treiben, dieses despotische Verfügen, dieses Jedes-Individuum-zur-Masse-Werfen, das Aufhören jedes individuellen Denkens und Handelns! Wie ich diese Rohheit des Tierhaften verabscheue! Warum duldet Gott das alles?!

T.

Tonio an Aslan

Metz, 11. Februar 1942.

M. g. R.

Da ich heute einen Bettag mache und einen Orangentag habe (dank Rosl), schreibe ich Dir vom Bett aus.

Das Italien-Buch von Hartlieb gefällt mir doch sehr. Ich nehme es bei meiner nächsten Italien-Fahrt als Reiseführer mit. Das Schönste daran ist das Unkonventionelle. Immer originell. Die Fülle des von mir Gesehenen und Empfundenen auf unserer seinerzeitigen Reise kommt mir ganz frisch vor die Seele. Ich habe, durch Hartliebs Schilderung angeregt, wieder neue Sehnsucht nach diesem Lande bekommen. Alte und neue Werte! Wie wird das nach diesem schauderhaften Krieg sein? Neue Werte? Alte Werte gibt es, die bleiben ewig! Ach, könnt' ich jetzt vor einem Bild von Giotto, Mantegna oder Tintoretto stehn! Ich liebe es über alles, so zu schauen und vor Bewunderung alles andere zu vergessen. Ja, und mein geliebter Fra Angelico! Der hat mir meine Vorstellung vom Himmel restlos erfüllt!! — Ich finde, Du hast viel von diesen Renaissance-Persönlichkeiten. Du hättest gut Hof gehalten an so einem italienischen Fürstenhof. Du zu spät Geborener, ich wollte, wir flögen zurück um Jahrhunderte. Auf der Bühne gibst Du uns die Illusion dieser Zeiten. So wandelte sich Deine Persönlichkeit ins Talent, in ein Talent, das erschüttert!

T.

Aslan an Tonio

Wien, 11. Februar 1942.
(Garderobe)

M. g. E.

In einer Stunde beginnt die Kostümprobe von Iphigenie. Ich schreibe Dir trotzdem gleich, um Dein liebes Briefli vom 7. nicht zu lange unbeantwortet zu lassen. Abends ist Klingsberg, also würde der Brief normalerweise erst morgen geschrieben werden. Zuerst einige Tatsachen:

Mit Huttig sprach ich länger telefonisch [1], da er im Hotel nicht anwesend war, als ich ihn besuchen wollte. Er meinte, Du hattest einen großen Erfolg und bist außerdem ein lieber Kerl. Du wirst den Homburg und noch viele großen Rollen spielen u. s. w. Er überhäufte mich mit Beteuerungen seiner Sympathie und Anerkennung für Dich. Für mein Gastspiel zeigte er sich sehr interessiert. Ich will vor der Klingsberg-Aufführung noch einmal ins Hotel, vielleicht erwisch' ich ihn persönlich!

Paketli abgegangen. a) Bücher von Bahr und Salten aus meiner Bibliothek, b) Alben und Platten, c) Stich der Pawlowa. Hoffentlich kommt das alles zum Geburtstagstisch! Was Du auf dem Tisch nicht sehen kannst, ist die höhere Wirklichkeit und Wahrheit meiner Liebe.

Samstag, am Tag nach der Première, bin ich zu Mittag bei Deiner Mutter zum Mittagessen und nachmittag bei Richard Strauss zum Tee.

Wenn Du am 17. II. [2] morgens gegen 8 Uhr im Hotel bist, würde ich Dich gern anrufen. Vielleicht kann die Rosl auch da sein (bei mir) und einige Worte sagen.

Dante-Abend verlief sehr gut.

Viele Küsse, liebes Engerl!
D. R.

[1] Huttig war also nach Wien gekommen.
[2] 17. II., Tonios Geburtstag.

Aslan an Tonio

Wien, 13. Februar 1943.
M. g. E.

Im Augenblick erhalte ich Deinen Brief vom 10., und im Augenblick antworte ich. Wie Du bemerkst, daß ich leider alles verstehe, so bemerke ich, daß Du recht hast und ich Deine momentane Spannung verstehe. Daß die Kleinstadt daran schuld ist, glaube ich aber nicht. Ich habe in Kopenhagen, Berlin, Hamburg, Stuttgart, Wien, Paris, London, Konstantinopel genau dieselben Spannungen erlebt, obwohl ich im Luxus lebte und meinen Trieben nachgab. Im Menschen sind zwei große Komplexe: die triebhaften (Macht, Gier, Ruhm, Besitz) und die glückhaften (Zufriedenheit, Friedlichkeit, Beschaulichkeit, Genügsamkeit). Von den rein geistigen und religiösen sehe ich ab. Das wäre der dritte Komplex.

Jeder will den ersten Komplex durchleben auf seine Art. Und weiß Gott, wir kennen aus der Geschichte genug Beispiele genialer Triebmenschen: Semiramis, Kleopatra, Julius Cäsar, Alexander, Diocletian, Nero und tausende und abertausende kleineren Formats. Ihre Wirkung war ungeheuer. Aber sie waren nicht einen Moment glücklich. Wir alle haben diesen Komplex in uns. Und jeder gibt ihm auf seine Art nach. Das trifft man auch in der Kleinstadt im engen und engsten Kreis. Ihren Macht-Gier-Ruhm-und-Besitzrausch durchleben auch Postbeamte, Kellner, Greißler, Bäcker und Arbeiter, Hürchen, Schauspieler, Intendanten, Kreisleiter, Kaufleute u. s. w. Ich habe auch diesen Trieben nachgejagt. Und irgendwie sind sie auch jetzt in mir; sie haben mich zu lächerlichen Resultaten geführt. Man kann die Resultate nicht erzwingen, sie werden einem gegeben. Manche begnügen sich mit diesen lächerlichen Resultaten und sind dann ganz komisch.

Die glückhaften Komplexe ruhen in unserem Herzen. Das muß man erkennen! Jeder erlebt sie, dann muß er sich entscheiden, wohin er sich neigt. Man kann nur raten, zeigen, bitten, aber nie zwingen. Es gibt in jedem Menschen eine personale Mitte, in der er völlig einsam ist. Das nennt man das Rätsel des Lebens, diese personale Mitte. Zweifellos ist diese Mitte von den Gestirnen beeinflußt. Es gibt Astrologie. Aber auch sie trifft die personale Mitte nicht ganz. Die ist das Allerstärkste. Dort liegen die Entscheidungen, und sie ist auch Herrin über die Gestirne. Deine personale Mitte, soweit ein anderer das sehen und fühlen kann, tendiert nach beiden Komplexen stark. Es ist ein heftig ausschlagendes Pendel.

In diese personale Mitte kommt nun der Einbruch des Geistes. Von dem sehe ich heute ab. Das wäre der dritte, der geistig-religiöse Komplex.

Aber der zweite, der Herz-Komplex, ist ja auch sehr stark, und ich erinnere Dich nur, wie oft es Stunden der Zufriedenheit gab, der Beglücktheit, des Friedens. Manchmal ist es nur ein geheiztes Zimmer, ein Sonnenstrahl, der auf eine Blume fällt, ein Blick, ein Kuß, ein Lächeln.

Du spürst, wie man jetzt stundenlang diesen Dingen nachgehen könnte, was alles dafür und dagegen zu sagen ist. Aber irgendwie ist es doch richtig mit dieser letzten Einsamkeit, mit dieser personalen Mitte und dem Pendel.

Warum Gott das alles zuläßt? Ja, Liebling, diese personale Mitte, die er uns gab, ist ja unsere höchste Freiheit, das allergrößte Geschenk, das er uns macht. Damit macht er uns ja göttlich, zu seinem Ebenbild. Wir können schaffen, wir sind Schöpfer. Wir haben den freien Willen. Es liegt ja nur an uns!! Wir können ja auch anders! Hätten wir aber nicht auch den ersten, erstgenannten, den Triebkomplex, dann wär's nicht nur kein Kunststück, sondern wir würden gar nicht merken, was gut ist. Ohne Diocletian hat Franz von Assisi keinen Sinn.

O, wie gerne würde ich Dich hinausheben in das Land der herzhaften Ruhe! Eher könnte ich Dir helfen als mir selbst. Dir geht es ja auch so. Dir selbst hilfst Du weniger, als Du z. B. mir hilfst. Mich kannst Du glücklich machen, Dich nicht.

Daß ich für Dich bete, brauche ich wohl nicht zu sagen. Ich wollte heute absichtlich die religiöse Tour übergehen. Und daß ich mich sehne, Dich zu umarmen — das bleibt das Geheimnis meiner personalen Mitte.

Dein R.

Aslan an Tonio

Wien, 13. Februar 1943.
(Garderobe)

M. g. E.

Dein Briefli vom 11. bekam ich in die Garderobe. Ich antworte Dir während der Première. Na, sind das Nerven? Ja, das ist noch Renaissance. Erni ist im Theater und schickte Blumen. Nach der Première sind wir mit Hauptmann bei Schirach. Und morgen: Mittagessen bei Deiner Mutter, ½ 5 Uhr Tee bei Richard Strauss, 7 Uhr Iphigenie, nach der Vorstellung theologische Diskussion [1] bei der Julia [2].

Bin neugierig, ob ich von Dir Verständigung bekomme, Dich am Dienstag früh anzurufen.

Freue mich, daß Du Italien durchlebst. Immer gegenwärtiger Traum.

Die abendliche Stätte meiner Genüsse ist jetzt entweder mein Bett oder ein Ort, wo ich was Besseres essen kann.

Ja, die bleibenden alten Werte. Das ist ein großes Geheimnis.

Der dritte Akt beginnt. Biesik [3] gibt den Brief auf die Westbahn.

Immer

Dein R.

[1] Bei den theologischen Diskussionen handelte es sich um einen religiös interessierten Kreis, dessen Zusammenkünfte während des Nazi-Regimes geheim bleiben mußten.
[2] Julia Janssen, Burgschauspielerin.
[3] Robert Biesik, Aslans Garderobier.

Tonio an Aslan

Metz, 15. Februar 1942.

M. g. R.

Es ist Sonntag früh. Eben brachte das Mädchen Deinen Brief vom 11.

Mit Huttig habe ich gestern wieder eine Unterredung gehabt. Danke Dir, daß Du auch gesprochen hast. Er ist hingerissen von Deinem Klingsberg. Er findet Dich glatt vollkommen in der Rolle.

Ich habe also endlich den Vertrag unterschrieben [1]. Auf alle Fälle. Wer weiß aber, wie doch noch alles kommt! Ich habe es fast aus „Schutz" [2] getan. Du verstehst doch!!

Pawlowa-Stich (oder Radierung?) kam an, verschönt meine Stube und beglückt mich jeden Augenblick. Die Erinnerung an diese wunderbare Frau ist einmalig. Ein Wesen der Anmut, das das Gesetz der Schwere restlos überwunden hatte. Ich müßte das Bild rahmen lassen, will mich aber nicht mehr davon trennen. Jedenfalls hast Du mir mit diesem Geschenk mehr als größte Freude bereitet. Du hast das große Erlebnis Pawlowa mir wieder ganz vor die Seele gezaubert. Dank, tausend Dank.

Die Bücher sind auch da. Einen Bahr („Selbstbildnis") habe ich gleich ausgelesen. Du wunderst Dich über mein Schnellesen. Bahr sagt an einer Stelle, er hätte die Übung gehabt, an einem Tag 2000 Seiten zu lesen. Mir gefällt er sehr gut. Und ich lerne aus allem so viel. Wie anders ist das Urteil der Menschen über ihn und wie selbstverständlich sein Leben durch seine eigene Schilderung. Seine Wandlungen sind sehr begreiflich und absolut anerkennenswert, weil doch durch Selbsterkenntnis errungen! Ich schreibe mir viele Gedanken und Stellen auf und werde sie in kommenden Briefen auf meine Art diskutieren. Jedenfalls fülle ich die freien Stunden reich damit auf. Auch dafür Dank! Du bekommst die Bücher unversehrt alle wieder zurück.

Daß Du bei meiner Mutter zum Mittagessen bist, rührt mich, weil ich weiß, wie viel Glück Du ihr damit bringst.

Am 17. werde ich versuchen, eine kleine Betrachtung über mein Leben zu schreiben. Eine Selbstbesinnung.

Wie ist Frau Schreiner [3]? Sie hatte doch in der Grillparzer-Woche diesen Riesenerfolg als Medea. Die Jason-Proben voriges Jahr waren in meinen Theaterjahren glückhafte Tage [4]. Du im Zuschauerraum, ich auf der Bühne. Wie vieles konntest Du mir da sagen! Vielleicht zum ersten Male spürte ich da so etwas von richtiger Zusammenarbeit. Ich möchte Dich gerne, brennend gerne zum Regisseur haben. Ich bilde mir ein, da könnte ich Wirkliches leisten!! Weil ich ohne Widerstand auf Dich hören würde! Unbeugsame Gesetze der Kunst, die Du wie kein anderer in Dir trägst, befähigen Dich als wirklichen Führer. Im Goethe=schen Sinne heißt Künstler nichts anderes, als eine „Natur" zu sein, und das bist Du, eine ganze Welt für sich, die einfach da ist. Schon das allein zwingt mich immer wieder von neuem, Dich immer mehr zu lieben. Jeder trägt schon von Geburt an sein Ideal des anderen in sich. Ich habe es gefunden: Dich! Wie sollte ich daran nicht festhalten?!

Immer Dein

T.

[1] Der Vertrag, der ihn für 1943 an Metz band.
[2] Wegen der Drohungen (s. Einleitung und Aslans Brief vom 27. Jänner 1942).

³ Lieselotte Schreiner, Burgschauspielerin.
⁴ S. Tonios Brief vom 24. Dezember 1940.

Aslan an Tonio

Wien, 15. Februar 1942.
(Garderobe)
(Zwischen „Großer Mann privat" und
„Kirschen für Rom")

M. g. E.

Ich gratuliere Dir in den letzten 14 Tagen, glaube ich, in jedem Brief zu Deinem bevorstehenden Geburtstag. Hoffentlich kann ich Dir's auch telefonisch sagen, Dienstag um 8 Uhr früh herum. Gestern mittags bei Deiner Mutter. Wir waren zuerst allein, sie und ich. Wir blieben in der Küche. Sie wusch und kochte, ich saß und plauderte mit ihr. Dann fuhr ich mit dem Taxi zur Fürstin, die lebensgefährlich erkrankt ist!

So jage ich von Arbeit zu Arbeit, von einem Kranken zum anderen, von einer Rolle zur anderen. Jetzt soll ich Rudolf II. vorbereiten.

Ich glaube, für die Mildenburg etwas erreicht zu haben. Sie hat mich sehr lieb gewonnen und will mir meine Schulden bezahlen!! Was man alles im Alter erlebt! Ich habe es natürlich abgelehnt. Aber sie ist nett. Das ist die Vorkriegs-Künstlerin, ein eigener Schlag (Tiny [1], Mildenburg, Gutheil [2], Schaljapin [3] u. a.). Die heutige Generation ist viel blutärmer. Dabei wird immer von Blut gesprochen. Es ist aber Propaganda. Tinte.

Bei Richard Strauss mußte ich absagen, weil gestern plötzlich die Eis [4] erkrankt ist, daher Iphigenie abgesetzt wurde und Kirschen momentan zu repertieren und zu spielen war.

Das ist so die Tageszeitung, die ich Dir schnell skizzierte.

Eigentlich müßte man für die Pawlowa einen bläulichen Glasrahmen suchen, dachte ich mir heute.

Ich hätte noch so viel zu sagen!

Innigst

D. R.

[1] Tiny Senders (s. Aslans Brief vom 4. Juni 1941).
[2] Marie Gutheil-Schoder, Staatsopernsängerin.
[3] Fjodor Schaljapin, der berühmte russische Sänger.
[4] Maria Eis, berühmte Burgschauspielerin.

Tonio an Aslan

Metz, 17. Februar 1942.

M. g. R.

An einem Geburtstag [1] soll man eine Art Innenschau halten. Ich möchte versuchen, ob ich ein paar Gedanken zusammenbringe. Geboren wurde ich — fast möchte ich sagen — entdeckt habe ich mich erst, als das Erlebnis Du über mich kam. Im Spiegel meiner Liebe fand ich mich erst geboren. Die leibliche Geburt war zwar viel, viel früher, ist aber, obwohl nur eine Mutter das unerforschte Geheimnis, das jede Geburt in sich schließt, spürt, nicht entscheidend für die Menschwerdung, weil vielleicht doch nur zufällig, wenn man wieder davon absieht, daß nichts zufällig geschieht. Obwohl ich die Zugehörigkeit zu meinen leiblichen Erzeugern und auch das Erbe von ihnen, das ich in mir spüre, immer hochgehalten habe und Liebe meine Sorge für sie leitete, ist mir die Menschwerdung durch das Du wichtiger, notwendiger. Bis zu diesem Erlebnis habe ich versucht, mich aus einem Vegetativen heraus treiben zu lassen, Aufschau zu halten nach Schönem, Gutem, Wahrem, das ja immer da ist, doch von jedem neu gesucht, neu entdeckt — und manchmal gefunden wird. Ich hatte es gefunden und war somit Teilhaber der Kultur. Denn ich glaube, das ist Kultur: das Schöne, das Gute, das Wahre. Hatte ich mich aber damit verwirklicht, war ich noch immer nicht geboren. Ich mußte weiter. Oft auf Urlaub ins Gemeine, durch Sünde und Wollust, entdeckte ich die Liebe. Meine Liebe. Und somit mich, meine Geburt. Das traf mich so, daß ich plötzlich Gottesnähe spürte. Oft hatte ich gefröstelt, ich war Gott ferne und litt an dieser Gottesferne. Das Unbegreifliche zog in mich ein. Jeder Mensch trägt das Ideal seines Partners schon bei der leiblichen Geburt in sich. Das Erkennen dieses Geahnten ist die Geburt im Geist; jetzt beginnt erst das Leben, also, ich bin 11 Jahre alt!!

Diese 11 Jahre bemühe ich mich also, mit Dir, meinem Lebenspartner, Schritt zu halten. Das Wunder, der Existenz inne zu werden, ist geschehen. Jetzt müßte eben die Tat sprechen. Da beginnt auch schon der große Kampf. Wäre der eine von den beiden Teilen Frau, sprächen die Kinder. Tat und Harmonie wären gottgegeben. Freilich vielleicht auch die Tragik. Bei Dir nicht. Du bist Künstler. Deine Gedanken, Deine Empfindungen, Deinen inneren Gehalt schickst Du an die Menschen durch Deine darstellende Kunst. Ich möchte das auch, bin aber vielleicht noch auf einem Umweg. Das Ziel ist vielleicht dasselbe, aber ob ich jemals dahin komme, wo Du bist, wo Du stehst?? Befruchtet von Dir, weiß ich eben noch nicht, ob so viel bei mir da ist, das eben Frucht tragen kann. Jeder muß ja nach dem ihm allein eigenen

Gesetz schaffen, daher auch das Leid, dieses allein eigene Gesetz, durch sein Leben tragen und dies alles Tat werden lassen. Habe ich Talent zum Schauspieler, und habe ich den Künstler in mir? Das sollen eben die künftigen Jahre beweisen. Jedenfalls: Die Entwicklung von meiner leiblichen bis zu meiner geistigen Geburt war enorm; das Leben war reich an äußerem Erleben und noch reicher an innerem Geschehen, Begreifen und Erkennen. Diese ganze Welt des Menschen in Gestalten vor Augen führen zu können, das wäre der Künstler, der muß ich werden!! Den Weg der Religion führst Du mich ja auch. Aber in all dem Wollen steht ja Gott, Du willst mich nur den persönlichen Gott lehren! Und das danke ich Dir auch, so wie ich für all das danke, was Du an mir getan hast. Du warst mir von Uranbeginn bestimmt so wie ich Dir, weil eben zwei eins sind und Gott mit uns ist.

Heute vor 36 Jahren ward ich der Adelheid und dem Franz Riedl geboren — zu Wien in Ottakring.

Dein

T.

[1] Geschrieben an Tonios Geburtstag.

Aslan an Tonio

Wien, 18. Februar 1942.

M. g. E.

Ich beantworte kapitelweise Deinen Brief vom 15.

Daß Du den Vertrag unterschrieben hast, begreife ich. Was ich mir dabei alles denke und auf wie viel ich verzichte, will ich ungesagt lassen. Was ich Dir trotzdem alles wünsche (beruflich), weißt Du. Es bleibt eben ein halbes Leben oder irgend ein anderer Bruchteil von halb, das Übrige heißt Sehnsucht und Phantasie und Ersatz und Resignation.

Die anderen Pawlowa-Radierungen werde ich mir auch beibiegen.

Bahr ist uns Theatermenschen sehr nahe. Er hat ein großes Repertoire. Sein Leben ist wie unser Berufsleben. Wenn wir „Homburg" spielen, finden wir Preußen herrlich, und wenn wir Raimund spielen, sind wir Wiener. In beiden Fällen sind wir echt. Der Banause nur ist konsequent. In der Kunst kann Konsequenz Engherzigkeit sein und Kleinhorizontigkeit. Trotzdem gibt es eine tiefere Konsequenz der

„personalen Mitte". Herrlich, wie der Revolutionär, Sozialist, Heide Bahr zum Schluß strenger Katholik wird!

Wie ist es bei Euch mit den Einberufungen? Und wie gaukelst Du von Mai bis September über die Militär-Klippe? Schreckliches Kapitel!

Schicke mir Deine „Selbstbesinnung"!

Frau Schreiner ist sehr begabt und eine ausgezeichnete Schauspielerin. Aber ich weiß noch nicht, ob sie eine „Natur" ist. Die Eis ist mir persönlicher.

Wichtig wäre mir, auf 8 Tage verschwinden zu können. Aber wie? — Vergiß, bitt, nicht, der Mama [1] ein Kärtchen zu schreiben für den 1. März! (80 Jahre!)

Franzl und Fürstin geht es „scheinbar" etwas besser. Louise Marie [2] kämpft um ihre Wohnung und fühlt sich stark. (?) Die Mildenburg erlebt Tragisches. (Man soll nicht altern.) Sie kann nicht aufhören!!

Ich küsse Dich innigst
D. R.

[1] Mama Aslans.
[2] Louise Marie Mayer (s. Aslans Brief vom 20. November 1941).

Tonio an Aslan

Metz, 19. Februar 1942.

M. g. R.

Dein vieles Gratulieren zu meinem Geburtstag lege ich mir so aus: Du bist ganz besonders beglückt über mein Erdensein. Telegramm und Brief vom 15. angekommen.

Das Bild von Gerhart Hauptmann [1] gebe ich in meine Sammlung. Herrlich, daß der Erfolg da ist! Deine viele Arbeit in vielen Jahren. Der Künstler hat die Aufgabe, sein Werk sprechen zu lassen. Und wie erst der Schauspieler-Künstler! Freue Dich auch heute noch daran! Du hast nie das Warten kennengelernt. Ich immer. Es ist eine harte Zuchtprobe. Ob ich je dazu komme, „Werk" zu sein? Durch diese immer wiederkehrenden Pausen in meiner Arbeit lernte ich, Sinn zu suchen in anderen geistigen Erkenntnissen. Aber das unglückliche Los, kein Werk-Leben zu haben, bleibt mir! Ich versuche tapfer, mein Schicksal zu tragen, da mir scheinbar zum Rebellen die Kraft fehlt.

Arme, vielleicht eher glückliche Fürstin!

Dank für die Stunde mit meiner Mutter allein. Sie läßt die ganze Größe Deines Herzens leuchten.

Über diese Freundschaft mit der Mildenburg freue ich mich sehr. Ich weiß nicht, was sie war, aber ich ahne ihre große Künstlerschaft. Bahr sagt: „An der Frau erkennt man den Mann, was er ist." Obwohl vieles mit Österreich geworden ist, wie Bahr es für das Land gewünscht hat, ist Österreich nicht glücklicher geworden. Aber Bahr ist ein herrlicher Psychologe und Kenner der österreichischen Seele. Wie mag er es geliebt haben, daß er so zum scharfen Kritiker an Wien und Österreich wurde!! Im großen Teiche des allgemeinen Deutschlands sind wir bestimmt nicht die Hechte geworden. Die Eigenheit Österreichs rinnt in ein sehr vages Neudeutschtum. Prophetischer Hermann Bahr!

Ich hätte auch noch viel zu sagen —

Innigst

D. T.

[1] Aslan hatte Tonio ein Foto von Hauptmann geschickt.

Aslan an Tonio

Wien, 21. Februar 1942.

M. g. E.

Dein herrliches Briefli vom 17. ist etwas verspätet angekommen. Daß ich viel geweint habe, kannst Du Dir ja denken. Gerne möchte ich darauf eingehen, ich möchte sagen: tiefschürfend, aufreißend antworten. Da müßte ich aber ein Buch schreiben. Grundlegend kann ich aber sagen:

Was ich Dir gab, gibt jeder Liebende dem Geliebten und jeder Geliebte dem Liebenden. Eben sein Bestes, nach seinen Kräften. Ich bin nicht mehr und nicht weniger als ein anderer, der wirklich liebt oder wirklich geliebt wird. Daß ich versuchte, mein Bestes zu geben, beweist nur, daß ich liebe, und daß Du Dein Bestes gabst, beweist nur, daß Du liebst. So wächst die Wechselwirkung von Lieben und Geliebtwerden zu dem poetischen Akkord, wie er in Deinem herrlichen Briefli aufklingt.

So ist es, im Ganzen gesehen. Im Besonderen sind freilich Glücksfälle besonderer Prägung in dieser Liebe, die nicht jedermanns Sache ist. Besonderes Glück — besonderes Leid.

Was mich persönlich besonders beglückt, ist der Umstand, daß Du groß genug bist, das Leid, das ich Dir brachte, auch in Glück zu verwandeln, es für Dich letztlich in Glück zu verarbeiten. Das ist das Große. — Denn — ehrlich gesagt — bringe ich mehr Leid als Glück.

Was mich aber zutiefst beglückt, ist, daß jeder großen Liebe letzte Erfüllung nur Gott sein kann. Und daß Du wie ich, jeder auf seine Art, das erkennst und zu diesem Ziel hin verlangst, das ist freilich nicht jedes Liebenden, nicht jedes Geliebten letztes Ziel.

Meine künstlerische Potenz überschätzest Du. Aber das macht nichts. Das Gefühl kann nicht genug übertreiben. Um so viel Inhalt zu fassen, daß Kunst und Liebe und Gott darin Platz haben, muß man das Gefäß schon mächtig öffnen. Mit normalen, getriebenen Gefühlsgefäßen, wie sie Hinze und Kunze haben, kann man nicht Liebe und Kunst und Gott einfangen, da braucht es nicht normale, sondern übernormale, nicht getriebene, sondern übertriebene, nicht natürliche, sondern übernatürliche Gefäße. Es ist gut so. — Ich habe nur zwei schicksalhafte Begegnungen im Leben gehabt. Die eine ist irgendwie daran zerbrochen — sollte wirklich die zweite glückbringend sein? Und wenn es so ist, liegt das nicht daran, daß die erste zu sehr im Menschlichen, Allzumenschlichen, steckenblieb und die zweite den Höhenflug nimmt in die Übernatur? Das ist erschütternd tragisch im ersten Fall und erschütternd beseligend im zweiten Fall! So muß ich zurückblickend wohl sprechen und mein „elfjähriges" Schicksal segnen! Und da ich — das muß ich bei aller Bescheidenheit und Demut doch von mir sagen — wirklich mehr an den „Partner" denke als an mich, wirklich das Glück des anderen mehr ersehne als das eigene, so wünsche ich, daß Dein „elfjähriges" Schicksal nie in rein menschliche Tragik mündet. Möge ich nur der Schemel sein, auf dem Du, zu Gott betend, kniest, und alle, alle Schmerzen, die mir beschieden sind, will ich mit Freuden tragen, wenn sie Dir nur den Aufstieg erleichtern — durch mich wohl, aber über mich hinaus, denn ich bin nur ein kleiner Sünder-Mensch. Über mich hinaus zu Deiner Erfüllung!

Franzl hab' ich meinen Korbsessel vom Badezimmer gebracht, damit er sich zum Fenster setzen kann, wenn Sonne ist. Er sagte mir unter Tränen, daß er nachts betet. Nun hab' ich keine Angst mehr um ihn.

Immer

D. R.

Tonio an Aslan

Metz, 23. Februar 1942.

M. g. R.

Heute kamen gleich zwei herrliche Briefe von Dir, der vom 18. und der vom 21.

Der Badezimmer-Sessel von Franzl lockte mir Tränen ins Auge. Guter, geliebter Raoul, wie sollte man Dich nicht lieben!

Tapfere Louise Marie! Ihr Glaube hilft ihr, so stark zu sein. Wie befruchtend Du auf uns alle wirkst!

Mutters Gesundheit ist sehr beglückend. Ich bin tief dankbar. Ich möchte ihr noch viel Freude machen. An Mamas [1] Geburtstag denke ich. Vielleicht telegrafiere ich. Darf ich wissen, daß sie 80 Jahre wird?

Was macht Dein Berliner Projekt? Nichts mehr gehört vom Herrn Staatsrat [2]?

Heute liege ich zu Bett. Ich habe ein Furunkel am linken Schenkel und kann dadurch schlecht gehen. Auch soll Ruhe gut tun. Es ist bereits zweimal geöffnet worden. Die Ärzte haben alle Hände voll zu tun mit dieser eklen Krankheit. Alles Kriegsnahrungserscheinungen. Ich soll aber als nächste Rolle im „Strom" von Max Halbe den Jakob spielen. Die Erni kennt es gut. In „Maria Stuart" bin ich frei. Im „Bezaubernden Fräulein" auch. Vielleicht kann ich ein paar Tage nach Wien.

Meinen Brief vom 17. hast Du herrlich beantwortet und mich durch Dein tiefes Verstehen so glücklich gemacht. Ich finde alles höchst natürlich. Und jeder Mensch erfüllt sich nach seinen eigenen Gesetzen, die Gott für ihn vorgezeichnet hat. Der freie Wille gibt nur die Möglichkeit des Erkennens für dieses hiesige Leben (daher auch das große Verzeihen im späteren), das Erkennen, schon hier, über seine Triebe und schlechten Eigenschaften Herr zu werden. Allein das Bestreben nach dem Guten ist, glaube ich, schon Tat. Jedes Leben hat zwei Bedeutungen, die eine als die Entwicklung unserer gegebenen Eigenschaften zur höchsten Potenz, die andere im großen Spiel des Schicksals. Die beiden zueinander zu bringen, ist das Problem. Ich möchte Schönheit schaffen so wie Du, Du mein Künstlervorbild! Im Leben bringe ich es manchmal fertig. Daher bin ich irgendwie ein Lebenskünstler. Was mir im großen Spiel des Schicksals für eine Rolle zukommt, kann ich noch nicht erkennen. Die mir gegebenen Eigenschaften zur höchsten Potenz zu entwickeln, habe ich zwar begriffen. Aber die Kraft dazu fehlt. Der Verzicht auf so viele Annehmlichkeiten fällt so schwer. Und ohne Verzicht ist wohl nichts zu erreichen.

So vergeht dieses Leben in Schwäche und Sündhaftigkeit, und wieviel Schönheit bleibt ungeschaffen! Aber meine Liebe zu Dir ist Wille — Tat — Schönheit.

    Mein — Dein — Gottes — Werk
              T.

[1] Aslans Mutter.
[2] Gründgens. Ein nicht zustandegekommener Film.

Aslan an Tonio

            Wien, 24. Februar 1942.
  M. g. E.

Ich studiere jetzt den Rudolf II., was Mühe, Zeit und Nerven kostet.

„Was man nicht mit Lust, sondern bloß als Frondienst tut, das hat für den, der hierin seiner Pflicht gehorcht, keinen inneren Wert und wird nicht geliebt. Die Zucht, die der Mensch an sich selbst verübt, kann daher nur durch den Frohsinn, der sie begleitet, verdienstlich und beispielhaft werden."

              Kant

Der Fürstin geht es besser. Mit der Mildenburg hab' ich Sorgen. Sie beneidet jeden Statisten, der auf der Bühne stehen darf, und droht mit Selbstmord, wenn sie nicht ihre Kunst vorführen darf. So was gibt's. Trotz des innigsten Zusammenlebens mit Hermann Bahr ist sie innerlich eine Heidin. Ihr Katholizismus ist rein äußerlich. Studie zur „letzten Einsamkeit des Menschen". Sie ist die Mildenburg, und Bahr ist Bahr. Und was war das für ein Paar! Kunst, Liebe, Leidenschaft, Schicksal, Leben, Interessen, Zeit, alles verband sie. Und trotzdem steht er ganz wo anders als sie. Es ist alles so rätselhaft!

Mit meinen geistlichen Freunden [1] hab' ich Freude. Sie unterweisen mich in vielen Dingen. Aber der Stoff ist zu gewaltig, und ich weiß viel zu wenig.

Zum 80. Geburtstag der Mama hab' ich gefunden: $3^{1}/_{2}$ m Friedensstoff für einen Wintermantel, Seidenfutter, Wattelin, eine Pelzverbrämung, ein französisches Parfum.

Natürlich denken alle nur an Geschenke und Essen, und keiner denkt an einen Dankgottesdienst. So werde ich allein am Sonntag den 1. März um $^{1}/_{2}7$ Uhr früh zur Kommunion gehen.

Bin gespannt, wie mein März-Programm verläuft und ob ich Dich irgendwo sehen werde.

Die Kälte dauert an, und mein Holz ist zu Ende. Das macht mir weniger aus, so lange das Herz nicht friert.

Das Morden in der Welt hat Dimensionen angenommen, die unvorstellbar sind, viel, viel ärger, als wir es uns vorstellen. Das gibt sehr zu denken! Ich spüre etwas von Weltuntergang! Es geschieht etwas, was man nicht so einfach mit: „Na ja, es ist eben Krieg," bezeichnen kann. Ich bin nicht stur. Vielleicht ist wirklich das christliche Abendland nur eine Phase gewesen. Vielleicht soll etwas ganz anderes kommen, bitte! Dann ist aber dieses andere auch nur eine Phase, und zuletzt ist es dann doch wieder Christus! Also soll diese neue Phase kommen! Ich rede erst wieder am Jüngsten Tag. Und da bin ich heute schon neugierig, wer recht behalten wird. Bis dahin muß die Diskussion abgebrochen werden. Es ist völlige Finsternis.

Innigste Küsse

D. R.

[1] Geistliche Freunde: Diego Götz, Otto Mauer usw.

Tonio an Aslan

Metz, 25. Februar 1942.

M. g. R.

Heute ist ein Schleier über mich gebreitet. Vergangenes mischt sich mit Zukünftigem ins Gegenwärtige. So empfänglich weich. Eigentlich möchte ich weinen. Kennst Du diese Stimmung? Vielleicht kommt es daher, weil ich mich körperlich so gar nicht wohl fühle. Fünf Furunkel sind mir aufgemacht worden. Ich bin zwei Tage im Bett geblieben.

Was sind unsere so heiß geliebten Körper ohne Geist und Seele doch für gefüllte Drecksäcke! Entsetzliches Erkennen! Aber Hinweis. Viele Stunden allein im Bett sein, den Blick durch das Fenster zum graublauen Himmel, das gibt Träumereien, wenn man Glück hat, Erkennen. Körperliche Leiden machen die Seele lichter. Ich muß an Rilke denken und an seine „Geschichten vom lieben Gott". Und das Engerl fängt an, mir himmlische Geschichten zu erzählen. Mit kerngesunden roten Backen lächelt es Mona-Lisa-haft. Und die Pawlowa tanzt in den violetten Abend hinein [1]. Große, herrliche Kunstseele, wo bist du jetzt? Oder der leidzerquälte Kopf Michelangelos, der herrliche Kopf Alexanders des Großen! Der Kopf des Epheben, Rodins „Satyr des Praxiteles", seine „Kathedrale" [2]! Wo sind die Geister, die diese unvergänglichen Herrlichkeiten geschaffen haben? Genie: das Rauschen Gottes! Sind sie heimgekehrt zu Ihm? Zurück zum Vater?

Und das Grammophon! Wie schön, daß ich es hier habe! Es zaubert mir Deine Stimme vor. Diese Lieder könntest Du für mich gesungen haben. Du hast sie damals so an Deine Sehnsucht hingesungen — da wurde ich geboren — ja, ja, das ist schön! Ich fühle mich so eingehüllt in Erlebtes.

Jetzt muß ich schnell ins Theater. Wenn mir morgen nicht besser ist, bleibe ich weiter im Bett.

Eine kleine Tagesstimmung aus meinem kleinen Hotelzimmer in Metz. Ich fühl' mich krank.

Kuß!
T.

[1] Über Tonios Bett hängend.
[2] Erinnerungen an Tonios Museumsbesuche in Paris.

Aslan an Tonio

Wien, 28. Februar 1942.

M. g. E.

Ich wollte erst Montag schreiben, da ich bis zum Rande gefüllt bin mit Arbeit und Ärger. Ich studiere den Rudolf (Bruderzwist) — entsetzlicher Brocken, aber Wien ist in einer Erwartung und Spannung. So ist es eben. Und will man etwas besonders gut machen, mißlingt's gewöhnlich.

Da kommt vor 10 Minuten Dein armer Brief. Die Furunkel sind ekelhaft. Warum verschreibt der Arzt nicht Vitamin-Tabletten (A, B, C, D, usw.), um die mangelnde Fett- und sonstige Stoffzufuhr zu ersetzen? Jedenfalls schicke ich Dir gleich Speck und Fett, das ich zufällig bekam.

Deine Betrachtungen sind, ach, ebenso traurig, wie sie richtig sind. Armer Körper!

Daß Du eventuell ein paar Tage herkommen könntest, wäre ja wundervoll. Die beste Lösung für meinen nicht erhaltenen Urlaub. (Ich spiele täglich.)

Telegramm an die Mama eben angekommen. Heißen Dank. Morgen früh ½7 Uhr Kommunion.

Innigsten Kuß

R.

Aslan an Tonio

Wien, 3. März 1942.

M. g. E.

Der Geburtstag [1] hat sehr gut geklappt. Danke für Dein liebes Telegramm.

Speck und Butter sind schon in Deinem Magen. Vitamine und Hormone, das sind die neuesten Zauberworte der Medizin. Der Arzt soll sie auf Dich anwenden.

Ich lerne täglich Rudolf II. Am 15. hoffe ich, textlich fertig zu sein.

Auf München [2] lasten große Sorgenwolken. Mit Anstellung, Besoldung, Bestallung, Ärztekammer, Ministerien und anderen „heroischen" Schwierigkeiten. Das müßte ich in Berlin bereinigen. (So nebenbei).

Ja, die Welt liegt in einem selbst. Und doch liebte auch ich das Reisen — aus Wissensdurst und Weltflucht. Denn auf Reisen verankert sich nichts, auch nicht die Welt. Der Traum- und Kaleidoskop-Charakter tritt in den Vordergrund. In der Stille, in der Wiederholung, im kleinen Lebensraum verwurzelt sich Denken, Fühlen mehr. Die großen Globetrotter (ich kenne manche) sind zerfahren, ängstlich, unfundiert — aber blitzend, elegant, amüsant, anregend, verspielt. Ich kenne das alles. Nein, wie ich in Cannes und Nizza plötzlich Angst bekam! Einer der merkwürdigsten Reiseeindrücke.

Ja, ja, unser heißgeliebter Körper! Ewiges Problem! Unser Zeitalter achtet weder Geist noch Körper. Das ist ganz tragisch. Es ist so mechanisiert, daß sogar die Mutterschaft unappetitlich wird. Bezeichnend, daß die Menschen im Stephansdom bei der Jungfrau Maria Pötsch [3] Schlange stehen.

Innigst

D. R.

[1] Von Aslans Mama.

² Bezieht sich auf Zeljko.
³ Gnadenbild im Stephansdom.

Tonio an Aslan

Metz, 4. März 1942.

M. g. R.

Die Pause in meinen Briefen wirst Du gespürt haben. Meine Krankheit hat mich so irritiert, daß ich nicht einmal schreiben wollte. Nun geht es mir wieder besser.

Dein Speck und Deine Butter kamen gut an. Vielen Dank. Aber bitte, in Zukunft diese kostbaren Dinge selbst zu essen! Ich bekomme hier noch immer genug.

Du hast viel Arbeit. Wann soll schon Rudolf II. sein? Ein arbeitsreiches Leben, das kann man bei Dir wohl sagen. Nur darfst Du es nicht als Frondienst fühlen! Wenn es auch Mühe, Zeit und Nerven kostet, besser könntest Du Mühe, Zeit und Nerven nicht anwenden. Der Frohsinn soll Deine Arbeit leiten! — Ach, ich fühle mich auch so irgendwie in der Verbannung, oder ist es nur die Unruhe des Herzens? Frieden im Herzen zu haben, das ist das höchste Glück. Aber die vielen Wünsche, das Einem-Schatten-Nachlaufen, den man nicht einzufangen in der Lage ist! Wenn ich viel Arbeit hätte, wäre mir leichter!

Wie war das Geburtstagsfest Deiner Mutter? War sie glücklich im Kreise ihrer Söhne und Freundinnen?

Ein schönes Novellen- und Märchen-Buch von Max Mell habe ich bei meinem Buchhändler gefunden: „Das Donauweibchen". Ein wirklicher Dichter! Es ist beglückend, diesen echten Österreicher zu lesen. Ganz warm wird es mir da ums Herz.

Dann studiere ich fleißig Plato. Herrlich!!

Dann entzückend und großartig: „Chinesische Weisheiten". Von der Anni Rottauscher aus chinesischen Urtexten sehr gut übersetzt.

Da das äußere Leben hier wenig hergibt, habe ich viel Zeit, mein inneres zu bereichern. Hoffentlich geht auch bald ein Abglanz meines Innern auf mein Äußeres über! Ist der äußere Ausdruck wirklich immer das innere Gesicht? Das Leben, das tägliche, alltägliche, verlangt es oft anders. Kraft der Persönlichkeit vermag vielleicht Inneres ins Äußere zu übertragen. Ach, wäre man Persönlichkeit! Vielleicht wäre ich dann schön!

Ich denk' an Dich mit und in Liebe, und Schweres wird mir leicht, weil Du lebst und mir Glück bringst, weil wir zusammen gehören.

T.

Aslan an Tonio

Wien, 6. März 1942.

M. g. E.

Dein letztes Briefli ist vom 27. Stimmt das?

Vom Theater rede ich gar nicht. Huttig sagte mir was vom Homburg [1].

Inzwischen plagt mich wieder ein Film: „Liebeskomödie", Regie: Lingen [2]. Ich glaube, ich werde es nicht machen.

Montag, den 9. ist intim-festlicher Empfang bei Schirach zum 50. Geburtstag von Weinheber [3]. Frack, Gedichte vorbereiten, usw.

Meine Krischke [4] ist $1/4$ Stunde, nachdem sie bei mir war Rudolf II. soufflieren, Knall und Fall „abgeholt" worden!! Nun versuch' ich, sie herauszukriegen. Aber wie? Bin ratlos.

Dazu kein Brennmaterial mehr. Ich wohne im Badezimmer. Kein Urlaub, Studium, Deine Krankheit — berechtigte Melancholie. Also alles zusammen kein Frühjahrsleuchten. Und was jetzt alles geschehen wird draußen! Unausdenkbar! Und Paris? Schrecklich!

Vom ersten Weltkrieg sage ich immer, ich hätte ihn verträumt. Und vergessen — wie einen Traum. Ich weiß auch nur Ungefähres davon. Wie ist das jetzt? Und was werd' ich von diesem Krieg sagen — wenn ich sein Ende erleben sollte?

Und soviel will ich lesen. Aber es ist irgendwie auch das nicht konzentriert und richtig.

Wie sieht es mit Deinem eventuellen Urlaub aus??

Jetzt renn' ich in die Stadt und versuche, für die Mildenburg was zu tun. Von zehn Plänen gelingt kaum einer. Trotzdem ist es phantastisch, wie gut es einem doch geht.

Für heute Schluß. Und zärtliches Sehnen!

D. R.

[1] Tonio sollte in Kleists Drama den Prinzen spielen.
[2] Theo Lingen, der bekannte Film- und Theater-Schauspieler.
[3] Der Lyriker Josef Weinheber.
[4] Krischke, Souffleuse am Burgtheater, als Jüdin von der Gestapo „abgeholt".

Tonio an Aslan

Metz, 10. März 1942.
M. g. R.

Meine Krankheit ist besser, lastet aber noch schwer auf Gemüt und Körper. Deswegen habe ich auch wenig geschrieben.
 Aus Deinen letzten Briefen spürte ich ein großes Gehetztsein Deinerseits. Alles so telegrammstilartig. Und Deine enorme Arbeit! Dein Helfenwollen nach allen Seiten! Was ist mit der Krischke? Konntest Du für sie etwas erreichen? Wann soll der Film sein? Lingen ist ein guter Regisseur und ein sehr netter Mensch. Wenn die Rolle einigermaßen ist, mache den Film!
 Ich bin zwei Tage in Straßburg gewesen. Leider schneite es, und das Herumgehen war naß und wenig erfreulich. So hatte ich nur ein halbes Vergnügen am Schauen. Auch ist der Dom innen seiner herrlichen Fenster beraubt, und alle Schönheiten sind mit Zement vermauert — Kriegsschutz. Ich war nicht sehr entzückt vom Elsaß. Lothringen gefällt mir besser. Auch der hier mehr im Französischen wurzelnde Menschenschlag sagt mir mehr zu als der Elsässer deutsche Schlag.
 Nach Maria Stuart kommt „Strom" von Halbe. Der Jakob ist eine schöne Rolle. Arbeit ist gut in dieser Zeit. Arbeit läßt keine Zeit zum Grübeln. Ich wünsche mir viel Arbeit!!
 Huttig ist gestern nach Berlin gefahren, um an der Neuregelung der U. K.-Stellungnahme für Schauspieler [1] teilzunehmen. Er will versuchen, uns über Kriegsdauer freizubekommen. Da die Theater weiter spielen sollen, ist es notwendig, eine endgültige Regelung für die Schauspieler zu erwirken. Wie viele Theater sind durch ihre dauernden plötzlichen Einberufungen in ihrem Repertoire gestört! Es wäre natürlich ganz enorm, diesen Krieg auf diese Weise zu überstehen.
 Ich bin mir bewußt, jeden Tag, jede Stunde, wie gut es mir geht und was draußen meine Altersgenossen erleben. Mit Dank bin ich es mir bewußt!! Trotzdem lebe ich beschattet, und die große Zerstörung wütet so wild, daß man sehr in Mitleidenschaft gezogen wird. Das Leid, das größte Leid ist in und über mir. Ich fühle das Meer der Tränen, und ich muß mitweinen. Ich fühle das große Sterben und Grauen und sterbe viele Tode mit. Das Geborgensein ist körperlich, die Seele ist so krank, unglücklich, arm und verlassen, und tiefe Melancholie ist über mir!! Gibt es denn kein Erwachen der jetzigen führenden Persönlichkeiten, um endlich diesem Massenmorden ein Ende

zu bereiten?! Jedes individuelle Denken hört auf, man ist ein Gefäß der nicht zu fassenden Trauer. Gott, gütiger, allemächtiger Gott, hilf, rette uns, überlasse uns nicht mehr unserem freien Willen, drücke uns Deinen verzeihenden, gütigen Willen auf! Hilf, rette uns vor Schmach und Tod!!

        Kuß!

            Dein trauriger T.

[1] U. K.-Stellung (Abkürzung von unabkömmlich), daher vom Wehrdienst befreit.

Aslan an Tonio

                Wien, 12. März 1942.
M. g. E.

Vorgestern hörte ich Deine Stimme im Telefon. Die Vorarbeiten waren schon sehr aufregend, denn mein Telefon machte Manderln, und die Störung mußte eine Notreparatur vornehmen, um das Gespräch zu ermöglichen. Dann wartete ich zwei Stunden. Aber immerhin, es gelang, und somit war es gut.

Wenn Du am 24. und 25. März nicht abkömmlich bist, werde ich für diese zwei Tage nach Berlin fahren und versuchen, mit dem Film etwas zu machen. Es ist so eine Art „Großer Mann privat". Vielleicht wäre es ein Film-Start. Jedenfalls 20.000 Mark!!

Könntest Du vielleicht nach dem „Strom" zwei bis drei Tage herkommen? Oder könnten wir uns im April ein bis zwei Tage in Stuttgart treffen? Oder gibt es vielleicht bis dahin eine Flugverbindung nach Frankfurt? Dann kann ich auch auf einen Tag hin.

Mit dem Rudolf bin ich textlich so ziemlich fertig. Ich soll ihn am Ostersonntag zum ersten Mal spielen. So eine Art Première! Mit fünf bis sechs Proben.

Mit gleicher Post schicke ich Dir Eckeharts [1] Predigten. Damit das Buch erscheinen konnte, wurde ein entsetzliches Vorwort [2] verfaßt. Das habe ich in Deinem und meinem Buch wutschnaubend herausgeschnitten. Was Johannes vom Kreuz den Spaniern, Franz von Assisi den Italienern, Plato den Griechen ist, das ist Eckehart uns Deutschen. Die edelste, süßeste Frucht deutschen Geistes. In der Versammlung aller großen Deutschen aller Zeiten führt er den Vorsitz. Was hat dieser Dominikanerorden alles hervorgebracht! Unfaßbar! Albert den Großen! Thomas von Aquin! Eckehart! Und so was will man leugnen? Hinausschmeißen? Mein lieber Dominikaner Dr. Götz sitzt in Freiburg bei seiner theologischen Doktorarbeit. Morgen abends ist Guardini ³ in „Iphigenie", und nachher treffen wir uns bei der Julia ⁴! Daß Du nicht dabei bist, ist höchst schmerzvoll! Ach, daß ich so ein kleiner Mensch bin! Ich habe viele herrliche Gedanken für die Menschen! Wie erst für Dich!

Kuß!

R.

¹ Der große deutsche Mystiker.
² Das Vorwort betonte wahrscheinlich die Gefahr, in der Meister Eckehart — wie fast alle großen christlichen Mystiker — schwebte, von der Kirche als „Ketzer" betrachtet zu werden. Und das schroteten die Nazis offenbar auf ihre Weise aus.
³ Romano Guardini, der italienische religiöse Schriftsteller.
⁴ Bei Julia Janssen versammelte sich der theologische Zirkel (s. Aslans Brief vom 13. Februar).

Aslan an Tonio

Wien, 14. März 1942.

M. g. E.

Danke Dir für Dein letztes Briefli. Ich freue mich, daß der „Strom" Dich innerlich beschäftigt. Die Rolle liegt Dir sehr.

Gestern abends war ich im kleinen Kreis mit Guardini zusammen. Es war ein schöner, tief schürfender Abend. Heute mittags esse ich mit Guardini.

Das zweite Erlebnis sind die Predigten des Meisters Eckehart, die ich Dir gestern schickte. Bitte, mach' es wie ich und lies immer nur eine Predigt! Und immer wiederholen wie eine Rolle! Speziell dieser Mystiker ist ganz in Deinem Sinn. Streng genommen, ist er manchmal an der Grenze. So sehr, daß man, wenn man will, gewisse Tendenzen propagandistisch auswerten kann. Herr Rosenberg ¹ möchte ihn am liebsten zum Schutzpatron der n. s. Weltanschauung machen. Gott sei Dank, ist das nicht möglich. Die Übersetzung ² ist ja auch (etwas) gefärbt, und später einmal sollst Du Einblick bekommen in die große (lateinisch ³-deutsche) Ausgabe, die kompetenter ist. Vieles ist auch von braven Nonnen sozusagen „mitstenographiert" worden, ist also nicht aus erster Hand und im Laufe der Jahrhunderte verändert worden. Aber von einigen Punkten abgesehen, ist er eben ein Dominikaner, ein Mystier und eben ein ganz Großer. Könnte ich doch nur verweilen und nicht in meiner metaphysischen Neugierde immer nur nippen in der Angst, ich versäume es, und in der Sehnsucht, mehr und mehr zu wissen. Ähnlich wie Du.

Die schöne Rede von Wiechert [4] habe ich zu lesen bekommen. Ich schicke sie Dir, und, wenn Du sie gelesen hast, schick' sie mir eingeschrieben zurück!

Meine Gehetztheit, die Du in meinen Briefen spürtest, ist für mich klar: a) Beruf ... Leid, Kampf, unerfüllt (trotz Dankbarkeit für vieles), b) Sorgen und große materielle Verluste (Film), c) Sehnsucht nach Dir, d) Sehnsucht nach Vollkommenheit, e) nicht mehr jung genug, f) phantastische Weltverbesserungs-Triebe ... und kuschen müssen, da doch nur ein kleiner Mensch ohne magisches Format den magisch dämonischen Erscheinungen aktiv entgegentreten könnte.

Was sich aus diesen Strömen zusammen mixt, das spürst Du natürlich.

Immer

Dein R.

[1] Der kulturelle Propagandist des dritten Reiches, der in seinem Buch „Der Mythos des 20. Jahrhunderts" mit großen deutschen Geistern unglaubliche Akrobaten-Kunststücke aufführte, um sie für die n. s. Weltanschauung reklamieren zu können (s. auch Aslans Brief vom 12. März).
[2] Aus dem Mittelhochdeutschen.
[3] Hier handelt es sich im Gegensatz zu den Predigten um die Schriften. Eckehart predigte deutsch und schrieb lateinisch.
[4] Es handelt sich um Wiecherts tapfere antinazistische „Rede an die deutsche Jugend", die mit eine Ursache war, daß er ins K. Z. kam.

Tonio an Aslan

Metz, 14. März 1942.

M. l. R.

Am 24. und 25. kann ich bestimmt nicht von hier fort. Am 24. ist die Première von Maria Stuart. Am 25. ist die Stellprobe von „Strom". Huttig brachte aus Berlin unsere Militär-Zurückstellung für die nächsten drei Monate mit. Das wäre bis Ende Juni. Er wird weiter sehen, was sich machen läßt.

Gut wäre es, wenn Du doch den Film „Liebeskomödie" noch machen könntest. Ich würde Dir endlich einen guten Filmstart wünschen. „Rudolf" wird bestimmt großartig. Schade, daß ich nicht dabei sein kann! Auf Eckeharts Predigten freue ich mich.

Wir sollen ev. von hier aus auf vier Wochen nach Paris. Mit „Meister" und „Brillanten aus Wien" [1]. Ich würde sehr glücklich sein, Paris nach langen Jahren wiederzusehen. Wenn es auch wahrscheinlich unter jetzigen Verhältnissen sehr deprimierend sein wird.

Hier macht sich bereits der Frühling bemerkbar. Ich sitze bei offener Balkontür. Die Sonne ist richtig warm, und die Vögel singen und trillern bereits ihr Danklied zu unserem Herrgott. Der Mensch verwandelt sich dann auch. Der Himmel ist ganz blau. Das, was an den Fronten geschieht, ist dann noch weniger begreifbar. Sehnsucht nach Schönheit wird noch mächtiger in einem. Den Tod glaubt man überwunden zu haben. Neues mächtiges Leben will sich breit machen.

Ein Kollege schenkte mir ein Büchel: die Sonette Tassos an Lucrezia Bendidio. Herrlich schön. Ich lese immer wieder diese herrlichen Gefühlsergüsse dieses Großen. Rührend lieblich sind die „Paradiesmärchen" von Max Mell. Lies sie! Ein neuer Band: „Das Donauweibchen". Ganz warm wird einem da. Die Bücher von Hermann Bahr schicke ich Dir wieder zurück. Ich habe sie gelesen und eine Menge daraus gelernt.

Viel hab' ich in mich aufgenommen. Der vergangene Winter war reich an solchen erfüllten Stunden der Konzentration, der Einsamkeit, des Verbundenseins mit denen, die Gott nahe waren durch ihr Denken und Fühlen.

Jetzt will ich dann hinaus in die Natur. Jede freie Stunde die Sonne, den Himmel, die Bäume und die Wiesen schauen. Das, was in langen Winterstunden gedacht wurde, zur Klarheit werden lassen unter Gottes freiem Himmel.

Dir sage ich aber mit Tassos Worten: (Hoffentlich kann ich es auch einmal auf der Bühne sagen. Ich will es Huttig fürs nächste Jahr vorschlagen.)

„Für alle Zeiten lebt in mir das Bild,
Kein andres wird in meinem Herzen stehen,
Kein neuer Liebeshauch kann fürder wehen,
wo ihr (ihm) allein mein ganzes Lieben gilt."

Lebewohl! Schaust Du auch manchmal zu den Sternen und sagst ihnen glühende Worte? Sie tragen sie weiter —

T.

---

[1] „Brillanten aus Wien" von Alexander Steinbrecher.

Tonio an Aslan

M. g. R.

Metz, 16. März 1942.

Dein Einschreibebrief vom 14. kam heute früh. Die Rede Wiecherts will ich mir abschreiben und schicke sie Dir in ein bis zwei Tagen eingeschrieben wieder zurück. Ich finde sie ganz besonders schön und tief.

„Meister Eckehart" kam zugleich an. Ich las in diesen Schriften in meiner Hamburger Zeit, und viele Briefe an Dich aus diesem Jahr sind voll davon. Doch ich werde darin aufs neue und gerne lesen, und hoffentlich bin ich dafür aufnahmsbereit! Jedenfalls freue ich mich sehr, daß ich ihn damals auch so groß und herrlich fand. Er half mir auch, meine große damalige Wiener Schmerzenstrennung [1] zu tragen.

Ja, ich will lernen und wissen, voll des Dranges nach Erkenntnissen sein! Und bin ich auch so ganz klein, offenes Gefäß für die höchsten, größten schönsten Gedanken durfte ich momentweise doch sein. Wie herrlich ist die Forderung Wiecherts an die jungen Menschen, fest, demütig und tapfer zu Ewigkeitswerten zu stehen und nicht das Zeitgeschehen als einzig wirklich zu nehmen!

So, in diesem Sinne bin ich auch einer von den sehr Einsamen und Abseitigen. Könnte ich nur auch einmal all das Erkämpfte, Gedachte, Gefühlte und Erlittene gestalten, Form werden lassen! Nie noch hat mich Unvergängliches im Vergleich zum Vergänglichen so beschäftigt wie im Moment.

Aus Deinen Briefen weht Lebensluft, große Geistlebensluft. Herrlich das Zusammentreffen mit Persönlichkeiten! Hier muß ich das ganz missen. Nur alltägliche, rein auf das Materielle gestellte Menschen. Wenn sie auch gut sind, sind sie doch ermüdend. Dann flüchte ich schnell in meine „Reginaklause" [2], und oft ist ein stummes Dahinsitzen mehr als ein ganzer sogenannter amüsanter Abend.

Ich bin zwar nicht gehetzt wie Du, aber ich habe ebenfalls schwerste Sorgen mit: a) Beruf ... Leid, Kampf, unerfüllt, fast nicht zählend im heutigen Schauspielerstand, b) Militär, c) Sehnsucht nach Dir — fast mein Lebenslied, d) Sehnsucht nach Vollkommenheit — na, und wie! e) jung — ja, bin ich noch jung? f) Weltverbesserungstriebe — doch ein kleiner Mensch ohne Format, kein Dichter, keiner, der was sagen kann!! Passiv, viel erkennen, doch still und allein.

Fast genau dasselbe Strömen wie in Dir, und doch, was für ein Unterschied zwischen Dir und mir! Wo stehst Du, wo ich! Was leistest Du, was ich! Und doch möchte ich schon Deinetwegen Schönes, Großes leisten.

Den Frühling spüre ich, und dieses große Wunder will ich bewußt erleben mit Freuden und mit Schmerzen.

                Kuß, Kuß!

                          T.

[1] Schmerzenstrennung: von Aslan (s. Einleitung).
[2] Reginaklause: Hotel Regina, in dem Tonio wohnte.

Aslan an Tonio

                                  Wien, 17. März 1942.
    M. g. E.

Ich lebe jetzt Tag und Nacht im Badezimmer. Wir haben nämlich noch keinen Frühling, sondern noch immer Kälte, Nässe, Glatteis, Nebel, Regen, Schnee und Schmutz — und kein Brennmaterial. Natürlich ist dadurch vieles komplizierter. Aber das geht auch vorbei.

Die Filmsache hat mich natürlich geärgert[1], trotzdem ich ungern filme. Wenn möglich, will ich am 24. und 25. in Berlin etwas versuchen. Aber ich mache das alles ohne Elan. Ich spüre, daß ich nicht mehr das erzwingen kann, was ich eigentlich will: die freie, unabhängige und beherrschende Stellung. Das scheint nicht möglich zu sein. Es ist kein solches Malheur, man muß es nur wissen.

Die Predigten Eckeharts sind vielleicht doch wichtiger. Ich wollte ja im Leben und in der Kunst frei, unabhängig und beherrschend sein. Ich war nie frei, nie unabhängig und meist beherrscht. Daß ich dabei manches geleistet habe und trotzdem viel Glück hatte, soll nicht unerwähnt bleiben. Vielleicht wäre ich frei, unabhängig und beherrschend sehr unglücklich geworden. Ich will auch nicht jammern, aber konstatieren muß ich, daß es eben so ist.

Die Sonette Tassos habe ich vom Alber-Verlag zugeschickt bekommen als Geschenk. Wie merkwürdig, daß Du gerade dasselbe Buch bekamst! Daß Du den Tasso spielen sollst, habe ich immer gewünscht. Die vier Verszeilen, die Du mir schicktest, haben mir unendlich wohl getan.

Daß Du Paris wieder sehen sollst und schon den Frühling hast, das ist ja alles sehr schön. Aber ich verkümmere wie eine einst duftende Rosine in einem alten Guglhupf. Dabei könnt' ich, wenn ich frei, unabhängig und beherrschend wäre, über Wiesen hüpfen und Tirili singen! Na, und Paris! Mit Dir! Toll! (O Eckehart!)

Der Abend und das Mittagessen mit Guardini waren schön. Aber denk' Dir: Pater Diego und Kaplan Mauer sind mir lieber. Nichts über Guardini! Über seine Bücher. Er selbst ist zu distanziert — kalt. Etwas berlinerisch. Ich bin halt doch innerlich noch sehr jung. Ähnlich wie die Mama. Und ein wenig verrückt. Guardini ist mir zu normal.

Also, Liebes, ich muß Dich bald sehen! Draußen ist noch Kampf des Winters mit dem Frühling. Aber in mir, wenn ich an Dich denke, ist ewiger Frühling!

D. R.

[1] Die Filmsache hat offenbar nicht geklappt.

Aslan an Tonio

Wien, 18. März 1942.

M. g. E.

Heute ist ein lustiger Tag. Ich war bei Wiethe [1] (der Dich grüßen läßt), und der konstatierte, daß ich in einem „desolaten" Zustand bin. Daraufhin wurde „Kabale" abgesetzt (Kalb [2] umzubesetzen war unmöglich!), und dann schwankt auch „Dambrone" [3] am Freitag. Ich liege im Bett (was ich sehr gern habe), und draußen bimmelt das Telefon andauernd.

Am Sonntag hat die Mildenburg ihren Vortrag im Kaisersaal der Oper! Außerdem bekommt sie doch einen Lehrstuhl [4]. Also das Kind ist irgendwie geschaukelt. Dazwischen geh' ich morgen zur Fürstin, zum ersten Mal seit ihrer Krankheit. Sie ist dem Tod durch ein Wunder entronnen. Am Abend soupiere ich bei der Fürstin Dietrichstein, die ich seit Nikolsburg nicht mehr gesehen habe und die (mit Mühe) einen auserwählten Kreis zusammen gekriegt hat. (Absage schwer.) Wiethe aber verbietet das Reden. Das alles zusammen ist ein Hexentanz. Momentan bin ich im Bett und finde es lustig.

Mittwoch soll ich in Berlin eine Film-Unterredung haben. Da möchte ich auch von Dir sprechen. Oder soll ich nicht? Und eine Besprechung mit Ministerialrat Kepler [5]. Soll ich da etwas von Zurückstellung sprechen, da Du, wie Du sagst, nur drei Monate via Huttig — Berlin sicher bist? Oder soll ich nicht davon sprechen? Nebenbei bin ich Samstag nachmittag bei Flotow [6]! Wird Deine Militärgeschichte von Wien aus dirigiert oder jetzt von Metz? Welche Behörde ist zuständig, Wien oder Metz?

In diesem Wirbel hab' ich Franzl vernachlässigt, der von seiner Qual aus das nicht begreifen wird und sicher schwer gekränkt ist. Früher hab' ich aus Sport 12 Sachen zugleich gemacht, ich wollte es Julius Cäsar gleichtun. Jetzt, im Bett, spüre ich, daß ich ein Waserl bin, das viel und vieles will und gar wenig vermag!

Diese vier Zeilen aus dem Tasso-Sonett, die Du in Deinem letzten Briefli schriebst, haben mich sehr gerührt! Wie ist das bei den Wassermännern? Ist sowas real oder in der Phantasie? Real bedeutet es nämlich: „das Gold der Treue häufen", „das Linnen der Geduld weben", „die Krongeschmeide der Liebe hüten". Und in der Phantasie bedeutet es, dies alles so empfinden und vom Leben da und dort hingespült werden! Schreib' mir aber nicht darüber! In meiner Phantasie ist es real, und in diesem Glauben will ich leben.

Ich versuche noch heute abends, eine Eckart-Predigt zu lesen.

Könnte ich Dich noch einmal telefonisch erwischen vor meiner Berliner Reise? Etwa Sonntag nach 10 Uhr abends? Ich versuch' es jedenfalls.

Viele Küsse!

D. R.

[1] Dr. Camillo Wiethe, berühmter Hals- und Nasenarzt, der die Wiener Schauspieler und Sänger betreute.
[2] Hofmarschall von Kalb, berühmte Rolle Aslans in „Kabale und Liebe".
[3] „Gabriele Dambrone" von Richard Billinger.
[4] Lehrstuhl an der Wiener Akademie für Musik und darstellende Kunst.
[5] Kepler, Ministerialrat im Propaganda-Ministerium, hatte daher großen Einfluß auf Goebbels.
[6] Flotow, Oberst beim Wehrmachts-Kommando, hatte mit den U. K.-Stellungen zu tun (s. Tonios Brief vom 10. März 1942).

Tonio an Aslan

Metz, 20. März 1942.

M. g. R.

Hoffentlich wird Dein Badezimmer-Dasein bald wieder aufgehoben, das geht doch wirklich nicht auf die Dauer! Oft tust Du mir direkt leid. In gewissen Momenten habe ich so sehr das Verlangen, bei Dir zu sein. Alles fände ich dann für Dich und mich so viel leichter.

Was Du so alles sagst in Deinem Brief! Ich verstehe alles so gut. Und ich danke Dir halt so, daß Du mir so alles sagst. Es sind Seelen-Gemälde. So ehrlich bist Du. Dann bei gewissen Stellen muß ich wieder lachen — lachen mit feuchtem Aug'. Ja, dieses Frei- und Unabhängig-Sein, das ist eine große Sache. Wie oft habe ich mir das auch gewünscht! Wir sind es beide nicht, weder materiell noch beruflich noch menschlich. Oft spürt man so die ganze Schwere. Das ist bei beiden von uns der Steinbock.

Die Rede Wiecherts schicke ich im anderen Kuvert. Ich habe sie mir handschriftlich abgeschrieben. Er ist als wahrer, wirklicher Dichter Hellseher!

Die Rolle des Jakob [1] beschäftigt mich. Sie hat eine russische Atmosphäre. Das Stück spielt bei Danzig irgendwo da oben in Ostpreußen. Dieses plötzliche Wechseln der Stimmungen! Es macht mir Freude, einen anderen Menschen als mich werden zu lassen. Zum ersten Mal spüre ich so etwas wie Schöpferfreude.

Die Proben beginnen am 25. März. Da bist Du vielleicht in Berlin. So leben wir jetzt in verschiedenen Städten. Jeder so für sich. Und doch lebe ich sehr mit Dir. Fast jeden Augenblick des Daseins. Ist vielleicht falsch! Habe es vollkommen verlernt, in den Tag zu leben.

Von Elly Ney bekam ich wieder einen Brief. Sie schreibt über mein Bild: „Die ernsten, versonnenen Augen, aber Stirn und Kinn zeigen Kraft." Dann sagt sie: „Es kommt ja darauf an, wie viel wir uns versagen können und daß wir nicht zu spät damit beginnen." Dann: „Wie gerne würde ich Sie auf der Bühne sehen! Das Wort gibt mir meistens mehr noch als Konzerte." Leider ist sie Nietzsche-Anhängerin. Sie hat mir auch aus der „Geburt der Tragödie" ihre Lieblingszeilen abgeschrieben. Jedenfalls freue ich mich, daß mich manchmal ihre Gedanken streifen. Diesmals schrieb sie unterwegs auf der Fahrt nach Oberschlesien.

Ich wünschte mir ein gemaltes Bild von Dir, das ich überall mitnehmen könnte. Vielleicht ist Wanderung mein Los, da hätte ich ganz gerne so etwas bei mir, obwohl ich viele Fotos von Dir bei mir habe und auch Deine Stimme.

Wie muß einem sein, wenn man sehr alt ist und viele Erinnerungen hat! Mein Erinnern ist schmerzlich süß, wie ein Mantel umhüllt es mich, wenn ich so hineinschreite in den Metzer Vorfrühling. So warm und weich ist mir da im Gemüt, und Tränen lösen sich zu Tau für kommende Wiesenblumen. So grenzenlos verbunden fühle ich mich mit allem, was da von Gott kommt. Ist's Leid, ist's Freud? Ich lebe!!

Hat Nietzsche nicht unrecht, wenn er in der „Geburt der Tragödie" sagt: „Wir fordern in jeder Art und Höhe der Kunst vor allem und zuerst Beseitigung des Subjektivismus, Erlösung vom Ich und Stillschweigen jedes individualistischen Willens und Gelüstens. Ja, könnten wir ohne Objektivität, ohne reines, interesseloses Anschauen die geringste wahrhaft künstlerische Erzeugung glauben?" u. s. w. Ist

aber nicht gerade alles künstlerische Schaffen ans persönlichste Erleben — sei's auch in der Phantasie — gebunden? Ganz klar bin ich mir da nicht. Hilf und kläre Du!!
Vierzehn Tage will ich unbedingt im Sommer mit Dir sein, sei es wo immer!

T.

[1] Jakob, Rolle Tonios im „Strom".

Aslan an Tonio

Wien, 20. März 1942.

M. g. E.

Ich weiß, daß Du seinerzeit viele Zitate Eckeharts in Deinen Briefen schriebst. Aber eine Ausgabe von seinen Predigten und Schriften, dachte ich, hast Du nicht. Nun soll ja auch diese keine gute Ausgabe sein, sagt Guardini. Aber es ist doch enorm viel drin, was man tief ergriffen liest und — ach — so oberflächlich lebt. Allerdings, wenn ich dann in wirkliche „Gesellschaft" komme wie gestern abends im Palais Dietrichstein, da seh' ich den Weg, den ich gegangen bin, seit ich in der „Gesellschaft" lebte und wenig Eckehart las, und jetzt, da ich mehr „Eckehart" lese und weniger in „Gesellschaft" gehe. Es waren dort Graf Colloredo, Gräfin Hoyos, Wurmbrand, der Sohn der Schratt, und andere. Nicht nur gut erzogene, feine Menschen, sondern auch belesene, kultivierte, gewiß. Und was in ihrem tiefsten Inneren vorgeht, wird ja nicht so ohne weiteres sichtbar. Aber daß sie um die Welt mehr leiden als um ihr Seelenheil, das ist klar. Man wird von dieser Atmosphäre furchtbar leicht angesteckt, und ich verstehe, daß jüngere Leute ihr zu gerne verfallen. Ich verstehe auch, daß ältere Leute schwer heraus finden, die immer darin gelebt haben. Aber wer sich nach Tiefen oder Höhen sehnt, kommt da zu kurz. Im Salon der Julia, im Krankenzimmer der Fürstin, in den Regionen der Kunst, im Lebensraum der Kirche weht schon ein anderer Wind. Seelen-Heil ist halt ohne Seelen-Leid nicht zu haben.

Ich bin überzeugt, daß ich in Berlin nichts ausrichte. Trotzdem halte ich es für meine Pflicht, so lange die „Maschine" noch vorhält. Rudolf II. ist Mitte April. Und Du kommst Mitte Mai??

Heute nachts habe ich sehr intensiv an Dich gedacht. Und ich frage mich (aber ohne Flugzeug geht es ja nicht): Hätte es Dir geschadet, wenn ich plötzlich in Metz aufgetaucht wäre [1]? (wie in

Hamburg). Und ist dein Repertoire nicht etwa doch einzurichten, daß Du nach „Strom" für zwei bis drei Tage kommen könntest? (Die Kosten wären in dem Falle das Wenigste.) Ich zerbreche mir den Kopf mit Kombinationen und Wünschen!

Jetzt steh' ich da! Unbegabt für „Gesellschaft", unreif für „Eckehart".

Dein Punkt e) stimmt nicht. Du bist jung [2]. Die anderen Punkte stimmen. Dir bringen sie Leid. Aber sie machen Dich noch schöner.

Vielleicht erwisch' ich Dich Sonntag nach 10 Uhr abends am Telefon.

Kuß
D. R.

[1] Gefahr (s. Einleitung!).
[2] S. Tonios Brief vom 16. März.

Aslan an Tonio

Wien, 24. März 1942.

M. g. E.

Ehe ich reise, will ich Dir noch schreiben.

Schön, daß ich Deine Stimme im Telefon vernahm. Telefon ist, besonders in Gesellschaft und im dritten Reich, ein Krampf, aber es ist doch schön.

Mein Programm: 1.) Majestic-Film; 2.) Dr. Hertl (Verlag Simrock), Freund der Mildenburg, soll viele Fäden in der Hand haben; 3.) Gründgens; 4.) Schilling; 5.) Ministerialrat Keppler im Propaganda-Ministerium; alter Bekannter von mir; 6.) Ebba [1] u. ev. Frau Göring; 7.) was sich ergibt, wie Tobis, Ufa, usw.

Ich habe gar keine Erwartungen, gar keine Illusionen, kann daher nicht enttäuscht werden, nur angenehm überrascht.

Meine Adresse ist: Hotel Adlon. Hoffentlich krieg' ich ein Zimmer!

Was Du über Verstand und Vernunft schreibst, hat mich interessiert. Hast Du Verstand? Hab' ich Vernunft? Oder hast Du Vernunft und ich Verstand? Sind wir gescheit? Klug? Daß man doch nichts einwandfrei beantworten kann! Ich werde mit einer Frage auf den Lippen sterben! Und nie aufhören zu staunen über dieses Maß von Nicht-Wissen, in das unser Leben eingebettet ist. Vielleicht macht Liebe darum so glücklich, weil man da zu wissen glaubt: Ja, da werde ich geliebt! Ich wenigstens kann's nicht oft genug hören. Es ist ja immer neu.

Die Poldi [2] von der Chaudoir läßt Dich vielmals grüßen. „Reisauflauf mit Schokolade, das hat er so viel gern g'habt," sagte sie. Solche Menschen sind mir lieber als Schopenhauer. (Natürlich hatt' ich gleich Tränen.) Wer das nicht versteht, hat vielleicht viel Verstand, aber keine Vernunft, soweit Vernunft eine Herzensangelegenheit ist.

Auf Wiedersehen und viele Küsse.

D. R.

[1] Ebba Johannsen, Burgschauspielerin und Freundin von Emmy Göring.
[2] Poldi, Mädchen bei Luise Marie Mayers Schwester, Frau Chaudoir, bei der beide Freunde öfters zu Gaste waren.

Aslan an Tonio

Wien, 28. März 1942.

M. g. E.

Gestern, Freitag, mittags bin ich programmgemäß wieder in Wien eingetrudelt. Und fand die Bücher, die Du mir zurückgeschickt hast (danke) und Dein letztes herrliches Briefli vom 20. März.

Während Du den Vorfrühling draußen genießest, bin ich vom Badezimmer wieder in mein Engelreich zurückgewandert und erwarte den Frühling (wie heute) im Bett, wobei ich nebenher besonders an Dich denke.

Ich will aber auch in die Kanzlei gehen und ausfechten, wann ich im April weghuschen kann, und, da es schwer zu kombinieren ist mit Deinen freien Tagen, will ich, wenn's irgend geht, ganz einfach nach Metz hüpfen. Ja, solche Torheiten begeht man noch in meinem Alter, wenn das, was zu solchen Torheiten verführt, so schön ist wie Du. Nun bin ich zu gespannt, ob's geht.

Ich werde mit Frau Probst über Deine Schrift konferieren. Ein gemaltes Bild von mir kann ich Dir nicht geben. Sie sind alle scheußlich, und das beste hängt in Deiner Wohnung.

Nietzsche meint: Das Objekt der Kunst muß, vom Künstler gelöst, rein dastehen und, selbst Subjekt geworden, weiterleben. So etwa wie Dein Vater Dich höchst persönlich gezeugt hat, allerhand seines Eigensten in Dir weiterlebt, er nur dadurch Dich ermöglichte, daß er sich persönlich verströmte und doch ein Objekt schuf (Dich), das nicht er ist, sondern Du, und das (ganz getrennt von ihm) Subjekt wurde, weil er Dich objektiv zeugte. So ungefähr ist Nietzsche's Formwille in der Geburt des Kunstwerkes zu verstehen. Freilich vergißt er, daß der Erzeuger und der formbildende Künstler nichts zeugen würden, wenn sie nicht im Auftrage Gottes zeugten. Jeder Versuch, den Menschen zu verselbständigen, führt zwangsweise ins Chaos. Nietzsche ist ein Titan, und gewisse Teilwahrheiten, Betrachtungen, Ausdrücke, Gefühle von ihm sind die erschütterndsten Manifestationen menschlichen Geistes (ein wahrer Titan), und es wundert mich gar nicht, daß besonders Frauen ihm toll verfallen. Aber er ist natürlich, wenn auch ein großer, doch ein Irr-Lehrer. Aber speziell diese Betrachtung des objektiven Kunstwerkes ist herrlich. Die Sache will's. Das kommt so schön dabei heraus. Die Sache gebiert sich aus dem Ich und erlöst sich aus dem Ich. Nicht ich modle an mir herum, bis ich mich umgemodelt habe, sondern ich stelle aus mir heraus um der Sache willen. Die in mir schlummernde Sache wie die in Gott schlummernde Welt erlöst sich aus dem Ich. Macht sie sich aber selbständig und vergißt ihres Schöpfers, dann begeht sie die Sünde. O, es ist alles so klar in Christo! Vergiß nicht, daß jetzt die Karwoche beginnt!

Es ist alles Traum, auch das, was man für Wirklichkeit hält. Man erkennt es nur später. Auch die Gegenwart ist Traum, nicht nur die Vergangenheit. Ist doch jede Gegenwart im Augenblick ihrer Wirklichkeit schon wieder Vergangenheit.

Berlin war ganz gut bis auf Gründgens, der sagte: „Ich habe nichts gegen T. R. [1] Er ist sympathisch, jung, talentiert und sehr verwendbar. Aber ich habe sechs solche bei mir. Sollte einer oder der andere „abhanden" kommen, will ich sehr gerne an T. R. denken." Aber so hat es für ihn und mich keinen Sinn. Ich sage Dir das so wörtlich ohne Kommentar. Wir wissen ja, was man von derartigen direktorialen Äußerungen zu halten hat. In meinem Falle sagte er ähnliches hinausschiebendes Zeug.

Sehr nett war es im Propaganda-Ministerium, wo, wie ich sicher annehme, die Stimmung für mich günstig ist. Man will Hilpert [2] auffordern, mich gastieren zu lassen! — Dann sah ich „Faust". Gründgens war auf seine Art ausgezeichnet.

So, damit hab' ich mein Briefli von heute abgerundet und schließe mit Zärtlichkeit Dich fest an mich.

D. R.

[1] T. R.: Tonio Riedl.
[2] Hilpert, damals Intendant des Deutschen Theaters in Berlin.

Aslan an Tonio

M. g. E.
Wien, 31. März 1942.

Wahrscheinlich kann ich am 12. April hier abends wegfahren, direkt nach Metz. Ich bleibe den ganzen 13., die Nacht vom 13. zum 14., den ganzen 14. und die Nacht vom 14. zum 15. Am 15. abends reise ich ab, sodaß ich am 16. in Wien bin. Für mich herrlich. Nun müßte ich wissen, ob Du einverstanden bist. Niemand soll es wissen, nicht einmal Huttig. Höchstens Griegs. Will ganz versteckt bleiben [1]. Und im Theater (nur wenn Du spielst) einen Galerie-Sitz. Hier sage ich im Theater, daß ich zur Erholung auf einen Berg fahre. So weit mit Buschbeck besprochen. Müthel wird gefragt, der wahrscheinlich zusagt. Und dann weiß ich es offiziell ungefähr in zwei bis drei Tagen. Das Übrige ordne ich und erscheine am 13. April. Bitte, sage mir, ob's Dir recht ist.

In zitternder Erwartung

D. R.

[1] Wegen der Gefahr (s. Einleitung!).

Tonio an Aslan

M. g. R.
Metz, 31. März 1942.

Was hast Du mir wieder für herrliche Briefe geschrieben! Glashelle Klarheit spricht aus Deinen geistigen Enthüllungen über die paar Sätze Nietzsches. Wie leicht wird mir alles Begreifen und Erfassen, wenn Du mit Deiner herrlichen Vernunft mir die Geheimnisse deutest. Ich bedaure jede Stunde, die ich nicht mit Dir leben kann. Ich habe es oft gesagt, und immer wiederhole ich es: Du bist mein einziger Lebenspartner. Nur Dich brauche ich, um erfüllt zu sein, Ganzheit zu werden, gottgewollte Einheit.

Meine Rolle im „Strom" beschäftigt mich sehr, macht mir zu schaffen. Deshalb habe ich viele Tage nicht geschrieben. Oft renne ich als Jakob, wie irrsinnig geworden, durch die Stadt [1]. Der Tonio läuft dann daneben und redet dem Jakob gut zu. Dann redet Raoul plötzlich aus dem Tonio und hält dem Jakob die Bibelworte vor Augen. Davon will der in seinem Trotz aber nichts hören.

Wie soll man mit all der Fülle fertig werden Am Ende müßte es zu Chaos und Irrsinn führen, wenn nicht Gottes sichere Hand alles richtig leitete und lenkte. Darum „Vater unser ...!"

Vom Verstand halte ich nicht viel. Aber Gott erhalte mir die Vernunft, Dir und mir die Vernunft!!

Lebe wohl! Halte Du Dein Osterfest, so wie es Dich beglückt! Ich kann's nicht ganz so wie Du halten, aber ich halte es in Vernunft und in Gedanken an Dich.

Tausend Küsse
T.

[1] Jakob (Tonios Rolle) ist eine tragische Jünglingsgestalt, die mit ihren Problemen nicht fertig wird.

Aslan an Tonio

Wien, 4. April 1942.

M. g. E.

Nun bin ich wieder so besorgt und nervös, weil ich so lange nichts von Dir gehört habe. Du wirst doch nicht krank sein oder beim Militär oder mich vergessen haben? Alles drei wäre schrecklich. Ich möchte so gerne heute oder morgen abends telefonieren!

Deiner Mutter schickte ich heute ein Flascherl echten Bienenhonig als Ostergruß.

Franzl ist aufgegeben. Ich war nicht draußen, weil ich nicht nur zu feig bin, seinen Anblick zu ertragen, sondern auch fürchte, daß mein Anblick ihn zu sehr die Wahrheit seines Zustandes erkennen läßt. Ach Gott!

Ich warte sehnsüchtig auf Deine Antwort, ob ich kommen kann. Trotzdem ich vom Theater aus noch nicht frei bin, glaube ich, daß es ginge. Wenn nur Du es für gut findest! Wann ist die Première vom „Strom?" Man spricht von „Reisebeschränkungen" usw. Aber ich stecke den Kopf in den Sand. Wenn ich nur bald ein Briefli hätt'!

Gestern hatte ich wieder einen Filmantrag für Holland als Partner der Hoppe [1]. Wieder wird das irgendwie nicht gehen. Und doch! Ich spüre, es tut sich was. Karriere, -Wolken ballen sich da und dort. Irgendwas geschieht, spür' ich!

Nach Ostern soll ich eine ausführliche Besprechung mit Blaschke [2] haben! Genaueres weiß ich noch nicht.

Oder überraschest Du mich und kommst heute abends an? Ich bin voller Unruhe.

Herzlichsten Osterkuß

D. R.

[1] Marianne Hoppe, die Bühnen- und Filmschauspielerin.
[2] Ingenieur Hans Blaschke, Bürgermeister von Wien, Nachfolger Dr. Neubachers.

Tonio an Aslan

Metz, 5. April 1942.

M. g. R.

Du willst also auf ein paar Tage herkommen. Was soll ich dazu sagen? Natürlich würde ich mich ganz entsetzlich freuen, das brauch' ich ja wohl kaum zu sagen. Am 10. April habe ich Première vom „Strom". Wenn ich dann ein paar Tage frei hätte, würde ich fast lieber zu Dir kommen. Ich hoffe, in ein paar Tagen übersehe ich die Situation besser, dann telegraphiere ich. Versteckt kannst Du in so einer kleinen Stadt kaum bleiben. Nebenbei wimmelt es von Wienern hier.

Heute ist Ostersonntag. Da ich die zwei Feiertage spielfrei bin, habe ich mich auf ein Dorf in der Nähe von Metz zurückgezogen und wollte Sonne und Luft genießen. Nun regnet es ganz unösterlich, und ich sitze zwar schreibend bei offener Balkontür, aber in Mäntel und Pullover gehüllt. Hier bekomme ich auch gut zu essen! Bei Sonnenwetter ein idealer Landaufenthalt. So schreibe ich viele Antwortbriefe, lerne, überlege meine Rolle. Die Gedanken wandern und wandern zu Dir.

Die Nacht vom Samstag auf den Sonntag war eine Sternennacht. Ich sah zum Abendstern auf. Ist es doch der Stern, den Jakob sich ausgesucht hat und von dem er ein Zeichen bekommen hat. Dann stand ich auf dem kleinen Dorffriedhof. Die Fenster der kleinen Kirche waren von innen her hell erleuchtet und erzählten Legenden von Heiligen. Sonst macht einen der Gedanke allein schon schaudern, bei Nacht auf einem Kirchhof zu sein. Gestern aber war es so friedlich, und ich fühlte mich ganz merkwürdig ruhig und wohl auf diesem Gottesacker. Irgendwie war es für mich ein Ostererlebnis ganz besonderer Art.

Die Berliner Tage sind also gut für Dich vorbei gegangen. Was Herr Gründgens über mich sagte, obwohl es konventionell war, wundert mich sehr, denn woher weiß er, daß ich jung und talentiert bin? Daß er sechs solche junge Leute hat, empört mich wieder, weil ich mir einbilde, originell zu sein. Verzeih! Daß er aber in Deinem Fall auch so hinausschiebt, reizt mich fast zur Wut. Hielt ich doch Dein dortiges Gastspiel schon für beschlossen. Aber Gründgens' Mephisto soll wirklich originell sein.

„Faust" ist unsere nächstjährige Spielzeiteröffnungs-Vorstellung. Die nächste Premiere nach „Strom" ist „Die schöne Welserin" [1]. Ich spiele nicht den Erzherzog. Huttig gibt mir keine jugendliche Heldenfach-Rolle. Ich ärgere mich oft sehr über ihn. Wenn nicht Krieg wäre, würde ich lieber heute als morgen meinen Vertrag mit ihm lösen. Wir haben eigentlich keine Beziehung zueinander. Welten trennen uns! Ich kann nie ernsthaft mit ihm reden. Warum hast Du kein Theater? Warum kann ich nicht mit Dir arbeiten?! Meine Tragik ist, daß der einzige Künstler, der aus mir einen Schauspieler gemacht hätte, Du bist. Tragisch deshalb, weil wir nie zusammen arbeiten werden. Nur grobe Theaterpraktiker habe ich bisher gehabt. Bis auf Martin [2] und Falckenberg [3]. Ich bin überzeugt, ich hätte manches leisten können! Die Äußerlichkeiten unseres Metiers sind mir so verhaßt und machen alles so erbärmlich! Ich schäme mich oft so sehr, daß ich mich immer mehr von allem Kampf zurückziehe. Ganz falsch, ich weiß es. Aber ich kann nicht anders.

Dank Dir, Dank Dir immer wieder!!
Kuß, Kuß,

T.

[1] „Die schöne Welserin" von Josef Wenter.
[2] Karl Heinz Martin, Regisseur am Volkstheater in Wien.
[3] Otto Falckenberg, Intendant der Münchner Kammerspiele, wo Tonio auch gespielt hatte, ehe er nach Wien kam (s. Einleitung).

Aslan an Tonio

Wien, 7. April 1942.

M. g. E.

Für Deinen herrlichen Osterbrief habe ich Dir telegrafisch gedankt. Er hat mir wohlgetan. Trotzdem ich hunderte von Briefen von Dir besaß — leider sind viele verbrannt — in denen ungefähr dasselbe stand, kann ich es nicht oft genug hören. Es ist mir Brot und Wein.

Sicher bekomm' ich morgen oder übermorgen von Dir Nachricht, ob Dir mein Kommen paßt.

Ich habe einige Tage gezögert, ehe ich Dir die traurige Nachricht gebe, daß der Franzl ... tot ist. Und denk' Dir, jetzt ist mir leichter. Nun weiß ich ihn von den Unbilden des Lebens und der Zeit befreit. Nun ist er in der Barmherzigkeit Gottes. Und die wird groß sein. Denn er war ein braver Mensch. Wir wollen für ihn beten und uns auf ein Wiedersehen freuen.

Noch $2^1/_2$ Monate bis zu den Ferien. In dieser Zeit soll ich noch den Herzog [1] in „Tasso" und den Malvolio [2] spielen. Genug. Was ist dann? Und seh' ich Dich in ein paar Tagen? Heute oder morgen soll ich von dem viertägigen Urlaub erfahren.

D. R.

[1] In späteren Jahren spielte Aslan den Herzog, während er früher den Tasso gab.
[2] In Shakespeares „Was ihr wollt", eine seiner berühmten komischen Rollen.

Tonio an Aslan

Metz, 23. April 1942.

M. l. R.

Die Tage des Zusammenseins [1] sind traumhaft wach in mir. Wirklichkeit — Traum — Traumwirklichkeit. Wie so oft spüre ich das ganz deutlich. Zusammensein genügt, alles, was man sprechen, sagen wollte, erübrigt sich. Das Zusammensein ist das Leben — mein — Dein — Leben. Da gibt es nichts mehr zu sagen. Hier die drei Tage, die ich wieder zurück bin, sind ein langsames Eingewöhnen in etwas, das doch nicht mein Leben ist, und doch ist es wieder eine Art von meinem Leben. Das Abwickeln mehrerer Leben wird mir bewußt. Und plötzlich nimmt man wahr: Es ist hier eine Sonne, Tag und Nacht, ein Stern am Himmel, Rollen, blühende Bäume, ein Alltag — und ein Ich! Man nimmt es wahr, lebt es sogar — und spürt doch Sehnsucht nach dem anderen, einzig richtigen hiesigen Erdenleben und Höhenflug nach oben. Anders ist es bei mir, wenn ich mit Dir zusammenlebe, als es bei Dir ist. Mit Dir entdecke ich mein besseres, höheres Ich, an Deiner Seite wage ich die Schritte ins Metaphysische, an Deiner Seite erkämpfe ich mir den Himmel. Ich aber vermag Dich — anscheinend — eher mehr ans Irdische zu fesseln. Doch so oder so, richtig ist es mit Dir! Arm in Arm mit Dir wage ich über alles irdische Leben den steilen Weg zum himmlischen Licht.

Hier ist ein Blütentraum. Ich wandere hinein in den lothringischen Frühling. Dich an meiner Seite fühlend, die Schönheit dieses Traumes Dir schenkend, träumend wachend — „und zu wissen, daß ein Schlaf das Herzweh und die tausend Stöße endet, die unseres Fleisches Erbteil" usw. ...

Immer

Dein T.

[1] Zwischen Aslans Brief vom 7. und dem Tonios vom 23. April fand die Zusammenkunft der Freunde statt. Aslan fuhr auf einige Tage nach Metz und dann fuhren beide zusammen nach Wien.

Aslan an Tonio

Wien, 24. April 1942.

M. g. E.

Diese Metz — Wien-Episode hat mir doch sehr gefallen! Im Geiste bin ich immer noch in Metz! Wie gerne möchte ich dort sein, von mir

aus mit Huttig Bruderschaft trinken, spazieren gehen, Champagner trinken, statt hier im „Tasso" den Herzog zu spielen und damit Mitte Mai nach Amsterdam, den Haag, Düsseldorf, Bochum zu fahren [1].
Ich spüre so einen Widerstand in mir und solche „Steinbock"-Revolten, daß ich sinne und sinne, wie ich mein Berufsleben sinnvoll ändern könnte. Müthel fand mich auf der Probe heute „wunderbar". Das ist ja nett, und er ist ein großer Kenner. Was wahr ist, ist wahr. Er führt vorbildlich Tasso-Regie, genau, wie ich's meine, aber, aber ... ich will halt nicht aufhören, den Tasso zu spielen. Na!
Montag um $1/2$ 12 Uhr habe ich eine Unterredung mit Blaschke.

    Sei für heute herzlichst umarmt

                            Dein R.

[1] Auf Tournée.

Aslan an Tonio

                                          Wien, 27. April 1942.
    M. g. E.

Ich schreibe Dir in der Garderobe des Akademie-Theaters mit Biesiks [1] Glasfeder.
Wie hab' ich mich über Dein Briefli gefreut!
Ich müßte zurück in ein Geleise der Ruhe, des Gebetes, der Sammlung. Aber unmöglich. Es prasselt nur so. Proben von Tasso. (Was könnte ich Dir dazu alles sagen!) Wieder-lernen von „Aimée" [2] für ein Gastspiel mit dem Ensemble des Burgtheaters, dann „Kirschen", dann „Carlos", dann Première, dann „Kabale" in Salzburg, dann mit „Tasso" und „Aimée" nach Amsterdam, den Haag, Düsseldorf, Bochum, Dresden, dann Proben von „Was ihr wollt", Première von „Was ihr wollt" und weiß Gott noch wie viele andere Überraschungen bis Ende Juni. Zu viel! Zu viel!
Werden wir im Sommer vollkommen abgeschnitten und in Ruhe 14 Tage in Joachimsthal sein können? (Mit der Mutter.) Warum bin ich so lebensunfroh? Auf dem Spaziergang bei Metz war ich viel ruhiger und zufriedener. Doch bin ich nicht verbraucht. Ich spüre ungeheure Dynamik! Aber wo hinaus?
Marie Louisens Wohnung ist weg. Niemand weiß, wohin sie von der GESTAPO gebracht wurde. Meine Fürstin sitzt im Rollstuhl. Das alles ist so schwer.

Und doch bin ich für viel und vieles dankbar. Sehr freue ich mich immer über Deine Briefli. Dann wein' ich ein bisserl. Denn das weißt Du ja: Dem Schmerz und der Freude gemeinsam ist nur — die Träne. Und noch immer hab' ich nicht intensiv beten können.

Ich umarme Dich innigst, Du liebe Erscheinung Du!

D. R.

[1] S. Aslans Brief vom 13. Februar 1942.
[2] „Aimée" von Heinz Courbier. Aslan spielte den Gaston.

Tonio an Aslan

Metz, 27. April 1942.

M. l. R.

Über Sonntag war ich in Lessingen, einem Dorf in der Nähe von Metz.

Deine seelischen Revolten begreife ich gut. Doch sicher wirst Du ein herrlicher Herzog sein! Fontana [1], der hier im Theater war, sah die „Strom"-Aufführung in Berlin und hier. Er machte mir große Komplimente über meinen Jakob — trotz Horst Caspar. Hoffentlich sagt er diese seine Meinung auch öffentlich! Wie wird der Tasso von Caspar? Ein neuer Stern soll am Burgtheaterhimmel aufgehen, wie ich höre: Schneider [2] (Wetter vom Strahl). Gegen Müthel hab' ich irgend etwas! Ich kann es im Moment nicht erklären, aber ich hab' was gegen ihn.

Mein Gott, wie ist man doch selbst in die Versenkung gefallen! Zwar fürchte ich mich nicht, weil mein innerster Charakterzug immer gewesen ist: nicht halten, loslassen, nur das anerkennen, was aus innerster Freiheit geschieht. Und jemand, der so Vergängliches in jedem Sekunden-Geschehen erkannt hat — und doch auch Bleibendes kennt, zittert nie und fürchtet nichts.

Von Paris weiß ich noch immer nichts Endgültiges. Es geht mir sehr gut, das Leben ist reich und vielfältig. Ich wünsche auch Dir so ein schönes Leben.

Alles Liebe

T.

[1] Oskar Maurus Fontana, bekannter Theaterkritiker.
[2] Siegmar Schneider spielte den Grafen Wetter vom Strahl in Kleists „Kätchen von Heilbronn".

Aslan an Tonio

M. g. E. Wien, 29. April 1942.

Daß Dein Leben reich und vielfältig ist, müßte mich freuen. Aber ich bin ja ein kleiner Mensch und möchte, daß Du auch wie ich nie ganz glücklich sein kannst ohne mich. Mein Leben ist reich und vielfältig durch meine Phantasie, in der Realität ist es grau und sorgenvoll.

Fontana ist gescheit und hat Niveau. Herrn Schneider habe ich nur in einer Szene gesehen. Unproblematisch, gesund, deutsch, gut aussehend. Horst Caspar ist dasselbe, nur die andere Seite des Deutschtums: Nerven, Krampf, Gehirn, mager, idealistisch, hysterisch. Beide echt deutsch. Tasso ist nicht echt deutsch, also kann er kein guter Tasso sein. Deswegen kann er aber einen großen Erfolg haben. Wahrscheinlich sogar. Das muß man scharf trennen. So wie Sympathie und Anerkennen. Ich muß manches anerkennen, das mir nicht sympathisch ist, und manches ist mir sympathisch, was ich als dillettantisch betrachten muß. Die Tiny Senders war rein metierhaft oft dillettantisch, aber persönlich ungewöhnlich, hochgradig, bizarr, genial. Und das ist mir sympathisch. Mit der Mildenburg ist es ähnlich. (Sie läßt Dich grüßen.) Bei der Paula Wessely ist beides da: Metier und Natur. Bei Gerhart Hauptmann auch: Metier und Natur. Aber Schneider und Caspar sind halt noch stark ungekonnt und als Naturen mir nicht so interessant. Ich bin ja immer geneigt anzuerkennen oder mitlaufen zu lassen. Aus Güte. So ist das Mitlaufen zu verstehen. Ich sag' gern: „Aber ja! Warum nicht? Der Arme!" Das sind die Dinge, die die Tiny haßte. Sie nannte das Obskurantismus, d. h. die Sachen vernebeln, auch weniger Gutes mitlaufen lassen, nachsichtig sein. Sie war streng, ganz genau: Ja oder nein. Ohne Konzession. Entweder — Oder. Bis zur Grausamkeit. (Natürlich nur bei den anderen). Ich bin fließender, gütiger, waagemäßiger. Was ist das Richtige? Gegen mich allerdings bin ich streng. Und das scheint mir das Gottgefälligere zu sein. Hab' ich recht?

Was Du von Müthel meinst, meine ich auch, ich anerkenne viel, aber es trennt uns was. Das ist es. Man kann gegensätzlich sein und doch harmonieren. Aber dieses Harmonie-Fluidum fehlt mir bei Müthel. Wir reden in Übersetzungen, nicht in der eigenen Sprache.

Mein Leben ist unerfüllt. Was ich tue, ist zu wenig. Ich möchte schon, daß Du in Kunstfragen mein Schüler wärst. Im Denken, im Sehen, im Können, im Erleben, im Wissen um die Geheimnisse, aber auch in der Strenge zu sich und in der Demut. Der Deutsche ist intelektuell, aber blind gegen sich. Ich bin streng gegen mich, aber nur aus dem Herzen und aus dem Geist schauend. Natürlich kommt man da zu Erkenntnissen, die viel tiefer sind als die Erkenntnisse des Intellekts. Aber das ist nur eine Konsequenz, die Wurzeln liegen im Herzen und im Geist. Und das sind Gnaden! Intellekt ist anders. Fußt auf Wissen, leichter Auffassung, Gründlichkeit, Arbeit, Energie. Das riecht nicht so gut. Aber Herz und Geist — das duftet nach Liebe und Weihrauch. Das sind Kerzenlichter, nicht Dynamomaschinen! Ja?

D. R.

Tonio an Aslan

Metz, 2. Mai 1942.

M. g. R.

Ja, Du hast enorm zu tun. Müthel mißbraucht Dich. Doch so, wie Du Dich im Leben von Deinen Freunden meistens mißbraucht weißt und es Dir gefallen läßt, so läßt Du Dir im Berufsleben eben auch alles gefallen. Dein Leben ist wirklich bunt und sehr abwechslungsreich. Du mußt nur den Mut haben, die Augenblickssituation zu leben. Du willst zu viel. Entscheide Dich! Man muß entbehren lernen, rechtzeitig, wenn man im Geiste leben will, oder aber man muß das andere momentane Augenblicksdasein leben. Du willst beides, Weltmann und Franziskaner sein. Ich verstehe Dich sehr weitgehend, und mein tiefster Wunsch wäre, Dir irgendwie dort oder da zu helfen. Ich möchte Dich in einer fruchtbaren Ruhe sehen.

Ich werde in dieser Saison nichts Neues mehr spielen. Am Montag soll ich über das Pariser Gastspiel hören. Du gehst ja auch auf Tournée. Das ist immer eine angenehme Abwechslung. Wir waren mit „Strom" auch in Nancy. Trauriges Wiedersehen mit Frankreich [1]!

Horst Caspar ist sicher auch ein anregender Jugendlicher.

Das Buch über Shakespeare [2] ist sehr lebendig geschrieben, alle Gestalten seiner Werke werden lebendig.

An Franzl denke ich viel. „Sein oder Nicht-Sein". Das Leben hängt an einem Faden. Der Tod eines nahe stehenden Menschen reift. Ein Stück Jugend, ein Stückchen Sonne und Wärme ist mir genommen, unwiederbringlich genommen worden. Aber der Karfreitags-Tod, wie die heilige Brigitte sagt, ist mir ein starker Trost für meinen Franzl.

In meiner Sehnsucht nach Dir bleibe ich unersättlich. Der Wunsch, mit Dir zu leben, bleibt sich immer gleich, geht so als Lebensrhythmus durch meine Tage.

Immer und immer wieder
Dein T.

[1] Weil von den Deutschen besetzt.
[2] „Der Mann, der Shakespeare hieß", Roman von Konrad Haemmerling.

Aslan an Tonio

Wien, 3. Mai 1942.

M. g. E.

Ich schreibe Dir wieder zwischen zwei Vorstellungen. Heute abends ist schon die 50. von Klingsberg. Wie die Zeit vergeht!

Dieses Eckehart-Buch, das Du auch hast, ist bis Seite 171 sehr, sehr schwer zu lesen, aber von da an so, daß ich ruhig und ohne Übertreibung sagen möchte: Es ist nicht mehr wichtig, irgend etwas anderes zu lesen. Man lerne das in- und auswendig von Seite 171 an, und man hat genug für dieses Leben! Ansonsten lese ich noch gerne Deine Briefe.

Nun bin ich gespannt, wann Du Ferien hast?! Und ob Joachimsthal sein soll? Man müßte auch vorbauen!

Merkwürdig, daß so viele Kollegen auch vollkommen beziehungslos sind zu Müthel. Nein, daß ich so lustlos werden konnte für meinen Beruf! Wichtig wären mir zwei bis drei Wochen Urlaub in der nächsten Saison für Metz. Wird das gehen? Huttig? Bürckel? Schirach? Müthel?

Außerdem ist noch Krieg! Es ist kein Scherz, wenn ich sage: Außerdem! Wenn man nämlich nicht so täte, als ob er nicht wäre, könnte man es nicht ertragen, daß er ist!

Sind die Hyazinthen schon verblüht, die in meinem Zimmer waren?? Wie nett war das kleine Souper in Deinem Kämmerchen!

Ich bin „der Dinge noch nicht ledig" — und so berufsmüde, vielmehr Müthelmüde.

Ich umarme Dich,
stets D. R.

Aslan an Tonio

Wien, 4. Mai 1942.

M. g. E.

Das hast Du treffend gesagt. Ja, das stimmt: Zwischen Weltmann und Franziskaner pendelte und pendelt mein Leben. Zu beiden habe ich eine große Beziehung und für beide eine große Liebe und von beiden in mir Elemente.

Daß ich mir zu viel gefallen lasse, stimmt äußerlich. Genauer hin gesehen, ist es so: Die Angreifer und Vergewaltiger ermüden mit der Zeit, und irgendwie bleibe ich unverwundet zurück. Erscheinungen kommen und gehen, machen großes Aufsehen und verschwinden. Ich glänze nicht so stark, die Scheinwerfer fallen nicht auf mich, aber zum Schluß stehe ich noch immer da, nicht im grellen Licht der Reklame, aber im milden Mondlicht der Herzen.

Vorgestern war die Gusti Huber [1] nach dem Philipp [2] in meiner Garderobe und hatte echte Tränen in den Augen. Dieses Wiener Mädchen aus der Vorstadt hat etwas Sympathisches, ich glaube, Du hast sie auch ganz gern. Sie hatte ein bezauberndes Hütchen auf, ein Pariser Modell, Kombination von Eisbeutel mit Straußfedern, und sehr kostbar gewählten Schmuck zu ihrer eleganten schwarzen Samtrobe. Man sehnt sich wieder nach eleganten Menschen. In diesem Chaos von Gestank, Formlosigkeit und Ungeschmack wirkt ein gut angezogener Mensch wie eine Zaubererscheinung.

Nochmals Dank für Briefli und innigen Kuß!

D. R.

[1] Gusti Huber, Burg- und Filmschauspielerin.
[2] Philipp im „Don Carlos".

Tonio an Aslan

Metz, 5. Mai 1942.

M. g. R.

Aus Deinen Briefen leuchtet immer so Deine starke, große Persönlichkeit, und alles, was Du sagst, ist so großartig richtig gesehen. Alles hat so Gewicht. Ich will mir die Briefe deswegen aufheben, nicht aus Eitelkeit, weil Du mir vielleicht auch drinnen rein persönliche herrliche Worte sagst, nein, ich möchte mir die Stellen, die Kunst, Religion und Liebe betreffen, herausschreiben und später einmal weitergeben an neue, junge, werdende Schauspieler, Künstler und andere Menschen. Kleinliche, beschränkte Dummköpfe hindern Dich daran, ein Lehramt auszuüben. Sie ahnen nicht, was sie unserer jungen Generation vorenthalten.

Z.[1] war die Freundeszeit der Kritik. Ich kann nur die Freundeszeit der Liebe, der Anerkennung und Bewunderung sein. Daran erkennst Du, daß Du reifer geworden bist. Aber reif sein bedeutet alles. Die starke immerwährende Bindung zu Z. ist daher die Bindung dieser Deiner Zeit des Werdens, meine die Zeit der Frucht. Wie ich das alles sehe und begreife! Schade, daß die Starrheit von Z. auf der anderen Seite so gar keine Brücke zuläßt! Ich war eigentlich immer dazu bereit. Und darum fühle ich mich auch voll der Gnaden, weil aus Herz und Geist schauend. „Zündet man Kerzen an, so erhält man Licht [2]." Und das habe ich immer getan. Z.s Dämon löscht sie bei sich immer wieder aus. Und darum muß es um ihn finster bleiben.

Ohne Dich kann ich auch nie mehr ganz glücklich werden, das brauchst Du gar nicht erst zu wünschen. Versuche ich, mir ein relativ glückliches Leben zu gestalten, so kommt das aus tiefen, tiefen Erkenntnissen. Und sage ich Dir: „Ich bin glücklich", so kommt das aus den tiefsten Urquellen der Liebe, die Dich nicht mit Sorge belasten sollen. Man muß schon zu den Müttern hinabgestiegen sein, um dem Geliebten immer ein Lächeln der Liebe auf seinen Lippen zu zeigen.

Adieu! Morgen wandere ich nach St. Quentin.

T.

[1] Zeljko (s. Einleitung).
[2] Name einer japanischen Spruchsammlung.

Aslan an Tonio

Wien, 7. Mai 1942.
Garderobe

M. g. E.

Heute früh traf ich in der Elektrischen Pater Stillfried [1]. Wir schwiegen. Plötzlich sagte er: „Es ist mir ein Trost, daß gerade die Besten abberufen werden." Ich: „Wie verstehen Sie das?" Er: „Nur die Besten können sühnen. Man opfert nur makellose Lämmer." Beim

Aussteigen sagte ich: „Ich lerne immer wieder von Ihnen. Hoffentlich sehe ich Sie bald wieder!" Das ist Glaube und Sehnsucht.

Vor dem Bühnentürl stand Caspar. Er: „Der erste schöne Tag!" Ich: „Waren Sie schon im Volksgarten?" Er: „Ja, ich gehe jeden Tag durch." Ich: „Im Juni duftet es von Rosen. Sehen Sie diesen Pavillon beim Tor? Dort ist eine Pumpanlage. Da ließ der Kaiser den Duft des Flieders und der Rosen in den Zuschauerraum hineinpumpen." Er: „Wirklich großartig." Das ist das Gespräch des alten Tasso mit dem jungen Tasso. (Ein Ironiker würde sagen: „Meinen Sie, daß, als Sie den jungen Tasso spielten, es nach Flieder roch, und daß es jetzt nach Benzin riecht?")

In der Garderobe angelangt, schreibe ich, spreche ich mit Dir. Ich: „Du schreibst jetzt weniger." Du: „Ich hoffe Dich bald zu sehen." Ich: „Ich verstehe Dich." Das ist Liebe.

Gegen 19. Mai fahren wir nach Holland.

Ich küsse Dich.

D. R.

[1] Graf Gebhard Stillfried, Jesuitenpater, einer der geistlichen Freunde Aslans.

Tonio an Aslan

Metz, 9. Mai 1942.

M. g. R.

Da ich im Augenblick fast kein Berufsleben habe, lebe ich ausschließlich ein Phantasieleben. Nur der Mai mit seinem unwahrscheinlichen Blüten-Wirklichkeits-Rausch begleitet mich auf dieser meiner Bahn. Das ist fast die Entschuldigung dafür, daß ich nicht schreibe. Denn die Phantasie-Beschäftigung mit Deiner Person gibt mir soviel von Deiner Wirklichkeits-Nähe, daß ich glaubte, Dir alles gesagt zu haben, was ich Dir zu sagen habe — ein ganzes Buch!

Da ich in solchen Zeiten ganz eingesponnen in mein eigenstes inneres Leben bin, fühle ich das Erwachen in der Kleinstadt als Schmerz, dieses Nicht-Mitzählen in der Scheinwerfer-Lichtwelt. Denn dort, in meiner eigenen Welt, bin ich ein Künstler und besonderer Schauspieler. In der Wirklichkeit höre ich nur immer von den anderen Namen, die zählen und leuchten. Doch Du bist dort und da ein großer, leuchtender Stern. Der Stern, den ich mir gesucht habe und der mir nun auch schon so lange leuchtet. Am Donnerstag wird die Sternerzählung des Jakob auf Schallplatten aufgenommen. Der Abendstern, das bist Du, daran denke ich immer in der Darstellung. Es heißt dort: „Der Abendstern, das ist mein Stern, den habe ich mir ausgesucht."

Die Natur erlebe ich hier ganz besonders stark. Man ist hier den blühenden Wunderbäumen so nah'. Und viele freie Vormittage verbringe ich auf Wiesen, Hügeln unter duftenden Bäumen und Sträuchern.

Ein dickes Buch ist mein derzeitiger Begleiter: „Ungarische Rhapsodie" von Z. Harsanyi, ein Liszt-Roman, der mich sehr fesselt. Den Eckehart schiebe ich immer hinaus; obwohl ich das Buch seinerzeit in Hamburg mit Hingabe und Ergriffenheit verschlungen, auch Trost und Kraft daraus geschöpft habe, muß ich es neu, ganz neu lesen.

Paris ist noch immer nicht entschieden. Am 6. Juni ist hier Saison-Schluß. Ich spiele am 14. Mai zum letzten Mal in dieser Saison. Du fährst am 19. Mai nach Holland. Wann bist Du wieder in Wien? Vielleicht läßt mich Huttig, wenn aus Paris nichts wird, auch schon früher weg.

Die Hyazinthen fand ich bei meiner Rückkehr in meinem Zimmer vollkommen verblüht. Das fand ich ganz in Ordnung, sie sollten nur für Dich blühen. Das gefiel mir ganz besonders, daß ihre Schönheit vorbei war, als ich wieder kam.

Lebwohl für heute, Du bist immer in meinen Gedanken!

D. T.

Aslan an Tonio

Wien, 11. Mai 1942.

M. g. E.

Das hast Du wieder treffend gesagt, du gescheites Engerl, das mit der Zeit der Kritik und der Zeit der Liebe. Das ist alles sehr richtig. Und „wie der Mensch von sich nicht lassen kann" (Goethe), so ist das auch von den Bindungen zu verstehen. Sehr richtig. Und das mit Deinem Glück wäre auch klar und verständlich. Nur kommt da wieder dazu, daß der Mensch von sich nicht lassen kann, und so kann ich von jener Eifersucht nicht lassen, die auch Begierde oder Sehnsucht genannt werden kann.

A propos: Wann seh' ich Dich wieder? Wie steht's mit Paris und Deinen Ferienplänen? Unser Reiseprogramm schreibe ich Dir, sowie es offiziell feststehen wird. Ich bemühe mich, wenn möglich den Z. nach Dalmatien zu bringen, damit er sich einige Wochen bei seiner Schwester ausfüttert und ausruht, und, wenn es geht, besuche ich ihn acht bis zehn Tage. So hat er seinen Wunsch erfüllt und ich vielleicht acht Tage Meeresluft. Die übrigen paar Wochen rechne ich aber stark, wie besprochen, mit Dir. Alle Winterqualen will ich vergessen, wenn ich in Ruhe eine Zeitlang Dich haben kann.

Übermorgen ist Tasso-Première. Dann „Aimée"-Wiederholung, Proben zu „Was ihr wollt" und laufendes Repertoire. Ich bin versorgt.

Ich bin mit mir unzufrieden. Ich leiste zu wenig. Ich kann viel mehr. Aber nicht unterrichten. Das täte ich irgendwie regie-haft. Nein, unternehmen, herrschen, führen, unabhängig sein, dazu drängt es mich. Ich spüre zu stark den Kerker. Und es ist gut, daß es so ist. Ich bin keine resignierende Betschwester und kein verhutzeltes Kerzelweib. Ich bin aktiv und möchte tun — allerdings zur höheren Ehre Gottes, als Soldat Christi, für die Kirche, zum Wohle der Menschen, möchte Glühofen sein und Fackelträger, um andere zu entzünden, und Lichtbringer im Sektor des Geistes und der Kunst. Und was bin ich? Beamter und Spezial-Hausknecht bei einem Nazi-Unternehmen! Die Spannung ist groß [1].

Sind wir nicht zu frech in unseren Briefen [2]? Vielleicht zerreißt Du doch dieses oder jenes!

Hoffentlich bald! Innigst

D. R.

[1] Das Jahr 1942!
[2] Die ständige Gefahr!

Aslan an Tonio

Wien, 14. Mai 1942.
Während der 2. Tasso-Vorstellung.

M. g. E.

Die Première ist vorbei. Es war ein großer Erfolg. Du wirst ja die Vorstellung sehen, urteile selbst!

Aber aus einem andern Grunde hatte ich die letzten Tage Schreibhemmungen. In der Zeitung war zu lesen, daß Himmler den Schutz über die Post übernommen hat. Seltsam! Was heißt das? Wird der Gedankenaustausch zwischen Menschen unter Schutz genommen?

Oder sind damit eher die Postpakete gemeint? Jedenfalls sollst Du es wissen [1]!!

Am 19. Mai fahren wir auf 8 bis 10 Tage von Wien weg. Amsterdam, den Haag, Düsseldorf, Bochum.

Von einer Begegnung nach vielen, vielen Jahren wollte ich Dir auch erzählen, die mich sehr beeindruckte. Baron Laudon [2], den ich so lange nicht sah, erzählte mir, daß er bei Kriegsausbruch, als sein geliebter Sohn ins Feld ging, das Gelübde ablegte: a) täglich zu den Sakramenten zu gehen, b) drei Rosenkränze pro Tag zu beten, c) gewisse Dinge radikal von einem Tag zum andern abzustellen, die er bis dahin getan hatte. Alle drei Punkte hat er bis heute eingehalten, fühlt sich dabei wohl und ganz stark. Und wenn sein Sohn fiele, würde er das weiter so halten. Ich war platt. Niemals hätte ich ihm diese Kraft zugetraut. Ich versicherte ihn meiner größten Bewunderung. Das war ein menschliches Erlebnis.

Nun, da Du heute zum letzten Male spielst, lebe ich in der Erwartung Deiner Entscheidungen. Gott gebe, daß Du bald kommst, daß ich Dich bald sehe und alles gut abläuft!

Ich glaube, Du meinst wohl auch, daß ich zum Tasso schon zu alt bin, gelt? Vielleicht hast Du recht. Wenn wenigstens Du ihn spieltest, das wäre mir ein Trost. Aber so ist es doch etwas schwer. „Legt's zu dem Übrigen [3]!" O Tasso! „Mit diesem Kuß vereint sich eine Träne und weiht Dich der Vergänglichkeit. Es ist erlaubt, dies holde Zeichen unsrer Schwäche [4]."

     Bald, bald!

      Dein alter Raoul.

[1] Warnung vor der Nazi-Zensur.
[2] Baron Laudon, österreichischer Aristokrat.
[3] Zitat aus „Kabale und Liebe".
[4] Zitat aus „Tasso".

Aslan an Tonio

        Wien, 17. Mai 1942.

  M. g. E.

Bevor ich wegfahre, möchte ich Dir noch ein paar Worte schreiben. Erstens weiß man nie, ob man von einer Reise wiederkehrt, und zweitens werde ich während der Reise wahrscheinlich nur Karten schreiben können. So sage ich Dir heute „Auf Wiedersehn", da ich doch hoffe, Dich bald in Wien zu sehn.

Der Mama hab' ich zum Muttertag 1 Kilo Mehl, 1 Kilo Zucker und 6 Eier gegeben.

Von einem Verlag habe ich einen Brief bekommen mit der Aufforderung, zu Penzoldts 50. Geburtstag etwas zu schreiben. Ist das für Penzoldt so wichtig, ob ich unter seinen Gratulanten bin? Aber Dir wollte ich es sagen. Denn schließlich hat er für Dich die „Portugalesische Schlacht" geschrieben [1].

Nun bin ich gespannt, wann Du kommst. Dienstag fahren wir weg.

Treu in Gedanken und in der Tat
Dein R.

[1] S. Tonios Brief vom 2. Oktober 1941.

Aslan an Tonio

Düsseldorf, 26. Mai 1942.

M. g. E.

Nun bin ich wieder in Deutschland, und es ist nicht gesagt, daß die Zensur jeden Brief liest. Aber — ob mir Düsseldorf gefällt? Ja und nein. Ich sehe alles Positive, geschichtlich Gewachsene, Naturschöne, viel Kunstwillen, Tradition, Erarbeitetes — kurz: alles zu Bejahende. Aber leben möchte ich nicht hier, weder hier noch in irgend einem andern Teil Norddeutschlands. Nur im Süden. Ich glaube, daß auch Dänemark, Schweden und Norwegen auf die Dauer nichts für mich wären. Sonntag bin ich wieder in Wien. Die Nächte waren bisher ruhig, ohne Alarm, das Essen in Holland fabelhaft, hier natürlich mies. Aber ich hatte in Holland Moet et Chandon [1], einen guten Freund.

O, könnte ich ein neues Leben beginnen: in der Kunst, in der Liebe, in der Freundschaft und im Glauben! Jetzt wüßte ich, wie's richtig wäre! Aber mir scheint, es ist zu spät. Das Rad rollt ab, und ich sitze nicht am Steuer.

Auf Wiedersehn, Liebstes!
D. R.

[1] Moet et Chandon, Champagner-Marke.

Tonio an Aslan

Metz, 27. Mai 1942.

M. g. R.

Eben kam Dein erstes Tournée-Lebenszeichen. Ich weiß nicht warum, aber ich habe geweint. So trete ich auch hier in Deine Fußstapfen.

Seit ein paar Tagen habe ich drei Bilder von Dir als Herzog [1]. Ich schaue sie immer wieder an, so schön sind sie. Die ganze herrliche italienische Renaissance liegt in Deiner herzoglichen Haltung. Michelangelo hätte Dich zum Modell genommen. Pech, daß es keine Michelangelos mehr gibt.

Von mir kann ich noch immer nichts ganz Bestimmtes über die nächsten Wochen sagen als: Paris ist vorläufig nicht zustande gekommen. Es ist möglich, daß am 7. Juni hier Ende ist, daß wir alle in Urlaub fahren, aber Mitte Juli dann schon wieder hier zurück sein müssen. Auf alle Fälle eile ich dann gleich über München nach Wien und bleibe halt, wenn meine Ferien so kurz sind, in Wien. Du fährst dann Mitte Juli nach Joachimsthal oder dahin, wo Du sonst eine Kur machen willst. Es wird über einen verfügt, es gibt kein Eigenentscheiden mehr.

Zu Eckehart habe ich beim besten Willen im Moment keine Konzentration. Alles ist mehr auf persönliche Ereignisse eingestellt. Überpersönlich zu denken, gelingt mir jetzt gar nicht.

Du willst ein neues Leben beginnen? Immer will man das — und bleibt doch vielleicht immer wieder derselbe. Sich selbst entfliehen, ein anderer werden, kann man das?!

Auf Wiedersehn, hoffentlich recht bald!

D. T.

[1] Herzog in Shakespeares „Maß für Maß".

Tonio an Aslan

Metz, 2. Juni 1942.

M. g. R.

Von Deiner Tournée erhielt ich: eine Karte aus Amsterdam, einen Brief aus den Haag, eine Karte aus Bochum, einen Brief aus Düsseldorf und ein Telegramm aus Wien [1].

Am 20. oder 22. Juni sollen wir also von hier in Urlaub fahren dürfen. Wenn ich Stationen in Frankfurt, Stuttgart, München mache, kann ich so am 25. Juni in Wien sein. Leider muß ich am 22. Juli wieder hier in Metz zurück sein. Daher habe ich also gerade vier Wochen Ferien. Nun, wie immer stelle ich mich positiv ein, so auch hier. Ich freue mich darauf, Dich, meine Mutter und die paar andern mir nahe stehenden Menschen zu sehen, ein bißchen in meiner kleinen Wohnung zu leben und in Wien zu sein. Wegfahren hat wohl dann für mich wenig Sinn. Wenn Du also auch so lange in Wien bleiben magst, kannst Du ja hinterher Kur und Münchener Besuche machen. Doch hast Du sicher auch arg gekürzte Ferien und mußt Dich wohl danach richten. Trotzdem will ich versuchen, von Huttig die Erlaubnis zu kriegen, früher als am 22. wegfahren zu dürfen. Du kannst Dir denken, wie ich mich fühle, nichts hier zu tun zu haben und trotzdem bleiben zu müssen. Doch die Sorgen der Intendanten verstehe ich auch sehr gut. Der Kampf mit dem Wehrkommando, mit dem Landdienst und vieles andere! Deshalb will ich ihn in seinem aufgescheuchten Temperament nicht noch reizen. Die Ungewißheiten des Lebens sind immer das Zermürbendste.

Lebewohl und bald auf Wiedersehn!

D. T.

[1] Hievon ist nur der Brief aus Düsseldorf erhalten.

Aslan an Tonio

Wien, 3. Juni 1942.

M. g. E.

Obwohl ich nicht weiß, ob diese Zeilen Dich noch in Metz erreichen — denn die Post geht langsamer und unsicherer — so schreibe ich Dir doch noch ein paar Worte, daß ich seit meiner Rückkehr besonders nervös bin. Einerseits die neuen Proben (Malvolio), dann der verkürzte Sommer und vor allem die Ungeduld auf das Wiedersehen, die in schlecht verbrachten Nächten und unruhigen Tagen mich quält. Ich komme zu nichts Wesentlichem, weil ich dauernd flackere.

Also bis 15. Juli werde ich mit Dir sein können, und dann soll wieder der alte Tanz beginnen? Ich bin schon nicht mehr imstande — vielleicht klappe ich zusammen und werde endgültig alt und morsch! Trotzdem wir beide sehr dankbar sein müssen, daß es so und nicht anders ist, bin ich doch so voller Sehnsüchte und Wünsche, daß ich undankbar werde.

Also komm, o komm, dann wird's vielleicht besser.

D. R.

Aslan an Tonio

Wien, 4. Juni 1942.

M. g. E.

Daß Du erst am 23. Juni kommst, erscheint mir endlos lang. Und jetzt schon bin ich traurig und ratlos, wenn ich an die Zeit der neuerlichen Trennung denke. Eigentlich geht es so nicht! Natürlich bleibe ich, wenn Du kommst, solang als möglich mit Dir. Vielleicht können wir mit Deiner Mutter und Rosl auf zwei bis drei Tage in die Wachau? Ich will — Himmel, Herrgott — eine Wiese, ein Wasserl, Ruhe, keine Menschen, keine Straßen, keine „Wiener" und ein wenig mit Dir allein sein.

Ich weiß, daß Du Deinen Willen dirigieren und Dich „einstellen" kannst, besser als ich, viel besser. Ich bin schwächer. Alles das weiß ich und bewundere und anerkenne es! Bin wieder einmal schrecklich unzufrieden mit mir.

Sagte ich Dir nicht vor Monaten, mein Griechisch-Unterricht wird versinken wie alles, was ich beginne? Ich sehe und höre fast nie mehr etwas von meinem Lehrer. Das ist alles innerlich so interessant! Was ist nicht versunken? Ich kann es an den Fingern der einen Hand abzählen!

Tasso war für mich eine „Krise" (künstlerisch). Alles das meistere ich aber doch irgendwie.

Du ahnst nicht (oder doch?), wie viel und wie sehr ich an Dich denke!! Wäre ich doch zehn Jahre jünger!

Und von der Weltsituation sagen wir nichts? Spielt sie nicht auch eine Rolle? Jeder Tag ist ein Geschenk.

Stets

D. R.

Aslan an Tonio

Wien, 10. Juni 1942.
M. g. E.

Eckehart sagt: „Wäre man imstande, einen Becher gänzlich zu entleeren und leer zu erhalten von allem, was füllen mag, auch von der Luft, kein Zweifel, der Becher vergäße ganz seiner Natur; die Leere trüge ihn empor bis an den Himmel. So trägt arm und leer sein aller Endlichkeit die Seele empor in Gott." Sehr wahr! Aber—: Wär' man's imstande! Nun, ist man's imstande? Man ist's nicht imstande.

Ich bin in den letzten Tagen noch unruhiger als sonst. Warum? Noch weniger entleert der Endlichkeit. Ist es nicht eigentlich schade um mich? Ich erwarte mir von Dir in den nächsten Stunden (oder Tagen?) einen wirksamen Trost in Form eines Brieflis.

Sonst weiß ich heute nichts. Äußerlich tut sich gar viel da und dort. Aber das meine ich nicht. Aber dieses: am richtigen Platz stehen und den richtigen Weg gehen — das fehlt. Und vom unrechten Platz aus sehen auch die Dinge um uns herum schief aus. Wie die Verzeichnungen im Kino, wenn man zu sehr links oder rechts sitzt.

Habe ich Dir vom „Strom"-Bildi [1] gesprochen? Es gefällt mir und erinnert an das Strohhofer'sche Bild [2], nur en face. Es hat was von der Duse, und merkwürdigerweise von der nicht mehr jungen, sondern von der geprüften. Aber das ist ja der Jakob auch.

Gestern bei der Fürstin. Sie sitzt im Rollstuhl und sagte lachend: „Die dummen Leute wollen mich trösten, weil ich nicht mehr laufen kann. Und ich glaubte früher, ich muß laufen. Jetzt sehe ich: Sitzen ist viel schöner. Man kann besser denken, alles rollt vor einem ab. Man sieht alles wieder anders." Na ja!!

Auf bald, ja? Kuß, Ja? Immer? Ja?
D. R.

[1] Tonios Bild als Jakob im „Strom".
[2] Ein Porträt Tonios vom Maler Franz Strohhofer.

Tonio an Aslan

M. g. R.
Wien, 19. Juli 1942 [1].

Ich ging von Dir weg. Ein Weinen steckte mir im Hals. Der kurze Weg: Strudlhofgasse — Sensengasse — Sandrartgasse [2] wurde von meinen Tränen naß. Was ist es, das mich so oft zum Weinen zwingt? Einen Menschen lieben. Das ist das Ganze. Man ist bei ihm, und, kaum ist man getrennt, sind auch nur ein paar Gassen dazwischen, kommt die Sehnsucht nach dem andern. Vielleicht hätte ich es Dir in diesen Wochen noch mehr zeigen sollen, wie sehr Du mich und mein Leben erfüllst. Ich muß aber immer so stark sein (Du nennst es raffiniert), ich Armer! Wenn ich doch so plump einmal sagen könnte: „Ich liebe Dich, ich bleibe bei Dir." Wie ermüdend, immer so „raffiniert" sein zu müssen! Immer stark scheinen zu müssen!

Ich dank' Dir halt recht schön für all die viele Liebe, die Du immer für mich hast! Dafür allein müßtest Du schon in den Himmel kommen. Um diese Deine große Liebe habe ich mich sicher noch nicht genug verdient gemacht. Ich will mich bessern. Fahre in den Erholungssommer — ruhig — Gott und alle guten Engel mögen Dich umschweben!

Immer

Dein T.

[1] Zwischen Aslans Brief vom 10. Juni und diesem von Tonio liegen die gemeinsam verbrachten Ferien-Wochen in Wien und Umgebung. Der Brief ist noch in Wien knapp nach dem Abschied und vor Tonios Abfahrt geschrieben.
[2] Von Aslans Wohnung in der Strudlhofgasse zu Tonios Wohnung in der Sandrartgasse.

Aslan an Tonio

M. g. E.
München, 20. Juli 1942.

Dein letzter Brief, von Haus zu Haus geschrieben [1], lebt in mir weiter. Jetzt, da ich Dir schildern möchte, was ich die ganze Zeit über dachte und empfand, seit ich im Schlafwagen gleich nach Abgang des Zuges Deine Zeilen las, spüre ich deutlich, wie unbegabt meine Feder ist. Die Fülle der Gedanken überschwemmt mich im Moment des Schreibens. Kann man einen Sturzbach ordnen? Und muß nicht, wer schreiben kann, die Dinge richtig ordnen und setzen? (Ich hab' kein Löschblatt und muß warten [2].)

Was kann ich also? Dankbar sein im Gefühl, mich sehnen, die Dinge anders wollen, als sie sind, phantasieren, wünschen, im Bett liegen, ungeordnet und hastig denken, in Gedanken „bauen" (Luftschlösser), versuchen, den andern Freude zu machen, etwas lesen, warten, Geheimnisse (vergeblich) ergründen wollen ... solche Dinge kann ich und dazu — Theater spielen, Rollen gut spielen, Schauspieler sein, aber nicht, wie ich will, sondern wie die andern wollen, und viel fragen und staunen — das ungefähr kann ich.

Aber Dir sagen und schreiben, wie Dein letzter Brief auf mich wirkte, das kann ich nicht. Auch ich, als Du fortgingst, war seltsam bewegt. Ich, der ich so leicht weine, weinte nicht. Ich starrte so in die Luft und wollte es fassen, damit fertig werden. Ich starrte und starrte, bis alles in mir einschlief.

Was die Menschen sich sagen, wenn sie einander begegnen, ist etwas Ungefähres, meistens abliegend von dem, was sie gerade denken. Aber was sie voreinander verbergen, mit sich herumtragen und wälzen, das hat kaum ein Dichter je nach außen gebracht. Wie erschütternd, daß Gott allein alles weiß, was wir verbergen und wollen und wälzen, wonach wir uns sehnen und was wir begehren — o unergründlichstes aller Geheimnisse!! Und daß es doch Menschen gibt, denen es sozusagen kein Geheimnis ist, weil sie mit Gott reden, weil sie genau wissen, wer Er ist!

Daß Du wieder in Deinem Briefe sagst, daß Du anders bist, als Du scheinst, (Ich muß wieder warten) das habe ich wohl immer innerlich gewußt. Auch ein verkapselter, verhemmter, verbogener, verschütteter Seelenkomplex. So gehen wir alle herum, und da sollte je Friede auf Erden sein? Aber wenn Du es auch nicht geschrieben hättest (Aber schreibe es immer wieder!), so fühle ich, daß Du mich liebst, und Du fühlst, daß ich Dich liebe, wenn auch ganze Länder sich dazwischen werfen, Berge sich türmen, Flüsse uns scheiden. Liebe kennt nicht Raum und Zeit. Aber die andere Liebe im engen Raum, in der Stunde der Liebe — die steht da — was ist's mit ihr? Die hat keine Flügel, sie ist erdgebunden, sie reicht nicht bis dahin oder dorthin, sie ist nur menschlich, sie altert, wie Menschen altern, sie wird krank, wie Menschen erkranken, wer ordnet das? Wer? Wer?? Wieder die Liebe. Denn die höret nimmer auf! ...

Aus Ehrwald schreibe ich weiter, morgen oder übermorgen.

                Immer

                    D. R.

[1] Aslan hatte Tonios Brief vom 19. Juli noch knapp vor seiner eigenen Abfahrt nach München erhalten.
[2] Wegen der Tränenspuren auf dem Brief.

Tonio an Aslan

                                                Metz, 23. Juli 1942.

    M. g. R.

Wie sehr habe ich mich über Deinen lieben Brief gefreut! Dank, tausend Dank!

Hier bin ich, wie vorauszusehen war, viel zu früh angekommen. Das Theater ist wieder im Urzustand der Ziegel und des Schuttes [1]. Von Wehrmachtsbetreuung ist auch vorläufig keine Rede. Also, ich gehe spazieren und träume von Wien, mache Pläne, die Dich und mich betreffen, baue „Schlösser in Madrid" [2]. Du brauchst mir nie mehr zu sagen, wie Du zu mir stehst. Ich weiß es, jeder Blick, jedes Wort sagt es mir. Und Glückseligkeit erfüllt mich, die mich oft traurig macht, weil ich Dir so wenig dafür zurückgeben kann. Die Liebe im engen und im weiten Raum gehört Dir, erfüllt sich eigentlich nur durch Dich für mich. Auf Erden brauchte ich zu meiner Glückseligkeit nur mehr Dich. Auch im engsten Raum und verbunden mit Dir flöge ich dann weiter in den weiten Raum, bis Gott uns zu sich nehmen würde. Fühle es, Raoul, fühle es so wie ich! Ruhe komme über Dich! Nicht Qual rüttle Deine Nerven! Vertraue! Ich bin Dir so restlos verbunden wie sonst nichts und niemandem — nicht einmal Gott — verzeih mir! Jetzt und in alle Ewigkeit. Tief wurzelt das eine Gefühl. Der Brenn- und Mittelpunkt meines Lebens bist Du. Aber, bitte, frei und unverkrampft, wohlgemerkt, frei und unverkrampft! Auch das ist ein Geheimnis!! Entwickle Deine herrliche Persönlichkeit immer strahlender und weiter! Dein ferneres Leben soll leuchten, immer mehr leuchten. Es ist unsagbar — nein, sagbar — schön, Dir so tief verbunden zu sein. Alles Leben, alles Handeln, alles ist Warten auf Dich, auf das Zusammensein mit Dir. Ich will versuchen, obwohl wir erst Ende oder Mitte September eröffnen, zum Geburtstag meiner Mutter (70 Jahre) ein paar Tage in Wien zu sein. Im Dezember soll Carlos sein. Ob Du da frei kommst? Ich glaube nicht.

Ich habe nur einen tiefen, wirklichen Wunsch: Es soll Friede sein, und frei soll man über sich entscheiden dürfen, wo und wie man leben will. Denn die Liebe höret nimmer auf. Und alles, aber auch alles, schließt die Liebe in sich ein.

Viel Schönes — nur Schönes Dir in den Bergen! Erhole Dich gut! Hoffentlich geht es auch Z.³ gut, er soll bewußt das Zusammensein leben und genießen.

Ich denk' und wünsch' für Dich —

T.

[1] Das Theater wurde ständig umgebaut und erweitert.
[2] „Schlösser in Madrid", französische Redensart für „Luftschlösser", von Mama Aslan gerne gebraucht.
[3] Aslan wollte Zeljko aus München für seinen anschließenden, etwa dreiwöchigen Ferienaufenthalt in Ehrwald in Tirol mitnehmen.

Aslan an Tonio

Ehrwald [1], 24. Juli 1942.

M. g. E.

Am 20. schrieb ich Dir. Seitdem suche ich Tinte und Feder. Grotesk! Erst gestern gab mir die Baronin Pidoll ihre Füllfedertinte und eine Glasfeder. Grotesk! Meine genaue Adresse ist: Ehrwald in Tirol, Landhaus Hag Nr. 10 bei Alois Steiner.

Pidolls sind unsere Nachbarn. Große Kultur mitten in der Natur und am Fuße der Zugspitze. Wie wir es gern haben. Reiche Leute, sehr gebildet, sehr angenehm, sehr entgegenkommend. Dann ist ein Studienrat Johannes Müller aus Zittau da, bei dem ich Geschichte lerne. Da hab' ich doch solche Lücken. Für mich sehr anregend, weil er ein Nazi ist, wenn auch ein hochgradiger. Wir kämpfen. Dann ist Professor Behn da, der große Tierplastiker (das Gegenteil von Nazi), mit dem ich heute abends zusammenkomme, und Woesters [2], die ich noch nicht gesehen habe. Dazu eine Landschaft von hoher Majestät, 1000 m Höhe, und bis jetzt das Essen ganz gut. Also alles. Und doch — es ist mir alles wie eine herrliche Kulisse zu meinem eigenen Theaterstück. Meinem Lebens-Theater-Stück. Ich spiele die Rolle des „guten Freundes". Aber ich spiele. Wenn es auch in der Rolle sehr echte, wertvolle künstlerische Momente gibt, gar nicht verlogen, echt und groß und gut, so ist es doch nur eine Rolle. Aber der Regisseur und Intendant aller Dinge will es halt so. Nur ein paar Stunden ist es keine Rolle. Ich stehe um $^1/_2$7 auf und gehe allein in die Messe. Das ist mein Ich.

Aber glücklich bin ich nicht. Vielleicht gibt es das überhaupt nicht. Kirchschlag[3] war doch sehr schön. Das mußt Du sagen. Und Vöslau[3] auch. Natürlich auch Wien.

Da es bisher viel regnete, las ich viel. Ich lese Plato und Aristoteles und mache in Geschichte und Diskussionen.

In München sprach ich mit dem Direktor des Zinnen-Verlages, der mein Buch wünscht. Ob es nur ein Wunsch bleibt[4]? Und die Phantasie rast. Luftschlösser, Karriere-Pläne, und in allem spielst Du mit. Ich bin sehr, sehr verbunden im Gefühl und im Denken, Lieber. Du weißt es ja. Daß ich mir damit schon „den Himmel verdient habe", wie es in Deinem allgütigen Briefli steht, ist schön gesagt aus dem Munde eines Liebenden. Ich wollte, es brächte Dich dem Himmel näher. Dein Brief ist die wahre Erholung und die einzige wirkliche Kur. Was Du wohl jetzt machst? Wenn mir die Baronin die Tinte läßt, schreibe ich bald wieder.

Dein R.

[1] Dieser und die folgenden Briefe Aslans sind also aus Ehrwald in Tirol, wo er mit Zeljko drei seiner Ferienwochen verbrachte.
[2] Heinz Woester, Burgschauspieler.
[3] Während der zu Ende gegangenen gemeinsamen Ferienwochen hatten sich die Freunde auch einige Zeit in den beiden genannten Orten unweit von Wien aufgehalten. (Über Kirchschlag s. auch Aslans Brief vom 16. März 1943 und vom 11. September 1944.)
[4] Ein geplantes Buch über Aslan. (S. der folgende Brief Tonios vom 27. Juli.)

Tonio an Aslan

Metz, 27. Juli 1942.
(Lessingen)

M. g. R.

Ich bin glücklich über alles, was Du mir in Deinem Brief vom 24. über Deinen Aufenthalt in Tirol sagst. Herrlich! Natur, gutes Essen, gepflegtes Haus, anregende Menschen — und Menschenliebe pflegen dürfen. Ruhe Dich nur auch aus! Sicher wartet ein großer Brocken Arbeit in den kommenden Monaten auf Dich.

Ich habe die vergangenen Tage viel Arbeit gehabt mit meiner neuen Wohnung[1]. Gestern schlief ich bereits dort. Heute früh war „Appell"[2], und nachmittag habe ich einen Spaziergang hieher in dieses Dorf gemacht, wo Bekannte von mir ein Landhaus haben und wo ich schon öfters zu Besuch war.

Am Samstag sollen bereits die Proben zu „Mädchen Till" [3] beginnen. Ich habe gar kein Verlangen, in diesen blöden Stücken auf der Bühne zu stehen. Überhaupt freue ich mich so gar nicht auf die kommende Arbeit. Alles ist fremd, und mein Leben ist dafür nicht. Ich weiß sonst eine ganze Menge von meinem wirklichen Leben. Ob man einmal die Angst ganz überwindet und wirklich ganz das lebt, was einem lebensecht und lebenswahr erscheint? Das einzig wirklich wahre Leben, das Leben ganz in Gott, so hoch will ich gar nicht hinaus. Aber das bißchen Irdisch-Dasein richtig leben! Bisher dachte ich immer, ich sei einer der wenigen Glücklichen, die das gelebt haben. Jetzt weiß ich es: Manchmal, vielleicht, ja, war es richtig. Aber station Metz ist eher eine Zwischenstation, angenehm, hübsch, aber doch Angstzwangsstation!

Wie erfüllend — relativ — an erster Stelle zu stehen! Ich dachte auch oft, am Bau meines Lebens Hauptdarsteller zu sein. Die größte Rolle meines Lebens aber war in Deinem Leben. Die hast Du mir gegeben.

Wer soll Dein Buch schreiben? Buschbeck [4]? Ich hätte eine große Freude für Dich. Weil es doch ein Lebenswunsch von Dir ist. Ich wollte, ich könnte dieses Buch schreiben. Viel, sehr viel wüßte ich zu sagen.

Über die Hänge dieser grünen lothringischen Hügel schweifen meine Gedanken in großer Sehnsucht zu den Tiroler Bergen, wo ein Großer sitzt und vielleicht auch gerade an mich denkt. Es soll Dir halt so gut gehen, überhaupt bin ich so voller Wünsche für Dich.

Gruß!

T.

[1] Tonio hatte in Metz eine neue Wohnung bezogen.
[2] Appell: zur Nazi-Zeit in allen Betrieben, auch an Theatern, Schulen usw.
[3] „Das Mädchen Till", Lustspiel von Wolfgang Dossdolatsch und Alexander Deissner.
[4] Erhard Buschbeck, Dramaturg des Burgtheaters, dessen Buch über Aslan tatsächlich 1946 erschien (s. Einleitung).

Aslan an Tonio

Ehrwald, 27. Juli 1942.

M. g. E.

War das wieder schön, dieses letzte Briefli vom 23.! Du enthüllst Dich mehr in Deinen Briefen als in Deinen Worten. Das ist eine Form der Keuschheit. Denn das bist Du ja im Grunde! Trotz starker Triebhaftigkeit. Und das ist schön und so gnädig, da ich durch die Ungunst der Verhältnisse (Schicksal) gezwungen bin, mehr von Deinen Briefen zu leben als von Deinen Worten. Glaube nicht, daß ich darum die Taten unterschätze. Gewiß, auch Deine Taten entsprechen Deinen Briefen oder den unausgesprochenen Worten. Aber die Briefe sind die reinere Form! Denn in die Taten mischt sich (wie bei uns allen armen Sterblichen) der Tag, der Alltag, die Welt, das Böse, der Trieb zum Bösen, die Umwelt, der Zwang und das ganze dämonische Gelichter. Aber in Briefen waltet eher der unberührte Geist. So erklärt sich oft die Divergenz zwischen dem, was wir wollen, und dem, was wir tun. Im Gedanken (Brief) herrscht der Wille, im Tun herrscht die Welt. O, ich verstehe vieles und gar manches! Du auch! Unser ganzes Streben muß daher sein, uns im Willen zu stählen, der uns hinaufführt. Und glauben an den Willen!

Ich lebe hier sehr im Philosophischen! Plato, Aristoteles u. a. Auch die Umwelt ist freundlich. Nun ist auch Srbik [1] hier, der Präsident der Akademie der Wissenschaften.

Freilich: Der „Wilde" [2] hat den Aufstieg zum Geist nicht mitgemacht. Er hat Niveau und ist slawisch-tragisch, aber ganz aus dem Blut und wenig aus dem Geist. Ich gehe täglich um 7 Uhr früh zur Messe und Kommunion. Da erschließen sich die tiefsten Dinge. Denn, Liebster, das ist das Wesentliche: Kunst, Religion und Liebe erschließen sich nie dem denkenden und forschenden Geist, sondern nur dem sich hingebenden! Hingabe, das ist's. Hingabe ist gleich Opfer. Die Hingabe durchdringt das Mysterium irgendwie. Der Denkende und Forschende kommt nur bis zur Grenze, nie in die Tiefe. Ist's nicht so in der Kunst? Und in der Liebe? Bibliotheken über Kunst und Liebe ersetzen kein sich hingebendes Herz! Ebenso in der Religion. Die Hingabe, besonders an das göttliche Herz Jesu erhellt das Geheimnis! Mein Mitleid für die Ungläubigen ist grenzenlos!

Dies alles und dazu noch hie und da die Höhensonne und die schönen 1000 m über dem Meeresspiegel, das gibt einen guten Akkord.

Daß Du nicht probierst und so nur dort sein mußt, ist grotesk. Ich warte auf Deinen Homburg und Carlos! Und daß Du im September kommen könntest, dafür will ich nur beten, ich traue mich gar nicht, es zu wünschen. Es wäre zu schön!

Horst Caspar hatte eine Herzaffektion [3] und mußte Salzburg absagen. Liewehr [4] spielt den Orest.

Ich schreibe wieder in 3 bis 4 Tagen.

Tausend Küsse

Dein R.

[1] Heinrich von Srbik, der bedeutende Historiker, Prof. an der Universität Wien.
[2] Zeljko, das wilde kroatische Blut.
[3] Horst Caspar starb in sehr jungen Jahren.
[4] Fred Liewehr, Burgschauspieler.

Aslan an Tonio

Ehrwald, 30. Juli 1942.

M. g. E.

In ungefähr 12 Tagen fahre ich zurück. Hoffentlich kann ich 3 bis 4 Tage in Salzburg bleiben! Salzburg! Welche Erinnerungen! Ich bin sentimental und kehre gern zu den Stätten zurück, die mir viel bedeuten.

Herr von Pidoll hat ein sehr bemerkenswertes Buch über Elly Ney geschrieben. Ich werde es Dir schicken, wenn ich es fertig gelesen habe, und Du bringst es mir dann wieder nach Wien. Ja?

Es bleibt viel Zeit zum Träumen. Das besorge ich reichlich. Wenn nur einer dieser Träume sich verwirklicht, bin ich reich belohnt. Nur einer! Die Schlaf-Träume mag ich nicht so sehr. Lieber tief und traumlos schlafen! Aber die Wach-Träume, meine ständigen Begleiter, die liebe ich. Eigentlich vergeht kein Moment, in dem ich nicht träume. Und das ist schön. Und daß kein Mensch fragen kann: Was hast Du jetzt gedacht? Das ist das Schönste. Das sind wirklich Begleiter, diese Träume. Ich rede mit ihnen. Wie klar wird mir, daß man mit Geistern reden kann! Also auch mit dem Heiligen Geist. Die reale Existenz ist nur ein Gradunterschied, kein Wesensunterschied. Ich rede mit meinen Geistern. Zu seltsam. Mir ist alles klar. Dir auch? Und meine Aktivitäts-Träume sind so, daß ich geradezu Farben wechsle, deutlich Herzklopfen bekomme, gestikuliere. Die Aktivitäts-Träume nenne ich meine Kunst-Liebes-Lebens-Träume (sozial, kulturell, politisch). Die religiösen Träume träume ich in der Messe. Wie werde ich das in Wien machen? Da komme ich doch nicht täglich dazu. Es ist mir in den paar Tagen eine so liebe Gewohnheit geworden!

Wenn Du nur ein paar Rollen spielst, die Dich füllen! Jakob war sehr gut.

D. R.

Aslan an Tonio

Ehrwald, 1. August 1942.
M. g. E.

Also hast Du Dich doch zu einer Wohnung entschlossen [1]. Jetzt möcht' ich erst recht nach Metz, um sie zu sehen. Es ist beim Denken an einen Menschen leichter, wenn man den Raum mitdenkt, in dem er lebt und schläft. Wo wohl das Engerl hängt?

Kein Mensch überwindet ganz die „Angst". Das ist eines der tiefsten Probleme. Es beschäftigt alle Denker und Deuter. Ich glaube, so lange man an den Dingen des Lebens hängt, so lange hat man vor ihnen Angst. Keine Angst kann ich nur dann haben, wenn mir die Dinge nichts mehr tun können. Nicht Gleichgültigkeit gegen die Dinge, sondern über die Dinge hinaus. Und das, was einem lebensecht und lebenswahr erscheint, ist oft am nächsten Tage leer und schal. Und man begreift nicht, daß das doch irgendwie mein „Leben" war. Je stärker das Hangen, umso stärker die Ernüchterung und die Angst. Diese ewige Jagd ... Ich glaube oft, daß alles nur Traum ist. Aber das meine ich wörtlich. Ich träume das Leben. Nicht verträumen, nein, träumen, ich weiß, es kommt ein Erwachen.

Die Artikel, die man über „Hauptdarsteller" schreibt, gelten eher ihrer Stellung als ihrer Person. So empfand ich es. Immer mehr spüre ich, wie die Menschen nie zum Kern, zum Ich vordringen. Sondern alles bleibt: Umstände, Gelegenheit, Stellung, Einfluß, Annehmlichkeit, Bequemlichkeit, Betriebsamkeit, Opportunität. Das sind die Relationen von Mensch zu Mensch. Aber das Ich und Du bleibt allein und hat Angst. Dieses Drum-Herum-Tasten- und Rutschen und Verschleiern und Umstellen ist wie ein Zirkus. Warum sind denn die „Großen" immer unglücklich? Und unverstanden? Und verkrampft?

Ein Buch über mich würde mich freuen [2]. O ja. Aber es müßte das richtige sein. Und was wäre dieses Richtige? Kein Schauspieler-Buch. Du könntest allerdings manches Wissenswerte und Schöne sagen [3]. Schreibe, wenn Du Zeit hast, etwas darüber! Sehr interessant. Man kann es dann einschalten auf besondere Art. Denk' Dir, Du schriebest einen Brief an die Menschen, und ich wäre tot. Du träumst eben etwas. Für mich ist Traum mein Reales, und das mich Umgebende ist irgendwie mich nicht ganz berührend. So ist mein Gefühl mein Realstes. Ist nicht alles Geschehen seit 10 Jahren um uns wie ein Kaleidoskop? Wie ein Film? Im Moment packend und dann — weg. Aber das Gefühl, ist das nicht das Konkret-Realste?

Also neue Wohnung! Meine Gedanken schweifen!
Kuß

D. R.

[1] Tonio zog aus dem Hotel in eine Privatwohnung.
[2] S. Tonios Brief vom 27. Juli.
[3] S. Einleitung.

Tonio an Aslan

Metz, 2. August 1942.
Banaterstr. 4

M. g. R.

Dieses Lebens-Wachträumen kenne ich so gut, geht es mir doch so ähnlich. Die Wirklichkeit selbst dringt nie ganz ins Bewußtsein. Dieses Traum-Hingleiten haftet auch meinem Leben an. Schmerzhaft, doppelt schmerzhaft ist dann das wirklich reale Eindringen ins Bewußtsein. So erfasse ich diesen Krieg nur momentweise. Z. B.: Gestern abends, als ich in einem Lokal saß und ein erwachsener Soldat von einem Kameraden auf den Armen durchs Lokal getragen wurde — beide Füße abgefroren. Mit großen dunklen Augen traf er mich. Ich war vollkommen aufgelöst. Es traf mich blitzartig wie ein Einschlag. Ich war nicht mehr ins Gleichgewicht zu bringen. Heute in der Messe betete ich vielleicht zum ersten Mal tiefinnigst um die Errettung der Menschheit, um Frieden.

Ich wäre gern bei Dir in Deiner Tausend-Meter-Höhe. Doch tröstlich daran ist, daß ein anderer Lebensgefährte [1] bei Dir, an Dir Trost, Mut und Kraft findet. Möge er die Harmonie finden, die uns wenigstens momentweise das Leben so herrlich leben und uns dann vergessen läßt, daß andere und anderes existiert. Möge er wirklich endlich mit Dir sich selbst finden! Irgendwie ist er plötzlich jetzt viel mehr in mein Denken miteinbezogen, und ich kann reinen Gewissens sagen: Ich will ihm wohl.

Proben haben noch nicht begonnen. Die Tage — bis auf heute — waren voll Sonne. Und so lag ich stundenlang in der von mir so heiß geliebten Sonne. Ich trage Braun, das stärkste und dunkelste Braun am ganzen Moselstrand. Das Alltagsleben ist noch ganz ferial. Die Wohnung macht mir viel Freude.

Am 17. September soll das Theater mit „Faust" eröffnet werden. Ich glaube es zwar nicht, aber ich fürchte, mit den geplanten Geburtstagsurlaubstagen wird es nicht klappen. Diese Saison werde ich viel spielen. In den ersten vier Stücken: „Faust", „Der Hakim weiß es" [2], „Flachsmann" [3] und „Mädchen Till" bin ich bereits beschäftigt. Fällig für mich wird „Carlos" [4], „Homburg" [5], „Sturm" [6], „Jux" [7] und noch anderes sein.

Mit Deinem Buch [8] wird es also endlich Ernst. Das freut mich ganz besonders. Überhaupt bitte ich, wenn Du wieder in Wien bist, um Bücher. Hier bekommt man außer Gegenwarts-Lektüre nichts zu lesen [9].

Freue Dich noch Deiner Urlaubstage, freue Dich an den Bergen, der Sonne, dem Mond, den Sternen, der Luft, genieße den Gesundbrunnen, Deine Gedankenfreiheit, Deinen Gedankenflug — und fliege herunter ins Tal der Liebe, wo ich Dich immer mit ausgebreiteten Armen erwarten werde.

Ob Himmel, ob Hölle,

    Dir verbunden!

        T.

[1] Zeljko. Aslan hatte ihn nach Ehrwald zur Erholung mitgenommen.
[2] „Der Hakim weiß es" von Rolf Lauckner.
[3] „Flachsmann als Erzieher" von Otto Ernst.
[4] „Don Carlos" von Schiller.
[5] „Prinz von Homburg" von Kleist.
[6] „Sturm" von Shakespeare.
[7] „Einen Jux will er sich machen" von Nestroy.
[8] Buschbecks Buch über Aslan.
[9] N.-s.-politische Lektüre.

Aslan an Tonio

Ehrwald, 2. August 1942.

M. g. E.

Es regnet draußen, und ich bin in meinem Kämmerlein. Aber das ist sehr schön: die Ruhe, die Berge, der betäubende Duft der Wiesen. Meine Hausfrau, die 82-jährige Frau Steiner, ist eine Erquickung. Ihre Einfalt, ihr Herzenstakt, ihr Gottvertrauen, das ist bodenständige uralte Kultur. Ihr Sohn, der Alois, ist auch brav. Heute hab' ich ihm zwei 100 Jahre alte Gebetbücher abgekauft für 20 Mark.

Die Fürstin schreibt mir, daß sie große Schmerzen hat. Man muß viel für sie beten. Sie ist eine andere Ausgabe des Typs Frau Steiner. Daß es noch solche Menschen gibt — wie schön!

Was ist das für eine Art Rolle in dem neuen Stück? Gibt sie irgend etwas her? Ich möchte Dir so gerne meine Gedanken, Ideen, Erkenntnisse, Probleme und Gefühle in Paketchen packen und nach Metz schicken.

Mit dem „Wilden" [1] kann ich nur sehr bedingt sprechen. Er ist ganz verkapselt in die Tragödie seines verpatzten Lebens! Daß er größtenteils daran selbst schuld ist, erkennt er zwar hie und da, aber er gibt es nicht gerne zu. Wir haben gar keinen Krach, aber im Stillen komm' ich mir doch wie ein Krankenwärter vor. Und ich würde ihm so gerne helfen. Schade! Er leidet auch unter dem Schicksal seiner Heimat, wo es fürchterlich zugeht. Wir erfahren ja nichts [2].

Ich umarme Dich innigst

Dein R.

[1] Der „Wilde" ist Zeljko. Aslan nennt ihn so wegen seines heftigen südslawischen Temperaments.
[2] Eroberung Jugoslawiens durch Hitler.

Aslan an Tonio

Ehrwald, 5. August 1942.

M. g. E.

Auch an dramatischen Spannungen fehlt es hier nicht. Als ich neulich abends nach Hause kam, fand ich Mutter und Sohn Steiner in höchster Aufregung. Der böse Nachbar hatte sich in Pantoffeln heimlich in die Küche Steiner geschlichen und den Alois Steiner blutig geschlagen, weil der ihm auf der Wiese zu verstehen gegeben hatte, er solle nicht seine Grenze überschreiten und in seiner Wiese herummähen. Ich ging zum Gendarmen, und die Alte erzählte mir den ganzen Roman mit dem Nachbar. Das Herrlichste aber war, daß die Alte nicht wußte, ob die Anzeige bei der Gendarmerie auch das Richtige wäre, denn es heißt doch: „Du sollst Deinen Feind lieben!" Solche Dinge sind natürlich großartig.

Ich lese viel Eckehart. Aber da ist das Meiste noch nicht durchgedacht. Weder von mir noch von andern. Da steckt noch viel mehr drin. Ich höre von einer großen deutschen Eckehart-Ausgabe. Bin neugierig. Das Vorwort von Büttner ist haarsträubend [1]. Ach, könnte ich doch jeden Satz wissenschaftlich und logisch und dabei flammend und überzeugend und literarisch hochstehend beantworten! Das möchte ich. Du weißt ja, was ich alles möchte.

Gestern bekam ich von Hans Thimig [2] einen Filmantrag. Paula Wessely, Marian [3] und ich sollen die Hauptrollen spielen. Ich lese zuerst das Drehbuch und will mit Hans Thimig mündlich alles besprechen. Prinzipiell werde ich ihm zusagen.

In München auf der Rückreise spreche ich auch wieder mit dem Verlagsdirektor wegen meines Buches [4], und auch sonst tu' ich doch nicht nur in die Kirche gehen, sondern bin beruflich genügend aktiv. Aber es nützt weder das eine noch das andere.

Eines ist sicher: Könnte ich hier ein Haus, einen Hof und eine Wirtschaft haben und auf diesem Hofe mit Dir ungestört leben und genügend (nicht allzuviel) sicheres Geld haben, würde ich gerne auf alles andere verzichten. So ist es doch nur eine scheinbare Ruhe. „Im Grunde wühlet die Welt [5]." Ach, wir Armen!

Ich küsse Dich.
D. R.

[1] S. Aslans Brief vom 12. März.
[2] Hans Thimig, später ebenfalls Burgschauspieler, Bruder Hermann Thimigs.
[3] Ferdinand Marian, Bühnen- und Filmschauspieler.
[4] Das Buch von Buschbeck über Aslan.
[5] „... wühlet die Welt", Eckehart-Zitat?

Aslan an Tonio

Ehrwald, 7. August 1942.

M. g. E.

Danke Dir für Dein Briefli, es war wieder herrlich. Wenn man unsere Briefe abdruckte, von meinen einige Stellen und von Dir die meisten ganz, würde das das beste Raoul Aslan-Buch ergeben [1]. Aber da können ja noch so viele Hindernisse kommen!

Bin neugierig, ob's diesmals mit dem Film klappt. Wenn nicht, macht's auch nichts.

Ich frage mich oft: Warum ist der Krieg für mich nur ein fürchterlicher Traum? Am 7. August 1806 trug Goethe in sein Tagebuch ein: „Zwiespalt des Bedienten und des Kutschers auf dem Bocke, welches uns mehr in Leidenschaft versetzte als die Spaltung des Römischen Reichs." (Damals spaltete Napoleon das Deutsche Reich.) Dieser eine

Satz eröffnet Abgründe. Ob er wohl dachte, daß diese Tagebuch-Notiz der Nachwelt erhalten bleiben wird? Und Eckehart sagt (abgekürzt): „Zeit hat im Wesen weder mit Gott noch mit der Seele etwas zu schaffen. Vermöchte die Seele von der Zeit berührt zu werden, sie wäre nicht Seele." Natürlich wird sie berührt. Aber jener Seelengrund, wo Gott geboren wird, muß von Zeit und Kreatur unberührt bleiben. Und dort, glaube ich, träume ich Zeit und Wirklichkeit. Und doch weiß ich, meine Sehnsucht nach Gott ist kein Traum. Der Weg wird mir nur so schwer.

Daß Du im September nicht kommen wirst, ahne ich. Ich will aber doch irgend etwas hoffen!

Also in Himmel und Hölle, nicht wahr?

Dein R.

[1] S. Einleitung.

Tonio an Aslan

Metz, 8. August 1942.

M. g. R.

Ich finde mich diesmals schwerer in Metz wieder zurecht. Ich habe quälende Sehnsucht nach Wien und vor allem nach Dir. Ich habe zwar Proben, aber es interessiert mich gar nicht. Das Theater dürfte wieder spät eröffnet werden. Die Arbeiter sind zum Großteil nach Saarbrücken gerufen worden, um dort das zerstörte Theater wieder irgendwie in Ordnung zu bringen [1]. Dadurch bleibt hier der Aufbau wieder stecken. Schade, daß wir so weit auseinander sind, sonst hätten wir vielleicht doch noch zueinander kommen können, bevor Deine und meine große Arbeit beginnt. Wann bist Du in München? Von einer Ruhe kann natürlich keine Rede sein. Bei Dir wühlet im Grunde die Welt [2] und bei mir erst recht.

Film mit Hans Thimig wäre vielleicht richtiger großer endlicher Start. Wenn's nur endlich eine Rolle wäre! Auch die Paula Wessely als Partnerin wäre sehr gut wegen Abnahme des Films usw. Die Zeit bringt vielleicht doch bei Dir alles so auf das rechte Maß. Beruflich, menschlich und geistig näherst Du Dich der dritten Epoche Deines Lebens: der Vollkommenheit. So sagte es auch Dein Horoskop.

In einem Brief schreibst Du ausführlich über das Kapitel „Angst" [3]. Es war herrlich und gescheit. Ich leide im Moment sehr im Traum und im Wachen an dieser Angst. Dies tiefe Problem beschäftigt mich sehr. Die Quelle ist mir nicht ganz klar. Den Ursprung deute ich mir schon. Aber Kraft und Wille meistern nicht dies bange Gefühl. Natürlich ist das Anhangen am Leben, an allem Irdischen die Treibkraft. Hätte man nichts mehr damit zu tun, hörte die Angst sicher auf.

Ich würde gerne über Dich schreiben, so wie Du es mir anrätst. Aber da befällt mich Hemmung über Hemmung. Ich müßte eigentlich viel, allzu viel über mich selbst sagen! Verstehst Du das? Trotzdem werde ich es versuchen, wenn Klarheit, Intuition in mir ist. Allein der Satz: „Schreibe so, als schriebest Du einen Brief an die Menschen, und ich wäre tot", hat mich umgeworfen. Ja, weil ich mir das im Grunde so real vorgestellt habe, daß ich erstarren mußte. Vielleicht ist Totsein doch etwas sehr Reales. Und ein Plötzlich-aus-unserem-Traum-Leben-gerissen-werden. Die plötzliche tatsächliche Vorstellung genügt mir aber auch, um real ganz starr zu werden, weil mein Gefühl, meine Liebe zu Dir mein Realstes ist. Fast messe ich die Stationen meines Lebens nur mehr daran. Dein Tod also müßte auch für mich das Aufhören meiner Atmungsorgane bedeuten. Ich verstehe heute, daß Ehepaare, die lange zusammen gelebt haben, zugleich aufhören zu atmen, wenn der eine stirbt.

Wie gerne zeigte ich Dir meine neue kleine Wohnung! Du bist mit darin — wie überall, wo mein lebendig Herz schlägt; mein Herzblut und mein Herzschlag ist, Raoul, — bei Dir.

T.

[1] Durch Bombenangriff.
[2] S. Aslans Brief vom 5. August.
[3] S. Aslans Brief vom 1. August.

Aslan an Tonio

Ehrwald, 10. August 1942.
M. g. E.

Die Wirkung Deiner Briefli auf mich kann ich Dir nicht beschreiben. Es ist eine psycho-physische Wirkung. Auch körperlich fühle ich mich wohler, leichter, frischer, jünger. Wann und was ich schreibe, weiß ich nachher nie. Es ist sehr möglich, daß ich immer dasselbe sage oder mich oft wiederhole. Aber das ist nur natürlich. So wie ich täglich esse, schlafe, trinke oder mich wasche, so denke und fühle ich täglich dasselbe. Täglich dasselbe und täglich anders. So muß man auch täglich danken, beten und fürbitten, das ist die gute Meinung.

Problem „Angst" ist eines der tiefstsitzenden, unergründlichsten Phänomene. Es ist die Spannung zwischen unserem Gewissen, unseren Trieben, unserem Willen und unseren Handlungen. Die Auflösung dieser Spannung ist erst die Befreiung von der Angst. Gelingt fast nie.

Du erschrickst vor meinem Tod! Ich erschrecke genau so vor dem Deinen! Aber fragt mich einer: „Was ist Tod?" so müßte ich ihm sagen: „Ich weiß es nicht, weil ich nicht weiß, was Leben ist." Ich weiß nur, was Existenz ist: Sein, Da-Sein. Aber ist das schon Leben? Und Tod ist gewiß eine Art Nicht-Sein. Wenn aber Leben nicht gleichbedeutend ist mit Da-Sein, kann Tod auch nicht gleichbedeutend sein mit Nicht-Sein. Und da Leben oft einem Nicht-Sein ähnelt, könnte Tot-Sein vielleicht eine Form von Da-Sein sein? Oder sind beide zusammen erst Leben?

Nun beschleicht mich die Angst vor Wien und dem Theater und dem Film. Du meinst, ich gehe der Vollkommenheit entgegen? Guter! Vollkommen ist bis jetzt nur meine Freude über Deine Liebe, meine Dankbarkeit und meine Sehnsucht!

D. R.

Tonio an Aslan

Metz, 13. August 1942.

M. g. R.

Heute fährst Du also von Ehrwald ab. Wieder schließt eines der vielen bunten Kapitel Deines Lebens. Ich schicke diesen meinen Brief nach Wien. So empfängt er Dich sozusagen wieder zu Hause. Also „herzlich willkommen" rufe ich Dir mit allen Deinen Engerln zu.

Hier erwartet man leider auch Fliegerangriffe. Nun wohne ich sehr nahe beim Bahnhof. Doch ich vertraue auf Gott. Die Angriffe auf Saarbrücken, Mainz, Wiesbaden sollen enorm sein.

Morgen und Sonntag will ich in Trier sein. So kleine Ausflüge leiste ich mir vorläufig noch, solange ich nicht spiele. Proben habe ich täglich von „Das Mädchen Till".

Ich wünsche Dich oft und oft her. Ein winzig kleines Bild von Dir steht auf meinem Schreibtisch. Ich habe ein vierblättriges Kleeblatt dazu gesteckt, es soll Dir Glück immer und immer wieder bringen!

Vertreibe das Gespenst der Angst vor Wien, Theater und Film! Lebe Dein Traum-Leben, schließe mich ganz fest mit ein und hoffe mit mir auf eine Zukunft hier und im Himmel!

    Dir verbunden auf immer.

                                        T.

Aslan an Tonio

                                    Wien [1], 22. August 1942.
                                                        (nachts)

M. g. E.

Was Du von Bomben sagst, kann ich gar nicht hören. Ich weiß es. Es versteint mich. Ich weiß zwar und bin tief überzeugt, daß alles, auch das scheinbar Schrecklichste, das scheinbar Unsinnigste und das vollkommen Unbegreiflichste, daß alles das mit Gottes Willen und durch seinen hohen Willen geschieht. Es hat ganz gewiß einen tiefen Sinn. Aber diese Erkenntnis — wie jede Erkenntnis — genügt nicht. Man muß diese Erkenntnis leben. Das ist es. Sonst bleibt die Erkenntnis Lebenslüge.

Ich danke Dir immer wieder für alles Schöne, das Du in mich dichtest. Ich verdiene es nicht. Aber diese Worte sind süß. Mich berauschen Worte und nicht Alkohol.

Apropos Alkohol: Es gehört doch auch zum Schönsten, Moet et Chandon zu trinken. Ja, es ist eben schon 1 Uhr nachts.

                                                      D. R.

[1] Erster Brief aus Wien nach Rückkehr von Ehrwald. (Stark gekürzt. Alltagssachen.)

Tonio an Aslan

                                          Metz, 24. August 1942 [1].

M. g. R.

Ich denke an Dich. Deine schönen großen Züge sind voll melancholischer Trauer, Deine herrlichen Augen sehen bald grau, bald blau.

Ich möchte Dich so gerne glücklich wissen. Kann man das? War nicht vielleicht sogar in den Augenblicken, wo wir uns am nächsten waren, immer wieder ein Winkel Deines Wesens, der nicht mitschwang? Ich kann es! Ich wollt', ich könnte es so restlos auch in meiner Kunst. Du sagst es oft, sagst, daß ich auch Dir das Glück gegeben habe. Kann ich es wirklich?! Was an Willen in mir ist, ist bereit, es Dir zu bringen. Ist Wille auch in Dir, es entgegen zu nehmen? Sonst ist es nicht Glück!! Ich sehe Dich schmerzhaft lächeln und mit einer so ausdrucksvollen Geste Deines ganzen Körpers sagen: „Glück, was für ein schmerzliches Wort!"

Montag nachmittag beginnen die Faust-Proben. Ich spiele den Schüler, die einzige Rolle, die ich mit Dir gespielt habe [2]. Ich glaube, wir waren beide an diesem Abend nicht gut, weil wir zu bedacht waren, den anderen gut zu wissen. Diese Kontrolle zerstörte die Darstellungsfähigkeit in beiden. Ich hoffe, jetzt ein besserer Schüler zu sein! Außerdem spiele ich noch den Engel Gabriel [3].

Lebe wohl! So uns Gott das Leben läßt, hoffe ich auf die Zukunft.

Dein T.

[1] Ebenfalls stark gekürzt. (Ebenfalls Alltagssachen.)
[2] Bei einem „Faust"-Gastspiel in Olmütz spielte Aslan den Mephisto und Tonio den Schüler.
[3] Im Vorspiel im Himmel. Übrigens spielte Tonio bei jenem Gastspiel in Olmütz auch noch den Engel Gabriel.

Tonio an Aslan

Metz, 27. August 1942 [1].

M. g. R.

Sage mir, bitte, von wem ist das Paulus-Buch, von dem Du mir einmal sprachst? Ich bekam dieser Tage aus Frankfurt von einem Bekannten ein Paulus-Buch, das ist von Renan.

Du bist schon mitten in der Arbeit: Kirschen für Rom, Carlos. Ich glaube, bei mir beginnen die Proben erst am 1. September. Nie erfährt man an diesem Theater klar und richtig, was eigentlich los ist. Es ist ärgerlich, daß ich bereits umsonst seit 23. Juli hier bin. Ich möchte auf keinen Fall noch eine dritte Saison hier in Metz bleiben müssen. Wenn in Wien für mich kein Platz ist, dann versuche ich es mit Berlin. (Film und Theater.) Hoffentlich endet dieser schreckliche Krieg noch diesen Winter, sodaß einem auch wieder Selbstentscheidungsrecht zuteil wird!

Wird der Film? Was ist es für eine Rolle? Und das Buch?

Ich möchte Dich gerne bald wiedersehn. Ob Gott es will? Wir wollen ihn recht schön darum bitten.

D. T.

[1] Wieder stark gekürzt (Alltagssachen).

Aslan an Tonio

Wien 28. August 1942.

M. g. E.

Warum man mir den Alltag nicht abnimmt? Weil jedem der Alltag etwas anderes bedeutet. Es ist von keiner Seite schlechte Absicht. Jeder denkt, er macht's richtig. Es ist immer ein Zufall, wenn das Richtige des einen das Zweckmäßige für den andern ist. Um es dem andern recht zu machen, muß man immer sich selbst auslöschen. Ist es nicht in der Mystik auch so? Um es Gott recht zu machen, muß man sich aufgeben und Ihn walten lassen. Aber wer kann das schon? Jeder ist für sich eine kleine Welt. Das nennt man dann sein Ich.

Ob ein Winkel meines Wesens nicht mitschwingt, wenn wir zusammen sind? Eigentlich nicht. Ich liebe Dich ganz. Und doch wieder hat jede Seele eigene Bezirke. Das sind die Bezirke der Eigengesetzlichkeit oder Bezirke, die schon lange, ehe wir uns kannten, zerstört worden sind, aber doch irgendwie noch da sind, wenn auch zerstört. Ob Du mich ganz glücklich machst? Ja. Aber doch müßte um uns herum alles auch darauf eingestellt sein. Und das kann doch nicht sein! Was ist um uns herum für uns? Eigentlich ist das Meiste um uns herum gegen uns. Muß man da nicht schmerzlich lächeln? Daß trotzdem und trotz allem soviel Glück da ist, wenn wir zusammen sind, ist ja eine große Gnade.

Der „Schüler" ist voll Humor, Anmut, Reinheit. Eine entzückende Rolle. Der Gabriel: ganz unirdische Laut-Extase. Das Lob der Engel ist die Musik der Sphären.

Ich eile auf die Tasso-Probe.

Ich liebe Dich.
D. R.

Aslan an Tonio

Wien, 31. August 1942.

M. g. E.

Das beste und berühmt gewordene Paulus-Buch der letzten Zeit ist von Holzner. (Wir haben darin gelesen.) Das Paulus-Buch von Renan kenne ich nicht. Renan ist kein Katholik. Gewiß ein scharfer, weiter Geist, ein großer Schriftsteller und ein ehrlicher Denker. Aber Paulus ist ein Phänomen. Und ich nehme an, daß Renan kritisch an das Thema herangeht. Das ist für mich falsch. Phänomene kritisiere ich nicht. Entweder sie wirken, oder sie wirken nicht. Aber ihre Analyse bleibt unvollständig. Ich kann ihn ablehnen, er kann mir zuwider sein, der Paulus! Aber kritisch seine Bedeutung mindern oder gar ihn lächerlich machen wollen, wäre Frevel. Vor Renan fürchte ich mich. Nein, nein, so wie's im Holzner steht, so ist es. Das war Paulus!

Hier bin ich weiter sehr überarbeitet. Ich spiele nicht nur „Kirschen" und Carlos, auch Malvolio, Welserin, Stuart, Kabale, Klingsberg [1]. Und bald kommen Proben. Zuviel!

Film und Buch im Moment nichts.

Nicht auszudenken, wenn Du doch kämst!

Gutes Engerl, ich umarme Dich!

D. R.

[1] Über den Lucullus in „Kirschen für Rom" war schon die Rede, so auch über den alten Klingsberg in „Die beiden Klingsberg" wie über den Kaiser Ferdinand I. in „Die schöne Welserin". In „Don Carlos" spielte Aslan den Philipp, wie er in der Jugend den Carlos, dann den Posa und ganz spät noch den Großinquisitor spielte. In „Was ihr wollt" war er Malvolio, in „Maria Stuart" Graf Shrewsbury, in „Kabale und Liebe" der Hofmarschall von Kalb.

Tonio an Aslan

Metz, 2. September 1942.

M. g. R.

Es gibt keinen Tag, an dem ich nicht tausendmal an Dich denke. Aber es gibt Tage, die vergehen, an denen ich nicht schreibe. Doch jeder Tag bringt Situationen, die Dich mir tausendmal nahe bringen. Fühl' ich mich doch von Deiner Liebe umgeben wie von der Luft und dem Licht! Ich empfange Lebensfülle von Dir. Es ist mir ganz klar, daß ich das Bedürfnis habe, dieses Glück zurückzugeben. Das Glück, das ich empfange, erhebt mich fast zu religiöser Dankbarkeit. So erlebe ich oft am Tage Gemeinsamkeit, die wie eine kurze, aber dennoch unermeßlich weite Reise ist. Mit Deiner immer gleichbleibenden Liebe bist Du wie die Sonne in meinem Leben. Wenn daher der Augenblick der Intensität vorüber ist, kommt das Warten auf den nächsten, und zwischen dem einen und dem anderen hat man nur die Empfindung der Zeit, welche flieht.

In dieser Zeit der Fliegeralarme, der politischen Unruhen, des Menschenmordens, des Irrsinns, des Hasses klingt in mir dieser Akkord der Liebe. Daher rührt mich die Zeit nur selten wirklich an. Aber wenn sie es dann tut, dann tut sie es ganz.

Vielleicht ist daher Kunst jetzt noch wichtiger als sonst. Jede große Kundgebung der Kunst oder die Offenbarung eines großen Künstlers zählt weit mehr als jeder Bündnisvertrag. Das, was unsterblich ist, gilt, nicht das, was sterblich ist. Was ist von großen Politikern geblieben? Das, was Künstler um sie geschaffen haben. Hatte ich nicht recht, als ich damals, da ich die Ney spielen hörte, sagte: „Ich mache den Vorschlag, Elly Ney soll vor einer Versammlung aller heutigen Politiker Beethoven, Mozart, Schubert spielen, und ich wüßte, das Weltgeschehen nähme eine andere Wendung. Du kannst es auch, mit Deiner Kunst kannst Du zur Einheit zurückführen. —

Ich liebe Dich. Du allein gefällst mir ganz!

D. T.

Aslan an Tonio

Wien, 3. September 1942.
(nachts)

M. g. E.

Heute habe ich zum ersten Male in dieser Saison die Fürstin wiedergesehen. Es geht ihr gut, und das freute mich sehr.

Ich spiele täglich.

Gestern sagte mir jemand, der Krieg sei im Februar aus! Soll man sich diesem Märchen hingeben? Soll man sich dem Traum hingeben, daß Du auf ein paar Tage kommst?

Ich lese Deine Briefe und bin glücklich. Das, was in mir Unglück bleibt, hat nichts mit Dir direkt zu tun. Vielleicht indirekt. Was von

Dir selbst kommt, macht mich nur glücklich. Gott erhalte es mir! Und was im Berufsleben und im Phantasieleben unerfüllt bleibt, hat überhaupt nichts mit Dir zu tun. Das kann mich auch nie wirklich unglücklich machen. Ja, sogar das, was im religiösen Leben unerfüllt bleibt, kommt nicht von Dir. Du würdest mir nur helfen wollen, daß es sich erfülle. Das weiß ich. Nein, was unerfüllt bleibt, daran sind wir immer selbst schuld. Wir schaden uns immer selbst. Wir müssen uns bemühen, im geliebten Wesen das am meisten zu lieben, was dem Geliebten die größten Schmerzen bereitet. Verstehst Du? Darum liebe ich alles, was Dir zum vollen Glücke fehlt. Was es auch sei! Diese Form der Liebe scheint mir die höchste, weil die christlichste. Mit dieser Erkenntnis gehe ich schlafen.

D. R.

Tonio an Aslan

Metz, 5. September 1942.

M. g. R.

Wie klar Du alles sagen kannst! Das ist eben den südlicheren Rassen gegeben, mit den einfachsten Mitteln den höchsten Gipfel der Schönheit zu berühren, was uns Deutschen in unserer unklaren Sehnsucht nur selten ganz gelingt. Bei Dir spüre ich das ganz stark, vor allem in Deiner Kunst. Dort bist Du geeignet, den Schmerz eines Weltalls zu tragen. Nie hat mich ein Schauspieler so angerührt wie Du in tragischen Momenten. Nie sah ich ein lebend Gesicht soviel Trauer ausdrücken wie Deines in einigen Rollen. Vielleicht hast Du das „In-der-Gnade-Stehen". Das heißt, Du bist berufen, weil Du nicht mehr spielst, sondern bist. Dieses letzte Geheimnis in unserer Kunst hast Du mir geoffenbart. Was Du mir als Mensch gegeben hast, sei es auch im Schmerz, in der Freude, es machte mich zu dem, was ich heute bin. Meine Augen füllen sich mit Tränen, und ich habe den tiefen Dankbarkeitswunsch, über mich selbst hinauszugehen. Daher auch immer die heroische Anstrengung, diese Liebe rein zu halten, Geist werden zu lassen.

Elly Ney feiert ihren 60. Geburtstag. Sie ließ mir einen Brief schreiben, worin sie mich zu einem Treffen auf Schloß Itter in Tirol einlädt. Alle ihre Freunde kämen hin. Mich freut es, daß sie mich zu ihren Freunden zählt. Zu meiner Mutter aber möchte ich lieber fahren.

Seit Christus in meine Seele eingebrochen ist, muß ich ja den Schmerz bejahen. Deshalb verstehe und bejahe ich Dein Lieben, das dem Geliebten die größten Schmerzen bereitet. Einmal dachte ich anders. Als ich am Parnaß stand oder durch den Isthmus fuhr, wollte ich die Freude zur Lebensquelle haben. Doch der Schmerz hatte sich bereits meiner bemächtigt — Abschied vom Geliebten.
Ich denk' und wünsch' für Dich.

Kuß.

T.

Aslan an Tonio

Wien, 8. September 1942.
(Maria Geburt)

M. g. E.

Nach Klarheit habe ich mich immer gesehnt. Nie ist mir etwas klar genug, ganz schlackenlos klar. Das ist richtig: Der Nordländer ist vernebelt wie sein Klima, der Südländer klar und fest umrissen.
Ich habe drei Bücher von Kolbenheyer [1] bestellt: 1. Paracelsus, 2. Amor Dei, 3. Das verwandelte(?) Herz. Instinktiv mag ich Kolbenheyer nicht. Aber doch muß oder soll man gerade darum sich mit ihm beschäftigen. Vielleicht überwindet man die Antipathie, und das ist immer das Schönste und Wertvollste. Sich nicht nachgeben, sich zwingen. Sonst erklimmt man's nicht.
Film soll sein, von Hans Thimig aus.
Buschbeck hat den Vertrag mit dem Verlag unterschrieben [2].

Kuß!

D. R.

[1] Erwin Kolbenheyer, in dessen Giordano Bruno-Drama „Heroische Leidenschaften" Aslan später die Rolle des Papstes Clemens VIII. spielte.
[2] Mit dem Verlag Erwin Müller in Wien, wo dann das Buch Buschbecks über Aslan herauskam.

Aslan an Tonio

Wien, 11. September 1942.

M. g. E.

Nichts tut sich, was man erfreulich nennen könnte. Ich bin unbeschreiblich müde, unruhig, innerlich gehetzt, lustlos in der Arbeit, unzufrieden mit mir und immer in der Erwartung dessen, was nicht kommt. Dabei täglich Proben und Vorstellung. Das ist so die Hintergrundfarbe und der Rhythmus. — Am 1. Oktober soll ich den Philipp in Warschau spielen (noch nicht perfekt), Mitte Oktober die Kirschen in Brünn [1]. Filmbesprechungen mit Thimig beginnen bald, und dann kommen die Urlaubsverhandlungen (?). Dabei luge ich aus nach einem Urlaub für einen Besuch in Metz, was mir lieber wäre als Warschau, Brünn und Film. Viel lieber. Am liebsten würde ich vier Wochen in Metz gastieren.

Trotzdem, wenn ich einen Blick in die Geschehnisse der Welt tue, geht es mir sehr gut, und ich komme mir recht undankbar vor. Ich glaube, das ist unsere Hauptsünde: Undankbarkeit. Und Maßlosigkeit. Wir wollen immer alles. Denn: Ruhe haben wollen, innere und äußere Ruhe, das ist ja alles. Und hätten wir sie, würden wir diese Ruhe nicht mit neuen Wünschen bevölkern? Dann sage ich mir wieder: Ich bin doch bescheiden! Und doch scheint es sehr unbescheiden zu sein.

Wirst Du zum Geburtstag der Mutter auftauchen? Jetzt kommen ja ein paar Stücke, wo ich frei sein werde — aber wann? Ich kann's kaum erwarten. Dann husch' ich nach Metz! Hurra!

Viele Küsse!
Dein R.

[1] Burgtheater-Gastspiele.

Aslan an Tonio

Wien, 20. September 1942.
M. g. E.

Die kurze Zeit Deines Hierseins [1] war schön, sehr schön. Ich bin dankbar. Aber daß es nicht immer so sein kann, muß doch einen tiefen Sinn haben. Alles hat einen Sinn. Welches ist dieser Sinn, wohin führt er, was bezweckt er, und was sollen wir aus ihm lernen? Das möchte ich nicht nur wissen, sondern auch danach handeln. Aber fast scheint es mir, als wüßte ich es, und, da ich nicht danach handeln kann, rede ich mir ein, ich wüßte es nicht.

Heute und morgen ist „Carlos", Dienstag Rundfunk, sonst Proben. Warschau hat abgesagt, vielmehr verschoben? Brünn soll Mitte Oktober sein. Vom Film noch nichts, und Buschbeck läßt nichts von sich hören, trotzdem er den Vertrag mit dem Verlag unterschrieben hat [2].

Vielleicht wird diese Saison für Dich beruflich interessant (durch die Rollen) und wichtig durch ihre Auswirkung. Aber wie immer, eines ist sicher: Du hast ein besseres — oder sagen wir — glücklicher geartetes Naturell als ich. Du wirst es (innerlich) leichter haben. Das beruhigt mich auch. Du kannst nie so zerrissen sein wie ich, weil Du für alles, was Du tust, innerlich einstehst. Kannst Du ermessen, was das bedeutet? Du findest das, was Du tust, richtig und gut, und tust nur, was Du für richtig und gut hältst. Das ist ungeheuer viel. Die größte Karriere wiegt das nicht auf. Das ist eigentlich alles. Während ich alles schlecht finde, was ich tue, oder zumindest nicht richtig. Kannst Du das ermessen? Aber dankbar bin ich, daß Du mich liebst, und glücklich bei dem Gedanken, daß Du ein — wie gesagt — glückliches Naturell hast.

Wir haben zwar wenig gesprochen während Deines Hierseins, aber es war schön, gelt?

Viele Küsse!
D. R.

[1] Tonio war zum Geburtstag seiner Mutter am 16. September für 3 Tage in Wien gewesen.
[2] Wegen des Aslan-Buches.

Tonio an Aslan

Metz, 22. September 1942.

M. g. R.

Eine Probe jagt die andere. Vom ersten Augenblick meines Herankommens. Zum ruhigen Nachdenken bin ich noch gar nicht gekommen, bin einesteils sehr froh darüber. Und doch geht oft im großen Wirbel und Trubel das Erinnern an die drei Tage Wien durch Herz und Hirn. Traumhaft neblig, traumhaft wirklich. Dort mit Dir ist mein Leben. Dort oder auch irgendwo anders möcht' ich mit Dir leben. Wenn Du Dich auch immer mehr von mir irdischem Wesen entfernen willst, um in Gottes Arme zu laufen; ich halte Dich nicht, weil ich das nicht kann, aber ich möcht' halt gerne mit Dir laufen. Zusammen langsam hinaufentwickeln! Du hast Hemmungen, ich spreche es aus. Ich möchte nur mehr mit Dir leben. Und wenn Du plötzlich alt geworden sein wirst, dann will ich erst recht um Dich sein und Dir dienen — dienen!

Alle die Vernunftgründe, die wir wieder für unser Handeln haben sprechen lassen, gelten zwar, aber glücklich machen sie gewiß nicht. Die Furcht, die über unser aller Leben gekommen ist, muß dem Mut weichen. Mut zum Bekenntnis — zum Bekenntnis des Lebens und des Glückes. Soll ich etwas leugnen, das mich ganz erfüllt? Dabei habe ich nie so ganz das rechte Gefühl, alles sei richtig, als wenn ich gerade bei Dir bin.

Plötzlich kam Sonntag ein Mann von der Ufa. Bin neugierig, ob sich da etwas entwickelt.

An George [1] will ich auch schreiben. Obwohl alles Entfernung [2] von Dir bedeutet, habe ich dann wieder das Gefühl, Dir näher zu kommen. Leistung ist auch etwas, was mich Dir näher bringt. Immer denke ich, wie würde er das jetzt beurteilen. So nehme ich Dich bei Deiner Hand und führe Dich in den kommenden bunten, schönen lothringischen Herbst.

Kuß

T.

[1] Der berühmte Schauspieler Heinrich George, der damals Direktor des Schiller-Theaters in Berlin war.
[2] Wegen ev. Film-Engagements.

Aslan an Tonio

Wien, 24. September 1942.

M. g. E.

Dein heutiger Brief hat mich sehr erleichtert. Ich hüpfe. Seelisch nervöse Menschen wie ich (Gott sei Dank, noch nicht so sehr körperlich nervös — das gibt es nämlich auch — aus = gesprochene Neurotiker oder besser Neuropathen z. B. der Wilde [1]), also seelisch nervöse Menschen wie ich können durch etwas sie Erfreuendes und für ihre Seele Bekömmliches sich auch körperlich regenerieren. Ich war schwer, nun hüpfe ich. Du hast mir nichts Neues gesagt, und doch ist es Labe und Balsam. Besonders daß Du „mit mir in Gottes Arme laufen" willst. Das ist so schön. Und dann „. . . und wenn Du alt geworden sein wirst, will ich erst recht um Dich sein und Dir dienen — dienen!" Diese beiden Sätze sind Labe. Zwar hast Du zum „Dienen" nicht gerade natürliche Anlagen, aber der Wille ist schon schön. Ja, das ist es. In Gottes Arme laufen und dienen. Das ist es. Wenn Du (und das kommt von selbst), wenn Du ganz erkannt haben wirst, daß in Gottes Arme laufen einer systematischen Zucht bedarf und diese Zucht darin besteht, sich in das sakramentale Leben einzufügen, dann wird es erst ganz groß.

Ufa und George sind gut. Aber heute meditiere ich über Deine seelische, nicht über Deine berufliche Entwicklung, die mir ja auch, wie Du weißt, am Herzen liegt.

Daß Du viel probierst und spielen wirst, ist schön. Den Spaziergang in den Herbst mache ich mit, und mein Herz lobt den Herrn.

Der letzte Angriff in München soll 5000 Obdachlose hinterlassen haben?!

Nochmals Dank und Gruß und Kuß.

D. R.

[1] Zeljko.

Tonio an Aslan

Metz, 26. September 1942.

M. g. R.

Am 3. Oktober ist also die Eröffnung mit „Faust". Dann als zweites: „Der Hakim weiß es", dann „Frau ohne Kuß" [1] (mit Didier [2] und ohne mich), dann „Mädchen Till". Zur Hauptmann-Feier: „Iphigenie in Delphi", ich als Alakos [3], und zugleich Proben zu „Rheinsberg" von Friedrich Forster, ich als Prinz Louis Ferdinand von Preußen [4], eine Riesenrolle. Ich habe in jedem Stück zu tun, werde also ab 3. Oktober jeden Abend spielen. So soll es die ganze Saison für mich weitergehen. Ob es mich sehr glücklich macht? Eigentlich nein. Anfangs Dezember ist dann „Carlos" [5]. Darauf freue ich mich. Sonst geht es mir ähnlich wie Dir. Ich bin halb. Halb aber nur, weil Du mir fehlst. Weil ich mit Dir nicht zusammen lebe.

Den Brief von Diego [6] schicke ich Dir wieder zurück. Vielleicht kann man wirklich erst allein und einsam sein, wenn man Geistlicher ist. Und das glaube ich auch, daß geistige Größe nur in Einsamkeit wird. Was ist dagegen unser Leben! Dieser bewegte Alltag, ob man nun will oder nicht. Die tägliche Berührung mit vielen Menschen. Oft scheint es mir, als ob ich irgendwann einmal auch das Zeug dazu gehabt hätte, ein fruchtbarer Einsamer zu werden. Aber geschieht nicht alles mit uns so ganz anders, ob wir nun richtig wollen oder richtig nicht wollen? An Diego scheint Dir ein wirklicher geistlicher Freund zu erwachsen. Wir sollen Nachträger dieses Kreuzträgers sein, meint er. Mein Gott, wie so ganz anders läuft unser Lebensgang ab! Du ahnst es manches Mal. Aber ich bin so weit davon, weil ich ja soviel Irdisches will, allerdings — Gott verzeih' es mir — mit Dir. Immer baue ich „Schlösser in Madrid", wie Deine Mutter zu sagen pflegt. Baue sie und fliege traumhaft, rauschhaft dann mit Dir zu den höchsten Gipfeln, weil ja in der Liebe alles erreichbar scheint!! Du entwickelst Dich immer mehr weg von mir, ich immer mehr zu Dir hin. Und doch wollen wir beide bestimmt das Beste und Edelste, was Menschen nur wollen können!

Dank, Gruß und Kuß!
D. T.

[1] „Frau ohne Kuß" von Walter Kollo.
[2] Bruder Didier Aslan hatte nun auch ein Rollen-Engagement in Metz.
[3] Aslan hatte in diesem Stück am Burgtheater den Apollopriester Pyrkon gespielt. (S. Aslans Brief vom 29. Dezember 1941.) Nun spielte Tonio darin den jungen Priester Alakos.
[4] Preußisch-patriotische Stücke waren in der Nazizeit beliebt.
[5] Tonio spielte den Carlos.
[6] Der mehrfach erwähnte geistliche Freund und seelische Berater Aslans, der Dominikaner-Pater Diego Götz.

Aslan an Tonio

Wien, 29. September 1942.

M. g. E.

Heute ist ein riesiger Konfusionstag. Nicht zu schildern, welche Anhäufung von Ärger, Besprechungen, Telefonaten, Mißverständnissen u. s. w. seit zwei Stunden über mich hereingebrochen ist. Trotzdem (zur Übung des Willens) schreibe ich mitten im Kanonendonner eines entfesselten Telefonwahnsinns und eine Stunde vor Beginn der Probe. Aber es muß sein! Auch Du bist gerade sehr angehängt, wie Du im letzten Brief schriebst. Hoffentlich macht's Dich nicht zu ner-

vös! — Kannst Du Dir vorstellen, wie ich alles abtun und per Flugzeug nach Metz möchte? Eine ganz große Sehnsucht nach Ruhe, Ruhe mit Dir. Und Dich hinauftragen dürfen in den Frieden. In den Frieden, um den ich täglich bete. Um den Frieden der Menschheit, den Frieden der kleinen Gemeinde um mich, der gewissen paar Menschen, um Deinen und meinen Frieden.
Es wird schon weiter gehen! Herzlichste Küsse.

D. R.

Aslan an Tonio

Wien, 30. September 1943.

M. g. E.

Gestern schrieb ich Dir einen ermüdenden Brief. Heute will ich etwas Angenehmes sagen: Ich habe meinen Garderobe-Schreibtisch um 900 Mark verkauft. Dafür kaufe ich mir einen Betstuhl, und den Rest (zirka 300 bis 400 Mark) hebe ich auf für Deinen Schreibtisch, sei es, daß Du dort einen findest, sei es, daß wir hier einen finden. Das ist mein Weihnachtsgeschenk 1942 für Dich. Erledigt.

Heute nachmittag habe ich eine Konferenz mit Hartl [1] (Wien-Film). In diesem Thimig-Film soll auch Holt [2] spielen, also eine Rolle für Dich.

Dieser Tage erfuhr ich, daß man auch mit großen Angriffen auf Wien rechnet. Das kann ja schön werden. (Während ich für Metz das Gefühl nicht habe.) So bringt jeder Tag sein Neues! Unverändert ist nur meine Liebe.

D. R.

[1] Karl Hartl, Direktor und Regisseur der „Wien-Film".
[2] Der Bühnen- und Film-Schauspieler Hans Holt, heute seit langen Jahren Mitglied des Theaters in der Josefstadt.

Tonio an Aslan

Metz, 1. Oktober 1942.

M. g. R.

Deinen „im Kanonendonner eines entfesselten Telefonwahnsinns" geschriebenen Brief habe ich erhalten.

Heute nachts soll Didier, der mir eine Karte aus Berlin schrieb, hier ankommen. Ich bin gar nicht so sehr beglückt darüber, Denn, wenn ich oft mit dem Namen Aslan zusammen genannt worden bin, wird es sicher auch hier jetzt wieder Vermutungen geben. Jedenfalls sind diese beiden Namen wieder in einer Stadt. Du wirst es sicher verstehen, und, wenn ich es früher gewußt hätte, hätte ich Didier eher abgeraten. Na ja, man muß halt das Schicksal laufen lassen. Manchesmal kann man aber durch Dazutun rechtzeitig ev. Unannehmlichkeiten aus dem Wege gehen. Wenn schon Tratsch, dann wenigstens mit Dir [1]. —

Heute hast Du Probe-Aufnahme für Deinen Film. Ich denke mit technischen Gedanken an Dich. Ich will das tückische Objektiv der Kamera verzaubern, daß es Dich richtig zeigt und nicht verzerrt.

Vorgestern bekam ich ein großes schönes Bild, eine Kopie von Ghirlandaio: „La Tornabuoni". Es hängt jetzt in meinem Schlafzimmer. So ziehen Italien-Fahrten mit Dir durch meine Phantasie. Was gibt es überhaupt noch in meinem Leben, das nicht mit Dir im Zusammenhang stünde! So ganz anders ist es bei Dir. Aber es ist gut so. Bei mir ist das ja alles so freiwillig gewollt, und es macht mich glücklich, bewegt mich freudvoll, da ich alles sehr bejahe: Schmerz und Lust, Freud' und Leid, eins dem andern nicht nur verwandt, sondern an den Grenzen gleich. Darum: „O Königin, das Leben ist doch schön [2]!"

Kuß, Kuß!

T.

[1] S. Einleitung.
[2] Berühmtes Zitat aus „Don Carlos".

Aslan an Tonio

Wien, 3. Oktober 1942.
(Am Vortag des Todestages des hl. Franz von Assisi.)

M. g. E.

Dein Brief vom 28. September, den ich etwas verspätet erhielt, hat mich wieder erbaut und beglückt.

Eine grundfalsche, ganz irrige Meinung ist jedoch darin, die ich zutiefst beseitigen muß. Du schreibst: „Du entwickelst Dich immer mehr von mir weg und ich immer mehr zu Dir hin." Der erste Teil dieses Satzes also ist grundfalsch. Ich entwickle mich nicht von Dir weg, sondern ich versuche, mich von mir wegzubringen, von mir wegzuentwickeln. Das ist nun ein fundamentaler Unterschied. Ich habe es oft gesagt, und doch muß es noch einmal angenagelt werden, nämlich: Im Rückblick auf mein Leben, das nunmehr bald sechs Jahrzehnte umfassen wird, muß ich feststellen, daß die tiefste Wurzel dieses Lebens, sein Mittelpunkt, der Motor und Führer, sein Um und Auf war: der Sexus. Nicht die Kunst, nicht die Religion, nein, der Sexus. Auch nicht die Erotik. Denn das ist wieder etwas anderes. Erotik ist der Urgrund alles Geschehens. Erotik muß sein. Ist Leben. Ist Schaffen. Ist Glanz, Freude und Bejahung. Ist das Leben. Sexus ist das Triebleben. Gottes Schaffen und Schaffensfreude ist Erotik; Eros durchdringt alles, ohne Eros kein Sein. Nicht-Eros ist Nicht-Sein. Das ist also etwas ganz anderes. Ich meine nur-Sexus. Das muß ich heute am Vortage des Todestages unseres seraphischen Vaters, des hochheiligen Tänzers unserer lieben Frau, des süßen Bettlers von Assisi, grundlegend feststellen, darf nichts beschönigen. Alles floß aus dieser Quelle: Freundschaft, Liebe, Kunst, Religion, mein ganzes Tun und Lassen. Und wenn ich sie verschleierte, diese Quelle, ihr andere Namen gab, andern und mir etwas vorgaukelte, es ist und bleibt wahr: Der Anreiz zu allem lag im Sexus, im Trieb. Was kam nun dabei heraus, und was habe ich erkannt? Es kam nur Halbes heraus, und ich erkenne, daß die Kirche im Tiefsten recht hat, wenn sie den Trieb bekämpft, resp. will, daß dieser Trieb in eine Ordnung gebracht wird und nicht autonom drauf loslebt. Ich sehe auch, daß namenloses Leid über die Menschheit kommt durch die Ent-Ordnung und Ent-Fesselung dieses Triebes, der auch die anderen Triebe beherrscht und unter seine Herrschaft zwingt, als wie: Maßlosigkeit, Trägheit, Hochmut, falscher Ehrgeiz, Vertiertheit u. v. a. m. Alle werden in den Strudel des Sexus hineingerissen. Er ist der Herr der Welt. Er tritt in den verführendsten Gestalten auf. Er benebelt und verzaubert die Gehirne der Menschen. Er herrscht schrankenlos und konkurrenzlos. Nichts ist stärker als er. Aber was geschieht dem, der von ihm beherrscht wird? Was geschieht der Welt, die ihm dient? Sie kommt dahin, wo sie heute ist. Jammer, Verzweiflung, Gewalt, Rechtlosigkeit, Abgestumpftheit, Krankheit, Hunger, Elend, Tod. Das ist das Gefolge des Sexus.

Und dieser Sexus ist der Urgrund meines Lebens. Und ist die Ursache, daß ich nicht das geworden bin, was ich hätte werden können, wozu ich — ach, ich Armer — die Gnaden erhielt. Weder im Künstlerischen noch im Alltag noch im Geistigen habe ich das erreicht, was ich hätte erreichen können. Diese tiefen Erkenntnisse fließen aus der tiefen Erkenntnis meiner Schuld. Ich sehe alles so klar, durchlebe das ganze Spiel dieses Lebens, nichts von Gefühlsduselei, nur Klarheit.

Und siehst Du — davon will ich weg, nicht von Dir! Ich sage sogar: Der Trieb ist in Verbindung mit Dir ordentlich, ist in Ordnung. Aber an sich will ich ihn entthronen und das brennende Herz des Heilands an seine Stelle setzen. Im Feuer dieser Leidenschaft will ich den Triebteufel verbrennen, damit ich am Ende dieses Lebens mein Leben kröne mit der Krone der Tugend. Das ist die gewünschte Entwicklung, und Du sollst mit. Mit!

Ich sage Dir das alles als Mahnung! Lerne! Erkenne! Diesen tiefen Sinn soll es haben! Ich will Dir's ersparen! Hätte ich damals so einen Freund gehabt! Ich hatte nur Anbeter und Schmeichler und Schmarotzer.

Wenn ich jetzt oft in meinen Tränen meine Schuld waschen will, so sind es oft Tränen des Mitleids mit Euch! Mit Euch, meine lieben Brüder und Schwestern. Ja, wirklich. Ich weine oft über meine Mitmenschen. Warum muß man durch alle Höllen gehn, um zu erkennen! Warum hört man nicht auf einen, der's weiß? Mit mir selbst hab' ich nicht soviel Mitleid. Ja, ich bedaure viel und vieles. Aber ich hab' doch die Gnade des Erkennens. Also, Lieber, nicht von Dir weg, sondern von mir weg!

In großer Liebe

D. R.

Tonio an Aslan

Metz, 8. Oktober 1942.

M. g. R.

Didier sah ich gestern nach der Première zum ersten Mal seit seinem Hiersein etwas länger. Ich suchte, Dich in ihm zu finden, fand aber nur ihn.

Das mit der Wurzel alles Deines Seins im Sexus hast Du mir großartig und sehr anschaulich geklärt. Wie ähnlich bin ich Dir, erschreckend ähnlich. Und darum trifft es mich ja auch so. Viel mehr, als Du ahnst, trifft mich immer all das, was Du über Dich aussagst, weil Du es auch über mich sagst. Und das Erschrecken ist, weil Du mich so erkannt hast und daher Deine Liebe so für mich alles Maß bedeutet! Wie möchte ich mit Dir gehen all die schwierig steilen Pfade! Aber ich bin nicht in der Gnade. In der Gnade bin ich nur, weil ich Dich liebe, und ein kleiner Strahl vom Lichte, das auf Dich fällt, fällt eben dann auch auf mich.

„Wen wir hassen, den vergiften wir. Wen wir begehren, den entkräften wir. Für wen wir mit großer Liebe beten, für wen wir uns Opfer auferlegen, dessen Arbeiten und Kämpfen leisten wir mit, an dessen Siegen haben wir Anteil [1]."

Wen man liebt und von wem man geliebt wird, das bestimmt den Adel eines Menschen, das kann aber auch seine Schande sein. Wen man liebt und von wem man geliebt wird, das gibt Aufschluß über das tiefste Wesen eines Menschen. So denke ich, und so macht es mich glücklich, Dich kennen gelernt zu haben, Dich geliebt zu haben, Du mein Adel, Du Helfer meiner Menschwerdung!

Wenn ich weine, dann weine ich vor Glück, daß es Dich gibt — für die Menschen, für mich — für Gott.

In Liebe

T.

[1] Zitat unbekannt.

Aslan an Tonio

Wien, 13. Oktober 1942.
(Ansichtskarte)

M. g. E.

Ich sitze im Caffée Landtmann und feiere bei einem Malzkaffee und Magermilch die vor 20 Minuten stattgefundene Verleihung des Offizierskreuzes des St. Alexander-Ordens, den mir König Boris von Bulgarien [1] verlieh. Im Riesenrad des Irrsinns [2] ein um den Hals zu tragendes Episödchen.

Morgen sehe ich die Probeaufnahme für den Film.

Stets

D. R.

[1] Schon dessen Vater, Ferdinand von Bulgarien, zählte zu Aslans Freunden. (S. Aslans Brief vom 9. Oktober 1941.) König Boris kam in der Nazizeit im Flugzeug ums Leben.
[2] Die Ansichtskarte stellt das Wiener Riesenrad dar.

Tonio an Aslan

Metz, 14. Oktober 1942.
M. i. g. R.

Traurig und melancholisch macht mich Trauer und Melancholie an Dir. Ich würde Dich lieber froh, glücklich wissen — sogar ohne mich!!! Du lebst doch in einer Welt, wo Unbegreifliches Dir nahe kommt, Du selbst Ausdruck dieser unbegreiflichen Welt. Du hast die Gnade, ein großer Künstler zu sein, und daher auch die Verpflichtung, Kleinstes abzustreifen. Dein Leid um Welt und Menschheit muß so sein, Dich so treffen. Wie könntest Du sonst solche Gestalten auf die Bühne stellen, die wir alle kennen, verehren und lieben. So kommt es mir auch vor, daß unsere Trennungen Sinn haben. Alles ist und war in dieser unserer Liebe enthalten, vom allerleisesten Dufte bis zum vollen großen Geschmack ihrer schwersten Früchte. Um dieser Liebe willen leide ich all das Leid, das mir zukommt. Nichts, gar nichts möchte ich ungeschehen haben. Alles würde ich noch einmal so leben, wie es ist und war. Das kleine erste Geschehen entfaltete sich zu einem — meinem Schicksal. Und dieses Schicksal, das wie ein feines Gewebe langsam sich entfaltete und gestaltete, wird von einer unsichtbaren Hand geführt und geleitet. Nichts verliert sich von der wunderbaren Kraft des Staunens, der Märchenhaftigkeit Deines Bei-mir-Bleibens. Das macht mich für das Leben tiefer, seliger, größer. Wie recht muß ich meinem Gefühl geben, das mich vom ersten Augenblick an Dir ganz gab, ganz gab, als ich in die Unordnung meines Lebens Ordnung brachte. Vielleicht wäre auch bei Dir Ordnung, wenn es Dir so leicht gelänge, zu Dir ja zu sagen. Aber ich bin eben klein und versuche im Kleinen, dem mir gegebenen Leben Glück und irgendwie Harmonie zu geben. Vielleicht heißt auch: Künstlerisch sein Leben leben: reifen u. wie ein Baum Frucht tragen. Und das hast Du doch gewiß auch getan. Welch herrliche Früchte haben wir von Dir alle schon genossen! Wenn man erst einmal die Zeit des Rausches und zugleich der Ruhelosigkeit überwunden hätte, dann müßte so recht die Zeit des Friedens und des reinen Glückes da sein. Du hast einen langen Brief über dieses Kapitel geschrieben. Ich glaube es nicht ganz. Die Menschenliebe war doch immer größer in Dir als der Trieb. Ich glaube doch, es ging Dir mehr um die Liebe. Und Liebe ist mehr als Trieb. Wir wissen es. Ich freue mich an dem, was in Dir Großes ist, freue mich an dem, was klein an Dir ist, ich bin Dir tief verbunden, ich sage immer dasselbe, aber es ist mir Bedürfnis, Dir das zu sagen. Vielleicht ist auch diese Deine Einsamkeit (Du sprachst doch in irgend einem Deiner Briefe von Deiner Einsamkeit) in all der jetzigen

Fremde Dein Halt und Deine Heimat, aus der heraus Du den Weg findest, den Du Dein Leben lang gesucht hast. Meine Wünsche sind so bereit, Dich zu begleiten. Aber kann ich es denn? Lange ich denn hin zu diesem Deinem Format? Bin ich nicht noch da unten im Dunste und Wust des Irrens und Suchens? Und Du, der Du so herrlich in der Weite des Wachstums stehst, das bis über die Sterne reicht, Du kannst dann auch sicher niemanden mehr mitnehmen. Denn Einsamkeiten wie diese machen fern. Deswegen sei sicher, sei ruhig und quäle Dich nicht mit Zweifeln! Habe nur Nachsicht mit uns, die wir vielleicht nicht ganz folgen können — obwohl ich es doch so gerne möchte! Solltest Du mir einmal ganz entschwinden, bleibt immer noch: Liebe — Liebe, wie ich sie halt geben kann.

Lebe für heute recht wohl und sei gegrüßt und geküßt von

T.

Aslan an Tonio

Wien, 16. Oktober 1942.

M. g. E.

Danke Dir für Dein liebes Telegramm [1]. Du sagst mir, daß Du mir erschreckend gleichest. Das weiß ich. Daher auch meine schmerzliche Besorgtheit um Deinen „Aufstieg". Wieviele Stunden habe ich darüber vergrübelt, wieviele Tränen geweint, wieviele Gebete gebetet! Eben diese „Ähnlichkeit" und das bei diesem großen Altersunterschied — eben diese schafft ja alle diese seelischen Spannungen, von denen ich seit zehn Jahren rede. Nun denke: Diese seelischen Spannungen in unserer Beziehung und alle anderen Spannungen in allen andern Beziehungen: zu Gott, Welt, Umwelt, Beruf u. s. w., welch ein Netz! Welche verwirrende Fülle von Phänomenen lastet auf diesem — ach — heute nicht mehr ganz jungen Herzen! Und daß es Dir nicht so geschehe, das erbitte ich für Dich! Daß Du von meiner Erfahrung lernest! Freilich hast Du ein glücklicheres Naturell (Waage—Wassermann), aber doch diese Ähnlichkeit! Wohl nennst Du sie mit Recht erschreckend.

Heute (16. Oktober) bekannter Rummel. Bücher, Blumen, Obst, Strümpfe, Wein, Telegramme, Briefe, Telefonate. Das Bildchen, das ich Dir einschicke, heißt: „M. g. E." und soll Dir als ständiges Lesezeichen dienen. (Ist es nicht wie ein Foto von Dir?)

Didier schreibt, wie gut Du auf der Bühne warst und wie nett zu ihm. (Das freut mich.) Von beruflichen Spannungen rede ich heute nicht. Sonst geht alles gut. Ich habe mir zu meinem Geburtstag den Betschemel gekauft, der aber noch nicht da ist. Von Deinem Schreibtisch sagst Du nichts. Ich warte auf meine paar Urlaubstage.

M. g. E. — für alles Dank und Gruß und Kuß und Tränen und Schweigen und Wissen und Warten und Beten und wieder Kuß

D. R.

[1] Zu Aslans Geburtstag am 16. Oktober. Es lautete: „Himmel und Erde mögen Dir Ersehntes bringen! In Liebe und tiefster Verbundenheit heute und alle Tage. Dein T."

Tonio an Aslan

Metz, 19. Oktober 1942.

M. i. g. R.

Ich gratuliere Dir, Du Ordensgeschmückter. Doch lange schon trägst Du eine Reihe anderer Orden. Wie viele Großkreuze habe ich Dir allein schon verliehen! Was sage ich — eine Krone trägst Du. Bist Du nicht ein König vom Geistesadel her? Und den Großorden meiner Liebe habe ich Dir längst mit Gottes Hilf' und Gnad' verliehen. Doch alles, was Dir Ehr' und Auszeichnung bringt, freut mich, weil es sichtbare Zeichen sind, die Dir wirklich auch zukommen, Du wahrlich königlich großer, edler Mensch!!

Betschemel ist fein — paßt gut in Dein Engelzimmer. Daß Du an einen Schreibtisch für mich denkst, ist herrlich schön, und ich danke Dir. Aber wie sollte es auch anders sein! Kommt doch alles, was schön und erfüllt in meinem Leben ist, von Dir. Auch umgibt es mich wie mit einem ewig blauem Himmel: dieses Dein An-mich-Denken, Dein Mit-mir-Beschäftigtsein.

Didier sehe ich kaum. Umso freundlicher von ihm, zu sagen, ich sei so nett zu ihm. Arbeit, Arbeit ist jetzt meines Lebens Losung, nicht so sehr von mir gewollt als einfach da. Unwirklich schnelles Schein-Dahinleben mit fast geschlossenen Augen. Wirklich, wirklich, wirklich ist nur mein An-Dich-Denken, mein Für-Dich-Wünschen, mein Auf-Dich-Hoffen.

Habe ich Dir auch gesagt, daß Didier wirklich gut in seiner hiesigen Rolle ist? Ein Herr!! Charmant und liebenswürdig.

Diese Rolle in „Mädchen Till" brachte mir am Sonntag bei der hiesigen Erstaufführung viel Sonderapplaus.

Du, Raoul, wenn Du nur froh sein könntest, wenn Du Leichtigkeit bekämst, dann wäre ich auch froher, leichter. Irgendwie spüre ich sehr lastende Melancholie aus jeder Deiner Zeilen.

Wenn ich um Dich weine, dann sind es meist Tränen des Dankes und des Glückes aus einem Zutiefst-Angerührtsein von dem, was da in diesem Erdendasein „Raoul" heißt und lebt. Und mein Gebet für Dich ist: „Herrgott, ich bitt' Dich, laß ihn die Harmonie finden, zu der er strebt!"

Wirklich, Raoul, immer und immer wieder: Dich liebe ich!!

Kuß, Kuß!

T.

Aslan an Tonio

Wien, 19. Oktober 1942.

M. g. E.

Gewiß haben Trennungen ihren Sinn! Sowie Bindungen! Sowie Kriege! Sowie Glück! Sowie Unglück! Und sicher ist der schmerzliche Sinn gewisser Dinge ein tieferer als der zufriedene und scheinbar erfüllte Sinn anderer gewisser Dinge! Nur das Gefäß, das von dem Sinn der Dinge erfüllt wird, das Gefäß unserer Seele ist nicht stark genug, nicht genügend gestählt, ist oft zu zerbrechlich. Dann strömt der Schmerz heraus und brennt das Fleisch. Verbrennt es oft.

Du machst mich in meinen Briefen besser, als ich bin. Das macht aber nichts. Mich freut es, ohne mich eitel zu machen. Nur stolz macht es mich und froh. Wir sagen in der Messe: „... qui laetificat juventutem meam", d. h. „... der mich stark und froh macht" [1]. Gott macht mich stark und froh. Und die Liebe macht mich stark und froh. Sind zwei Größen einer dritten gleich, so sind sie auch einander gleich. Also ist Gott die Liebe. Wie einfach. Einfach wie alles Wahre und Große. Und Gott ist wahr und groß. Und die Liebe ist auch wahr und groß. Also muß Gott wieder die Liebe sein. Aber Liebe ohne Gott und Gott ohne Liebe kann dann auch nicht wahr und groß sein. So bleiben die Wahrheiten immer in sich gleich. Oder besser, es kann nur eine Wahrheit geben, aus der die andern Wahrheiten sich ergeben. Aber ohne die Grundwahrheit haben alle andern Wahrheiten keinen Halt, keine Wurzel!

Und daß ich Dich wieder sehen muß, auf der Bühne und sonst, ist auch klar.

Viele Küsse!

D. R.

[1] Hier wandelt Aslan den lateinischen Text des Psalmes für sich um. Der Tenor liegt ja auf der Freude.

Aslan an Tonio

Wien, 24. Oktober 1942.

M. g. E.

Denk' Dir, es ist wieder so eine Geschichte aufgetaucht, und es steht nunmehr fest, daß ich so ziemlich ständig beobachtet werde [1]. In diesem Augenblick freue ich mich, daß Du nicht da bist. Sollte diese Gewißheit darum zu mir gedrungen sein, um mich zu trösten, daß Du nicht da bist? Sollte das eine jener tiefen Sinngebungen sein, von denen Du in einem Deiner letzten Briefe sprachst, darin Du sagtest, die Trennung habe auch einen Sinn?! Eine Dame hörte, wie einer der Spitzel einem andern telefonierte (die Rede war von mir): „Hast Du noch nicht genügend Material beisammen?" Und den andern Satz: „Das Beten wird ihm schon in Dachau vergehen." Seltsamster Zufall, daß die Dame das hörte. Mein erster Gedanke war: Gott sei Dank, daß Tonio nicht da ist! So weit kommt man, das eigene Leid als Glück zu bezeichnen. Diese Dinge gehen ja so seit Jahren. Und trotzdem ich keine Angst habe, möchte ich doch so gerne den Dingen auf den Grund kommen.

Auch ich habe von morgen Sonntag bis incl. Freitag grotesk viel zu tun. Drei bis vier große Sachen täglich. Proben, Vorträge, Vorstellungen u. s. w. Und trotzdem sie mich gleich wieder einspannen werden in den „Blauen Strohhut" [2] mit der Dorsch, bin ich fest überzeugt, daß es mir gelingen wird, meine berufliche Lage im allgemeinen zu bessern und im besonderen einen Urlaub herauszuschlagen.

Kuß!

R.

[1] Durch die Spitzel der Gestapo: einerseits wegen seiner Beziehung zu Tonio, anderseits wegen seiner den Nazis bekannten antinazistischen Gesinnung. (S. Einleitung.)
[2] „Der blaue Strohhut", Komödie von Friedrich Michael.

Aslan an Tonio

M. g. E.
Wien, 24. Oktober 1942.

Heute vormittag, als ich in die Stadt wollte, treffe ich vor dem Liebenberg-Denkmal den alten Seitz [1]. Wir kommen ins Gespräch und stehen eine ganze Stunde im Diskurs. Er vergißt auf seinen Friseur, ich auf meine Besorgung. Er erklärte mir den wissenschaftlichen Sozialismus, ich ihm den persönlichen Gott.

Nachmittag las ich wieder Rilkes „Weise von Liebe und Tod", die ich am Dienstag in einer Kaserne vortrage. Bitte, lies es auch und trage es vor bei der ersten Gelegenheit! Es ist herrlich und liegt Dir glänzend. Sehr wichtig. Nächsten Donnerstag Mörike abends in der Kulturvereinigung. Das alles geschah heute.

Kuß!

D. R.

[1] Karl Seitz, ehemaliger sozialdemokratischer Bürgermeister von Wien, der Aslan sehr schätzte und keinen seiner berühmten Vortragsabende versäumte.

Aslan an Tonio

M. g. E.
Wien, 30. Oktober 1943.

Mit dem, was Du vom Verstehen und Nicht-Verstehen sagst von seiten Didiers [1], hast Du gewiß recht. Aber sicher ist es auch möglich, daß Du eben so streng bist in seiner Beurteilung, wie Du zu gut und nachsichtig bist in meiner Beurteilung. Aber darin hast Du recht, daß er manche Seiten meines Ichs nicht sieht und nicht an sie glaubt. Das ist ein metaphysisches Problem. Es gibt eben viele, auch große Denker, die Metaphysik überhaupt ablehnen. Und ich habe halt einen sehr starken metaphysischen Einschlag. Ich werde Dir, wenn ich es kann, übersichtlich erklären, was Metaphysik ist. Das hat an sich nichts mit Religion zu tun. Das ist reine Philosophie. Außerdem habe ich auch einen starken Hang zur Religion. Zweiter Komplex. Dann einen starken Hang zum Phantastischen. Dritter Komplex. Und der gute Didier kennt halt die andern Komplexe besser, die ja auch da sind.

Die Reengagement-Frage kann ich gar nicht berühren. Da krampft sich etwas in mir zusammen, da möchte ich etwas tun und bin ganz gefesselt, ohnmächtig und machtlos. Da fehlen mir auch die Worte. Aber ich weiß auch, daß es Engel gibt, die uns durch verschlossene Türen führen können.

Ich möchte gerne, daß Du älter wirst, mich einholst, und wenn Du Dich nur etwas tummelst, wirst Du's bald haben. Ich warte so lang. Ich komme Dir sogar entgegen, indem ich einige Jahre jünger werde, zurückschraube.

Werden ist schmerzhaft. Das ist richtig. Gerade darüber sprechen alle großen christlichen Denker. Je tiefer man in diese Denkformen hineinsteigt, umso mehr Licht entdecken wir. Dieses ganze, scheinbar sinnlose Gegenwarts-Chaos hat einen tiefen, tiefen Sinn.

Ich küsse Dich tief und innig.

D. R.

[1] Ein Brief mit einer diesbezüglichen Bemerkung Tonios dürfte verlorengegangen sein.

Tonio an Aslan

Metz, 6. November 1942.

M. i. g. R.

Die Première „Rheinsberg", die am 3. November war, ist gut vorbei gegangen. Wieder einer meiner jugendlichen Helden. („Heldischer" kann man nicht.) Dr. Böhm, Oberspielleiter von Dresden, der in der Première war, sagte mir nachher viele schöne Dinge. Das war vielleicht das Positivste! Merkwürdig, daß sie mich hier an diesem Theater alle als so „gesund" empfinden! Es gab Zeiten und Theater, wo sie mich für den jugendlichen Hysterischen erklärten. Jedenfalls habe ich den Eindruck, daß Können und Überzeugenkönnen als Schauspieler jetzt bei mir von Rolle zu Rolle reift. Sollte der neue Weg „jugendlicher Held" lauten? Didier sah mich auch und findet mich sehr „überzeugend". Nach der Première war Empfang beim Wehrmachtsgeneral mit allen Offizieren. Ich hatte einen Schwips und sang Wiener Lieder.

So geht die Zeit, d. h. die Zeit rast. Trotzdem ist mir, als hätte ich Dich irrsinnig lange nicht gesehen. Es gibt in diesem Wust von Arbeit (lernen, laufen, machen, tun) immer am Tage eine „weiche Stunde", wie ich sie jetzt nenne. Da bin ich ganz bei Dir. Merkwürdig warm und weich ist mir da! Das tiefe dauernde Sehnen nach einem Menschen ist wohl der sicherste Beweis von Liebe. Ich sehne mich nach nichts auf dieser Welt als nach Dir. Glaubst Du es mir auch? Das Gefühl für meine Mutter ist wohl auch stark und dauernd da. Auch für ein paar andere Menschen, auch für den Beruf und für ein gewisses Undeutbares noch dazu. Und doch fließt alles zusammen in diesem einen starken, festen Gefühl, das Urquell, Lebensquelle wird — Du! Das ist Metaphysik. Hieraus bin ich fähig, alles zu begreifen, alles zu lernen, alles zu verstehen. Das ist meine — glaube ich — Lebenswerdung!! Du meinst, ich sage Dir da wieder Schönes, vielleicht kannst Du, vielleicht kann ich gar nichts dafür. Auch das — begreife ich — ist Schicksal.

Elly Ney hat herzlichst auf meinen Geburtstagsgruß geantwortet und unterschreibt sich mit „... bin ich immer Ihre Freundin". Nächstens spielt sie hier. Da werde ich mich ihr also „nahen". Irgendwie habe ich Angst. Die vielen, vielen Briefe, die ich so bekomme, sind eigentlich alle mit vieler und großer Liebe angefüllt. Wecke ich dieses Gefühl in all den Menschen, die mir begegnen? Ist es nicht gefährlich? Wie wenig Liebe muß in der Welt sein, wenn ich mit meinem kleinen Leben für fast alle menschlichen Begegnungen „Objekt" werde! Wie soll ich diese Strahlungen verarbeiten? Ist es der Trieb des Wirkens — und Gefallenwollens? Was für ein Widerspruch wäre dies zu meiner Liebe zu Dir!

So, jetzt muß ich ins Theater. In einer halben Stunde bin ich im „Himmel" (Faust-Prolog).

Leb wohl, und alle Deine guten Engerln mögen Dich gütigst umschweben!

     Innigst
      D. T.

Aslan an Tonio

         Wien, 10. November 1942.
M. g. E.

Eben wiederhole ich den Pyrkon in „Iphigenie", die Du jetzt auch probierst [1]. Bei dem Satz der Iphigenie: „Ich starb ins Göttliche hinein und mag im Sterblichen nicht wieder leben" denk' an mich! Das hätt' ich gewollt, aber es gelang nicht. Gestern z. B. hatte ich eine so unruhige Nacht. Was mich tröstet, ist einzig der Umstand, daß meine Gedanken bei Dir waren und Du bei mir warst.

Dein letzter Brief hat mich wieder tief erregt und beglückt. Ja, ich glaube Dir, ich glaube an Dich und an die Wahrheit Deiner Liebe.

Momentan leb' ich in Erwartung einer beruflichen Krise. Das äußere Resultat soll vorläufig eine Urlaubswoche sein!! Toi, toi!

Auch die Ereignisse in Nordafrika und in Rußland sind höchst spannend. Man muß für die Überraschungen des Jahres 43 gerüstet sein!

Die Briefpakete sind schön versiegelt bei der Erni [2]. Zu Hause sind nur die zwei letzten Briefe. Diese Pakete sind mein Reichtum und mein Stolz. Daß die andern Briefe verbrannt sind, tut mir sehr leid [3].

Mein geliebtes Engerl, gute Nacht!

D. R.

[1] S. Aslans Brief vom 29. Dezember 1941 und Tonios Brief vom 28. September 1942.
[2] Erni Hrubesch: s. Brief vom 26. Juni 1941.
[3] S. Einleitung.

Aslan an Tonio

Wien, 14. November 1942.
($^3/_4$2 Uhr nachts)

M. g. E.

Eben von der Unterredung mit Müthel zurückgekehrt. Ich will Dir nur die vorläufigen positiven Zusicherungen mitteilen. 1. Ich mache den Film (1000 Mark pro Tag). 2. Die Rolle in „Traum ein Leben" [1] nimmt er mir ab. (Derentwegen ich Krach machte.) 3. In absehbarer Zeit habe ich 6 Tage Urlaub. Hoffentlich hält er sein Wort! Nun muß ich zwischen Film und Dezember-Repertoire die 6 Tage herausfetzen. Wenn ich 2 Tage Reise rechne, bleiben mir 4 Tage in Metz. Das ist mir das Wichtigste. Ehrlich gesagt, war das der Grund meiner Nervosität. Ich muß Dich sehen, und das soll also möglich gemacht werden, indem ich aus dem Grillparzer-Stück aussteige und dadurch 6 Tage frei sein kann. Irgendwie im Dezember. Jetzt muß ich dieselben Tage vom Film frei bekommen. Neuer Kampf. Aber doch ist das Ganze für den Moment ein Erfolg. Film ist gut, aber Du weißt, für mich eine Qual. Und Geld ist auch gut. Aber es ginge auch ohne das Geld. Mich befriedigt nur, die Rolle in „Traum ein Leben" nicht zu spielen, und die 6 Tage. Ich kann es nicht erwarten, so groß ist mein Bedürfnis, Dich zu sehen, m. g. E. — Wenn man mir sagte: „Fahre Morgen!", verzichte ich mit Wonne auf die 20.000 Mark vom Film. Das versteht natürlich niemand, aber Du verstehst es. So wahr ein Gott ist, ich meine es so. Von mir aus nennt es verrückt! Aber, Gott sei Dank, bin ich so und bleibe ich so. Was sind 20.000 Mark gegen eine wirkliche Freude! Meine Nerven vertragen nicht eine Trennung von länger als 2 bis 3 Monaten. Also hoffentlich geht noch alles gut!

In der groß angelegten Ausstellung in der Hofburg: „Wien 1840 bis 1940" steht die neue Bronze-Büste von Roder [2], die viel, viel besser noch ist als meine marmorne [3]. Ich möchte Dir so gerne einen Abguß machen lassen (600 bis 800 Mark). Es ist weitaus mein bestes Bild. Da ich so wenige habe, hat es mich ehrlich gefreut.

Viel Bewegtes, Interessantes, Phantastisches tut sich so um mich herum. Ich bleibe in dem ganzen Wust ziemlich unbewegt. Was die Telefon-Geschichte [4] betrifft, habe ich gerade in diesen Tagen auch das Umgekehrte erfahren, daß ich nämlich sehr große, sehr viele und sehr aufrichtige Anhänger und Verehrer habe, was ich nie so recht glaubte. Der Thomas [5], der mich zu einem Abendessen einlud, hat mir herrliche Dinge gesagt. (Wir waren allein.) Alles vollzieht sich irgendwie gesetzmäßig, das Gute und das Schlechte.

Freue mich, daß Didier gut war auf der Bühne. Ich verfolge alles, was er tut, mit viel Liebe, wenn ich ihm auch nicht schreibe. Möchte Dich auch so brennend gerne auf der Bühne sehen. Seelisch-geistig wichtig ist mir jetzt nur der Urlaub, sind mir manche Bücher und meine allernächsten Freunde, in erster Linie aber Du. Alles andere ist bewegte Kulisse, Traum oder Alp, ich könnte auch sagen: der Lärm des Lebens. Unser Inneres aber ist die Musik unseres Lebens. Gegensatz von Lärm und Musik des Lebens — sehe ich eben — ist einer meiner wenigen guten Einfälle. Meditiere das!

Kuß!

D. R.

[1] Den Massud in Grillparzers Stück.
[2] Aslans Büste, heute im Treppenhaus des Burgtheaters.
[3] Marmorkopf-Relief Aslans von demselben Künstler, heute auf Aslans Grab auf dem Grinzinger Friedhof.
[4] Telefon-Geschichte: s. Aslans Brief vom 24. Oktober 1942 (erlauschtes Gestapo-Gespräch).
[5] Walter Thomas: s. Einleitung.

Aslan an Tonio

                                              Wien, 15. November 1942.
M. g. E.

    In einer Stunde fahre ich nach Brünn zur dritten Aufführung von „Kirschen" [1].

    Der Film ist also perfekt. Nach unsäglichen Mühen von seiten der Wien-Film und auf ausdrücklichen Wunsch von Berlin! Bitte, tröste mich und sage mir auch Du, daß ich ihn machen soll! Denn schon denke ich nach, wie ich trotzdem ausspringen könnte. Ich weiß, daß es ein Unsinn ist, aber ich mag halt so gar nicht. Wenn Du mir aber aus Überzeugung zuredest, will ich mir Mühe geben, ihn gut zu machen.

    Am 24. und 25. November bin ich in Preßburg mit „Tasso" [1]. Die Rolle in Grillparzers „Traum ein Leben" bin ich auch los, und, wie gesagt, meine Unterredung mit Müthel war ganz gut. Nun bleibt die große Sorge: Wie komme ich im Dezember 5 bis 6 Tage weg? Das ist jetzt mein Sinnen und Trachten.

    Ich glaube, in 6 Monaten sieht das Weltbild ganz anders aus!

                  Viele Küsse!
                                D. R.

[1] Gastspiele des Burgtheaters.

Tonio an Aslan

                                        Metz, 15. November 1942.
M. i. g. R.

    Gestern hatte ich seit dem 3. Oktober die 5. Première („Iphigenie in Delphi").

    Am Abend der Unterredung mit Müthel habe ich sehr zur angegebenen Stunde an Dich gedacht. Daß Melancholie, Nervosität, Deprimiertheit immer wiederkehrend sind, begreife ich, und wer anders als ich könnte Dich da besser verstehen! Bin gespannt und neugierig auf Deine Nachrichten über Deine Berufsspannungen. Du mußt etwas tun. Führe Deinen Beruf zu diesem Karriere-Schauspieler-Ende, wie Du es im Sinne hast!

Ich habe vom Staatstheater Hannover für 900 Mark einen Engagements-Antrag. Huttig will mich aber mit Gewalt halten. Er beruft sich auf die neuen Verordnungen der Reichstheater-Kammer.

Das Gefühl, Dir unentbehrlich zu sein, gibst Du mir, und mich macht es glücklich. Ich möchte Dir unentbehrlich sein, im glücklichsten, freiesten Sinne natürlich, aber doch: unentbehrlich, weil das wieder ein Beweis der Liebe ist. Und Liebe von Dir kann mir nie genug sein.

Die Proben zu Iphigenie erweckten Erinnerungen an Delphi. Weißt Du es noch? „Ich bin gewaschen in kastalischer Quelle [1]!" Jetzt spiele ich einen delphischen Priester. Ich soll wie ein Märchen schön da herumwandeln, sagen Regisseur und Kollegen. Was wurde alles hell und wieder wach an Schönem in mir!! Was danke ich Dir nicht? Du: Vater, Freund, ewig Geliebter!

Ganz in und mit Dir!

T.

[1] Kastalische Quelle: s. Testament.

Tonio an Aslan

Metz, 19. November 1942.

M. g. R.

In einer Stunde geht mein Autobus nach Verdun. Zwei Vorstellungen von „Mädchen Till". Aber ich will Dir schnell ein paar Worte schreiben.

Natürlich mache den Film, und mache ihn vor allem gern! Endlich ist es doch auch eine Rolle für Dich. Irgendwie trotz Deines Nicht-Filmen-Wollens haben wir es doch immer für Dich gewünscht. Mache es mit Freude und Überzeugung, damit nicht wieder der gequälte Ausdruck in Dein Gesicht kommt!

Ja, Du hast wirklich irrsinnig viel Arbeit. Das Burgtheater macht einen Taglöhner aus Dir. Aber das Arbeitsmaß ist, glaube ich, bei jedem irgendwie auf die Höchstspitze getrieben. Es ist vielleicht gut so; Melancholie, Unzufriedenheit werden dadurch erstickt.

Es gibt nichts und niemanden auf dieser Erde (außer meiner Mutter), dem ich so widerstandslos angehöre wie Dir. Ich habe für dieses mein Erdendasein gewählt.

Immer

D. T.

Aslan an Tonio

                                            Wien, 22. November 1942.
M. g. E.

    Dein Antrag nach Hannover wird nicht der einzige bleiben. Es werden viele andere kommen. Ich aber sage: Wenn es nicht Berlin oder Wien ist oder ev. Stuttgart, München, Frankfurt, Hamburg, ist es nicht so wichtig. Hannover ist grau, nüchtern, provinziell. Metz ist freundlich, sonnig und südlich, interessanter. Nein, nein, Berlin oder Wien!
    Du spielst den Carlos, das ist gut, das will ich sehn. Übe im Carlos: schwereloses Sprechen, schlankes Sprechen, edles Sprechen, durchgeistigtes Sprechen, nur hie und da explosiv; viel Kopf- und Masken-Resonnanz; wenige Gesten; Auge!; gar nicht jugendlicher Held; nur Mensch; ureigene Reaktionen; adeligster Abstand von allen und allem; eigenes Parfum; Habsburg-Atmosphäre; leise Tränen! — Du wirst herrlich! Nur bedenkenlos hingeben! Keine Literatur und kein Gehirn, keine Interessantheit. Ein wahrer Seufzer, eine echte Träne, ein Blick ins Jenseits wiegt alles auf. Und alles ist leicht.

                              Kuß!
                                        D. R.

Aslan an Tonio

                                            Wien, 26. November 1942.
M. g. E.

    Meine Nervosität hat sich in unbeschreibliche Müdigkeit verwandelt, sodaß ich in der Elektrischen sogar einmal eingeschlafen bin. Es wirkt alles zusammen: Arbeit, die Zeit, die Sehnsucht, die Phantasie, der Ehrgeiz (?), die Sorgen, die Wünsche und vielleicht auch ein wenig das Nicht-mehr ganz-Jungsein, daß ich manchmal ganz zusammenklappe.
    Und nun etwas Wichtiges: Ich bitte Dich: Denk' jetzt nicht an Veränderung des Engagements! Ich glaube, es wird fürchterlich, und in solchen Momenten ist es besser zu bleiben, wo man ist und wo doch einige Menschen sind, die einen ev. verstecken oder einem helfen. Du verstehst! Ich glaube, in einem Jahr ist alles anders [1].

Billinger ² behauptet, für mich ein Stück geschrieben zu haben. Er will mir's vorlesen, bis er nach Wien kommt.

Huttig war sehr nett zu mir ³. Irgendwie scheint er mir doch ein Mensch zu sein, so wie wir's gern haben. Und er sprach wirklich schön von Dir. Das freute mich. Er hat Pläne! Du sollst den Homburg spielen ⁴.

Man kann nur von heut' auf morgen disponieren, denn übermorgen ist schon unsicher!

In allen Zeiten gleich.

Kuß

D. R.

¹ Bezieht sich auf politische Lage.
² Der Dichter Richard Billinger.
³ Huttig war vorübergehend in Wien.
⁴ Kleists „Prinz von Homburg".

Aslan an Tonio

Wien, 28. November 1942.
(Während der „Tasso"-Vorstellung)

M. g. E.

Halt' mir die Daumen! Ich dürfte — toi, toi, toi — am 28., 29., 30., 31. Dezember und am 1. Jänner frei und beurlaubt sein. So würde ich gewissermaßen Weihnachten, Sylvester und Neujahr zusammenlegen und mit Dir sein. Wenn ich am 27. nachts ³/₄11 fahren könnte, gewinne ich vielleicht sogar einen Tag. So steht es heute. Im Jänner spiele ich dann den „Bruderzwist" ¹, und dann bereite ich die Revision meines laufenden Vertrages so vor, daß ich nur mehr acht Monate spiele und vier Monate frei bin. Was ich dann mit den vier Monaten mache, ist meine Sache. Huttig versprach mir, wenn ich es rechtzeitig sage, den Carlos anzusetzen, damit ich Dich in dieser Rolle wiedersehe. So bin ich heute etwas froher.

Stets

Dein R.

¹ Kaiser Rudolf II. in Grillparzers „Ein Bruderzwist in Habsburg".

Tonio an Aslan

Metz, 29. November 1942.
($^3/_4$1 Uhr nachts)
M. i. g. R.

Eben geht Didier — es war sein Abschiedsabend. Didier war gerne hier. Alle, mit denen ich ihn bekannt machte, bedauern sehr seinen Weggang. Du hast ihn gerne, ich freue mich, daß er Weihnachten bei Dir sein kann.

Vielleicht ändert sich in einigen Monaten wirklich das ganze Weltgefüge. Meine Wünsche werden immer enger. Wien und Du, oder Du und irgendwo ein Platz auf der weiten Welt. Das „einfache Leben" suchend. Das Schauen nach oben, das Bitten um die Gnade der wirklichen Erkenntnis, das Hand-in Hand-Sein mit dem Menschen, den man irdisch-himmlisch liebt. Dann müßte alles sich lösen, weil alles so einfach, so klar ist. Das alles scheint aber so schwer erreichbar, weil es vielleicht wirklich der Vollkommenheit am nächsten ist.

Kuß!
D. T.

Tonio an Aslan

Metz, 3. Dezember 1942.
M. i. g. R.

Du sagst, Du kommst wahrscheinlich am 28. Dezember auf ein paar Tage her. Unsagbar schön, der Gedanke! Ganz still will ich warten, ob es auch wirklich wird. Ich hoffe und bitte — und bete darum. Weißt Du, die Trennung, hätte ich es nicht immer so gehalten, lehrte mich jetzt, alles, was von Dir kommt, mit Dir zusammenhängt, als ein großes, herrliches Geschenk zu nehmen. Weißt Du, daß ich jetzt fast wunschlos bin? All mein Wünschen konzentriert sich nur auf das eine: mit Dir zu sein, Dir verbunden zu sein.

Als Carlos will ich gerne Deine Ratschläge befolgen. Danke, daß Du so sicher sagst, ich werde „herrlich" sein. Wenn Du im Theater bist, ist es ein Fest für mich, und ich spiele dann wirklich in Festesstimmung. Mein Carlos hat schon damals, als ich ihn am Volkstheater in Wien spielte, Dir gehört. Jetzt erst recht. Es ist mein Freundschaftslied an Dich.

Mein großer, berühmter, schöner Freund, Dir ganz verbunden

T.

Aslan an Tonio

Wien, 4. Dezember 1942.

M. g. E.

Ich bin wirklich glücklich, wenn ich Deine Briefe lese. Ich frage mich manchmal: Ist es auch wirklich so? Ich empfinde so stark die Verschiedenheit von wirklich und wahr. Wahr ist es, aber wirklich? Die Wirklichkeit ist so voll Widersprüchen, dieses Auf und Ab, diese tausend Farben der Wirklichkeit! Ich fliehe doch immer davor, und man hat es mir so oft vorgeworfen (auch Du), daß ich Vogel Strauß spiele, vieles nicht sehen will. So sehr liebe ich die Wahrheit, daß ich um der tieferen Wahrheit willen die Wirklichkeiten meide, fliehe. Ich lebe jetzt meinem Urlaub entgegen, der bestimmt ist und dessen Daten ich Dir rechtzeitig telegrafiere.

Natürlich ist das wenig: alle drei Monate sich drei Tage zu sehen. Ach, wie ich Dich liebe! Wir werden sicher nur ein Zehntel sagen können von den Dingen, die einen interessieren. Aber irgendwie macht das auch nichts. Es ist ja doch nur Traum. Und in der „Wahrheit" ist es dann wieder anders, höher — ewiger!

Kuß!

D. R.

Tonio an Aslan

Metz, 6. Dezember 1942.

M. i. g. R.

Was ist die Wirklichkeit, was ist die Wahrheit?! Wahr und wirklich ist meine Liebe zu Dir. Und doch verstehe ich Dein Grübeln immer wieder gerade um diese Liebe, das Grübeln ums Wahre, ums Wirkliche. Du hast ganz einfach die Freiheit noch nicht in der Liebe zum andern. Ich habe sie immer gehabt. Daher vielleicht meine Eros-Wirkung auf alle, daher mein Erfülltsein in der Liebe zu Dir. Man braucht nicht Vogel Strauß zu spielen, wenn man klar die Freiheit im Lieben gefunden hat. Was kümmert Dich die Wirklichkeit!? Ist nicht das viel wirklicher, was im Gefühl, im Traum erlebt wird, als realstes Geschehen? Wo leben wir denn wirklich?! Ich lebe diese Jetztzeit z. B. gar nicht wirklich, d. h. das reale, tatsächliche Geschehen dringt in mich gar nicht als Wirklichkeit ein. Den Carlos erlebe ich wirklich. Meine Liebe zu Dir — wirklich. Ich weiß, ahne, was Dich quält: Ob auch die reale Zeit Dir gehört oder ob ich mich real auch anderswo betätige. Warum quälen mich solche Momente nie?! Weil Dein ev. reales Betätigen mich gar nicht wirklich treffen kann. Ich brauche nicht zu fliehen. Denn dort, wo ich mein Leben erlebe, mein Leben mit Dir, ist doch alles so klar, natürlich, selbstverständlich. Auch im Wünschen bin ich mir so klar. So sehr liebe ich die Wahrheit, daß ich um der tieferen Wahrheit willen die Wirklichkeiten (Realitäten) nicht zu fliehen brauche. Vielleicht sage ich da unlogisches, dummes Zeug. Aber ich verstehe es eben so.

Daß die Mutter kommt, ist schön, und ich will ihr und Rosl [1] schöne Wochen schenken. Daß Du kommen willst, ist traumhaft unwirklich!

Billinger mit Anhang ist eine Wirklichkeit (real), die ich weiß, die mir aber nicht sympathisch ist. Wir brauchen uns nichts zu sagen. (Eben geht ganz real die Luftsirene.) Dir ins Gesicht zu sehen, Dir nahe zu sein, ist restlose Erfüllung. Bitte, quäle Dich nicht! Erfasse ein wenig mit mir meine Lebensart, so Du es kannst, und lebe wirklich wahr das Leben! Du bist wirklich wahr mein Leben. Ich liebe auch diesen unseren Traum, sei's Leben oder Traum, ich bin bereit bis zum Tode.

T.

[1] Rosl: Tonios Nichte.

Aslan an Tonio

Wien, 8. Dezember 1942.
(Mariä Empfängnis)

M. g. E.

Ich bestelle meinen Schlafwagen für den 31. Dezember, bin am 1. Jänner in Metz und bleibe 3 ganze Tage, wahrscheinlich sogar 4;

am 5. Tag fahre ich (hoffentlich) mit Schlafwagen wieder retour. Also noch 23 Tage Warten.

Jetzt habe ich keine Proben, nur Repetitionen (Ahnfrau [1] u. s. w.) und die Vorbereitung zum Rudolf II. (15. Jänner).

Am 6. kam ich ahnungslos zu Erni [2] zu Mittag und wurde überrascht durch die Feier des 25. Jahrestages unserer Freundschaft. Es hat mich ein wenig gerissen, und während sie in der Küche bastelte, zerdrückte ich einige Tränchen. Aber sie hat es nicht bemerkt.

Je länger ich einen Menschen kenne oder gar mit ihm befreundet bin, umso stärker wird die Traumgewißheit alles Erlebten in mir. Sie kenne ich 25 Jahre, den Wilden 30 Jahre — lauter sehr verschiedene Träume. Aber Träume. Dich kenne ich 10 Jahre. Welch ein Traum! Voll Schwere, Angst, Sehnsucht — und, ach, so großer Süße! Meinen Beruf kenne ich seit 36 Jahren. Mich kenne ich gut seit 50 Jahren.

All dies und alles Gefühlte, Gedachte, Gelebte, Geliebte ist nicht endgiltig. Das sind nur Zustände, Stufen, Räusche, Erschütterungen, Wonnen, Hoffnungen, Irrtümer, Wünsche und buntes Vielerlei auch wahrhaft schöner Dinge. Aber das Endgiltige muß doch nachher sein, das ist es, was ich so stark spüre: das unveränderlich Erfüllte, der Akkord, die Gerichtsdrommete, das Unvergängliche, das nicht mehr in der Zeit, also im Geschichtlichen, Erfaßte, sondern das dem entsprechende Zeitlose, Raumlose. Mir ist Mensch-Sein erst das Begreifen dieser Tatsache. Wer das Diesseits als Letztes empfindet, ist für mich der Ärmste der Armen, ist völlig gnadenlos. Es ist so, daß ich mich vor Schmerz winde, wenn ich so einem Verkrüppelten des Geistes begegne. Es schaudert uns beim Anblick der Kriegsverletzten. Wie furchtbar aber ist erst die Geschlagenheit der Gnadenlosen, die Blindheit der armen Seelenkrüppel, die das Ewige nicht erspüren! Im Kunstwerk und in der Tugend spürt man das Ewige ganz deutlich, viel mehr als in der Natur. Und denk' Dir, die meisten meiner Freunde, also der Genannten (außer Dir) wissen das nicht, spüren nicht die Gewißheit. Natürlich hat der Wilde mehr Ahnung davon als die Erni. Aber die felsenfeste Gewißheit von der Tatsache der Ewigkeit spüren sie nicht. Ich glaube, Du spürst es. Ach, ist das schön!

Und gerade die Adventzeit (4 Wochen vor Weihnachten) ist so schwer. Die Vorbereitung auf die Geburt des Lichtes, das da in Jesus verkörpert ist.

An den paar Zeilen dieses Brieflis habe ich nun $1^{1}/_{4}$ Stunden geschrieben. Hab' ich geträumt? Ich dachte, es waren höchstens 10 Minuten.

Ich küsse Dich innigst

D. R.

¹ Den Grafen Borotin in Grillparzers „Ahnfrau".
² Erni Hrubesch: s. Aslans Brief vom 23. Juli 1941.

Aslan an Tonio

Wien, 9. Dezember 1942.
M. g. E.

Ich danke Dir für Dein trostvolles Briefli, ich beneide Dich um Deine Freiheit, ich erkenne an, daß vieles (nicht alles) sehr richtig ist, und doch kann ich es mir nicht so bequem machen. Es ist aber wirklich nicht ganz so, daß „meine ev. reale Betätigung" Dich wirklich nicht trifft. Das glaube ich nun nicht. Meine Veranlagung ist eben, sich's unbequem zu machen, und Deine ist natürlicher, unkomplizierter, glücklicher.
Bitte Huttig, er soll den Carlos zwischen 1. und 3. Jänner geben, wenn ich dort bin.
Und immer wieder Dank für die schönen, schönen Brieflis, geliebtes Engerl!

D. R.

Tonio an Aslan

Metz, 15. Dezember 1942.
M. i. g. R.

Carlos ist mein ganz großer Erfolg hier. Mutter saß mit Rosl in der ersten Reihe, tränenüberströmt. Wenn Du am 3. Jänner abends noch hier sein kannst, wollen sie den Carlos für Dich ansetzen. Mein ganzes Fühlen und Denken steht jetzt im Zeichen Deines Kommens. Das ist mein großes, herrliches Weihnachtsgeschenk, darauf freue ich mich, und sonst will ich nichts!!
Ich bin jetzt probenfrei, auch herrlich!
Dein Mittagessen bei Erni — wie immer gut und schön. Deine Betrachtungen (melancholische Betrachtungen!) über Freundschaftsjahre der verschiedensten Beziehungen sind so tief und richtig. Wie wird das Endgiltige sein? Menschsein als das Begreifen der Tatsache des Kommenden, Endgiltigen ist mir genau wie Dir klar. Doch gibt es Zustände, die dieses Endgiltige uns bereits in diesem Erdendasein er-

füllen. So die große Liebe zu einem Menschenwesen. Weil Liebe, wirkliche Liebe, dieses Endgiltige (Himmel oder Hölle) enthält und uns erfassen läßt. Mir geht es so. Natürlich kann man Diesseitiges nicht als Endgiltiges betrachten. Ich spüre es auch im Kunstwerk, in den Heiligen, in Helden und in allen Religionen des Geistes und der Seele. Ich spüre es sekundenweise in meinem Carlos, weil ein großer Dichter durch mich das Hohe Lied der Freundschaft verkünden läßt.

Kennst Du dieses Gefühl: Ich müßte Dir noch soviel sagen und kann nicht mehr, weil ich so gegenständlich von Deinem Kommen erfüllt bin, daß ich nur denke, fühle: Er kommt! Über drei Monate habe ich Dich nicht gesehen, gesprochen. Ich rede Dich aber bereits in meinem Zimmer an.

Leb' wohl, und komm' und auf Wiedersehn!

Kuß!

T.

Aslan an Tonio

Wien, 19. Dezember 1942.

M. g. E.

Diesen Brief wirst Du wohl erst am 23. erhalten, sozusagen am Weihnachtstag. Es ist zu riskant, später zu schreiben in der Annahme, Du erhieltest ihn genau am 24. . Lieber etwas früher. Dein Brief vom 15. kam auch gestern erst an.

Wenn auch diese Weihnachten traurig genannt werden müssen, so wollen wir doch auch nicht undankbar sein für manches Schöne, das sie uns bringen. Vor allem Deinen Carlos-Erfolg. Das ist eine große Weihnachtsgnade. Und daß ich ihn am 3. Jänner auch sehen werde, all das ist für mich Licht. Das Gnadenlicht, das aus dem göttlichen Herzen kommt und das wir im Christbaumlicht symbolisch feiern. Dann, daß unsere Mütter gesund und an diesem Abend in unserer Nähe [1] sind, welch ein Glück! Dann, daß wir nicht im Feld sind, sondern in der warmen Stube sein können.

Wir haben auch ein Bäumchen. Am 24. werden bei mir sein: Mama, Didier, Erni, Melitta und Sybille. Marcel ist nicht in Wien, Guy ist recht weit in Argentinien, Zeljko hat gerade an diesem Abend Nachtdienst, und Du bist, Gott sei Dank, mit Deiner guten Mutter und der lieben Rosl beisammen. Also wollen wir für alles recht dankbar sein. Um 12 Uhr gehe ich in die Messe.

Am 25., 26., und 27. spiele ich je zweimal. Am 31. fahre ich mit Schlafwagen nach Metz. Am 6. Jänner ist hier „Iphigenie in Delphi" und, wie ich höre, am 10. „Carlos", am 16. „Die Ahnfrau", am 22. „Maria Stuart", am 23. „Antigone" und Ende Jänner „Ein Bruderzwist in Habsburg". Dazwischen das laufende Repertoire. Hoffentlich spielst Du in meinem Alter nicht so viel! Es ist gräßlich [2]!

Und noch eins wollen wir am 24. nicht vergessen: recht inniglich für unsere lieben Toten zu beten.

Also auf bald! Recht herzliche Weihnachtsgrüße Euch allen und viele Küsse Dir!

D. R.

[1] Aslans Mutter in Wien, Tonios Mutter in Metz.
[2] In der Nazi-Zeit jagte eine Première die andere.

Tonio an Aslan

Metz [1], 5. Jänner 1943.

Mein innigst geliebter Raoul!

Eben bin ich vom Theater heimgekommen, ganz leise, um ja nicht meine Mutter in ihrem Schlaf zu stören. Die Reste des Mittagessens standen in der Küche für mich wärmebereit. Dein Duft liegt noch über der kleinen Wohnung. Du warst da bei mir. Und immer mehr und immer mehr fühl' und weiß ich es, daß Du und nur Du das Schicksal meines Lebens bist. Großartig hast Du Dich wieder einmal benommen. Dank' Dir sehr, dank' Dir tausendmal! Dich habe ich auf meinen Schild gehoben. Nie hat mir ein Vers von Claudel soviel gesagt wie heute: „In mir ist jemand mehr ich selbst als ich."

So ist es mir, seit Du in diesen Tagen hier warst, als sähe ich Dich erst jetzt ganz richtig mit richtigen Augen, richtiger Aufmerksamkeit. Gnade weigert sich nie dem, der empfangsbereit auf sie wartet.

Ich möchte gerne die Erinnerung dieser Tage mit Dir wie einen Talisman in mir bewahren. Ich will die Augen schließen, damit das Bild zurückkehrt. Es ist ganz wie im Traum — und ganz wie in der Wirklichkeit. Ich liebe Dich.

Jetzt ist es so still, ich bin allein, bin sehr allein; doch Du bist der Mensch, für den ich wurde, das rote Band knüpft mich schon in diesem Leben an Dich, und das heißt ja, schon Glück auf dieser Welt zu haben. Hab' Dank, Du!

Dein T.

[1] Zwischen Weihnachten und Neujahr war Aslan 4 Tage in Metz gewesen.

Aslan an Tonio

Wien, 7. Jänner 1943.

M. g. E.

Also, m. g. E., vor allem hab' Dank für alles. Du schriebst einmal, Du wolltest mir dienen. Etwas, was Dir nicht sehr liegt. Ich fand es rührend, gerade, weil es Dir nicht so liegt. Diesmal hast Du so etwas

Ähnliches getan. Ich lag im Bett, und Du dientest mir: mit Tee und Kaffee und Soufflieren und vielen kleinen Handreichungen. Du machtest es sehr talentiert. Und schön war es, wie schön! Viele kleine Sachen waren es, die sehr, sehr beglückend waren, aus denen viel zu entnehmen war, was mich mit Dank und Rührung erfüllt.

Darum habe ich auch die beschwerliche Rückreise nicht so schwer empfunden. Ich saß 22 Stunden lang mit 8 Mitreisenden gepreßt in einer Ecke, mir gegenüber ein Kriegsblinder, neben mir ein lärmendes Kind. Kein Tropfen Wasser, schlechte Luft, bald heiß, bald kalt. Und doch, es ging gut vorüber. Ich las etwas Penzoldt [1] („Leute, die man liebt, altern nicht"). Sehr fein, lieber Penzoldt, sehr fein! Dann blätterte ich in meinen Briefen und fand einige Sachen, über die man noch mehr sagen könnte!

Abends spielte ich Pyrkon, und nachher lernte ich noch den Rudolf. Heute und morgen vormittag lange Rudolf-Proben.

Erschütternd ist der Brief von Louise Marie [2], und ich bitte Dich, ihn mir zurückzuschicken. Ich kann da nichts sagen, aber ich glaube, Du wirst wie ich bitterlich weinen.

Der Jänner ist ja gespickt mit Arbeit, aber es geht, weil ich trotz allem ein wenig glücklich war und daher trotz allem noch sehr glücklich bin. Darum geht alles. Ich freue mich auf Deinen ersten Brief. Sehen wir uns bald? Jetzt weiß ich auch, wo Du sitzest, wenn Du mir antworten wirst. Grüße mir auch das andere Engerl an der Wand!

D. R.

[1] Der Dichter Penzoldt: s. Tonios Brief vom 2. Oktober 1941. Das Zitat hatte der Dichter in ein Tonio gewidmetes Buch geschrieben.
[2] Der erschütternde Brief der Schriftstellerin war schon im K. Z. geschrieben. (S. Aslans Brief vom 20. November 1941.)

Tonio an Aslan

Metz, 9. Jänner 1943.

M. i. g. R.

Mein Gott, ist der Brief von der Louise Marie wunderbar [1]! Eigentlich müßten alle Menschen diesen Brief lesen. Ich habe sie auch immer in mein Abendgebet eingeschlossen. Es ist herrlich, dieser Aufstieg dieser „Dame des 18. Jahrhunderts" [2]! Auch ihre Schrift war noch nie so klar und schön. Das Bilderl [3] bewahre ich in meiner Bildersammlung. Es ist mir das liebste, größte Weihnachtsgeschenk!

Und Dein erster Brief nach diesem Metzer 1943-iger Jahresanfang! Nie enttäuschtest Du mich in diesen Jahren unserer Freundschaft. Ganz im Gegenteil zeigst Du mir immer neu Dein wahres großes Angesicht, Deine wunderbare Gescheitheit, Deinen Geist, Deine Seele, Deine Schönheit.

Ja, ich habe viel gelernt bei diesem Deinem Aufenthalt hier. Vielleicht sage ich Dir das später einmal alles wieder.

Jetzt lese ich ein schönes Reisebuch über Frankreich. Die Kathedralen von Chartres, Bauvais, Lisieux, Rouen, Bourges, Poitiers, Moissac u. s. w. wären für uns ein gigantisches Erlebnis. Alle Weihnachtsbücher, eines schöner als das andere, sind Bücher über Frankreich. Wie gerne würde ich so eine Reise gerade mit Dir und nur mit Dir machen! Ach, Raoul, wir haben überhaupt noch schrecklich viel vor zusammen. Allein an herrlichen Reisen! Mit niemandem möchte ich zu den „Müttern" hinabsteigen als mit Dir. Über allem steht Gott, das weiß ich, und darum ist es herrlich, zu den Stätten zu pilgern, wo durch Menschengeist Geschaffenes Gottes Größe ahnen läßt. Mit Dir will ich noch viel leben, erleben — und dann auch sterben.

Mutter reist Freitag den 15. von hier wieder nach Wien. Ich bin dann wieder ganz allein. Aber ich bin es gewohnt. Viel lesen, denken, kombinieren, phantasieren — und: Was ist die Zeit, was ist das Leben?!

Dem Engerl hab' ich Deinen Gruß bestellt. Es nickte lächelnd. Die Pawlowa tanzt herrlich ihren sterbenden Schwan. Die Trierer kleine Jungfrau lächelt ein wenig kokett. Und alle Dinge um mich sprechen von Dir, wenn ich allein bei einer Kerze vor dem Einschlafen mir des Tages Kreisen noch einmal durch den Kopf gehen lasse.

Dank und Liebe immer
D. T.

[1] Im K. Z. wuchs L. M. Mayer zu hoher Seelengröße heran.
[2] So wurde sie im Freundeskreis genannt.
[3] Ein dem Brief für Tonio beigelegtes Heiligenbildchen.

Aslan an Tonio

Wien, 10. Jänner 1943.

M. g. E.

Heute nur ein Sonntagsgruß als Antwort auf Deinen herrlichen, rührenden Brief vom 5. Jänner. Ja, in Metz war es schön! Wenn ich so weiterleben könnte wie diese vier Tage in Metz, so sorglos, ohne Telefon, ohne Beruf, es wäre herrlich!

Du machst mich immer größer, als ich bin. Und ich fürchte mich, von dem Piedestal herunterzufallen, auf das Du mich stellst. Aus Demut möchte ich herunter in ein Winkerl, und gleichzeitig erfüllt mich dieser Glanz der Liebe mit stolzer Freude. Immer sind es zwei Kräfte, die an uns zerren. In diesem Kampf rollt sich das Filmband des Lebens ab.

Daß doch ein dritter nie hineinschauen kann in ein Leben! Welcher Psychologe, Dichter, Künstler, Seher, wer kann überhaupt ganz erfassen, was sich abspielt zwischen einem Ich und einem Du! Man müßte es endlich aufgeben, jemals irgend etwas zu beurteilen! Und doch tun's alle, wir ja auch. Ich auch, gewiß. Aber das muß ich mir schon nachsagen, daß ich mich darin sehr unterscheide. Oberflächliche Kenner meines Wesens nennen das Gleichgiltigkeit oder Egoismus oder sonst wie. Es ist aber Demut. Ja, das muß ich sagen. Wie kann man hineinschauen in einen Menschen! Das kann doch wirklich nur Gott. Es gibt nur zwei mögliche Beziehungen: zwischen Mensch und Mensch und zwischen Mensch und Gott. Und in beide kann ein dritter nie hineinschauen. Nie. In seltenen Fällen nur gelingt es, daß zwischen zwei Menschen so etwas erblüht wie ein Einander-Erkennen, und in ebenso seltenen Fällen, daß zwischen Mensch und Gott etwas erblüht wie Erkennen. Aber daß diese Blüte (Liebesblüte) und diese Glut (Liebesglut) respektiert wird oder gar durchschaut und erkannt wird, geschieht nie! Darum ist man letztlich so allein. Solange man über etwas noch reden kann, ist es noch Kampf. Erkennen tut man die Dinge erst im Schweigen. Und sehr viel bedeutet mir die Erkenntnis durch Tränen.

Ich schreibe bald wieder.

Kuß!
R.

Tonio an Aslan

Metz, 12. Jänner 1943.

M. i. g. R.

Dein Sonntagsbrief ist wirklich ein Sonntagsgruß. Ich bin am Vormittag in der Kathedrale gewesen ohne Messe; es war auch so zugig und kalt, daß ich es kaum eine Messe lang ausgehalten hätte. Auch hatte ich meine alte Mutter bei mir. Doch sah ich ein paar herrliche Statuen aus dem 12. Jahrhundert, die ich noch nie ganz genau betrachtet hatte.

So gehen die Tage gut und ausgefüllt vorbei.

Am Montag, denke ich, habe ich Stellprobe von „Gigant" [1]. Eine Szene nur, doch sie macht mir vom Schauspielerischen her Freude. Bin neugierig, ob ich es kann, gut kann. In meiner Phantasie habe ich bereits eine gute Type bereit: Karli Pepulka, Konditorgeselle in Prag.

Es ist für mich so beglückend, daß Du Dich die vier Tage hier so wohl und glücklich gefühlt hast. Auch ich wünschte für mich nichts anderes mehr als Dein Nahesein. Wo immer es sei, wäre es mir recht. — Welten der Kunst habe ich jetzt in meinem Zimmer: Cimabue, Giotto, Fra Angelico, Memling, Boticelli, Bellini, Mantegna, Ghirlandaio (der Alte mit der häßlichen Nase), Watteau und wie sie alle heißen, die Meister des Louvre. Das waren Wochen, angefüllt mit vielem Neugelesenen.

Dein Bild nimmt den ganzen Raum ein, und öfters am Tag — oder auch in der Nacht, wenn ich erwache — sage ich Deinen Namen vor mich hin und bin im Besitze eines großen Glücks. Ich wollt', Du wärst es auch so. „Denn die Liebe höret nimmer auf", hat auch die Louise Marie in ihrem Brief geschrieben. So ist's auch bei mir.

Kuß. Kuß!

D. T.

[1] „Der Gigant", Schauspiel von Richard Billinger. Danach entstand später der Film „Die goldene Stadt", spielt also in Prag.

Tonio an Aslan

Metz, 18. Jänner 1943.

M. i. g. R.

Fürchte nie, von dem Piedestal herunterzufallen! Nebenbei stelle ich Dich gar nicht auf diesen Sockel. Jemanden lieben heißt: dieses geliebten Menschen Fehler kennen. Und so liebe ich Dich um Deiner großen, herrlichen Vorzüge willen — und auch um Deiner Fehler willen. So wie Du bist, bist Du geschaffen, den Platz des Lieben-Könnens in mir restlos auszufüllen. Dich will und mag ich, zu Dir sage ich ja!

Meine Mutter ist seit Freitag fort. Ihr liebes, altes, versorgtes Gesichterl am Coupéfenster des abfahrenden Zuges vergesse ich bis zu meinem Tode nicht mehr! Soviel Transparenz der Liebe sah ich noch auf keines Menschen Antlitz. Vielleicht auch an Dir; doch da sprang zuviel Leid dazu.

Daß Du sagst, Du zögertest keinen Moment, immer bei mir zu bleiben, auch in Metz, ist so schön, daß ich nur weinen kann.

Immer

D. T.

Aslan an Tonio

Wien, 18. Jänner 1943.

M. g. E.

Ob ich Dir auf Dein letztes Briefli geantwortet habe, weiß ich nicht. Schreiben, Denken, Träumen und Wünschen gehen so ineinander über, daß ich sie nicht auseinander halten kann. Was habe ich getan, und was will ich tun? Was soll ich tun, und was hätte ich nicht tun sollen? Das verschwimmt alles in einem großen Traum! So reife ich dem Tod entgegen, diesem merkwürdigen andern Leben!

Die nächsten Tage soupiere ich mit Rott [1]. Und da frage ich ihn wegen Homburg. „Gigant" wird sicher eine gute Rolle von Dir. Ich kenne das Stück nicht, spüre aber, daß Dir die Rolle liegt.

Die Bruderzwist-Première am 30. ist für mich sehr wichtig. Ich bin auch sehr nervös! Erstens irrsinnig viel Text. Zweitens, wenn die Erwartungen zu groß sind, ist meistens Enttäuschung die Folge.

Waren in Metz Angriffe? Ich hoffe, nicht.

Kuß!

D. R.

[1] Adolf Rott, Regisseur des Burgtheaters, sollte in Metz den „Prinzen von Homburg" inszenieren.

Tonio an Aslan

Metz, 20. Jänner 1943.

Geliebtester Mensch!

Du, ich denke jetzt oft und viel an meine Kindheit; mag sein, daß das durch die vorangegangene Gegenwart meiner Mutter hervorgerufen wurde. Jedenfalls ist mir so klar, daß ich mich als Bub sehr nach Großem sehnte. Und dann sah ich viel Großes und sehnte mich immer nach Größerem. Das Schicksal hat mir Dich zugeführt. Sollte es mich ganz zu Gott führen? Wenn ich denke, was seit dieser meiner damaligen Knabenzeit alles wurde! Manchesmal fasse ich es und staune über soviel Außergewöhnliches, staune über all die Einflüsse, die verwirrenden Begegnungen. Und doch ist das Ziel klar. Es gibt eben nur ein Ziel, wenn auch viele, viele Wege. Ist nicht im Grunde das Wichtigste der Mut? Mutig dem Unaufklärbarstem, das uns begegnet, gegenüberzustehen? So fand sich auch unser Freundin Marie über viele Umwege zum rechten Weg [1].

„So reife ich dem Tod entgegen", sagst Du in Deinem letzten Brief. Reifen wir nicht alle dem Tod entgegen?! Was für ein Gnadengeschenk, daß wir das Hand in Hand tun können, daß wir auf diesem Weg einen Kameraden gefunden haben! Und wenn es wahr ist, daß dort in jenem anderen Sein alles Liebende ewig vereint bleibt, wäre das nicht ein Grund, sich direkt nach diesem andern Leben tief innigst zu sehnen?!

Ich lebe tief allein, spreche oft stundenlang kein menschliches Wesen. Aber ich will es so!!

Immer

D. T.

[1] Nämlich in die vollkommene Verinnerlichung.

Aslan an Tonio

Wien, 23. Jänner 1943.

M. g. E.

Dein Briefli vom 18. Jänner erhalten, in dem Dein liebes Seelchen flattert. Die Briefpäckchen, die ich nun wieder habe, sind lauter solche Seelentauben, die mir nun den ganzen Markusplatz Deiner Seele versinnbildlichen. Auch meine Briefpäckchen sind so ein Bild meines Seelenplatzes, vergleichbar etwa dem Stefansplatz oder einem mir bzw. Dir entsprechenden weltlichen Platz. Und wie so ein Platz oder ein Platzerl, ein Fleckchen Erde nie langweilig wird, immer wieder anregt, neu belebt ist von Schicksalen von Menschen, die es bevölkern, wie jeder Stein einem ans Herz wächst, so empfinde ich auch Deine Briefli als flatternde Teilchen dieses ganzen Seelenplatzes. Und so ein Platz ist nie leer, nie ohne Überraschungen.

„Unruhig bleibet mein Herz, bis es ruhet in dir." Dieses Wort des heiligen Augustinus kommt mir immer wieder in den Sinn.

Abends ist „Antigone". Nach der Vorstellung bin ich mit Willi Forst und anderen „Prominenten" zusammen. Meistens ist es jetzt freilich eher so: Ich bin nicht mit ihnen zusammen, sondern ich schau' sie mir an. Es ist für mich jetzt schon eine Vorstellung, ein Theater in der Öffentlichkeit. Sie spielen mir was vor. Darunter gibt es Künstler, die mir einen Eindruck machen, gewiß. Aber trotzdem: Alles bleibt mir Theater!

So wird mir bald alles: Briefe, Menschen, Dinge, Landschaften, Kunstwerke, alles wird mir zu Bildern, Entsprechungen, Spiegelungen, Phantasie-Anlässen, Prozessen eines abrollenden Filmbandes.

Da kommt eben dein Briefli vom 20. und bestätigt mein Gefühl, illustriert mein Seelen-Impromptu.

Kuß!

D. R.

Aslan an Tonio

Wien, 26. Jänner 1943.

M. g. E.

Auf einen kleinen Barockengel.

Nun schwebst du hier vor meiner Wand ...
Die viele Zeit, dir zählt sie nicht,
Weil deines leisen Lächelns Licht
Sie ungeheuer überwand.

Was trägt die zart erhobne Hand,
Der Geste geistig hohes Spiel?
Du schweigst und sagst mir doch so viel ...
Wohl dem, der manchmal dich verstand!

Ich weiß nicht, welche Meisterhand
Dich aus der Ewigkeit hertrug.
Du zähltest Kriege, Tod, Betrug
Niemals. Du schwebst. Wo liegt dein Land?

Wie bist du atemlos befreit,
Und doch, was immer auch geschehe,

Aus deiner wunderlichen Nähe
Stehst du mir bei in meinem Streit.

Denn süßer als der süße Geist,
Der golden dich in Falten hüllt,
Hat sich das Schweigen dir erfüllt,
Das heilig aus der Liebe kreist.

Mein Wort ist nicht so schön wie du.
Ach du mit deinen Silberflügeln,
Bleib' über Waldsee, Tal und Hügeln,
Bleib', bitt' ich, ach, ich lern' die Ruh',

Die der Titan geschenkt doch nie.
Du aber kannst sie mir verkünden,
Und manchmal kann ich mich verbünden
Dir sanft in einer Melodie.

Hast Du dieses liebe Gedichtlein gelesen, das über meinem Schreibtisch hängt und meinen Engeln gewidmet ist [1]? (Autor unbekannt). Sollte es Rilke sein? Lies es genau! Es paßt auch so schön für das „Engerl".

Bis Samstag habe ich diese anstrengenden Rudolf-Proben.

Ich küsse Dich innigst
D. R.

[1] Die berühmten Barockengel in Aslans Schlafzimmer.

Tonio an Aslan

M. i. g. R.   Metz, 27. Jänner 1943.

Dein Brief vom 23. liegt vor mir. Schön sagst Du das mit den Plätzen der Seelen, ich bin damit einverstanden. Jeder Brief, der von Dir kommt, bedeutet mir mein eigentliches Leben. Ich muß sogar immer überlegen, ob ich nicht den Briefumschlag auch aufheben soll. Ich sehe oder versuche zu entziffern, in welcher Stimmung der Brief gehalten sein mag. Immer ist der Briefumschlag schon Verräter des Inhalts. Und dann mache ich ihn nicht immer gleich auf. Die rechte

Minute warte ich ab. Oft, wenn ich gehetzt ins Theater zur Probe laufen muß, stecke ich den Brief ein. Oft fasse ich danach. Aber erst später, vielleicht auf dem Weg über die Moselanlagen hole ich ihn aus der Herztasche, und auf einem Bankerl öffne ich ihn. Oder es läutet am Morgen, ich springe aus dem Bett, werfe den Hausmantel um, hole ihn aus dem Briefkasten, husche wieder hinauf und mit dem Brief ins Bett, lese ihn, mache wieder dunkel und träume den Inhalt variationenhaft weiter.

So will ich allem Geschehen mit Dir eine dauernde Form der Liebe und der Sehnsucht geben. Und darum ertrage ich eigentlich erstaunlich gut das viele Getrenntsein von Dir. Wie sagt doch Penzoldt in seinem Bücherl „Episteln": „Es gibt doch soviel Unwichtiges zu tun im Leben!" Statt beieinander zu sein, schreiben wir uns halt Briefe.

Gestern war Böhm [1], der den „Gigant" inszeniert, im „Carlos". Heute früh sprach er mit mir über meine Leistung. Er sagte, glaube ich, als erster zu mir das Richtige. Es fehle meinem Carlos irgendwie der Schillerische Glanz. Es war ein grauer Schleier über mir, mehr Hamlet als Carlos. Er meinte, Schiller müsse man eben Schillerisch spielen. Dadurch wirkte ich zu reif, trotz jugendlichen Aussehens. Schade, daß Du mich nicht gesehen hast! Herrlich wäre nachher Dein objektives Urteil für mich gewesen. (Du kannst doch bei mir auch objektiv sein!) Den jugendlichen Helden (ich bin es nicht) will ich bald zur Seite stellen. Ich will ins Charakterfach. Wir haben oft darüber geredet.

Ja, daß man das alles doch immer so wichtig nimmt, wo es tausende von Eingeschlossenen in Stalingrad gibt! Ich kann es mir momentweise so intensiv vorstellen, daß ich Schüttelfrost vor Mitleiden bekomme. Es gibt Nächte, wo ich plötzlich wach werde und die verzerrten Gesichter junger Soldaten vor mir sehe. Ich bin dann wie von Furien gejagt. Es geht so weit, daß ich am eigenen Körper Wunden spüre. Erst das Hände-Ineinanderlegen bringt Stille über mein aufgestörtes, gequältes Denken. Es geschehen grauenhafte, nicht zu Ende zu denkenden Dinge in der heutigen Welt. Nur das Begreifen des gottgewollten Abrollen-Müssens gibt noch Lebensmut und Lebenskraft.

Dein Rudolf wird herrlich! Er war schon seinerzeit einer Deiner größten Leistungen [2]. Ich würde Dir sagen, denke Dir, ich sitze im Zuschauerraum. Aber ich weiß, dieses Gefühl gibt Dir nicht Ruhe und Sicherheit. Aber denken werde ich an Dich, soweit ich das als Carlos Samstag abends kann. Zwei Habsburger sind wir, jeder in seinem Schicksal tragisch! In Madrid denke ich an meinen Verwandten (ich glaube: Onkel) in Prag. Madrid — Prag — Metz — Wien — Rudolf II. — Carlos, der Infant — Raoul — Tonio — Schicksale —

Welten — Jahrhunderte — was für Geschehen!!! Weißt Du, wie einem da die Phantasie, das bißchen Wissen anspringt? Das ist doch wohl ein mystischer Vorgang, dies Verwandeln, dies Parallel-Dasein in uns und außer uns. Die Grenze, wo ist die gezogen, da Vernunft in Irre gehen könnte! Ganz erfaßt haben, glaube ich, nur Schauspieler diese ihre Sendung. Manche bewußt, viele unbewußt. Wenn ich denke, wie Diego über unsern Beruf gesprochen hat, wie herrlich, und doch ist es wieder ganz anders. Er sprach darüber, wie er sich ethisch die Sendung des Künstlers vom Religiösen her denkt. Aber wieviel Dämonisches — Höllisches (ja, auch Höllisches ist göttlich — oder?) ist doch dabei.

Also für heute gute Nacht! Ich freue mich auf Deinen nächsten Brief.

Immer und immer

D. T.

[1] Oberregisseur Karl Hans Böhm vom Dresdner Staatstheater kam bei dem Dresdner Bombardement ums Leben.
[2] Aslan hatte die Rolle schon 1932 mit großem Erfolg gespielt. Es war das Jahr von Goethes 100. Todestag, da Aslan auch am Burgtheater seinen herrlichen Mephisto und bei dem berühmten Burgtheater-Gastspiel in Weimar, dessen Zustandekommen eigentlich ihm zu verdanken war, seinen nicht minder herrlichen Tasso spielte. (S. Einleitung.)

Tonio an Aslan

Metz, 29. Jänner 1943.

Geliebter Raoul!

Vielleicht bekommst Du diesen Brief als Sonntagsgruß. Dann ist auch die Rudolf-Aufregung vorbei. Das Gedicht auf einen kleinen Barockengel ist voll Charme und Süße. Leider spreche ich vielleicht gerade in den Minuten, wenn Du diese Zeilen in der Hand hältst, Gedichte von Schirach zur großen Feier [1] — hier vor vielen, vielen Menschen. Ich finde mich gar nicht dazu geeignet. Aber da ich verlangt wurde, muß ich es tun!

Am 3. ist Première von „Gigant". Meine Partnerin ist die Rosar [2]. Meine Rolle hat fünf Sätze und ein kleines Lied zur Ziehharmonika. Ich spreche die Rolle im Pragerdeutsch! Am 4. beginnen die Proben zu „Schwarzkünstler" [3]. Ich spiele diese dumme Rolle auf Bleichenwangs [4] Spuren. Homburg kommt vielleicht erst nächste Saison. Wer aber weiß, was der nächste Tag bringt! Alles ist letzten Endes unwichtig in diesen Tagen des Schreckens und Grauens.

Magda Schneider [5] soll mit ihren beiden Kindern beim letzten Berliner Angriff tot aus den Trümmern des Olivarplatzes gezogen worden sein.

Ich wundere mich, daß so wenige Menschen wahnsinnig werden. Oder weiß man es nur nicht?!

Ich gehe mit meinem Italienbuch von Kasimir Edschmidt ins Bett. Mein Vertrauen ist bei Dir — Deines auch bei mir!

Kuß!
T.

[1] Baldur von Schirach war bekanntlich d e r Dichter der Nazis. Große Feier: 30. Jänner (Hitlers Machtergreifung).
[2] Annie Rosar, die bekannte Bühnen- und Filmschauspielerin.
[3] „Schwarzkünstler", Lustspiel von Emil Gött.
[4] Junker Bleichenwang aus Shakespeares „Was ihr wollt".
[5] Magda Schneider, Filmschauspielerin. Die Nachricht erwies sich glücklicherweise als Gerücht.

Aslan an Tonio

Wien, 30. Jänner 1943.

1. M. g. E.

Um diese Zeit habe ich Dir, glaube ich, noch nie geschrieben. Es ist $^1\!/_2 6$ Uhr früh, und ich bin schon lange, lange wach und schon seit 5 Uhr auf. Ich habe fast die halbe Nacht Guardini gelesen: „Die letzten Dinge". Ich möchte Dir ein Exemplar schicken.

Was sagst Du zu der Totalität des Krieges? Wie wird sich das im Theater auswirken? Seit langem schon beschäftigt mich diese Sache und macht mir Sorgen.

Heute abends ist die große Première eines wirklich großen Kunstwerkes [1]: Grillparzer, unser österreichischer Shakespeare.

Wenn mir nur diese Generalmobilisierung nicht immer im Kopfe herumrumorte! Paß gut auf auf Dich — körperlich und seelisch!

Ich umarme Dich innigst.
D. R.

[1] Bruderzwist.

Aslan an Tonio

Wien, in der Nacht vom 30. zum 31. Jänner 1943.

M. g. E.

Eben komme ich von der Première nach Hause und fand im Kastel Deinen herrlichen Brief vom 27. Also ein Premièren-Brief. Ich antworte gleich — es ist $^1/_2$ 1 Uhr. In meiner Stube ist es schön warm, alles schläft.

Am Nachhauseweg dachte ich noch: Wie leer ist man doch nach so einer Leistung! Wie wenig innere Befriedigung spürt man doch! Wieviel müßte besser sein! Und das alles trotz Erfolgsauftritts-Applauses, zwei Szenen-Appläusen, vielen Äußerungen der Anerkennung da und dort, Blumen u. s. w.; trotz und trotzdem: Man ist leer. Alles ist weniger, als man erträumte. Jetzt muß es doch ganz groß werden, jetzt beginnt das ganz Große, alle Schranken fallen, man ist ganz oben — denkt man, ganz mächtig, ganz unabhängig, selbstbestimmend, in der Glorie der Unantastbarkeit. Und was ist es wirklich? Applaus, etwas Blumen, ein paar liebe Worte — und alles beim Alten.

Und da findet man so ein Briefli, das einen glücklich macht. Jetzt hier in meiner Stube, inmitten meiner Engel, vor mir Deinen Brief — das ist eine Welt. Das ist meine Welt. Meine Privatwelt. Ja, es ist etwas im Getrenntsein, etwas schmerzlich Sehnsüchtiges, Unerfülltes — und damit immer neu Ersehntes, etwas immer Lebendiges, nie ganz Erreichtes. Das erreichte Ziel ist Ende. Die Bewegung dahin ist Leben. Ja, das stimmt schon. Aber, es ist doch auch schön — oder wäre schön — Dich zu haben, hier, ganz nahe, aber freilich entrückt allen andern Dingen, die dann doch da sind, Dich und nichts anderes. Das wäre schön. Eben unabhängig, weit, allein, ohne jede Bindung an Konvention, Beruf, Umgebung, Gesetz und die vielen andern Dinge, die kleben, eben da sind, schreien, bitten, fordern, befehlen, nötigen. Reiner, weil nur im Geiste, nur im Wunsche, ist wohl das Getrenntsein. Aber schmerzlich und verlangend ist es doch. Verlangend nach Nähe und Bindung, nach Einswerden in der Umarmung — das ist es. Ich habe die Umarmung so gern, sie ist so süß.

Was Böhn von Deinem Carlos sagt, könnte ja wahr sein. Aber ein Hamletischer Carlos mit Persönlichkeitsausstrahlung ist wertvoller als ein richtiger Schillerischer Carlos, der eben kein eigenes Geheimnis hat. Aber er meint vielleicht, ein Schillerischer Carlos kann ja auch persönlich und daher auch geheimnisvoll und wertvoll sein. Gewiß. Aber der Standpunkt ist untheatralisch. Im Theater muß ich das hinnehmen in mich, was vor mir steht. Ist es Hamletisch und gut, dann ist der Wert da, und ich kann höchstens sagen, ich stelle mir's anders vor. Es muß nur gut sein. Und gut ist es, wenn es künstlerisch überzeugt. Wenn es gekonnt und gefühlt ist und lebendig und direkt.

Deinen Übergang ins Charakterfach ahne ich ja schon seit mehreren Jahren. Aber ich bleibe dabei: Auch der Carlos kann sehr überzeugen, wenn er von einem jugendlich interessanten Charakterschauspieler gespielt wird. Von einer Persönlichkeit, auch wenn diese Persönlichkeit nicht typischen Schillerglanz hat, sondern von mir aus Byron-Schleier-Atmosphäre!

Natürlich versteht mein lieber Pater Diego herzlich wenig von unserem Metier. Es heißt durchaus nicht: „Ein religiöser Mensch ist ein Künstler" oder: „Nur ein religiöser Mensch kann Künstler sein". Sondern es ist so, daß ein wirklicher Künstler immer etwas Übernatürliches hat (himmlisch oder höllisch). Auch das Höllische hat eine Verbindung zu Gott, eine abgekehrte oder feindliche, aber eine Verbindung. Ohne Gott wird Kunst nicht sichtbar, weil Kunst nichts Natürliches ist, sondern etwas gnadenhaft Geschenktes, eben etwas Übernatürliches ist. Wieviele Heilige sind keine Künstler, weil sie's ganz einfach nicht geschenkt bekamen. Und wieviele Künstler sind gar nicht religiös und benützen das ihnen Geschenkte, um den Schenker sogar zu bespeien. Aber der kümmert sich nicht um Dank oder Undank. Große Herren verlangen keinen Dank. Sie schenken eben.

Jetzt gehe ich ins Bett und lese noch Guardini. Schlafen kann ich heute nicht. Ich liebe heute meine Schlaflosigkeit, die mich an Dich kettet in der Phantasie Deiner Umgebung.

Ich küsse Dich!

D. R.

Tonio an Aslan

Metz, 3. Februar 1943.

M. i. g. R.

Guardini möchte ich auch lesen.

Du warst als Rudolf schon seinerzeit grandios. Sicher ist jetzt noch etwas dazugekommen, sodaß diese Deine Leistung zu den ganz großen Kunstwerken des Theaters zählt. Was Du über den eigenen Eindruck, das eigene Gefühl nach so einem Abend sagst, ist tief und gescheit, zählt zu den letzten Dingen.

Du bist herrlich! Dank Dir für Deine vielen herrlichen Briefe! Vielleicht werden sie mir einmal einen bitteren Lebensabend hell und freundlich machen. Aber noch schöner wäre es, wenn Dein Herz einmal zu schlagen aufhört, daß auch meines dann stille steht. Dann nehmen wir die Briefe als unser Geheimnis mit vor Gottes Thron.

Wenn Du eine gute Tat vollbringen willst, melde Dich wieder einmal bei meiner Mutter zum Essen an!

Kuß!

T.

Aslan an Tonio

Wien, 4. Februar 1943.

M. g. E.

Magda Schneider ist nicht umgekommen und ihre Kinder auch nicht. Nur ihre Wohnung ist total zerstört bis auf einen eingebauten Kasten, in dem gerade alle ihre Schätze waren: Pelze, Schmuck u. s. w. Ist das nicht eine Gnade?

Also heute spielst Du Deinen Billinger — Apachen.

Rott ist nicht in Wien. Ich hätte ihn gern gesprochen.

Im Februar plane ich die Revision meines Vertrages durch einen Anwalt.

Wann seh' ich Dich wieder? Eigentlich wollte ich im Februar nach Metz, habe aber höchstens drei Tage Urlaub, das ist zu wenig.

Deine Briefe verbrenne ich nicht mehr. Das ist nun mein ganzer Schatz. Vor Gottes Thron gibt es keine Geheimnisse. Dort wird alles erkannt. Auch die Wahrheit unserer Briefe und unserer Liebe.

Du wünschest mich irgendwie „glücklich". Also glücklich war ich nur mit Dir. Und wenn um dieses Glück herum nicht so manches Bittere gewesen wäre und ist, Bitterkeiten der Zeit, der „Freunde", des Berufes, der Umstände — und auch Bitterkeiten, die aus dem eigenen Ich erwachsen, dann wäre ich sogar restlos glücklich.

Ich küsse Dich innigst.

D. R.

Tonio an Aslan

Metz, 10. Februar 1943.

Mein geliebter Raoul!

Ich glaube, seit dem 3. des Monats bin ich nicht mehr dazugekommen, Dir zu schreiben. Proben, viele Menschen, große Depressionen (die, Gott sei Dank, fast wieder ganz von mir gewichen sind). Dabei habe ich Deinen herrlichen Brief vom 4. Februar. Wahrscheinlich habe ich mich nicht restlos über „Geschlecht als Höhepunkt" richtig ausgesprochen oder den Gedanken auf Deinen damaligen Brief vom 3. Oktober 1942 nicht zu Ende geführt. Ich meine natürlich den Geschlechtstrieb in der Ordnung, nicht im Chaos. In der Ordnung ist er als Zeugung gedacht. Als Zeugung auch im Geistigen. Dann ist er nicht mehr Sünde, sondern hat ethischen Hintergrund. Dein Schuldgefühl erwächst aus Deinem nur christlichen Denken. Tugend steht sicher über allem. Aber ich kann an das Schuldgefühl nicht glauben, dort, wo es in der Ordnung geschieht. Ordnung ist Liebe. Der Begriff des Sündhaften ist mir ganz klar. Davon mich zu befreien, ist mein inniges Bestreben, seit ich Dich kenne und liebe. Daher habe ich in der Liebe zu Dir nie ein Schuldgefühl. Und — ich muß dabei bleiben — das körperliche Erleben in Sünde und in der Ordnung hat mir die größten Erfahrungen gebracht — für das Leben — für meinen Beruf. Wissend durch das Erleben! Natürlich muß man durch dieses Erfahren klar werden und anfangen, klar zu leben. Vielleicht können das die wenigsten, weil sie zu abhängig sind. Aber viel Einsamkeit lehrt einen das, und anstatt ins Chaos kommt man dann in die Ordnung. Es ist nicht nur Trieb, es ist Notwendigkeit, die stark und stärker ist als Wille. Und alles, was daraus erwächst, sei es Lust, sei es Leid, ist Leben und gebiert wieder Leben. Weißt Du, soviel Ungelöstes geht mit einem herum in diesen Zeiten des Mordens und des Menschenschlachtens und des Hasses. Doch allmählich wächst man so in die Antwort hinein, in die Antwort, die einem gegeben wird. Und so wartet man zu und ergibt sich dem Vertrauen, daß Gott schon weiß, was er tat. Doch schwer ist es, weil ja alles Ernste so schwer ist. Das Geschlecht ist auch schwer und ernst. Wir tragen alle daran. Das ist die Erbsünde. So verstehe ich es! —

Zum Wilden würde ich an Deiner Stelle einen bis zwei Tage fahren. Du tust in Deinem Sinne sicher ein gutes Werk.

Am 20., 21., 22. ist „Schwarzkünstler". Sollte ich nicht gleich wieder in einem Stück drinnen sein, könnte ich vielleicht ein paar Tage nach Wien huschen. Ich möchte es zu gerne. Doch freuen wir uns noch nicht, sonst kommt alles wieder ganz anders.

Für heute adieu! Alles Liebe und Dank für alles, was von dir kommt.

          Kuß!

                              T.

Aslan an Tonio

                            Wien, 11. Februar 1943.
    M. g. E.

    Heute geht ein Packerl ab, das hoffentlich rechtzeitig zum 17. Februar [1] ankommt (zwei Bücher)! Ich feiere täglich Deinen Geburtstag. Denn an jedem Tag ist es ein Fest, daß Du mir geboren wardst. Der 17. II. ist sozusagen nur der offizielle. Sage mir: Wie geht's gesundheitlich, beruflich, privat, militärisch? Wann glaubst Du, sehen wir uns wieder?
    Das eine der beiden Büchlein: „Die letzten Dinge" von Guardini ist wohl tief eingreifend in unser ganzes Sein. Wenn man das ganz in sich aufgenommen hat, braucht man eigentlich nichts mehr zu lesen. Bitte, lies täglich zwei Seiten und trachte das Gelesene von Dir aus wieder zu sagen! Dann möchte ich auch, daß wir uns das Gelesene laut vorlesen und es besprechen. Dann sitzt es.
    Samstag zu Mittag bin ich bei Deiner Mutter.

                Ich küsse Dich innigst: 17. II. 43!
                                D. R.

[1] 17. Februar: Tonios Geburtstag.

Tonio an Aslan

                            Metz, 13. Februar 1943.
    Mein geliebter Raoul!

    Vormittag bekam ich Deinen geliebten Brief vom 11. Deine Fragen beantworte ich. Es geht mir gesundheitlich gut. Ich könnte wieder eine schöne große Rolle vertragen. Aber wenn der Homburg zum 20. April kommt, bin ich zufrieden. Privat lebe ich in meiner kleinen Wohnung, die gerade jetzt zu Teestunde, vergoldet durch eine herrliche Vorfrühlingssonne, einen besonders liebenswerten Eindruck macht. Ich lebe fast ganz regelmäßig, schlafe meist 10 Stunden, lese, arbeite, schreibe, denke, phantasiere, schmiede Pläne und bin fast immer allein. Militärisch sollen wir immer noch sicher sein trotz Gerüchten, die melden, daß 150 Theater geschlossen werden sollen. Metz soll bei der Gauleitung und in Berlin einen besonderen Ruf haben dank seiner künstlerischen Leistungen. Was ich mir wünsche? Dich, wenn auch nur für zwei Tage, in Wien zu besuchen. Hoffentlich klappt es bald!

Stolz und glücklich macht mich Dein Satz: „Denn jeder Tag ist es ein Fest, daß Du mir geboren wardst." Das danke ich Dir, daß Du es auch sagst.

Ich, der ich mich gerne als „Sendling von Menschenliebe" bezeichne und — verzeihe den Hochmut! — mich auch oft so fühle, wünsche Dir zwei gute Tage für München [1]. Ich weiß freilich, daß dort die einzige Quelle des persönlichen Hasses auf mich ihren Sitz hat [2]. Noch gelang es meiner Menschenliebe nicht, diesen Quell zum Versiegen zu bringen. Ich wünschte es sehr.

Immer und immer, wo Du auch bist, wenn Du es willst, bin ich bei Dir.

Innigst
D. T.

[1] Zum Besuch bei Zeljko.
[2] Zeljkos Eifersucht.

Aslan an Tonio

Wien, 16. Februar 1943.

M. g. E.

Nochmals zum 17. II. Dank und Wunsch und Segen!

Huttig sagte mir, Du wärst im „Gigant" gigantisch. Das hat mich gefreut. Der alte Theaterhengst versteht was, und seinem Urteil traue ich mehr als den „Kritikern".

Heute fahre ich nach Brünn. Dort spreche ich Rott. Macht er den Homburg? Ich hoffe auch etwas zu hamstern und spiele „Kirschen".

Nächsten Freitag ist „Klingsberg". Dann fahre ich für zwei Tage nach München [1]. Am 2. abends bin ich zurück. Montag und Dienstag „Bruderzwist".

Was Du von der Quelle des Hasses sagst, ist sehr schön. Ja, das ist mein geheimster Wunsch und meine größte Sorge, ja, die fast schwerste Last, die ich trage. Das weiß kein Mensch, das ist privatester Leidbesitz ². Aber Dir sage ich es schon. Und daß ich es Dir sage, tut mir wohl. Mit dem „Wilden" rede ich doch nur vom Wetter, von Politik, Theater, Vergangenheit. Es ist der „Strindbergischeste" Dialog, den man sich denken kann. Denn von mir und meinem Innern rede ich doch nicht. Wie kann ich von mir und meinem Innern reden und Dich verschweigen? Das ist doch alles übertüncht! Wie traurig! Und doch gebe ich nicht nach, weil ich's nicht kann. Das wäre meinem Gefühl so konträr, wie nur etwas konträr sein kann. Aber Deine lieben Worte machen mich weinen. In Grillparzers Selbstbiographie sagt er auch einmal, daß er plötzlich weinen mußte, als Goethe ihn an der Hand nahm. Ich würde da wahrscheinlich nicht weinen. Der alte Pantheist bringt mich nicht zum Weinen. Aber oft ein Wort von Dir. —

Innigst küßt Dich
D. R.

[1] Zu Zeljko.
[2] S. das ewige „Dilemma".

Aslan an Tonio

München, 20. Februar 1943.

M. g. E.

Gewiß ist der Zweck erreicht, und der Wilde hat eine Riesenfreude. Gewiß. Aber ich bin in vielem fremd. Und über die Mauer komme ich nicht weg und er auch nicht. Es geht ihm gut. Und trotzdem ist alles Maske und Zwang und psychologisch einmalig. Wie ein Mensch verstrickt sein kann und keinen Ausweg findet! Unsere Gespräche drehten sich nur um Politik, etwas Theater, gemeinsame Bekannte, Familie, Anekdoten. Und morgen wird es wohl auch nicht anders sein. Und das ist eben das Gezwungene, Maskenhafte. Sein Innerstes und mein Innerstes bleiben unausgesprochen. Wäre ich ein Romanschriftsteller, ich könnte Bände darüber schreiben. So schleppt sich dieses unerlöste Leben weiter, äußerlich ganz gut, aber innerlich ganz zerrissen, sinnlos, verkrampft, ohne eine Tür, die ins Freie führt. Eigentlich tragisch und so ganz gnadenlos. Wer kann da helfen!? Ich bin glücklich, jetzt im Stübchen allein zu sein. Ja, ich kann nicht einmal grübeln, wie dem Menschen zu helfen sei. Denn es ist alles umsonst. Trotzdem, wie gesagt, nicht ein böses Wort gesprochen wird, spüre und spüre ich alles. Und er spürt es auch, daß ich es spüre. Und was denkt er sich? Und doch hat er trotzdem eine Riesenfreude. Das soll nun einer enträtseln! Kann man da etwas anderes wünschen, als daß Gott sich seiner erbarmte? So oder so!

Wann glaubst Du, nach Wien kommen zu können? Sollte es wahr sein, daß die Schnellzüge ab 15. März für Zivilisten nicht mehr verkehren?

Müthel sagte mir, ab nächster Saison bekomme ich einen längeren kontraktlichen Urlaub (Revision des Vertrages) und eine ganz große Rolle im gemeinsamen Einverständnis. (So wie z. B. Cyrano oder Coriolan oder dgl.). In dieser Saison habe ich noch zwei Premièren, aber nichts Besonderes. Das sagt er. Aber wissen wir, wer in der nächsten Saison lebt, wer befiehlt, wer besetzt, wer Urlaube erteilt?

In meiner Phantasie, in meiner Gefühls- und Gedankenwelt erlebe ich viel. Und keiner hat eine Ahnung. Das Leben ist wirklich ein Traum, und was so passiert, ist ja gar nicht wahr. Das Wahre lebt in einer irrealen Sphäre und kommt hie und da zum Bewußtsein, wird sozusagen Realität. Heute empfinde ich das ganz stark. Ob ich wohl gut schlafen werde?

Viele Küsse!
D. R.

Tonio an Aslan

Metz, 22. Februar 1943.

M. i. g. R.

Wie gerne würde ich Dich als Rudolf sehen! Ich hoffte, diese Woche für ein paar Tage nach Wien fahren zu können. Am Freitag aber habe ich Carlos. Und dann sollen anfangs März die Proben zu „Candida" [1] (mit der Servaes [2]) beginnen. Rott soll es machen. Ich freue mich über den Marchbanks [3] „damisch".

Guardini scheint ganz groß zu sein. Ich lese das Buch langsam und mit Überlegung. Ich hoffe, es gut zu verarbeiten und Dir dann wunschgemäß auf meine Art etwas darüber zu sagen. Doch die Stunden der wirklichen Konzentration sind so selten.

Die Würdigung Deiner Leistung als Rudolf in allen Zeitungen ist richtig. Es beglückt mich jeder große Erfolg Deinerseits!! Traurig macht es mich nur, nicht dabei sein zu können als Dein größter und ehrlichster Bewunderer.

Den Geburtstag habe ich leider nicht so verbracht, wie ich es mir gewünscht hätte. Ich wollte allein sein, konzentriert und Dir und meiner Mutter schreiben, rückschauend und vorahnend. Aber die Kollegen wollten es mir besonders nett machen, und so war ich mittags, nachmittags und abends bei den verschiedensten Kollegen eingeladen. Viele Blumen: gelbe und rosa Tulpen, Hyazinthen in allen Farben und mit betäubenden Gerüchen, Palmkätzchen, Telegramme, Briefe und vielerlei Geschenke. Viel Liebe, viel, viel Liebe. Wie hat man das alles verdient?

„Schwarzkünstler" ist nun auch vorbei. Ich soll von unglaublicher Komik (Malvoliohaft) gewesen sein.

Heute habe ich seit langem probenfrei. Haustag. Das Badewasser ist fertig. Dann koche ich mir Linsen, Bratwurst, Kartoffeln und eine Grießspeise. Nachmittag will ich dann einen Spaziergang in den Vorfrühling machen, abends lesen und immer an Dich denken. Ein herrlicher Tag. Ach, Raoul, es geht mir sooo gut!! Wenn ich noch bei Dir sein könnte, hätte ich ein vollendetes Leben.

Gott im Himmel, wie dank' ich Dir! Mache mein Wesen philosophisch!

Ganz Dir zugetan, immer und ewig!

D. T.

[1] „Candida" von Berhard Shaw.
[2] Dagny Servaes, Reinhardt- und Burgschauspielerin.
[3] Marchbanks: Tonios Rolle in „Candida".

Tonio an Aslan

Metz, in der Nacht vom 24. zum 25. Februar 1943.

M. g. R.

Eben komme ich von einer Abendgesellschaft nach Hause. Es ist $1/_2$ 1 Uhr. Es war anregend, unterhaltsam. Ich bin sehr wach, kann noch nicht schlafen. Deshalb schreibe ich an Dich. Ich war zwei Tage im Bett mit 39 Fieber. Und so im Bett liegend, hat man Zeit, seine Phantasie laufen zu lassen, wohin sie will. Ich legte ihr auch gar keine Fesseln an. (Eine gefesselte Phantasie taugt auch zu nichts.) So war ich auch voll Sehnsucht nach Dir. Mein Gott, dieses dauernde Leben der Trennung ist schon eine harte Heimsuchung.

Dein Brief aus München brachte wieder die Bestätigung von dem, was ich schon lange weiß. Auf all das kann ich jetzt schon mit Guardini sagen: Es ist ein psychologischer Tod. Das Ganze des Lebens (eines jeden Menschenlebens) besteht aus verschiedenen Epochen, von denen die eine vergeht, um der anderen Platz zu machen. Ja, es ist oft so, daß wir uns in die eigene Vergangenheit gar nicht mehr zurückdenken können. Oder wir suchen etwas auf, was uns einmal sehr viel war, was wir geliebt haben, und plötzlich sagt uns das alles nichts mehr. Das ist so ein Tod, ein Sterben. Dann spricht Guardini von einem „biographischen Tod". D. h.: Jedes Menschenleben baut sich auf bestimmten Motiven auf. Nun kann es aber sein, daß diese sich erschöpfen und keine neuen mehr gefunden werden. Und des Wilden Auf und Ab war das Leben mit Dir, damals, seinerzeit. Daran hält er fest, daran starb er. Also, das Leben ist, biographisch gesehen, zu Ende. Ein lebender Leichnam. Hätte er noch Kraft und vor allem Willen, müßte er etwas gefunden haben, neu aufzuerstehen. So ist bei Dir Deine Entwicklung ganz normal und ordnungsgemäß gegangen. Ich war für Dich neuer Antrieb, neue Epoche, neuer Nährboden, so ich heute das alles erfasse, begreife. So würde ich auch eine Neuwandlung Deinerseits, meinerseits begreifen, verstehen. Da Du mir oft und oft sagst und gesagt hast, das Eigentliche Deines Lebens sei geschehen, so kann Deine Haltung nur mehr auf Ewigkeitserkenntnisse eingestellt sein. Hätte der Wilde zur selben Zeit einen Übergang in eine andere Epoche seines Lebens gefunden, wäre für alle Beteiligten alles wunderbar in Ordnung. Hätte er rechtzeitig eingesehen, daß die Zeit für ihn da war, abzutreten von dem Platz, der ihm nicht mehr zukam, da Dein Gefühl sich erneuerte in einer anderen großen Liebe zu einem anderen Wesen, hätte er es rechtzeitig mit Verständnis erkannt, wäre für ihn das Leben in anderer Form lebendig.

Solange ein Mensch atmet, ist er frei; solange er frei ist, kann er durch Selbsterkenntnis sein Leben formen, steigern, leben!! Er kann seinem Leben einen sittlichen Charakter geben. All das hat er versäumt. Sein Leben ist eben abgeschlossen, mag es auch noch so lange weitergehen.

Ich danke Dir auch sehr, daß Du mir es so aufzeigst, wie Du es siehst und wie es ja auch tatsächlich ist. Und so wachsen mir immer mehr Energien, mein Leben frei so zu gestalten, wie ich es gestalten muß. Das Eigentliche des Gelebten leuchtet ja doch im Unvergänglichen. Über ein Ende hinaus leben zu wollen, ist töricht. Jeder Tod einer Epoche muß ein Übertritt sein zu einer neuen, höheren.

Ich muß oft an Dein Horoskop denken. Sagt es nicht, daß das letzte Drittel Deines Lebens sich ganz im Geistigen findet? Ach, Raoul, wenn ich den Übertritt für Dich ins Ewige bedeuten sollte, ist das nicht groß und schön für mich? Das Wesentliche soll immer deutlicher werden. Das Geheimnisvolle, die Seele empfängt so ein neues, dem Tode entzogenes, endgültiges Leben.

Lebe wohl und entwickle Dich über mich hinaus zu Deinem eigentlichen herrlichen Selbst! Und wenn es sein müßte, vergiß mich ganz!

Tonio

Aslan an Tonio

Raoul an s. g. E. Wien, 26. Februar 1943.

„Das ist die Sehnsucht: wohnen im Gewoge
Und keine Heimat haben in der Zeit.
Und das sind Wünsche: leise Dialoge
Täglicher Stunden mit der Ewigkeit."

(Rilke)

Ich las heute im Rilke „Die frühen Gedichte", die ich alle lieber habe als seine letzten Sachen. Ich gestehe, daß ich die „Sonette an Orpheus" und viele Sachen des großen, berühmten Rilke (auch teilweise die „Duineser Elegien") einfach nicht verstehe. Merkwürdig, wie manche ganz große, begnadete Menschen meteorhaft beginnen und dann immer mehr „verspinnen...", während andere im Alter immer schöner werden, klarer, umfassender, gewaltiger, wissender. Rilke gehört für mich zu den ersteren. Seit vielen, vielen Jahren geht es mir so, und es quält mich. Ich liebe ihn, und doch habe ich etwas gegen ihn. Und ich spüre, wenn wir uns kennen gelernt hätten, wäre er nie mein Freund geworden. Er hätte mich wie so viele andere bagatellisiert und ignoriert. Oft spiele ich mit dieser Phantasie, frage: Wer hätte dich geliebt und wer übersehen? Die meisten haben mich ja tatsächlich übersehen, soweit sie meine Zeitgenossen waren und sind. Früher kränkte mich das. Jetzt macht's mir nichts, weil ich mir vieles erklären kann. „Keine Heimat haben in der Zeit..." „... leise Dialoge mit der Ewigkeit". Nie hat mich ein großer Künstler so geliebt, wie etwa meine Fürstin mich liebt. Und ich versteh's. Goethe wäre zu mir sicherlich so gewesen, wie ich zu Herrn von Mottoni bin, und nicht einmal das. Wer weiß, ob Goethe mich amüsant gefunden hätte?

Am 12. habe ich eine Vorlesung in der Urania, am 14. eine in Baden bei Wien, am 16. eine Homer-Vorlesung hier.

Das Pepulka-Bildchen [1] ist ausgezeichnet, weil es echt ist, ganz echt. Die richtige Mischung von Wurstelprater-Karussell und äußerstem Ottakring, und das Ganze nach Böhmen verlagert. Die Wandlung davon in Marchbanks wäre ganz große Kunst, in englische Vorstadt mit Dante Gabriel-Rossetti-Transparenz. Diese Rolle hat die glaubhafteste Seelenatmosphäre. Alles muß sich ändern, die Haut, die Finger, der Gang, die Haltung, der Atem, die Musik der Sprache, der Ansatz, der Einsatz, der Rhythmus, alles. Pepulka und Marchbanks, das ist der Gewinn dieser Saison, alles andere inbegriffen: die Komik, die Tragik der schon gespielten Rollen dieser Saison, die irgendwie etwas Erlerntes in Dir zurückgelassen haben. Ich freue mich sehr, daß alles das an Dir herummodelt. Gut. Gut. Nur so weiter!

In München hatte ich noch ein großes Erlebnis: Wiedertreffen und Wiedersehen mit Camilla Eibenschütz-Huck [2]. Auch der Wilde war von diesem Wiedersehen tief erschüttert. Die Camilla war die Muse seiner jüngsten Berliner Zeit, als er träumte, ein großer Tenor zu werden. Die Ärmste ist in einem desolaten Zustand. Gleichgewichtsstörungen, Kriegspsychose und persönliches Leid. Jetzt ist sie mir noch näher, denn jetzt heißt es helfen. Gleich habe ich mich mit meiner Fürstin besprochen. Sie braucht eine pflegende Freundin und Gesellschafterin. Sie war die beste Julia mit Moissi [3]-Romeo und meine erste Stummfilm-Partnerin. O Lebensfilm! Wie bunt rollst du ab! — Das war die Zeit der ganz jungen Terwin [4], des großen Max Reinhardt und der eigenen maßlosen Jugend. Und heute? Eine kranke alte Frau, ein zielloser Wrack-Wilder und ein Raoul, der ganz wo anders wurzelt. Jeder aus seiner Welt heraus.

Viele Küsse.

D. R.

[1] Pepulka, Tonios Rolle im „Gigant".
[2] Camilla Eibenschütz, Reinhardt-Schauspielerin, eng befreundet mit Aslan.
[3] Alexander Moissi, der berühmte Schauspieler.
[4] Johanna Terwin, Alexander Moissis Frau, ebenfalls Schauspielerin.

Aslan an Tonio

Wien, 28. Februar 1943.

M. g. E.

Vor mir liegt Dein Brief aus der Nacht vom 24. zum 25. Februar. Ich freue mich, daß Du die „letzten Dinge" erfaßt, verstehst und Dich mit Genuß darein vertiefst.

Ja, das ist richtig. Es gibt biographische, biologische, psychologische Tode. Und gewiß ist der Wilde an einem dieser Punkte angelangt. Er hat Kraft und Willen, aber nicht, um aufzuerstehen, sondern nur Kraft und Willen, den „Tod" nicht wahrhaben zu wollen. Und ich biete ihm dauernd die Hand zu einer Auferstehung in ein neues Leben der Freundschaft, der Kameradschaft, und er tut's nicht. Ja, das ist tragisch — für ihn und auch für mich. „Nun, dann zieh die Hand weg," könnte man sagen. Das kann ich wieder nicht. Was Du ja auch begreifst. Genug von ihm!

Ich habe, glaube ich, keinen solchen Tod erlebt in großen Dingen. Von den vielen kleinen Toden red' ich jetzt nicht. Immer wieder erneuerte ich mich, habe Übergänge gefunden. Den Übergang ins „letzte Drittel" habe ich nicht, noch nicht. Die einzelnen großen Epochen haben sich entwickelt. (Das versteht er nicht.) Und meine jetzige große Epoche seit elf Jahren hat sich ja auch entwickelt, verschönert, vergrößert!

Guiardini ließe sich ja weiter spinnen. So ist es nun auch nicht. Er schematisiert etwas, kann auch nicht anders, sonst müßte er Bibliotheken weiter schreiben. Außer diesen „Toden" leben ja noch andere Kräfte weiter aus Urtiefen (vielleicht der Ahnen), die nur dann überwunden werden, wenn für nichts mehr Platz in uns ist, außer für Gott (s. Eckeharts „Seelenfünklein"). Will man über dieses Thema sprechen, kann man's nicht. Aber wäre man lange zusammen, auf einsamen Spaziergängen, auf dem Meere oder überhaupt so lebend in Ruhe, o, da kämen Augenblicke der Erleuchtung, die alles nach rückwärts und ins Ende hinüber erleuchten würden. In dieser Hetze, die wir Leben nennen, sind alle diese eben „letzten Dinge" noch blutige Fetzen, die an uns herumkleben. Wir sterben immer neue Tode, aber die Auferstehung träumen wir nur. Wer kann sagen, daß wir nicht mehrere solche Tode sterben werden, ehe wir von *diesem* Tode wirklich auferstehen?

Heute war ich mit Frau Epp zusammen. Sie warnte! Man soll nur getarnte Briefe schreiben! Es wird gelesen! Ich sage es Dir jedenfalls.

Wie schön wäre es, Dich wiederzusehn! Wie gern möcht' ich Dich als Marchbanks sehen! Ach, ich möchte noch so viel!

Immer

D. R.

Tonio an Aslan

Metz, 28. Februar 1943.

Mein innigst geliebter, einziger Raoul!!

Ich kann jetzt gar nicht nach Wien kommen. Nächste Woche habe ich Carlos, Gigant und Schwarzkünstler, und am 8. März beginnen bereits die Proben zu Candida. So muß unser Sehnen wieder in andere Ordnungsbahnen gelenkt werden. Niemand empfindet das schmerzlicher als ich. Niemand weiß, daß ich Jahre meines Lebens dafür hergeben würde, meine Hand auf Deinen Kopf legen zu können, Dir in die Augen schauen zu dürfen und mit Dir Gespräche zu führen. Doch muß ich nicht sagen, es wird schon auch so in der Ordnung sein? Du hast es mich gelehrt zu sagen: „Vater, dein Wille geschehe!" Und so sage ich es, und so bin ich nicht stumpf unglücklich. Ich bin zwar unglücklich, aber es hat einen anderen Geruch!! Und so mache ich eine dauernde Verwandlung durch, daß jedes Unglücklichsein ein Glücklichsein wird und jedes Ende ein neues Beginnen. Alles Erkennen soll man ja in die Tat umsetzen. Und so bin ich bemüht, meinem Leben Halt und Richtung zu geben. Sollte ich es durchhalten, so wie ich es jetzt ethisch vor mir sehe, so könnte mir dann eigentlich nichts mehr geschehen.

Vielleicht wäre es doch auch gut, an einen Abschied vom Tasso zu denken. Du, der Du immer neue große Auferstehungs-Rollen gestaltest, dessen Zukunftsbild als Schauspieler fast alle Grenzen sprengt, warum an etwas festhalten, wo man ev. mit „Jugend" kommen könnte? Ein Menschendarsteller Deines Formates hat das nicht nötig. Von allen Seiten höre ich von der Gewalt Deines Rudolfs. Das beglückt mich zutiefst, Dein stetiges Wachsen. Klein, wie ich bin, versuche ich den Kunstsamen, den Du in mich gelegt hast, Frucht werden zu lassen — und ahne Unsterblichkeits-Gesetze. Kann ich es weitergeben?!!

    Ganz bei Dir

            T.

Tonio an Aslan

                    Metz, 2. März 1943.

  Mein innigst geliebter Raoul!

Wieder kam ein so herrlicher Brief von Dir. Ich spüre aus jeder Zeile, jedem Wort Deine große, wunderbare Persönlichkeit. Und daß Du Dich mir so ganz erschließest, macht mich halt so besonders glücklich und dankbar. Wem wollte ich „anhangen", wenn nicht Dir! So verstehe ich auch den Wilden. Habe ihn immer verstanden! Nur ist es halt schwerer, dort zu lieben, wo man nur Haß weiß. Bereit dazu war ich eigentlich immer. Vielleicht bin ich dadurch immer der Stärkere gewesen. Vor allem fehlt bei ihm zu allem die Bereitschaft. Das ist seine tiefste Sünde, deshalb verfällt er in diese hoffnungslose Starre. Bei mir dagegen ist alles weich, gelöst, weil ich so voll des guten Willens, voll der Bereitschaft bin. D. h. „in Gnade sein". O, wieviel wird mir klar! Diese Gnadenlosigkeit bei ihm ist nur der Mangel seines guten Willens. Aber Du, der Du so herrlich seelische

Geschehnisse klar machen kannst, vermagst Du ihn nicht zu lösen, ihm nicht: Sünde — Nichtsünde klar zu machen?!! Vielleicht ist es Deine Schuld, seine statt Deine Sprache mit ihm zu reden. Warum hast Du dort nicht den letzten Mut, wo Du doch helfen willst? Vielleicht hilft man mehr, wenn man tötet. Tötet, damit der andere aufersteht. Aber Deine Mutlosigkeit dort entspringt Deinem eigenen Schuldgefühl, und daher schaffst Du Unklarheit, Unglück. Auch Feigheit schafft zwar scheinbare Gleichsprachigkeit, hilft aber dem im Unglück Seienden gar nicht. Pflicht ist, das Erkannte in die Tat umzusetzen. Warum das viele Beschäftigen mit Seelen-Analyse, wenn man nicht gleich bei sich und den am nächsten Stehenden beginnt, Heilung zu schaffen?!

Was Du mir für den Marchbanks sagst, ist herrlich. So denke ich auch. O, wäre ich Künstler! Könnte ich so sein, wie ich es erfasse! Wie wenige Künstler gibt es unter den Schauspielern! So wenige, daß man oft an der Schauspiel-Kunst zweifeln möchte. Du lehrtest mich glauben, daß die Schauspielerei Kunst ist.

Ich beschäftige mich mit dem Texte und hoffe, ihn zur Arrangier-Probe zu können.

Ich glaube, Raoul, so, wie ich lebe, hast Du nie gelebt. Vielleicht ist der große Sinn unserer Begegnung, daß bei mir alles 20 Jahre früher entsteht.

Leise Dialoge mit der Ewigkeit ... leise Dialoge mit Dir. Mich hat ein großer Künstler geliebt — Du!

    Lebe wohl für heute! Immer

          D. T.

Tonio an Aslan

          Metz, 10. März 1943.

 M. g. R.

Im Momente schwirren die Flieger über meinem Kopf. Ich öffnete das Fenster. Es sind viele, viele! Wen trifft heute nachts der Tod? Ich ging auf die Straße. Ach, das ist alles so unheimlich! Jetzt kriechen in den bedrohten Städten die Menschen in die Erde. Entsetzliches 20. Jahrhundert! Die Sterne blinken unberührt gleichmäßig weiter. Über ihnen thront Gott. Kann er gegen die Freiheit des menschlichen Willens nicht an? Unerforschlich ist sein Ratschluß. Was hat uns der gute alte Adam angetan! Erbsündig schleppt sich das Menschengeschlecht — trotz Erlösung — seinen freien Willen mißbrauchend, zur Hölle.

Eugen Scheuble [1] war zwei Tage mit seiner Frau hier bei mir. Es ist mir eine Freude, ihn Freund zu nennen. Seine Entwicklung ins Seelisch-Geistige ist herrlich. Sein großes Unglück, die Zeit im Gefängnis, brachte ihm die große Erleuchtung, die Umkehr und die Ordnungserkenntnis des wahren Lichtes. Es waren zwei köstliche Tage. Ich war direkt glücklich über soviel Menschlichkeit, über soviel echte Menschenliebe und Bereitschaft des Verzeihens und des Liebens. Von einer hohen Warte zeigte er mir alles, was geschieht, und wie man leben soll. Am Sonntagmorgen las er uns das Kapitel „Maria und Martha" aus dem Eckehart vor, es war eine Weihestunde. Zum ersten Male, glaube ich, sagtest Du mir letzthin einmal, Dir sei „um mich nicht bang". Habe ich Richtung, Halt, Erneuerung? Jedenfalls der Wille, das Bemühen ist da. Daß mir große Kräfte zuwachsen, merke ich am besten am Ertragenkönnen meiner Einsamkeit. Ja, am Suchen nach dieser Einsamkeit.

Dein bestes Ruhen ist Schlaf. Meiner ist voll der tausendfältigen Träume. Dieses Leben im Schlaf-Traum macht mich müde, und die Sehnsucht nach traumlosem Schlaf wird stark.

Gerne möchte ich in Deinen Vorlesungen sein. Homer möchte ich von Dir hören. Gerne wäre ich Publikum, um Dich in Deinen Rollen leben zu sehen! Und wie gerne drückte ich Dich an mein Herz, das dann vor Liebe das Schlagen vergäße, und erst ein Engel müßte es anrühren und das Pendel wieder in Schwung bringen. Wann sehen wir uns wieder? Mein erster und letzter Gedanke täglich!

Innigst
D. T.

[1] Eugen Scheuble: s. Tonios Brief vom 23. August 1941.

Tonio an Aslan

Metz, 13. März 1943.

M. i. g. R.

Das Proben mit Rott macht mir ganz besondere Freude. So habe ich mir eigentlich immer das Arbeiten gedacht, habe es aber noch nie so gehabt. Bin auch mit ihm ein paarmal essen gewesen. Er schaut mich an und will, so scheint es mir, das Rätsel Tonio erraten. Die Leistung Marchbanks muß gut werden. Ich kann es mir bei dieser herrlichen Seelenarbeit und meiner Eignung für die Rolle nicht anders denken. Jetzt erkenne ich an diesem Arbeiten, wie schlecht es mein

Theaterschicksal bisher mit mir gemeint hat. Ich weiß es, Minderbegabte haben da oft mehr Glück. Warum soll ich nicht hinauf zu den Spitzen? Liegt es wirklich nur an mir, daß ich es karriere-mäßig so gar nicht schaffe? Oder ist diese meine Erkenntnis über mich selbst eben ganz falsch, überheblich? So bemühe ich mich, in allem das Wahre, Echte zu sehen und zu finden.

Die Dagny ist lieb, und ich mag sie sehr!

Ich freue mich schrecklich über die Erfolgsbriefe an Dich, Du wunderbarer großer Künstler, Du wunderbarer großer Mensch! Und mir wurde das große, beseligende Glück zuteil, Dich als meinen Freund, meinen Lebensinhalt und mein Schicksal zu haben. Das ist meine Karriere!! Was für ein Unglück, daß ich Dich nicht sehen kann! Was für eine große, schwere Aufgabe, vom Leben mir auferlegt, dauernd im Trennungszustand von Dir zu leben! Soll es mich lehren, daß meine Sendung mehr sein soll als Glück?! Du schwer zu fassender Ratschluß Gottes, willst du mich schon auf Erden Himmel und Hölle fühlen lassen? Was geht so durch eine bereite Seele an Erfahrung, Leid, Schmerz, Glück! Was braucht es nur alles dazu, ein Mensch zu werden! Oder soll alles nur so sein, damit Dein Strahlen als Künstler letzte Höhe erklimmt? Immer will ich's deuten, weil Opferbringen Erkenntnis voraussetzt. Doch bewußt soll es Dir schon sein, daß ich immer bereit dazu war. Und Liebe ist Opfer, und Opfer ist Liebe. Ein Mysterium, das schönste, herrlichste, das wir in uns tragen. Ist das das Abels-Zeichen? Die Menschen starren einem so ins Gesicht, wo immer man geht. Trägt man das Zeichen der Liebe so lichtverbreitend? Licht, ein wenig Licht zu bringen ins Dunkel dieser jetzigen Welt, ist Glück und Aufgabe. Durch Dich bin ich Lichtgestalt geworden. Möchte schon leuchten zu Gottes Ehre. Kann nur um Kraft und Ausdauer bitten.

Leb wohl, Du mein Großer, Schöner, der Du mich Gottes Kindschaft sehen und begreifen lehrtest.

Immer

D. T.

Aslan an Tonio

Kirchschlag, 16. März 1943.

M. g. E.

Ich bin in Kirchschlag [1]. Plötzlich durch Erkrankung verändertes Repertoire. So hatte ich zwei Tage frei, und, kurz entschlossen, nach vorhergehender Telefonansage hüpfte ich her. Und wie gewöhnlich ist es hier sehr schön. Freilich, Du bist nicht da. Aber ich schlafe auf dem Sofa, wo Du geschlafen hast, und das ist auch etwas. Füssl [2] wie immer sehr gastfreundlich, sehr nett, und ich nehme auch allerhand mit! Gestern gingen wir fast 16 km durch Felder und Wiesen und Wälder und besuchten drei einschichtige Bauernhöfe. Und das war ein großes Erlebnis. Ich liebe ja, wie Du weißt, Bauern, Kühe, Mistgeruch u. s. w. Mir wird so vieles klarer durch den Kontakt mit diesen Menschen und mit dieser Erde. Die Stadt verschiebt alle Begriffe ins Verlogene, Ungesunde, Sündhafte. Das wird mir immer klarer. Alles Böse kommt aus der Stadt. Es ist nicht wahr, daß Bauern dumm sind, auch nicht verschlagen und listig. Sie sind richtig. Sie wurzeln in der Natur und im Glauben. Und das sind halt gute Grundlagen. Daß in der Natur auch viel Unkraut wächst und im Glauben viel Aberglauben sein kann, wissen wir. Aber das Fundament ist das richtige. Wir Städter wurzeln in der Unnatur und im trüglichen Wissen. Es war ein fruchtbarer Tag, dieser gestrige. Mit Füssl spreche ich mich gut. Morgen vormittag zurück nach Wien.

Du bist mitten in den Candida-Proben. Wieviel könnte ich Euch da sagen! Hast Du damals den Brief von B. Shaw gelesen, den er mir über Candida geschrieben hat [3]? (Ich habe ihn leider verschenkt.)

Ganz kommt man ja nie zur Ruhe. Ich nehme auch aufs Land alle meine äußeren und inneren Sorgen mit. Ich spüre geradezu, wie mich in Wien die Sachen wieder anfallen werden, mir auf den Kopf fallen werden. Ich stecke ja hier nur den Kopf in den Sand. Vogel Strauß!

Ja, es ist schön hier. Aber ich bin nicht ruhig! Irgend etwas verfolgt mich immer. Wahrscheinlich peitscht mich immer wieder das eigene Ich. Das ist es. Man sollte vor sich selber fliehen können. Das kann man aber nicht. Nur in einzelnen Momenten kann man das! In der Kunst! In der Religion! Und manchmal im Rausch der Sinne! Das Letztere ist aber auch nur eine Täuschung. Die Kunst ist oft eine Ent-Täuschung. Bleibt also doch nur Gott! Wie man's dreht, man kommt nicht drum herum!

Ja, wenn Du jetzt da wärst, brauchte ich nicht schreiben, nicht reden, nichts. Es wäre eben da, dieses Gefühl, das, wie immer man es nennt, eben doch irgendwie ruhig macht.

Füssl grüßt Dich und spricht so nett von Dir.

Der alte Haushund (Rehmann) tut mir so leid! Wär' ihm nicht wohler im Hundeparadies?

Und das gute Fräulein Resi kocht.

Viele Küsse
D. R.

[1] Kirchschlag am Wechsel (s. Aslans Brief vom 24. Juli 1942).
[2] Pfarrer Füssl, Gründer der Kirchschlager Passionsspiele, mit Aslan und Tonio befreundet.
[3] Aslan hatte Shaw persönlich kennengelernt, als er bei Reinhardt in Berlin Pfarrer Morell in „Candida" spielte.

Tonio an Aslan

Metz, 25. März 1943.

M. i. g. R.

Ich habe lange nicht an Dich geschrieben. Der Marchbanks ließ mich mich selbst vergessen. Die Arbeit mit Rott war so intensiv, daß ich diese 14 Tage nichts tat als mich auszuruhen. Es war herrlich zu arbeiten. Wir waren fast Tag und Nacht zusammen, ganz wie bei Stanislavski [1], Rott, Lieck [2], Servaes und ich. Die Vorstellung soll Höhepunkt sein. Es ist eine große Sache für mich, und selten füllte ich so eine Rolle. So möchte ich immer arbeiten, so möchte ich Theater spielen. Ich liege jetzt viel und kehre langsam zum Tonio zurück. Bei vielen Stellen der Rolle standest Du mir vor Augen. Ich sagte sie für Dich, durch Dich erlebte ich die Sternstunde meines Werdens: Candida — Marchbanks, Raoul — Tonio.

Vor Deinem kleinen Bild stehen die ersten selbst gepflückten Veilchen und ein kleiner Orangenzweig. Herrliche blühende Zweige füllen mein Zimmer und machen es fast japanisch.

Du warst inzwischen in Kirchschlag. Wie hübsch es dort immer ist! Jetzt hoffe ich auf den Homburg. Rott soll ihn noch machen. Er sagte mir selbst nichts. Ich hörte es von anderer Seite.

Von einer Reise nach Wien, glaube ich daher, kann vorläufig keine Rede sein. So entwickeln wir uns beide unserem Schicksal gemäß trennungsferne allein weiter. — Was spielst Du, und was bereites Du neu vor?

Du bist immer Höhepunkt. Deshalb finde ich mein Leben nur lebenswert in der Kunst und bei und mit Dir. Dort kann ich immer verweilen, nur dort auf den Höhen!

Adieu. „Ich möchte Dir ein Boot, eine kleine Schaluppe schenken, um darin fortzusegeln, weit fort in die Welt ..." [3].

Immer

D. T.

[1] Stanislavski, Begründer des Moskauer Künstlertheaters.
[2] Lieck, Schauspieler, spielte den Pastor Morell.
[3] Zitat aus „Candida".

Tonio an Aslan

Metz, 28. März 1943.

Mein innigst geliebter Raoul!

Im Moment bin ich voll der schwersten Depressionen. Die Arbeit am Marchbanks, das Spiel waren Höhepunkte. Nun stürzte ich herunter, da ich — zufällig — höre, daß Rott den Homburg mit Gehlen [1] und nicht mit mir besetzen will. Er findet ihn geeigneter dafür als mich. Die Enttäuschung ist für mich, daß Rott in diesen Wochen des intensivsten Zusammenseins kein Wort mit mir darüber gesprochen hat. Ich war so sicher, daß ich den Homburg spiele, deshalb lenkte ich nie das Gespräch darauf. Ich bin ratlos. Was soll ich tun?! Mit Huttig sprechen? Bestehen auf meinem Recht[2]? Da fühle ich doch zu sehr als Künstler. Daß Rott, den ich künstlerisch hochschätze, aus künstlerischen Gründen die andere Besetzung richtiger fände, kann mich doch nicht überzeugen. Wie immer in solchen Momenten habe ich nicht die Kraft, mich durchzusetzen. Ich ziehe mich dann mehr denn je zurück. Du weißt, wie ich über meine jugendliche Helden-Eignung denke. Aber gerade der Homburg zählt zu jenen Helden, die ich ganz erfühle und sicher auch ganz überzeugend gestalten kann. Nebenbei schadet es mir sehr aus Prestige-Gründen, wenn ich ihn nicht spiele, da ich doch für dieses Fach schließlich hier engagiert bin. Merkwürdig, daß immer wieder Rückschläge aus meiner Vaterstadt kommen. Ich rechne Rott doch auch ein wenig zu den Wienern, da er doch seit Jahren im Wiener Theaterleben steht und mich doch schließlich aus dieser Wiener Zeit als Schauspieler kennt [3].

Du siehst: eine ganze Skala von Unglück. Dann meine Sehnsucht nach Wien und nach Dir, die wächst stündlich, minütlich!! Die Unsicherheit des Kommenden, alle Strömungen des Negativen gehen durch meine Seele. Auch wurde Candida von Publikum und Kritik nicht richtig begriffen. Es war ein großer Erfolg bei Kollegen und Einzelgängern. Für mich, wie schon gesagt, ein Höhepunkt. Aber vor allem spürte ich deutlich, was Du einmal sagtest: „Man gibt immer viel mehr, als man bekommt."

Ich fühle mich jetzt oft so grenzenlos einsam. Vom Sommerurlaub weiß ich nichts. Es heißt manchesmal, wir bekommen keinen. Militär scheint vorläufig für mich keine Gefahr zu bedeuten. Ob ich im April ein paar Tage nach Wien kann? Ich wage es gar nicht zu hoffen.

Das Engerl lächelt zwischen herrlichen Kirschblütenzweigen und sagt mir ein tiefes Geheimnis, das ich in mein Herz verschließe. Aber der Schatten, den mir die Welt (das äußere Geschehen) immer wieder über Gesicht und Gestalt wirft, tut weh!

Wievielen Autoritäten hat man zu gehorchen! Wie einfach wäre es doch, sich nur unter Gottes Autorität zu entwickeln! So muß man sich dauernd für die Welt verstümmeln. Statt groß und schön zu sein, muß man Krüppel sein. Etwas vom Revolutionär bleibt doch immer in mir. Freiheit, du großes, unbegreifliches Wort! Immer mißbraucht, und nie da in dieser Welt!

Diese meine heutige Sonntagsepistel schließe ich mit den Grüßen und Wünschen für Dich, die aus meinem Herzen kommen.

Ewig Dich liebend
D. T.

[1] Fritz Gehlen, Schauspieler, Kollege von Tonio.
[2] Die Rolle des Prinzen von Homburg war Tonio im Vertrag ausdrücklich garantiert.
[3] Rott war ja am Burgtheater Regisseur.

Aslan an Tonio

Wien, 31. März 1943.

M. g. E.

Denk' Dir: Gestern nachts bin ich knapp dem Tode entronnen. Ich fiel in der Dunkelheit [1] von der Elektrischen, die nicht ganz stehengeblieben war oder eben sich einen Ruck gab weiterzufahren, auf das Pflaster der ganzen Länge nach hin, und im Tasten des mich Erhebenwollens geriet ich unter das Trittbrett. Es ist mir nichts geschehen, nur blaue Flecke und Schmerzen. Der Mann, der mich hervorklaubte, wunderte sich sehr, daß ich mir nicht den Schädel zerschlagen hatte. Ist das nicht alles sehr merkwürdig? Es hängt wirklich alles an einem Faden, dem gewissen Lebensfaden, den die erste Parze spinnt, dessen Länge die zweite bestimmt und den die dritte zerschneidet.

Ich freue mich Deiner Erfolge, die mir auch Rott bestätigt hat. Ich wußte es im voraus, aber doch war es eine überraschende Freude.

Alles ist gut, aber daß ich Dich so lange nicht sehen kann, ist kaum tragbar. Philosophie ist gut, Religion ist besser, aber Leiden ist doch schwer. Und ich leide! Wäre ich mit Dir, fände ich den Akkord. So bleibe ich aber in einem Zustand müden Träumens.

Daß ich Dich nicht als Marchbanks sehen soll, das macht mich „so alt wie die Welt"!

Ich spiele nächstens im „Kaufmann von Venedig" den Kaufmann Antoio, also eine „Edelwurzen" [2].

Ich umarme Dich herzlichst.

D. R.

[1] Kriegsverdunklung.
[2] In Shakespeares „Kaufmann von Venedig" gibt es dankbarere Rollen als die Titelrolle. Dennoch schrieb ein Kritiker nach der Vorstellung, zum ersten Mal habe er verstanden, warum Shakespeare sein Stück nach dem Kaufmann Antonio benannt hatte.

Tonio an Aslan

Metz, 2. April 1943.

M. g. R.

Ähnlich wie Dir geht es mir: Leiden, Unzufriedenheit u. s. w. Das Nichtsein-eigenes-Leben-Leben tritt fühlbar, stark fühlbar ins Bewußtsein. Zeitweise kann ich das vergessen. Während der Candida-Proben z. B. war ich restlos ausgefüllt und spürte Höhepunkt-Atmosphäre. Wehtuend das Zurückfinden in diese Ziellosigkeit. Natürlich verlangt es mich genau wie Dich nach dem Akkord unseres Zusammenseins, dem Richtig-Leben! Doch was bleibt? Der Zustand müden Träumens, wie Du es nennst.

Die Kritiken sind nicht ernst zu nehmen.

Die Homburg-Angelegenheit macht mich schlaflos. Rott hat bis jetzt nicht auf mein Telegramm geantwortet [1].

Der „Kaufmann von Venedig" kommt also bei Euch dran. Du als Kaufmann Antonio. Gut und schön wirst Du sein wie kein anderer. Meine ersten Schritte am Theater machte ich in Köln am Schauspielhaus als Statist in diesem Stück.

Ich habe an meine Mutter die Vergrößerung des Jugendbildnisses von ihr und Vater geschickt. Das einzige Bild meiner Mutter aus ihrer Jugend.

Wie lebt Deine Mama?

Seit ich den Marchbanks spiele, bekomme ich zu jeder Vorstellung rote Kamelien anonym. Mein Wohnzimmer vereinigt sie und gibt dem Raum ein ganz bezauberndes Fluidum. Diese kleine Wohnung hier habe ich schon recht lieb. Ist doch Leben, Wünschen, Hoffen, Denken angesammelt in ihr.

     Lebe wohl, mon grand ami!
               D. T.

[1] Tonio hatte ihm wegen des Homburg telegrafiert.

Aslan an Tonio

            Wien, 3. April 1943.
M. g. E.

In einer Stunde bin ich in der Garderobe zu „Maß für Maß"! Aber ich konzentriere mich kaum besser, als indem ich Dir schreibe!

Mit Rott habe ich gesprochen. Also Huttig sagt, er hätte es mit Dir besetzt, und Rott sagt, Huttig habe es seit Monaten für Gehlens Abschiedsrolle reserviert. Wer lügt? Wahrscheinlich beide.

Im April könnte ich Dich vielleicht sehen! O Übermaß für Übermaß!

Ich gönne Dir die Freude des Homburg! Aber irgendwie ist das eine Rolle, mit der man's nicht dermacht. Ev. ein Kainz-Naturell! D. h. eine Damaszenerklinge in Ton, Gang und Gebärde. Als Station in der Entwicklung einer Karriere gewiß schön! Bin neugierig, wie das ausgehen wird! Aber mach' Dir nicht zuviel daraus! Arbeite auf Spezialität und Typus hin! Nicht wie ich auf Universalität! Man erntet Undank. Und die Spezialität, der Typus wird besser bezahlt in Theater und Film! Ist man aber einmal als Typ gestempelt, dann fressen sie aus der Hand. Man legt sich's zurecht. Etwas Natur, etwas Verstand, etwas Glück!

Ich komme mir ganz verpatzt vor, Kräutel auf allen Suppen [1]. Vielleicht kommt noch ein Umbruch und eine Renaissance! Leider bin ich weder weise noch resigniert, noch alt, sondern töricht begehrend, platzend von Illusionen und Phantasien und dumm wie ein Gymnasiast. Sei nicht wie ich! Sei klüger! Du hast die Anlage! Und liebe mich! Das erhält mich. Sonst bin ich wirklich alt.

    Ich küsse Dich viele Male.
              D. R.

[1] Bezieht sich auf die riesige Inanspruchnahme in zu vielen und zu vielerlei Rollen.

Tonio an Aslan

M. i. g. R. Metz, 6. April 1943.

Erschrocken bin ich über Deinen Unfall. „Gott mit Dir und alle Schutzengel!" kann ich da nur rufen. Gib acht auf Dich!! Ich versank in allerlei Betrachtungen darüber. Ich glaube, mein Herz würde zu schlagen aufhören, wenn Du aus diesem Leben gingest. Mein Lebensfaden ist an Deinen angeknüpft; reißt der Deine, reißt auch der meine. Ich finde es herrlich, daß ich diese Gewißheit habe.
Deine beiden letzten Briefe sind Spiegel Deiner Depressionen. Wie ich sie alle verstehe! Geht es mir doch sehr ähnlich! Ich will alles versuchen, Dich im April zu sehen. Die letzte Candida-Aufführung habe ich erst am 14. April und dann erst wieder Carlos in Luxemburg. Vielleicht gelingt es!! Dann ginge es wieder eine Zeitlang leichter. Der einzige wirkliche Grund unserer Stimmungen ist das lange Getrenntsein. Ich finde es herrlich für uns beide, daß das der Grund ist.
Mit dem Homburg ist noch immer nicht Klarheit geschaffen. Wer hat gelogen? Nie weiß man das beim Theater genau. Doch Rott enttäuscht mich, weil ich ihn von diesen Konventionen frei glaubte.
So geht Zeit über uns weg. Jeder Tag ist ein Seufzer nach Dir. Karriere-Geheimnis? Menschen-Geheimnis? Mein Geheimnis heißt Raoul. Weder das erste noch das zweite löse ich. Das dritte aber erfüllt sich in allen Phasen. Vielleicht ist das meine alleinige Bestimmung, dafür wurde ich geboren. Darum freue Du Dich auch! Strahle und leuchte!! Du bist geliebt. Vielleicht ist das auch für Dich die Art der Erfüllung. Kennst Du dieses Gefühl? Der Gedanke, ev. nach dem 15. April ein paar Tage nach Wien fahren zu können, macht mich ganz ungeduldig. — Sobald ich Näheres weiß, telegrafiere ich Dir.

Für heute adieu, lieber, geliebter Mensch!

D. T.

Tonio an Aslan

M. i. g. R. Metz, 9. April 1943.

Heute hatte ich eine Unterredung mit Huttig. Nicht nur, daß die Homburg-Sache nicht erledigt ist, er schickte mir in „Axel an der Himmelstür" [1] eine Rolle mit drei Sätzen mit Chor und musikalischem Einsatz. Ich weigerte mich, die Rolle anzunehmen. Darauf Aussprache und Zwang mit Berufung auf vertragsrechtliche Ansprüche von seiten des Intendanten. Darauf verließ ich das Büro, schrieb wieder einen Brief mit abermaliger Weigerung und der Bereitschaft, die Konsequenzen zu tragen. Die Proben zu diesem Machwerk würden mir den ganzen April rauben. Ich wäre nämlich ab 15. April frei und könnte für ein paar Tage nach Wien fahren. Nebenbei kann ich es aus künstlerischen Motiven nicht machen. Ich leide unter einem solchen Draußenstehen so sehr, daß weder dem Stück noch der Rolle mit meiner Besetzung gedient wäre. Wie die Sache ausgehen wird, weiß ich nicht. Ich mache es unter keinen Umständen. Wenn die Militärgeschichte nicht immer drohend im Hintergrund stünde, würde ich meine sofortige Entlassung verlangen. Oder soll ich mutig wie Gründgens Soldat werden [2]? Die Theaterverhältnisse unter Zwang sind mir ganz untragbar. Glaube nur nicht, daß ich nicht weiß, was Pflicht und Disziplin ist! Aber gewisse Verlangen gehen mir doch über die Hutschnur.

Dein letzter Brief hat wie jetzt alle Deine Briefe den Unterton der Melancholie. Ich verstehe Dich ganz, auch dann, wenn Du vieles nicht sagst. Ich möchte Dich sehen, meine Hände auf Dein schönes Gesicht legen, bei Dir sein, Dich fühlen lassen, was Du bist, wie geliebt Du wirst und wie herrlich es ist, daß Du auf dieser Welt bist. Was wissen alle Intendanten von der Sehnsucht nach einem geliebten Menschen! Ach, wirklich, manchmal ist das Leben so grausam und grenzenlos banal. Nur auf den Höhen ist es tragbar!! Der Alltag, so er einen erfaßt, ist tödlich! Heute morgens dachte ich, wie schön es wäre, nicht mehr zu sein. Aber es war nur ein kurzer Augenblick. Meine gesunde Lebensbejahung siegte — und vor allem bist ja Du da! Hoffentlich sehe ich Dich bald! Ich muß, so oder so.

Dir allein ganz gehörend
T.

[1] „Axel an der Himmelstür", musikalische Komödie von Ralph Benatzky.
[2] Gustaf Gründgens hatte sich zum Militär gemeldet.

Aslan an Tonio

Wien, 10. April 1943.
M. g. E.

Seit Deinem letzten Brief ist mir wohler. Nicht, als ob darin etwas grundsätzlich Neues stünde, das ich bisher vermißte oder nicht wußte, aber irgendwie ist es für mich immer neu und immer wieder wohltuend. Siehst Du, das ist der tiefe Sinn der Litaneien, über die sich die Menschen so gerne lustig machen: die ewige Wiederholung von „Bitt' für uns, erhöre uns, erbarme dich unser!" Wer in den Sinn und in die Schönheit dieser Gebete eingedrungen ist, versteht und empfindet den „Zwang der Wiederholung". Geht es uns mit Rollen, die wir wiederholend oder gar en suite spielen, nicht ähnlich? Ist das wirklich immer dasselbe? Wiederholt sich nicht alles im Leben? Das Atmen, das Herzklopfen, das Schauen, das Hören? Essen wir nicht täglich unser tägliches Brot? Nicht alle Wiederholungen sind gleich wirksam, gewiß nicht. Manchmal fallen sie ins Leere. Aber die Übung der Wiederholung vertieft, enthüllt, erleuchtet.

An den Gedanken, daß Du ev. frei wärst, ein paar Tage nach Wien zu kommen, will ich mich nicht gewöhnen. Kommst Du dann nicht, ist die Entwöhnung zu schwer. Ich warte eben „ein Leben lang". Gestern ging ich mit Didier in diesen Film [1], und ich muß sagen, es hat mich überwältigt. Ein gutes Buch, ein gutes Bild, eine gute Darstellung und die herrliche Paula [1].

Heute abends soll ich mit Kayserling [2] zusammenkommen bei der Gräfin Thurn. Ich weiß wenig von ihm, aber es interessiert mich.

Die Proben vom Kaufmann gehen ganz gut, und Müthel sagt, er könne mir nichts sagen, denn so ist es und nicht anders u. s. w. Also ohne Reibung (bis jetzt).

Ich liebe Dich

D. R.

[1] „Ein Leben lang", Film mit Paula Wessely.
[2] Graf Kayserling, Anthroposoph.

Aslan an Tonio

Wien, 16. April 1943.

M. g. E.

Nun kam der erste wirkliche Filmantrag. Ich habe prinzipiell zugesagt und warte den Besuch der Berliner Herren ab. Inzwischen höre ich, das Ganze wird in den Juli hineingehen. Sollten die Termine so sein, daß ich auch nicht eine Zeitlang mit Dir zusammen sein kann, mache ich es nicht. Darum möchte ich eine ungefähre Einteilung Deiner Zeit kennen.

Heute war ich bei meinem Arzt, der mich schlecht aussehend fand. Ist das ein Wunder? Nur Phantasie, nur Wünsche, nur Sehnsucht, nur

Älterwerden und gar keine Freude! Das ist zu wenig. Freilich ist das undankbar. Ich habe Freude an Dir, Deinem künstlerischen Aufblühen, daß Du nicht beim Militär bist, daß die Mama gesund ist und viele andere Sachen. Aber Du verstehst, wenn ich sage, „keine Freude", was ich meine.

Soll ich den Film machen?

An Deine Urlaubsgeschichte wage ich nicht zu denken. Einerseits will ich gar nichts anderes, als Dich sehn, anderseits will ich nicht, daß Du Dich irgendwie schädigst. Schwer!

Hast Du von dem furchtbaren Angriff auf Stuttgart gehört? Flogen sie über Metz? Und was kommt noch alles!

Ich bin einigermaßen zertepscht. Körperlich reißt es mich bald da, bald dort. Energie gering, seelisch müde und geistig so voller Pläne und Träume, die nicht reifen. Einziger Halt immer wieder: die Sakramente und Deine Briefe. Ja, ich bin, ich bin geliebt. Ein schönes Bewußtsein beim Sterben. Aber fürs Leben kommt noch was dazu! Ich bin geliebt, und, der mich liebt, gehört mir. Und dieses Gehören müßte halt auch gegenständlicher sein. O menschliche Schwäche!

Also gehen wir wieder ein Stückerl weiter und warten!

Viele Küsse,

D. R.

Tonio an Aslan

Wien, 29. April 1943 [1].

M. i. g. Raoul!

Deinem Rat folgend, ging ich auf eine halbe Stunde hinunter in die Sonne. Es wurde mehr ein Herumirren in den Gassen des Alsergrunds. Die Sonne paßte so gar nicht zu meiner wolkigen Stirn, die ein Abbild meiner Seele war. Ich stand plötzlich vor der Liechtenthaler-Kirche. Der Schubert Franzl wurde da getauft. Daß man immer am leichtesten zu Gott findet, wenn man im Schmerze ist! Ich habe sehr geweint. Da klang es an mein Ohr: Schubertsche Melodien. Dieser unglückliche, Menschen so beglückende Schubert war mir ganz nahe. Tränen des Leids wurden Tränen des Dankes. Und so danke ich Dir, „großer Freud- und Leidgenosse", für diese Ostertage. Jetzt kommen Fastentage. Bis zum Feste des Lichtes (Pfingsten) will ich sie üben, um bereit zu sein für die Fülle des Geistes. Ich verstand Dich gut. Alles, was Du mir sagtest, möchte ich erfüllen. Erfüllen, weil ich Dich beschenken will. Du verdienst es, daß man Dir Opfer bringt. Ich will besser, schöner, größer werden. Mit Gottes Gnad' und Hilf' gelingt mir vielleicht die Wandlung. Immer will ich darum bitten. Ich sehe Dein trauriges schönes Gesicht vor mir. Vieles wollt' ich Dir sagen, Schönes, Beglückendes. Doch auch im Nichtssagen hörst Du — hoffentlich — immer wieder meine Liebe!

Ich liebe Dich ewig!
T.

[1] Tonio war also auf Osterurlaub in Wien und mußte offenbar erst zwei bis drei Tage nach dem 28. April in Luxemburg sein. Der Brief ist nach dem Abschied von Aslan noch in Wien vor der Abfahrt geschrieben.

Aslan an Tonio

Wien, 29. April 1943 [1].

M. g. E.

Seit Deiner Abreise begleite ich jede Stunde mit besorgten Gedanken. Das Reisebüro hätte uns aufmerksam machen müssen, daß ein Zulassungsschein nötig ist. Dann wären Dir diese Abreiseschwierigkeiten erspart geblieben. Konntest Du einen Platz finden? Wie war die Nacht? Die Ankunft ohne Verspätung? Der Anschluß nach Luxemburg? Die Vorstellung? Aber genug der Sorgen!

Als ich vom Theater noch einmal telefonieren wollte, wurde ich auf die Bühne sturm-geläutet. Ich hätte mich auf dem Bahnhof maßlos aufgeregt. Abends nahm ich ein Phanodorm und schlief mit Selbstvorwürfen ein. Du Ärmster quältest Dich in einem überfüllten Coupé, und ich schlief fest in den Daunen. Heute blieb ich auch zu Hause. Zum Abendessen hatte ich Deine Konservenbüchse und die letzten Orangen.

Ich danke Dir für Deinen Brief vor der Abreise. Es ist mir ein lieber Gedanke, daß Du die letzte Stunde Deines Osterurlaubes in der Liechtenthaler-Kirche verbrachtest und einige Minuten konzentriert warst auf das, was gewiß der Anfang, das Ende und der Sinn unseres Lebens ist.

Dein Urlaub war länger, als wir erhoffen durften, und doch zu kurz, um auch nur einen Teil der Dinge zu erleben im Schweigen oder im Gespräch, die uns klarer machen, glücklicher, ruhiger.

Lektüre und Verpflegung dürften während der Reise ausgereicht haben, aber Ruhe, Bequemlichkeit, Schlaf haben bestimmt gefehlt.

Mit der Rolle bin ich so ziemlich fertig. Morgen abends bin ich bei Willi Forst [2] in Hütteldorf. Heute erhielt ich einen Gastantrag nach Nürnberg. Ich soll dort den „Großen Mann privat" spielen.

Ich komme immer wieder auf Deinen Abreisebrief zurück, Liebster. Ich bin so glücklich und so unruhig zugleich. Glücklich, weil ich Dich liebe und weil Du mich liebst, unruhig, weil diese Liebe nie zur Ruhe, zum Genuß ihrer selbst kommt und so vielen Hindernissen begegnet. Glücklich, weil ich so deutlich begnadet werde, unruhig, weil ich so deutlich nicht dankbar genug bin. Glücklich, weil Du so schön Dich entwickelst, so sehr das Richtige willst, unruhig, daß ich zu wenig Liebe dem zuwende, der die größte Liebe verdient, weil er auch Dich mir schickte, Christus, der Herr und Erlöser. Glücklich, daß Du beruflich vorwärts kommst, unruhig, daß Du in diesem Vorwärts nicht leicht erreichbar und meistens weit weg bist. Glücklich, daß Du jung bist und noch hoch steigen kannst, unruhig, daß ich den Gipfel nicht halten kann.

Ich schreibe bald wieder.

Dank, Gruß, Kuß, Liebe, Wünsche, Glaube, Hoffnung!

D. R.

[1] Der Brief ist am Abend von Tonios Abfahrt nach dem Abschied geschrieben.
[2] Willi Forst, der Filmschauspieler und Regisseur.

Tonio an Aslan

Metz, 1. Mai 1943.

Mein schöner, großer Freund!

Der erste Moment der Ruhe seit meiner Abreise von Wien. Am Westbahnhof habe ich mich so sehr aufgeregt, daß ich plötzlich eine große Trockenheit im Munde spürte und einen Schmerz im Hals. Die Fahrt war furchtbar. Habe keinen Augenblick geschlafen. Wir waren zusammengepreßt wie die Sardinen. Der Zug kam auf die Minute an. Ich ging schnell in meine Metzer Wohnung, rasierte mich und fuhr um 12 Uhr mittags nach Luxemburg. Im Zuge traf ich meine Kollegen, die mich mit großem Hallo empfingen. Ich spürte keine Müdigkeit, nahm aber doch ein Pervitin. In Luxemburg ging ich sofort ins

Hotel, badete und legte mich mit der Rolle ins Bett. Ich schlief nicht eine Minute. Dann speiste ich im Hotel Cravatt [1] mit Kollegen und Huttig. Aber wie ich dann das erste Wort sprechen wollte, war ich total heiser. Ich glaubte, mich trifft der Schlag. Der Arzt wurde geholt. Er stellte fest, die Stimmbänder seien ganz geschwollen und rot. Er spritzte mich ein paarmal ein, und ich spielte unter den gräßlichsten Qualen den Carlos bis zum Ende. Dann Blumen (trotzdem) und Feiern.

Nächsten Abend wieder in Metz. Indessen hat sich die Stimme erholt. Abends gehe ich in „Axel an der Himmelstür". Zu tun habe ich im Theater nichts. Die Homburg-Geschichte ist noch immer Tagesgespräch. Rott lehnt mich ab und will erzwingen, daß Gehlen sein Wiener Engagement erst nach der Homburg-Première antritt. Wenn nicht Gehlen, dann will er einen Gast mitbringen. Leider muß ich Herrn Rott auch von meiner Regisseur-Liste streichen.

Die Tage bei Dir waren ganz wundervoll, trotzdem Du nie ganz die Stunde lebst. Ich habe Wien sehr genossen. Und es wäre tragisch, wenn ich auf immer aus dieser meiner geliebten Vaterstadt verbannt bliebe.

Du hast mir viel Anregung gegeben. Und ich habe Zeit nachzudenken und Deine Worte in mir reifen zu lassen. Dir wünschte ich mehr Ruhe! Aber es war so schön, gelt?

Adieu! Laß bald von Dir hören! Dank und wieder Dank!

D. T.

[1] Berühmtes Hotel in Luxemburg.

Aslan an Tonio

Wien, 2. Mai 1943.

M. g. E.

Über die Tatsache, eine große Rolle trotz Heiserkeit zu spielen, könnte ich Dir viel sagen. Ich habe eine eigene Heiserkeits-Technik. Als Übung für gestalterische Umstellung und seelische Umgruppierung geradezu äußerst fruchtbar und instruktiv. Bei der Première von „Othello" war ich völlig heiser und tonlos. Hoffentlich ist jetzt alles bei Dir wieder gut!

Ich hab' soviel Stoff zum Dichten und Träumen, seit Du wieder entschwunden bist. Und am liebsten und am besten und am ruhigsten kann ich das, während ich lese oder beim Gehen auf der Straße oder in meiner lieben Seminar-Kapelle [1], die auch Dir so gut gefallen hat.

Sie heißt „Madonna de la Mercede", d. h. „unsere Frau vom Lohn". Das war eine Trinitarier-Ordenskapelle zur Zeit Karls VI. Die Trinitarier in Spanien verkauften sich an die Heiden in Afrika, an die Sarazenen, Türken, Araber um den Preis eines Heidenkindes, das nach Spanien gebracht und getauft wurde. So wollten sie die Heiden bekehren. Es gibt heute noch den Trinitarier-Orden. Und die Madonna auf dem Hauptaltar der Seminarkapelle ist eben diese Madonna de la Mercede, nach der die Kapelle benannt ist.

Dein Wiener Aufenthalt war sehr schön und gut ausgefüllt. Was kann es Schöneres geben als eine Insel der Harmonie mitten im Chaos der Jetztzeit? Nur die unglückliche Rückfahrt! Schade! Aber vergessen wir's! Behalten wir nur das Schöne, träumen wir weiter!

Nach „Kaufmann" und Bleibtreu-Jubiläum [2] heuer keine neue Rolle mehr. (Ach!) So wie Film oder ev. Gastspiel-Termine feststehen, schreibe ich Dir über die Sommergestaltung.

Nochmals Dank, daß Du da warst!

Innigst

D. R.

[1] Im Kloster der Pazmaniten.
[2] Zum 50jährigen Burgtheater-Jubiläum der Künstlerin spielte sie das Fräulein von Scudéry in dem gleichnamigen Schauspiel von Otto Ludwig nach der Novelle von E. Th. A. Hoffmann (s. auch Oper „Cardillac" von Hindemith).

Aslan an Tonio

Wien, 4. Mai 1943.

M. g. E.

Dein heute früh eingetroffener Brief vom 1. hat mich aufgeregt und traurig gemacht. Ich will es Dir erklären [1]. Zuerst die mißlungene Rückfahrt, die Strapaze, die Heiserkeit, die Überanstrengung. Wenn man es auch überwindet — ich sage es Dir aus Erfahrung, da ich in meinem Leben tausende solche ärgerliche Strapazen mitgemacht habe — es bleibt doch etwas, es verbraucht die Maschinerie. Heute spüre ich es, was das heißt, überarbeitet und verbraucht zu sein. Es drückt sich verschieden aus, manchmal wie bei mir nicht so sehr im Äußern, nennst Du mich doch immer noch: Deinen „schönen" Freund, aber im Innern prägt es sich aus. Man kommt aus einer gewissen Schwere nicht mehr heraus, alles strengt an, man will nur mehr schlafen. Also bei Dir ist es noch lange nicht so weit, aber in meiner Besorgtheit ist es doch aufregend. Nächstens muß das besser gemacht werden.

Dann die Homburg-Geschichte. Ich verstumme und zerplatze. Ich weiß aus Erfahrung, daß in einiger Zeit das auch Dir hohl und leer vorkommen wird. Man begreift einfach nicht, warum man sich aufgeregt hat. Und doch und doch, noch immer zerplatze ich, noch immer regt mich sowas auf, und der Ärger und die Aufregung arbeiten weiter, bohren und verästeln sich in viele Kanäle. Der eine Ärger formt ein Netz von Nervositäten. Das ist es ja: Ich kann und kann nicht weise werden. Trotz Müdigkeit und Verbrauchtheit, Schwere und Schlaflust bin ich anderseits geladen mit allen Spannungen und Torheiten der Jugend.

Ja, wie Du da warst, war ich nicht genug konzentriert. Du hast es gemerkt. Wie solltest Du nicht! Einfach nervös wie jemand, der wartet und wartet und sich sehnt und im Augenblick der Erfüllung versagt. Und doch, hinter allem und allem bin ich doch so glücklich über Dich. Kannst Du all diese Widersprüche reimen? Ich kann es. Weil ich auch die Schmerzen liebe, die mir die Liebe schlägt. Ach, dieser Wechsel von Wonne und Schmerz! Von Tränen und Lust! Das ist so recht mein Ich.

Ich freue mich schon auf Dein nächstes Briefli.

Immer
D. R.

[1] Jetzt erst hatte Aslan Tonios Brief vom 1. Mai erhalten, während er durch ein Telegramm Tonios schon früher von dessen Heiserkeit unterrichtet war.

Tonio an Aslan

Metz, 6. Mai 1943.

Mein lieber, lieber Raoul!

Die Strapaze der Rückreise habe ich gerne auf mich genommen. Es brauchte eigentlich kein weiteres Wort darüber verloren zu werden. Die Heiserkeit war mir unangenehm, weil ich auf der Bühne immer hundertprozentig sein will und der Carlos mir immer ein Fest war. Auch möchte ich den Menschen einen guten künstlerischen Eindruck hinterlassen. Die gewisse Schwere habe ich auch, alles strengt an. Und das Im-Bett-Liegen habe ich immer als etwas Herrliches empfunden. Ich habe seit meiner Rückkehr aus Wien die meiste Zeit lesend im Bett verbracht. Du sollst Dich deshalb meinetwegen nicht besorgt fühlen.

Gestern war das Elly Ney-Konzert mit Professor Hoelscher (Cello). Herrlich, beide vollendet. Lauter Beethoven-Sonaten. Ich schwebte in Seligkeit. Musik ist doch wohl die höchste Ausdrucksform der Kunst. Höhepunkt! Nur auf den Höhen ist das Leben tragbar. Dort oben möchte ich immer verweilen dürfen. O seligste Minuten! Heute spielt sie allein. Ich bin dort. Sie bat mich, ich soll mich auf das Podium setzen, ihr gegenüber, sie braucht Kraftstrom. Diese Auszeichnung! Ich lernte sie gestern abends endlich persönlich kennen. Sie ist, wie alle Großen, einfach. Vom ersten Moment an verstanden wir uns. Sie wartete mit dem Auto auf mich, und wir fuhren mit ihrer Dienerin ins Hotel, wo ich ein paar Stunden beim Essen und im Gespräch mit ihr blieb. Eine Begegnung in meinem Leben, die mir Freude macht, weil Elly Ney doch eine große Künstlerin und ein wirklicher Mensch ist. Ich glaube, im Anhören von wirklicher Kunst werde ich immer sehr schön. Ich kann ganz Gefäß sein, weil ich mich ganz öffne. Jegliche Schwere verliere ich da und bin nur mehr schwebendes Geist-Seelchen. Fast verliere ich auch meine Körperlichkeit. Plötzlich verstehe ich das „In-die-Höhe-Schweben am anderen Ende des Teiches der heiligen Therese [1], über das ich so oft lächelte. Es war — glaube ich — ihr Beichtvater, oder war es ein Heiliger? Du weißt schon, was ich meine [1]. Von der Kunst her wird mir Religion oft erst recht glaubbar. Diese Erlebniskraft, dieses Mich-Verlieren-Können ist wohl das größte Gnadengeschenk, das ich in meine arme Wiege (wird wohl ein Wäschkorb gewesen sein) gelegt bekommen habe.

Dein Homer-Abend war auch so ein Höhepunkt. Wie danke ich Dir für dieses Erlebnis! Dir verdanke ich immer wieder die größten Kunsterlebnisse und die größten Erschütterungen meines Lebens. Reich hast du mich gemacht in diesen elf Jahren, reich, so reich!! Die Transparenz Deiner Kunst erschüttert mich bis in die letzten Tiefen. Eine Beethovensche Sonate, gespielt von der Ney, löst ähnliches Erlebnis aus, jetzt weiß ich das!! Was sie am Klavier ist, bist Du im Wort.

Und wenn es meine Bestimmung ist, dann werde ich dank dieser Erlebnisse und dank meiner Phantasie, meiner Arbeit, meinem Können vielleicht einmal ein wirklicher Schauspieler-Künstler sein. Dank Euch Großen, die ihr mir so viel gabt, Dank, Dank!

Mein Auge füllt sich mit Tränen, wenn ich recht innig an Dich denke. Was ist Liebe? Sehnsucht. Und die hab' ich — nach Dir.

Immer

D. T.

---

[1] Diese Bemerkung bezieht sich auf das Elevations-Phänomen aus der Legende der heiligen Therese von Avila.

Aslan an Tonio

Wien, 9. Mai 1943.

M. g. E.

Ja, es ist mir klar, daß Musik Dich löst und erhebt. Und gewiß ist die Ney eine Große! Ich war in meinem Leben viel zu viel in der Oper und viel zu wenig in Konzerten. Und nachholen ist so schwer. Sehe ich doch, wieviel ich nachholen müßte in der Philosophie, die mich so passioniert! Da habe ich in den dümmsten Flirts und zugleich in der absorbierenden Mühle des Berufes die schönsten Sachen versäumt. Nachholen ist schwer. Mach's besser, Liebling, das ist mein Wunsch. Steige hinauf und hinab, bis ins Geheimnis hinunter und bis zur Seligkeit hinauf! Sehr schön ist Dein Briefli!

Eine traurige Nachricht: Mein hochverehrter Bürgermeister, Freund und Gönner, Dr. Seitz, ist gestorben [1]. Es trifft mich sehr schmerzlich und sehr persönlich. Er stand meinem Herzen nah'. Als ich ihn das letzte Mal lange sprach, redete ich ihm intensiv zu, sich in den Schoß der Kirche zu begeben. Er lächelte. Nun ist er tot, ohne die Wahrheit erkannt zu haben. Ich habe im Theater den Arbeitern gesagt, daß ich eine Messe für ihn lesen lassen werde. Es geht mir sehr nahe, wenn er auch über mich lächelte. Jetzt muß ich über ihn weinen.

Der Nachbar der heiligen Therese, der sich mit ihr erhob, war der heilige Johannes vom Kreuz.

Samstag Première vom „Kaufmann", Freitag „Bruderzwist" mit mir [2].

Nochmals Dank, Geliebtes, für Dein Briefli, viele Küsse!

D. R.

[1] Stellte sich als bloßes Gerücht heraus.
[2] Aslan spielte die Rolle des Kaisers Rudolf damals alternierend mit Werner Krauß.

Tonio an Aslan

Trier, 10. Mai 1943.

M. i. g. R.

Drei Tage Trier. Da staunst Du. Was? Jeden Abend war ich im Theater. Kleine Provinz. Aber ich lerne enorm an diesen Unzulänglichkeiten.

Eben komme ich aus dem Film „Symphonie des Lebens" mit Harry Baur [1]. Er ist ganz gewaltig, dieser französische Schauspieler. Du mußt ihn sehen! Alles um ihn herum ist schwach, auch die Henny Porten [2]. Aber er ist enorm, einer von den ganz Großen, die wir im europäischen Film haben.

In einer Stunde fahre ich nach Metz zurück. Jetzt sitze ich an der Porta Nigra [3] beim Abendessen. Aber einen Gruß wollte ich Dir doch von diesem Ausflug schicken. Ist es nicht toll: Wo alles so mit Arbeit überlastet ist, fahre ich zu meinem Vergnügen herum: Wien — Metz — Trier — Metz. Es geht mir gut.

Der zweite Abend mit der Ney war wieder sehr eindrucksvoll! Ich kann Dir viel von ihr erzählen. Sie ist Krishnamurti [4]-Anhängerin. Ich hörte ihn seinerzeit in Wien auch sprechen. Sie war oft in Holland bei ihm und hat mir viel von ihm erzählt. In vielen Alltagsmomenten hat sie große Ähnlichkeit mit Dir. Und der Beethoven-Abend von ihr! Na, Raoul, es war einfach gigantisch!! Sie ist eine ganz, ganz Große! Sich selbst überwinden ist die eigentliche Aufgabe. Ich glaube, sie ist fast so weit. Herrlich, das aus nächster Nähe zu sehen! Ich sprach ihr von Christus. Sie ist anti-katholisch. Das ist ein Schlag für Dich! Und ich höre Dich sagen: „Diese alte ...!" Verständnis sei Gesetz, sagt Krishnamurti. Und das gefällt mir sehr! Ach, Raoul, wie schwer ist das alles! Und wohin entwickelt man sich! Was will ich nicht alles, und wohin treibt mein Lebensschifflein! Ich reife sehr. Alles wird mir Erlebnis, alles will ich verarbeiten und möchte halt sooo viel!!! Und Du bist fern — und doch immer so geliebt nah! Viel zu wenig habe ich für Dich getan. Wer kommt Dir gleich? In meinem Leben niemand! Wer bleibt eigentlich immer dominierend? Du. Und immer wieder Du. Alles führt zu Dir zurück. Alle Erlebnisse der Kunst münden bei Dir.

Hier im Schatten der Porta Nigra träume ich einen Weltentraum. Römertum — Christentum. Was zieht alles an meinem Auge vorüber! Und in alles flicht sich Raoul und Tonio in allen Gewändern der Jahrhunderte. Hand in Hand mit Dir, so wandere ich durch die Jahrtausende.

Ich bleibe Dein!
T.

[1] Der große französische Bühnen- und Filmschauspieler.
[2] Die bekannte deutsche Filmschauspielerin.
[3] Eins der mächtigsten erhaltenen römischen Baudenkmale auf deutschem Boden. An das gewaltige Tor grenzt ein altes Klostergebäude, dessen ehemaliger Kreuzgang heute den Gartenhof eines stimmungsvollen Gartenrestaurants bildet.

[4] Krishnamurti, indischer Weiser (geboren 1897), der östliche und westliche Religiosität verband. Werke: „Königreich Glück" (1928), „Pfadlose Wirklichkeit" (1930) usw.

Tonio an Aslan

Metz, 13. Mai 1943.

Mein geliebter Raoul!

Meine Angst vor Menschen (Massenansammlungen) wird so arg, daß ich wie von einem Starrkrampf befallen werde. Ich fliehe alles, was menschenüberfüllt ist. Das Begegnen des Einzel-Individuums ist mir erträglich, aber selbst da werde ich immer schwieriger, sodaß wahrscheinlich vollkommene Vereinsamung das Ende sein wird. Auch ist das Leben so voll der großen Spannungen, daß die große Abwehrkraft, die man dauernd aufbringen muß, verbrauchend an einem zehrt. Ein stilles, zurückgezogenes Leben in Natureinsamkeit würde vieles wieder ausgleichen. Eine große Kampfnatur bin ich nie gewesen. Künstlerische Fruchtbarkeit kommt bei mir mehr aus dem Passiven. Es ist erschreckend, wie mich Alltagsgeschehen im Berufsleben vollkommen umwerfen kann. Es kommen dann die Einöden. Ich habe eine Zeit des Leidens. Da bin ich dann ganz besonders schwierig, da fliehe ich alles. So steige ich die Leiter der Leid-Skala hinauf und hinunter. Tiefe psychologische Geheimnisse enthüllen sich mir. Du bist doch, Gott sei Dank, ganz anders als ich, ganz anders. Deshalb werde ich auch nie solche Kunstleistungen vollenden können wie Du. In der Welt der Gedanken, der Nicht-Tat, schon eher. Aber zur wirklichen Tat fehlt mir die Pranke des Löwen. Vielleicht hätte ich die Eignung, wenn das sexuelle Leben überwunden wäre, zu einem rein kontemplativen Leben. Sich selbst verstehen und dadurch siegen. Muß Gott nicht als Offenbarung zuerst in uns sein, damit wir überhaupt Gott außer uns dann erst begreifen? Wenn man sich geläutert hat, dann müßte es auch leicht sein, die ganze, reine, einzige Wahrheit zu erkennen.

Wenn Du Blumen bekommst, schicke ein Sträußchen oder einen Blumentopf an meine Mutter! Auch Deiner Mama gib von mir ein paar Blumen zum Muttertag! Briefe habe ich an beide Mütter bereits geschrieben.

Für heute dies. Für heute und morgen und alle Tage Dir meine Liebe.

Immer

Dein T.

Aslan an Tonio

Wien, 15. Mai 1943.
M. g. E.

Auch ich liebe Vorstellungen in der kleinen Provinz. Größenwahn und Dilettantismus, Halbheiten und Anfängertum, Knospentalente und verschmierte Routiniers, rührende Metier-Intensität und Naivität, das ist alles so nett beieinander, gibt so recht das Urbild des „Theaters" und damit des „Lebens". Ich liebe die armen und kleinen Schauspieler mehr als die großen und prominenten.

Harry Baur habe ich nur einmal gesehen. (Ich glaube, der Film hieß: „Schwarze Nelken".) Er war großartig und erinnerte sehr an den alten Schildkraut [1]. Du weißt, daß Baur letzthin gestorben ist. Ein Opfer der Zeit. Er war wie Schildkraut Jude.

Henny Porten war seinerzeit ein großer Stummfilmstar. Wahrscheinlich ist ihre Zeit um. Nur ganz Große werden im Alter besser. Die meisten sind begrenzt in ihrem Können und Wirken durch Milieu, Mode und Zeitgeschmack. Nur die ganz Großen, Begnadeten und Auserwählten stehen über diesen gegebenen Tatsachen. Die meisten verbrauchen sich. Wie man das alles im Laufe eines Lebens klar sieht!

Die Ney habe ich nur einmal gehört. Auch sie ist gewiß ganz groß. Aber ihre Krishnamurti-Liebe soll sie behalten.

Du sagst, immer wieder wirst Du durch Deine Erlebnisse in der Kunst und im Leben zu mir geführt. Das bin aber im Grunde nicht ich, sondern das ist Christus, der Herr, der Dich durch mich ruft. Wir können uns wehren, soviel wir wollen, und wir haben ja den freien Willen, wir kommen doch davon nicht los. Buddhismus und Christentum haben viel Verwandtes. Und zweifellos ist die indische Philosophie mit das Größte und Herrlichste, was Menschengeist hervorgebracht hat. Und zweifellos wurzelt auch Krishnamurti in der indischen Philosophie. Ich begreife, daß sie viele Millionen Menschen erfaßt und beglückt. Meine liebe Tiny [2] war auch Buddhistin. Wenn wir einmal Ruhe und Muße haben sollten, wie etwa auf dem Iselsberg oder auf Rhodos, dann wollen wir diese beiden Phänomene betrachten, Buddhismus und Christentum. Ach, wär' das schön!

Ich verstehe Dein Leiden. Es ist auch meines! Wem einmal Christus im Herzen begegnet ist, der muß leiden, weil er spürt, daß er nicht rein ist und die Sehnsucht nach Reinheit hat. Dieser fruchtbare Kampf ist der Schlüssel und die Erklärung. Der Glaube ist nur dann wirksam und beglückend, wenn er sich durch das Tun bestätigt. Wir sind eben nur Sünder, und solange wir das sind, kommen wir nicht zur Ruhe. Es ist immer dasselbe. Wann werde ich so weit sein? Ich weiß, daß meine Liebe zu Dir keinen Abbruch erführe, und doch habe ich nicht die Kraft. Ja, es ist sogar sicher, daß unsere Liebe durch die Tugend der Reinheit noch wachsen würde. Und doch habe ich nicht die Kraft.

Deine Mutter bekommt von mir zum Muttertag statt Blumen drei Karten ins Akademietheater für „Erde" von Schönherr.

Leider habe ich momentan eine kleine Lädierung am Herzmuskel. Das wurde von Dr. Boller an einem Elektrokardiogramm nachgewiesen. Traurig. Lauter Mahnungen, lauter Boten.

Am 2. Juni soll ich in Nürnberg Rudolf II. spielen.

        Viel Liebe, viele Wünsche, viele Gedanken!

                        D. R.

[1] Rudolf Schildkraut, großer Charakterschauspieler.
[2] Tiny Senders, die Burgschauspielerin und enge Freundin Aslans. (S. Aslans Brief vom 4. Juli 1941.)

Tonio an Aslan

                                       Metz, 18. Mai 1943.
Mein innigst geliebter Raoul!

Der Spruch über dem Tempel in Delphi: „Erkenne dich selbst!" ist wohl einer der großartigsten Sätze der Weisheit. Und so streben und bemühen wir uns eigentlich ununterbrochen um dieses Erkennen unseres inneren Seins, um dann unser äußeres Leben danach zu formen. Jedes Menschenleben läuft wohl nach unwandelbarer Gesetzlichkeit ab. Und die Umwege, die jeder einzelne macht, erkennt er gar nicht als Umwege. So erscheint es mir an Dir mit Deiner Christushingabe. Warum, wenn es Dein einmaliges Erfülltsein bedeutet, nur ihm zu folgen — und das wäre doch reinste Glückseligkeit — warum dann nicht alle Umwege, mich und das viele andere Beiwerk abwerfen und diesem Weg folgen? Das kann doch nicht nur an Willensschwäche liegen?! Glück ist nichts anderes als die Identität von Erkenntnis und Leben. Aber vielleicht ist Sünde notwendig zum menschlichen Aufbau!!? Das ist doch klar, daß gerade ich Dir helfen möchte, endlich Dein wirklich glückliches Leben zu finden. Das zu werden, was man ist, sicher ist das schwer. Aber es gibt Vollendete schon auf dieser Erde. Krishnamurti war ein solcher. Deshalb denke nicht zu gering von ihm! Und fange nicht an, in Deinem Katholizismus zu streng zu werden! Nicht eng, weit soll es einen machen. Und man darf nicht jeden, der nicht im katholischen Lichte wandelt, als arm betrachten. Vielleicht ist der gerade reicher, weil er in sich selbst erkennender wandelt als Du. Wenn man aus der Erkenntnis der Einzigartigkeit jedes menschlichen Wesens heraus handelt, kann das nicht schlecht sein und muß gute Folgen haben. Nie habe ich so ganz gewußt, wie notwendig Du für mein Leben warst und bist. Und die Entwicklung, die diese Begegnung nimmt, finde ich so ganz richtig. Von meiner Seite richtig. Warum spürst Du das nicht auch bei Dir? Warum immer wieder dieses An-die-Brust-Schlagen in Sünde? Ich finde keine Sünde. Tugend freilich, das ist etwas anderes. Das ist aber doch nicht jedermanns Bestimmung. Das Menschengeschlecht würde aussterben, die geistigen Taten — vielleicht bei uns — ganz versiegen. Vielleicht ist Sünde (ich meine mit Sünde etwas anderes) notwendig, wie ich schon sagte, zu menschlichem kulturellen Aufbau.

Ich kann aus der Erkenntnis meines Wesens heraus diese Liebesbeziehung nicht wegdenken, sie ist notwendig für meine ganze geistige Entwicklung gewesen. Ich kann nichts Schlechtes in etwas finden, das so unendlich viel Aufbaustoff zu meinem Schaffen in sich barg. Zur Seinsbedingtheit des Tonio Riedl gehört die Begegnung mit Raoul Aslan, sowie sie war und ist. Ich fand darin doch soviel Glück — und Leid. Aber das ist doch der Nährboden für geistiges und seelisches Wachstum.

Doch sicher mußt Du alles anders erkennen, weil Deine unwandelbare Gesetzlichkeit in anderen Bahnen abrollt. Doch helfen möchte ich Dir, und lieben will ich Dich immer, weil es meine Gesetzmäßigkeit ist.

T.

Aslan an Tonio

Wien, 18. Mai 1943.
M. g. E.

„Kaufmann"-Première vorbei. War ein großer Erfolg für mich, der darum wertvoll ist, weil die Rolle eine weltberühmte Wurzen ist.

Rott sagt mir, er habe nun definitiv vorgeschlagen, daß Du den Homburg spielst. Probenbeginn Mitte Juni.

Wenn Film zustande kommt, möchte ich für Deine Freizeit (10. Juli bis 10. August) vorschlagen, daß Du innerhalb dieser Zeit irgendwie eine Zeitlang dorthin kämest, wo ich bin (Berlin oder Außenaufnahmen). Deine Mutter kommt ja doch vielleicht wieder nach Metz und hat daher mehr von Dir als ich.

Den Wilden würde ich vertrösten auf die zweite Hälfte August. Wenn Du in Metz bist, käme ich dann einige Tage mit ihm zusammen. So kombiniere ich da und dort, habe aber vorläufig noch keine „Kur" untergebracht. Wenn wirklich das Herz Manderln macht, wie das Kardiogramm notiert hat, dann ist es aus mit der bisher „unverwüstlichen Robustheit". Denn bisher muß man sagen, war ich ein Gesundheitsroß. Na, wie Gott will!

Sonntag war ich bei der Osterkommunion und Montag auch. Es hat mir unendlich wohlgetan. Ich bin ruhiger und habe so gar keine Angst vor dem Tod.

Mit gleicher Post schicke ich Dir den letzten d'Annunzio [1]. Ich habe Dir eigentlich wenig davon gesprochen, welche große Rolle dieser Mensch in meinem Leben spielt. Er wird verkannt hier. Sie erledigen ihn mit Poseur, Verführer, Reklameheld, unsauberer Charakter. Ganz falsch. Er ist einmalig, wichtig, charakteristisch, besonders und groß. Ich werde Dir viel von dem Phänomen erzählen: „D'Annunzio und Aslan"! Was weiß z. B. Buschbeck [2] davon? Wie kann ein Buch ausschauen, in dem diese wichtige, seelisch komplizierte Komponente fehlt? Für mich ist er wichtiger als Rilke, Schiller, ja, selbst Goethe gewesen! Heute ist es freilich anders. Für d'Annunzio war Religion „ästhetisches Requisit" (für mich auch). Heute ist es anders. Aber ich bewahre Ehrfurcht für die Irrtümer meiner Jugend. Ich liebe ihn trotzdem, wie man seine eigene Vergangenheit liebt, und ich weiß, daß ich durchaus nicht sagen kann: Das war einmal. Immer wieder wirkt Vergangenheit auf uns ein. Solche Trennungsstriche, wie sie der heilige Augustinus gemacht hat oder Franz von Assisi, konnten eben nur diese Begnadeten machen. Unsereins schleppt seine Schatten mit sich. Sänger des Heroismus, der Schönheit und der Wollust, des Sprachwunders und der Vergottung des Körpers, hast Du jetzt Ruhe, da Du stumm und körperlos bist?

Du weißt doch, daß Isadora [3] mich zu ihm führen wollte? Vielleicht hätte ich Dich nie kennen gelernt, wenn ich ihr gefolgt wäre! Kam es nicht richtiger so? Wir werden wunderbar geführt! Geben wir uns der Führung hin! Es ist immer das Richtigere! Ich habe bei der Lektüre sehr viel über mich geweint.

Ich küsse Dich!

D. R.

---

[1] Roman „Amaranta".

² Der sein Buch über Aslan schreibt.
³ Isadora Duncan, die Tänzerin (s. Tonios Brief vom 18. August 1941).

Aslan an Tonio

Wien, 22. Mai 1943.

M. g. E.

Ich hab' so gern, wenn Du philosophierst. Denk' ich an Deine Jugend, wie Du sie mir schildertest, und an den Weg, den Du in zwanzig Jahren zurückgelegt hast, von Deinem 16. Lebensjahr bis heute, wie muß man da staunen und sich freun! Auf diesen Weg bringt nicht die K. d. F. ¹, auch nicht die N. S. D. A. P. und keine staatliche Volkserziehungsmethode, soweit kommt man nur durch die Gnade.

Du hast soviel Sinn und Veranlagung für Philosophie, daß ich Dir vorschlagen möchte (wie wäre das?), von Grund auf, Stufe für Stufe, Schritt für Schritt, unter fachmännischer Leitung und Kontrolle Philosophie zu studieren. Es könnte (sagen wir) zehn Jahre dauern. Hättest Du dafür Lust und Kraft? (Was Dir an Latein und Griechisch fehlt, würdest Du allmählich erlernen.) Z. B. chinesische und indische, dann arabische, jüdische, dann antike, dann neuplatonische, dann christliche Philosophie, dann Humanismus, Renaissance, Aufklärung, zuletzt Kant und die folgenden bis heute. Wer weiß, zu welchen Resultaten Deine Natur Dich führen würde! Zuerst eine Basis des ganzen Denkens und dann sich spezialisieren! Ich hätte Lust mitzumachen.

Du berührst in Deinem Brief sehr tiefe Dinge, von denen jedes für sich viel zu schwer ist, um so glatt beantwortet zu werden. Das ist:

1. Erkenne dich selbst!
2. Notwendigkeit der Sünde zum Aufbau.
3. Identität von Erkenntnis und Leben.

Alle drei wichtig. Aber jedes bis ins letzte analysieren, das ist schon allerhand.

Zum ersten: Wie macht man das? Wer oder was ist der oder das Erkennende? Und wer oder was ist das Erkannte? Wo ist die Grenze des Ichs, das erkannt wird?

Zum zweiten: Was ist Sünde? Was ist Notwendigkeit? Ist das Gebaute das Notwendige?

Zum dritten: Was ist Erkenntnis? Was ist Leben?

Wie schön wäre es, wenn wir freie, unabhängige Menschen wären, die in schöner Umgebung, ohne materielle Sorgen uns hingeben könnten — dem Denken!

Heut' nachts hab' ich von Dir geträumt, und das war keine Sünde. Heute und morgen spiele ich viermal, nächste Woche täglich. Grotesk.

Du hilfst mir. Das ist mir gewiß. Und ich liebe Dich. Das ist mir auch gewiß. Was geschehen wird, ist ungewiß. Da Du mich aber auch liebst, ist mir die Ungewißheit nicht schrecklich. Ich danke Dir. Ich umarme Dich. Ja, ich bin sogar glücklich!

D. R.

[1] K. d. F. „Kraft durch Freude", Hitlers Freizeitprogramm für das deutsche Volk.

Tonio an Aslan

Metz, 26. Mai 1943.

M. g. R.

Ja, ich hätte Lust und vielleicht auch Kraft, Philosophie zu studieren. Wenn ich in Wien wäre, könnte ich mich inskribieren lassen. Wie sollte ich aber hier oder im Laufe dieser zehn Jahre, wie Du meinst (und wer weiß, in welche Nester mich mein Theaterschicksal noch drängt!), fachmännische Leitung und Kontrolle haben? Doch will ich, so es meine Freizeit zuläßt, mich bemühen, das, was auf Erden gesagt worden ist, zu erfahren und zu begreifen. Glücklich macht es allerdings nur dann, wenn man aus all dem Gesagten (denn Selbstschöpfer von Ideen zu sein, das glaube ich nicht) das Richtige erkennt und dann dieses Erkennen in Leben umsetzt. Oder das Wissen um des Wissens willen? Irgendwie drängt es mich doch zur Tat. Ich will mein Leben mit meinem Erkennen identifizieren. Ich will eben das alles nicht nur erfassen und begreifen, um es dann als ästhetisches Requisit zum Aufputz meiner menschlichen Persönlichkeitswirkung auszunützen. Verstehst Du: Ich will es leben. Aber wie schwer ist das! „Wie macht man das?" sagst Du ja auch ganz richtig. Aber bei Dir hat doch Deine Kunst so enorm viel auszudrücken vermocht. All das, was in Dir angesammelt wurde, ward im Schauspieler-Kunstberuf transparent. Da spürt man ganz deutlich die große Persönlichkeit, die hinter allem steht. Aber bei mir!?! Mein Gott, wer glaubt, wer sieht hinter meinem Carlos, meinem Marchbanks Persönlichkeit? Beethoven z. B.

ist in seiner Kunst ganz Ausdruck seiner selbst geworden. Bis in die letzten Tiefen spürte ich das jetzt wieder bei einem Domkonzert (C-Dur) und bei der 9. Symphonie. Wie ist da Erkanntes ganz zum Kunstwerk geworden! Das ist höchste Gottesgnadenkindschaft. Wie verstoßen muß man doch selbst sein, daß man gerade genug Sein hat zum Wohlleben! Ich bin tief enttäuscht von mir selbst, von meinem Nicht-zu-Hohem-Berufensein. — Alles verwirrt sich, die Demut fehlt heute ganz!

Verzeih mir! Kuß!
T.

Aslan an Tonio

Wien, 29. Mai 1943.

M. g. E.

Wieder einmal wurde ich gewarnt, daß meine Korrenspondenz und mein Telefon kontrolliert werden. Ich nehme an: meine Auslandskorrespondenz. Denn wäre meine Inlandskorrespondenz, also meine Briefe an Dich, bisher kontrolliert worden, hätten wir's schon gespürt! Immerhin ist es quälend und aufregend.

Ende der nächsten Woche werde ich Dir eine interessante Studie von einer Graphologin zukommen lassen, die Deine Schrift studiert. Es ist die Gattin des Malers Probst [1], die auf diesem Gebiete eine Kapazität ersten Ranges ist. Sie interessiert sich sehr und wird das gründlich machen.

Vom Film höre ich nichts. Es scheint, daß dem Propaganda-Ministerium mein Typ doch nicht zusagt. Wer weiß, wozu es gut ist!

Endlich ist es gelungen festzustellen, woher die Gelenksentzündung und die damit verbundene Herzgeschichte kommt. Es sind also zwei Herde. Der eine in den Wurzelspitzen der Zähne, der andere in einem Mandelrest im Hals. Die damalige Operation vor zwanzig Jahren war nicht gründlich genug und hinterließ einen versteckten Rest, der eitrig ist. Ich müßte mich also zwei Operationen unterziehen. Reden wir vorläufig nicht davon! Es ist zu quälend, und die ganze Behandlung incl. gewisser Stoffwechselkuren und sonstiger Reparaturen käme auf einige tausend Mark. Und wann? Und wo? Cottage-Sanatorium? Sommerverpatzung? Ich will doch acht Tage wenigstens mit Dir allein sein! Und nicht in Wien! (Wo man gewarnt wird.) Wie schön waren die zwei Tage in Kirchschlag, der eine Tag hie und da in

Perchtoldsdorf, die paar Tage in Hamburg, Berlin oder Metz! Die Tage in Italien, Griechenland, in Kärnten oder in Osttirol [2]! Nur ein paar Tage allein an einem dritten Ort! Das muß sich doch machen lassen!

Unter uns: Ich lerne aus allem! Du auch! Man wird so hellsichtig! Du meinst, Du wärst keine Persönlichkeit? Falsch. Du hast Gnaden und bist berufen! Folge nur Deinem tiefsten Anruf im tiefsten Herzen und kämpfe gegen die Nachstellungen des Bösen! Du wirst Dich erfüllen, sei es beruflich, sei es rein menschlich. Ich weiß heute schon sehr viel, wenn ich es auch nicht so sagen kann.

Hast Du den d'Annunzio erhalten?

Ich umarme Dich mit tausend heißen Wünschen.

D. R.

[1] Der Aslans Porträt als Herzog in „Maß für Maß" gemalt hat, das im Burgtheater hängt.
[2] An den genannten Orten hatten Aslan und Tonio zusammen in früheren Jahren schöne Tage verbracht.

Tonio an Aslan

Metz, 2. Juni 1943.

M. g. R.

Heute abends spielst Du in Nürnberg. Ich wollte Dich überraschen und plötzlich in der Vorstellung erscheinen. Dann überlegte ich aber und sagte mir, vielleicht ist der Wilde anwesend, und so unterließ ich es. Ich freue mich über Dein Höchsthonorar.

Den d'Annunzio habe ich bekommen.

Was Du über die Briefkontrolle sagst, ist beunruhigend.

Deine verschiedenen Krankheiten machen mir Angst. Vielleicht solltest Du Deinen Sommer doch hauptsächlich zu Deiner Gesundung verwenden.

Vielleicht, wenn aus Deinem Film nichts wird, gehen wir wieder ein paar Tage nach Kirchschlag. Im übrigen bliebe ich dann alle vier Wochen in Wien, was ich gerne und mit Freuden machen würde, gehe baden, wandern. Auch muß ich zum Zahnarzt und möchte überhaupt eine gründliche Untersuchung bei mir vornehmen lassen. Gesundungs- und Pflegewochen sind doch schön und sollten einmal im Jahr eingeschaltet werden. Wenn Du Dich im Juli in ein Sanatorium legst, werde ich mit Freuden meine Tage bei Dir verbringen. Bleib mir nur gesund! Wir wollen doch noch so einen weiten, weiten Weg zusammen gehen bis zu unserer Erfüllung.

Ach Gott, Raoul, Dich bei der Hand zu halten und mit Dir zu gehen, wohin Du auch immer willst, ist mein Leben.

Immer
D. T.

Tonio an Aslan

Metz, 5. Juni 1943 [1].

Lieber Raoul!

Heute kommst Du sicher nach Wien zurück. Da meine und Deine Briefe sicher kontrolliert werden, bitte ich um kurze, sachliche Briefe. Wir haben uns zwar nichts zu sagen, was ein Dritter nicht auch hören könnte, aber es ist mir ein unangenehmes Gefühl, letzte seelische Dinge von einem ev. Dritten oder Vierten zerpflückt zu wissen. Wir beschränken uns einfach auf die Mitteilungs-Briefform, wie es tausend andere auch machen. Da man ja doch nie Briefe aufhebt, ist das ja für die vorübergehende Mitteilung auch der einzig richtige Weg.

Ich fühle mich körperlich gar nicht wohl. Da seelisches mit körperlichem Wohlbefinden oder Unbehagen oft zusammenhängt, geht es mir seelisch eben auch nicht gut. Nebenbei habe ich Nachricht von blöden Gerüchten über Dich und mich, die mich trotz ihres aus der Luft gegriffenen Inhalts sehr deprimieren. So kommt man nie zur Ruhe — d. h. ins seelische Gleichgewicht.

Bin neugierig, was Du über das Nürnberger Gastspiel berichtetst.

In meiner früheren Lautenlehrerin, mit der ich jetzt erst korrespondiere, habe ich eine neue herrliche christliche Freundin. Ich schicke Dir einmal einen Brief von ihr. Sie ist es, die mich auf das Johannes-Evangelium neu aufmerksam gemacht hat. Und wirklich, es ist herrlich. Vielleicht finde ich durch Seelennot wirklich die richtige Lebensform.

Leb' wohl! Viele herzliche Grüße!
T.

[1] Deutlich für die Postzensur geschriebener Brief.

Aslan an Tonio

Wien, 6. Juni 1943.

M. g. E.

Dein letztes Briefli hat mich besonders entzückt. Nicht als ob die andern mich weniger gefreut hätten, aber ich weiß nicht, woran es liegt, diesmal hatte ich einen so beglückenden Eindruck von kindlicher Frömmigkeit. Wie mein Engerl Orlando [1], der mir gegenüber ist und hüpfend mit gefalteten Handerln über die Wiesen läuft, so erscheinst Du mir plötzlich, barfuß und mit flatterndem Haar über eine sattgrüne Wiese hüpfend. Pater Diego sagt: „Ich möchte die Phantasie aller Kinder des ganzen Erdkreises haben, um mir Reichtum, Macht und Wert, den Glanz der dreieinigen Gottheit vorstellen zu können." So etwas von der Phantasie und von der Reinheit des Kindes spürte ich aus dem Briefli wehen, und das entzückt mich mehr als Weisheit, Kunstgefühl und andere große Werte der Seele. Ich könnte lang über dieses Thema mich ergießen. Wie im Samenkorn der ganze Baum schon enthalten ist, so schlummern im Kinde die Phasen des Lebens, die Verwurzelungen, die Verzweigungen (genannt Komplikationen), die Früchte, die Blüten, die dürren Äste, die sturmgeprüften Verbiegungen des leidvollen Lebens! Und das Schönste ist die Reinheit, in der so schön die Tugenden sich spiegeln! Geheimnis des Kindes! Der Geburt! Der Vaterschaft! Der Sohnschaft! Nie auszuschöpfendes Geheimnis!

Natürlich hüpfte der Wilde nach Nürnberg [2]. Deine Ahnung war richtig. Trotzdem ich ihn gebeten hatte, ja nicht die Klinik ohne Urlaub zu verlassen. Nun, der Oberarzt gab ihm den eintägigen Urlaub.

Film-Manuskript jetzt angekommen. Aber ohne Termine und ohne den letzten Entscheid des Ministeriums. Nur von ihnen aus (Tobis [3]) perfekt. Noch nicht von Goebbels und von mir. Ich will jedenfalls mit Jannings [4] telefonieren. Könnte man's nicht etwas verschieben, daß ich meinen heiß geliebten Sommer nicht opfern muß? Müßte ich nicht doch eher ins Cottage-Sanatorium?

Also von Pettau [5] (Graf Herberstein [6]) ist die Antwort da, ich solle, natürlich mit meinem Freunde, als Gast der Familie ein paar Tage hinkommen. Das begeistert mich sehr. Ich möchte an Ort und Stelle eine Festspiel-Gründung machen, ähnlich dem Festspiel-Gedanken (Salzburg, Heidelberg, Römerberg, Bayreuth)! Und zwar auf der Basis „Nachfolge Christi-Spiel", „Jedermann", „Welttheater" (im Freien) und „Tasso" (im Saal). Dieser Festspielkreis sollte der Südostkreis sein (Kroatien, Ungarn, Slowakei, Rumänien, Steiermark, Kärnten) und im weiteren auch Italien und Griechenland interessieren, während Bayreuth, Salzburg und die anderen westlicher orientiert sind bis England und Amerika! Ein großer Plan! Auch Musik würde dann hineingreifen! Große Kulturmission! Schöner Lobgesang des Herrn! In der Messe heißt es an einer Stelle, die ich sehr liebe: „Domine, dilexi decorem domusque et locum habilationis gloriae tuae." D. h.: „Herr, ich liebe Dein Haus, das so schön ist, wo Du in Herrlichkeit thronst." Das schwebt mir vor.

Der Film entzündet mich nicht, und das Geld lockt mich nicht. Aber alle, auch Du, sagen: „Das mußt Du machen, Wahnsinn, Wahnsinn, das ist der große Moment!" Ich gestehe, die Rolle steht glänzend drin, und das Buch ist vorzüglich. Das läßt sich nicht leugnen, aber die Hemmungen erschlagen mich!

Und in Gmunden soll ich fünf Tage en suite die „Kirschen" à 400 Mark spielen. Auch eine Möglichkeit.

So ballen sich plötzlich die Wogen des Berufes. Das Schwerste im Leben ist, im richtigen Moment das Richtige zu tun. Das ist die größte Kunst.

Nun, noch tobt der Irrsinn des Krieges, die Verwüstung rast im Abendland, Millionen Menschen stürzen in Abgründe der Verzweiflung. Noch sind wir von den Schrecken verschont.

Wenn man nur alles machen könnte! Pettau und Film und Dich und Gmunden und alle froh und zufrieden werden könnten! Und Geld! Und Friede! Und Liebe! Und Glück!

Nächsten Sonntag vormittag bin ich bei Frau Probst (Graphologin) und abends bei der Fürstin Trubetzkoi [7] mit der Schauspielerin Polewickaja [8]! Ansonsten spiele ich täglich.

Ich pendle zwischen Sanatorium und Film und warte auf Dich! Kind! Freund! Geliebter!

Und zwischen allem rollen die Tage und Stunden einem unbekannten Ziel zu! Aber einem sicheren! Dem Bruder Tod!

Danke nochmals für Briefli. Kuß!
R.

[1] Aslan hatte seinen Barockengerln im Schlafzimmer Namen gegeben.
[2] Zeljko war ja Arzt im benachbarten München.
[3] Tobis, Filmgesellschaft.
[4] Der große Filmschauspieler Emil Jannings hatte damals großen Einfluß in Berlin.
[5] In der Südsteiermark.
[6] Wie Fürst Liechtenstein und wenige andere einer der letzten europäischen Grandseigneurs, mit Aslan befreundet.
[7] Russische Emigrantin.
[8] Russische Schauspielerin, „russische Duse" genannt.

Aslan an Tonio

Wien, 10. Juni 1943.

M. l. T.

Die Gerüchte, von denen Du sprichst, können mich nicht deprimieren, da sie nur erstunken und erlogen sein können. Es wundert mich, daß sie Dich deprimieren [1].

Über Deinen Gesundheitszustand bin ich sehr besorgt. Da muß Gründliches vorgenommen werden.

Eben habe ich mit Jannings telefoniert. Er will mir helfen, den Film zirka 20. Juli beginnen zu lassen — im Salzkammergut?!

Ich schrieb Dir letzthin von der Graphologin. Sie ist umwerfend. Man brauchte noch ein Leben oder mehrere, um alles zu machen, was einen interessiert. Die Zeit rast. Aber sie soll noch mehr rasen, damit ich Dich bald wiedersehe.

Die Graphologin sagte also: Zur vollkommenen, restlosen Ergründung brauchte sie auch Jugendbriefe und Zwischenzeit-Briefe. Die Gegenwart ergibt folgendes: Naturverbunden, klar und übersichtlich im Verstand, wäre zu großer Beschaulichkeit, Tiefe und Harmonie fähig, wenn nicht durch Widerstreit daran gehindert. Trägt ein Kreuz. Bruch im Lebensgefühl, Gedrücktheit, Neigung zum Verzicht, gegen den er sich stemmt. Liebe zum Beruf, Zielstrebigkeit, Eifer, Gestaltungskraft, Phantasie. Hilfsbereit, wohlwollend. Gegensatz von Sein und Schein, Phantasie mehr im Sinnenmäßig-Seelischen als im Geistigen. Ästhetisches Bedürfnis, auch für seine Person und Lebensform. In der Stufenleiter: geistig, seelisch, triebhaft — ist letztes und vorletztes stärker als erstes. Spannung entweder angeboren oder erworben. (Jugendbriefe nötig.) Will das Kreuz nicht zeigen. — Dann meinte sie: Solche Menschen erfüllen sich am besten in einem Sohn, nicht in einer Tochter.

Ich finde das alles fabelhaft und streng wissenschaftlich, durchaus nicht nur intuitiv. Wir sprechen noch darüber, ja? Heute wollte ich Dir nur das mitteilen, weil Du wahrscheinlich darauf wartetest.

Daß d'Annunzio Dir zusagt, freut mich. Ich dachte mir's.

Ich habe Sehnsucht nach Erholung außerhalb Wiens.

Vieles, vieles Herzliche!

Stets

D. R.

---

[1] Der Anfang scheint wieder für die Zensur geschrieben. S. auch die Anrede: M. l. T. = „Mein lieber Tonio" statt: M. g. E. = „Mein geliebtes Engerl!"

Aslan an Tonio

Wien, 26. Juni 1943.

M. g. E.

Zeljko ist gestern plötzlich gestorben. Nähere Ursachen weiß ich noch nicht. Heute nachts telefoniere ich mit Frau Dr. Newirnay, seiner Freundin, und erfahre vielleicht mehr. Montag soll eine Einsegnung sein, und Dienstag soll er nach Zagreb überführt werden ins Grab seiner Mutter. Ich hab' mit den Konsulaten u. s. w. telefoniert. Urlaub, um hinzufahren, ist mir verweigert worden. Didier fährt morgen früh hin und wird für mich in München bezüglich des Nachlasses alles ordnen.

So setze ich diese trockenen Worte hin — denn ich kann keine Sätze bilden.

Ich weiß, daß Gott barmherzig und gut ist, und so hoffe ich auf seine Barmherzigkeit und Güte.

Es scheint ein Gedankensprung zu sein, wenn ich sage: Die Menschen beobachten und bespitzeln ihn und mich und Dich! Und doch hat es einen Zusammenhang. Buschbeck behauptet, deswegen (!!) hätte man mir den Urlaub nicht gegeben. In meinem Interesse!! Also gut. Beobachtet weiter! Ich gehe um $^1/_2$ 7 Uhr in die Messe.

Bleibe gesund, mein Guter! Ich grüße Dich herzlich.

D. R.

Tonio an Aslan

Metz, 28. Juni 1943.

Mein lieber, lieber Raoul!

Ich gehe, seit ich die Todesnachricht in der Hand habe, sehr in Gedanken durch die Straßen von Metz. Ein Mensch hat ausgelitten. „Nehmt alles nur in allem, er war ein Mensch." Da Gott barmherzig ist, wie Du sagst, geht es ihm vielleicht bald sehr gut. Ich habe wirklich geweint und hätte gerne noch hier auf Erden mit ihm Verstehen getauscht. Gott hat es anders gewollt. Wir armen kleinen Menschen müssen uns fügen. Was kann ich tun? Hoffen, daß er von drüben her milder, verzeihender, verstehender über mich urteilt und daß er bald in Harmonie drüben über jede Erdenlast erhaben lächelt.

Unser Urlaub hier beginnt erst am 15. Juli. Vielleicht kann ich einige Tage früher weg, doch glaube ich es kaum, da am 14. Juli Abschiedsappell ist.

Ich bitte Dich also inständigst: Reise nach Berchtesgaden [1] oder Kirchschlag und suche durch Ruhe und Konzentration dort in Harmonie zu kommen! Ein Mann wie Du, der das ganze Jahr solche Arbeit leistet, muß das tun!

Auch möchte ich Dich bitten, alles für Deine Gesundheit zu tun, was Du für nötig hältst. Nachdem der Film scheinbar wieder nichts wird, hast Du ja Zeit.

Daß wir von allen Seiten beobachtet werden, beunruhigt mich sehr und macht mein Handeln und Entschließen so unfrei. Denn dann will man in allem einen Schuldbeweis finden. Doch auch ich vertraue auf Gottes Barmherzigkeit und Güte und stelle ihm unser Schicksal, das ohne Schuld ist, anheim.

Daß Du nicht nach München fahren konntest, begreift Verstand und Vernunft, doch im Gefühl tut's weh und läßt ganz große letzte Einsamkeit jedes Scheidenden erahnen! Doch Freude fühle ich, daß die letzten sterblichen Reste zu seiner Mutter irdisch heimkehren dürfen. Arme, ruhelose, gequälte Seele, finde Ruhe und Harmonie! Adieu und auf Wiedersehn in Frieden! Amen!

   Ich grüße Dich tiefer als sonst.

                D. T.

[1] „Bogensberglehen" bei Berchtesgaden war der herrliche weitläufige Besitz einer der besten und treuesten Freundinnen Aslans, der in Aslans Brief vom 26. Februar 1943 erwähnten Schauspielerin Camilla Eibenschütz-Huck. Aslan weilte dort oft und gerne als Gast zur Erholung.

Aslan an Tonio

                     Wien, 1. Juli 1943.

M. g. E.

Heute ist mein erster Ferialtag. Ich habe ihn damit zugebracht, eine unangenehme und lästige anonyme Angelegenheit offiziell durchzukämpfen. Ich war beim Chef der Kriminalpolizei, Oberregierungsrat Dr. Wessely, der äußerst lieb war und mit dem ich über eine Stunde konferierte. Wir sprechen darüber ausführlicher. Der Besuch ist kein Geheimnis, und, sollte dieser mein Brief gelesen werden, so möge der Leser es wissen. Der Dr. W. steht für das, was er mir sagte, ein und vertritt es.

Heute abends hole ich den Didier von der Bahn ab, der mit dem Nachlaß des Verstorbenen ankommt. Sein Körper ist auf dem Wege nach Zagreb.

Dienstag will ich, wenn nichts dazwischenkommt, auf einige Tage zu Camilla nach Berchtesgaden und dann zum Gastspiel nach Gmunden.

Nun danke ich Dir für Dein letztes Schreiben, den Tod Zeljkos betreffend. Es hat mich tief gerührt.

Bitte, vermeide vorläufig neue Bekanntschaften, wenn auch natürlich ganz harmlose! Die Menschen versuchen, Fallstricke zu legen, aber umsonst. Eine Legion Engel beschützt uns. Das sagte ich auch Herrn Wessely. Das mögen die Leser dieser Zeilen, wenn solche da sind, wissen und alle andern Beobachter!

Ich freue mich, Dich wiederzusehn. Jawohl, ich freue mich!

Herzlichst stets
D. R.

Tonio an Aslan

Metz, 17. August 1943 [1].

M. g. R.

Also der Reihe nach: Mit traurigem Herzen und nassen Augen verließ ich Dich. Der wievielte Abschied!?! Doch das Wachsen der Liebe zu Dir wird immer schöner und größer. Mein Wünschen vom Leben hängt nur an Dir!

Am Bahnhof fand ich die Mutter und Rosl mit einer Tasche voll Eßbarem. Auch da wieder ein Abschied von geliebten Wesen, wenn auch anderer Art.

Im Zuge waren viele Kollegen. Wir sangen das Lob auf Deine Schauspielkunst. Ich schlief sehr gut und kam frisch und ausgeruht in Metz an.

Am Montag früh um zehn Uhr war Appell [2], und um $^1/_2$ 11 Uhr Stellprobe von Homburg [3]. Ein konventioneller Regisseur (Momber) aus Karlsruhe. Der Rott wäre mir trotz allem lieber!

Am Abend machte ich einen kleinen Moselspaziergang. Heute Dienstag war den ganzen Tag Stellprobe von „Großer Herr auf kleiner Insel" [4]. Am 10. September ist Eröffnungsvorstellung. Ich bin froh, daß es so ist. Nicht zur Besinnung kommen! Bleiben tut nur eine große, nicht zu beschreibende Sehnsucht nach Dir. Ach, da oben beim „Windbichler" [5] mit Dir lange, lange leben, wär' das schön! Immer lebt man anders, als man will.

Doch schön waren unsere Tage. Und Dir danken und Dich lieben kann und will ich auch fern, sehr fern von Dir und warten auf unser nächstes Wiedersehn und Zusammensein.

Ich liebe Dich.

T.

---

[1] Den vergangenen Monat verbrachten die Freunde gemeinsam auf Urlaub in Kirchschlag.
[2] Appell mußte überall sein, auch auf dem Theater.
[3] Tonio bekam nun doch die Homburg-Rolle unter einem andern Regisseur.
[4] „Großer Herr auf kleiner Insel", Lustspiel von Just Scheu und Peter Albert Stiller.
[5] Windbichler, Anhöhe bei Kirchschlag.

Aslan an Tonio

M. g. E.
Wien, 18. August 1943.

Es ist 5 Uhr früh. Und da ich nicht schlief, stand ich auf und schreibe Dir. Gestern war ich nachmittag lange bei meiner Fürstin. Ich dachte auch dort viel an Dich. Es ist leicht möglich, daß unsere Gespräche auf Dich gar keinen Eindruck gemacht hätten. Aber ich sage Dir: Hinter dieser scheinbaren Einfachheit liegen die großen Wahrheiten, z. B. der Satz von ihr: „Natürlich ist das Sterben sehr schön. Es ist ja der einzige Weg zu Gott." Ich finde, über diesen Satz kann man eigentlich nie hinweg kommen, außer wenn man in dem Maße begnadet ist wie die Fürstin.
 Zeljkos Koffer sind endlich gepackt. Aber der Transport ist schwer. Totaler Krieg eben! Gestern sollen die Engländer in St. Pölten gewesen sein.
 Wie war die erste Homburg-Probe und der neue Regisseur? Diesen Homburg habe ich Dich gründlich überhört. Eigentlich die einzige Rolle, die ich Dich öfters abgehört habe.
 Es scheint, daß Metz doch als Kriegsgebiet aufgefaßt wird. Es geht alles mit Riesenschritten, und von jetzt an ist jeder Tag Sensation. Aber Ruhe, nur Ruhe!
 Für heute nur noch innigste Grüße und Erneuerung der alten Schwüre.
 Die Fürstin meinte: Es gibt einen Fanatismus der Treue. Auch ein tiefes Wort.

D. R.

Aslan an Tonio

M. g. E.
Bogensberglehen [1], 20. August 1943.

Ich freue mich, daß Du Dich wohl fühlst und weiter nichts passiert ist, daß es Dir gut geht und Du Dein Kämmerlein genießen kannst. Aber ich finde oder fühle oder glaube, daß Du zu wenig Sehnsucht hast nach mir. Das findet nämlich immer der eifersüchtig Liebende! Das ist seine böse Nahrung, sein bohrend wirkendes Gift, sein Unruhstifter, sein böser Geist, sein Hetz-Souffleur. Du hast's gut. Du kannst die Gegenwart genießen. Du störst Dich nicht immer selbst, Du wohlorganisiertes Instrument. Ich sage mir: Das kleine Wiedersehn im Hotel Continental ² war schön, gelt? Aber warum so kurz?

Gestern war ich von ½ 5 Uhr nachmittags bis 11 Uhr abends bei Emmy Göring ³ in ihrem Landhaus auf dem Obersalzberg. Es war sehr nett, und es gibt viel zu erzählen. Ich bekam eine Rasiercrème von Guerlain, Kaffee und zehn Zigaretten geschenkt. Im schönen Auto hin und her, gutes Essen, schöne Gegend, und abends fuhr der Führer ⁴ mit Autokolonne in den Berghof herein.

Hier auf dem Bogenberg bin ich zweimal im Bassin geschwommen, in der Sonne gesessen, spazierengegangen und habe richtig dahingelebt. Es schien sogar die Sonne, aber in meinem Herzen regnet's. Wer den Schnürlregen der Sehnsucht nicht kennt, weiß nicht, wie schwer sich so ein Mensch lebt!

Morgen früh fahre ich nach Gmunden. Dort finde ich sicher ein Wörtlein von Dir, das mir wieder Nahrung sein wird für drei bis vier Tage.

Einstweilen trage ich Dein Ehrenwort im dankbaren Herzen.

D. R.

[1] S. Tonios Brief v. 28. Juni 1943.
[2] Die Freunde hatten sich kurz im Hotel Continental getroffen. Aslan von Berchtesgaden, Tonio von Metz kommend.
[3] Emmy Göring, die ehemalige Schauspielerin Sonnemann, tat manches für ihre ehemaligen Kollegen.
[4] Der Ausdruck „Führer" war offenbar für den Zensor bestimmt.

Tonio an Aslan

Metz, 23. August 1943.

M. i. g. R.

Was Du am Homburg mit mir gearbeitet hast, sitzt. Hoffentlich reichen Begabung, Mittel und Persönlichkeit, um es Tonio Riedl-haft transparent werden zu lassen! Der Regisseur ist konventionell, Schule Karlsruhe. Aber er läßt mich machen und laufen. Nichts von Vergewaltigung. Es geht gut bei der Arbeit.

Ein großes Bild von Dir habe ich mir im Wohnzimmer aufgehängt. So siehst Du mir bei allem zu, Du und das Engerl. Da heißt es schon: nichts Unrechtes tun.

Ich muß zur „Großer Herr auf kleiner Insel"-Probe. Es ist nur ein kurzer Gruß. Nur Kuß, Kuß!

T.

Aslan an Tonio

Wien, 26. August 1943.

M. g. E.

Ich habe Dir für den Homburg gar nichts geben können, weil ich bei Dir nicht Regie führen kann und weil Du von Haus aus ein schwieriger Fall bist und glaubst, Regie ist Einbruch in Persönliches. (Kann es auch sein.) Aber ein edler Lippizaner hört nicht auf, ein edler Lippizaner zu sein, weil er „dressiert" wird. Um wieviel weniger ein edler Künstler. Aber es muß geturnt werden, das ist Mittel zum Zweck. Man muß alle Sättel reiten und alle Touren kennen und können, gerade, um sich's dann persönlich zusammenzustellen, wie man's braucht.

Wir leben alle von heut' auf morgen. Aber die Träume, die Träume, die Luftschlösser, die geheimen Wünsche, die sind immer da und immer die gleichen. Für die gibt's keinen Krieg, keine Zeit, keinen Raum, kein Alter.

Lieblingstraum: Berufliche Unabhängigkeit und mit drei Rollen (Tasso, Jedermann, Cyrano, oder: Hamlet, ein Lustspiel, ein modernes Stück) und eigenem fabelhaften Ensemble durch die Welt tschuken. Du natürlich mit. Zwischen Oslo und Kairo.

Anderer Traum: Kein Beruf und Land mit Gut und Hof. Du selbstverständlich mit.

Dritter Traum: Kloster. Du mein Beichtkind. Viele Tränen, aber Heiligung. Nach einiger Zeit wirst Du davon erfaßt und gehst auch ins Kloster.

Noch ein Traum: Neuordnung Europas unter meiner Führung.

An das Engerl denke ich oft. In Deiner Wohnung passen also jetzt zwei auf Dich auf: das Engerl und ich!

Kuß!

D. R.

Tonio an Aslan

Metz, 29. August 1943.

M. i. g. R.

Meine Bücher werde ich bei meinem nächsten Wiener Besuch mitnehmen. Wo sind Dinge heute sicher? Die Zeit lehrt uns sehr das Nicht-Anhangen an Dingen. Soll man nicht wenigstens davon lernen?

Bitte, ich höre hier von einem Kollegen, daß Josef Kurz[1] vom Propaganda-Amt Mittel und Wege weiß, um von ev. Einquartierung Bombengeschädigter verschont zu bleiben. Wenn Du einmal zufällig mit ihm zusammentriffst, denke daran, wenn vielleicht einmal mit meiner Wohnung etwas sein sollte!

Ich empfinde halt das Immer-wieder-Getrenntsein von Dir immer stärker und quälender. Ich möchte so gerne mit Dir leben. So gehen Jahre des Lebens hin mit Warten und scheinbarem Nicht-Leben. Wenn uns das Leben füreinander bestimmt hat, so soll es uns auch die Nähe des Lebendigen geben. Ich möchte mit Dir Deine Träume träumen, und einer davon soll dann wenigstens in Erfüllung gehen.

Daß Du bei mir nicht Regie führen kannst, ist traurig. Aber ich verstehe. Und wahrscheinlich ist es auch so mit mir, wie Du sagst. Ich empfinde wirklich die Regie als einen Einbruch in Persönliches. Ich merke es jetzt bei Momber. Er gibt mir nichts, und, was er verlangt, anerkenne ich nur mit Widerstand. Ich muß große künstlerische Ambition (wie bei Rott) oder Persönlichkeit (wie bei Dir) spüren, um mich „reiten" zu lassen. Dir gegenüber entsteht in mir bei der Arbeit ev. Widerspruch oder Sprödigkeit aus dem Menschlich-zu-Nahesein. Leider war ja am Theater selbst noch nie richtig Gelegenheit, mit Dir zu arbeiten. (Bist Du nicht auch ungeduldig?) Ich wünsche es mir nach wie vor sehr. Und irgendwie, glaube ich doch, werde ich mit Dir noch Schönes arbeiten.

Gib acht auf Dich! Ich denk' und wünsch' und sehne mich —

Immer
D. T.

[1] Architekt, Verehrer von Aslan.

Aslan an Tonio

Wien, 29. August 1943.

M. g. E.

An meinem Schreibtisch sitzend, erfaßt mich plötzlich die Sehnsucht, und ich schreibe Dir ein paar Zeilen. Wenn so Bilder aufsteigen: Karlsgasse[1], Reisen, Hamburg, Wien, München, Kirchschlag[2], Gesagtes und Nichtgesagtes, Erlebtes, Trauriges und Schönes, Deine Arbeit in Metz, meine Arbeit in Wien — wenn so Bilder aufsteigen, kann ich so ganz versinken. Dann vergesse ich auch so ganz, daß doch viel hinter mir liegt, daß ich ruhiger werden müßte und weiser. Das ist einer der größten Irrtümer der Menschen, daß ich weise bin. Ich bin ein Phantast wie eh und je und baue, baue meine Träume. Es verwirklicht sich kaum einer, und, wenn er Wirklichkeit wird, ist er wieder nur Anstoß zu neuen Träumen. Wünsche, Sehnsüchte, Spielereien, Improvisationen — aber doch nicht Weisheit. Weisheit und Konzentration, Zielstrebigkeit, Arbeit, Ruhe, alles das fehlt mir, und gerade das lobt man an mir. Wie falsch! Ein Irrwisch, ein Halber, ein Sehnsüchtiger, das bin ich.

Eines ist schön und wird Fundament: meine Messe um halb sieben Uhr früh. Das ist was Schönes, das genieße ich.

Zum Mittagessen war Marcel [3] da. Mama erzählte viele interessante Familien-Anekdoten, über die Marcel wahnsinnig lachen kann. Ich denke mir: Was wissen meine Biographen von mir? Wie dumm sind die sogenannten Aslan-Anekdoten, und wie interessant und psychologisch wertvoll ist doch die Wirklichkeit, aus der ich hervorgegangen bin! So gehen wir alle von Irrtum zu Irrtum, von Mißverständnis zu Mißverständnis.

Ich umarme Dich herzlichst.
D. R.

[1] Tonios Wiener Wohnung.
[2] Orte, wo die beiden Freunde gemeinsam waren. (S. Testament.)
[3] Marcel, der Bruder Aslans, der als Kaufmann in Wien lebte. (S. Aslans Brief vom 16. Dezember 1941.)

Tonio an Aslan

Metz, 3. September 1943.

M. g. R.

Gestern Deine Stimme im Telefon war so nah [1]! Und obwohl wir nichts Eigentliches sprechen konnten, war eben das Nahesein der geliebten Stimme das Wesentliche.

Vergangenen Sonntag saßen wir zur gleichen Stunde an unseren Schreibtischen und sagten uns in Briefen: gleiche Gedanken, Betrachtungen, Träume, Sehnsüchte.

War und bin ich nicht doch auch für Dich eine Traum-Wirklichkeit? Ich dachte immer: ja!!

Nach dem Homburg kommt „Jugend" [2]. Ich spiele den Hans.

Wird Wien wirklich evakuiert? Das macht mir Sorge. Ich bange um meine geliebten Menschen. Jeder Tag bringt neue aufregende

Nachrichten. Die Arbeit im Theater hat nicht letzte Konzentration. Alles und jeder ist zu belastet vom momentanen Geschehen. Ich selbst leiste die Arbeit mit großer Anstrengung und eigentlich mit wenig Freude. Viel zu viel Persönlich-Privates beschäftigt mich.

Und restloses Aufgehen und Verschmelzen mit einer Rolle gelingt vielleicht momentweise am Abend, bei Proben kaum. Die Biographen bekannter Schauspieler schildern das immer ganz anders. Das Nebeneinander-Leben des Schauspielers und seiner Rollen in einer Person ist noch nie restlos richtig geschildert worden. Du sagst Richtiges. Deine Briefe geben Zeugnis von so einem Leben. Ich wollte, hätte ich Begabung zum Schreiben, Dich wohl gerne einmal schildern.

Kuß, Kuß!
T.

[1] Nach einem Telefonat.
[2] „Jugend", Schauspiel von Max Halbe.

Aslan an Tonio

Wien, 4. September 1943.

M. g. E.

Betrachtung: Im Verhältnis von Mensch zu Mensch gibt es drei Formen:

1. Ich nehme einen Menschen wahr mit den 5 Sinnen: Sympathie oder Antipathie. Die Beziehung bleibt ein Leben lang so.
2. Ich erkenne einen Menschen mit dem Verstand. Er füllt das Denken aus. Ich erkenne: Gut, weniger gut, notwendig, anregend, amüsant u. s. w. 1 und 2 kann sich mischen.
3. Ich erlebe einen Menschen im Blut. Er geht ins Ich über. Er wird Teil von mir. Ich kann ihn nicht ausscheiden. Es kann ein Krankheits-Bazillus sein oder etwas Gutes, 1 und 2 kann sich auch vermengen. Aber das ist nicht wesentlich. Wesentlich ist die Vermengung, wie Wasser in Wein aufgeht.

Wenn Religion (Christus) nicht in Gruppe 3 fällt, bleibt es halb. Verwandtschaft fällt oft in Gruppe 3. Gruppe 3 ist Schicksal.

Dieser Gedankengang läßt sich beliebig vertiefen. Gruppe 1 und 2 können sterben (s. Guardini). Gruppe 3 ist unsterblich.

Innige Küsse.
D. R.

Aslan an Tonio

Wien, 6. September 1943.

M. g. E.

Wien wird nicht evakuiert. Vorläufig. Es sollen nur, wie ich höre, die Schulkinder aufs Land gebracht werden. Wenn ich Genaueres weiß, werde ich es Dir sagen.

Hab' mich so über unser Telefongespräch gefreut. Muß nicht wesentlich sein. Dein letzter Satz war gut. „Es ist alles in Ordnung." Das heißt viel und ist sehr wesentlich, wenn es wahr ist. Ist eigentlich alles. Die Ordnung. Die gottgewollte Ordnung. Und alles in Ordnung. Was will man mehr? Herz, Geist, Seele, Körper — in Ordnung.

Die Menschen sind nervös, packen, verschicken hin und her: Koffer, Kinder, Teppiche, Kleider, Lebensmittel. Ich tu' von all dem nichts. Ich träume den Krieg. Entmiste, richte ein, stelle um, suche Handwerker, schlage Nägel ein, baue am Frieden, baue den Körper neu auf, baue Traumschlösser, verschenke Gedanken und Gefühle, schreibe Dir und möchte ausführlich an Pater Diego schreiben, gehe (bis jetzt) täglich zur Messe und Kommunion, spiele (so gut ich kann) Theater und träume Dinge, die wahrscheinlich nie Wirklichkeit werden (Tasso-Tournéen u. s. w.), aber Traum-Wirklichkeiten sind.

Ob Du eine Traumwirklichkeit bist? Mehr. Manchmal ein Traum, manchmal eine Wirklichkeit und manchmal eine Traum-Wirklichkeit.

Ja, schreibe Du das Buch Deines Lebens! Fange an! Fang' an mit Deinem 3. oder 4. Lebensjahr, täglich eine Seite! Schreib' drauf los! Denke nie an Wirkung! Oder wer's liest. Und wann? Und ob? Schreibe! Träume! Dann spürst Du die Wirklichkeit der Träume. Ein anderes Licht beleuchtet dann die Dinge.

Kuß, immer

D. R.

Tonio an Aslan

Metz, 10. September 1943.

M. i. g. R.

In zwei Stunden ist die Saison-Eröffnungsvorstellung mit „Homburg". Gestern war die Generalprobe sehr matt. Zweimal verlor ich auf der Bühne die Sporen. Man sagte, das sei ein gutes Vorzeichen.

Ich fühle mich stimmlich matt. Der gewisse Faden, der nur im Forte an meiner Stimme verschwindet, ist verstärkt da.

Es ist eine geschlossene N.S.D.A.P.-Feier-Vorstellung. Mein Prinz von Homburg kann nichts dafür. An jeder Rolle fühle ich ein Wachsen, so auch hier. Sicher ist viel Reifes dazugekommen — was seinerzeit in Reichenberg, als ich den Homburg dort spielte, noch nicht da war. Zu dem Kreis meiner gewordenen Gestalten gesellt sich nun auch dieser preußische Prinz. Ein wenig fremd noch, weil die Liebe seines Interpreten in diesem Falle mehr dem spanischen Carlos gehört.

Noch bin ich sehr ruhig. Doch es ist immer wieder aufregend, sich selbst zu betrachten: dieses Nebeneinander-Stehen von Schauspieler und menschwerdender neuer Gestalt. Geist des Prinzen von Homburg, komme über mich und lasse mich ganz den Tonio vergessen! Bevor ich in diese wesentlich andere Gestalt schlüpfe, wollte ich Dir aber doch auf halbem Wege einen Tonio-Gruß schicken. Vielleicht passiert es einmal, daß man nicht mehr in seine eigene Gestalt zurückkehrt.

Ich grüße Dich in Liebe.

T.

Tonio an Aslan

Metz, 13. September 1943.

M. g. R.

Der Homburg *war*. Die Meinungen sind sehr verschieden. Jeder hat etwas anderes zu sagen. Es ist viel Ablehnendes gesagt worden. Aber alle meinten, ich sei der Lichtblick.

Die Première war vor einem Publikum, das sicher mit Kleist wenig anfangen konnte. Außerdem wurde die Vorstellung durch eine Führer-Rede unterbrochen. Die war für das Publikum der Höhepunkt des Abends. Für mich war es schwer, dort weiter zu sein, wo ich als Homburg aufhören mußte. Diese Jetztzeit macht vor nichts halt.

Hinterher war großer Kameradschafts-Abend. Ich war bei fremden Leuten, die mich nichts angingen. Ich fühlte wie selten grenzenloseste Einsamkeit. Wie hatte ich mich ausgeschüttet, wie hatte ich vor kurzer Zeit gelitten — und wie machte mich erst die Gegenwart leiden! Ich ging bald. Das Bett, ein herrlicher Tröster, hüllte mich ein, und mit Tränen und ganz wund endete dieser Premièren-Abend.

Die gestrige zweite Aufführung machte mich froher. Es war Metzer Publikum. Ich spürte Wellen der Liebe, des Verständnisses.

Heute abends ist die zweite Première dieser Saison: „Großer Herr auf kleiner Insel". Ich bin sehr müde. Diese Müdigkeiten sind so groß, daß ich trotz vielen Schlafens nicht ausgeruht bin. Diese Müdigkeitszustände sind auffallend und abnormal.

Jeden Tag bitte ich Gott um den Frieden. Ich will wieder zu Dir. Ob ich in Wien wieder spielen werde? Dann denke ich auch oft: Vielleicht gehe ich doch weg vom Theater. So wie Du spinne und träume ich mein Leben. Am liebsten wäre ich auf dem Lande. Sogar Arbeit im Freien stelle ich mir schön und bekömmlich vor. Ach, unsere Träume! Aber reisen werden wir doch wieder, gelt? Oder ganz still und abgeschieden irgendwo daheim sein. Das möchte ich auch. Aber immer weg von Dir zu sein, macht mich krank und nervös.

Kuß!

Dein Tonio

Aslan an Tonio

Wien, 15. September 1943.

M. g. E.

Nun hast Du Deine Homburg-Première hinter Dir. Bin gespannt, wie's war [1]. Ich liebe den Satz: „O Cäsar Divus, die Leiter setz' ich an an deinen Stern!" Ein schlanker I-Satz! Eine I-Rakete zum Himmel! Ein edel geformter Satz. Jetzt kommt der Hans in der „Jugend". Ein ganz anderes, herb bürgerliches Milieu. Ich würde das so genießen, wenn ich es mitmachen könnte, Deine Proben, Deine Vorstellungen. O göttliche Kunst! Die Leiter setz' ich an an deinen Stern! Mir leuchtet heute der Stern heller, dem jene Weisen folgten bis zu der Hütte, wo schon die Hirten standen und die Engel in weiter Ferne „Friede, Friede" sangen. Aber der Stern der Kunst ist auch ein schöner Stern. Gewiß! O, darüber weiß ich viel!

Heute mittags saß ich bei Baron Kiš, dem Sohn der Katharina Schratt [2]. Es war mir merkwürdig zumute, wieder in diese Wohnung zu kommen, die deutlich das Leben der Schratt widerspiegelt! Es war alles da und alles nett und gastfreundlich, aber sie war nicht da, und es war eben eine Kulisse. Im Theater wie im Leben lebt der Geist durch den Schauspieler, nicht durch die Dekoration. Wenn der fehlt, spürt man die Kulisse. Wie deutlich spürte ich das! Und nie spürte ich die Dinge und ihr inneres Wesen so körperlich wie jetzt! Glück und Unglück, Sympathie und Antipathie, pro und contra, alles spüre ich geradezu körperlich.

Gestern war ich bei meiner lieben Fürstin. Als ich sie fragte: „Soll ich die Engel einpacken und wegschicken wegen der Luftgefahr?" sagte sie ganz leise: „Aber im Gegenteil, die beschützen Sie ja!" Das könnte eine Redefloskel sein, hier war es Erlebnis. Sie glaubt wirklich daran. Gewiß sind es nur Holzfiguren, aber ich weiß schon, wie sie's meint. Und sie hat ja so recht. Auch hab' ich's ja nie ernstlich gewollt.

Sonst rollen die Tage hin. Wenn ich meine Gedanken nicht hätte, die oft Dich berühren! Spürst Du sie?

Mit Pater Diego sprach ich letzthin über Zeljko.

Kuß, Kuß!

D. R.

[1] Tonios Brief vom 13. war noch nicht eingetroffen.
[2] Die Burgschauspielerin und Freundin Kaiser Franz Josefs. Als Schauspielerin hatte sie ihren Mädchennamen beibehalten. Sie war am 17. April 1940 87jährig gestorben.

Tonio an Aslan

Metz, 18. September 1943.

Geliebter Raoul!

Dein Brief vom 15. September war interessant in Deiner Schratt-Betrachtung, sowie alle Deine Briefe voll des Gehaltes sind.

Also Mutter und Rosl wollen Ende September hier sein. Ich freue mich, weil ich zwei Menschen damit glücklich mache.

Du hast also mit Diego über Z. gesprochen. Hat er ihn gekannt? Ich denke so: Sein Starrsinn, sein Nicht-anders-Können war doch nur im Menschlichen begründet. Ich denke ihn mir jetzt endlich in der Klarheit: sehend, wo er blind war, verstehend, wo er stur war, liebend, wo er hassend war. Dieses Stehen-Bleiben in der menschlichen Entwicklung, dieses Nicht-verzeihen-Können ist nur im Menschen!! Er weiß heute schon viel, viel mehr, als wir mit all unserem Nachdenken ergründen können.

Ich sehne mich dauernd nach Dir. Ich möchte mit Dir über Wiesen und Berge wandern, schweigend, dann wieder über Kunst, Philosophie, Religion Dich sprechen hören. Deine Einsamkeit teilen. (Die B. D. M.-Mädchen haben letzthin zur Mattner [1] gesagt: „Der T. R.

sieht uns nie auf der Straße an, er muß eine große Liebe in Wien haben!") Ja, ich laufe als nicht ganze Einheit, getrennt von Dir, herum.

Jetzt beginnen die Proben zur Jugend.

Adieu! Gott gebe Dir einen ruhigen Schlaf!

T.

[1] Christa Mattner, Kollegin von Tonio in Metz.

Aslan an Tonio

                                       Wien [1], 29. September 1943.

    M. g. E.

    Ich hatte den Schlafwagen bis Wien, von München an allein. So war die Hin- und Herreise gar nicht strapaziös und vollendete die Gelungenheit des Unternehmens. Könnte ich das nur alle vier bis sechs Wochen wiederholen! Wie gern! Wie schön! Mir gefällt es so gut in Metz.
    Deine Samstag-Première [2] wird ausgezeichnet, das weiß ich schon jetzt.
    Am 6. Oktober habe ich meinen Platon- und Homer-Abend [3].
    Gewiß bereitet sich etwas in mir. Gewiß kann dieses ewige Suchen nicht erfolglos bleiben. Eines Tages werde ich es wissen. Augustinus sagt: „Deshalb ist Gott Mensch geworden, damit der Mensch Gott werde." Ein unfaßbar großer Satz! Der ruft und schreit. Will Antwort. O Gott, laß mich nicht in meiner Halbheit sterben! „Nichts ist verloren, solange der Tod noch zu trinken bleibt," sagt Claudel. Aber Dich, Dich möchte ich mitnehmen aus der Welt heraus zu Ihm! Das ist's.
    Wie wird das noch alles werden? Und draußen tobt der Krieg! Was ist das, daß ich das nicht so spüre, wie ich Gott spüre, der mir viel näher und aktueller und wichtiger ist!

                      Viele Küsse!

                                  D. R.

[1] Aslan war inzwischen wieder einige Tage in Metz gewesen.
[2] Hans in der „Jugend".
[3] Vortragsabend.

Tonio an Aslan

                                     Metz, 2. Oktober 1943.

    M. i. g. R.

    Das Nachhause-Kommen vom Bahnhof war traurig. Alles erinnerte noch so an Deine Gegenwart. Ich kroch ins Bett und schlief.

Gott sei Dank, über meine Traurigkeit hinweg. Am nächsten Morgen wartete ein Brocken Arbeit. So geht es halt wieder, ohne Dich, weiter.

Heute ist Première von „Jugend". Es soll eine ausgezeichnete Vorstellung sein. Huttig kam nach der Hauptprobe ganz verplazt an. Der Hans macht mir Freude. Wie schön wäre es, wenn Du im Publikum säßest! Ach, wie würdest Du weinen! Es ist ein gutes Theaterstück mit guten Rollen. Guter alter Halbe!

Heute sollten meine Mutter und Rosl kommen. Doch aus Angst vor dem Fliegeralarm telegrafierten sie mir ab. Ich hatte mich sehr gefreut, aber ich nehme es so, wie sie es wollen.

Du bist nicht halb! Gehe dorthin weiter, wohin es Dich drängt! Du kommst dorthin, wohin Du willst! Du strahlst soviel Gotteskindschaft aus und kannst auch schon Wegweiser sein. Dein Nicht-zufrieden-Sein ist menschlich, allzu menschlich. Aber herrlich bist Du in Deiner Menschlichkeit, und ich muß Dich ewig lieben. Menschlich, solange ich menschlich atme, übermenschlich, oder besser: außermenschlich, wenn ich Geist geworden bin. Ich folg' Dir nach, wohin Du willst, ich will es!! Bin halt auch nur ein armer, kleiner, mit großen Fehlern behafteter Mensch. Aber die Liebe vermag alles!! So sei auch Dir Dank, Dank und wieder Dank! Komm wieder!

Kuß!

T.

Aslan an Tonio

Wien, 7. Oktober 1943.

M. g. E.

Dein letztes Briefli vom 2. Oktober war wieder so schön! Und das ist nicht Lektüre. Du und ich, wir haben zwei Tiefen: eine dunkle und eine helle. Dieses Briefli kam aus der hellen Tiefe. Und es ist vielleicht der ganze Sinn unseres Lebens, die helle Tiefe zu ackern, zu pflegen, zu säen, immer mehr, bis die andere wenig Platz zur Ausbreitung findet. Das ist der ganze Sinn. Und fast muß ich sagen, ich glaube, es gelingt mir. Warum sollte es Dir nicht auch gelingen, wenn Du es willst?

Ich habe es Dir prophezeit, „Jugend" wird gut. O ja, ich hätte viel geweint.

Gestern war mein Platon-Homer-Abend. Soll sehr gut gewesen sein. Heute Proben von „Himmeltau" [1].

Das Münchner Nationaltheater ist kaputt [2].
Man beschwört mich, meine Engel zu verschicken. Ich kann mich aber nicht entschließen, 30 Kisten zu besorgen, zu packen und zu verschicken. Vorläufig habe ich einen Engel dazugekauft. Er erwartet Dich.
Luise Marie [3] soll hieher überstellt werden ins Metropol [4]!!!

Immer
Dein Raoul

[1] „Himmeltau", Komödie von Hermann Heinz Ortner.
[2] Durch Bombenangriff.
[3] Luise Marie Mayer (s. Aslans Brief vom 20. November 1941).
[4] Im ehemaligen Hotel „Metropol" in Wien war die Gestapo untergebracht.

Tonio an Aslan

Metz, 9. Oktober 1943.

Mein großer, schöner Raoul!

„Jugend" war ein großer, ehrlicher, schöner Erfolg. Ich war herrlich in Form. Nachher gab es ein Fest. Es war zum ersten Mal nach einer hiesigen Première gemütlich und nett. Ein kleines Zwischenspiel gab es: Mein Annchen [1] fand nicht in die Wirklichkeit zurück und lebte ihre Rolle im Leben weiter. Man fürchtete eine kleine Tragödie. Aber ich sprach mit ihr, und anscheinend ist es wieder vorbei. Sie rief immer laut: „Tonio, wenn Du mich liebst, gilt es fürs ganze Leben." Ich bekam fast Angst.

Auch erhielt ich den begeisterten Brief eines unbekannten Zuschauers: „Ich danke Ihnen für die gewaltigen Eindrücke und himmlischen Momente Ihres Prinzen von Homburg als einer aus dem unbekannten Publikum, der durch jeden Ihrer Abende reich beschenkt und beglückt wird. Sie Quelle der Freude, Schönheit und Kraft für hunderte von Menschen!"

So wirbelt Leben auch um mich. Doch mein Gefühl ist gebunden an Dich, meine Sehnsucht gehört Dir. Mein Wunsch ist: mit Dir leben, steigen, sterben!

Jetzt soll ich ein Weihnachtsmärchen probieren [2]. Und ab 20. Oktober „Wallenstein". Ich spiele nicht den Max (Ich will nicht), sondern den ersten Kürassiergefreiten in „Wallensteins Tod".

Ich möchte so gerne ein paar Tage nach Wien, Dich sehen, auch auf der Bühne.

Ach, all Deine Pläne! Es wirbelt nur so. Doch Landeinsamkeits-Konzentration nimmt bei mir im Wunsche immer festere Formen an. Wie herrlich denke ich mir die Abende, das „Einfache Leben". Soviel hätte man zu lesen, zu diskutieren.

Meine Mutter ist nicht hier. Rosl kommt, so hoffe ich, heute oder morgen allein. Sie saßen schon im Zug, da kam der Alarm, Mutter bekam Angst, und sie fuhren nach Hause zurück.

Arme Luise Marie [3]! Hoffentlich hilft ihr die Kraft des Glaubens, alle noch kommende Lebensschwere zu tragen! Gott helfe ihr!! Mein Gott, die Tage in Spetzäe kommen mir in Erinnerung, die Fahrt ins Helikon-Gebirge, das Feld von Platäe sehe ich vor mir, Mykenä, Eleusis, Daphne und so vieles andere [4].

Wir Menschen sterben fast alle einsam. Wohl denen, die Gott nahe sind! Und die im Leben tausendmal gesiegt, ob die auch im Tod zu siegen wissen?! Erfüllung kann doch ein Mensch dem andern nicht geben. Warum sagt man so etwas überhaupt zu einem andern Menschen? Erfüllung kann nur in Gott sein. Raoul, glaube mir, ich weiß das sehr, und nie und nimmer macht Menschenwort mich eitel. Ich habe Erkenntnis genug, um allem den richtigen Wert beizumessen. Deine Sehnsucht und meine Sehnsucht trafen sich im Leben, und jetzt wollen wir die Erfüllung — Gott! Laß uns weiter Hand in Hand steigen! Alles sonst soll abfallen um uns. Geduld und Verzeihen wollen wir üben, aber auch Strenge.

Wie war Dein Platon-Abend? Hätte ich doch dort sein können!

Heute habe ich zum ersten Mal Feuer in meinem Ofen. Es ist recht gemütlich. Zwei Stehlampen brennen, Herbstblumen in allen Farben stehen im Zimmer herum. Schöner heißer Tee steht vor mir. Es wäre so recht, um mit Dir zu plaudern. Ja, Raoul, ob es Dich freut und glücklich macht: Ich sehne mich ununterbrochen nach Dir, habe fast keinen andern Wunsch mehr, als Dir nahe zu sein — und gerade in Situationen des eigentlichen Wohlbehagens erst recht. In unserer Geteiltheit sind wir wirklich nur halb (nach Platon), und so treibt uns die Sehnsucht nach unserer Ganzheit.

So lebe recht wohl bis zum nächsten Brief! Ich nehme Dich mit in meinen Traum, und morgen beim Erwachen nehme ich Dich mit in dieses mein Erwachen.

T.

[1] Weibliche Hauptrolle in „Jugend", Tonios Partnerin.
[2] „Der gestiefelte Kater", Märchenstück von Fritz Rügamer.
[3] Luise Marie Mayer.
[4] Bei dieser Reise war Luise Marie Mayer Reisegefährtin der beiden Freunde gewesen.

Aslan an Tonio

Wien, 11. Oktober 1943.

M. g. E.

Deine „Jugend"-Première ist nun lange vorbei. Hast Du wieder neue Proben? Meine Proben zu „Himmeltau" haben begonnen ... mich zu langweilen.

Im Reiche meiner Phantasie sind große Spannungen, große Hoffnungen am Werk, große Leiden und große Freuden wohnen da. Und vor allem die großen Sehnsüchte, die Quellen des Lebens. Von diesem großen Gedanken- und Gefühlsleben kann ich kaum schreiben. Könnte ich es, wäre ich ein großer Dichter. Die Schilddrüsen in der Halsgegend tun mir weh vor Gespanntheit und würgender Sucht nach Ausdruck, nach Gestaltung, nach Über-mich-hinaus-wachsen-Wollen. Umso mehr klappe ich dann in mich zusammen — kleiner Erdenwurm!

Gewiß, mein Herz ist auch nicht mehr, wie es war. Es ist ein ganz einzigartiges Stück Weg, das ich, das jeder — mehr oder weniger bewußt — in meinem Alter durchschreitet. Wenn Du so weit sein wirst, werde ich nicht mehr leben. Aber dann denke daran!

So viele Menschen finden mich weise, ruhig machend, zum Beichtvater geeignet u. s. w. Ganz falsch. Im tiefsten chaotisch, revolutionär, Sturm und Drang, nicht wahr?

Wie geht's Mutter und Rosl?

Mimi Lang [1] will Luise Marie retten. Aber wie könnte das gelingen? Es ist furchtbar!!

Viele Küsse!

D. R.

---

[1] Mimi Lang, langjährige erste Sekretärin beim öst. Rundfunk und Freundin der Luise Marie Mayer.

Tonio an Aslan

Metz, 11. Oktober 1943.

M. g. R.

Gestern kam die Rosl abends hier an. Dein Brief vom 7. kam auch. Deine Schrift ist jetzt oft so gehetzt und manche Worte fast unleserlich. Du sollst doch nicht zuviel wollen. Kannst Du Dir nicht öfters

Ruhe gönnen und das Leben fern abrollen lassen, ohne aktiv daran beteiligt zu sein? Ich sehe, fühle Dich in einer gräßlichen Hetzjagd.
Am Donnerstag bin ich in Nancy (Gastspiel).
Ob Du die Engel doch verpackst?! Grüße den neu angekommenen!
Ja, ich denke auch viel an seelische Entwicklung! Vieles gelingt mir abzustreifen, auszuroden. Der Seelenacker gehört dauernd gepflügt, um und um müßte man ihn pflügen. Du stehst ja immer viel mehr im Trubel des Weltdaseins. Mir gibt das Leben immer wieder Einsamkeiten, die ich gut ertrage und die mir auch helfen, über vieles Klarheit zu erlangen, helfen, reif zu werden. Tiefes Wissen habe ich oft um die letzten seelischen Geschehnisse. Nicht an der heißen Sonne entwickelt sich meine Persönlichkeit, obwohl ich Sonne so sehr liebe, sondern mehr im Schatten gelingen mir Fortschritte des Daseins. Und so kann ich mir auch ein zurückgezogenes Leben heute für mich schon herrlich denken, ohne Sehnsucht nach Weltengroßstadttrubel. Zu sich selbst kommen können, um dann darüber hinaus ins Göttliche vorzudringen, ist ein Leben wert!!

Ich wünsche Dir doch mehr Ruhe und Frieden in Deiner momentanen Gegenwartswelt. Man muß auch oft lassen können, locker lassen.

    Ich grüße Dich liebend.

            D. T.

Tonio an Aslan

           Metz, 12. Oktober 1943.
  Mein innigst geliebter Raoul!

Wieder kommt ein 16. Oktober. Und das ist für mich immer ein ganz besonderer Tag. Wurde doch an einem 16. Oktober mein Raoul, mein Lebensschicksal, geboren. Für mich ein Tag des Besinnens, des Wünschens, ein Feiertag! Was hast Du mir in den Jahren alles gegeben, seit wir uns begegnet sind! Was hast Du den Menschen in all den Jahren Deines künstlerischen Schaffens geschenkt! Wir danken Dir so sehr!! Ach, und was wünsche ich alles für Dich! Ich habe es Dir schon hundert- und tausendmal gesagt: Gesundheit und viele, viele schöne Jahre des Aufsteigens — zu Gott.

Und daß ich Dich all die Jahre lieben durfte, ist doch so herrlich. Geliebt werden ist wunderbar, aber lieben, ich meine: selbst lieben, ist das Allerwunderbarste. Zunächst ist es vielleicht schwer. Aber später, wenn man einiges weiß, wird es sehr einfach und unbeschreiblich schön. Wen und was soll man lieben? Das ist oft die erste Frage. Sich selbst auf die richtige Weise, sich selbst lieben um Gottes willen, dann die andern, und zwar Menschen, Dich, und dann sich selbst möglichst vergessen. So bringe ich Dir zum 16. Oktober meine Liebe — neu und doch so alt!! Was auch immer geschehen mag, hier sage ich es Dir, ich habe Dich geliebt, ich werde und muß Dich immer lieben, solange ich atmen kann, und dann erst recht, denn dann gibt es auch keine Hindernisse mehr von außen, von Menschen und Gesetzen. Dann im Anschauen von Gottes Antlitz dürfen wir es laut hinausschreien!!!

Guter, lieber, geliebter, schöner Raoul, bleib' so, wie Du bist! Ich küsse Dich und bin am 16. ganz bei Dir.

Küsse auch Deine Mama zu diesem Tag! Sie trug Dich unter ihrem Herzen, und so trage ich sie und Dich in meinem Herzen.

T.

Aslan an Tonio

Wien, 14. Oktober 1943.

M. g. E.

Gestern Deinen wunderschönen Brief vom 9. erhalten. Das Zwischenspiel nach der Première wundert mich gar nicht. Was könnte auch dieses kleine Mädchen sich Schöneres wünschen als Dich? Auch der Brief des unbekannten Zuschauers wundert mich nicht. Das wirst Du noch hunderte Male erleben, Männlein und Weiblein werden schreiben, schreien, stöhnen, verlangen. Das ist die tägliche, jahrtausendalte Melodie des Lebens. Wichtig ist nur eins: Wie reagiert man darauf? Wie reagiert der schwache, ach, allzu schwache Mensch darauf? Bei dem Mädchen hast Du gut und richtig reagiert. Was den Brief des Unbekannten betrifft, so schreibst Du ja: „Doch mein Gefühl ist gebunden an Dich, meine Sehnsucht gehört Dir." Dafür danke ich Dir mit heißen Tränen. Das zwischen uns ist nicht Kunst, Dichtung, Literatur, das ist Geheimnis.

Max in „Wallenstein" ist gar nicht nötig. Gyges wäre wichtig gewesen, Mortimer, Romeo. Dafür weg mit Ferdinand, Max und anderen [1]!

Wie schön sprichst Du in diesem begnadeten Brief, den ich mit vielen Tränen immer wieder lese, von der „Erfüllung". Ja, so ist es.

Ich küsse Dich mit aller Glut meines jungen Herzens.

D. R.

[1] Aslan meint hier wohl, daß Hebbels Gyges und Shakespeares Romeo dankbarere jugendliche Rollen wären als Schillers schwärmerische Jünglinge wie Ferdinand aus dem Jugendwerk „Kabale und Liebe", aber auch noch Max Piccolomini aus dem „Wallenstein", während Mortimer aus „Maria Stuart" nicht mehr jenes reine Schillersche Jünglingsideal verkörpert, das zwar edel und gut ist, dem Schauspieler aber geringere Möglichkeiten bietet.

Tonio an Aslan

Metz, 14. Oktober 1943.

M. i. g. R.

Gestern war in Nancy „Jugend". Um 3 Uhr früh kamen wir erst hier an. Um 11 Uhr hatte ich Rundfunkaufnahme für den Saarbrückener Sender. („Jugend", zwei Szenen). Ab Montag Märchenproben: „Gestiefelter Kater".
Ja, arme Luise Marie! Ich kann wohl gar nichts für sie tun.
Und dieser dauernde Kriegszustand über der Welt macht mich oft so unglücklich, weil ich es doch manchmal spüre, spüre am sichtbaren Leid.
Hingegen freue ich mich immer wieder darüber, wie jung Du bist. Dieses Treiben, dieses Gären, dieses Wollen Deiner Phantasie ist herrlich. Du bist ein schaffender Künstler mit Haut und Haar, das kann man wohl mit tiefster Überzeugung sagen.
Dein Leben gekreuzt zu haben, in Deinem Leben zu stehen, bedeutet mir alles. Ach ja, wenn ich so irgendwo am Meer in Ruhe und Frieden mit Dir hausen könnte oder in unseren österreichischen Bergen, das wäre doch mein ganzes Lebensglück, meine ganze Lebenserfüllung. Ich fühle so wie Du oft Einsamkeiten, tief in Sehnsucht verstrickt, alles als provisorisch hinnehmend. Richtig erfüllt sich mein Leben erst mit Dir.
Ach, wir Armen — Unruhigen! Dir nah', so nah'!
T.

Aslan an Tonio

Wien, 17. Oktober 1943.

M. g. E.

Wie hab' ich mich über Dein Geburtstagsbriefli gefreut!
Zwischen zwei Vorstellungen von „Strohhut" schreib' ich Dir. Ja, Du hast recht: Hetze. Nun, ich sehe es klar. Die Gründe sind: 1. Berufskrampf. Ich bin lustlos am Beruf, mißbraucht, überarbeitet, unbe-

friedigt, unzufrieden. 2. Privatkrampf. Denn mein Privatleben ist nicht da, und wenn es da ist, ist es ein Privatleben, das mir diktiert wird von der Zeit, von den Umständen, nicht von meinem Wunsch und Willen. 3. Übergangskrampf des gefährlichen Alters. Das sagt alles. Man wird nicht froh. Ich kann es ganz klar sagen. Schön ist für mich: a) die heilige Messe, b) Deine Briefe. Natürlich bin ich für alles andere sehr, sehr dankbar. Aber dieses Glücksgefühl, diese Ruhe, dieses selige In-sich-hinein-Zufriedensein habe ich nur in der Messe und wenn ich weinen kann über einen Deiner Briefe.

(Beginn des 2. Aktes)

(Im 3. Akt bin ich frei. Ha!)

Könntest Du das wirklich? Schattendasein? Nun, Du glaubst es wenigstens so wie ich. Wenn man's doch nur versuchen könnte!

„Man muß auch lassen können." Das sagt Buddha. Die geballte Faust lösen, öffnen, fallen lassen. Tinys Lieblingsbewegung [1].

Aber nun zu Deinem Geburtstagsbriefli: Ach, Deine Liebeserklärung! Du meinst, ich wüßte es schon oder müßte es wissen. O nein! Das ist immer, immer neu! Wie jedes Geheimnis! Immer neu, immer unergründlich, immer erschütternd. Und daß Du mich jetzt ein paarmal „Schöner" nennst, macht mich so schön eitel. Ja, schön eitel. Das will ich. Schön sein für Dich.

Proben zu „Himmeltau" leitet Herr Dr. Rott. Es geht ganz glatt. Er hat Einfälle, das merke ich jetzt erst selbst. Das freilich, was Reinhardt hatte, die Hilfe für den Schauspieler selbst, die technische Hilfe, nicht zu sagen, was gut und richtig ist, sondern auch zeigen, wie man's macht! Das freilich kann er nicht.

Und wieder das alte Lied: Also wann werde ich huschen, oder wann wirst Du huschen?

In der Angelegenheit der Luise Marie habe ich etwas eingeleitet. Aber darüber schreibe ich Dir erst, bis ich etwas erreicht habe. (?)

Und wieder schweift mein Blick auf Deine Briefe, die vor mir liegen. Wie streichle ich jedes Wort, wie dankbar bin ich! Möchte ja so gerne geben! Dir und den Menschen. Ach, mir ist der Beruf so schwer geworden. Und doch will ich mich nicht versündigen. Liegt es an Müthel? Liegt es an der Zeit? An mir? Am Älterwerden? Aber ich will noch anderes, als ich jetzt gebe und geben soll! Du verstehst schon [2]!

Wenn Du kommst, will ich die letzten Engerln taufen, fotografieren und katalogisieren. Wir suchen dann Namen. Es sind schon fünf bis sechs, die noch nicht eingereiht sind.

Also Kuß!

D. R.

---

[1] Wie schon bemerkt, war Tiny Senders Buddhistin.
[2] Aslan meint, er leidet sehr an der Nazi-Zeit.

Aslan an Tonio

Wien, 22. Oktober 1943.
M. g. E.

Morgen in 8 Tagen habe ich eine schwere Première. Und bis dahin täglich Vorstellungen. Morgen und nächsten Mittwoch sogar zweimal pro Tag. Dann habe ich wieder freie Vormittage und kann sozusagen leben! Jetzt habe ich Fron und Sklavendienst. Den Rott als Regisseur muß ich wie Du bejahen.

Die Engel habe ich nicht weggeschickt. Im Gegenteil, ich mache die Wohnung schöner und will Dich überraschen. Ich denke mir: Plötzlich bist Du da, und da möchte ich, daß Du alles wunderschön findest.

Erinnerst Du Dich an mein großes Ölbild in der Garderobe? Ich habe es zerschnitten und den Rahmen verschenkt. Nun existieren nur mehr: 1. das Brustbild von Krauss [1], 2. das Bild von Probst [2], 3. das große Coriolan-Bild von Krauss [3].

Ob ich nach der Première wieder einmal fünf bis sechs Tage frei sein könnte? Dann hüpfe ich zu Dir.

Mein liebes, gutes, geliebtes Engerl!

D. R.

[1] Als Marc Anton in Shakespeares „Julius Cäsar" von Professor Wilhelm Viktor Krauss.
[2] Als Herzog in Shakespeares „Maß für Maß" von Erich Probst.
[3] Als Coriolan in Shakespeares „Coriolanus", ebenfalls von Professor Krauss.

Tonio an Aslan

Metz, 23. Oktober 1943.
M. i. g. R.

Meine Briefe machen Dich so oft weinen, Tränen, viele Tränen koste ich Dich. Daß ich Dich nie lachen mache?! Woran liegt das? Ich kann und muß oft bei Dir lächeln und lachen.

Ich habe so gehofft, auf zwei, drei Tage nach Wien huschen zu können. „Homburg" ist abgespielt, „Jugend" auch. Nun soll aber unser jüngster Kollege am 25. einrücken. Und so muß ich im „Wallenstein" („Piccolomini") den Kornett spielen und soll auch in einem

Schwank die von ihm bisher gespielte Rolle übernehmen. (Vorläufig wehre ich mich noch.) „Wallenstein" inszeniert Herr Felsenstein vom Schiller-Theater [1], ein Besessener, Kategorie Rott! — Zwei, drei Tage mit Dir beisammen zu sein, hätte mir soviel Kraft für weiteres Getrenntsein gegeben. Ich hasse das Theater in seinem Alltag. Von einem Hochgefühl, in das ich mich immer wieder selbst hineinphantasiere, falle ich dann zu tief, wenn Theater-Realität Banalität wird. Ich weiß, Du bist auch nicht davon verschont, wenngleich bei Dir sich alles auf einem höheren Niveau abspielt. Gibt es wirklich Schauspieler, die ihren Beruf nur höhepunktmäßig erleben? Sicher nicht. Aber Provinztheater-Betrieb ist schon sehr leidmachend.

Unsere „Iphigenie"-Première [2] war nicht sehr glücklich. Ich dachte dauernd an Deinen Orest. Wie glücklich war ich damals über dieses große Erlebnis! Wie schön und herrlich Du doch warst! Auch Dein edles königliches Aussehen. Der Monolog: „Noch einen reiche mir aus Lethes Fluten..." unvergeßlich!! Und wie herrlich war Deine Regie! Aber hier ging ich ganz deprimiert aus dem Theater.

Ich hasse die Zeit, die Dich mir wegnimmt. Ich freue mich über jede Stunde, die vergeht, weil sie mich in der Phantasie wenigstens Dir schneller näher bringt.

Wir haben hier ein paar goldene Herbsttage, aber oft am Tage dreimal Alarm. Zweimal im „Homburg" und einmal in „Jugend" fiel mir daher der Vorhang lange vor Schluß mitten ins Wort. Das Elend, das Entsetzen! Das Geschehen muß grauenhafte Formen angenommen haben. Noch kenne ich dies nicht von der Nähe.

Vorige Woche hatte ich einen merkwürdigen Traum von Zeljko.

Ich denke sehr an Dich und lebe fast nur noch in dem Wunsche, Dir nahe zu sein. Ich umarme Dich innigst.

T.

[1] Walter Felsenstein, Regisseur am Schiller-Theater in Berlin und heute Intendant der „Komischen Oper" in Berlin (DDR).
[2] Tonio hatte darin keine Rolle.

Aslan an Tonio

Wien, 24. Oktober 1943.

M. g. E.

Gestern am 23. ging ich nach einem sehr anstrengenden Tag um 12 Uhr nachts ins Bett. Um 4 Uhr früh wachte ich auf mit Herzklopfen und dem gewissen Schweißgefühl im Nacken. Ich hatte schlecht geträumt. Es waren im Traum zwei Tournéen oder Gesamt-Gastspiele, eins, in dem Du beschäftigt warst, eins, in dem ich mitwirkte. Wir sollten uns an einem gemeinsam verabredeten Ort treffen. Und nun setzten Hindernisse ein: Verspätungen, Überraschungen, heimliche Lügen, Vertuschungen, dritte Personen, Eifersucht, Resignation (meinerseits), Abreisen, kurz — ein Alptraum. Wachend spann ich das weiter und wälzte mich. Ich erzähle Dir das, weil ich wissen möchte: Ist was dran? Hat sich in den letzten Tagen irgend etwas bei Dir ereignet? Was sind Träume? Sind das Boten? Hat das irgendwo Wurzeln? Daß wir doch so gar nichts von Träumen wissen! Aber warum und wieso dieses Klopfen in Angst und Schweiß? Nun sitze ich da und bin ein schwacher, unwissender Mann, der gern wissen möchte. Es kann ja auch wirklich alles nur „Spinnerei" sein, überhitzte Phantasie. Jedenfalls wollte ich Dir's erzählen, und ist was dran, wirst Du mir's bestimmt sagen.

Ist irgend ein Lichtpunkt sichtbar im Repertoire, der Dir ein Huschen nach Wien ermöglichen würde?

Die Schrift ist kralawatschert, weil ich im Badezimmer „übers Knie" schreibe (wie ein Türke) [1].

Der braune Pullover, den ich von Dir hatte und den ich sehr gerne trug, ist am Nabel zerrissen. Die Mama stickte mir eine Blume darauf, so zieh' ich ihn heute wieder an.

Viele Küsse!
D. R.

[1] Wegen der Kälte.

Tonio an Aslan

Metz, 25. Oktober 1943.

Mein schöner, großer Freund!

Du Armer hast viel, viel Arbeit. Was für eine Rolle spielst Du in „Himmeltau"? Daß ich Dich so lange nicht auf der Bühne sehe, ist wirklich schlimm. Warum läßt Du Dich aber wirklich so ausnützen? Ist Herr Müthel so allmächtig? Daß Du Rott als Regisseur bejahst, freut mich. Trotz der Homburg-Geschichte würde ich mich freuen, mit ihm wieder zu arbeiten. Man muß Mensch und Werk trennen können. Huttig sagte mir letzthin, ich soll den Romeo spielen. Termin steht noch nicht fest. Böhm, Oberregisseur aus Dresden, macht es. Darauf würde ich mich sehr freuen. Ob nicht „Weltgeschehen" aber vielleicht einen Strich durch die Rechnung machen wird? Heute abends ist „Jugend", das spiele ich auch sehr gerne.

Luise Marie erschütternd! Wenn man nur helfen könnte! Ich habe schon gedacht, wenn sie frei wird, ob sie nicht ein paar Wochen bei mir hier leben könnte. Wenn sie es übersteht, hat sie eine großartige Entwicklung durchgemacht.

Kuß, Kuß!

T.

Aslan an Tonio

Wien, 26. Oktober 1943.

M. g. E.

Du erzähltest mir nichts über den Inhalt Deines Traumes von Z. Merkwürdig, daß auch ich in einem meiner letzten Briefe von einem Traum sprach. War es gleichzeitig? Könnte man das feststellen durch die Daten? Zu diesem Punkte muß ich sagen, daß Du der einzige Mensch auf der Welt bist (außer seinen beiden Schwestern Ljerka und Mira), der von dieser Beziehung (Z. und ich) nicht nur etwas weiß, sondern die ganze Tiefe und Tragik schaudernd mit-erlebt und mit-gelebt hat, der einzige auch, mit dem ich darüber sprechen kann, und der einzige, der es versteht, was man von ihm leider nicht sagen konnte, wenn es sich um die Beziehung (Du und ich) handelte. Und daß gerade Du der einzige bist, ist wiederum etwas Besonderes. Daß dieses Zusammenleben etwas Romanhaftes und Unwahrscheinliches hatte, diese ganze Tiefe und Verzweigtheit, diese psychologische Einmaligkeit kennst halt nur Du. Und das ist sehr viel. Mir sehr viel. Es handelt sich nicht darum, ob man glücklich war oder nicht, ob es gut und nützlich war, es handelt sich um den Fall als solchen, um seine Höhe, Breite und Tiefe, um das Ding an sich, nicht um seine Auswirkungen. Ich weiß, daß er und Du die beiden Hauptrollen sind in diesem Lebensdrama, das meinen Namen trägt, und es ist für ihn ebenso bezeichnend, daß er Dich nicht erkannte, wie es für Deine Liebe bezeichnend ist, daß Du ihn und *Es* erkennst, erfühlst, erleidest. Das ist sehr viel, mir sehr viel.

Daß ich durch Dich eher zu Tränen gelange als zum Lachen, ist mir klar. Bedenke: Lachen kann man nur, wenn man nicht bedrückt ist, wenn man frei und über der Sache steht, darum das befreiende Lachen. Ich bin nicht frei. Ich bin gekettet durch Fesseln der Liebe, des Begehrens, der Eifersucht und der Angst und bedrückt durch Trennung, Umstände, auch Alter und wunschtiefe Sehnsucht. Jeder einzelne dieser Punkte fesselt. Z. B. Angst. Immer habe ich Angst: um Deine Gesundheit, um Deinen beruflichen Erfolg, dann, ob dieses Dir recht ist, ob jenes Dich kränkt, ob dieses erlaubt, ob jenes erwünscht, ob dieses möglich, jenes gefährlich sein könnte, Angst, ob ich schön genug, jung genug, ob ich nicht langweilig bin, ob ich fasziniere, erobere, besitze. Ja, wo soll denn da das Lachen Platz haben? Aber es gibt ein anderes Lachen, das ist das weinende Glück. Ja, das ist da.

Eure „Iphigenie"-Vorstellung muß schlecht sein. Das spüre ich bis hierher. „Iphigenie" und „Tasso" können nicht im Betrieb gespielt werden. Das sind Festmomente, für die eigene Menschen, eigene Räume erforderlich sind, Kunstprinzipien walten müssen, die ganz entrückt sind dem Geist der Welt und ganz eintauchen in den reinen Geist.

Auch unsere Vorstellungen hier entsprachen nicht. Nie hab' ich's noch gesehen, nur geträumt. Betrieb, Provinz, Fabrik, Büro und ähnliche Gebilde dieser Welt sind mir ein Grauen. Man überwindet sie nur durch Phantasie und Humor. Die Phantasie löst die Fesseln, der Humor enthüllt die Lächerlichkeit dieser Gebilde.

Am Samstag habe ich Première. Dann schreibe ich wieder. Natürlich muß ich Dich bald wieder sehen. Es ist mir, als müßt' ich's schaffen können.

Viele Küsse!
D. R.

Tonio an Aslan

Metz, 28. Oktober 1943.

M. g. R.

Dein Traum-Brief kam gestern an. Ich kenne diese Angstträume. Hier bei mir hat sich nichts ereignet, was auch nur im geringsten Deinen Traum rechthaben ließe. Du bist sicher überarbeitet und sehr nervös wie wir alle.

Im Theater habe ich Ärger. Soll zwei kleine, winzig kleine Röllchen in „Wallenstein" übernehmen. Ich habe diesen Theateralltag so satt. Ich wollte, ich könnte ihnen den Kram hinschmeißen. Man hat nur mehr Pflichten und überhaupt keine Rechte. Ach, könnt' ich doch hoch oben auf einer Alm sitzen! Die letzten Tage war ich tief melancholisch. Ob es der Herbst ist, ob es dieses dauernde Alleinsein ist, meine Sorge um Dich, um uns beide? Was wird in Zukunft mit uns sein? So kann es doch kein Dauerzustand bleiben. Und dieser Krieg, der uns alle so knebelt!

Ich denk' und sehn' mich und denk' wieder — Servus!

D. T.

Tonio an Aslan

Metz, 29. Oktober 1943.
M. i. g. R.

„Ewig starr an deinem Mund zu hangen,
Wer enthüllt mir dieses Glutverlangen?
Wer die Wollust, deinen Hauch zu trinken,
In dein Wesen, wenn sich Blicke winken,
Sterbend zu versinken?"

So beginnt das Gedicht: „Das Geheimnis der Reminiszenz" („An Laura"), das ich am 14. November bei einer Schiller-Morgenfeier sprechen soll. Empfinden Liebende durch alle Jahrtausende immer wieder so? Und der Schluß:

„Und auch du, da mich dein Auge spähte,
Was verriet der Wangen Purpurröte?
Flohn wir nicht, als wären wir verwandter,
Freudig, wie zur Heimat ein Verbannter,
Glühend aneinander?"

Ich glaube, ja. Was ist nicht alles schon gesagt worden über große Liebe! Und doch ist es immer wieder neu, neu und einmalig erlebt. Dieses Dauerdenken — und Sehnen an und nach dem geliebten Menschen ist wohl untrüglichster Beweis von wirklicher Liebe. Was könnte es sonst sein?! Dieses In-Gedanken-mit-dem-andern-Leben! Warum muß man dann noch arbeiten, ein Werk haben? Ist es nicht genug: zu lieben? Das ist das männliche Prinzip in uns: der Drang nach dem Werk. Das Weibliche genügt sich im bloßen Dasein. Deshalb unsere Mann-Unrast, dieses im Glück nicht Ruhe halten können. Immer wollen, immer Willen haben zum Erschaffen. Manchmal aber gelingt

Verwandlung, sei es kraft unserer Phantasie, sei es durch unsere schauspielerische Begabung: nur Dasein, Leben! Es ist kein Dauerzustand, aber momentweise gelingt's.

Morgen hast Du Première und ab übermorgen freie Vormittage. Das freut mich so für Dich. Gönne Dir auch wirklich Ruhe und Pflege! Und haste nicht! Will nicht zu viel! Beschränke Dich!

Ich bin auch probenfrei. Habe wieder ein paar schöne Herbstspaziergänge gemacht. Eine Opernvorstellung hörte ich auch: Mozarts „Entführung". Die Musik herrlich und die Schlußworte genial. Haben mich umgeworfen. Ich weiß die Worte nicht genau. Aber sinngemäß: Nicht Rache, nicht Haß, sondern Verzeihen. Ewig und herrlich.

So geht die Zeit. Doch alles ist nur Füllsel. Denken und Fühlen und Sehnen — gehört Dir!

Gute Nacht!

T.

Aslan an Tonio

Wien, 1. November 1943.

M. g. E.

Heute erzähle ich Dir zuerst ein Anekdötchen, das den Titel führt: „Das ist mein Wien!"

Ich stehe auf dem Stefansplatz mit Paketen. Kommt ein Taxi. Ich drauf los.

Ich: Bitte, sind Sie frei?

Chauffeur: Na, Herr von Aslan, i kann net. I muß auf den Franz-Josefsbahnhof.

Ich: Das trifft sich herrlich. Ich fahre in die Strudlhofgasse.

Chauffeur: Ja, nachher is guat. Mit Handkuß. I hab glaubt, Sie fahren in die Karlsgassen. — — — [1]!

Gestern war Première von „Himmeltau". Das Stück ist bei den meisten durchgefallen. Ein paar „Obergescheite" finden es gut.

Hoffentlich bin ich jetzt doch eine Zeitlang probenfrei. (Herrlich!) Die nächste Woche z. B.: Montag: Antigone, Dienstag: Tasso, Mittwoch: Himmeltau, Donnerstag: Was ihr wollt, Samstag: zweimal Himmeltau. Ein bißchen viel!

Romeo wäre schön, sehr schön [2]! Großes Glück! O, ist das schön! Und geheimnisvoll!

Ich glaube, im Frühjahr haben wir eine neue Konstellation. Alles wird anders! Wohl kommen dann ein paar schreckliche Wochen, aber das „Andere" ist eben an sich das Gute ³. Und es ist gut, wenn man dann gestärkt, erneut und vital ins neue Leben hineinstolpert. Darum will ich vielleicht vorher eine Kur in Lindewiese ⁴ machen.

Die Tochter von der Ljerka ⁵ hat durch Bomben alles verloren: neue Wohnung, Haus, Möbel, Wäsche, alles! Nur das nackte Leben ihres Mannes und ihr eigenes gerettet!

Die letzten Worte der „Entführung" heißen:

> „Den edlen Mann entstellt die Rache.
> Großmütig, menschlich, gütig sein
> Und ohne Eigennutz verzeihn,
> Ist nur der großen, großen Seelen Sache.
> Wer dieses nicht erkennen kann,
> Den seh' man mit Verachtung an ⁶!"

Heiliger Mozart!

Mach' Dir nix draus, wenn Alltag und Fabriksbetrieb den Beruf prostituieren! Es ist Satan, der uns die Höhepunkte vermiesen will. Man muß ihn besiegen, indem man (manchmal) plötzlich den Alltag vergeistigt. Dann platzt er.

Max Reinhardt ist tot! — Ja!! —

Viele Küsse!
D. R.

¹ Ehemalige Wohnung Tonios im 4. Bezirk bei der Karlskirche. Bezeichnende Anekdote für Aslans Bekanntheit und Beliebtheit in Wien.
² Für Tonio.
³ Versteckte Anspielung bezüglich der Hoffnung auf Ende von Krieg und Nazi-Regime.
⁴ Kurort in Deutschland.
⁵ Schwester Zeljkos.
⁶ S. Verwandtschaft mit der berühmten Sarastro-Arie in der „Zauberflöte". (In diesen heiligen Hallen.)

Tonio an Aslan

Metz, 1. November 1943.

Ja, mein geliebter Raoul, so müßte man Theater spielen: große Dichtungen fern vom Theater-Alltagsbetrieb, Festmomente. Dazu eigene Menschen als Zuschauer, eigene Räume. Dem Geist dieser Welt entrückt und ganz in reineren Geist eintauchend. Herrlich! Warum versuchst Du es nicht durchzuführen? Dein eigenes Theater habend?

Du hättest das Zeug dazu. Irgendwie spüre, ahne, ersehne ich das alles genau so wie Du. Ob Talent, Persönlichkeit, Begabung bei mir so weit reichen, weiß ich nicht. Vielleicht könnte ich, von Deiner Regiehand geführt, (ohne Widerspruch) in diesem Geiste Schönes leisten. Siehst Du, das wäre schon „ein Ziel, aufs innigste zu wünschen" [1].

So wie wir uns im Leben erfüllt haben als Partner, so müßte es nun in der Kunst sein. Ach, wär' das schön!

Mein ganzes Verstehen, Miterleben des Zeljko-Romans entspringt der Menschenliebe, weil alles in mir bereit ist zu lieben, auch dort, (ich versuchte es wenigstens immer), wo ich gehaßt wurde. Ich gab die Hoffnung nie auf, eines Tages dort bei ihm auch Verstehen zu finden. Nun ging er von dieser Erde, und ich muß weiter hoffen, bis wir uns da drüben sehen werden.

Ich lese und studiere fleißig am Hamlet. Ich möchte ihn spielen. Ich werde ihn einmal spielen! Dann werde ich alles versuchen, Dich als Regisseur zu bekommen. Warum wollen die Menschen uns hindern am Zusammenarbeiten?! Natürlich mußt Du aber dazu frei sein von Fesseln und Ketten. Ach, Raoul, diese Gedanken auszuspinnen, machen mich glücklich. Ich möchte mit Dir arbeiten. Vielleicht gelänge uns Schönes, Großes!

Adieu!
T.

[1] Aus dem großen Hamlet-Monolog.

Tonio an Aslan

Metz, 5. November 1943.

M. i. g. R.

Welche Fülle Du mir immer in Deinen lieben Briefen zu sagen hast! Die Anekdote mit dem Taxi-Chauffeur beschwor die Karlsgasse herauf. Was zog da alles an meinen Augen vorüber! Welches Erleben, welches Glück, welches Schicksal! Du schöner, großer, herrlicher Mensch, Du mein Lebensschicksal, ich liebe Dich mit allen Tränen und allem Lachen, das mir Gott als Ausdruck gab.

Ich halte es oft vor Ungeduld nicht mehr aus. Manchmal glaube ich, ich müßte grad auf und davon laufen — gradaus zu Dir hin nach Wien. Du ahnst nicht, wie schwer mir oft das Leben ist. Oder ahnst Du es?

Du hast im Jänner frei. Herrlich. Du mußt Dich erholen, Kur machen. Und ein paar Tage gib Dich mir!

Du bist schon so weit. Wo läßt Du mich stehn? Wie tief verstrickt bin ich dagegen noch im Weltlichen [1]!

Bin heute sehr nervös. Muß am Abend in einem musikalischen Schwank einspringen. Fürchterlich! Ich schäme mich so und möchte abgehen vom Theater. Das ist wohl letzte Prostitution. Doch ein bissel hat mir grad Dein Brief heute Mut gemacht, indem Du sagst, ich soll mir nix draus machen, wenn der Alltag u. s. w. Wie sehne ich mich von all dem weg!

Ich liebe Dich in alle Ewigkeit.

T.

[1] Bezieht sich auf innerliche Vervollkommnung.

Aslan an Tonio

Wien, 8. November 1943.

M. g. E.

Ich schicke Dir den Brief eines schwer verunglückten Seminaristen [1], dessen Mutter mich vor einem Jahr bat, ihrem Sohn die Freude meines Besuches zu machen. Ich tat es gern. Der Brief ist so fein und vornehm in der Diktion.

Ob ich gern Regie führe bei Dir? An sich natürlich. Und stolz und glücklich wär' ich, wenn Du durch mich zu durchschlagendem Großstadt-Erfolg kämest. Aber ob ich es kann? Das weiß ich nicht. Ob ich die Brutalität hätte, die manchmal notwendig ist? Mit Glacéhandschuhen kann man zum Fünfuhrtee gehen, nicht zur schöpferischen Arbeit. Das kostet Blut und Tränen. Kann ich das bei Dir?

Tasso, Hamlet, Richard II. sind mir Herzenssachen. Daran kleben mein Blut und meine Tränen. Die heutige Generation kennt diese Rollen nicht von mir, und doch ist mir, als könnte ich sie jetzt spielen. Manchmal erwacht der alte Löwe, aber dann verschwimmt doch alles im Nebel der Zeit.

Philharmonisches Konzert war sehr schön. Aber ich merke, daß mir Richard Strauss symphonisch wenig sagt. Nur Lied und Oper. Im Symphonischen ist er fast nur Artist.

Ach, wärst Du doch in meiner Nähe!

D. R.

[1] Dieser Brief ist nicht erhalten.

Tonio an Aslan

M. g. R.
                        Metz, 8. November 1943.

Wie oft am Tag spreche ich hier im Zimmer laut mit Dir! Wie oft schaue ich Dein Bild an und unterhalte mich mit Dir! So verbunden zu sein trotz langer Trennung ist großer Liebesbeweis.
Die „Wallenstein"-Première ist auf den 13. November verschoben. Felsenstein — schade, daß ich nicht eine große Rolle unter seiner Regie spiele! —ist zwar ein Besessener, aber er kann enorm viel, große Klasse!
Ich höre hier, man muß bis Ende November den neuen Vertrag unterschreiben (neue Verordnungen der Reichstheaterkammer). Es ist mir grauenhaft zu denken, daß ich noch ein Jahr hier bleiben muß. Natürlich ist es ein Paradies, gemessen an „als Soldat in Rußland". Aber da hört sich eben alles auf, wenn man nur mehr diesen Maßstab kennt.
Wir haben zwei- bis dreimal täglich Alarm. Das ist schon ungemütlich. Die arme Menschheit! Was es da alles auszuhalten gibt!
                                                        D. T.

Tonio an Aslan

M. g. R.
                        Metz, 10. November 1943.

Mir hat der Huttig gestern in seiner Kanzlei eine Schrei-Szene gemacht, weil ich gewagt habe, Herrn Felsenstein, nachdem ich im Wallenstein bereits den Kornett spiele, eine zweite Diener-Rolle, bestehend aus drei Sätzen, zurückzuschicken. Mit Felsenstein hatte ich mich gleich geeinigt, weil er als Künstler meine künstlerischen Einwendungen verstand. Das war aber schon vor Tagen. Inzwischen rettete ich im Theater einen Abend, weil ich am Samstag in einem musikalischen Schwank mit Todesverachtung einsprang. Was er alles so schrie, will ich Dir gar nicht aufzählen. Ich möchte nun versuchen, für die nächste Saison — freilich, wer weiß, was bis dahin ist, aber trotzdem möchte ich es probieren — von ihm loszukommen. Es sind zwar neue Gesetze und Paragraphen der Reichstheaterkammer, daß man bleiben muß. Vielleicht aber gelingt es doch, von Huttig einen Freilassungsschein zu bekommen. Dann ist man verhandlungsfähig.

Ich habe gestern an Petersz (Berlin), Greving (München) und Emmering (Wien) geschrieben [1].

Die letzten 14 Tage habe ich bis auf diesen Schwank nichts gespielt. Und Proben hatte ich auch nur zwei. Doch wagte ich trotzdem nicht, schwarz nach Wien zu fahren. Und um Urlaub wagte ich erst recht nicht zu bitten.

Samstag ist Première von „Piccolomini". Ende November kommt dann „Wallensteins Tod". Ich glaube, es wird großartig. Felsenstein ist ein Künstler von Format. Dann habe ich Proben für das Weihnachtsmärchen. Ich fürchte, ich werde nicht ein paar Tage nach Wien kommen können. Weihnachten bin ich dann allein. Dich würde ich dann erst im Jänner sehen. Muß man nicht alles hinnehmen — mit Resignation? Was hilft alles innerliche Toben! Das Leben ist ein Gefängnis. Sich fügen, gegen sich selbst leben, das ist jetzt unser aller Leben. Ertragbar wird es, wenn ich viele künstlerische Arbeit habe. Wenn die aussetzt und ich nur Tageshandwerksarbeit leisten muß, bin ich der Verzweiflung nahe. Glaube nicht, daß ich nicht trotzdem alle die Vorteile sehe, die ich den andern gegenüber habe, die an der Front sind oder in einem Gefängnis! Aber so kann man eben nicht immer sehen. Du kennst mich gut und weißt, wie ich es verstehe, mich zu beschäftigen und Leben am Rande zu Erleben machen kann. Aber manchesmal bin ich es doch müde und habe es über und rüttle an unsichtbaren Ketten.

Kuß!

T.

[1] Theater-Agenten.

Aslan an Tonio

Wien, 13. November 1943.

M. g. E.

Felsenstein kenne ich selbst nicht. Deinen Metzer Vertrag würde ich ruhig für nächste Saison unterschreiben, da ich bestimmt annehme, daß in der nächsten Saison kein deutsches Theater in Metz mehr existieren wird. Existiert es aber doch noch, dann ist es bestimmt weniger bombengefährdet als irgend ein anderes Theater im Reich [1]. Ich glaube, im nächsten Jahr bist Du in der Sandrartgasse [2] und bekommst ein Engagement in Wien. So sehe ich es. Wenn ich es anders sähe, käme ich aus der Depression nicht mehr heraus. Ich hoffe, daß andere Menschen uns ruhig in derselben Stadt leben und arbeiten lassen. Nichts anderes kann ich glauben und hoffen. Haben wir aber ein 6. Kriegsjahr, ist Metz besser als Stuttgart, München, Hamburg, Frankfurt, Köln, Bochum oder eine andere Stadt. Und eine kleinere Stadt als die genannten würde Dich nicht glücklicher machen. Nein, nein, ich kann nur hoffen! (Und mit einiger Berechtigung). Andere Menschen und ein anderes Wien. Also Du — hier.

Daß Du Weihnachten nicht herkommen kannst, ist allerdings sehr schwer. Noch glaube ich es nicht. Vielleicht geschieht was! Vielleicht kann ich zu Dir, wenn nicht am 24., vielleicht die letzten Tage, ehe ich nach Lindewiese fahre. Ich erlebe so viele Gnaden in kleinen Sachen, warum sollte nicht einmal eine große Freude sich erfüllen? Wie kommt man von Metz nach Lindewiese? Ich muß Montag gleich ins Reisebüro.

Ich spüre sofort aus Deinen Briefen, wenn Du verärgert und unzufrieden bist. Hast Du keine große, schöne Rolle in Aussicht? Nach den paar kleinen, dummen Sachen wieder was Schönes? Ich habe auch keine große Rolle im Haus. Hab' nur mehr den Heiland und Dich. Und natürlich meine Nächsten: Mama, Didier und ein paar andere liebe, gute Menschen. Aber der Heiland, meine lieben Heiligen und Du, Ihr müßt mich ins Alter betten, in die Weisheit und in die Ruhe.

Liebes, gutes, geliebtes Engerl — wenn Du Dich nach mir sehnst, atme ich ruhiger.

D. R.

[1] Hoffnung auf totale politische Veränderung. (S. Aslans Brief vom 1. November 1943.)
[2] Tonios Wiener Wohnung in jenen Tagen.

Tonio an Aslan

Metz, 14. November 1943.

M. i. g. R.

Die Sanatoriumsnachricht [1] hat mich wieder sehr erschüttert, weil ich einsehn lernen muß, daß Wien für mich immer weiter rückt. Unter solchen Verhältnissen wäre es ja nie mehr möglich, in Wien zu leben, wenn man hinter jedem Zusammensein mit Dir irgend etwas Kriminelles wittert. Warum gerade bei mir? Ist Liebe zu Dir ein Verbrechen? Wer erfand einen solchen Paragraphen? Wie schlecht und gemein, wie tief gesunken muß die Menschheit sein, wenn sie keine

Empfindung mehr für die Ethik eines großen Gefühls hat! Die Kleinheit kennt eben nur Schmutz, weil sie nicht hinauf kann, sich rächen will für ihre Kleinheit. Armes, gottähnliches Menschengeschlecht, du bist wohl aus dem Paradies vertrieben.

Glaube mir, ich weiß, daß wirklich gute Arbeit Blut und Tränen kostet, ich würde Dir willig und gerne folgen. Aber auch das scheint schicksalhaft bei mir zu sein, alle meine großen Rollen höchstens unter Durchschnitts-Regisseuren spielen zu müssen. Herr Momber inszenierte meinen Homburg. Er ist ein preußischer Feldwebel. Bei Herrn Felsenstein spielt den Max Herr Kerry, bei Rott den Gyges Herr Gehlen. So ist es immer gewesen. Und doch glaube ich, auf dem Wege zu sein, meine eigene Sprache zu finden, stark im Ausdruck zu werden. Die Zeit, Erlebtes, Erkanntes formt einen doch, und all das drängt wieder zur Form. Mein ist das Instrument, auf dem ich spiele. Ich will es schön und groß zur Erschütterung und zur Freude der Menschen klingen lassen. Das versteht Herr Huttig nicht. Ich komme auch nicht dazu, ihm das zu sagen. Er will nur keine Störung des von ihm geführten Betriebes.

Gestern war die Première von „Wallenstein". Herrlich! Großartig! Ein Höhepunkt der Regie-Kunst! Wunderbarer Felsenstein! Wie traurig für einen selbst, wenn man nur sekundenhaft benützt wird! Ich hätte doch den Max spielen müssen. Morgen beginnen die Proben von „Wallensteins Tod". Der November läuft so ab. Und die Vorstellungen werden bis tief in den Dezember reichen. Also bis Weihnachten bin ich ohne große Aufgabe. Entsetzlich!! Vielleicht auch noch länger. Hier weiß nie jemand, was kommt und wer spielt. Wenn man selbst immer in Höchstspannung ist und dann nur klein zur Ausstrahlung kommt, glaubt man oft, ersticken zu müssen. Die Demut habe ich eben nicht, mich damit abzufinden. Ich habe sie nicht! Leider — oder Gott sei Dank. Ich weiß es selbst nicht mehr. Immer bemühe ich mich ums Hinauf — und muß dauernd am Boden bleiben. Schon glaube ich in der Phantasie, das Gesetz der Schwere aufheben zu können, da hält mich irgend ein Huttig am Boden fest. Raoul, Raoul, so ist es immer bei mir, in der Liebe, im Beruf, in der Religion. Hinauf zum Geist will ich — und die Materie siegt, weil sie mich vergewaltigt. Der Tänzer (das ist der Wassermann) muß sich zum Mimiker erniedrigen.

Raoul, ich leide! Ich grüße Dich viel tausendmal, aber ich leide am Leben!

T.

[1] Der Brief Aslans mit der „Sanatoriumsnachricht" muß verlorengegangen

sein. Es muß sich jedenfalls wieder um etwas handeln, was mit der Gefährdung der beiden Freunde im Zusammenhang stand.

Aslan an Tonio

Wien, 17. November 1943.

M. g. E.

Daß die Sanatoriumssache [1] Dich aufregen wird, konnte ich mir denken. Trotzdem mußte ich es sagen. Aber vergiß nicht: 1. umgibt uns eine Legion von Engeln, 2. bete ich täglich für Dich. Was kann da schon passieren! Und wenn — dann macht es einem ja nichts.

Wenn Dein Briefpackerl groß genug ist, würde ich es schön verpacken und versiegeln und ev. irgendwo aufheben, bis ich es hole. Mein Packerl gebe ich jetzt auch wieder weg [2].

Was Du mir vom Beruf schreibst, ist richtig. Aber in einem meiner letzten Briefe schrieb ich Dir, daß Du bald in Wien sein wirst und in anderer „Umgebung" ruhig Deiner Arbeit nachgehen wirst. Und das glaube ich noch immer [3].

Mein Arzt will nicht Lindewiese, sondern Gastein. Nun, es ist besser so. Gastein ist nahe bei Salzburg. Und in Salzburg habe ich den direkten Zug nach Metz. Ich gedenke mindestens eine Woche in Metz zu bleiben. Ich fürchte nur Gott und sonst nichts.

Noch hoffe ich, daß Du im Dezember herhüpfst. Wenn nicht, möchte ich auf zwei bis drei Tage kommen. Werde in den nächsten Tagen mit Buschbeck privat sprechen.

Du leidest am Leben. Wie ich das verstehe! Ich leide auch. Aber ich liebe auch so sehr, daß dieser Liebesschmerz den Lebensschmerz betäubt. Welcher ist größer? Ich weiß es: Der größte ist der Schmerz, den mir Angst und Eifersucht zufügen. Du kennst dieses alte Lied. Darum muß ich bald zu Dir. Der Lebensschmerz, der oft und meist ein Berufsschmerz ist (unerfüllte Phantasie), den ersäufe ich oft im Gebet. Da spür' ich: Dort ist Erfüllung, dort ist Phantasie-Erfüllung. Aber den Liebesschmerz kannst nur Du ersäufen — darum muß ich zu Dir.

Du!

D. R.

[1] S. Tonios Brief vom 14. November 1943.
[2] Aus Vorsichtsgründen (s. Einleitung).
[3] Aslan zeigt sich hier optimistisch im Glauben an ein baldiges Ende des Hitler-Regimes.

Tonio an Aslan

Metz, 18. November 1943.

M. g. R.

Was hat Dr. Boller [1] über Dein Herz gesagt?

Ja, ja, das Mysterium der Messe! Ob ich das wohl auch einmal so restlos erkennen werde wie Du? Oft bin ich bereit, Gnade zu empfangen, bereit, aber wahrscheinlich doch nicht genug bereit.

Die Emmering [2] hat mir telegrafiert, daß Dörfler [3] großes Interesse für mich hätte. Nürnberg, Städtische Bühnen, ist mir von Greving [4] angeboten. Doch kann ich nicht verhandeln, solange ich keinen Freigabeschein von Huttig und der Reichstheaterkammer habe. Auf meinem Schreibtisch liegt ein fertig geschriebener Brief an Huttig, worin ich bitte, mir die Freigabemöglichkeit zu geben. Doch habe ich diesen Brief bis heute nicht abgegeben, weil ich immer hin und her überlege, ob ich auch richtig handle, oder ob es dann aufs Militär hinausgeht. Nun sagst Du in Deinem Brief vom 13. November, ich soll doch ruhig hier wieder unterschreiben. Jetzt bin ich wieder wackelig. Immer auf Wanderschaft. Doch Sehnsucht und Ziel ist doch immer wieder Wien. Wärst Du nicht, hätte ich diesen Konflikt nicht. Der Gedanke, im September wieder nach hier zurückzukommen, macht mich schaudern. Natürlich sind Deine Auslegungen vernunftmäßig, richtig.

Was wird aus unseren Jahren der Beschaulichkeit, des Innenlebens? Ja, Weisheit, Ruhe, könnte ich Dir die geben! Ich will diese Jahre mit Dir haben als Dein treuer Adept. Das dritte Drittel Deines Lebens soll ja weise sein, die Vorbereitung aufs kommende ewige Leben. Heiter und glücklich will ich Dir folgen, am liebsten mit Dir gehen, wenn Du dann von der Lebensbühne abtrittst. Nimm mich mit in Deine Weisheit und Ruhe — in Deine Ewigkeit!

Jetzt probe ich für „Wallensteins Tod" den ersten Gefreiten-Kürassier. Felsenstein ist am Schiller-Theater engagiert. Frage die Eis [5]! Er hat die „Braut von Messina" mit ihr gemacht. Von einer großen Aufgabe für mich weiß ich nichts. Wenn es beim Romeo bleibt, denke ich, kommt der Jänner und Februar in Frage.

Hier hörte ich letzthin zufällig von dummen Gerüchten [6], ähnlich wie Du in Wien. Aber das geht ja dauernd jetzt im Leben so neben einem her. Doch lebe ich wirklich ganz für mich.

Lieber, großer, schöner Mensch, ich grüße Dich fern und doch so nah'.

T.

[1] Dr. Boller, Aslans Hausarzt.
[2] Emmy Emmering, Theateragentin in Wien.
[3] Dörfler, Direktor des Münchner Volkstheaters.
[4] Greving, Theateragent in Berlin.
[5] Maria Eis, die berühmte Burgschauspielerin.
[6] Jedenfalls analog der unbekannten „Sanatoriumsgeschichte".

Aslan an Tonio

Wien, 23. November 1943.

M. g. E.

Während des 3. und 4. Aktes von „Tasso" habe ich Zeit, Dir ein paar Zeilen zu schreiben [1]. Bin gespannt, was mir Dr. Boller morgen erzählen wird. Aber wie immer, es ist herrlich, daß ich einmal einen Wintermonat habe, etwas für mich zu tun. Erhoffe mir von Gastein viel: Radium, Luft, Bewegung, Ruhe. Und hoffe auch, daß die ersten Februartage irgendwie hineingeschwindelt werden können in den Urlaub und ich länger in Metz bleiben kann. Aber bis dahin ist's zu lang. Die letzten Tage war ich wieder sehr unruhig, besorgt, sehnsüchtig, unzufrieden, getrieben und gehetzt. Ich glaube zwar, daß Du im September 44 in Wien sein wirst. Aber bis dahin? Ich muß immer dran denken: Ehe mein Bruder Friedo aus dem Leben ging [2], hat er alles geordnet, und ich ordne dauernd. Dann muß ich immer dran denken, daß außer der Mama in meiner Familie keiner besonders alt wurde. Und dann denke ich, wie Du und mit wem Du leben wirst, wenn ich nicht mehr sein werde. Du meinst wohl, wozu geht er täglich in die Messe, wenn er dauernd so irdische Dinge denkt und sagt! Das sage ich Dir: Das sind diese berühmten Parallel-Erscheinungen, über die ich soviel weiß. Und nur, weil ich die Existenz dieser Phänomene kenne, kann ich weiterleben. Sonst hätte ich längst getan, was mein ältester und zweitältester Bruder taten. Ich bete immer für sie. Das gibt's. Ja. Um $^1/_2$ 7 Uhr früh verleiht mir Gott die Gnade, mich zu opfern, verleiht mir die Gnade der Tränen, der Reue, der Einschwingung und Teilnahme am innergöttlichen Leben. Und um 8 Uhr läßt er mich allein, mit den Kräften dieser Erde zu kämpfen, mich zu erproben. Es ist mir alles so klar.

Geht es nicht doch, daß wir uns im Dezember sehen?

Am Donnerstag soll ich etwas über Luise Marie hören. Was wird es sein?

Neue Rolle kommt vor Februar nicht in Frage. Spielen tue ich fast täglich.

Also, Lieber, in aller Liebe und Zärtlichkeit

D. R.

[1] Da Aslan jetzt den Herzog spielte.
[2] Aslans beide ältere Brüder, Nino und Friedo, schieden in jungen Jahren freiwillig aus dem Leben.

Tonio an Aslan

Metz, 27. November 1943.

Liebster!

Seit einer Stunde schon fliegen oben am Nachthimmel die Todesvögel! Wohin tragen sie ihre schweren Lasten? Und wie wütet in einigen Minuten die Zerstörung? Ich sitze in meinem Bett (Seit 2 Tagen habe ich ein Furunkel am rechten Fuß, sehr schmerzhaft), höre und lausche und erstarre, wenn ich zu Ende denke.

Heute kam Dein Telegramm, habe gleich zurück telegrafiert, vielleicht sprechen wir uns morgen am Telefon. Dein letzter Brief ist vom 17. des Monats. Ich habe auch die ganze Woche nicht geschrieben. Die Schreibe-Konzentration fehlte mir ganz, obwohl unsere Briefe sozusagen keine Briefe sind, es ist mehr ein Hinsetzen, um mit dem geliebten Menschen ein bißchen sprechen zu können.

Die Zeit und ihr Geschehen verfügt über uns alle. Wir lenken nicht mehr selbst unser äußeres Leben. Wir gehorchen dem Zwang. Und unsere innere Entwicklung, ist die nicht auch katakombenhaft? Einzelschicksal zählt nicht, Einzelentwicklung gibt es nicht. Ich leide, bin krank an dieser Massenbewegung, die Unruhe hat mich wieder. Losgerissen von jeder Konzentration, lebe ich in den Tag. Und leide doch sehr an diesem Leben. Der Tod, der jetzt da über meinen Kopf entlang fliegt, bringt Besinnung und sagt: „Du mußt dich konzentrieren auf den Tod!" Wie schnell ist alles Irren, Bangen, Hoffen, Wünschen ausgelöscht! Was bleibt von so einem Leben der Sehnsucht, das nichts hinterläßt? Was bleibt von aller großen Liebe? Nichts Unsterbliches! Ich dachte immer, das Zusammensterben zweier Liebender müßte die Erfüllung eines Liebeslebens sein, das wäre das Bleibende, Unsterbliche!

Aber nicht zusammen leben, nicht zusammen sterben, was bleibt uns denn dann!

Sie fliegen noch immer, und ich liege mit starren Augen und denke an den Tod — und an Dich!

T.

Aslan an Tonio

Wien, 30. November 1943.

M. g. E.

Nach zwölfstündiger Wartezeit gelang es mir, das Blitzgespräch mit Dir herzustellen. Wenigstens habe ich Deine Stimme gehört!

Also: Vorsicht mit Furunkeln! Gleich zum Arzt! Du bist für solche Sachen sehr anfällig, seit jeher. Da müßte was Gründliches geschehen. Radium! Kannst Du ärztliches Zeugnis bekommen für Radium-Kur? Krank ist krank. Zeugnis ist Zeugnis. Theater soll Repertoire einrichten. Es ist ohnehin täglich ausverkauft. Es genügen drei Wochen. Vom 1. bis 20. Jänner. Huttig kann Dich vom 20. Jänner bis Ende Juni noch genügend ausnützen.

Singe, spiele, tanze auch in Operetten, Engerl, schadet gar nichts! Mach's als Ulk! Mimi [1] soll Dir Gesang und Tanz beibringen. Schadet nicht. Ist lustig. Sag' dem Huttig: „Ich tanze, singe, spiele, aber, bitte, Krankenurlaub vom 1. bis 15. Jänner!" Dauert nicht lang. Ende Juni kommst Du nach Wien und bleibst hoffentlich in Wien [2]. Mach' Dir keine Sorgen! Oder wenn Du nicht bleibst, muß etwas Richtiges kommen. Kann doch nicht länger dauern als bis Juni.

Mußt von mir Briefe bekommen, zirka 19. und 22. November. Wäre arg, wenn verloren [3]! Oder? Dein letzter Brief ist datiert vom 18. November. Bin voller Sehnsucht, richtig krank. Habe viel Aufregung um Dich. Mein Herz ist nicht wie früher. Ist etwas größer auf der einen Seite. Erweiterung nennt man das. Kommt von Aufregungen. Spiele täglich.

Schrecklich, daß wir uns im Dezember nicht sehen sollen! Nein, das geht nicht so weiter. Bitte, antworte auf drei bis vier letzte Briefe! Freue mich auf Deine Briefli.

Kuß!
D. R.

[1] Die Schauspielerin Mimi Grieg (S. Tonios Brief vom 2. Oktober 1941).
[2] Aslans Optimismus (S. sein Brief vom 17. November 1943).
[3] Diese Briefe gingen verloren.

Tonio an Aslan

Metz, 30. November 1943.

Mein geliebter Raoul!

Heute früh kam Dein Brief vom 23. d. M. Die andern beiden scheinen verloren zu sein. Gestern hörte ich Deine Stimme. Das wollen wir uns am heiligen Abend auch wieder schenken, ja?! Du warst so erregt, Deine Stimme stockte ein paarmal, jedes Schlucken, jedes Vibrieren vernahm ich, Deine Seele lag in der Stimme. Und wenn wir uns auch am Telefon nur sachliche Mitteilungen machen können, so spürt doch der liebende Mensch den hintergründigen Inhalt.

Nach Deinem Telefongespräch wurde ich ins Krankenhaus gebracht und am Fuß operiert. Ich habe nichts gespürt, der Äther betäubte mich, und ich war gleich eingeschlafen. Als ich angerufen wurde, taumelte ich zwischen Traum und Wirklichkeit, hörte die Theaterglocke in der Garderobe, sah die Hand vor dem Gesicht mit Schminke, dann das liebe Gesicht der beiden Klosterfrauen, und alles war geschehen. Jetzt sitze ich, frisch verbunden, wieder in meinem Bett in meiner Wohnung, bin auf acht Tage arbeitsunfähig. Vorstellung mußte abgesagt werden und die Rolle im „Wallenstein" umbesetzt. Ich bin ja schon seit letztem Donnerstag im Bett. Nur zu den Vorstellungen stand ich immer wieder auf. Da ich gerne im Bett bin, ist mir das Kranksein gar nicht unangenehm. Es kümmern sich Kolleginnen um mich. In diesen Tagen des Bettliegens habe ich viel, viel gedacht, gelobt und geweint, oft laut Deinen Namen gerufen, gebetet und mich gesehnt — und wieder gedacht und das Leben, die Vergangenheit an meinen Augen, meinen Seelenaugen, vorüberziehen lassen.

Gestern nach der Operation mußte ich sehr an meine seinerzeitige Mandeloperation denken. Da warst Du mir körperhaft nah'. Von Jahr zu Jahr, von Tag zu Tag nimmt mein Verbundensein mit Dir zu, meine Liebe immer mehr zu: Liebe im großen, schönsten, allumfassendsten, persönlichsten Sinne. Es wird immer sichtbarer, wie sehr Du in mein Wesen verwebt bist, und ich gebe die Hoffnung nicht auf, mit Dir wieder vereint, ein glücklicher, trefflicher Mensch zu werden, mit Dir aus seufzendem Chaos heraus den Frieden des Himmels zu erringen. Bevor wir es noch wußten, gehörten wir uns an. Das ist immer wieder dasselbe, das ich sagen will und sagen muß. Aber ist nicht alles im Kreise wiederkehrend? Das ist die Freude meiner einsamen Stunden, die Erkenntnis, daß in der Welt die großen Töne wiederkehren müssen. Wo sind all die großen Liebespaare? Kehren sie in uns wieder?! O, aufgenommen sein in die große Welt — Symphonie der Liebe als Ton, immer wiederkehrender großer Ton!

    So umarm' ich Dich, so bleib' ich Dir

                                               T.

Aslan an Tonio

                                   Wien, 2. Dezember 1943.

    M. g. E.

Ich weiß nicht, ob Du meine Briefe, die zirka zwischen 20. und 30. November datiert sind, erhalten hast. So schreibe ich Dir meine Antwort auf Deinen Brief vom 27. nochmals. Es ist wichtig.

    Also: a) Die Zeit und ihr Geschehen verfügt über uns nicht (nur scheinbar). b) Wir lenken unser äußeres Leben, wenn unser inneres in Ordnung ist. c) Wir gehorchen dem Zwang nicht, denn wir sind frei, wenn wir die Gebote Gottes halten. d) Jedes Einzelschicksal zählt bei Gott. Er liebt jeden einzelnen. So ist es, mein Kind. Alle Zerstörungen und alle Kriege sind nichts gegen die Sicherheit, die uns gegeben ist im Glauben. Glaube überwindet den Tod. Christus ist das Leben. In ihm leben wir. Durch ihn leben wir. Unsere Liebe ist unsterblich, wenn wir unsere Liebe vereinen (so oder so) in die Liebe zum Herrn. Jede andächtig genossene Messe ist mehr als jeder Krieg. Bete, und es wird Dir alles klar! Liebe mich, und es wird Dir alles klar! Unsere Liebe ist eine Analogie. (Entsprechung, Beispiel, Vorbild). Der Mensch kann lieben, nur um ein entsprechendes Vorbild zu haben von der göttlichen Liebe, damit er sich's überhaupt vorstellen kann. Das Tier kann's nicht. Das Tier hat und hört (auch in der Mutterliebe) nur die Stimme des Blutes. Der Mensch hört die Stimme des Geistes. Und wenn er diese Stimme hört (das Liebesflehen Gottes), dann sind die Geräusche der Bomber, die ganze Stimme des Krieges ein ohnmächtiges und dummes Gelispel. Die Einheit der drei Personen: Vater, Sohn, Geist, ist nicht nur das Stärkste, sondern auch das einzige. Und unsere Liebe muß eingebettet sein in diese Einheit, dann ist sie dieser Einheit Bild. Das ist mir klar.

    Bitte, lebe nicht dem Tag, sondern der Liebe! Der Liebe zu mir! Und durch mich zu Ihm!

    Hoffentlich erreicht Dich dieser Brief rasch, und die andern sind schon (ich hoffe es) in Deinen Händen.

              Stets Dich küssend,

                              D. R.

Tonio an Aslan

Metz, 2. Dezember 1943.

Mein geliebter Raoul!

Die Briefe vom 19. und 22. November scheinen verloren zu sein. Der letzte vom 23. November war 7 Tage unterwegs. Heute kam der Einschreibebrief vom 30. November. So verschieden sind die Laufzeiten. Die andern verloren gegangenen Briefe sind wahrscheinlich in das Bombardement Frankfurts gekommen.

Heute ist der achte Tag, daß ich im Bett bin. Am Montag, also vor vier Tagen, wurde ich geschnitten. Morgen werde ich frisch verbunden und hoffe auch, aufstehen zu dürfen. In „Wallensteins Tod" mußte ich umbesetzt werden. Am Samstag ist die Première. Ab Montag, wenn ich so weit bin, soll ich „Märchen"- und „Hofrat Geiger" [1]-Proben haben. Leider! So bin ich fest gebunden den ganzen Dezember. Also von einer Wiener Reise keine Rede. Ob ich ein ärztliches Zeugnis bekomme? Ich will es versuchen, doch ich glaube nicht daran. Heute ist Arbeitseinsatz, bis man nicht mehr kann, und mir geht es ja soweit recht gut. Aber ich freue mich sehr, daß Du die Kur vor Dir hast. Tu' nur alles für Deine Gesundheit! Und dann freue ich mich auf Deine Jänner-Woche hier in Metz. Ich bin im Moment auf gutem Weg. Ich versuche, meine Ausstrahlung ganz aufs Geistige zu konzentrieren. Du sollst Dir überhaupt keine Aufregungen und Sorgen meinetwegen machen! Würdest Du mein Leben bis in jede Einzelheit kennen, würdest Du mich oft mit Bewunderung anstarren. Du hättest nie so gelebt!!

Gott, wär' das schön, wenn ich im September 44 in Wien wäre! Wenn Gott uns das Leben läßt. Die bombardierten Städte müssen fürchterlich aussehen. Über Berlin habe ich Berichte gelesen. Weltuntergangsstimmung. Ob Wien auch noch drankommt — und Metz?

Dein Herz macht mir Sorge. Du warst immer so herrlich gesund! Du mußt es wieder werden! Ja!!

Die Bettage haben mir gut getan. Mimi Grieg sitzt jeden Abend ein paar Stunden da; alle andern Kollegen kommen auch. Dann habe ich ja meine Bücher. Und so habe ich oft Glücksempfindungen, Höhepunkte im Denken und Erinnern! Und Du bist immer und immer gegenwärtig. Und wenn mich Trauer anfällt, so ist auch sie harmonisch und tragbar. Körperliche Leiden helfen zur Seele, zum Geist. Ob Gott mich manchmal mit körperlichen Leiden anfällt, um mir zu zeigen, wohin ich mich zu entwickeln habe? In allem sehe ich seinen Willen, und viel wird mir dadurch bewußt!

Liebster, großer Mensch, schöner Freund, ich bin Dein

T.

[1] „Hofrat Geiger", musikalisches Lustspiel von Martin Costa; da dieser Autor im N. S.-Regime „untragbar" war, erschien das Stück mit dem Autor-Namen Franz Füssel.

Aslan an Tonio

Wien, 5. Dezember 1943.

M. g. E.

Daß wir uns zu Weihnachten nicht sehen, darüber will ich gar nicht reden. Ob das Telefongespräch gelingen wird? Schreibe mir, ab wann Du voraussichtlich zu Hause sein wirst, und ich werde persönlich in die Telefon-Zentrale gehen und dort bitten, daß das klappe. So wahrscheinlich zwischen 7 bis 12 Uhr abends am 24. Dezember.

Eine Flasche Pommery, die mir das Künstlerhaus geschenkt hat, hebe ich auf für Ende Jänner in Metz.

So weit habe ich den Vertrag doch, daß ich den Monat Jänner mit vollen Bezügen bekomme und beurlaubt bin.

Der Rosl habe ich meinen berühmten lila Frack (seinerzeit getragen in Bückeburg für Wilhelm II.) [1] gegeben. Sie soll ihn zertrennen und von dem Stoff für sich eine Schoß machen lassen. (Erstklassiger englischer Stoff). Wenn ich für Deine Mutter einige Lebensmittel bekomme (Fett, Milch, Zucker u. dgl.), kriegt sie es. Du bekommst: Teetisch, Schreibtisch und verschiedenes, bis Du in Wien bist.

Ob Du nicht wie ein Wunder in Gastein auftauchst?

Ich spiele täglich. Heute Riccaut de la Marlinière [2]. Wenn ich frei wäre, möchte ich mir doch das „Welttheater" von Scholz im Volkstheater [3] ansehen, wo ich seit Deinem Abgang nicht mehr war. Soll ganz verwässert sein durch Scholz. Großes Kunstverbrechen an Calderon. Und am 14. ist Generalprobe von „Don Carlos" in der Josefstadt mit Toni [4] als Philipp.

Nowotnys [5] hab' ich recht gern. Übernachtete letztens bei ihnen, da Verdunkelung neuderdings gefährlich.

Ich glaube, daß ich von jetzt an den Dezember durchweinen muß.

Kuß!

R.

[1] Als Aslan in seiner Jugend am Stuttgarter Theater war, bekam er eine persönliche Einladung zu einer Soirée beim deutschen Kaiser Wihelm II. in Bückeburg, wo er Chansons zum Vortrag brachte. Hiefür ließ er sich den lila Frack machen. Aslan gab auch in Wien immer wieder Chansons-Abende. Überdies wurden seine Chansons auch von der englischen Plattenfirma

Columbia aufgenommen, darunter auch das berühmte „Alte Lied", das für ihn persönlich geschrieben wurde.
[2] In Lessings „Minna von Barnhelm". Bei seinem tadellosen Französisch eine seiner berühmtesten Rollen.
[3] Das ursprünglich von Calderon stammende, durch Hugo von Hofmannsthal erneuerte Mysterienspiel wurde von Wilhelm von Scholz für diese Aufführung „bearbeitet".
[4] Anton Edthofer, Schauspieler am Volkstheater und am Josefstädter Theater.
[5] Aurel Nowotny, Schauspieler.

Tonio an Aslan

Metz, 8. Dezember 1943.

Mein innigst geliebter Raoul!

Dein letzter Brief war so herrlich! Ob ich dieses Niveau wohl je erreiche? Ich will mich bemühen, dorthin zu kommen, wo Du bist und wo Du mich haben willst. Unsere Liebe endige im Herrn! Fast habe ich ein wenig Angst, ich armer, kleiner, irrender Mensch. Die Kraft dazu aber will ich mir täglich erbitten. Doch Dank Dir tausend- und tausende Male, daß Du mit mir diesen Weg wagen willst. Ich möchte viel und habe oft Tränen, weil ich die Erkenntnis habe, wie schön dieser und nur dieser Weg wäre.

Lieber, Geliebter, bis zum Tode mir vereinter einziger Mensch, ich liebe Dich menschlich und ahne göttliche Liebe!!

Immer

Dein T.

Aslan an Tonio

Wien, 8. Dezember 1943.

M. g. E.

Hoffentlich sind meine Briefe vom 21. November und ein oder zwei andere wirklich verkommen und nicht in falsche Hände geraten!

Es wäre ja wunderbar, wenn Du eine kleine Kur in Gastein machen könntest. Ich quäl' Dich nicht, ich sag's nur. Ich komme jedenfalls um den 22. Jänner auf sechs bis acht Tage zu Dir nach Metz. Kämest Du nach Gastein, würde ich Camilla [1] bitten, ob wir nicht zusammen auf zwei Tage nach Berchtesgaden kommen könnten.

(Es wäre mir wichtig.) Aber ohne Dich werde ich kaum Zeit haben, da ich von Gastein über Salzburg nach Metz fahre.

Ich freue mich, daß Du körperliche Leiden so schön erträgst und schön verwandelst. O, ist das alles schön!

Da ich täglich spiele, vergeht ja die Zeit irgendwie. Aber dieses Weihnachten ist für mich sehr schwer. Der Mama will ich es nicht zeigen, aber es ist mir sehr schwer. a) ohne Dich, b) Zeljko tot, c) von Guy [2] seit einem Jahr keine Nachricht, d) der Jammer der Welt. Und andere kleine Schatten, wie Alter, Beruf, Gesundheit. Aber das ist nur für Dich bestimmt, niemand soll etwas merken. Es wird vorbeigehen.

Deine Briefli tun mir so wohl!

Kuß!

R.

[1] S. Tonios Brief vom 28. Juni 1943.
[2] Aslans jüngster Bruder Guy, der in Argentinien lebte (S. Aslans Brief vom 6. Dezember 1941). Durch den Krieg wahrscheinlich keine Postverbindung.

Aslan an Tonio

M. g. E.   Wien, 11. Dezember 1943.

Man warnte mich wieder einmal, ich soll vorsichtig sein; es sei mit Briefen soviel los. Tatsächlich hast Du den Brief vom 21. November nicht bekommen und zwei rekommandierte Briefe noch nicht bestätigt. Heißen Dank für das letzte Briefli. Ach, ich bin ja so glücklich in solchen Momenten.

Jetzt hat mich eine förmliche Ordnungs- und Entmistungswut ergriffen. Je mehr in der Welt zugrunde geht, umso mehr ordne ich meine kleine Welt: äußerlich, innerlich, materiell, ästhetisch, hygienisch. Immer muß ich an meinen Bruder Friedo [1] denken, der alles bereinigte. Dabei bin ich in mancher Beziehung typisch jung. In Phantasie und Plänen, in Kunst-Willen, Kunst-Geschmack, in Wißbegierde, Sehnsucht und Seelenforschung.

Trotz allen Prophezeiungen glaube ich, daß Du September 44 in Wien sein wirst. Ich ärgere mich ein wenig, daß Du hier nicht den Carlos spielst bei Hilpert. Werde Dir berichten. Bin sehr neugierig. Da ich täglich spiele, habe ich „Welttheater" [2] noch nicht gesehen. Lese nur Philosophisches oder Religiöses, sonst nichts. An Bomben denke ich nicht. Sage mir kurz und aufrichtig: Willst Du mich im

Jänner mit dunklen oder weißen Haaren [3] sehen? Wichtig, da ich das noch im Dezember wissen muß. Gestern traf ich Müthel, der mir sagte: „Ich liebe Ihre weißen Haare." Didier soll Mitte Jänner nach Paris.

Das wären so die letzten Nachrichten. Den Brief kann doch jeder lesen! Auch wenn ich Dich umarme.

R.

[1] S. Aslans Brief vom 23. November 1943.
[2] S. Aslans Brief vom 5. Dezember 1943.
[3] Aslan hatte schon mit 24 Jahren weißes Haar und mußte es daher schon von Berufs wegen in der Regel dunkel gefärbt haben.

Tonio an Aslan

Metz, 12. Dezember 1943.

Mein geliebter Raoul!

Vom 5. und vom 8. Dezember (Einschreibebrief) habe ich Briefe von Dir erhalten. Dank Dir für alles.

Manchmal ist das Leben wie ein Ringelspiel. So erscheinen mir die letzten Tage meines Krankseins. Alles dreht sich, alles verschwimmt. Morgen gehe ich zur Probe. Bis Samstag habe ich das „Märchen" und bis 25. Dezember „Hofrat Geiger". Täglich zwei Proben. So werden die Weihnachtstage mit Vorstellungen ausgefüllt sein. Im Jänner kann ich natürlich nicht nach Gastein. Aber ich bin glücklich, daß Du dort sein kannst. Und dann kommst Du doch ein paar Tage her zu mir. Hoffentlich klappt das Telefongespräch am heiligen Abend! Es ist das zweite Weihnachten, das wir nicht zusammen sein können. Es gibt da leider nichts als sich fügen.

Ja, es wäre so an der Zeit, wieder in Wien zu leben. Die Jahre rennen davon, jetzt bin ich schon drei Jahre hier und fern von Dir bis auf kurzes stundenweises Zusammensein. Daß man sich in Unabänderliches fügt, ist kein Beweis von Stärke. Und ich sage auch nicht, daß diese Jahre verlorene Jahre sind. Aber hart, sehr hart ist es, dem Geliebten körperlich fern zu sein. Doch viel Wissen ist einem gekommen in diesem Fernsein, mehr Wissen umeinander als vielleicht im Nahesein. Das Leiden umeinander gibt der Liebe erst die Musik.

Drei Wochen war ich krank. Viele, viele Stunden allein. Kranksein ist dann plötzlich Besinnen. Was habe ich nur alles gedacht! Du warst so nahe. Und soviel habe ich in Dich hineingesagt. Soviel wünschte ich für Dich. Und so voll der Liebe und Hingabe kann man im Wirklichen gar nicht sein, wie es einem die Phantasie erlaubt. Doch so, wie ich Dich spüre, Dein Denken, Deine Gebete, so mußt Du es auch spüren, wie ich Dich liebe.

Leb' wohl für heute! Grüße mir Deine Mutter, den Didier, und sei Du umarmt von Deinem auch älter werdenden
T.

Aslan an Tonio

Wien, 16. Dezember 1943.

M. g. E.

Ich freue mich, daß Du „älter" wirst. Das heißt wohl: reifer, erkennender, ruhiger, denn mit „weniger schön" hat das nichts zu tun. Ich finde, Du wirst immer schöner. Leider finden das die andern auch. Und daß Du das merkst, daß die andern das auch finden, darin merkt man, daß Du doch nicht älter wirst!

Also nicht nach Gastein. Es ist ja schwer, aber mein Gott, manchmal geht's doch. So wart' ich halt bis nach der Kur. Ich nehme an, gegen 20. Jänner 44.

Ja, ich spüre es, daß Du mich liebst. Spürte ich es nicht, würde ich plötzlich zerfallen wie Zunder. Aber weil ich es spüre, bin ich anspruchsvoll. Ich wollte eben der einzige sein. Nun bin ich es ja — gewissermaßen.

Ich beschäftige mich fast ausschließlich mit theologischen Fragen und Büchern. Es gibt mir enorm viel und schafft das Maß und den Maßstab für alle Dinge. Ich bin glücklich, daß ich heute nicht mehr (wie die meisten Deutschen) umfalle bei Namen wie: Kant, Hegel, Schelling, Fichte, Goethe u. s. w. Gar nicht. Es sind auch nur Menschen, die irrten und suchten. Vor dem Sarge Ludwigs XIV., des großen Sonnenkönigs der Franzosen, im Dome von Nôtre Dame sprach der berühmte Massillon die geflügelten Worte: „Dieu seul est grand, mes frères [1]." Du kannst genug französisch, um die ungeheure Wirkung dieses Wortes in dieser Situation zu ermessen. Und dieses Wort bleibt. „Dieu seul est grand, mes frères."

Mein Herz schlägt Dir entgegen, und mein Mund haucht ein zärtliches Du in Deinen Mund.
D. R.

[1] Gott allein ist groß, meine Brüder.

Tonio an Aslan

Metz, 21. Dezember 1943.

Mein innigst geliebter Raoul!

Wieder ein Weihnachten ohne Dich. Es ist so schmerzhaft, dieses dauernde Getrenntsein von Dir! Und doch bin ich so sehr glücklich, auch nur im Denken an Dich. Weihnacht, Fest des Lichts. „Die Geburtsstunde Gottes zum Menschen." Faßt das überhaupt menschliches Denken? Nein, gewiß nicht. Aber des Lichtes bin ich ich mir bewußt. Ich möchte diese Weihnachten still und innerlich erleben. Vielleicht habe ich ein Telefongespräch mit Dir — vielleicht!! Und dann im Jänner hoffentlich ein Wiedersehen!

Zu den Feiertagen habe ich Première von „Hofrat Geiger", beide Tage zwei Vorstellungen. Das ist ganz gut so.

Ich habe einen schönen Tannenbaum und Kerzen. In der Mitternachtsmesse werde ich sehr an Dich denken.

Deine Briefe habe ich alle erhalten. Ich habe wenig in der letzten Zeit geschrieben. Viele Proben. Und große Müdigkeiten. Abends bin ich oft mit der Dagny Servaes zum Essen beisammen.

Fragtest mich auch in Deinem Brief vom 11. Dezember, ob ich Dich im Jänner mit weißen oder dunklen Haaren sehen will. So, wie Du kommst, liebe ich Dich! Nur glaube ich, für Deinen Beruf ist es noch immer besser, wenn Du dunkel bleibst. Äußeres kann mein Gefühl für Dich nicht verändern. Ich liebe Dich! Das heißt, ich liebte Dich auch, wenn Du voll des Aussatzes wärst, wenn Du alt und zerbrochen wärst. Daß Du schön, herrlich schön bist, nehme ich als dankbares Geschenk dazu. Wisse es! Glaube es! Begreife ganz, was Liebe ist!! Ich habe es lange begriffen und wehre mich nicht, und seither ist alles gar so wunderbar in mir. Das Seltsamste, Unaufklärbarste, Wunderlichste, alle Erscheinungen des Lebens sind mir durch Liebesfähigkeit möglich geworden. Und weil ich mich nicht wehre, sind alle Sinne, die das fassen können, so entwicklungsfähig. Dir und meiner Liebe zu Dir danke ich meine ganze Entwicklung. Ich weiß, es geschieht mit mir und an mir etwas. Und das ist Leben. Und dieses Leben, das ich Dir geschenkt habe, will ich halt reich und herrlich haben, damit Du Deine Freude daran habest!!

So umarme ich Dich weihnachtlich, lichtvoll, feierlich, und so, wie ich mich als Kind nach dem „Großen" gesehnt habe, so sehe ich, wie ich mich mit Dir nach dem Größeren sehne.

D. T.

Aslan an Tonio

Wien, 22. Dezember 1943.

M. g. E.

Sag's niemandem, aber heuer wollt' ich keinen Baum. Aber ich sag' nichts, um den andern nicht die Freude zu verderben. Meine heurigen Weihnachten sind so tief in mir, daß ich jeden äußeren Glanz scheue. Aber Mama ist jetzt 82 Jahre, da muß man ganz still sein, nix reden, nix wünschen, nix murren — nur danken.

Wenn nur mein Telefon klappt! Das letzte Telefongespräch hat 110 Mark gekostet. Ganz Wurscht! Nur klappen soll's! Ich werde nix sagen können, hab' Angst davor, und doch ist es schön. Die letzten Tage schrieb ich weniger. Jeden Tag dachte ich: Heute ist der 24. Heute mußt du telefonieren. Schreibst nachher. Aber die Zeit geht langsam manchmal, und heute ist erst der 22.

Am 31. Dezember früh fahre ich nach Gastein, sodaß ich am 1. Jänner mein erstes Bad nehmen kann. Noch ein Tag gewonnen. Dieser Urlaub ist meine große Freude. Hoffentlich treffe ich dort nicht zu viele Bekannte und kann ganz meiner Gesundheit leben!

Was sagst Du zu Innsbruck [1]? Sie kommen immer näher.

Die Vorstellung von „Carlos" in der Josefstadt habe ich gesehen. Es war trostlos. So arg müßte es nicht sein, so arm, so falsch, so unfaßbar verfehlt! Ist das Wahnsinn? Ist das Agonie? Vielleicht ist doch der Weltuntergang nahe. Da friert einen wirklich. Es ist Zeit zu sterben.

Habe meine zehn letzten Platten aus München bekommen. Möchte eine Mappe dafür und dann einen zweiten Plattenkoffer finden für diese und die zwei bis drei Mappen, die Du noch hast. Dann hast Du eine schöne Sammlung beisammen.

Gestern bekam ich eine große Kiste Wein. Weiß nicht von wem [2]. Hab' sie nicht aufgemacht. Merkwürdig.

Ich bringe ein Buch nach Metz mit, aus dem Du mir etwas vorlesen sollst. Es ist mit das Herrlichste, das ich kenne, in einzelnen Auslegungen und Gedanken. Es heißt: „Worte Gottes" und ist von Ernst Hello.

Wo bist Du gerade jetzt, am 22. Dezember um $^3/_4$ 12 Uhr nachts?

Ich umarme Dich.

D. R.

---

[1] Wahrscheinlich Bombenangriff.
[2] Jedenfalls von einem unbekannten Verehrer.

Aslan an Tonio

                                          Wien [1], 24. Dezember 1943.
M. g. E.

    Ich beschließe dieses Jahr, Weihnacht, Sylvester, so, wie ich das Jahr 1944 beginnen möchte, in Gedanken an meine Lieben, die toten und die lebendigen, das Herz voll Dank und Lobpreis und Dir von ganzem Herzen dankend für Deine Liebe, die mich so glücklich macht.

                                                                    Dein Raoul.

[1] Weihnachtskarte.

Aslan an Tonio

                                      Gastein, 31. Dezember 1943.
M. g. E.

    Womit könnte ich das Jahr 1943 besser abschließen als dadurch, daß ich Dir schreibe. Da ich im Grand Hotel „Bad Hofgastein" keine Tinte bekomme, muß ich mit Bleistift schreiben.

    Seit gestern nachmittag $^1/_2$ 4 Uhr bin ich in Gastein. Und jetzt ist es $^1/_2$ 7 Uhr abends. Also über 24 Stunden. Ich habe schon ein Radiumbad, zirka drei Stunden Spaziergang, viel Schlaf und eine heilige Messe sowie den letzten Nachmittagssegen des Jahres 1943 hinter mir. Heute werde ich noch zum Abendessen hinuntergehen, mit Wien telefonieren und husch mit einem schönen Buch ins Bett. Morgen will ich als erste Tat des Jahres 44 um $^1/_2$ 7 Uhr zur Messe gehen.

    Was machst Du heute zu Sylvester? War der 24. ein gelungener, netter Abend bei Dir? Deine Stimme am Telefon klang jung und froh. Wie war „Hofrat Geiger"?

    Ich bin zum ersten Mal in meinem Leben 20 Tage ganz allein. Ohne mein Gefolge [1], ohne Bekannte, ohne Freunde, ohne Begleitung, nur mit ein paar Büchern, meinem Rosenkranz, der Kur, der Natur und — meiner Phantasie.

    Ich will am 20. Jänner in Salzburg in den Schlafwagen nach Metz steigen und am 21. vormittag Dich sehen und 10 Tage in Metz bleiben. Erni [2] soll mit, wenn es Dir recht ist. Wenn's Dir nicht recht ist, sag's! Ich finde dann eine Ausrede.

Es zwickt mich zwar, schon früher zu Dir zu kommen (herrlich), aber ich will schön und gesund kommen, daher die Kur.

Ich küsse Dich!

D. R.

[1] Um Aslan drängten sich immer eine Menge von Menschen, die er hier „Gefolge" nennt.
[2] Erni Hrubesch: s. Aslans Brief vom 23. Juli 1941.

Tonio an Aslan

Metz, 1. Jänner 1944.

Geliebter!

Mein erster Brief im neuen Jahr — Dir! Ich denk' und wünsch'! Ein neues Jahr. Was wird es bringen? Alles rast! Das Letze: Deine Stimme am Telefon. Ich habe Dich so gespürt, Deine Seele, Dein Sein, Deine Tränen. Weihnachten, Sylvester unter vielen Menschen, seit Wochen bin ich nicht allein. Aber es entwickelt sich bei mir das Allein-sein-Können unter Menschen. Momentweise bin ich so innig fest, fast körperhaft mit Dir verbunden, so unterm brennenden Baum und um 12 Uhr zu Sylvester. Ich sage Dir am Anfang dieses neuen Jahres: „Ich liebe Dich" und „Ich wünsche Dich"!

Daß die Zeit rast, ist mir lieb, jedes Vergehen dieser Zeit, das mich Dir näher bringt, ist mir liebenswert. Erhole Dich gut! Konzentriere Dich ganz auf Deine Gesundheit und Schönheit!

Über Deine Geschenke habe ich mich so gefreut. Das eine Engerl hält den kleinen Christbaum, das andere steht im Schlafzimmer. Überhaupt Dank, Dank und wieder Dank, daß Du für mich da bist, daß Du geboren wurdest und daß ich Dich lieben darf.

Alle Engel sollen auch im neuen Jahr Dich umfliegen! Ich bleibe bei Dir!

T.

Aslan an Tonio

Gastein, 1. Jänner 1944.

M. g. E.

Gewiß glaubst Du jetzt, wenn Du diese Karte [1] betrachtest, ich versetzte mich in die Gestalt des Johannes des Täufers und meinte,

Du wärest das Lamperl, das mir zuhört. Ganz falsch. Ich hab' Dich nie für ein Schäfchen gehalten. Ich dachte es mir so am heutigen Tag: Ich wollte, Du wärest Johannes, der mir vorliest, und ich wäre das Lamperl, das zuhört. Die Natur des Lammes paßt besser zu mir, paßt sogar gut zu mir. Die Natur des Johannes paßt weniger zu Dir. Eine kleine Träumerei für den Beginn des Jahres.

D. R.

[1] Die Karte zeigt eine schöne niederländische Miniatur aus einem Gebetbuch um 1500, wo der heilige Johannes einem Lamm aus dem Evangelium vorliest.

Aslan an Tonio

Gastein, 6. Jänner 1944.

M. g. E.

Auf Dein Briefli vom 1. Jänner kann ich eigentlich kaum antworten, nur schweigen und dankbar mit dem Kopf wackeln. Es hat mich soooo gefreut! In Deinem nächsten Brief werde ich ja hören: a) ob Dir die Erni willkommen ist, damit ich die letzten Reisedispositionen treffen kann, b) ob ich nicht doch früher kommen sollte, c) ob es Dich innerlich stören würde, wenn ich die Camilla besuchte.

Wie wichtig für mich so eine Winterkur ist, kann ich Dir gar nicht schildern. Am besten wirst Du es verstehen, wenn Du 38 Jahre dauernd Theater gespielt haben wirst. Ich kannte doch bisher überhaupt keine reine Höhenluft. Wenn ich in früheren Jahren im Winter frei war, fuhr ich doch nach Paris oder Berlin. Und die Sommererholungen (ach, unsere Reisen), so schön sie waren, waren doch immer durchzittert von Qualen (der Wilde). Ob er wohl Ruhe gefunden hat? Du verstehst als einziger (außer seinen Schwestern), daß der Gedanke mich natürlich auch heute noch quält. Aber es ist eine andere, eine ganz immaterielle Qual. Erinnerst Du Dich, wie ich in Spalato nicht aus dem Schiff stieg, um ihm nicht zu begegnen? Was macht doch so ein menschliches Herz alles durch!

Ich hab' ein Kalenderchen bei mir, da streich' ich am Abend jeden Tag ab und bin immer näher dem Moment des Wiedersehens. Ich sehe und spreche hier niemanden, ich will nur Gott, meine Phantasie, meine Träume — und Dich.

Diesmal werd' ich Dich aber doch auf der Bühne sehen!

Immer

D. R.

Tonio an Aslan

Metz, 7. Jänner 1944.

M. g. Raoul!

Ich habe rasend viel zu tun. Jeden Tag Vorstellung, Samstag und Sonntag immer zwei. Jeden Tag Probe zu „Isabella von Spanien" [1]. Dazu mein kleiner Haushalt. Einladungen. Ich freue mich sehr auf Dein Kommen!! Doch mache Deine Kur nur gut zu Ende!! Die Erni ist mir auch sehr willkommen!! Bitte, denke aber für beide dran: Lebensmittelkarten! Vielleicht kannst Du ein bißchen Fett bringen, wenn wir in den Tagen kochen wollen. Ich habe hier keine Quellen, um extra was zu bekommen. Ich lebe von meinen Karten. (Auch Tee und Kaffee wäre schön.) Fahre Du nur ruhig zu Deinen Freunden nach Berchtesgaden! Warum sollte ich es nicht gerne haben?! Ich täte mir leid, wenn ich Dich so unfrei machen würde. Liebe soll doch erst recht frei machen, ist mein Leitsatz.

Gastein ist schön, und es ist herrlich, daß Du dort sein kannst. Vielleicht kann ich im Sommer auch etwas für mich tun. Ich fühle mich bis auf große Müdigkeiten gesund und wohl, tue aber speziell nichts Besonderes für mich. Spaziergänge fehlen mir auch sehr. Ich gehe zu Fuß ins Theater und zurück. Das sind vier Gänge im Tag, das ist mein Luftschöpfen. Nimm Du alle Kraft und Gesundheit in Dich auf und bring' mir dann davon mit!

Ich zähle die Tage. Wir haben uns viel, viel zu sagen. Ob wir kommende schwere Tage zusammen tragen werden können, oder ob da auch noch Trennung bleibt? Viel kann ich mit Dir tragen, soviel Glück, soviel Leid, die Waage soll's mir zeigen!

Ich freu' mich auf Dich, auf Wiedersehn!

T.

[1] „Isabella von Spanien" von Heinz Ortner.

Aslan an Tonio

Wien [1], 2. Februar 1944.
(Maria Lichtmeß)

M. g. E.

Ich danke Dir für Dein liebes Abschiedswort. Das tut so wohl. Man ruht darin. Ich fühle mich in Metz so wohl. So wohl. Huttig fuhr bis Saarbrücken mit mir. Er schwang sich auf zu konstatieren, daß Du einen großen Erfolg zu verzeichnen hast. Es ist auch richtig. Mir war es eine große Genugtuung, Dich wieder auf der Bühne zu sehen [2]. Du steigst. Das ist unbedingt richtig. Auf der Leiter unserer geheimnisvoll schweren Kunst steigst Du. Ich sehe es deutlich und freue mich. Aber ich höre nicht auf zu meckern. Denn ich weiß, daß das das Richtige ist. Immer höher. Was ich Dir noch mehr wünsche? Das, was Du im Leben hast: ein in sich selbst Ruhendes. Verstehst Du? Ein: So bin ich. Und aus diesem persönlichen So-Sein die Rolle gebären! Vielleicht gehört noch mehr Selbstvertrauen, Selbstsicherheit dazu, wie Du sie im Leben sehr oft hast und dann oft wieder nicht hast, wie Du selbst sagtest, wo sie Dich verläßt im Kontakt mit gewissen Menschen. Dort, wo Du sie hast, dort wirkst Du am stärksten. Dasselbe in den Beruf übertragen! Nicht denken, nicht wollen, sondern vertrauen, in diesem Vertrauen verweilen und aus diesem Vertrauen heraus sich spielend gehen lassen! Ist das halbwegs klar? Romeo wäre für all dies eine herrliche Übung und Schule. Vielleicht war die „Candida"-Atmosphäre für Dich die richtige. Die Arbeit mit Rott. (Nach Deinen Schilderungen). Das hätte ich sehen müssen, um genau zu konstatieren, was für Dich die günstigste Arbeits-Atmosphäre ist. Ich bin für Dich so ehrgeizig, wie ich es für mich nicht mehr bin. Diese Ruhe, die Dich im Leben so sicher macht, von der wir sprachen, eben diese organisch gewachsene Ruhe, die ist es, die ich meine. Ich habe diese Selbst-Ruhe mehr im Beruf als im Leben. Und wie meine Lebensunruhe Dich nicht stören kann, so soll meine Berufsruhe auf Dich übergehen. Und das Feld spannt sich!

Wie hatte ich mich auf diese paar Tage in Metz gefreut! Und wie rasch ist alles vorbei! Aber von allem lernt man, die Erkenntnisse werden tiefer — und die Liebe!

Innige Küsse!

D. R.

[1] Zwischen diesem und dem vorigen Brief liegt ein Besuch Aslans in Metz.
[2] Als Columbus in „Isabella von Spanien" von Heinz Ortner.

Tonio an Aslan

Metz, 6. Februar 1944.

Mein innigst geliebter Raoul!

Heute vor einer Woche verließen wir uns. Ich hatte nur einen Tag Zeit, den vergangenen elf Tagen nachzusinnen. nachzuträumen. Denn schon am Dienstag mußte ich auf der Probe zu „Maccaroni" [1] stehen. Eine große Textrolle in einem Schwank. Wenig erfreulich. Am 19. d. M. soll die Première davon sein. Dazwischen Arrangier-Probe von „Romeo". Dr. Böhm aus Dresden soll „Romeo und Julia" inszenieren.

Huttig ist auf mich wieder ein bissel böse, weil ich bisher nicht unterschrieben habe und auch wagte zu fragen, ob er mich für Graz freigeben könnte. (Epp [2] hat mir in der Zwischenzeit einen Antrag gemacht: Ferdinand, Orest, Fiesco bot er mir an [3].)! Natürlich gibt Huttig mich nicht frei. Und alle rieten mir, ich solle doch endlich den Vertrag unterschreiben, sodaß ich schließlich ja sagte und Epp abtelegrafierte. Mein Herz ist schwer, wenn ich denke, daß ich noch eine Saison hier sein soll, obwohl ich alle positiven Momente sehe und anerkenne und Metz auch gerne habe, besonders wenn Du da bist.

Ich spiele täglich, und täglich habe ich Proben. Zwischen Arbeit und Ausruhen vergingen die letzten 8 Tage. Gestern war ich seit Deiner Abreise zum ersten Mal in Gesellschaft.

Mit einer Fahrt nach Wien wird es natürlich nichts. Fühlst Du wie ich nach diesem wie nach jedem Zusammensein, wie wir uns gehören und wie wir füreinander geschaffen sind? Wenn ich es auch nicht sagte, ich war so restlos glücklich. Du bist mein größtes, schönstes. herrlichstes Glück. Immer will ich nur Dich. Und fest weiß ich es, ich bleibe Dir und nur Dir, solange ich lebe [4]! Auch die Erni war mir angenehm, und sie hat so für uns geschuftet. Sage ihr vielen, vielen Dank für alle Liebesmühe!

Und so bleibt wieder die Sehnsucht nach neuem Wiedersehen. Daß ich soviel Arbeit habe, ist einziger Trost, und schnelles Vergehen der Zeit ist Glück, weil es mich Dir wieder näher bringt.

„Isabella" ist ein großer Erfolg. Die Vorstellungen sind immer ausverkauft.

Ich muß ins Theater. Überall, auf allen Wegen begleitest Du mich. Ich liebe Dich und wünsche Dich!!

An Erni herzliche Grüße, auch an Mama!

Innigst

D. T.

[1] „Maccaroni", Schwank von Carl Mathern und Toni Impekoven.
[2] Leon Epp war zu dieser Zeit vorübergehend Schauspieldirektor des Grazer Theaters.
[3] „Kabale und Liebe", „Iphigenie" und „Verschwörung des Fiesco", lauter Bombenrollen.
[4] S. Aslans Brief vom 8. Februar 1944.

Aslan an Tonio

Wien, 6. Februar 1944.

M. g. E.

Ich mache jetzt immer einen roten Punkt im Kalender, wenn ich Dir schreibe, damit ich auch das einteile und überblicke.

Ich bin erst 6 Tage in Wien, und es kommt mir vor, als wäre ich schon 6 Monate hier. In Metz vergingen die Tage ganz schnell. Jetzt zieht sich das Leben wie ein Strudlteig. Dabei habe ich hundertmal mehr zu tun als im Urlaub. Also daraus lernt man: Nicht die Quantität macht es aus, sondern lediglich das Was! So ist's aber mit allem. Ich habe Einladungen, nicht uninteressante Gespräche mit gescheiten Menschen, Vorstellungen, Telefonate, Basteleien (größere und kleinere), und trotzdem zieht und zieht es sich träge dahin, das Leben. Und dort in Metz machte ich nichts, und das Leben hüpfte dahin.

Mama kränkelt ein wenig. Zum ersten Mal. Begreifst Du, daß das eine Sorge ist? (82 Jahre!). Dazu diese ganze Wiener Luft und Kriegsnervosität! Da muß man schon gehörig gerüstet sein im Geiste und in den Nerven, um alles zu übertauchen.

Ob Du wohl herkommen kannst? Ich erlebe im Geiste tausend kleine Details nach aus dem kurzen Metzer Séjour! So kleine Sachen leben weiter in unseren seelischen Lymphbahnen.

Laß dem Engerl das Bäumchen in der Hand! Das ist so nett! Vielleicht brennt es von selbst einmal auf.

Ich küsse Dich, Engerl.

D. R.

Aslan an Tonio

Wien, 8. Februar 1944.

M. g. E.

Heute schreibe ich Dir zum Geburtstag (17. II.), um Dir ja rechtzeitig gratulieren zu können. Kann man doch jetzt mit der Pünktlichkeit der Post nicht rechnen. Und schließlich, warum soll ich nicht acht Tage lang Deinen Geburtstag feiern?

Ich schicke mit gleicher Post ein eingeschriebenes Päckchen. Etwas ungebrannten Kaffee und etwas guten Tee. So hast Du etwa acht Tage hindurch ein Schali Türkischen und gewiß einen Monat lang Dein gutes Teeli.

Was ist ein Geburtstag? Der Geburtstag ist der erste Tag unseres zeitlichen Sterbens, sowie der Todestag der erste Tag unseres ewigen Lebens ist. Denn was ist unser Leben anders als ein tägliches, manchmal langsames, manchmal schnelleres, immer näher zum Tode kommendes Absterben? In Deinem Alter wußte ich das nicht so genau. Heute ist es mir eine reale Gewißheit. Aber da wir zum Geburtstag des ewigen Lebens hineilen, hat es ja nichts Trauriges an sich. Es muß also zwangsläufig alles einen Sinn haben: das zeitliche Leben und das ewige Leben. Betrachte ich Dein zeitliches Leben, so ist es schön und erfüllt sich sichtbarlich in der Gnade Gottes. Das zu wissen — und Du weißt es — danach zu leben — und Du bemühst Dich — ist schon wunderschön. Ganz wissend wird man leider erst später, so ungefähr in meinem Alter. Aber Du weißt heute schon viel mehr, als ich in Deinem Alter wußte! Man glaubt immer, ein Leben erfüllt sich, wenn man möglichst viel genießt. O nein, es erfüllt sich, wenn man möglichst viel weiß. Aber nicht Schulwissen meine ich, sondern begnadetes Wissen, und das ist gleich mit Erkennen im Glauben. Die tiefere Schau, die tiefere Erkenntnis gewinnt man im tieferen Glauben. Und dieser tiefere Glaube ist dann das höhere Wissen. Jetzt weiß ich auch, was Mitleid ist. Mitleid ist das Leid, das man mit denen hat, die nicht wissen oder noch nicht wissen oder nie wissen werden. Jetzt weiß ich auch, was Liebe ist. Liebe ist die Freude mit und an denen, die wissen! Diese Mitfreude, dieser Mitgenuß! Ich bin sehr dumm und ahne nur die Dinge. Aber ich ahne sie richtig und schön. Ich müßte eigentlich sehr glücklich sein. Daß ich es nicht bin, liegt nur daran, daß ich zu viel will.

Heißt es in Deinem Briefe: „Und fest (oder: „Und fast" [1]) weiß ich es, ich bleibe Dir und nur Dir, solange ich lebe!"? Sehr wichtig. Wenn Du es fest weißt, bin ich restlos glücklich. Und wenn Du es fast weißt, muß ich mich bemühen, damit Du es bald fest weißt.

Nächsten Donnerstag will ich für zwei Tage auf den Semmering: laufen, turnen, schlafen. Lietzau [2] will auch oben sein. Mir wäre es angenehm. Hoffentlich hast Du nichts dagegen!

Ich hab' Dich furchtbar lieb. Je älter Du wirst, umso mehr. Du wirst auch immer schöner. Halte fest am Glauben und liebe mich!

D. R.

[1] S. Brief Tonios vom 6. Februar 1944. Das Wort war undeutlich geschrieben.
[2] Hans Lietzau, zu dieser Zeit Burgschauspieler.

Tonio an Aslan

Metz, 18. Februar 1944.

M. i. g. R.

Danke für Deinen Geburtstagsbrief vom 8. d. M. Gestern wollte ich an meine Mutter und an Dich einen Geburtstags-Rückschaubrief schreiben. Doch meine viele, viele Arbeit läßt mich zu gar keiner Beschaulichkeit mehr kommen. Ich hatte vor- und nachmittag Hauptprobe von „Maccaroni". Um 9 Uhr trabte ich dann todmüde nach Hause, machte mir ein kleines Nachtmahl, trank eine Flasche Roten, dann zündete ich sämtliche Kerzen an, spielte die Fünfte von Beethoven und ging ins Bett.

Morgen ist Generalprobe und Première, Montag erste Probe von „Romeo". Es geht am laufenden Band. Aber der Romeo freut mich halt.

In meinem Brief heißt es sicher: „Fest weiß ich es, . . ." [1].

Gegen Lietzau habe ich nichts einzuwenden. Überhaupt ist Dein Abhängig-Sein von mir in diesen Dingen rührend. Aber Du bist frei in allen Deinen Entscheidungen, die Du für Dich selbst triffst.

Dein Geburtstagsbrief war sehr schön. Leider lebt man nicht so. Das zeitliche Leben liebt man doch so, daß das ewige Leben gerade noch momentweise durch Geist und Seele huscht. Du weißt soviel, ich ahne manches. Beides ist schön. Doch möchte ich mein zeitliches Leben noch lange mit Dir verbringen. Zusammen hineinreifen ins Ewige! Mein größter Dank an Gott ist, daß er mir Dich geschickt hat. Dadurch bin ich ihm erst so recht nah' gekommen und hoffe es immer mehr zu erreichen, in seinem Anschauen Glückseligkeit zu finden.

Wenn ich nur bald einmal ein paar Tage nach Wien könnte! Mir ist es eine Ewigkeit, daß Du hier warst.

Ich freue mich auf den Bruder Schlaf. Komm Du in meinen Traum!

        Kuß, Kuß!

                      T.

[1] S. Aslans Brief vom 8. Februar 1944.

Tonio an Aslan

                              Metz, 21. Februar 1944.

      Mein geliebter Raoul!

Auf den Romeo freue ich mich. Hoffentlich bekommen wir die Kostüme aus Wien! Sollten wir sie aus dem Burgtheater bekommen, kümmere Du Dich, bitte, um meines persönlich! Ich will mit schwarzem Haar spielen. Böhm ist leider ein Intellektueller — ob er das Ohr dafür hat?!
Vielleicht kann ich dann im April nach Wien. Du ahnst nicht, wie mir ist, wenn ich ins Nachsinnen komme, mich nach Wien sehne. Wie alles in der Zukunft sein wird? Unsere Jahre gehen, rennen uns weg. Was geht mich Metz an, was Huttig, was das hiesige Publikum! Alles sinnlos, wenn man den Sinn anderswo erkannt hat. Doch, doch geht es mir gut, doch bin ich dankbar!! Dir geht es ja auch so ähnlich. Wir wollen halt unsere Zweiheit in gemeinsamer Einheit fühlen, erleben! Lieber, Guter, Schöner, es war so herrlich, wie Du da warst, wenn ich auch vor Arbeit müde in mein Bett sank, Du warst da!

                                                D. T.

Aslan an Tonio

                              Metz, 23. Februar 1944.

      M. g. E.

Du wunderst Dich über meine „Abhängigkeit" und findest sie rührend. Liebes, das ist ja Liebe. Die Liebe gibt ihren Willen auf und geht auf im Willen des Geliebten. Die Liebe opfert. Die Liebe ist besorgt. Die Liebe ist auch ängstlich und eifersüchtig. Außerdem ist die Liebe das, was der heilige Paulus von ihr sagt (1. Korinther-Brief,

13, 1—13) [1]. Bitte, lies nach, Du kennst es, aber es ist so, daß bei jedem Lesen neue Schönheiten und noch tiefere Geheimnisse sich enthüllen, klarer werden. Es ist der Gesang der Engel!!!

Daß Du so viel zu tun hast, ist schwer und doch wieder gut. Mit Deinem Romeo lebe ich sehr mit. Er liegt mir unendlich am Herzen. Wie Böhm wohl das angehen wird? Vor allem: Nicht hetzen, bis auf gewisse Tempi-Stellen, sonst aber langsam aufblühen lassen, leise und langsam: „... neigen meine Lippen sich, den ersten Kuß..." das bitte ganz langsam und leise! O, äußerste Süße (nicht Süßlichkeit!). Nein, das muß ich sehen! Bitte mir die Daten von Première und Wiederholungen rechtzeitig ansagen! Ich möchte. Ob ich kann, weiß ich nicht. Aber im Möchten liegt schon ein Teil der Erfüllung.

In der Früh hatte ich einen Traum, aus dem ich mit Herzklopfen erwachte: Wieder einmal Du, mit einer Szene der Eifersucht von mir verbunden. Ja, es ist schwer, 20 Jahre älter zu sein. Vielleicht ist es auch schwer, 20 Jahre jünger zu sein. Aber Schweres will eben getragen werden, und auf das Wie kommt es eben an.

Wenn Du auch viel zu tun hast, so ein Telegrammli: „Alles in Ordnung" (Das Wort „Ordnung" lieb' ich so) tut Wunder.

Höhenluft tut mir unendlich gut. Vertrage eben nur Höhe. „Im Tale kling' ich nicht [2]."

Kuß!

R.

[1] Die berühmte, oft zitierte Stelle im Korintherbrief.
[2] Zitat aus „Die versunkene Glocke" von Herhart Hauptmann.

Aslan an Tonio

Wien, 27. Februar 1944.

M. g. E.

Wenn Kostüme von uns bewilligt werden, kümmere ich mich um Deine. Daß Du Romeo schwarz spielen willst, machte mich lächeln. Als ich Hamlet zum ersten Mal spielte, setzte ich mir eine hellblonde Perücke auf. Däne: blond; Italiener: schwarz. So dachte ich auch. Später, als der Hamlet besser wurde, spielte ich ihn im eigenen Haar. Aber jeder muß selbst draufkommen. Das alte Lied: Haare sollen leben, flattern, glänzen oder traurig sein, verhängt, farblos. Wie soll das eine Perücke machen? Haare soll man zerren, streicheln, wuscheln, wie macht man das mit einer Perücke? Aber es ist letztlich nicht so wichtig. Mach's, wie Dir's paßt! Es gibt allerdings ausgesprochene Perückenrollen, d. h. gewisse Stilrollen, männliche und weibliche. Aber Hamlet und Romeo sind mehr Ich-Rollen. So bin ich. Verstehst Du? Ich möchte zu gerne Deinen Romeo sehen! Aber Müthel hat Schirach gegenüber bedauert, keinen längeren Urlaub geben zu können, da er etwas „ganz Großes" vorhabe. (Bin gar nicht neugierig und wart' es ab.)

Nun etwas sehr Wichtiges: Möchte im Juli für uns beide Zimmer reservieren im Kurhaus Zabel, Berchtesgaden, oder in Freiburg. Totale Herstellung, Lymph- und Blutkreisbahnen, Herz und Niere, Drüsen und Haut, venöse Störungen, Stoffwechsel u. s. w. Müßten jetzt schon reservieren. Dauer: 4 Wochen. Würde Dich das interessieren? Wenn ja, sage mir's gleich auf einer Karte! Wenn nein, verschieb' ich's und mach' es als Winterkur allein im nächsten Winter sowie heuer Gastein.

Man muß handeln, als ob kein Krieg wäre. Er macht sich von selbst bemerkbar. Dann ist immer noch Zeit zum Absagen.

In meinen Selbstgesprächen und Meditationen merk' ich, wieviel ich Dir noch nicht gesagt habe und wieviel Du mir wahrscheinlich nicht sagst! Aber auch das Schweigen ist schön.

Grüße mir alle, die so nett zu mir waren, und sei tief innigst umarmt!

D. R.

Aslan an Tonio

Wien, 28. Februar 1944.

M. g. E.

Neulich las ich folgendes von Gerhart Hauptmann über den Humor:

„Humor ist Scharfsinn an sich. Humor ist zugleich die tiefste Schätzung und die tiefste Geringschätzung. Humor ist kein Lachreiz für Toren, sondern allein für Weise. Humor ist in seiner Domäne, wenn er über den Ernst nicht lacht. Humor ist das wahre Echo des Schweigens Gottes. Humor ist gelebte und gelachte Erkenntnis. Humor ist Erkenntnis der Grenze, verbunden mit grenzenloser Erkenntnis. Humor vereinigt das Bescheidenste und das Unbescheidenste in einem Gelächter. Humor ist der letzte Widerstand, den der Mensch leisten kann, Humor befreit immer, schlägt nie in Fesseln."

Diese Gedanken sind so schön und knapp formuliert, daß ich sie Dir mitteilen mußte. Ich bin wesentlich so erfüllt von Humor, bzw. beschenkt, daß ich davon natürlich sehr angetan war. Es fehlt noch: Humor findet man oft bei großen Melancholikern. Nun denke ich nach: Hast Du Humor? Gewiß, aber ist das ein wesentlicher Bestandteil Deines Wesens? Ich weiß es noch nicht. Bitte, sage mir darüber etwas! Es ist so wichtig! Humor ist eine unbegrenzte Erkenntnis, daß man nie beleidigt werden kann. Ich möchte wissen, ob Du diesen Komplex so ganz und zutiefst erfühlst, wie ich ihn zu erfühlen glaube. Humor ist eine gleichgültige Besessenheit und eine besessene Gleichgültigkeit. Das ist sehr gut. (Jetzt habe ich einen starken Moment.) Humor ist auch die Entsprechung für die Ruhe Gottes. Was bei ihm die statische ewige Ruhe ist, ist beim Menschen der Humor. Hysterische, ang'rührte, altjüngferliche oder eitle, neidische Menschen haben keinen Humor. Du mußt viel Humor haben! Meine Engerln haben Humor. Also mußt Du ihn auch haben!

Kuß!

D. R.

Tonio an Aslan

Metz, 29. Februar 1944.

Mein innigst geliebter Raoul!

Selten komme ich jetzt dazu, mich in Ruhe hinzusetzen und an Dich zu schreiben. Fast wie eine Untreue kommt mir das vor. Darf ich Dir aber trotzdem sagen, daß jeder erste Gedanke beim Morgenaufwachen und jeder letzte Gedanke beim Abendeinschlafen Dir gilt. Und auch am Tage bei der vielen Arbeit, bei Tisch, wo immer ich auch bin, was ich auch immer tue, Du bist mir nah'! Es ist die Liebe, die einzig wirklich große Liebe, die ich je für einen Menschen empfunden habe.

Eifersüchtig bin ich nie, aber eine leise Wehmut ging mir doch durch die Seele, als ich mir vorstellte, wie Du mit Lietzau durch den Schnee der Semmering-Landschaft stapfen wirst. Und die großen langen Gespräche auf den langen Spaziergängen! Wie gesagt: Wehmut und ein bissel Traurigsein. Verzeih!

Romeo wird! Arbeite mit Böhm recht gut. Ein bissel trocken ist er schon. Aber ich habe ja schließlich selbst Phantasie und hoffentlich Begabung. Am 8. März ist die Première. Leider gab Wien keine Kostüme, wir müssen hiesigen Fundus anziehen, schade! Aber die Darstellung ist ja doch viel wichtiger!! Spiele wahrscheinlich doch im eigenen Haar. Es gibt genug blonde Romeos. Die Sprache ist herrlich. Ich versuche, langsam alles aufblühen zu lassen, zu empfinden, dann erst zu reden. Aus dem Herzen, aus den Sinnen kommend, nie aus dem Kopf. Ach, es ist herrlich, solche Rollen zu spielen! Der Anfang fällt mir am schwersten: das geckenhafte Verliebtsein in Rosalinde — so will es Böhm zum Unterschied von der erst später erwachenden Liebe zu Julia.

Scheubles [1] Haus in Stuttgart ist hin. Ob alle Antiquitäten auch, weiß ich noch nicht. Mir täte auch leid um meine Foto-Sammlung in meiner Wiener Wohnung. Vielleicht sollte man die doch in Deinen Keller geben. Hier hatten wir auch ein paar aufregende Tage mit kleinen Luftkämpfen. Von zu Hause habe ich auch seit vier Wochen keine Post.

Es ist schrecklich, daß dieser Krieg kein Ende nimmt. Durch die viele und anstrengende Arbeit komme ich ja wenig dazu, richtig über alles nachzudenken. Nur ab und zu sage ich mir: Noch ein Jahr Metz und noch und wieder, dieses dauernd nur von Briefen leben ist doch ein bissel wenig! Man stiehlt uns die Jahre, die herrlichen Jahre unseres Einandergehörens. Vielleicht kann ich doch nach der Romeo-Première ein paar Tage nach Wien huschen.

Wie geht's Deiner Mama? Grüße sie von ganzem Herzen! Besuche auch einmal wieder meine Mutter! Melde Dich aber an! Vielleicht an einem Sonntag.

Hat man in Wien nicht Angst vor Bomben [2]? Ach, seid Ihr alle weit! So viele Kilometer liegen zwischen uns! Der Traum bringt uns manches Mal nahe, aber bei Dir leider immer quälend. Warum kann ich Dir nicht auch einmal schön und beglückend erscheinen?

Mein geliebtes Wien mit allem, was mir Herz und Sinn erfüllt, wie bist Du weit, weit weg von mir — und doch wieder so nah'!

Jetzt koche ich mir was zum Nachtmahl, dann hüpfe ich in die Wanne und dann ins Bett mit meinem Romeo!

Servus! Kuß, Kuß!

T.

---

[1] Scheuble: s. Tonios Brief vom 23. August 1941.
[2] Da in Wien doch damals schon Bombenangriffe waren, muß Aslan dies Tonio verschwiegen haben. Tonio besaß in Metz kein Radio. Trotzdem merkwürdig.

Tonio an Aslan

Metz, 5. März 1944.

Mein innigst geliebter Raoul!

Kostüm für Romeo wurde hier neu gemacht. Blauer Samt, mit Grau gefüttert. Grauer Mantel. Ab Mantua schwarzer Mantel. Spiele ohne Perücke. Mit Böhm lange besprochen, aber schon erledigt, bevor Dein Brief mit einleuchtender Haarausführung kam. So spiele ich meine heißen Italiener, Spanier mit Blondhaar, aber umso glühender von innen her! Warum man den Schwarzhaarigen immer mehr Glut zutraut? Sind nicht die Blonden und die Braunen feuriger? Aber schön hast Du das gesagt, was Haare alles müssen. Mir liegt so viel am Romeo. Ich möchte, daß er wirklich echt wird. Auch als Ich-Rolle, wie Du sagst. Das hat mir geholfen, sehr geholfen!

Sommer-Einteilung überlasse ich Dir. Möchte unbedingt eine Kur machen. Berchtesgaden, Kurhaus Zabel wäre herrlich. Vielleicht bekomme ich schon den Juni frei. Dann bliebe ich einen Monat in Wien und einen Monat zur Kur. Herrlich!! Und im Herbst, was wird dann? Ich habe auf alle Fälle wieder unterschrieben. Die Urlaubszusage (2 Monate) bekomme ich schriftlich auf einem Extra-Papier. Was sagst Du: Schon haben wir gleich Mitte März! Ich habe viel Sehnsucht nach Dir. Wenn es sehr gemütlich in meiner Wohnung ist und ich herrlich allein bin, dann bist Du kraft meiner Phantasie oft leibhaftig anwesend. Ja, das kann ich zaubern. Gestern und heute sind solche Tage. Ich bin wie auf einer Insel. Seit gestern mittags 2 Uhr war ich allein, habe niemanden gesprochen, niemanden hereingelassen trotz Läutens und Klopfens an der Tür, trotz Telefon und Einladung. Herrlich! „Ach, Herz, wie süß ist's, Liebe selbst besitzen, da schon so reich an Freud' ihr Schatten ist [1]!"

Du hast Humor. Er ist ein wesentlicher Bestandteil Deines Wesens. Vielleicht habe ich auch Humor, aber nicht so wie Du. Ich weiß es auch noch nicht. Bei Dir weiß ich es ganz genau! Alle großen, tiefen Gedanken zu ergründen oder zu detaillieren, will ich mir immer aufheben, wenn ich mit Dir beisammen bin, weil wirklich gelebtes Leben für mich einzig und allein nur Du bist. Alles andere ist so am Rande mit hineingenommen. Verstehst Du das? Meine Rollen sind oft auch echtes, wahres Tonio-Leben.

Es ist ein heller Schnee-Sonntag. Durch das Fenster am blauen Himmel entlang gehen meine Blicke. Was tust Du im Moment? Müßte man nicht so sensibel sein, den andern zu spüren? Meine Mutter kam im Traum jetzt schon ein paar Tage zu mir. Es ist ihr doch nichts?!

Noch sind wir am Leben, noch haben wir keinen Bombenangriff mitgemacht [2]. Das ist schon eine Gnade!
Ich grüße Dich sonntäglich fromm mit gläubigen Augen. Leb' wohl, sei glücklich!

Tonio

[1] Zitat aus „Romeo und Julia".
[2] S. Anmerkung zu Tonios Brief vom 29. Februar 1944.

Aslan an Tonio

Wien, 6. März 1944.
M. g. E.

Welche Freude, wie Du schilderst, daß Du an mich denkst, morgens, tagsüber und beim Schlafengehen. Das hat mich umgeworfen. Du hast es ja schon oft geschrieben, mir aber ist es doch immer wieder neu und umwerfend. Das ist ja das Wesen der großen Liebe zu Gott und zu den Menschen, daß sie nimmer aufhört und unergründlich ist. Je tiefer man eindringt, umso tiefere und immer neue Abgründe tun sich auf. So erklärt sich von selbst die Ewigkeit, das Ewige. Und wenn auch an dieser Liebe von Mensch zu Mensch manch Sündiges klebt, es ist doch das Abbild der göttlichen Liebe. Wie könnte es auch anders sein, da der Mensch Ebenbild Gottes sein soll! Auch der sündige Mensch ist Abbild! Sünde ist ja nur Befleckung des Bildes.

Jetzt lebe ich in Deiner Romeo-Arbeit. Irgendwie muß ich es sehen! Ich denke, und Gedanken können Wirklichkeit werden! Das meinte ich ja, weshalb ich Hemmungen hatte, auf den Semmering zu fahren [1]. Und glaubst Du, wenn ich versuchte, mit dem Lietzau von den letzten Dingen zu sprechen, von Gott, von Kunst, von dem Wesen der Liebe, daß ich nicht wehmütig war? Daß ich zwar gern jedem Menschen wünsche, sich einzuschwingen ins Wahre, aber doch immer wieder wünsche, Du wärest dabei!

Ich weiß es heute und immer wieder: Zeljko und Du sind die beiden Hauptrollen meines irdischen Lebens. Ich sage: Rollen. Denn es sind Aufgaben, die zu lösen sind. Das sind nicht „Amourschaften". Jede wirkliche Aufgabe führt zu Gott. Und diese beiden — jede anders — führen zu Gott.

Das Wort „geckenhaft" paßt nicht so gut für den Anfang des Romeo. Es wirkt vielleicht so. Besser ist das Wort: „verstiegen" oder

„Einbildung" oder „sich sehr interessant vorkommen", „überdreht", aber nicht „Dümmling". Blond ist gut.

Warum Du mir im Traum nicht schön und beglückend erscheinst? Wahrscheinlich, weil der Traum die Angstkomplexe erfaßt. Was ich im Wachen durch Übung, Gebet, Überwindung, Willen, Verstand bekämpfe, bricht im Traum heraus.

Am 19. März habe ich eine große eigene Dante-Vorlesung. Halt' mir Daumen! Morgen liest mir Billinger das „Aslan-Stück" vor [2]. Ich erwarte nichts von diesen Dichtern. Shakespeare hat mich nicht gekannt und hat mir so viele gute und passende Rollen geschrieben.

Heute steht der Schnee meterhoch in den Straßen. Die Straßenbahnen stehen. Bin den ganzen Tag zu Hause. Abends will ich allein eine Flasche Champagner trinken (auf Deinen Romeo) und dann schlafen. Nur keine Träume!

Jedenfalls werde ich für Dich beten. Und hoffentlich sehen wir uns doch in geraumer Zeit!

Innigste Küsse!

D. R.

[1] S. Asláns Brief vom 8. Februar 1943. Der Aufenthalt fand also statt.
[2] Ein Stück mit einer Aslan zugedachten Rolle. (S. Aslans Brief vom 26. November 1942.)

Tonio an Aslan

Metz, 8. März 1944.

Mein innigst geliebter Raoul!

Zwei Stunden vor der Romeo-Premiére diesen Gruß. Ich habe mir gerade die Fünfte von Beethoven gespielt. So gehe ich erfüllt in diese neue Rolle. Meine Liebesempfindung zu Dir im Leben wird heute durch Romeo auf der Bühne gesagt. Wie schön, daß niemand ahnt, wie sehr persönlich Du und ich dahinter stecken! Göttlicher Shakespeare, Dank Dir! Wenn Du oben im Himmel bist, schau' voll Güte auf Deinen heutigen Romeo in Metz! Ich will ganz Hingabe sein. Erfülle ich Romeo, erfülle ich auch Tonio. Raoul, in mir, mit mir bist Du Romeo, bist Du ich und Romeo. Wir leben! Romeo soll leben!

Ich grüß' Dich aus Verona — auch in meinen Tod geht Julia — Raoul — Romeo — Tonio — es verwirrt sich leicht.

Kuß, Kuß!

T.

Aslan an Tonio

Wien, 10. März 1944.

M. g. E.

Zimmer im Kurhaus Zabel sind bestellt für Juli. Kann man im voraus solche Pläne machen? Man muß es. So überwindet man geistig die Zeit.

Sehr gespannt bin ich auf Romeo-Bericht. Und daß Du April ev. herkommst, ist herrlich. Obzwar es noch schöner für mich ist, wenn ich zu Dir komme. Die Metzer sind bequemer als die Wiener. Aber auch so ist es herrlich. Nur wenn Du ganz da sein wirst, dann freilich ist es hier schöner.

Gestern war ich bei Wanieks [1]. Sie ist besonders lieb, wenn sie von Dir spricht. Darum habe ich sie gern. Und er ist auch nicht gewöhnlich. Merkwürdig — doch nicht so beliebt. Seh' ich die Dinge und Menschen anders? Oder sind sie anders, als die Menschen sie sehen? Oder sind sie zu mir anders? Selten, daß ich Antipathien habe!

Warte auf Müthels Einladung! Er will mir was sagen! Was kann es sein?

Nebenbei: Billingers Stück war sehr gut, aber durchaus nicht für mich. Keine Spur einer Aslan-Rolle. Alles so merkwürdig!

Meine Dante-Vorlesung war nach der ersten Notiz total ausverkauft. Schade, daß Du nicht da bist! (19. März).

Liebster, wie bin ich glücklich über Deine Brieflis.

Deinen Romeo muß ich sehen! Wenn ich nur Schlafwagen bekomme und es mit Termin klappt!

Immer Dein!

D. R.

[1] Herbert Waniek, Schauspieler und Regisseur am Burgtheater. Seine Frau war die Burgschauspielerin Sylvia Devez.

Tonio an Aslan

Metz, 12. März 1944.

Mein Raoul!

Romeo-Première ist vorbei. Es war ein Fest. Und Julia und ich mußten immer wieder vor den Vorhang. Blumen, Blumenkörbe und wieder Blumen rahmten uns ein. Ein paar Frauen schwangen mein

Bild aus dem Foyer und wimmerten meinen Namen. Es soll meine beste und schönste Rolle sein. Ich spielte nicht, ich lebte Romeo. Und das tue ich allabendlich wieder. Kritiken sind lächerlich und ärgerlich. Der eine Kritiker mußte daraufhin gehen. Wir waren mit Huttig und Böhm nach der Première bei Huttig. Ich habe kaum getrunken, war müde, vielleicht glücklich. Ach, wärest Du dabei gewesen! An diesem Abend hätte ich dann restlos glücklich sein können.

Peinlich ist mir nur das Lächeln der Leute auf der Straße, in den Restaurants, wo man ja essen muß. Das ist eine Folter. Alles starrt mir ins Gesicht, jeder tut so, als kennte er mich. Mein armes Gesicht kommt mir dann so müde und abgebraucht vor. Durch die Straßen gehe ich auf Umwegen ins Theater mit aufgestelltem Kragen. Die Dunkelheit ist mir immer recht, weil ich mich darin geborgen fühle. Popularität ist wohl etwas Furchtbares!!

Nun sitze ich da mitten unter den vielen, vielen Blumen wie eine Diva — aber allein.

Viel Liebes und mein Herz dazu!

T.

Aslan an Tonio

Wien, 15. März 1944.

M. g. E.

Dein Briefli vom 8., kurz vor der Première geschrieben, habe ich erhalten. Freude ist kein Ausdruck. Glück ist zu wenig. Vielleicht ist doch Dank das richtige Wort. Stummer Dank. Schweigen. Atemloses Schweigen. Geheimnisvolles Schweigen. Nun will ich wissen, wie's nach der Première aussieht. Das kommt wohl noch.

Während Du mit Romeo und Julia lebst, lebe ich mit Dante und Beatrice [1]. Und mancherlei Fäden knüpfen sich hin und her.

Müthel hatte mich also ins Imperial geladen zum Abendessen und sagte mir nun sein Geheimnis. Sprich, bitte, noch nicht darüber! Es soll also von Juni bis Dezember eine monumentale, weil sehr ungekürzte Fassung des Gesamt-Faust (I. und II. Teil) an vier Abenden (also sozusagen vier Premièren) probiert und herausgebracht werden. 1. Abend: zirca Ende September, 2. Abend: zirka Ende Oktober, 3. Abend: zirka Ende November, 4. Abend: zu Weihnachten alle vier. Und in diesen Aufführungen soll ich den Faust und Balser den Mephisto geben. Ich bin elastisch im Geiste und in der Phantasie und sehe auch diese Möglichkeit. Natürlich ist die andere Fassung (Balser: Faust, ich: Mephisto) auch möglich. Aber, denk' Dir, ich glaube, es kommt nicht zu den vier Abenden [2]!! So lasse ich's an mich herankommen, und das einstweilige Studium des Faust kann nicht schaden. Das übrige Gespräch erzähle ich Dir mündlich. Bin gespannt, was Du dazu sagst.

Ansonsten warte ich, entweder nach Metz zu fahren oder Dich hier zu sehen. Was in diesem Warten eingeschlossen ist an Erkenntnissen, Leiden, Freuden, und Entwicklungen, an Hoch und Tief, und Groß und Klein und, ach, an Zeit und Stunden, die nicht wiederkehren, und noch mehr, ach, an Stunden, die zu lange währen, das wissen nur Gott und ich.

Dank Dir, Liebes, noch einmal für das Briefli vom 8.

Kuß, Kuß!

D. R.

[1] Für seinen Vortragsabend.
[2] Es kam auch wirklich nicht dazu. Aslan, dessen Rolle immer der Mephisto war, hatte allerdings unter Direktor Beer am Volkstheater auch einmal den Faust gespielt.

Tonio an Aslan

Metz, 15. März 1944.

Mein Raoul!

Morgen will ich mir die Romeo-Daten geben lassen und Dir schicken; Vielleicht kannst Du kommen. Ich fürchte, im April wieder nicht fort zu können. Die Osterpremière soll „Lumpazi" [1] sein. Huttig macht es selbst. Irgendeinen Baum [2] werde ich darin schon spielen müssen.

Manchen Tag spüre ich es besonders, das Getrenntsein von Wien. So heute. Da sinkt alle Hoffnung. Dieses Briefe-Leben reißt an solchen Tagen an meinen Nerven. Und ich muß alle Beherrschung zusammennehmen, um weiter zu arbeiten. Sinnlos erscheint dann vieles.

Diese Machtlosigkeit gegen ein aufgezwungenes Schicksal! Aufgezwungen von Staat und Gesetz. Wie schwer erringt man sich schon seine persönliche Freiheit, seinen seelisch-geistigen Mut! Und dann noch Gesellschaftsordnung und Staat, das ist zu viel!!

Wie gerne wäre ich am 19. bei Deiner Dante-Vorlesung! Aber wie immer haben die anderen alle die großen Momente, die Menschheit frißt sich satt, saugt uns aus, nimmt unser Bestes: unsere Kunst, und gönnt uns unser Eins-Sein nie. Wie entsetzt starren sie einen an, wenn man den Mut zu sich selbst hat!

Im Juli sollen wir im Kurhaus Zabel sein. Hoffentlich läßt uns die Menschheit dort in Ruhe! Diese Telefonanrufe und Briefe von anonymer Seite sind so beunruhigend. Wie klein doch das alles ist! Wir, die wir dauernd um unser Schönstes, Größtes ringen, dürfen von diesen Kreaturen der Kleinheit nie ausruhen. Lieber Gott, Du allein weißt es, warum alles so ist. Und deshalb kann ich halt auch nur verzeihen, auch denen, die mir so wehe tun. Wir geben, man nimmt von uns, aber läßt uns mit Achselzucken verhungern.

Großer Gott, Du bist gerecht und weißt allein, warum es so ist. Nie will ich hart sein. Gib mir die Nächstenliebe auch zu denen, die mir so wehe tun und die mich nach meinem Raoul verhungern lassen!

Ein verhangener Tag im März. Dich, mein Leben, umarme ich auch im verhangenen Zustand.

T.

[1] „Lumpazivagabundus" von Nestroy.
[2] Bedeutet im Schauspieler-Jargon eine kleine „Wurzen"-Rolle.

Tonio an Aslan

Metz, 18. März 1944.

M. i. g. R.

Heute früh drang das Gerücht zu uns ins Haus: „In Wien waren die Amerikaner." Bin voll Sorge. Soll es da also auch losgehen? Armes schönes Wien [1]!

Morgen hast Du die Dante-Vorlesung. Toi, toi, toi!

Die Sonne scheint, es ist ganz warm draußen. Die Gedanken und Sehnsüchte irren hin und her. Was denkt, fühlt, wünscht man nicht alles! Ganz wirr wird mir davon. Tiefe melancholische Schatten dringen in mich ein. Bald ist es wieder Frühling. Das Morden wird noch grausiger. Und jetzt auch noch Wien! Wie sich alles im Kreise dreht! Und Du bist dort, und ich bin hier. Und Krieg ist, und Weltuntergangsstimmung hält an. Und Müdigkeiten legen sich wie Alpdrücken auf Leib und Seele.

Weißt Du, daß die Nelke die Blume der Liebe ist? Als Romeo hatte ich beim ersten Auftritt eine rote Rose in der Hand. Ich wußte nichts von der Nelke als Liebesblume. Irgendwo las ich es in den letzten Tagen in einem Buch. Es gefällt mir. Ich liebte Nelken immer sehr. Als Kind machte ich für den Christbaum weiße Nelken aus Papier.

Die letzten Wochen war ich ausschließlich in Frauengesellschaft. Vor zwei Nächten hatte ich einen seltsamen Angsttraum: Alle diese meine bekannten Frauen gingen im Reigen durch diesen Traum; zum Schluß wurden sie Mänaden und zerrissen mich in blutige Stücke. Sehr aufschlußreich.

Gestern las ich in der Bibel über die Liebe [2]. Herrlich, herrlich! Doch in dieser Form ringt sich Menschentum kaum durch. Die unpersönliche Menschenliebe ist schon nicht zu erreichen, wie dann erst die Liebe zu Gott? Meine Liebe zu Dir hat von beiden etwas. Aber Du Gegenstand dieser Liebe machst es mir halt auch leicht.

Du, schöner, großer, herrlicher Mensch, ich grüße Dich zu Frühlingsanfang und schenke Dir alle Nelken der Welt!

T.

---

[1] Offenbar war es Aslan gelungen, Tonio frühere Bombenangriffe auf Wien zu verheimlichen, da der erste doch schon am 10. September 1943 stattfand. Wie diese Verheimlichung gelingen konnte, ist allerdings rätselhaft.

[2] Die berühmte Paulus-Stelle aus dem Korinther-Brief (s. Aslans Brief vom 23. Februar 1944).

Aslan an Tonio

Wien [1], 27. März 1944.

M. g. E.

Welch freudige Überraschung für mich, als ich Sonntag nachmittag, kaum zu Hause angekommen, Deine lieben Briefe vom 15. und 18. vorfand!

Wenn man so zusammen ist, wie wir es jetzt ein paar Tage wieder waren, ist das Dasein an sich schon so schön und beglückend, daß man geradezu eine Hemmung hat, fast eine Angst, durch „Gespräche" und „Analysen", durch „Betrachtungen" und „Erkenntnisse" das Zusammensein irgendwie zu stören. Jedes Gespräch (Kunst, Liebe oder Religion) führt zu Meinungsverschiedenheiten, zu geistigen Spaltungen, zu Diskussionen. Es ist halt doch jeder Mensch irgendwie anders zusammengesetzt, anders gemixt, anders benervt, und dies alles könnte die Harmonie stören. Man will das Schöne nicht antasten, um es ja nicht zu beflecken, um es rein zu erhalten. Und so geht man eher allem aus dem Wege, um ja nicht vom „Schönen" wegzukommen. Empfindest Du das auch so? Es ist unendlich zart, das Schöne! So kommt es, daß vier Tage vergehen, und man sagt sich nachher: Aber gar nichts haben wir besprochen, und so viel wollten wir uns sagen, ehe wir uns sahen! Ja, genauso ist es. Und ich versteh's! Auch glaubt man oft, gar nichts sagen zu müssen, weil der andere es so schon weiß, ehe man es gesagt hat.

Du lasest in der Bibel über die Liebe. Die Paulus-Stelle? Im Korinther-Brief? Du sagst: „Die unpersönliche Menschenliebe ist schon nicht zu erreichen, wie dann erst die Liebe zu Gott!" Dann sagst Du gleich darauf: „Meine Liebe zu Dir hat von beiden etwas." Und das ist wahr. Meine auch. Dahin müssen wir streben. O tiefstes Geheimnis! Ist doch Gott die Liebe. Aber wie liebt man auf gottgefällige Art den Menschen, den geliebten Menschen? Das ist ja viel schwerer zu fassen und durchzuführen. O, ich möchte nicht sterben, ehe ich nicht die reine Menschenliebe — und das ist dann auch die reine Gottesliebe — erlebt habe!

Daß die Nelke eine Liebesblume ist, wußte ich. Aber ein Symbol der sinnlichen Liebe, wie die Lilie Symbol der reinen Liebe ist und die rote Rose Symbol der Herzensliebe. Ich glaube, meine Lieblingsblume ist die blaue Hyazinthe.

Ich habe noch viel an Deinen Romeo gedacht. Warum ärgerst Du Dich, wenn ich den höchsten Maßstab anlege [2]? Ja, soll ich das nicht? Lege ich nicht immer den höchsten Maßstab an, wenn es sich um Kunst, Liebe oder Religion handelt? Daß wir alle dann — Du, ich, wir alle — diesem höchsten Maßstab nicht ganz entsprechen, ist ja eben der Inhalt unseres Lebens. Aber dürfen wir aufhören, das anzustreben? Und wie schön ist es, wenn wir in diesem Streben immer wieder eine höhere Stufe erklimmen! In Deiner Sehnsucht und in Deinem Wollen denkst Du genau so, aber in der Praxis bäumst Du Dich da und dort gegen dies und jenes auf. Stimmt's? Innerlich natürlich. Äußerlich gibst Du nach, bist willig gegenüber dem Regisseur, nicht bockig. Aber innerlich ist etwas, das rebelliert. Stimmt's? Das ist so ein Punkt, wo Du mich nicht magst. Vielleicht kann ich mich auch nicht verständlich machen. Aber Du weißt doch, wie ich's meine, d. h., wie gut ich's meine, und vor allem, wie neidlos ich bin, wie brennend ich Dir Erfolge wünsche, weit über meine Erfolge hinaus. Glaub' mir: Seit ich weiß, daß Christus der wirkliche Sohn Gottes ist, bin ich nicht mehr eitel. Was ich Dir in Kunstdingen sage, ist nicht mehr Metier, nicht mehr Theater, das ist reine Liebe, ist Gnade. Ich bin nichts, nur Gott ist.

Aber vieles war wunderschön, und daran hatte ich meine Freude! Nur so weiter! Würde mir's zehnmal anschauen, und immer wüßte ich was!

Gute Nacht, mein schöner Freund!
D. R.

[1] Zwischen diesem und dem vorigen Brief war Aslan vier Tage in Metz gewesen und hatte Tonio als Romeo gesehen.
[2] Dies und das Folgende bezieht sich jedenfalls auf ein mündliches Gespräch in Metz.

Tonio an Aslan

Metz, 29. März 1944.

Lieber, großer Raoul!

Vom Bahnhof [1] bin ich gleich nach Hause. Da war ich voll Trauer. Die Wohnung war noch voll des Fluidums von Dir. Aber Dein Nochdasein machte mich weinen, und so kroch ich wie ein kleiner Bub, doch ohne die liebende, streichelnde Hand einer Mutter ins Bett. Da schickte Gott mir einen Schlaf, der von 8 Uhr abends bis 8 Uhr früh dauerte.

Der Tag mit seiner Arbeit, mit seinen Pflichten machte mich nicht vergessen. Doch mahnte er, es müsse weitergehen. So lebe ich halt wieder mein Metzer Leben. In Gedanken jedoch begleitete ich Dich und bin auch so in und mit den Gedanken bei Dir.

Der Frühling, der hier beginnt, tut auch so seine Verwirrung dazu. So gehe ich halt wie ein Schlaf- oder -Traumwandler durch die alten, in Geschichte grau gewordenen Gassen. Doch schaue ich auf meinen Wegen zum Theater nach Baum und Strauch und freue mich an jeder kleinen grünen Knospe, die ich entdecke.

Gestern abends war ich in „Tosca". Wie ähnlich und doch immer anders sind alle großen Lieben! Aber Sterben gehört dazu! Ich mußte auch die ganzen Tage nach Deinem Weggang an das französische Sprichwort denken: „Jeder Abschied ist ein kleines Sterben."

Dazwischen spiele ich meinen Romeo. Ich mache jetzt vieles anders [2]. Den Anfang spiele ich mit einem Herzen voll Blei u. s. w. Ich habe Dich verwirrt durch meine Depression [3]. Vielleicht sagst Du mir im Briefe mehr darüber. Verzeih mir und liebe mich so, wie ich bin, so innig, wie ich Dich liebe. „Je mehr ich gebe, umso mehr auch hab' ich," sagt die Julia. Vielleicht hätte ich zu Shakespeares Zeiten die Julia gespielt [4]. Doch liebe ich meinen Romeo! Adieu! Kuß!

T.

[1] Wohin er Aslan begleitet hatte.
[2] Nach der Anleitung Aslans, die dieser ihm in Metz gegeben hatte.
[3] Jedenfalls bei Aslans Anwesenheit in Metz.
[4] Da zu Shakespeares Zeiten auch die Frauenrollen von Männern gegeben wurden, wie ja auch in der Antike.

Aslan an Tonio

Wien, 1. April 1944.

M. g. E.

Heute morgens 8 Uhr war ich bei der Musterung. (Das ist kein Aprilscherz.) Bin k. v. [1] Landsturm 1 a! Meine neueste Rolle! Dem Oberleutnant gab ich einen Brief vom Schirach, darin geschrieben stand: „Unentbehrlich und unersetzlich." Bin ich Dir auch (nicht nur Herrn Schirach) unentbehrlich und unersetzlich? Bitte, gib mir's auch schriftlich!

Und doch! Im tiefsten Grunde ist doch alles Komödie. Wer ist unentbehrlich und unersetzlich außer Gott? Müssen wir nicht dauernd das Unentbehrliche entbehren? Und das Unersetzliche doch ersetzen? Ginge das Burgtheater nicht flott weiter, wenn ich plötzlich stürbe, und Dein Leben auch?? So, in dieser Stimmung las ich die Novelle von Verlaine [2]. Darum schicke ich sie Dir. Es ist viel, viel Stimmung darin.

Gestern abends war ich mit Buschbeck zusammen. Also mein Buch wird Ende Juli fertig. Erscheint also August oder September. Titel: „R. A. und das Burgtheater" [3]. Vielleicht, wenn es Erfolg hat, reizt es dann einen andern, dazu ein persönliches Buch zu schreiben [4].

Jetzt bin ich schon wieder 8 Tage von Metz weg. Aber ich möchte gleich wieder hin.

Ev. am 25. April Wiederholung des Dante-Vortrages in Prag.

Ich bin so glücklich bei dem Gedanken, daß ich Dich liebe und daß Du mich liebst. Schreib' bald! Oder besser: Wann seh' ich Dich?

Innigst

D. R.

[1] K. v. = kriegsverwendungsfähig.
[2] Unbekannt, welche Novelle.
[3] Das mehrfach erwähnte Buch Buschbecks über Aslan. Es erschien aber erst 1946.
[4] S. Einleitung.

Tonio an Aslan

Metz, 2. April 1944.

Mein innigst geliebter Raoul!

Deinen lieben langen Brief vom 27. März habe ich erhalten und muß staunen, wie doch unsere Gedanken fast zur gleich Zeit die gleichen waren. Freilich kannst Du alles Gedachte viel klarer und schöner sagen. Und freilich hast Du in allem so recht. Nachträglich tut es mir schon leid, daß von den vier Abenden drei mit Griegs, Mottonis [1] und Grand Hotel besetzt waren. Diese wenigen Stunden! Aber vielleicht fühlst Du das nie so, weil Menschen, die Du gerne hast, Dich im Zusammensein mit dem geliebten Menschen nie stören. Deine Einsamkeit ist überhaupt immer eine andere Einsamkeit als meine. Ich bin egoistischer, fast brutaler im Erkämpfen meiner eigenen Stunden. Auch finde ich mein Gleichmaß besser im Ganz-allein-Sein, d. h. ohne Menschen. Und ich brauche Ruhe, Beschaulichkeit, Harmonie. Das einzige Menschenwesen, das mich dabei nie stört, bist Du. Ja, mit Dir will ich sogar die Ruhe, Beschaulichkeit, Harmonie leben. Verstehst Du das? Trotzdem waren die Tage glücklich!

Ich muß Dich immer wieder um Verzeihung bitten, wenn mein Wesen verärgert erscheint bei Deinen Bemerkungen über Eindrücke von Gesehenem [2]. Ich weiß, Du schweigst dann und sagst nichts mehr. Aber verstehst Du denn nicht, wie wichtig mir Deine Kritik, Deine Betrachtung ist? Wer oder was sollte mir gerade in Kunst- und Theaterbetrachtung mehr bedeuten als Du! Bitte, behalte das für alle Zukunft! Und sollte es manchmal so sein, daß innerlich bei mir etwas rebelliert, (Du hast ja recht), so verzeih oder übersieh es, und gib es nie auf, mein Kunsterzieher zu bleiben, bitte, bitte! Ja, ja, zum Vollkommenen kommt man nie, weder da noch dort. Das macht ja soviel Leid. Das Vollkommene ahnt man schon in der Seele, doch der Ausdruck ist und bleibt stümperhaft: in der Religion, in der Kunst, in der Liebe. Aber Gnade über mir — ich ahne es in der Religion, in der Kunst, in der Liebe, ahne es in der Seele. Das sind die Momente des Entrücktseins in meinem Leben. Ich kann es sagen, weil ich diese Momente bewußt festhielt. Ich war nie eitel. Immer gönnte ich Dir Deine großen Erfolge. Ach, Raoul, in den 13 Jahren, seit wir uns kennen, habe ich lange Zeit zum Erproben gehabt. Ahnst Du, was ich für Kämpfe durchmachen mußte? O, das allein wäre der größte Liebesbeweis. Aber nie — ich schwöre es — war ich neidisch auf Dich. Mit Freuden habe ich immer Deine Größe in der Kunst und Deine menschliche Größe anerkannt. Stolz hat sie mich immer gemacht von Anfang an, Deine große Persönlichkeit, die ich immer erkannt, die ich immer neidlos bewundert habe.

Kampf war mir immer nur: Wie bestehe ich neben dieser Persönlichkeit? In der Liebe gibt es zwei Arten: sich auslöschen oder bestehen. Ich wollte bestehen. Und das war und ist immer wieder der Schmerz, daß ich meine Kleinheit neben Deiner Größe sehe. Verstehst Du das?

Das ist auch immer wieder das Erschrecken, wenn Du mich auf der Bühne siehst und hinterher unzufrieden mit mir bist oder sagst: „Na ja, das war ganz schön, aber das und das fehlte." Da fühl' ich dann gleich wieder: Aha, ich kann neben ihm nicht bestehen. Denn denke Dir, ich habe Eindrücke von Dir, von der Bühne herunter, die vollkommen waren. Daher mein Wunsch, Dir auch einmal vollkommen zu erscheinen! Psychologisch könnte ich Dir immer alles erklären.

Und so, wie Du mir endgültig sagst: „Was ich Dir in Kunstdingen sage, ist nicht mehr Metier, nicht mehr Theater, das ist reine Liebe," so sage ich Dir endgültig: „Meine Sehnsucht, Dir gleich zu sein an

Gestaltungskraft, die leider immer stümperhaft bleiben wird, weil wahrscheinlich letzte Gnade fehlt, ist auch reine Liebe."

Doch Gott allein weiß, was er mit uns vor hat, und so will ich weiterhin bitten, beten, lieben und mich üben, geduldig zu werden, denn viel wurde mir gegeben. Er kann mir dieses auch wieder nehmen.

Ich grüß' Dich in tiefster inniger Verbundenheit.

Dein T.

[1] Metzer Kollegen Tonios.
[2] Bezieht sich natürlich auf Tonios Rollengestaltungen.

Aslan an Tonio

Wien, 4. April 1944.

M. g. E.

Dieses Bild von Paul Verlaine [1] fand ich in einer französischen Zeitung. Einer der lasterhaftesten und (durch Alkohol) verkommensten Kriminaltypen, in dem der Funke eines großen Dichters brannte. Eine der zweigeteiltesten Seelen der Kunstgeschichte. Sollte ich ihn im Jenseits begegnen, müßte ich einen Augenblick mein Allelujah unterbrechen und weinen. Es ist der Mühe wert, französisch zu lernen, um gewisse Verse in der Originalsprache zu lesen. Und dieser total Verkommene hatte eine brennende Sehnsucht nach Christus und seiner Kirche. Ich möchte etwas über die letzten Stunden vor seinem Tode wissen. Vielleicht kann man das in Metz erfahren.

Ja, das ist richtig: „Jeder Abschied ist ein kleines Sterben." O, das spüre ich mit Verlaine-haft krankhafter Subtilität.

Lieber, wenn ich von Romeo sprechen soll, darf ich nicht die vielen schönen Momente aufzählen, da würdest Du die Naivität verlieren, der Schmelz ginge weg. Ich darf nur die Stellen verbessern, die noch nicht ganz gekneft sind. Satz für Satz. Das können wir ja machen. Das ist nicht leicht für beide, aber lohnend. Man muß ganz, ganz hineinplumpsen ins Innerste. Sich's schwer machen. Ich hab's ja auch nicht gekonnt. Jetzt könnt' ich's. Zu spät. Talent ist zu wenig. Nicht einmal Genie genügt. Es muß Übung dazu kommen. Nicht Routine. Übung. Arbeit. Seelengymnastik. Es gibt so viele talentierte Tänzer, auch geniale, aber nur eine Pawlowa. Und sie übte bis zu 16 Stunden täglich. Unvorstellbar. Auch Hubermann [2]. Auch die Helene Thimig. Ich denke an die „Stella"-Proben [3]. In unserem Beruf ist üben gleich hineinhören, hineinsinken in eine Situation und unter ständiger Kontrolle eines Seelenführers. Nach Jahren wird man dann selbstständig und kann sich selbst kontrollieren. Welche Ähnlichkeit mit den Exerzitien des heiligen Ignatius von Loyola! Frage den heiligen Franz, ob er immer beten konnte? Er mußte es auch üben und war doch gewiß ein Genie. Bis er ganz ins Gebet hineinplumpste, ganz drin war. Und die Übungen tun weh. Man muß sich schlagen, bis aufs Blut peinigen. Es ist dasselbe. Nur heißt das eine: in Gott fallen, das andere: in die Rolle fallen. Religion und Kunst sind beide übernatürliche Tätigkeiten. Auf einer gewissen Ebene trifft sich alles. Nur müssen wir danach streben. Es ist unsere Sache dann, wie weit wir's bringen. Ich spreche in Superlativen. Aber Du weißt, wie ich es entsprechend meine.

Und nun gute Nacht, es ist $^1/_2$ 12 Uhr, ich gehe schlafen, Geliebter.

D. R.

[1] Mit einem Bild des Dichters.
[2] Bronislav Hubermann, der berühmte Geiger.
[3] Aslan war seinerzeit Partner Helene Thimigs in Goethes „Stella" in Berlin bei Reinhardt.

Tonio an Aslan

Metz, 5. April 1944.

Mein schöner Freund!

Ob Du mir unentbehrlich und unersetzlich bist? Wenn Du plötzlich stürbest, ob mein Leben weiterginge? Sieh, ich weiß es nicht! Im Gefühl, in der Seele weiß ich es. Ich möchte im gleichen Augenblick sterben, um ja den Übergang ins andere Leben Hand in Hand mit Dir antreten zu können. Und drüben würde uns dann hoffentlich nichts mehr trennen, weder Engagements, noch Menschenmeinung, noch Gesetz. Gott wird verstehen, muß Wohlgefallen an wahrer Liebe haben, und darum braucht er nicht einmal zu verzeihen. Ja, Du bist mir unentbehrlich und unersetzlich, und müßte ich nach Deinem Tod weiterleben, fände ich sicher den Weg, der Dir von oben her wohlgefällig wäre.

Gestern waren die Mannheimer mit „Figaro"[1] da. Göttlicher Mozart! Ich kann vor Glück weinen. Die Arie der Susanne im letzten Akt hat mich tief ergriffen.

Zu den Feiertagen spiele ich jeden Abend in „Lumpazi": nicht nur den Windwachel, auch die zwei Sätze des Hilaris — ohne Widerspruch — weil ich ein „Schwieriger" bin [2]. Aber freuen tut mich der ganze Lumpazi nicht. Dann kommt „Schmetterlingsschlacht" [3]. So jagt ein Stück das andere. Komme mir so abgenützt und mißbraucht vor. Bin manchesmal direkt theatermüde und wünschte mich weit weg von all diesem Wahnsinn. Die Stille, die Einfachheit lockt mich so sehr. Von der Lautheit habe ich so genug. Ganz still sein dürfen, in die untergehende Sonne schauen, stille, stille sein, o wie herrlich! Das Leben in der Beschaulichkeit scheint mir das wirkliche Leben zu sein. Ich fühle das immer mehr in mir: Der Weg zur Stille, zum Alleinsein dürfte meiner werden. Durch viele Lautheit mußte ich gehen, um das endgültig zu erkennen!

Hier wird es Frühling. Ich fange an, die Wunder des Blühens zu schauen. Ich freue mich auf den Osterspaziergang. Die Passion lese ich ab morgen in der Karwoche.

Lebe wohl, unentbehrlicher, unersetzlicher, geliebter Mensch, Freund, Bruder, Geliebter!

T.

[1] Zur Auflockerung des Theaterprogramms gastierte das Mannheimer Opern-Ensemble in Metz mit „Figaros Hochzeit".
[2] Huttig nannte Tonio sein „schwierigstes Mitglied".
[3] Von Hermann Sudermann.

Aslan an Tonio

Wien, 6. April 1944.
(Gründonnerstag)

M. g. E.

Gestern nachmittag war ich bei dem Jesuitenpater Waldmann (Am Hof) und beichtete in seinem Zimmer. Natürlich kann ich über die Beichte nicht sprechen. Aber Du kannst Dir denken, um was es immer geht. Das Opfer. Ohne das geht es nicht. In diesem Falle Du und ich.

Heute früh 7 Uhr in der Stefanskirche beim Hochamt. Innitzer [1] zelebrierte es mit großer Assistenz. Dann war die Fußwaschung an 12 Greisen. Früher fand diese Zeremonie in der Hofburg statt. Der Kaiser wusch 12 Greisen die Füße. Dein Vater muß Euch Kindern davon erzählt haben.

Was Du vom Alleinsein sagst, ist richtig. Du bist darin absoluter. Mein Alleinsein hat immer noch einen (orientalischen) Hofcharakter. Sklaven wachen bei meinem Alleinsein [2]. Selbst der Herr folgte dieser orientalischen Sitte. In der größten Stunde seines irdischen Alleinseins auf dem Ölberg waren die Jünger bei ihm. Es heißt: „Nun ging er hinaus und begab sich nach seiner Gewohnheit auf den Ölberg. Die Jünger aber folgten ihm. Als er dort angekommen war, sprach er zu ihnen: „Betet, damit ihr nicht in Versuchung fallet!" Dann entfernte er sich von ihnen einen Steinwurf weit, kniete nieder und betete: „Vater, wenn du willst, so nimm diesen Kelch von mir! Doch nicht mein Wille geschehe, sondern der deine!" — — —

Dein Alleinsein ist nicht egoistisch, sondern intensiver. Mir imponiert das. Mir imponiert alles, was ich nicht kann.

Gestern sprach ich mit Rott über Dich. Er meinte, Du seist gar nicht schwierig, sehr bereit, sehr eingehend und biegsam, nur zu schnell verzweifelt. Er arbeite sehr gut und gern mit Dir. Du siehst also, daß das, was ich schwierig nannte, sich nur auf mich bezieht. Und Du erklärst es ja. Das „Bestehenwollen" erscheint als schwierig.

Nur, was Du von meiner „Vollkommenheit" sagst, ist sehr relativ. D. h., wohl habe ich Momente, Sätze, Szenen, die so aussehen, als wären sie tadellos. Aber nur Momente. Eine vollkommene Rolle hab' ich nicht. Relativ vollkommen waren Caruso, Pawlowa, Toscanini, die Duse und wenige andere. Aber das Wissen um die Dinge unserer Kunst, ja, das hab' ich. Es wäre falsche Bescheidenheit, das zu leugnen. Aber ich selbst bin ein ganz Unvollkommener!

Aber für Dich bin ich wahnsinnig ehrgeizig. Ich will, daß die Besten unter uns Dich nicht nur anerkennen, sondern bewundern. Ich bin nicht wie Bassermann, der seine Else [3] für die größte Schauspielerin hält. Bassermann selbst, fast ein vollkommener, großer, königlicher Schauspieler, ist im Wissen um die Dinge unserer Kunst eher naiv. Else ist keine schlechte Schauspielerin, aber keine von den großen.

Du hast etwas Persönliches! Aber es ist überwuchert. Der tief drinnen leuchtende Kristall ist nicht an der Oberfläche. Noch nicht ganz. Da muß man hacken, graben, führen. Bei mir war's ähnlich. Jetzt leuchtet manchmal der Kristall, aber nur manchmal. Es kommt, es kommt, nur Geduld! Plötzlich. Rott war für Dich anscheinend gut. Felsenstein müßte es auch sein. Und dann auch ich. Aber ich bin doch zu wenig brutal. Graben und hacken kann man nicht mit Handschuhen. Da braucht man derbe Fäuste. Aber Dich hart anzupacken, fiele mir schwer.

D. R.

---

[1] Kardinal Dr. Theodor Innitzer, Erzbischof von Wien.

² Aslan war immer von einem Kranz von Freunden und Freundinnen umgeben, die sich um ihn kümmerten.
³ Else, Albert Bassermanns Gattin, ebenfalls Schauspielerin.

Tonio an Aslan

Metz, 11. April 1944.

Mein innigst geliebter Raoul!

Dein Paul Verlaine-Brief kam am Ostersonntag an. Ja, leider kann ich die französische Sprache nicht, um die Schönheit mancher seiner Verse so zu genießen, aber auch in der Übersetzung von Stefan George spürte ich große Schönheiten. Ich wüßte gerne mehr über ihn. Die Zweigeteiltheit seiner Seele ist gerade das Anziehende an ihm.

Jetzt soll „Schmetterlingsschlacht" drankommen. Ein wirklich fast peinlich veraltetes Stück, allerdings mit guten Rollen. Ich soll den Apothekerlehrling spielen. Sonst, glaube ich, kommt in dieser Saison nichts mehr für mich.

Ich hoffe, am 15. Juni schon in Wien zu sein. Was dann kommt, wird man ja sehen. Lebt man doch von einem Monat auf den andern, ja, fast von einem Tag auf den andern.

Am Donnerstag habe ich eine Besprechung für meinen kommenden ersten Vortragsabend hier. Vielleicht Rilke und Hölderlin. Ich habe ein bißchen Angst davor. Will die Würz (meine Julia) vorschlagen, vielleicht um den Abend zu zweit zu machen. Du könntest mir da viel helfen, wenn Du jetzt da wärst. Wenn ich an Deine Rilke-, Hölderlin-, Homer-Abende denke! Herrlich, vollkommen schön! Großer Eindruck! Die großen Dichter, durch Dich herrlich transparent geworden.

Großartig, wie Du mir in Deinem letzten Brief das Hineinplumpsen in die Rolle erklärst und anrätst. Fühlen tu' ich es ja bestimmt, weiß auch um all dies Ringen, will auch immer so arbeiten, fast kann ich gar nicht anders. Doch ist es unbewußt. Nie bin ich an meine großen Rollen anders herangegangen. Ich peinige mich sehr. Bis aufs Blut geht der innere Kampf! Doch herrlich, daß Du mir das alles sagst und bewußt machst! Zu meiner großen Liebe kommt Dankbarkeit hinzu. Dank und Liebe — Liebe und Dank. Du, ich, die Kunst: auch eine Dreiheit — auch eine Einheit!

Grüß' Dich sehr!

T.

Aslan an Tonio

Wien, 11. April 1944.

M. g. E.

Ich fühle mich immer so wohl nach einem Brief von Dir. Danke Dir, daß Du, wenn ich früher sterbe, „den Weg fändest, der mir gefällig wäre".

Ja, der Weg, das ist das größte Problem. Das Ziel kennen wir: in der Kunst, in der Liebe, in der Religion. Aber der Weg! Ist's nicht immer der Weg? Der gerade Weg, der Nebenweg, der Abweg, der Umweg, der Zwischenweg. Immer ist der Weg das Problem. Sagen wir nicht: „Wir gehen denselben Weg," oder: „Welche Wege geht sein Denken?" oder: „Er ist auf abschüssigem Weg," oder: „Sein Weg ist steil." Der Weg ist's immer. Das Kernproblem. „Alle Wege führen nach Rom," heißt es u. s. w.

Es gibt fast soviele Wege, als es Menschen gibt. Wie schön, wenn zwei denselben Weg gehen! Der Herr schickte immer zwei Jünger auf den Weg, dahin und dorthin. Wenn zwei denselben Weg gehen, ist es weniger bedrohend, als wenn einer allein den eigenen Weg geht. Denn der eigene Weg ist oft ein Abweg. Das Wort „Weg" sagt mir viel.

Heute abends war ich in „Candida". Oskar Werner [1] spielte den Marchbanks. Du kannst Dir denken, welche Wege meine Phantasie ging.

„Der Weg zur Stille, zum Alleinsein," der Dir so lieb ist, ist ein wahrhaft guter Weg. Der beste. Diesen Weg gehe ich eigentlich nur in der heiligen Messe. Sonst reißt es mich, Menschen zu formen, zu lenken, Werke zu schaffen, Gesellschaften zu bilden, die Macht und Einfluß über andere gewinnen könnten, mit dem Ziel: Kunst oder Religion (s. Renaissance [2] oder Jesuiten-Orden).

Trotzdem gut, daß Du in Lumpazi beide Rollen spielst. Das sind Opfer. Gräßlich, ich weiß es. Aber doch gut. (Es ist freilich leichter, Ratschläge zu geben, als sie zu befolgen).

Denk' Dir, gestern abends fiel ich auf der dunklen Treppe über die etwa zehn Stufen, wo es zum Lift geht. Zuerst vornüber und dann seitlich. Niemand weiß es. Es ist sicher so, daß mich zwei Engel beschützten. Sonst...! Ich hab' zu niemandem was gesagt. Bin so dankbar!

Romeo-Bild sehr schön.

Schrieb ich Dir, daß Albert Bassermann und Maria Bard [3] gestorben sind?

Dank Dir von ganzem, vollem Herzen für Dein Briefli!

Tausendmal

D. R.

[1] Oskar Werner, der bekannte Bühnen- und Filmschauspieler.
[2] S. Aslan, der „Mittelmeermensch".
[3] Maria Bard, die bekannte Schauspielerin und Gattin von Werner Krauß.

Aslan an Tonio

Wien, 16. April 1944.

M. g. E.

Wenn Du wirklich in der Saison nur „Schmetterlingsschlacht" zu spielen hättest, könntest Du also früher kommen. Herrlich! Und dann machen wir einen Sommerplan, möglichst weit weg von der „Großstadt" und ihren bösen Elementen.

Von Verlaine habe ich Dir einiges zu lesen geschickt. Interessant, daß er den viel jüngeren Artur Rimbaud zweimal angeschossen hat (aus Eifersucht) und zwei Jahre Kerker erhielt. Rimbaud starb ganz jung. Von Verlaine maßlos als Künstler überschätzt, war er doch sehr begabt, aber doch kein Vergleich mit Verlaine. Er ging auch elend zugrunde. Werde trachten, mir Verlaines sämtliche Werke aus Paris zu besorgen.

Ein Vortragsabend ist sehr, sehr interessant. Ist ganz anders als die Bühne. Auf der Bühne wandelt, verwandelt sich die Seele, auf dem Podium ist die Seele nur das souveräne Ich. Rilke ist sehr gut. (Hölderlin ohne Publikumswirkung). Von Rilke sehr wirkungsvoll (ev. mit Musik): „Weise von Liebe und Tod".

Am 25. bin ich in Prag, am 26. in Brünn. Vielleicht spiele ich, wenn Du im Juni da bist, eine große Première.

À propos „hineinplumpsen": Unser Beruf ist wirklich schwer, wenn man ihn meistern will, dann wieder manchmal ganz leicht, wenn man schon im Wasser schwimmt. (Schwimmen heißt in diesem Fall nicht textunsicher sein.)

Kleine Betrachtung

Wie die Menschen sich mühen, Dinge, die man mit einem Wort erledigt, literarisch zu umschreiben. Also: „Als Maler geistig und somit wahrhaft Künstler sein, heißt, das Lebendig-Wesentliche in aller Welt, den Sinn, die innere Idee und Werdeweise der Dinge schauen und ihr im Bilde Gestalt verleihen, sie glaubhaft schaubare Erscheinung werden lassen [1]."

Ich sage einfach: talentiert. In dem Wort „Talent" ist das vorher Gesagte vollinhaltlich drin. Und das gilt nicht nur für den Maler, sondern für alle „Künstler".

Oder: „Entweder lebt der Mensch und damit auch der Maler in der Ehrfurcht und in empfangender Bereitschaft der Geheimnisfülle des Lebendig-Schöpferischen, oder er tut es nicht [1]."

Ich sage einfacher: Entweder er ist talentiert, oder er ist es nicht. Der talentierte Künstler muß selbstverständlich das oben Gesagte restlos erfüllen.

Dasselbe gilt von dem Lebens-Talentierten, dem Religions-Talentierten, dem Kunst-Talentierten. Es ist alles so einfach, wenn man hineinplumpst. (Wie die Fürstin ins Gebet, wie der Fisch ins Wasser, wie der Vogel in die Luft, wie die Hyazinthe in den Duft).

Ich möchte zu gern auf einen Huscher nach Metz.

Kuß!

D. R.

[1] Autor der beiden Zitate nicht bekannt.

Tonio an Aslan

Metz, 17. April 1944.

Mein geliebter Raoul!

Kannst Du mir von Verlaine die Bücher (deutsch): „Bonne chanson", „Sagesse", „Amour" und „Fêtes galantes" besorgen? Wenn auch erst für den Sommer. Ich kenne sie alle nicht und wäre so begierig, sie zu lesen. Vielleicht hast Du Quellen! Sind sie überhaupt deutsch übersetzt? Sonst möchte ich sie mit Dir französisch lesen.

Was Deine Osterbeichte betrifft, so muß ich sagen, daß ich noch nicht so durchdrungen und zutiefst und innerlich bereit zum Verzicht bin. Aber ich arbeite an mir, ich bemühe mich, alles in und an mir zu veredeln. Die Zweigeteiltheit unserer Seelen macht uns schwer zu schaffen.

Ja, die Arbeit mit Rott war schön. Trotzdem ist er dämonisch. Aber ich wünschte mir, wieder mit ihm zu arbeiten.

Bassermann ist tot. Ich weinte. Ein Großer aus unserer Gilde ist nicht mehr. Arme Seele, wo bist du? Maria Bard tot.

Wir beide aber haben noch soviel vor uns: arbeiten mit Dir, Dich lieben, mit Dir leben. Soviel ist ungetan, soviel schreit nach unserem Zusammensein. Die Zeit rast über uns weg. Der Tod schreit es einem zu: „Ich warte, ich komme zu euch allen!" Den Lebensweg will ich mit Dir gehen. Ist es doch meine Bestimmung. Sind wir nicht deshalb zusammengeführt worden? Auf demselben Weg wollen wir gehen!

Mögen Deine Engel Dich bei jedem Fall beschützen! Mein Abendgebet hat sicher Flügel, wenn ich bitte: „Schütze mir meinen Raoul und erhalte ihn mir lange, lange!" Gib trotzdem acht auf Dich!

Bitte, schicke mir rasch eine Abschrift von: „Der Page von Hochburgund" von Börries von Münchhausen. In der Vortragsreihe meiner Gedichte soll das auch dabei sein, und ich kann es mir hier nirgends verschaffen. Am 22. Mai soll ich Balladen im Metzer Rathaus sprechen. Am 6. Mai ist Première von „Schmetterlingsschlacht". (Kleine Rolle: Wilhelm Vogel). Leider sollen noch zwei große Sachen kommen.

Das Gedicht von Lenau, das Du mir seinerzeit schicktest, („Der offene Schrank" [1]) spreche ich zum ersten Mal öffentlich.

So, also in 3 bis 5 Tagen wirst Du das Brieferl haben. Lang, aber wieviel werde ich in diesen 5 Tagen an Dich denken!

Kuß!

D. T.

[1] Lenaus ergreifendes Gedicht auf den Tod seiner Mutter.

Tonio an Aslan

Metz, 20. April 1944.

M. i. g. R.

Rilke soll einen extra Abend bekommen. Trotzdem freut es mich im Moment sehr, den „Kornett" allein für mich zu lesen. Da die Würz [1] und ich uns in den Abend teilen, will ich nur acht Balladen sprechen. Lenau: „Der offene Schrank" und „Die drei Zigeuner", Eichendorff: „Die zwei Gesellen", C. F. Meyer: „Die Füße im Feuer", Fontane: „Lied des James Monmouth", Uhland: „Bertrand de Born", Münchhausen: „Der Page von Hochburgund", Ebner Eschenbach: „Die Erdbeerfrau".

Wenn Du zufällig von Münchhausen „Rahab, die Jerichonitin" findest, schicke mir, bitte, auch diese Ballade! (Ich trug sie früher sehr gerne vor). Der Mann der Würz spricht Hölderlin und sie Lyrik. Ich glaube, meine Wahl ist schön, und diese Gedichte liegen mir sehr gut. Will mit viel Freude daran arbeiten, meine Seele im Dichterwort sprechen zu lassen.

Wenn Du in Wien das Buch „Die Begegnung mit dem Genius" von Rudolf K. Goldschmit-Jentner bekommen kannst, kaufe es für mich! Ich lese es gerade leihweise, finde es sehr schön und besäße es gerne selbst. Rimbaud kenne ich genau, liebe ihn, habe ihn seinerzeit in Wien vor sozialistischen Studenten gesprochen („Bettelkinder"). In München rezitierten Charly Balhaus [2] und ich im Englischen Garten uns gegenseitig Rimbauds Gedichte vor. Ich besitze davon ein Bild. Es waren glückliche, rauschhafte Tage.

Was Du über Maler und Malerei sagst, fühle ich auch so. Aber es ist halt in jeder Kunst das Schwerste, die innen geschauten Bilder in künstlerische Wirklichkeit umzusetzen. Wie oft weiß ich bei einer darzustellenden Rolle innerlich, wie sie sein muß — und doch ist dann das Geschaffene unvollkommen und erreicht das innen Erlebte, innen Geschaute nicht im geringsten. Das stürzt mich immer wieder in Abgründe der Schwermut und Melancholie. Da nützt auch alle blutige Arbeit nichts. Vielleicht ist es auch das, daß der Mensch sich bescheiden muß, weil eben Vollkommenheit nur in Gott ist. Vielleicht kommt das Genie Gott am nächsten. So erkläre ich mir immer wieder und verstehe auch so am besten die Gotteskindschaft. Talent zu haben, ist viel — und doch so wenig. Sieh, in unserer Freundschaft, da habe ich oft — momentweise — das Vollkommene gespürt, und da war ich Gott auch am nächsten.

Wenn ich mich auch als einen Jünger von Dir betrachte, weiß ich nicht, ob von Deinem Werk etwas in meiner Arbeit sichtbar wird. Vielleicht ist auch das der gewollte Sinn unserer immer wieder erneuten Trennungen, daß ich trotz Jüngerschaft meine eigene Welt- und Kunstschau erfahre. Vielleicht sind auch das die Momente, die Du als schwierig an mir findest? Vielleicht! Ob ich Dir für Deine Arbeit auch etwas gab und wichtig war und bin?? Nicht Eitelkeit ist es, was mich das fragen läßt — ich bin nicht eitel, wirklich nicht — es ist nur die bange Frage nach der Frucht dieser menschlichen Beziehung. „Alle Lust will Ewigkeit", sagt Nietzsche.

Die Natur lockt mich jetzt zu sehr, jede freie Stunde hinauszuwandern. Das Blühen ist so ein Wunder! Ich sehe, staune — und begreife nicht. Aber meine Augen trinken sich blind an Schönheit, und meine Seele taumelt trunken ins Loblied Gottes!

Lieber, schöner Mensch, so grüße ich Dich und bleibe

Dein T.

---

[1] Gerda Würz, s. Tonios Brief vom 11. April 1944.
[2] Charly Balhaus, jetzt Schauspieler in der DDR.

Aslan an Tonio

Wien, 21. April 1944.

M. g. E.

Ob Verlaine ins Deutsche übersetzt ist, werde ich erkunden und im Ja-Falle schauen, daß ich ihn verschaffen kann.

Das mit der Beichte ist ein schweres Kapitel. Vielleicht bringe ich Dich doch noch so weit. Eines nur möchte ich heute schon sagen: Wenn wir im Diesseits schon soviel getrennt sein müssen, wäre es nicht schön, im Jenseits vereint zu sein? Und wäre es nicht denkbar, daß Du ohne das Gnadenmittel der Sakramente stürbest und in einer anderen Ebene im Jenseits auferstehst als ich? Vielleicht in einer höheren, vielleicht auch in einer tieferen. Vielleicht bleiben wir drüben hunderttausende von Jahren getrennt, ehe wir zusammenkommen? Traurige Perspektive! Und glaubst Du, daß man nach einer Beichte ein Heiliger wird oder werden kann?

Die Sakramente sind nicht Erfindungen der „Pfaffen". Das sind Gnadenmittel, Geschenke, Liebesgaben, Vollkommenheits-Übungen. Das Ziel überlassen wir Gott. Der eine erreicht es eher, der andere später, wieder ein anderer nie, aber üben müssen wir. Ist es nicht in der Kunst ähnlich? Alles hängt zusammen. Unsere Religion ist das Verbindungsglied zwischen Natur und Übernatur, wurzelt ganz im Menschlichen und berührt mit dem Gipfel das göttliche Leben. Die Sakramente sind kein Gottesdienst, sondern ein Gottesverkehr. Glaube mir und lege Deine Zweigeteiltheit in Christi heiliges Blut, voll Vertrauen, voll Liebe! Gott liebt die Sünder. Denke an Maria Magdalena! Ich muß wirklich viel um Dich weinen. Ich tu' es auch täglich in der heiligen Messe um Dich, um einige andere und um mich. Mögen die Tränen Erhörung finden!

Lenau ist gut, Rilke auch.

Vielleicht kann ich für Dich im Juni ein Gastspiel in Baden veranstalten mit „Candida". Da kommen wir alle. Und einen Vortragsabend in Wien. Schön, nicht?

Die große Rolle, die ich noch im Juni spielen soll, ist der Kandaules [1]! (Regie Rott).

Ich glaube immer noch, daß wir im Herbst vor ganz neuen Perspektiven stehen werden. Vielleicht im Moment gräßlichen, aber jedenfalls neu und hoffnungsvoll!

Täglich streiche ich mein Kalenderchen an, täglich wird die Spanne kleiner, bis ich Dich wiedersehe. Und doch, wie lang und schwer ist der Weg!

Am Montag abends fahre ich nach Prag. Dienstag dort: Dante-Vorlesung. Mittwoch in Brünn: Dante. Donnerstag wieder in Wien.

Hier spricht man viel von Angriffen, die auch über Wien kommen sollen. Aber ich rühr' mich nicht, lebe mein Traum-Leben weiter. Und wenn meine Kunst-Pläne auch nicht reiften, wenn ich auch nicht das erreiche, was ich wollte, ich will nicht klagen. Aber in Dir möchte ich doch manches verwirklicht sehen! Wohl auch in der Kunst, aber noch mehr in der Tugend. O Träume! Wo fasse ich euch?

Ich umarme Dich innigst
D. R.

[1] In „Gyges und sein Ring" von Hebbel, während Aslan in seiner Jugend durch seinen schönen Griechenjüngling Gyges berühmt war. So tauschte er auch den berühmten Tasso seiner Jugend im Alter mit der Gestalt des Herzogs.

Tonio an Aslan

Metz, 25. April 1944.

M. i. g. R.

Seltsam Dein Brief, der da sagt: „Und wäre es nicht denkbar, daß Du ohne das Gnadenmittel der Sakramente stürbest..." Heute fielen Bomben auf den Flughafen von Metz. Wir Schauspieler der Banaterstraße [1] flüchteten zum ersten Male in den Keller. Ich mit Gedanken an Dich und Deinen oben angeführten Gedanken. Die Alarme hören hier Tag und Nacht kaum mehr auf. Vorläufig sehen wir die Flieger noch über Metz wegfliegen. Wielange noch? Du sagst, auch in Wien erwartet man Angriffe. Ich habe zwar innerlich das feste Gefühl, ich werde leben, aber haben wir das nicht alle, solange nicht direkt neben einem die Bombe platzt?! Ob Gott uns das Leben läßt? Und wenn nicht, ist man bereit, vor ihn zu treten in all seiner Sündigkeit?

Ja, dieses Gefühl von Sündigkeit hat mir die Religion gegeben. Früher sah ich in meinem elementaren Trieb nach Leben und Erlebnis — Erfüllung. Erfüllung einer Persönlichkeit, die alles, was ihr Bindung, Zwang, Gesetz und Maß auferlegt, haßt. Nicht einmal so sehr aus Maßlosigkeit oder Anarchie, vielmehr aus Überfülle der Kraft. Heute weiß ich: Religion schafft Bindung, Zwang, Gesetz und Maß. Da ich sie bejahe, komme ich mir jetzt oft halb vor. Früher hatte ich nie das Gefühl der Halbheit. Ich war in dem Rhythmus meines Lebens ganz. Vielleicht hätte mein Leben, wäre mir nicht dieses große Liebeserlebnis mit Dir beschieden gewesen und dadurch auch die Erkenntnis des Weges zur Religion, nur den tragischen Ablauf eines bunt bewegten Daseins. Da ich im Menschen die Persönlichkeit erkannt habe, war der Moment da, weiter zu wollen — zu Gott. Zu all dem hast Du mir verholfen. So war der Moment, als meine Lebenskurve die Deine traf, der Moment meiner wahren Geburt. Denn aus fast dämonischer Triebhaftigkeit fand ich meine Seele, wußte ich, daß es Gott gibt. Ist das nicht alles ganz wunderbar? Und darum mußt Du ja auch viel, viel Geduld mit mir haben. Dachte ich früher immer, hier in mir triumphiert Eros in zauberhafter Erfüllung eines unerhörten Lebens, so mußte ich plötzlich die Notwendigkeit erkennen: Ich muß über das hinaus, um erfüllt zu werden.

Wie unklar ich das alles nur sagen kann! Innerlich weiß ich es aber genau, wie ich es meine. Vielleicht verstehst aber auch Du dieses Gestammel. Jedenfalls, wenn ich plötzlich sterben müßte, meine wirkliche Liebe gibt mir die Empfehlung zur Beachtung und Nachsicht meines Sündenregisters.

Kuß, Kuß!

T.

[1] In dieser Straße wohnten Tonio und einige seiner Kollegen.

Aslan an Tonio

Wien, 28. April 1944.

M. g. E.

Heute von anstrengender Reise zurück [1]. Aber doch schön. Ich liebe den Rummel, den unser Beruf verursacht, der wie der Sturm ist, der das Meer aufschäumen läßt und es gewissermaßen reinigt. Stehendes Wasser wird leicht pfützig. Neues Publikum. Und gewagtes Experiment: Dante. Es gelang. Dort wie da. Und das freut mich. Auch Dantes wegen. Sogar einfache Soldaten dankten. Waren ergriffen von Dantes Genie. Professor Stebich [2], der mich begleitete, ist ein angenehmer und handlicher Reisebegleiter. Ein guter Österreicher. Begabter Lyriker. Will auch ein Stück schreiben. Ein Aslan-Stück. Wird er's besser machen als Billinger? Ich bleibe schon bei meinen alten Weggenossen: Shakespeare, Goethe, Hebbel, Dante, Homer und einigen anderen.

Heute erhielt ich Rotts eingeschriebenes Gyges-Buch. Leider werde ich mit ihm wegen der Striche kämpfen müssen. Ist nicht alles gut.

Bin gespannt, ob Du im Juli kommst. Will „Candida"-Vorstellung in Baden zusammenstellen und selbst Regie führen. Ist mir zugesagt. Und durch Stebich will ich Vortragsabend für Dich hier irgendwie und irgendwo machen.

Ja, Rimbaud und Verlaine lese ich immer wieder.

Daß die vom Schicksal gewollten Trennungen Dich zu Dir selbst führen sollen, ist sicher richtig. Hab' keine Sorge, daß Du vergewaltigt oder überschattet werden könntest. Bist schon ein Starker. Nimmst Dir instinktiv, was Deine Natur braucht und verarbeiten kann, das andere stößt Du ab. Ist ein natürlicher Vorgang.

Und was Du mir gibst? O, das ist sehr viel. In der heiligen Messe heißt es gleich zu Anfang: „Ad Deum, qui laetificat juventutem meam," d. h. „zu Gott, der mich jung macht und froh". Du machst mich auch jung und froh. Wenn ich auch um Dich viel weine. Tränen sind nicht immer Schmerzensträger. Auch Freude, Erhöhung, Sorge, Wunsch erglänzen in Tränen.

Möchte am 22. Mai in Metz sein. Glaub's zwar nicht, aber hoffe es. Wunder sind mir nichts Unnatürliches. Nur Übernatürliches. Und Übernatürliches ist mir tägliches Requisit. Also darf ich hoffen.

Die Kurheime sind bis jetzt alle abgesagt, da überfüllt. Versuch's nun mit Joachimsthal oder Karlsbad. Ist alles schön, wo wir in Ruhe eine Zeitlang Körper und Seele pflegen können.

Dein Dich liebender
R.

[1] Aus Prag und Brünn.
[2] Max Stebich, österreichischer Dichter und Schriftsteller. Zu dem Aslanstück kam es nicht.

Aslan an Tonio

Wien, 2. Mai 1944.

M. g. E.

Dein Briefli vom 25. April liegt vor mir. In solchen Momenten spür' ich, wie ohnmächtig unsereiner ist, wenn es darum geht, etwas zu erklären. Denn ich suche die Klarheit. Ich will alles erklären, klar machen. Selbst die Mysterien. Ich hoffe das sogar manchmal für mich, im Gefühl. Aber wenn ich es andern klar machen soll, versage ich. Das, was Du glaubst, unklar gesagt zu haben, ist mir ganz klar. Du hast es für mich klar gesagt. Wisse: Dein Gefühl, daß Du früher ein Ganzer warst und jetzt ein Halber bist, ist ein richtiges Gefühl. Aber was für ein Ganzer warst Du? Trauere dieser scheinbaren Ganzheit nicht nach! So sehr sie auch äußerlich ganz und erfüllt zu sein scheint. Jetzt bist Du — wie wir alle — noch kein Ganzer. Aber dieses Halbe oder Viertel, das Du jetzt bist, ist das Halbe oder Viertel des wahrhaft ganzen Menschen. Und das ist mehr. Aus diesem Halben kann ein Ganzes werden. Die Bindung, der Zwang, das Gesetz und das Maß, das Dich jetzt beherrscht, ist der Beginn der wahren Freiheit. Und die Freiheit des früheren Menschen, das sind Rosenketten, die allmählich verblühen und dann nur Ketten sind. Man kann das an 100.000 Beispielen demonstrieren! Was uns „zauberhafte Erfüllung eines unerhörten Lebens" war, ist heute leer und schal. Mir wenigstens ist es schon so. Daß Du aber im Menschen heute schon die Persönlichkeit siehst, ist ja ein unerhörter Gewinn und Fortschritt. Wenn der Mensch eine Persönlichkeit ist, wie könnte dann der Schöpfer aller Persönlichkeiten keine Persönlichkeit sein?? (Ganz logisch).

Zeljko hat knapp vor seinem Tode diese Wahrheit (nicht ganz), aber doch erkannt. Verstehst Du nun, warum ich unablässig für ihn bete? Und verstehst Du nun, warum ich unablässig weine und bete, daß Du das rechtzeitig erkennst??

Und jetzt umarme ich Dich in erfülltester Liebe.

D. R.

Tonio an Aslan

Metz, 8. Mai 1944.

Mein innigst geliebter Raoul!

Seit dem 1. Mai [1] schlief ich fast jede Nacht wo anders. Jetzt habe ich eine vorläufige Bleibe gefunden. Das Haus in der Banaterstraße steht noch. Die Wohnung wäre auch bewohnbar, da nur die Fenster fehlen. Aber ich bin zu nervös, um die restlose Zerstörung von Sablon [2] abzuwarten. Es ist wie ein Wunder, daß unser Haus stehen blieb. Die Bombe ging direkt in unseren Hof. Die gegenüberliegenden Häuser sind nur mehr Schutt und Asche. Viele Tote, die noch bis heute nicht geborgen werden konnten. Die Menschen aus den noch stehenden Häusern flohen am nächsten Tag mit ihrer Habe weg. So auch ich. Zwei große Koffer habe ich nach Wien geschickt.

So ist dieses Kapitel Banaterstraße auch wieder abgeschlossen. Das andere Schauspielerhaus in der Dürerstraße steht nicht mehr. Wir waren fast alle während des Bombardements auf einem Ausflug. Von weitem sahen wir die Bomben auf Metz fallen, dachten aber, es wäre in einer ganz anderen Gegend. Alle Kollegen leben. Manche sind teils, manche ganz ausgebombt. Telegrafiere mir, bitte, ob meine Koffer angekommen sind! Heute kann es doch leicht geschehen, daß sie auf der Fahrt in Verlust geraten.

Schnell ist ein Menschenleben ausgelöscht. Ich habe so Schreckliches gesehen. Das Grauen wich tagelang nicht von mir. Grausamer, häßlicher Tod. Der Anblick der Menschen, die im Keller erstickten und erst nach Tagen ans Licht gebracht wurden, war das Fürchterlichste.

Morgen ist Première von „Schmetterlingsschlacht". Dann will ich zu Huttig und hören, ob ich im Juni fort kann. Wie glücklich wäre ich, wenn das klappen würde!

Deine Stimme am Telefon [3] hat mich so beglückt, obwohl Du nur immer „Ja, ja," gesagt hast.

Von Rosl höre ich überhaupt nichts mehr. Aber Du sagst, alles ist in Ordnung. Ach, Raoul, ich möchte zu Hause sein. Und wenn ich schon sterben müßte, dann zu Hause. Aber dankbar, tief dankbar bin ich, daß ich noch lebe, daß Ihr alle noch da seid — und daß wir hoffen dürfen auf ein Wiedersehen.

Auch im Tode möchte ich Dir verbunden sein und bleiben.

Kuß, Kuß!

T.

[1] Nach einem schweren Bombenangriff auf Metz, der auch Tonios Wohnstraße traf.
[2] Sablon, der Stadtteil, in dem die Banaterstraße lag.
[3] S. Aslans Brief vom 9. Mai.

Aslan an Tonio

Wien, 9. Mai 1944.

M. g. E.

Sonntag 2 Uhr früh hörte ich Deine Stimme im Telefon. Um 5 Uhr nachmittag hatte ich das Blitzgespräch angemeldet.

Freue mich, daß Du's nicht so schwer nimmst. Recht hast Du. Mühe, Schreck, Ramasuri — ja! Aber heil und gesund sollst Du aus dem Schutt, dem Rauch und Qualm hervorgehen!! Und bald herkommen!

Rosl hat ihre Entlassung aus dem Arbeitsdienst endlich erhalten [1]! Was sagst Du! Glück, Glück, Glück!

Für den Sommer suche ich Passendes.

Von Luise Marie [2] nichts Gutes! Die Arme! Aber sie soll — heißt es — ihr Geschick nicht nur mit Fassung tragen, mehr noch, durch dieses — heißt es — wächst sie ins Göttliche hinein. Die Arme — und doch die Glückliche!

Noch zwei Premièren: „Die goldene Harfe" [3] (Mai) und „Gyges und sein Ring" (Juni). Dazwischen Vorlesungen und Repertoire. Also genug zu tun.

Freitag nachmittag 4 Uhr hebe ich als Pate Thimigs zweite Tochter [4] aus der Taufe.

Gestern nachts (vom 8. zum 9. Mai) hab' ich so wüst von Dir geträumt. Hoffentlich bedeutet das nichts Schlechtes!

Gewiß, die Angriffe werden mehr und mehr schrecklich. Ich glaube, es kommt noch schrecklicher. Bis Oktober. Dann seh' ich nichts Klares mehr. Dunkler Jammer. Dann aber — ich weiß nicht wann — seh' ich eine Morgenröte emporsteigen!

Innigst
D. R.

[1] Durch Vermittlung Aslans.
[2] S. Einleitung.
[3] Von Hermann Heinz Ortner.
[4] Hermann Thimigs, des berühmten Schauspielers, Tochter Johanna, heute selbst Schauspielerin.

Aslan an Tonio

Wien, 13. Mai 1944.

M. g. E.

Gott sei Preis und Dank, daß Dir nichts passiert ist! Gut, daß Du eine provisorische Bleibe hast! Deine Koffer sind geborgen. Es freut mich auch zu hören, daß alle Kollegen leben. Hab' was übrig für dieses Metz! Würde auch trotz allem jetzt hinfahren, wenn nicht die Proben von „Goldene Harfe" wären. Abends wär' ich frei.

Also: am 1. und 2. Juli sollen drei Vorstellungen von „Candida" sein in Baden bei Wien, Akademietheater-Vorstellungen mit Dir als

Marchbanks. Regie: Rott. Erwarte Dein Einverständnis. Hoffentlich können alle, daß man keine Umbesetzungs-Proben machen muß. Dann fahren wir alle hinaus.

Man hört allerlei über die „Weltlage". Aber ist was dahinter, oder sind's Gerüchte?

Die Taufe der kleinen Thimig, Hannele (Johanna, Fanny, Maria) war sehr nett. Die Kleine ist ein richtiger kleiner Engel. Ich hielt sie auf meinen Armen als Pate. Kinder sind doch was Schönes!

Während ich das schreibe, ist vielleicht wieder ein Angriff in Metz. Bin immer in Gedanken dort.

Sommerpläne gelingen bis jetzt nicht. Alles sagt ab. Bin trotzdem ruhig. Es wird schon.

Diese grauenhafte Dissonanz von Leben, Frühling, Leichtsinn, Lachen auf der einen Seite — und hart daneben alle grellen Rhythmen der fürchterlichsten Todesarten (und dies gleich in Hekatomben) könnte einen wahnsinnig machen. Da heißt es eben, sich hinaufschwingen können ins Reich der Phantasie!

Viele Küsse!
D. R.

Tonio an Aslan

Metz, 14. Mai 1944.

Mein geliebter Raoul!

Bin voll dauernder Unruhe und gereizter Nervosität. Ein Glück, daß ich keine neue große Rolle zu proben habe! Ich fühle mich plötzlich wie in einer neuen Stadt. Und die abendlichen kleinen Rollen (Lumpazi und Schmetterlingsschlacht) ändern an diesem Gefühl nichts. Trotzdem bin ich nicht mehr da, bin ganz im Gefühl, in Gedanken bei Euch in Wien. Doch auch da werde ich große Angstzustände nicht los. Und all diese Nervositäten ermüden mich so, daß ich auch körperliche Schmerzen habe. Eine kleine Weile Frieden, ein bißchen Befreiung von Sorge und Bedrückung in der Erwartung, Dich bald zu sehen, müßten eine solche Fülle von Glück in mir auslösen, aber dieses Gehetztwerden von anderen läßt mich nie restlos diese Stimmung erleben.

Du siehst halt immer wieder, daß ich so ganz aus Widersprüchen zusammengesetzt bin und daß mein unmutiger Geist weder in der Religion, noch in der Philosophie, noch in der Kunst Beruhigung,

Harmonie, Erfüllung findet. Ein armer, kleiner, im Dunkel herumtappender Mensch bleibe ich. In Dir allerdings sehe ich immer mehr die reine Erfüllung des Menschen und Künstlers, der in die Harmonie des Himmels eingehen wird. Und das gibt Trost und auch Mut und auch höchstes Glück, denn Liebe wünscht für den Geliebten immer höchste, restloseste Erfüllung. Ach, Deine lichte, kluge und unendlich gütige Persönlichkeit macht es mir ja so leicht, Dich zu lieben. Und ich möchte Dir ja folgen, in allen Deinen Erkenntnissen folgen. Aber bewußt muß ich glauben können, allen Widerstreit und alle scheinbaren Unmöglichkeiten muß ich erst innerlich überwunden haben. Die unüberwindliche Kraft des Glauben-Könnens habe ich noch nicht gefunden. Von der blind übernommenen Ansicht des Glauben-Müssens bin ich durch meine Erziehung verschont geblieben.

Ich hoffe auf unseren Sommer. Hab' Geduld und Liebe für mich bereit! Du hältst mich zwar für lebensmeisternd, ich aber sage Dir, es ist ganz anders, in allem anders. Ich komme auch immer mehr auf meine entsetzliche Schüchterheit drauf, die mir die peinlichsten Augenblicke verursacht, und leider werden alle meine Übel mit vorrückendem Alter ausgeprägter und ins Auge springender.

Verzeih, daß ich immer und fast nur von mir spreche! Ich kann aber nicht andere Briefe schreiben, vor allem an Dich, weil, wenn ich an Dich schreibe, es mehr eine persönliche Unterhaltung ist und ich unbewußt von Dir Hilfe oder Leitung erwarte. Du hast es ja bisher auch wunderbar getan. Briefe schreiben kann ich ja sonst überhaupt nicht. Ich weiß, daß es sogar eine Kunst sein kann. Aber Du nimmst auch mein Geschreibsel so an, gelt, lieber, geliebtester Mensch?

So habe ich mit Dir ein bisserl gesprochen. Es ist Sonntag nachmittag. Ich will noch an meinem kommenden Vortrag arbeiten.

Lebe wohl! Dank und Kuß, Kuß!
T.

Aslan an Tonio

Wien, 16. Mai 1944.

M. g. E.

Heute kam Dein Muttertagsbriefli an meine Mama. Sie hat sich sehr gefreut und schickt Dir dieses von ihr gedichtete Akrostichon [1]. Ich habe es auch für Dich übersetzt.

T onio, je suis emue de ta jolie missive,
O ù j'ai senti l'écho de mon âme maternelle.
N i présents quelconques ni fleurs les plus vives
I nonderaient d'amour cette grande joie réelle.
O h! Mille mercies sincères de cette heure douce et belle!
Mama Aslan für ihren lieben Tonio
16. Mai 1944

Tonio, ich bin gerührt über deine reizende Botschaft,
Aus der ich das Echo meiner mütterlichen Gefühle herausgehört habe.
Weder irgendwelche Geschenke noch die schönsten Blumen
Entsprächen in ihrer Liebeskraft dieser echten Freude.
Tausendmal innigen Dank für diese süße und schöne Stunde!

Dein Brief war aber auch so nett und in so gutem und gewähltem Deutsch. Solltest Du doch ein Dichter sein? Dann schreib' doch ein Buch! Über uns — über mich — über Dich! Das wäre fein!

Ich umarme Dich innigst.
D. R.

[1] Aslans Mutter war die Tochter italienischer Eltern. Ihr Vater war Arzt und betreute Arbeiter und Ingenieure beim Suezkanal-Bau. Beide Eltern starben dort jung an Malaria. So wuchs die kleine Corinne als Waise in einem französischen Pensionat in Konstantinopel auf. Mit ihrem Mann lebte Corinne dann in Griechenland. Sie sprach italienisch, französisch und neugriechisch, nie aber deutsch. Von ihr hatte der Sohn sein tadelloses Französisch.

Aslan an Tonio

Wien, 18. Mai 1944.
(Christi Himmelfahrt)

M. g. E.

Daß Du „so ganz aus Widersprüchen zusammengesetzt bist und weder in der Religion, noch in der Philosophie, noch in der Kunst Beruhigung, Harmonie, Erfüllung findest" — wie gut versteh' ich das! Mir wurde das immer vorgeworfen. Aber ich verstehe es bei andern. Versteht es auch bei mir, o Freunde! Trotzdem meinst Du, ich sei weiter als Du. Möglich, ein wenig, aber nicht viel. Vielleicht im Glauben.

Auch die „entsetzliche Schüchternheit" bei Dir, die dann ins Gegenteil umschlagen kann — ganz wie bei mir. Das verstehe ich alles. Und daß Du von Dir redest, Gott sei Dank! Wovon solltest Du denn reden? Nur von Dir! Das ist gut und richtig! Sprich, sprich, sag' alles, was in Dir ist! Es fällt bei mir auf guten Boden. Ja, noch mehr: Es bleibt und wächst auf diesem Grund, oft werden dann schöne Blumen daraus.

Kuß!

D. R.

Tonio an Aslan

Metz, 20. Mai 1944.

Mein großer, schöner Freund!

Das Gastspiel in Baden hätte ich gerne gemacht, kann aber noch nichts Positives mitteilen, da Huttig mir nicht sagt, ob ich im Juni schon auf Urlaub fahren kann.

Bombardement war seither keines mehr. Hier in der Nähe des Domes fühle ich mich geborgen und angstlos. Leider kommt in den ersten Junitagen der Mitmieter meines Gastgebers aus Brüssel zurück, und so müßte ich, wenn ich den Juni noch am Theater bleiben muß, ein neues Quartier suchen, was nicht nur schwer, sondern auch mit Aufregung verbunden ist. Nach Sablon, Banaterstraße, gehe ich keinesfalls mehr.

Diese ganze Woche habe ich nur einmal gespielt (Lumpazi). Auch keine Proben. So mache ich lange, schöne Ausflüge ins Lothringer Land.

Ich will keinerlei Bindung an andere Menschen. Meine schicksalshafte Lebensbindung bist Du und bleibst Du. Ich gehe allen Annäherungsversuchen von Mann und Weib aus dem Wege. In diesem Belangen bin ich fest.

Es gehört Seelenkraft dazu, sein Leben in eine Form zu bringen. Mein seelisches Gleichgewicht ist vielen Schwankungen unterworfen. Ich gelte als launisch! Dabei ist es oft nur eigene Unzufriedenheit mit meiner Entwicklung. Ein Nicht-gleich-in-die-Situation-springen-können. Früher, als ich dumpfer war (die Zeit der Pubertät), war es katastrophal. Leider kannte ich die Quelle davon nicht, und meine damaligen Erzieher dachten halt auch, es wäre nur Ungezogenheit und Launenhaftigkeit. Heute weiß ich das alles ganz genau! Aber geblieben ist der schnelle Wechsel von Stimmungen, der erschreckend ist.

Sicher sind viel auch meine Nerven dran schuld. Nerven sind ja auch körperliche Organe, und sie tun mir oft weh. Vielleicht — nein, sogar sicher — gibt mir aber gerade diese Tatsache die Begabung, mich in fremde Charaktere einzuleben, also auch rein künstlerisch die Möglichkeit, Menschendarsteller, Schauspieler zu sein.

Die Technik kann man vielleicht erlernen, das Talent ist göttlich. Das ist nicht bis ins Letzte restlos zu begreifen. Die Voraussetzung zum schöpferischen Sein ist bei jedem Künstler anders. Vielleicht werde ich auch noch ein Künstler!! Handwerkliches habe ich in diesen Metzer Jahren viel gelernt.

Verzeih, daß ich immer soviel über mich rede! Aber, sowie ich weniger zu tun habe, kommt dieses Selbstbetrachten über mich. Ich hätte soviel mit Dir zu besprechen.

Ich liebe Dich!
Dein T.

Aslan an Tonio

Wien, 21. Mai 1944.

M. g. E.

Ich hab's gern, wenn Du spazierengehst und ein gutes Buch Dich begleitet. Bist selbst so ein blühendes Bäumchen, das mit den andern Bäumchen grüßende Tänze auf der Bühne Gottes im Frühling tanzt.

Heute früh in der Messe las ich ein herrliches Wort aus dem „Hohen Lied" Salomonis: „Du bist aber dennoch der Schönste unter den Menschenkindern. Deine Liebe ist lieblicher denn Wein, und Dein Name wie ausgegossenes Öl. Mein Geliebter ist wie ein Myrrhenbüschlein, das mir am Herzen ruht. Ziehe mich Dir nach, so laufen wir dem Dufte Deiner Salben nach." Schön, nicht?

Siehst Du, wie schnell Du Dich einlebst und gewöhnst an eine neue Situation? Das ist gut. Unwillkürlich dachte ich: Wenn ich nicht mehr sein werde, wird er sich auch dran gewöhnen. Aber das ist alles gut. Ich bin ähnlich, aber doch schwerfälliger. So merke ich, daß ich manche Menschen nicht vergesse, auch wenn die durch ihren Weggang geschaffene Situation eher bequemer, angenehmer für mich geworden ist.

Kämpfe nicht gegen Schüchternheit und Einsamkeitsliebe an! Kann sein, daß Gott Dich sucht und bei Dir wohnen will und darum Dich so führt, daß Du gern allein bist, also Platz für Ihn da ist, wenn Er bei Dir absteigt. Und wirst Du schrullig, laß es! Sei schrullig, wenn

Du nur gut bist! Gott ist mein Vater, und der Mensch ist mein Bruder. Hält man das fest, kann man alles sein, schrullig und schüchtern.

Meine Sommerpläne sind Vorarlberg und Salzkammergut. Letzteres ist vorzuziehen, da Reisen für Zivilisten ganz gesperrt werden sollen. Dann wäre man blockiert. Aber von Ischl nach Wien, denke ich, kommt man doch leichter irgendwie zurück.

Morgen früh 8 Uhr soll ich beim Wehrkommando erscheinen. Was die wieder wollen?

Und wie ich Dir, glaube ich, im letzten Brief sagte: Sprich von Dir, immer von Dir! Das ist gut so.

Morgen (22.) soll ja Dein Vortragsabend sein. Toi, Toi! Daß ich nicht dabei bin!!

Gute Nacht, mein Myrrhenbüschlein am Herzen!

D. R.

Tonio an Aslan

Metz, 23. Mai 1944.

Mein Raoul!

In Deinem Christi-Himmelfahrts-Brief klang dieses wiederholte: „Versteht es auch bei mir, Freunde!" fast ein wenig anklagend. Wenigstens bemühte ich mich schon immer (vielleicht nicht immer mit Erfolg), Dich ganz, wie Du bist, (auch mit Deinen Schwächen) zu verstehen. Daß wir uns charaktermäßig so ähnlich sind, war mir nicht so bewußt, aber wie Du es sagst, scheinen gerade die von mir angeführten Leid- und Angst-Psychosen wirklich auch bei Dir ganz so vorhanden zu sein.

Jedenfalls danke ich Dir, daß Du auch mein Beichtiger sein willst. Dir alles zu sagen, was Dich auch schmerzen könnte, ist schwer. Lieber will ich bestrebt und bemüht sein, nichts zu tun, was Dich schmerzen könnte. Glaube mir, Raoul, wenn große Liebe nicht vermag, einen Menschen zu bessern, ja, sogar ihn von Grund auf umzuwandeln, so kann nichts ihn bessern. Du, mir als Lebensschicksal gegeben, sollst auch die Freude haben an meinem — hoffentlich noch in diesem Erdendasein — Blühen und Früchte-Tragen!

Bitte, wenn ich Dir jetzt vielleicht öfters in meinen Briefen von Ewigkeitsgefährten schrieb und schreibe, soll Dich das nicht erschrecken und belasten. Es hat nichts mit Zwang zu tun. Aus höchster Freiheit zu Dir will ich werden! Aus höchster Freiheit zu mir sollst Du werden. Was Z. Dir nicht geben konnte, weil er zu eng und zu besitzsüchtig liebte, zu befangen war in der Dämonie seines Charakters, soll von mir hell und freudig Dir für alle Zeit entgegengebracht werden.

Gestern ging von mir an Huttig wieder ein Brieflein mit folgendem Inhalt ab: „Sehr geehrter Herr Intendant! Als ich Sie heute morgen sah, hatte ich wohl die Absicht, zu Ihnen zu kommen und mit Ihnen nochmals über die Urlaubsfrage zu sprechen. (Sie wollten mir nach unserer letzten Unterredung in ein paar Tagen Bescheid sagen.) Leider siegte meine Schüchternheit über mein Vorhaben. Und ich gab es wieder auf. Ich bitte Sie aus verschiedenen psychologischen und gesundheitlichen Gründen nochmals dringend, mir den Urlaub doch schon im Juni zu ermöglichen. Mit herzlichen Grüßen Ihr..." Bin neugierig, ob er darauf endlich reagiert.

Mein Vortrag wurde verschoben, weil Pfingstmontag Minetti [1] aus Berlin spricht. Ich will ihn mir anhören. Vielleicht lerne ich ihn kennen. Er spielte seinerzeit in Darmstadt in der Uraufführung die für mich geschriebene Rolle des Sebastian in der „Portugalesischen Schlacht" von Ernst Penzoldt. Mein Vortrag ist von mir fertig gearbeitet. Ich habe die Gedichte und Balladen auswendig gelernt, hätte sie aber trotzdem mit Buch (d. h. mit abgeschriebenen Blättern) gelesen.

Heute fielen wieder Bomben in Rosaringen, einem kleinen Ort in der Nähe von Metz.

An meinem hiesigen Schreibtisch ist ein großer Spiegel angebracht. Es ist eigentlich eine Frisiertoilette der Hausfrau. Und so muß ich mich manchmal drin anschauen. Ich gefalle mir gar nicht! Ein müdes, abgespanntes, ein bißchen hohläugiges Knabengesicht. Sind Schauspielergesichter in der Entspannung müde und ausdruckslos und grau? Formt einen erst die Rolle?

Adieu! Morgen schreibe ich wieder.

T.

[1] Bernhard Minetti, Berliner Schauspieler.

Aslan an Tonio

Wien, 24. Mai 1944.

M. g. E.

Ich schreibe Dir im Akademietheater während der Hauptprobe von „Goldene Harfe".

„Candida" soll am 1. und 2. Juli sein. Es würde also genügen, wenn Du auch erst in der zweiten Hälfte Juni hereinschwimmen könntest. An Huttig schrieb ich einen langen Brief. Bin neugierig, wie er reagiert.

Deine Furcht vor ernsten Annäherungen ist sehr, sehr gut. Behalte das bei! Sei stark! Das bißchen sogenannte Vergnügen steht in keinem Verhältnis zum Leid und der Qual, die solche Annäherungen bei allen Beteiligten schaffen.

Der schnelle Wechsel der Stimmungen ist auch mir, wie Du ihn schilderst, ganz verständlich. Darüber ist allerdings mehr zu sagen. Es besteht wohl ein Zusammenhang zwischen schnell wechselnden Stimmungen und künstlerischer Begabung. Aber stets muß man der Beherrschende bleiben. Wird man aber selbst beherrscht, kann man nicht schaffen. Schaffen ist aktiv, beherrscht werden ist passiv.

Ich bin glücklich, wenn Du Selbstgespräche führst.

Auch ich habe nach dem Tode Zeljkos keine Bindung mehr als Dich. (Von Gott und Familie abgesehen.) Alles andere sind Verbindungen, aber nicht Bindungen. Sehr liebe Verbindungen, sehr aufrichtige, sehr schöne, aber Bindung ist wieder etwas anderes.

Wie war Dein Vortragsabend?

Ich freu' mich so auf Dich, Engerl!

Kuß!

D. R.

Tonio an Aslan

Metz, 26. Mai 1944.

Mein geliebter Raoul!

Huttig machte mir am 22. Mai brieflich folgende Mitteilung: „Es ist mir leider unmöglich, Sie schon im Juni zu beurlauben. Ich habe Ihnen seinerzeit zugesagt, daß ich Ihnen statt einer Gagenerhöhung auf Ihren Wunsch einen Monat länger Urlaub geben werde. Diese Zusage halte ich auch ein. Demnach beginnt Ihr gesetzlicher Urlaub am 3. Juli und endet am 30. Juli. Hiezu kommt ein Monat außergesetzlicher Urlaub, sodaß Sie am 1. September in Metz einzutreffen haben. . . .". Leider, aber da kann ich eben nichts machen. Ärgerlich wäre es nur, wenn ich tatsächlich nichts mehr zu tun hätte. Felsenstein macht jetzt „Kabale und Liebe". Kerry spielt den Ferdinand. Aber ob man drin zu tun hat, erfährt man an unserem Theater leider immer erst in letzter Minute.

Leider habe ich seit einigen Tagen wieder ein Furunkel, das sehr schmerzhaft ist. Diese verhältnismäßig kleinen Beschwerden und Leiden, die bei mir oft so plötzlich aus dem größten Wohlbefinden auftauchen, geben mir immer wieder Anlaß, nachzudenken über all die Hinfälligkeit unseres geliebten Körpers. Pascal sagt an einer Stelle, die ich in einem kleinen Inselbüchlein heute las: „Welch ein Zwitterding ist also der Mensch! Welche Seltsamkeit, welche Ungeheuerlichkeit, welches Chaos, welch Gefäß des Widerspruchs, welch Wunder! Richter aller Dinge — schwachsinniger Erdenwurm; Verwalter der Wahrheit — Kotgrube der Ungewißheit und des Irrtums; Glanz und Auswurf der Welt!" Dieses kleine Inselbüchlein ist herrlich. Verschaffe es Dir! Es wird Dich sehr interessieren, und es wird Dir sehr gefallen. (Blaise Pascal: „Gedanken über Gott und den Menschen"). Es ist eines von den Büchern, die ich in den Ferien mit Dir zusammen lesen und worüber ich mit Dir debattieren will.

Das, was Du über meine Situation (einleben) schreibst, stimmt nicht ganz. Die Vernunft „gebeut" mir das, die Vernunft, die, Gott sei Dank, über das Durcheinander meiner Nerven manchmal doch die Oberhand behält.

Daß Du manche Menschen nicht vergißt, auch wenn sie durch ihren Weggang Deine Lebenslage bequemer, angenehmer gemacht haben, spricht nur für Dich und macht Dich mir umso liebenswerter. Was wäre alles eingreifende, schicksalshafte Begegnen mit Menschen, wenn durch ihren Abgang nichts bliebe?! Formt doch alles Erleben, ob schön, ob häßlich, an unserem Werden!

Sonntag ist Pfingsten, mir ganz besonders lieb unter allen Festen. Ist es doch das Fest des Heiligen Geistes. Ich will gerne bereit sein und beten, daß auch bei mir einmal der Geist der Erleuchtung einkehre. Mein Zimmer ist voller dunkelroter Pfingstrosen.

Gestern war übrigens vormittag wieder ein großer Angriff auf das Bahngelände und auch wieder draußen bei uns in Sablon. Heute war auch ein Angriff. Heute haben wir kein Wasser und kein Gas. Viele Tote!! Züge gehen keine. Wie wird es bis Juli sein? Ob man wegkommt? Dieses Von-einem-Tag-auf-den-andern-Leben läßt mich mehr als sonst an die Ewigkeit, die Unendlichkeit und das All denken.

Das „Candida"-Gastspiel ist also nun leider nicht möglich. Es müßte nur eine plötzliche Wendung bei Huttig eintreten, ev. auf Deinen Brief hin. Wenn es im Sommer gar nicht anders geht, machen wir Wienerwald-Wanderungen.

Also, Geliebter, jetzt mache ich Schluß und gehe wieder ins Bett. Seltsam, wenn ich oft 24 Stunden mit niemandem spreche! Das Leben in den kleinen Städten hat mich gelehrt, allein sein zu können. Der Tag vergeht. Die Nacht ist freilich lang, wenn ich nicht schlafen kann. Das Denken tut mir oft weh, so angestrengt lauert es oft an einem Punkt und kann nicht weiter.

Ich umarme Dich von Herzen.

T.

Aslan an Tonio

Wien, 26. Mai 1944.
(Aus der Garderobe)

M. g. E.

Du kannst Dir denken, was ich für eine mistige kleine Rolle in der „Goldenen Harfe" habe, daß ich Dir während der Première zwischen dem 7. und 13. Bild schreibe.

O, wie schön sagst Du, daß Liebe umwandelt, verändert. Gewiß, Liebe und Glaube und Hoffnung. Im Hoffen liegt nämlich das geduldige Warten, das unbedingt dazu gehört. Nichts anderes ist es: Glauben, Hoffen, Lieben, von oben in diese Welt einbrechend und diese Welt dann verwandelnd. Ich habe sie auch jetzt schon, die Freude an Deinem Blühen und Früchte-Tragen. Ich spüre gar keinen Zwang, den Du mir auferlegst, nur den, den ich mir auferlege, und den, den die Welt auferlegt. Die freilich ist schwer zu tragen, die Welt und gar die jetzige. Aber auch darüber kommt man hinweg, wenn man eben mit diesen drei Kardinaltugenden ausgerüstet ist.

Bin gespannt, was Huttig Dir und mir antwortet.

Zum Verreisen braucht man: 1. ärztliches Zeugnis, 2. Urlaubsbestätigung, 3. Aufenthaltsbewilligung des betreffenden Gaues.

Nächste Woche beginnen „Gyges"-Proben und viele Vorstellungen. Also Juni noch roboten. Wenn es nur gelingt, im Wald und in der Höhe, verbunden mit Körperpflege, Dich in Ruhe zu genießen.

Natürlich spielt man im Leben sich und andern eine Rolle vor. Das Theater ist nur ein geformteres, bewußteres Leben! Ganz ohne Maske ist man eher auf der Bühne als im Leben. Im Leben trägt man die Maske gezwungen, auf der Bühne in Freiheit. Sich ganz davon zu lösen, ist eben nur möglich im Glauben, im Hoffen und im Lieben.

Jetzt komme ich dran!

Gute Nacht und viele Küsse!

D. R.

Tonio an Aslan

Metz, 31. Mai 1944.

Mein lieber, geliebter Raoul!

Über eine ganze Stunde haben wir Vollalarm. Ich sitze leichtsinnigerweise am Schreibtisch. Die Keller sind alle so feucht und kalt, deshalb gehe ich meistens erst in letzter Minute hinunter.

Seit drei Tagen ist plötzlich Hochsommer. Da ich nichts im Theater zu tun hatte, verbrachte ich die Pfingsttage hauptsächlich im Freien. Der Juni soll nur recht schnell vergehen. Wir fühlen uns alle nicht mehr zu Hause, mehr als vorübergehende Reisende. Der Gedanke, Anfang oder Ende August wieder nach Metz zurückkehren zu müssen, ist uns allen gleich schrecklich.

Ich freute mich und dachte, wenn ich im Juni schon nach Wien könnte, würde ich vielleicht den „Gyges"-Proben beiwohnen dürfen. Immer geschieht es mit uns anders, als wir wollen oder wünschen. Du Armer hast noch viel Arbeit im Juni. Bin neugierig, wo wir heuer ein paar Wochen Sommeraufenthalt nehmen werden. Für mich ist ja Wien schon neu und beglückend, Du aber mußt Luftveränderung haben.

Alles Neue, das sich menschlich bindungsmäßig an mich herandrängt, stößt auf Mauern, ich will nicht mehr. Viel, oft höre ich über meine Gefühlskälte klagen. Auch das ist mir recht. Ich habe gewählt — fürs Leben, und das füllt mich so aus, ich brauche keine neuen Verbindungen, noch weniger Bindungen. Das gibt mir einerseits viel Kraft.

Adieu, adieu, gedenke mein, sowie ich an Dich denke, immer und immer!

Kuß!

Tonio

Tonio an Aslan

Metz, 6. Juni 1944.

Mein großer Freund!

Mit allen Deinen Ferienplänen bin ich einverstanden, was auch immer Du findest, soll mir recht sein. Ich habe nur den tiefen, tiefen Wunsch nach Ruhe und Erholung und nach Deiner mir soviel bedeutenden Nähe. Vielleicht gelingt es mir doch noch, in den letzten Junitagen von hier wegzufahren. Jeder Tag, ja, jede Stunde bringt Neues, Überraschendes. Man lebt in einer dauernden Hetzjagd.

Gestern mußte ich auch plötzlich aufs neue ausziehen. Ich wohne nun doch wieder in der Banaterstraße. Fast einen Tag und eine Nacht habe ich gearbeitet, um irgendwie wieder wohnen zu können. Die Fenster sind immer noch nicht eingeschnitten. Nur mein Schlafzimmer hat noch ganze Fenster, und so habe ich mir mit den Möbeln ein recht gemütliches Wohnschlafzimmer gemacht. Morgen soll der Glaser kommen. Wenn Gott es so will, wird es recht sein. Hotelzimmer war keines zu kriegen. Bei Alarm laufe ich halt an die Mosel. Das Engerl wird mich beschützen.

Heute Invasionsanfang der Alliierten. Die Zeit rast, galoppiert. Was wird mit uns allen? Ich möchte schon zu Hause sein, bin voller Unruhe, gehetzt, nervös. Über mir schwirren fast dauernd die Maschinen. Herrgott, meine es gut mit mir, und lasse mich nicht umkommen! Doch wie immer es auch sein mag, Dein Wille geschehe in alle Ewigkeit! Ich denke an Dich, an meine Mutter, an alle, die Ihr zu Hause seid, und bete täglich um unser Wiedersehen.

Immer

T.

Tonio an Aslan

Metz, 9. Juni 1944.

Lieber!

Heute vormittag machte mir Huttig die überraschende Mitteilung, daß ich bereits am 22. Juni auf Urlaub zu gehe hätte. Allerdings sagte er mir auch zugleich, ich müßte am 6. August wieder in Metz sein. Na ja, wer weiß, was bis dahin wieder alles anders ist!

Im Moment kann man nicht telegrafieren. Auch soll der Bahnverkehr für Zivil gesperrt sein. Vielleicht kann ich vor dem 22. schwarz abfahren. Ich werde erst ruhig sein, wenn ich bei Euch in Wien sitzen werde. Schreibe auch nach Erhalt dieser Zeilen nicht mehr! Oder wenn es geht, telegrafiere, daß Du diese Nachricht noch erhalten hast!

Ich kann heute nicht mehr schreiben, bin zu aufgeregt.

Auf hoffentlich baldiges Wiedersehen! Kuß!

T.

Aslan an Tonio

Wien, 10. Juni 1944.

M. g. E.

Nun geht das Zittern los, wenn die Bahn attackiert wird und Du in Sablon bist. Wie kommt man zur Mosel? Und bei jedem Alarm kann man doch nicht weglaufen — viermal am Tag! Und in der Nacht? Am meisten freut es mich, daß Du das Engerl mitgenommen hast und daß es wieder mit Dir in die Banaterstraße zurückflog. Das tröstet mich.

Daß Du ev. Ende Juni kommen könntest, ist köstlich. Sagte ich nicht immer, der Sommer bringe Veränderungen? Nun: die Invasion! Wie geht das weiter?

Du hast wohl recht, daß wir bisher gut behütet waren. Und wir sind auch dankbar. Werden wir auch Belastungsproben aushalten? Und werden die kommen? Auch ich bin zwar nervös, aber immer wieder glücklich, wenn ich höre und lese, wie gut und schön und richtig Du denkst und fühlst, mein geliebtes Engerl.

D. R.

Aslan an Tonio

Wien, 12. Juni 1944.

M. g. E.

Mit Rührung und Dankbarkeit und mit innigsten Gefühlen denke ich an den 13. Juni, das Fest des Heiligen von Padua [1], der Dein Schutz- und Namenspatron ist. Telegramme werden nicht akzeptiert, so erhältst Du meine Wünsche erst vier Tage später. Aber was tut's? Ist nicht jeder Tag ein Fest, an dem ich an Dich denke? Und denke ich nicht jeden Tag an Dich? Eher verdiente der Heilige, daß ich gerade morgen an ihn denke. Denn an Dich denke ich täglich, fast stündlich. Aber an ihn? Das wäre sehr übertrieben, wenn ich das sagte. So will ich morgen besonders an ihn denken und durch ihn wieder an Dich.

Daß Du wieder in der Banaterstraße bist, beunruhigt mich. (Daß Du im Handumdrehen es wieder nett gemacht hast, weiß ich.) Oder vielleicht haben die bösen Bomben am Bahnhof genug getan und wenden sich jetzt anderen Zielen zu? Wäre auch möglich.

Was Huttig anlangt: Das Schwerste für einen Direktor ist, gleichzeitig Freund, Kollege, Vater und Intendant zu sein. Das ist eben schwer, und das trifft keiner. Es geht nicht an, mit seinen Mitgliedern auf dem Du-Standpunkt zu verkehren und zugleich den unnahbaren Despoten, Führer und Intendanten zu markieren. Entweder — oder. Beides gelingt kaum einem. Da muß der Schauspieler schon einen ungeheuren Respekt vor der künstlerischen Persönlichkeit haben, um diese Wechselbäder zu ertragen! Es ist ganz klar. Und doch ist Huttig für Dich besser gewesen als etwa Herr Jahn [2], Herr Iltz [2] und ähnliche. Schade! Im ganzen gesehen, war aber Metz für Dich ein wichtiges Entwicklungs-Kapitel. Ich hab' die Stadt so gern. Wenn ich nur alle vierzehn Tage so auf zwei bis drei Tage hinfliegen könnte! Diese Mischung von Wien und Paris ist halt sehr reizvoll. Und diese herrliche Kathedrale! Dazu Dein Haushalt, Verlaine, Lacordaire u. dgl., das ist ein besonderer Akkord. Und Marchbanks, Romeo, Homburg, Carlos, Jakob: allerhand.

Was Du von Felsenstein andauernd sagst und ich wußte, fasziniert doch sehr. Ich bin sehr unglücklich, daß Du keine Gelegenheit hattest, mit ihm zu arbeiten und drei bis vier Wochen diese irrsinnige, aber reizvolle Arbeitsatmosphäre mitzumachen. Nicht der Ferdinand [3] ist's. Nicht — nicht. Aber lieber den Kalb [3] (bei Deiner Charakterisierungs-Begabung auch im Komischen), lieber den Kammerdiener [3], als gar nicht dabei zu sein. Kalb und Kammerdiener sind an sich erste Rollen. Ich habe eine „Kabale"-Vorstellung erlebt, die wohl nicht leicht geschlagen werden kann. Präsident: Rudolf Forster, Ferdinand: Paul Hartmann, Lady: Lilly Darvas, Wurm: Sokoloff, Luise: Paula Wessely, Miller: Eduard von Winterstein, Millerin: Frieda Richard, Kammerdiener: Alexander Moissi, Kalb: meine Wenigkeit, Sophie: Degischer [4]; Regie: Max Reinhardt. Salzburg 1930.

Ich kenne das Stück. Warum schnüffelt nicht Felsenstein nach besonderen Besetzungen? Muß er, der Prominente, das nehmen, was ihm vorgesetzt wird? Warum riecht er Dich nicht? Nichts, (kein Buch und kein Erlebnis) bildet einen Künstler so wie der Kontakt und die Reibung mit Persönlichkeiten in der Arbeit. Das ist das Wesentliche. Warum haben die Schauspieler sich die Haxen ausgerissen und Opfer gebracht, um mit Reinhardt zu arbeiten. Alle oben Genannten haben Opfer gebracht. Der eine opferte einen Film, der andere seine Kur, der dritte Geld, Familie, Zeit, Nerven, nur um dabei zu sein. Von Reinhardt gerieben und an ihm und den Partnern sich reibend. Und das 8 Uhr-Abendblatt, Berlin, schrieb damals, ich hätte den Vogel abgeschossen. Ich schäme mich und schämte mich schon damals. So ein Blödsinn. Aber das ist eben Theater. Theater-Wahnsinn. Warum solltest Du nicht als Kalb die Sensation sein, und Felsenstein verliebt sich und brüllt es herum? Verstehst Du mich? An sich sage ich so etwas nicht gern. Da wirst Du nervös. Aber verzeih, wenn ich's nicht sage, bin ich kein Künstler. Ich brenne doch für den Künstler Tonio Riedl. Ich will doch etwas für ihn. Und das ist nicht immer Honig. Ich will, daß Persönlichkeiten in Deine Arbeit eintreten. Ich bin ja schließlich auch eingetreten, aber nicht so sehr in Deine Arbeit, mehr in Dein Leben. Aber wenn Felsenstein eine Persönlichkeit ist, muß er in die Arbeit hinein. Und kann's nicht der Ferdinand sein, ist's eben der Kalb. Aber hinein!

Was sagst Du zu alldem? Sag' mir's! Schimpf' Dich ruhig aus! Ich vertrag's.

Ja, deshalb ärgere ich mich über Felsenstein. Und darum mag ich irgendwie den Rott, weil er positiv Arbeits-Reibung mit Dir hatte trotz Homburg-Affäre und trotzdem er, wie man sagt, gleißt. Aber da verzeih' ich viel. Und Felsenstein übergeht Dich. Dafür muß man ihn anspringen, nicht resignieren. „Sie, Herr, was ist? Sagen Sie's! Bin ich für Sie nix? Los! Warum?" Anrennen! Das meine ich. (Wo es sich lohnt.) Hab' ich recht? Sag' mir's bitte!

Der Satz von Dir: „Bin ich ein Narr, daß ich immer wieder dasselbe sage?" ist einer Deiner größten Momente. Der Satz ist gut. Ja, ein Narr muß man sein und immer dasselbe sagen: in der Liebe, in der Kunst, in der Religion. Um dieses Satzes wegen liebe ich Dich, d. h., habe ich Dich immer geliebt. Narr sein muß man und immer dasselbe sagen. Es gibt nichts Neues. Denn es gibt nur eine Liebe, eine Kunst, eine Religion (einen Gott). Und in dem einen und selben ist alle Vielfalt. Alles andere ist Literatur und Quatsch.

D. R.

[1] Antonius von Padua, Tonios Namenspatron.
[2] Volkstheater-Direktoren Tonios, Nachfolger Dir. Beers (s. Einleitung).
[3] In „Kabale und Liebe".
[4] In dieser Schauspieler-Elite auch Vilma Degischer, heute bekannte Josefstadt-Schauspielerin in Wien.

Tonio an Aslan

Wien [1], 28. Juni 1944.

Geliebter Raoul!

Ich freu' mich auf ein großes Fest. Endlich wieder eine große Rolle von Dir [2]! Wie lange habe ich Dich auf der Bühne nicht gesehen! Zurück in die Heimat der Kunst kehre ich heute abends. Ich sitz' und schau' und staune!

Dank' Dir! Ich warte nach der Vorstellung. Toi, toi, toi!

Tonio

[1] Tonio war auf Urlaub nach Wien gekommen.
[2] Kandaules in „Gyges und sein Ring".

Tonio an Aslan

Metz [1], 7. August 1944.

Mein Raoul!

Wieder eröffne ich den Briefwechsel einer neuen Saison. Die vielen Briefe, die im Laufe der Jahre an Deine Adresse gingen, waren in den verschiedensten Stimmungen an Dich gerichtet. Aber immer getragen von dem Gefühl der Liebe — so auch dieser Brief. Schon liegt Wien, Feuerkogel [2], Vöslau [3], Baden [3], Kirchschlag [4], Wien, Fahrt bis Salzburg unwirklich hinter mir, reiht sich ein ins Land des Erinnerns, in das Land Vergangenheit. Doch lebendig, menschlich wunderbar, fast greifbar stehst Du vor mir. Ja, heute nachts träumte ich von Dir: Ich sah Dich tot. Dein Kopf war herrlich schön. Vor allem die hohe, edle Stirne war so auffallend. Gleichzeitig standest Du aber lebendig an Deinem eigenen Sarg, und wir betrachteten gemeinsam den toten Raoul. Dieser Traum gibt zu denken, findest Du nicht?! Im Laufe des Tages hatte ich nicht viel Zeit, darüber nachzudenken. Doch jetzt in den Abendstunden, wo ich mich auf Dich konzentriere, habe ich auch schon eine Erklärung: Du sollst eine Auferstehung feiern — Deine Auferstehung in diesem Leben, im Geiste. Der andere Raoul soll sterben. Werde ich Dir als Jünger restlos folgen können! Doch meine Sorge um Deine Vollendung frißt vorläufig alle auf mich selbst gerichtete Konzentration auf. Geh' Du nur unbekümmert um mich Deinen steilen Weg! Du verlierst mich nicht, ich zapple Dir schon nach!

Ach, gelt, Raoul, die Stunden in Kirchschlag waren schön? Etwas von reiner, großer Freude war da in uns. Oder eine lichte Mitternacht auf den Bergen: Nacht, Schlaf, Tod und die Sterne. Dies ist ein Moment; o Seele, wage den Flug ins Wortlose! Nur nicht in der Stadt leben! Wie haben wir beide das begriffen! Auf dem Lande erkennt man des Lebens Sinn: Nach getaner Arbeit, nach getilgtem Tag, sich weit forthebend, staunend, schweigend, sinnend über das, was man am meisten liebt. Wie Du das kannst, wie Du eingehst in die Natur!

Heute war die erste Stellprobe von „Des Meeres und der Liebe Wellen". So kommt ein großer Liebender nach dem anderen zu mir [5]. Nehmen sie von mir Besitz, oder besitze ich sie? Geben sie mir ihr Leben, oder gebe ich ihnen ihr Leben? Nur der Beruf des Schauspielers ist mir angemessen: all die Leben loszuwerden, die in mir sind. So offenbart sich manchesmal in Minuten der Sinn des eigenen Lebens. Ich brauche nur nach allen Seiten zu lauschen, und die Dinge und Geschehnisse klären sich von selbst. Durch Gnade Gottes-Kindschaft auf meine Art verstehend, oft erkennend. Im einsamen Entzücken, an Feldern entlanggehend, im stummen Nebeneinandergehen, im Anschauen einer Alpenblume, im Auge des Geliebten verstehe ich, daß man Gottes Kindschaft antreten kann. Ich bin so übervoll von diesen Erlebnissen. Meine Seele ringt, dem allen Ausdruck zu verleihen. Meine mangelnde Wortgewandtheit legt freilich leider Fesseln an meine Feder. Und so muß ich es Deiner Phantasie überlassen, mein Gestammel und Ringen nach Ausdruck zu verstehen. So lebe ich, so liebe ich Dich.

        Bleib', gehe in die Liebe Deines

                T.

[1] Tonio war sechs Wochen auf Urlaub mit Aslan zusammen gewesen und war nun wieder in Metz.
[2] Feuerkogel, Aussichtsberg über dem Traunsee im österreichischen Salzkammergut.
[3] Vöslau und Baden, Kurorte bei Wien.
[4] Kirchschlag (S. Aslans Brief vom 16. März 1943 und 11. September 1944).
[5] Nach Shakespeares Romeo sollte Tonio nun Grillparzers Leander geben.

Aslan an Tonio

                Bogensberglehen [1], 8. August 1944.
                            (6 Uhr früh)

M. g. E.

Also bis zum Schluß ging alles gut. Deine ganzen sechs Wochen waren ungestört gelungen. Und damit auch meine.

Noch sechs Tage bleibe ich hier. Wieder dasselbe hochkultivierte, geschmackvolle Milieu, dieselben lieben Menschen.

Es ist die Morgenstunde. Alles schläft. Totenstille. Nur unter meinem Fenster plätschert ein Brunnen. Vom Hof her schlägt die Turmuhr, und vom Hühnerhof gackern die Hendi-Pipi.

Aber mir fehlt die Frühmesse. Es gibt eben keine Vollkommenheit. Und irgendwie bin ich, wie Du weißt, auch nicht gerne Gast. Nehmen können ist auch eine Begabung. Gast sein können ist auch eine Begabung. Zeljko sagte oft: „Von Dir kann man annehmen." Er hatte recht.

Wo bist Du wohl jetzt? Banaterstraße? Hotel? Die Invasionsarmee [2] bewegt sich strahlenförmig, ein Strahl geht auf Paris los.

Könnten in drei Wochen so weit sein, daß Metz evakuiert wird. Man lebt von heut' auf morgen. Und die neuen Maßnahmen und Verfügungen sind noch nicht bekannt.

Ich bin für alles so dankbar. Ich bin nicht ängstlich vor der Zukunft, aber neugierig. Und doch: Meine Gedanken schwirren. Auch im Gebet bin ich nicht konzentriert. Es liegt was in der Luft.

So gern hätte ich die Kraft, das Rauchen ganz abzustellen. Warum kann ich so wenig?? Warum bin ich so wenig??

Aber Du liebst mich auch so, nicht? Das ist soooo schön! Danke!

Ich umarme Dich innigst.

Dein R.

[1] Aslan war im Anschluß an die mit Tonio gemeinsam verbrachten sechs Urlaubswochen wieder einmal auf einige Tage Gast auf dem Landgut von Camilla Eibenschütz-Huck und deren Gatten Wolfgang Huck. (S. Tonios Brief vom 28. Juni 1943.)
[2] Die Invasionsarmee der Alliierten.

Aslan an Tonio

Bogensberglehen, 9. August 1944.

M. g. E.

Die Berichte, die ich hier vom westlichen Kriegsschauplatz erhalte, lassen mich allerlei vermuten! Ich bin neugierig, was Du mir schreiben wirst! Hier habe ich viel Zeit, allein zu sein — mit meinem Faust-Buch, mit meinem Rosenkranz und noch mehr mit meinen Träumereien.

Rein äußerlich habe ich Ribisel gepflückt und heute morgens die Kühe auf der Weide beaufsichtigt, daß sie den Futterplatz nicht verlassen. Eine Kuh war rebellisch, die mußte ich mit dem Stock zurücktreiben. Gestern war ich bei der Fütterung im Stall. Herrlich!

Im Gesicht habe ich nun die gewünschte Bräune! (Wie lang?) Ja, das ist schön. Immer mehr spüre ich: Ich gehöre aufs Land. Was sich daraus für Phantasien herausspinnen und wie Du durch diese Gebilde der Phantasie durchgehst, kannst Du Dir vorstellen. So im Ganzen. Aber die Einzelheiten machen's aus. Und die kann ich nicht schildern. Könnte ich es, würde ich viel Geld damit verdienen! (Ja, ja!)

Noch fünf Tage, dann zurück nach Wien.

Ja, der Sommer war schön! Gelt? Wieder haben wir uns in Salzburg getrennt. Wie vor Jahren! Alles kommt wieder! Das Abrollende und das Interimistische der Zeit wird so klar! Man nennt das

„reifen"! Liegt im Begriff „reifen" auch der Begriff „verblühen"? Ja und nein. Ewige Frage! Ewige Waage! Ein wirkliches Ja liegt doch nur im Wort Gottes! Und im Leben ist ein fortwährendes Nein!

Wielange dauert es wohl, bis diese Zeilen von der Höhe des Berges [1] zu Dir gelangen?

Kuß, Kuß!
D. R.

[1] Das Gut Bogensberglehen bei Berchtesgaden liegt auf einem Berg.

Aslan an Tonio

Bogensberglehen, 11. August 1944.

M. g. E.

Heute abend erhielt ich Deinen ersten Brief vom 7. August. Ich atmete auf. Einer der schönsten Briefe, die ich von Dir habe. Ich greife gleich die Stelle heraus: „Geh' Du nur ... Du verlierst mich nicht ... ich zapple Dir schon nach".

So etwas kann mich umwerfen im Gefühl. Eigentlich war es immer so, daß ich Dir nachzappelte, nachträumte, nachsehnte, mich also zurückstellte, auf Dich einstellte. Nun sagst Du — sagtest es schon oft — ich soll an mich denken, Du zappelst schon nach. Das finde ich herrlich.

Wenn wir zusammen sind, können wir so schön schweigen. Getrennt reden wir zu einander. Es ist auch klar. Zusammen sind wir oft eins. Eins kann nicht zwei sein, und zum Reden gehören zwei. Land des Erinnerns, Land Vergangenheit — ja. Wie rasch ist alles Geschehen Erinnerung! So wird es auch mit dem Krieg sein, mit allem Schrecklichen. Jedes Geschehen ist begrenzt in der Zeit, wird und vergeht. Nur das ewig ruhende Gefühl, das Sein selbst, das bleibt. Da geschieht nichts, da ist etwas.

Der Traum ist allerdings höchst merkwürdig. Ich beneide Dich, daß Du so träumen kannst. Das ist gewiß schon gesendeter Traum. Das ist schon fast Erscheinung. Du stehst eben doch höher — Dir wird schon etwas gesendet. Sehr merkwürdig. Kann nur staunen. Auch Deine Auslegung ist sehr begnadet. Bin ganz klein. So ist's. Ich soll auferstehen. Ja, das soll ich. Nun wird's Dir gesagt. Es beeindruckt mich sehr. Ich denke nicht darüber nach, aber es muß gewiß wahr sein. Ich will versuchen, nichts zu wollen, sondern mit mir geschehen zu lassen, den Willen auszuschalten.

Auch ich habe diesen unsern Sommer sehr genossen. Natürlich auf dem Land mehr als in Wien. Und diesmal Kirchschlag noch mehr als den Feuerkogel, obwohl auch der Feuerkogel sehr schön war. Und wenn's mir nicht beschieden ist, den steilen Gipfel zu erreichen, werde ich auch alles schön finden, wenn wir nur zusammen steigen. Irgendwie hätte ich es fast noch lieber, daß Du stiegest und ich zappelte nach.

Hier war es gewiß auch schön, aber doch eben halb. Du bist nicht da. Und ich bin zuviel „Gast".

Montag früh fahre ich zurück. Ich höre, daß ab Dienstag der Bahnverkehr (wie alles übrige) eingeschränkt wird. Auch für Dich wichtig. Wie wird Deine Rückreise sich gestalten? Straßburg, Saarbrücken und Mühlhausen sollen sehr stark attackiert worden sein! Hoffentlich bist Du nicht mehr in Sablon!

Noch nie habe ich soviel in der „Gegenwart" leben müssen wie hier. Das bringt Wolfgangs große Stellung mit sich [1]. In Wien werde ich meinen Traum vom Weltgeschehen fortsetzen. Bin noch eine Woche frei. Vom 16. bis zum 20. soll „Wallenstein" sein. Die nächsten Wochen und Monate heißen Einschränkung.

Du glaubst, Dich nicht ausdrücken zu können. Das glaube ich auch immer von mir. Nun, ich finde, Du drückst alles sehr plastisch aus, und ich sehe es nicht nur, ich spüre auch das dahinter stehende Gefühl. So ähnlich geht es Dir ja auch mit mir. So tun wir immer anscheinend dann das Beste, wenn wir glauben, es nicht tun zu können. In unserem Beruf ist es ähnlich. Wahrscheinlich sind unsere besten Momente die nicht gewollten. Erkennen, schauen, durchfühlen, bilden muß man's schon. Aber keine Wirkung wollen! Die ist oder ist nicht. Es ist halt doch eine Frage der Gnade. Lies nach im „Faust", zweite Studierstuben-Szene, den Satz: „In jedem Kleide werd' ich wohl die Pein [2] ...". Das ist die ewige Melodie jedes Menschenlebens. Kaum hat man aber die Begegnung mit Christus erlebt, wird der Satz hinfällig. Dann ist das Dasein keine Last, das Leben nicht verhaßt. Kennt man nämlich die Liebe — und das ist Gott — ist dieser menschlichste und natürlichste Satz überwunden. Das ist der tiefste Sinn des Glaubens. Das nenne ich den Weg erklommen haben!

Gute Nacht, Liebes! Du bist bei mir!

D. R.

---

[1] Wolfgang Huck war einer der größten Zeitungsherausgeber Deutschlands.
[2] Es ist die dritte Szene in der Studierstube. Mephisto erscheint als Kavalier und rät Faust, dieselbe Kleidung anzulegen. Faustens Antwort beginnt mit den pessimistischen Versen: „In jedem Kleide werd' ich wohl die Pein des engen Erdenlebens fühlen" und endet mit den verzweifelten Worten: „Und so ist mir das Dasein eine Last, der Tod erwünscht, das Leben mir verhaßt".

Tonio an Aslan

Metz, 12. August 1944.

Lieber!!

Noch habe ich keine Zeile von Dir. Wenn nur die Tage schön sind für Dich in Berchtesgaden! Heute vor acht Tagen fuhren wir noch zusammen im Zug.

Acht Tage nun wieder mein eigener Lebens-Rhythmus. Täglich sind Alarme. Die Probenarbeit geht daher langsam. Heute war großes Bombardement. Kein Gas, kein Wasser.

Die Sonne scheint sommerlich herrlich. Die freien Tage und Stunden benütze ich und eile ins Lothringische Land. Die Sommermelodie von 1944 wird langsam Lied in mir.

Ruhig bin ich. Und wenn auch der Tod oft seine Boten sendet, bleibe ich ruhig und denke: Gott, Vater, Dein Wille geschehe!

Der kleine Paul Hoffer (Du hast ihn als Amandus gesehen) [1] ist gefallen. Man schaut mit verhangenem Blick in die Zukunft.

Auf meinen Wegen bist Du mir nah'. Ob Du mich auch immer an Deiner Seite spürst? Alles klärt sich durch mich selbst. So weiß ich heute, wie notwendig meine Liebe für Dich war, notwendig, um diesen Weg zu gehen, den Du fast endgültig gehen wirst. Dieser Weg ist die Frucht unserer Saat. Darum bin ich Dir auch so notwendig geworden, daß Du mich nie mehr abschütteln kannst. So bleibe ich Dein Gefährte auf allen Wegen, und nie mehr lass' ich Dich allein. In meinen Augen wirst Du auch nie alt und abgedankt sein. Immer will ich zur Stelle sein, wenn Du mich rufst. Von allen Schönheiten der Welt und des Lebens bleibst Du für mich das Schönste.

Ich bin und bleibe

Dein T.

[1] Paul Hoffer, junger Schauspieler-Kollege Tonios, spielte mit ihm in „Jugend" von Halbe die Rolle des Amandus.

Aslan an Tonio

Wien, 17. August 1944.

M. g. E.

Dein letztes, wunderschönes Briefli ist vom 12. August datiert. Ich freue mich schon heute, wenn ich einmal Deine Briefe im Zusammenhange lesen werde. Das wird in meinem Alter außer meinem Gebetbuch wahrscheinlich meine einzige Lektüre sein. Genügt auch vollkommen.

Bin natürlich sehr besorgt: 1. Bomben, 2. Banaterstraße, 3. Maßnahmen und Verordnungen, Militär und Rüstungen, 4. eigene Sorgen: Theater noch nicht eröffnet und anderes!

Es überrascht mich aber alles nicht. Ich wußte, wie alles kommen mußte. Nur die Kraft haben, es durchzustehen!

Meine Fürstin [1] sehr krank. Didier in Genua, Mailand und dort herum [2].

Man schwebt in der Luft. Man weiß nichts, weder von hier noch von Metz. Der Zustand ist enervierend. Ich spür's im Herzen und im Magen. Möchte doch wissen, was in Metz los ist. Dabei ist die Post natürlich unverläßlich. In so schweren Zeiten möchte man beisammen sein, wie die Lämmer auf dem Feuerkogel, wenn das Wetter kam, sich zitternd aneinander preßten im dürftigen Schutz eines Latschengebüsches.

Würde Dir gerne telefonieren, wenn's ginge. Wenn ich ein „amtliches" Gespräch durchsetzen kann, telegrafiere ich Dir, und Du erwartest dann das Gespräch im Theater.

Ich habe Vertrauen zu Deinem Sinn für Realität! Du wirst schon klug und vorsichtig sein, gelt? Nur: Wenn Ihr nicht spielt, schickt man Euch dann heim, oder würdet Ihr an Ort und Stelle umgruppiert? Das möchte ich wissen.

Nun, mein Geliebtes, hoffentlich bald!
D. R.

[1] Die Fürstin Lobkowitz.
[2] Bruder Didier war auf Operetten-Tournée in Italien.

Tonio an Aslan

Metz, 19. August 1944.

Geliebter Raoul!

Hoffentlich erfüllt sich unser baldiges Wiedersehen!

Ich weiß nichts! Man schwebt so in der Luft. Das ganze Leben ist wieder so unwirklich. Zwei- bis dreimal flüchte ich täglich, auch manchesmal nachts, aus meiner Wohnung an die Mosel oder in einen Luftschutzkeller. Gestern war wieder Bombardement.

Unser Theater soll vorläufig nicht geschlossen werden. Die Josefstadt [1] — höre ich — spielt nicht mehr?

In diesem wirren Durcheinander lebe ich möglichst regelmäßig und auch sehr konzentriert. Leider habe ich fast keine Bücher [2]. Hätte ich mir doch dieses Buch über Psychoanalyse mitgenommen! Wenn ich gar nichts habe, kehre ich immer wieder zur Bibel zurück, und das ist herrlich, immer neu, schön, poetisch, geistig, anregend. Ich will auch das alte Testament lesen, obwohl ich nie über die verwirrend vielen hebräischen Namen hinwegkomme. Nicht einmal mein Engerl habe ich da.

Den Leander kann ich schon lange. So habe ich viele freie Stunden. Bin viel, sehr viel allein. Manchmal liege ich an der Mosel in der Sonne, liege auf dem Rücken, schaue in die Wolken und träume die schönsten Wachträume. Im Reiche der Phantasie ist kein Krieg. Bist Du eine Wolke? Nein, Du sollst keine Wolke sein, aber wir wollen zusammen die fliehenden Wolken lieben, die ewig wechselnden Wolken.

Ach, wärst Du doch da!

D. T.

[1] Das Wiener Josefstädter Theater.
[2] Tonio hatte sie zur Sicherheit schon alle nach Wien geschickt.

Aslan an Tonio

Vöslau, 21. August 1944.

M. g. E.

Hier muß ich noch mehr an Dich denken als etwa in der Strudlhofgasse oder in meiner Garderobe oder im Caffé Landtmann, hier ist alles mit Dir verbunden, das Zimmerl, die lieben Gastgeber, das Bad, die Duschen, jeder Spaziergang [1]. Heute abends fahre ich nach Wien zurück.

Bin, wie Du begreifst, in dauernder Sorge: Ob Du wohl den Leander probierst? Ob Ihr eröffnet? Was im Falle der Nicht-Eröffnung geschieht? Wie Du zurückkommst? Ob Du Angriffe mitmachst? Wo Du wohnst? U. s. w. Lauter Sorgen.

Wir haben nicht eröffnet, und ich weiß nichts von dem, was geschehen soll oder geschehen wird.

Viele Gerüchte schwirren. So heißt es, die Behörden hätten sich von Paris nach Metz zurückgezogen und dies und jenes, was ich gar nicht schreiben will. Ich wußte ja, als ich Dir in Salzburg nachwinkte, daß jetzt schwere Wochen und Monate kommen werden, und ich kann die Schönheit und Ruhe von Vöslau nicht genießen, da ich dauernd denken muß, wie es Dir dort ergeht. Das sind Belastungsproben. Die Gedanken schwirren nur so wild durcheinander.

Als Lektüre habe ich mir „Die letzten Dinge" [2] mitgenommen und meditiere sie.

Morgen, Dienstag, versuche ich, durch Propaganda-Kurtz [3] ein Staatsgespräch nach Metz zu erhalten. Wenn's gelingt, telegrafiere ich Dir und bitte Dich dann, im Theater darauf zu warten. Will Mittwoch oder Donnerstag abends zwischen 10 und 12 Uhr nachts im Theater anrufen. Ein gewöhnliches Telefongespräch könnte 12 bis 14 Stunden Wartezeit beanspruchen, aber per „Staat" geht's vielleicht rascher. Es wird mich beruhigen, Deine Stimme zu hören. Es heißt auch, daß wegen Spionage-Gefahr viele Briefe von der Post geöffnet werden!! Nun, unsere Briefe können sie lesen.

Allerherzlichst

D. R.

[1] Beide waren öfters zusammen in Bad Vöslau auf Besuch, so auch diesen Sommer. (S. Tonios Brief vom 7. August 1944.)
[2] „Die letzten Dinge", Buch von Pater Diego Götz.
[3] Josef Kurtz, im Propaganda-Ministerium.

Tonio an Aslan

Metz, 22. August 1944.

Geliebter!

Seit unserer Trennung am Salzburger Bahnhof, wo Du ein so unvergeßlich trauriges Gesicht hattest, habe ich von Dir vier Briefe erhalten. Daß Du in Deinem Alter neben Deinem Gebetbuch nur noch meine Briefe zur Lektüre haben willst, macht mir Hemmungen. Wie muß ich mich da zusammennehmen! Und zugleich macht es mich so unendlich glücklich und reich, daß Dir diese meine kleinen Geschreibsel so wert sind. Dank Dir! Und immer wieder: Wie reich und überglücklich bin ich mit Dir in jedem Stadium unserer Liebe! Wie verdiene ich Dich überhaupt? Daß ich jetzt noch so viele freie Zeit habe, empfinde ich ganz besonders dankbar. Gibt es mir doch Gelegenheit, die vergangenen sechs Wochen noch einmal zu durchleben, das Erlebte zu ordnen und Reifendes zu bergen.

So lebe ich zwar die Gegenwart, sogar mit einem „Sinn für Realität", wie Du in Deinem letzten Brief sagtest, aber die schönen Stunden sind doch die des „Wachtraumes". So sehe ich durch diesen Sinn für Realität hier den Krieg: Soldaten, Autos, Tanks, Blitzmädels, Generäle, Koffer, Gepäck, alles auf der Flucht, sehe, schaue, erfasse es nicht ganz — und schon verschlingt meine Welt, die viel stärker und — ich möchte fast sagen — realer ist, die Kriegswelt.

Was die „Theaterwelt" anlangt, so weiß ich bisher folgendes: daß unser Theater am 15. September eröffnet werden soll, daß fünf Stücke probiert werden, ich aber nur den Leander probe. (Wieder eine andere Welt in mir — und doch außer mir. Doch hält sie mich gefangen und gefällt mir sehr.) Leander, ein Bruder Romeos, Marchbanks, und doch so anders.

In der Banaterstraße führe ich jetzt selbst Haushalt. Seit drei Tagen ist auch kein Alarm. Welche Freude! Von der Stadt Metz ist nichts kaputt. Die letzten Angriffe galten wieder dem Güterbahnhof, dem Flugplatz und dem Depot.

Es steht alles so in Gottes Hand. Ich möchte leben. Doch sollte es der Wille Gottes sein, mich sterben zu lassen, dann muß wohl sein Wille geschehen. Doch empfinde ich in Zeiten der Not wie Du. Da möchte ich ganz nahe bei Dir sein. Wie schön Dein Feuerkogel-Bild von den aneinander gepreßten Lämmern!

Ein Telefongespräch dürfte nicht möglich sein. Ich könnte Dir am Telefon auch nichts anderes sagen als in meinen Briefen. Schön wäre es nur, Deine Stimme zu hören.

Kuß!

T.

Aslan an Tonio

Wien, 24. August 1944.

M. g. E.

Dein Briefli vom 19. August hat mich etwas beruhigt. Gewiß, ich weiß, Du bist klug und vorsichtig und tust das Vernünftige. Trotzdem sind es zwei Sachen, auf die ich hinweise: 1. die Banaterstraße, 2. die drohende Invasion und das daraus notwendig sich ergebende Chaos gerade in Metz. Was ist klüger: Unter irgend einem Vorwand (Krankheit, Familie u. s. w.) rechtzeitig abzupaschen auf das Risiko hin, hier „gemustert" zu werden, oder dort versuchen, das Chaos „ungemustert" zu überstehen? Der Fall von Paris, die Kapitulation Rumäniens weisen deutlich auf den letzten Akt. Was tun?

Theater noch nicht eröffnet. — — —

Eben — es ist 11 Uhr nachts — telefonierte Lietzau [1]. Offiziell!! Ab 1. September sämtliche deutschen Theater, Kulturbetriebe u. s. w. geschlossen. Es bleiben nur etwas Rundfunk und etwas Film.

So, jetzt ist es klar. Wenn Du in Wien militärisch gemeldet bist, mußt Du sofort zurück. Wenn Du dort gemeldet bist, wirst Du ja wissen, was zu tun ist. Ob Verträge, Gagen weiterlaufen, weiß ich nicht. Im Moment bin ich ganz ruhig. Trotzdem ist das der größte Moment für uns seit Kriegsbeginn. Ich weiß auch augenblicklich gar nicht, wie sich das auswirkt. Ich weiß nur, daß es ein ungeheurer Moment ist.

Sollen wir telefonieren? Ich Dir oder Du mir? Sage mir, wenn's geht, telegrafisch Bescheid!

Rein materiell hab' keine Angst! Ich habe genug für uns für ein Jahr! Ja, es wäre gut, wenn wir jetzt enger zusammen wären!

Und sollte Militärdienst kommen, so hab' auch keine Angst!

Als ich den Brief begann, ahnte ich nicht, daß er so enden wird. Aber was wissen wir? Ist nicht jede Stunde eine Überraschung? Und ein Geschenk?

        Ich umarme Dich herzlichst

                    D. R.

[1] S. Aslans Brief vom 8. Februar 1944.

Tonio an Aslan

                                Metz, 26. August 1944.

Mein geliebter Raoul!

Nun tritt unser Leben wieder einmal in eine neue Phase. Ohne Theater. Wir sollen vorläufig nicht mehr auf der Bühne stehen. Wo wirst Du eingesetzt werden? Wir hier sollen der Wehrmacht überwiesen werden. Wie so oft in meinem Leben erfasse ich vorläufig nicht wirklich die Situation. Traumhaft, nebulos ist in mir schon ein Vorgang ohne Furcht, ohne Nervosität, kalt, unberührt vorläufig noch vom Gespenst Militär. Gespenst deshalb, weil die Vorstellung „Tod" sich an Militär und Krieg heftet. Gestern hatten wir Appell. Huttig dankte uns für die drei Jahre Arbeit. Und so gehen wir willenlos unserer neuen Zukunft entgegen.

Schrecklich ist mir nur der Gedanke, daß Du, Mutter, Rosl, Ihr alle Euch um mich sorgt. Bitte, sei Du meinetwegen ruhig! Ich bin es auch. Schrecklich ist wohl auch, freilich, daß die Post so schlecht funktioniert. Hoffentlich kannst Du in Wien bleiben! Wie und wann mag unser Wiedersehen sein?

Du hattest recht, als Du am Salzburger Bahnhof bei unserem Abschied sagtest: „Jetzt kommen schwere Wochen für uns, vielleicht die schwersten." Wenn es Gott gut mit uns meint, führt er uns bald aus allem Leid heraus und läßt uns alle noch zu bestehenden Prüfungen gut und gesund überstehen.

Im Leid, in schweren Stunden flüchte ich mich mehr als sonst zu Dir. Da fühle ich so ganz unsere Zusammengehörigkeit, unsere Verbundenheit. Mögest Du mir auch in meinem letzten Stündlein — so es einmal naht — so liebevoll nah' fühlbar sein! Dann wird auch dieses Stündlein leicht für mich sein. Habe ich doch nicht umsonst gelebt! Das Gesetz der Liebe erfüllte sich in mir ganz, und der Übergang zu Gott wird mir furchtlos sein. Bist Du doch mein „Guthaben" fürs Jenseits.

So grüße ich Dich aus diesen Stunden der Ungewißheit und küsse Dich in alle Ewigkeit.

Dein T.

Tonio an Aslan

Metz [1], 28. August 1944.

Geliebter Raoul!

Die Zeit drängt. Ich soll am 31. abends 6 Uhr in Koblenz als Soldat antreten.

Ich will morgen versuchen, meinen Blinddarm operieren zu lassen. Ob es gelingt? Es wäre ein Zeitaufschub von drei bis vier Wochen oder noch länger.

Ich weiß auch nicht, was hier noch geschieht. Ich lege alles in Gottes Hand. Wenn Du jetzt länger nichts von mir hörst, dann nur Ruhe! Vielleicht setzen die Nachrichten ganz aus. Vielleicht, wenn ich dableibe, bin ich ganz abgeriegelt. Es kommen die schwersten Wochen. Du weißt es, ich weiß es. Natürlich werde ich immer versuchen, Dich auf dem laufenden zu halten, solange es geht. Schau' nur, bitte, ab und zu nach meiner Mutter! Zerreiße diesen Brief! Meine restlichen Sachen gehen in einer Kiste nach Wien. Ich habe nur mehr das, was ich am Leibe trage. Nicht einmal einen Mantel. Wenn nur die Operation morgen gleich gemacht wird!

Ich denke mehr denn je an Dich — fast nur an Dich. Sollte ich nach Koblenz müssen, telegrafiere ich Dir morgen. Wenn wir nur am Leben bleiben, uns wiedersehen, dann soll alles Schwere vergessen sein. Nein, das Ende hier ist doch anders, als wir es gedacht haben. Ach, Raoul, ich möchte leben, leben mit Dir. Deshalb begebe ich mich jetzt unters Messer. Ich habe keine Angst. Ich will, daß das gelingt, was ich mir vorgenommen habe.

Vorsicht in Deinen Briefen! Sie werden geöffnet! Sprich mit niemandem von meinem Plan! Wir beide haben ein neues Geheimnis. Glaube an mich! Hoffen wir auf Gottes Liebe! Es sind Menschen hier, die helfen werden — wie es auch kommen mag.

Was geschieht mit Dir? Leb' wohl! Ich denk' und denk' an Dich.
Auf Wiedersehn!

D. T.

[1] Zu diesem Brief ist folgender Kommentar nötig: Tonio hatte von „Menschen hier, die helfen werden", das Anerbieten bekommen, ihn zu verstecken. Er spielt noch mit diesem Gedanken, den er Aslan natürlich nicht schreiben kann. Daher: „Wenn ich dableibe, bin ich ganz abgeriegelt ... keine Nachrichten möglich ... Geheimnis ... glaube an mich ... zerreiße den Brief ... usw." Ja, sogar der Vorwand einer Blinddarmoperation.

Tonio an Aslan

(Telegramm) [1]
Metz, 30. August 1944.

Operation nicht nötig. Fahre heute noch nach Koblenz.

[1] Tonio hat das Anerbieten nicht angenommen, sondern sich entschlossen, dem Einrückungsbefehl nach Koblenz Folge zu leisten.

Tonio an Aslan

Koblenz, 31. August 1944.

Geliebter Raoul!

Unsere Anreden müssen jetzt sachlicher werden.
Seit drei Tagen mache ich die schwerste Krise meines bisherigen Lebens durch. Hoffentlich habe ich noch einmal Gelegenheit, bevor ich sterbe, Dir das alles mündlich zu erzählen! Adresse und Feldpostnummer kann ich Dir noch nicht schreiben, weil ich sie selbst noch nicht weiß.
Im Moment sitze ich am hiesigen Postamt, schmutzig, müde, alt, nach vielstündiger anstrengender Reise und gebe Dir die erste Nachricht aus meinem künftigen Lebensraum.
Um 6 Uhr muß ich an Ort und Stelle sein. Jetzt ist es $^1/_2$ 3. Die schwerste Zeit meines Lebens kommt jetzt. Im Moment kann ich nur weinen, weinen wie ein armes, verlassenes kleines Kind. Ich denke an Dich mit reinster, größter, schönster Liebe, ich möchte Dich sehen, Dich sprechen, Deine Augen helfend mich ansehen lassen.
Vielleicht findest Du in irgend einer Form Hilfe. Denke nach! Wenn ich heute abends Genaueres weiß, schreibe ich Dir meine Anschrift u. s. w.
Nach diesen Jahren erhöhten Lebens bin ich plötzlich stumpf wie ein Tier.

Lebwohl und sei umarmt! Immer

T.

Tonio an Aslan

Koblenz, 1. September 1944.

Lieber!

Wieder anders! Auf meinem Koffer sitzend und auf die Straßenbahn wartend. Wir müssen nach Trier. Sollen dort ausgebildet werden. Das endlose Warten beginnt. Heute die erste Nacht mit fremden Menschen. Doch die Situation ist fröhlich. Die Gewißheit des Nicht-anders-Könnens gibt mir eine gewisse Ruhe und sogar Humor. Wohin gehe ich? Was erwartet mich? Wieder neues Lebenskapitel — wieder ein Ende und ein Anfang. Hans Rudolph [1], ein Kollege aus Metz, ist noch bei mir. Doch in Trier, fürchte ich, werden wir getrennt.

Wie mag es Dir gehen? Ein anderes Schicksal erwartet Dich. Wann werde ich von Dir Nachricht haben? Sich fügen — ich übe mich darin.

Adieu, adieu!

T.

[1] Der Kollege Hans Georg Rudolph hatte in Metz neben Tonio als Carlos den Posa gespielt.

Tonio an Aslan

Trier, 2. September 1944.

Lieber Raoul!

Um Gottes willen, kannst Du nichts für mich tun? Mit einem General sprechen, mich von hier wegholen? Vielleicht kann ich in Wien ausgebildet werden? Ich geh' drauf! Wenn ich es ev. auch körperlich aushalte, seelisch geh' ich zugrunde!

Ich gebe diesen Brief einem bekannten Unteroffizier mit. Wenn ich in Zukunft Briefe an Dich schreibe, adressiere ich sie an die Erni [1] (zeitweise) oder spreche auch die Erni in diesen Briefen an, sie gelten aber Dir. Ich will es absichtlich tun, damit nicht zu oft Dein Name hier durch die Kasernen-Kontrolle geht. Bitte, schreibe auch Du keinen Absender, und nimm keinen Briefbogen mit Deinem Namen! Du kannst die Briefe auch mit Erni unterschreiben, ich weiß es dann schon. Es ist besser so.

Ich leide unsagbar! Bin bei der Infanterie. Mit neun Männern auf einer kleinen Stube. Rüstungsarbeiter. Vier bis fünf Wochen soll die Ausbildung dauern, und dann sollen wir ohne Urlaub an die Front abgestellt werden. Vielleicht kann Flotow [2] einen Weg weisen. Ich glaube, man brauchte nur einen anderen Mann stellen und mich in Wien ausbilden lassen. Mein Kommandant hier heißt Major Gail.

Bitte, sinne und trachte für mich! Ich war noch nie in einem solchen Zustand. Möchte Dich aber auch nicht zu sehr verwirren. Aber so gehe ich zugrunde. Ich habe fast keine freie Minute.

Adieu! Ich denk' an Dich in allem Unglück.

T.

[1] Tonio macht hier Aslan den Vorschlag, wie in dessen ersten Briefen nach Warschau auch jetzt seine Briefe mit dem Namen von Erni Hrubesch zu unterschreiben, was auch geschieht. Und Tonio benützt den Namen öfters als Anrede und sendet diese Briefe dann auch an die Adresse der eingeweihten Freundin. (S. Vorbemerkungen.)
[2] Oberst Flotow vom Wehrkommando in Wien.

Tonio an Aslan

Trier, 3. September 1944.

Raoul!

Der erste Sonntag beim Militär. 6 Uhr aufstehen, Kaffee holen für die Stube, $^1/_2$ 7 Uhr antreten zum Dienst. Dann Stubenunterricht, um 10 Uhr schießen. (Zum ersten Mal im Leben ein Gewehr in der Hand — seltsame Veränderung meines ganzen Wesens.) Dann war Alarm. Dann Mittagessen (ausgezeichnet), dann wieder antreten. Um 2 Uhr Stubenwaschen, Fensterputzen, Gängeschrubben. Dann Umzug in andere Stube (18 Mann), getrennt vom Kollegen Rudolph. Um 5 Uhr Schluß des Dienstes. Dann mich ganz gewaschen, Kaffee getrunken (Rudolph zu Besuch). Jetzt sitze ich am Fenster und träume von meinem vergangenen Leben. Muß an die Luise Marie denken. Ich will aber auch aus dieser Situation lernen, das Chaos meines Innern in Ordnung bringen, Beherrschung der momentanen Lage üben.

Ich wundere mich selbst über mich. Gestern glaubte ich noch, sterben zu müssen. Heute stehe ich schon wieder gottergeben zu meinem Schicksal. Nur um Kraft muß ich beten. Ich will leben, am Leben bleiben. Vier bis sechs Wochen sollen wir hier bleiben. Dann geht es an die Front.

Deine Korallen [1] habe ich in ein Kästchen legen müssen, dafür bekam ich eine Marke um den Hals. Die wird meiner Mutter zugeschickt, wenn ich fallen sollte.

Ich warte auf einen Brief von Dir! Ich warte auf Nachricht von Dir! Wie sehr! Auf ein Wort von Dir zu meiner Lage. Du erfaßt sie sicher nicht ganz! Aber Du fühlst mit mir, das weiß ich! Und das Denken an Dich gibt mir auch wieder Hoffnung auf Neues, Schönes. Mein Leben kann nicht zu Ende sein, ich habe noch soviel zu sagen. Ich will versuchen, mein Testament zu schreiben.

Lebe Du wohl — und wenn es geht, glücklich!

Immer im Leben und im Tod

D. T.

[1] Korallen: ein Geschenk Aslans.

Tonio an Aslan

Trier, 5. September 1944.

Geliebte Erni [1]!

Heute war die Vereidigung auf die Fahne. Vorher hatten wir Katholiken in der St. Paulinikirche, die sehr schön ist (unter anderen Umständen war ich vor zwei Jahren da) eine Messe. Ich bin zur Beichte und Kommunion gegangen. Es hat mir geholfen. Ich war zum ersten Mall innerlich ruhig. Natürlich habe ich geweint. Die Ansprachen der Pfarrer waren ausgezeichnet.

Von irgendwoher begreife ich diese Prüfungszeit. Mein ganzes bisheriges Leben, ein Leben in Schönheit und Erfolg, ist ausgelöscht. Diesen Tod bin ich gestorben — ich harre einer neuen Geburt entgegen. Viele Tode muß man sterben, bis man zum Tode kommt, aus dem die Geburt des ewigen Lebens steigt.

Ich habe sehr an Dich gedacht, Dich innigst in mein Gebet eingeschlossen. Und leben möchte ich erst recht jetzt mit Dir, bei Dir. Die Zeit, die Jahre mit Dir — es sind jetzt 14 Jahre — sind die große, herrliche Aufstiegszeit meines Lebens. Sollte der Höhepunkt überschritten sein? Sollte ich nie mehr mit Dir leben dürfen? Kannst Du Dir das vorstellen? Mit allem muß man rechnen. Der Dienst wird schwer sein. Doch wenn ich Schlaf habe, werde ich durchhalten. Ahnst Du meine grenzenlose Einsamkeit? Ahnst Du restlos, was in mir innerlich vorgeht?

Jetzt möchte ich schon Post von Dir haben. Wie mag es in Metz zugehen? Wie anders, wie schnell schloß sich dieses Kapitel!

Ich denk' an Dich jeden Tag, jede Stunde, jede Minute. Ich umarme und küsse Dich innigst.

Dein Tonio

[1] Tonio benützt hier schon die fingierte Anrede an Erni Hrubesch. (S. seinen Brief vom 2. September 1944.)

Tonio an Aslan

Trier, 7. September 1944.

Raoul!

Wieder eine Veränderung. Heute mittags werden wir nach Bamberg verfrachtet. Bitte auch Mutter und Rosl verständigen! Post einstellen, bis ich Euch allen meine neue Anschrift melde!

Leider habe ich weder von Dir noch von zu Hause eine Nachricht. Ich komme ein wenig der Heimat näher. Ein Trost! Aber auf wielange?! Ich trage plötzlich das Kreuz — und habe den Mut, es bewußt zu tragen. Wann werd' ich Dich wiedersehen, wann? Heimat, Du, wie weit und doch noch nie so nah'! Willkommen, Leid, Du formst mich neu!

Viele innige Grüße allen denen, die in diesen Tagen an mich denken. Dir meine Hand in allen Zeiten.

T.

Aslan an Tonio

Wien, 7. September 1944.
M. g. E.

Heute früh erhielt ich Deine Briefe vom 2. und 3. September und Deine Adresse. Also vier bis fünf Tage braucht die Post.

Was ich seit Deinem Telegramm, das Deine Abreise nach Koblenz mitteilte, mitmache, will ich nicht beschreiben. Ich will mich bemühen, sachlich zu bleiben. Als ich Dich in Salzburg zum letzten Mal sah, wußte ich, daß Du nicht lange in Metz bleiben würdest. Du bist um zwei bis drei Tage zu lange in Metz gewesen! Als am 24. August die offizielle Mitteilung erfolgte: „Alle Theater geschlossen", hättest Du, unbeschadet, ob diese eröffnet werden oder nicht, unbeschadet aller Gerüchte, Appelle u. s. w. am 25. August wegfahren müssen, ohne Reisebescheinigung. Zuerst 100 km, dann wieder 100 km u. s. w., bis Du nach vier bis fünf Tagen in Wien gewesen wärest. Das wäre damals nicht Desertion gewesen, denn Du warst noch nicht Soldat, sondern Schauspieler. Aber das ist jetzt gleichgültig. Vielleicht war es auch nicht möglich, kurz, es war eben nicht. Weg damit!

Nun hat's Dich erreicht. Die körperlichen Strapazen wirst Du durchhalten, die seelischen Qualen auch. Ich weiß es, und in ununterbrochenen Gebeten bekomme ich die Gewißheit. Schon Dein Brief vom 3. September bestätigt mir, daß große Kräfte Dir zuströmen durch meine Gebete. Nur so weiter! Auch daß Du jetzt Anton [1] heißt, stört mich nicht. Es ist der Name des Heiligen von Padua und ein Ehrenname. Alles, alles will ich ertragen. Selbst wenn Du nach sechs bis acht Wochen ins Feld kämest, will ich es ertragen, unter heißen Tränen, unter namenlosem Leid, aber ich will es ertragen. Das einzige, um was ich bitte, ist, Du mögest körperlich unverletzt so bald als möglich nach Wien kommen. Körperlich unverletzt! Um das bitte ich ununterbrochen.

Natürlich habe ich sofort alle Wege gemacht, um Dich jetzt schon zurückzubringen. Täglich ging ich von einem zum andern, und ich erwarte stündlich ein vorläufiges Resultat.

Für den Moment sage ich: Sechs bis acht Wochen muß die Ausbildung wohl dauern. Aber es wäre möglich, daß Du in der Zeit doch körperlich zusammenbrichst, da Du ja rheumatisch bist und auch nicht ganz herzfest [2]. Vielleicht wirst Du doch ein bis zwei Wochen ins Lazarett müssen. In diesem Falle wäre die Ausbildungszeit etwa zehn Wochen. In zehn Wochen geschieht viel. Außerdem wirst Du von Trier weg müssen, weiter zurück ins Land.

Das Wichtigste ist die Adresse. Aber, wie gesagt, vielleicht gelingt mein Plan, und Du kannst zur weiteren Ausbildung doch herkommen. Dann ist $3/4$ von dem gewonnen, was ich anstrebe. Sollte das nicht gelingen, dann muß ich mich drauf verlassen, daß in acht bis zehn Wochen viel geschieht. Ich will Dich nur körperlich unverletzt wieder haben und bald. Alles andere ist mir egal. Es wird ununterbrochen daran gearbeitet und dafür gebetet.

Sonst habe keine Sorge! Hier ist im Moment alles gesund und ruhig. Was mit mir geschieht, ist völlig gleichgültig, ob Wehrmacht oder Rüstung oder Luftschutz, ob mit oder ohne Vertrag, ob mit oder ohne Geld, ist völlig gleichgültig. Um mich hab' keine Sorge! Wenn Du körperlich unverletzt und möglichst bald herkommst, ist alles andere gleichgültig. Und damit das geschehe, wird ununterbrochen alles Mögliche versucht. Morgen, am 8. September 9 Uhr früh bin ich beim Intendanten vom Rundfunk. Wenn er das Gesuch schreibt, das ich verlange [3], gehe ich damit zu einer hohen militärischen Stelle, die das Gesuch Deinem Wehrkreiskommandanten einschickt. Wenn der nett ist, macht er den Tausch. Das ist's.

Morgen nach der Unterredung schreibe ich. Du siehst, ich blieb sachlich. Mein Herzklopfen hörst Du bis Trier.

Weiter, weiter und nur beten!

Deine Erni [4]

[1] Anton statt **Tonio** beim Militär nach dem Geburtsschein.
[2] Das sind natürlich versuchte Vorwände.
[3] Nämlich eine Anforderung Tonios zum Wiener Rundfunk.
[4] Aslan unterschreibt hier schon mit dem Namen der Erni Hrubesch auf Tonios Rat. (S. auch die folgenden Briefe.)

Tonio an Aslan

Lieber!
                         Bamberg, 9. September 1944.

Eine Überraschung jagt die andere. Hier treffe ich auf unseren Bühnenmaler Langenbeck. Wir sehen alle grotesk aus. Nach 26-stündiger Fahrt von Trier über Frankfurt, Würzburg im Personenzug hier angekommen. Ein paar Stunden, ohne die Kleider auszuziehen, auf einer Drahtmatratze geschlafen. Hier bleibe ich höchstens bis Montag. Dann soll es ins Protektorat weitergehen. Leider bleibe ich noch länger ohne Nachricht von Dir. Wie ein Zigeuner reise ich herum. Heute erster Ausgang nach zehn Tagen. Sitze auf einem schönen alten Platz in Bamberg. Man muß das Leben nehmen, wie es kommt. Im Moment fühle ich mich leichter, freier. Überall nehme ich Dich in Gedanken mit. Bei großen Anstrengungen denke ich an unsere gemeinsam verlebten Stunden. Das gibt mit Mut und Kraft.

Alles Liebe! Immer
D. T.

Aslan an Tonio

M. g. E.
                         Wien, 9. September 1944.

Das Gesuch vom Reichssender ist unterschrieben [1]. Hurra! Erster Schritt. Nun gehe ich damit am Dienstag den 12. September zum Wehrkreiskommandanten Oberst Kern [2], Stubenring. Dieser soll womöglich am selben Tag seinem Kollegen, Deinem Wehrkreiskommandanten, schreiben, was er mir prinzipiell schon zusagte, und wenn Dein Kommandant ein halbwegs netter Mensch ist, kann er Dich zirka gegen 20. September nach Wien schicken. Wenn ich das durchsetze, dann wird wohl niemand mehr zweifeln, daß es Wunder gibt. Ich will auch nichts erwarten, ich werde warten. Vielleicht geht's doch. Von hier aus scheint alles zu klappen. Es hängt eben an den Trierer Behörden, ob sie unsere Bitte gewähren. Hoffentlich bist Du noch dort! Damit die Post nicht hin und her geht! Sollte Deine Adresse verändert sein, würde ich sie gerne bis Dienstag erfahren, da ich Dienstag zu Oberst Kern gehe. Alles andere tritt zurück.

Ich kann Dir nichts anderes schreiben, weil mein Gehirn nichts anderes denkt. Ich bete, denke an Dich, alles Übrige erzähl' ich Dir nach Beendigung dieser Sache. Und wenn sie nicht gelingt, wollen wir uns fassen. Dann wird mir was anderes einfallen. Eines muß ich nur wissen: Wielange dauert die Ausbildung? Oberst von Flotow sagt mir, sechs bis acht bis zwölf Wochen. Also sagen wir acht. — Nun frage ich Dienstag Oberst Kern. Ich kann nichts anderes sagen. Das muß zu Ende geritten werden.

Mein Herz, meine Tränen, mein Herzklopfen!

Deine Erni

[1] Daß Tonio vom Reichssender Wien als notwendig angefordert wird und dadurch seine fernere militärische Ausbildung in Wien möglich wäre. (S. Aslans Brief vom 7. September 1944.)
[2] Damit ein Soldatentausch stattfinde und Tonio nach Wien käme.

Tonio an Aslan

Bamberg, 10. September 1944.

Mein lieber Raoul!

Der zweite Sonntag beim Militär. Heute habe ich einen ganzen freien Tag gehabt. Bin in Bamberg herumgelaufen. Eine schöne Stadt. Es tut mir leid, daß ich nicht länger hier bleibe. Morgen nachmittag geht es weiter. Schreibe Dir sofort meine Anschrift. Ich bin so gespannt auf den ersten Brief von Dir in meiner neuen Situation. Die Briefe, die Du ev. nach Trier geschrieben hast, gehen sicher wieder an Dich zurück.

Ist mein Metzer Gepäck in Wien angekommen? Die berühmte Kiste?

So schließe ich meinen Sonntag mit Gedanken an Dich.

D. T.

Aslan an Tonio

Kirchschlag, Sonntag, 10. September 1944.

M. g. E.

Gestern nachmittag telefonierte mir Herr Mikes (Kirchschlager Autobus), ob ich mit ihm nach Kirchschlag [1] fahren möchte. Er führe

Dienstag früh wieder nach Wien. Diese einmalige Gelegenheit ließ ich mir nicht entgehen. Ich will auch Füssl [2] bewegen, Dienstag früh nach Wien zu fahren. Vielleicht kann ich mit ihm nachmittag zum General Stümpfe [3] gehen. Wie sich das alles merkwürdig fügt: Oberst [4] Kern traf ich Freitag 11 Uhr nachts beim Aussteigen aus der Elektrischen. Er erkannte mich und fragte mich: „Nun, wie steht's mit dem Gesuch?" — „Kann ich gleich damit zu Ihnen kommen, wenn ich's habe?" sagte ich. Er: „Kommen Sie Dienstag vormittag!" Und eben Dienstag fährt Herr Mikes mit dem Auto nach Wien. Hoffentlich ist Deine Adresse noch dieselbe!

Hier ist es wie immer gut und schön, aber das Herzklopfen kann niemand und nichts zum Schweigen bringen. Dauernd kombiniere ich, und dabei sag' ich mir: Diese Gegend um Trier ist doch ganz gefährlich. Unsere Situation im Burgtheater wird sich wohl in dieser Woche klären.

Die Kiste ist noch nicht da, aber die beiden kleinen Koffer. Am Westbahnhof sagen sie, die Kiste käme auch. Aber wann?

Hoffentlich schinden sie Dich nicht zu sehr! Und hoffentlich dauert die Ausbildung wirklich acht Wochen! — Ich kann keine richtigen Sätze schreiben, nur so Fetzen!

11. September 1944.

Der Herbst ist da, eigentlich meine Jahreszeit (16. Oktober). Wenn die Blätter fallen. Aber im Garten rückwärts war ich nicht, nicht einmal auf der Brücke. Denn nirgends begegnest Du mir so oft wie gerade hier in Kirchschlag. Schließlich waren wir ja an vielen Orten zusammen, vor allem in Wien. Und doch fällt mir das in Wien nicht so auf wie hier. Da sehe ich Dich im Grase liegen, und ich studierte den Faust. Und es war viel Sonne. Aber jetzt spüre ich hier deutlich, wie ich immer nur als „Halber" herumgehe, der die andere Hälfte sucht. Das sagte ich dem Füssl natürlich nicht, aber ich wäre gerne wieder weg gewesen, ich war dort noch unruhiger als in Wien.

Morgen 8 Uhr früh Autorückfahrt nach Wien. Nach dem Besuch bei Oberst Kern, also hoffentlich schon morgen nachmittag, Fortsetzung.

Eben kommt die Nachricht: Wien wird zum ersten Mal im Stadtinnern bombardiert und zwar schwer. Das ist ein schwarzer Tag in der Geschichte dieses furchtbaren Krieges. Morgen vormittag weiß ich mehr. Ich bin tief betrübt und besorgt. Mein liebes, liebes, liebes Kind, ich weine, weine, weine! Und doch muß ich hier Komödie spielen. Zwar muß ich das in Wien auch. Meine Unruhe versteht kaum jemand. Es hieße „Übertreibung".

Wien, 12. September 1944.

Nun muß ich auf Deine neue Adresse warten. Wenn der Oberst Kern nur was macht! Oder vielmehr Dein Kommandant! Feldwebel soll so wichtig sein. Könnte man den bestechen? Womit? Und vor allem: Wenn Ihr den Ort wechselt, ist doch alles wieder anders. Dann muß der Oberst Kern wieder woanders hinschreiben. Und dabei vergehen die Tage, es wäre mir eine große Beruhigung, wenn Du schriebest, es sei gar nicht so schwer. Und vor allem: Wielang dauert die Ausbildung? Nun, ich warte.

Wien, 13. September 1944.

Deine Karte vom 10. erhalten. Daß Du solange ohne Nachricht bist, ach, wie ich das alles spüre!

Nun sag' ich Dir was: Am Vorabend des 8. September (Maria Geburt) habe ich das Rauchen aufgegeben. Heute ist der 13., ich habe es durchgehalten. Das bedeutet etwas. Du verstehst schon [5]. —

Wenn meine Briefe vom 7. und 9. retour kommen, schicke ich sie Dir. Erwarte jede Minute Deine Adresse.

Erni

[1] S. Aslans Brief vom 24. Juli 1942.
[2] S. Aslans Brief vom 16. März 1943.
[3] Um Tonios Versetzung nach Wien zu betreiben. Pfarrer Füssl war mit General Stümpfe bekannt.
[4] Oberst Kern (S. Aslans Brief vom 9. September 1944).
[5] Die Bedeutung war: Aslan hatte ein Gelübde abgelegt, nie mehr zu rauchen, damit Tonio heil zurückkäme.

Tonio an Aslan

Bamberg, 11. September 1944.

Mein geliebter Raoul!

Drei Tage liegen wir jetzt in Bamberg. Wir haben alle das Gefühl, sie wissen nicht, wohin mit uns. Um 3 Uhr geht es nun weiter — über Prag — wohin — unbekannt.

Als ich gestern im schönen romanischen Dom stand, da überkam mich wieder einmal eine grenzenlose Sehnsucht nach Dir, daß mir die Tränen nur so die Wangen herunterliefen.

Die Stimmungen sind wechselnd. Rein äußerlich gewöhne ich mich schneller an dieses mir fürchterliche Leben, als ich dachte. Innerlich leide ich. Aber auch da versuche ich, vom Erlebnisstandpunkte aus der Situation Herr zu werden.

Die vergangenen Sommerwochen erscheinen mir jetzt — als Galeerensträfling — paradiesisch. Wenn ich einen Blick in die Zukunft machen könnte, einen kleinen Blick, ob ich am Leben bleibe, ob ich je wieder Theater spielen werde, je wieder in meiner kleinen Wohnung sein werde! Seit ich denken kann, züchtete ich mich geistig, seelisch, körperlich hoch. Nun heißt es: Zurück zum Tierhaften! Die Umstellung ist so enorm, daß es ganz besonderer Kraft bedarf, um nicht daran zu scheitern. Gott gebe sie mir!! Und ich will Dich wiedersehn.

Kuß, Kuß!

T.

Tonio an Aslan

Pardubitz, 12. September 1944.

Lieber!

Nach einer schlaflosen Nacht auf harter Bank im überfüllten Zug über Prag hier in Pardubitz Kaffee-Aufenthalt. Leider habe ich meine Füllfeder verloren. Um 11 Uhr geht es weiter nach Jermer. Ich bin müde und seelisch abgekämpft, sodaß ich vor Stumpfheit im Moment des Denkens gar nicht fähig bin. In Jermer, denke ich, bleibe ich jetzt vorläufig. Schwere Wochen folgen jetzt.

Was mag wohl mit Dir geschehen? Ob Du in Deinem Beruf irgendwie aktiv bleibst? Bin neugierig, wann ich die erste Post von Dir erhalte. Von Trier ist ja sicher alles zurückgegangen — leider! In der Zeitung lese ich hier eben von Terror-Angriff auf Wien. Es wird ja niemanden getroffen haben? Ein dauerndes Zittern und Bangen erfaßt einen. Aber wir wußten es schon im Sommer, daß jetzt schwere Wochen für uns alle kommen. So, das soll ein kleiner Gruß sein.

Immer

D. T.

Aslan an Tonio

Wien, 13. September 1944.

Geliebtes!

Ich bin ja so glücklich, daß Du bei der Beichte und Kommunion warst. Es muß Dir auch sehr gut getan haben. Das spüre ich.

Sowie ich Deine Adresse habe, gehe ich zu Oberst Kern. Der Gedanke beherrscht mich. Wenn das gelingt, dann geht's wieder weiter. Ich zweifelte nicht, daß Du das alles tragen wirst wie ein Mann und wie ein Held. Es macht Dich alles reich und groß. Es nimmt Dir nichts, es gibt. Aber freilich, schwer, schwer erkauft und erkämpft.

Vom letzten Angriff hier sollen andere erzählen. Ich sage Dir nur: Den Deinen ist nichts passiert.

Die Briefe nach Trier sind nicht retour gekommen. Die Kiste ist bis heute nicht da.

14. September.

Dein liebes Kärtchen vom 12. aus Pardubitz erhalten. Nun kommt bald die Adresse. Nun kann ich zu Oberst Kern. Nun wird etwas versucht.

Trier dürfte schon nicht mehr in unseren Händen sein.

Bist müde, mein Kind — ich glaub's!

D. R.

Tonio an Aslan

Jermer, 13. September 1944.

Raoul!

Leider habe ich keine Feder. Meine Füllfeder blieb in Bamberg. Viele Briefe habe ich damit geschrieben! Hoffentlich kann ich mir eine neue erwerben! Den zweiten Tag bin ich heute hier. Aber ich fürchte, ich bleibe nicht hier. Auf alle Fälle meine neue vorläufige Anschrift: Grenadier, Stamm-Kp. Gren.-Ers. u. Ausb.-Btl. 97 Jermer (11 b) Protektorat.

Ich kann es kaum erwarten, ein paar Zeilen von Dir und von zu Hause zu bekommen.

Ich habe keine Hoffnung auf ein paar Tage Urlaub. Auch nicht, wenn ich an die Front abgestellt werde. Das macht mich todtraurig, weil ich Dich doch noch gerne einmal gesehen hätte.

Soweit sind meine Angelegenheiten in Wien ja geregelt. Die Septembermiete habe ich an Rosl geschickt. Wenn meine Gage weiterläuft, lasse ich den ganzen Betrag an meine Mutter überweisen.

Ob ich meine Wohnung wiedersehen werde?! Wieder einen eigenen Raum haben werde? Wieder allein sein dürfen — unvorstellbar!

Heute sprach ich bei der Vereidigung neuer Rekruten (meine zweite Vereidigung) ein paar Sätze. Wir liegen zu 30 und 40 Mann auf einer Stube.

Das Schauen in den Himmel stehle ich mir ab, es sind kleine Stoßseufzer, sie helfen und erleichtern. Und doch ist alles so aussichtslos. Die Gedanken drehn sich immer wieder im Kreis. Ich kehre am Ende immer wieder zum Anfang zurück.

Adieu!
T.

Aslan an Tonio

Wien, 15. September 1944.

M. g. E.

Nachträglich kam die Karte, in der Du sagst, daß der Dom von Bamberg Dich beeindruckte. Ich glaub's. Wie ich das alles bebend miterlebe! Hätte ich heute Deine Adresse, wäre ich schon bei Oberst Kern. So muß ich warten. Und je später es wird, umso schwerer, scheint mir, wird die Versetzung nach Wien sein.

Sage nicht, Lieber, daß Du ins Tierische hinabgestoßen wirst! Ein König bleibt ein König auch in Unterhosen. Dein Lebensstandard ist abgerutscht ins Kasernenhafte, aber Du nicht. Du wirst auferstehen. Aber so ist das Schauspiel des Lebens, daß auf Fall Erhebung, auf Erhebung Fall kommt. Mein fast ununterbrochenes Beten nützt. Ich spüre, wie Du trotz allem immer größer wirst. Ich bin nur noch ein Wünschen, es möge Dir gut gehn. Von mir ist nichts zu sagen, es geht mir gut.

Vom letzten Angriff kann ich gar nichts sagen. Es ist zu traurig.

16. September.

Eben im Luftschutz [1] (Burgtheater), bringt mir Rosl von meiner Wohnung Deinen Brief vom 13. September. À tempo schicke ich die Rosl mit diesem Brief zum Briefkasten, damit er Dich erreicht, solange Du noch dort bist. Und das ist für mich das Wichtigste: die Adresse. Vielleicht bekomme ich gleich Urlaub vom Luftschutz und renne doch zu Oberst Kern. Bin aufgelöst von Bangigkeit und Sorge, erfüllt von Liebe und Vertrauen.

D. R.

---

[1] Die Schauspieler hatten abwechselnd Luftschutzdienst im Burgtheater.

Tonio an Aslan

Gutenfeld, 16. September 1944.

M. l. g. R.

Hier soll ich jetzt zwölf Wochen bleiben. Von der Infanterie bin ich zu den Panzerjägern gekommen. Die bisherigen 14 Tage waren, glaube ich, die schlimmsten an Verwirrung und Durcheinander. Jetzt wird sich das Leben neu regeln. Gestern machten wir noch einen 20 km-Marsch. Aber auf den Füßen war ich ja immer gut beinander, und so marschierte ich durch das schöne Böhmerland — sogar singend! Ja, Raoul, ich muß mit allem Willen, mit aller Kraft mich bemühen, das Neue, ganz Ungewohnte, meiner Natur Entgegengesetzte zu bewältigen. Die größte Willensübung, Entsagungsübung, die ich in meinem bisherigen Leben vollbringe. Eigentlich nur durch meine Gotthingegebenheit ertrage ich das alles — bis auf Momente des Schwachwerdens, der Tiefpunkte. Aber Gott, der mich bisher so wunderbar geführt hat, weiß sicher, was er mit mir vor hat und warum ich das alles durchmachen muß. Schreib' nur, bitte, gleich!

Prag ist 130 km von hier entfernt. Wenn ich nur ein paar Tage Urlaub bekäme! Sehen möcht' ich Dich, sprechen möcht' ich Dich, und so warte ich auf Kommendes mit Hoffnung, Liebe, Glauben.

Immer

T.

Aslan an Tonio

Wien, 16. September 1944.
(Garderobe)

M. g. E.

Also mittags gegen 12 Uhr war ich bei Oberst Kern und brachte ihm das Gesuch des Rundfunks, vom Intendanten unterschrieben. Er versucht Dich nun nach Wien zu überstellen. Von sich aus tut er's gern. Es handelt sich nur um die Haltung des Kommandanten, dem Du dort oben unterstehst. Ich bat Kern, es heute noch zu tun, weil Du möglicherweise bald eine andere Adresse haben wirst. Auch das versprach er. Das war mein letztes Geschoß. Wenn das versagt, weiß ich mir keinen Rat. Auch meine Gedanken drehen sich immer im Kreis.

Denk' nicht an Geld und Mieten u. dgl.! Das kommt schon. Schau nur, daß Du gesund bleibst und durchhältst!

Bin zu nervös zum Eintauchen der Feder in die Tinte, und darum kritzle ich mit Bleistift.

Oberst Kern wiederholte mir: Die Ausbildung dauert acht Wochen. Hoffentlich hat er recht!

Außerdem rauche ich noch nicht. (Heute ist der neunte Tag.). Auch davon bin ich kribbelig. Aber ich will's nicht. Es hat einen Sinn [1].

Gewiß, es sind die schwersten Stunden, und die kommenden werden noch schwerer sein. Bis jetzt wußten wir nicht, was Leid ist. Jetzt lernt man's.

Im Moment lebe ich in der Erwartung, daß das Gesuch durchgeht und ich Dich doch sehe. Bitte gleich um die neue Adresse!

     Immer

          D. R.

[1] S. Aslans Brief vom 10. September 1944.

Aslan an Tonio

          Wien, 18. September 1944.

M. g. E.

Vor ein paar Minuten Deine letzte Karte vom 16. September erhalten.

Dir meine innere Lage zu schildern, unterlasse ich. Es hat keinen Sinn, Dich noch mehr zu belasten. Kurz ausgedrückt: Nervosität, Bangigkeit, Sorge, Sehnsucht um Dich und nach Dir sind so groß, daß ich erstarre.

Ich laufe gleich zu Oberst Kern, vielleicht kann er seine nach Jermer gerichteten Bemühungen umorgeln. Ich war vorgestern bei ihm. Er machte mir Hoffnungen. Mehr sage ich nicht.

Ich weiß auch nicht, ob man so schreiben kann, wie man will. Man beschwört mich, ja sachlich zu bleiben. Am liebsten führe ich gleich nach Gutenfeld.

Ich habe Mühe, mich zu beherrschen. Kann mich voll und ganz in Deine Lage versetzen. Bin sprachlos.

Bewahre zwar mein ganzes Gottvertrauen. Aber als kleiner, schwacher Mensch halte ich's kaum aus.

Habe auch das Gefühl, daß Änderung bevorsteht. Einstweilen vertraue, bleibe, wie Du bist, bleibe gesund!

D. R.

Aslan an Tonio

Wien, 19. September 1944.

M. g. E.

Wieder mahnte man mich wegen der gewissen Briefsachlichkeit. Ich will den Rat befolgen. Aber es fällt mir schwer. So schwer wie das Nichtrauchen. Bin ich doch so voll und geschwellt von Gefühlen, die sich Luft machen wollen.

Daß Du Panzerjäger sein sollst, will mir nicht eingehen. Aber auch dieses Wunder ist möglich, daß Du Dich auch darein schmiegst!

Wenn in einigen Tagen keine positive Nachricht da ist, daß das Gesuch bewilligt ist, will ich versuchen, vielleicht mit der Rosl Dich zu besuchen. Glaubst Du, daß das geht? Ob die Polizei es erlaubt? Wenn Du da wärst, könnte ich zu den Dingen irgendwie Distanz bekommen. Vorläufig bin ich ganz ohne jeden Halt und gehe einfach herum. Ganz sinnlos. Luftschutz. Schluß damit!

Was könnte man Dir schicken? Brauchst Du etwas, das man besorgen kann? Wielange dauert die Ausbildung? Soviel möchte ich wissen. Und dazustehen, nichts machen zu können! Es ist aushöhlend. Gewiß hast Du's sehr schwer. Aber ich auch. Also wollen wir uns gegenseitig stützen.

Ich glaube, es wird gut! Herzlichst wie immer

D. R.

Aslan an Tonio

Wien, 21. September 1944.

M. g. E.

Heute erhielt ich Deinen Brief vom 16. September. Einen Moment lang war ich überglücklich. Zuerst überhaupt Deine Schrift wiederzusehn, dann doch zu lesen, daß es Dir (gut) geht, daß die neue Situation Dich nicht umwirft, sondern irgendwie stark macht, daß Du gesund bist, daß Du 12 Wochen Zeit hast, daß Du im Glauben fest bist, in der Hoffnung, in der Liebe, überhaupt glücklich. Denn so etwas Positives weht mich aus Deinem Brief an, das, was gleich zu Anfang der Messe der Ministrant sagt: „Ad Deum, qui laetificat juventutem meam," d. h. „Zu Gott, der mich jung macht und stark" [1].

Das Wichtigste von allem aber ist das Gesuch, das Oberst Kern an Deinen Kommandanten schon vor einigen Tagen abgeschickt hat und das irgendwie erledigt werden muß, ein Gesuch des hiesigen Rundfunks, der Dich dringend anfordert mit der Bitte, Deine Ausbildung in Wien fortsetzen zu können, damit Du von Fall zu Fall mitwirken kannst. Bist Du einmal da, ergibt sich das „andere"... Oberst Kern verständigt mich, sowie Antwort da ist. Auch möchte ich nicht, daß Du in den nächsten Wochen gerade im Protektorat bist.

Auch sonst habe ich große Sorgen. Aber davon ein andermal. So kehre ich wieder dahin zurück, daß ich im Moment glücklich bin, weil Dein Brief vom 16. irgendwie positiv ist.

Dein — Dein — Dein
R.

[1] Dieses Zitat aus dem Introitus der Messe zitierte Aslan schon in seinem Brief vom 19. Oktober 1942.

Aslan an Tonio

Wien, 23. September 1944.

M. g. E.

Ich kann Dir leider nichts Schönes, Beruhigendes berichten, wie ich es gerne möchte. Anderseits sollst Du nicht glauben, daß nur Du es schwer hast, trotzdem Du (wie ich) gerne etwas Schweres auf Dich nähmest, um es einem andern abzunehmen.

Also: Der Didier hat Tuberkeln in der Lunge und soll vorläufig nach Gastein. Die Erni mußte ins Child-Spital (Pelikangasse) gebracht werden: Gelenksentzündungen, Verkalkungserscheinungen u. dgl. Ich selbst in Angst und Bangen, steif und starr von Warten und Hoffen. So ist das Bild der Heimat.

Ich nehme an, daß das Gesuch über Prag ging und nicht so schnell erledigt wird. Gewiß. Aber je länger es dauert, umso schwerer ist es. Schließlich werden sie einen bis zur Hälfte der Zeit ausgebildeten Pz.-Jäger nicht freigeben. Also dauert die Ausbildung noch zehn

Wochen? Ich verzage nicht, hab' Mut und Hoffnung. Aber Du begreifst, man sackt auch zuweilen zusammen.

Inzwischen wirst Du hoffentlich eine Menge Briefe von uns allen erhalten haben.

Ich umarme Dich herzlichst.

D. R.

Tonio an Aslan

Gutenfeld, 23. September 1944.

M. g. R.

Die letzten Tage habe ich viel Post bekommen. Herrlich! Das hilft über vieles! Von allen Kameraden bin ich der einzige, der jeden Tag Post bekam. Ich danke Dir und allen Freundinnen und Freunden, sage es auch allen, weil ich vielleicht nicht dazu komme, allen zu antworten.

Das Kranksein der Erni macht mir Sorge. Ich will sie doch wiedersehn — und mit ihr fröhliche Stunden verleben!

Vom Gesuch ist noch keine Spur! Ich warte täglich, stündlich, minütlich auf dieses Wunder.

Alles ist schwer! Körperlich ertrage ich erstaunlich viel, obwohl ich abends todmüde bin. Ich schlafe dann meistens von $^1/_2$ 10 Uhr abends bis 5 Uhr früh durch.

Natürlich lerne ich aus allem. Der Roman meines Lebens ist aufregend. Das Kapitel Metz ist zu Ende. Schon stehe ich mit Abstand dem Erlebten gegenüber — und auch schon darüber. Gott sei Dank verarbeite ich schnell, fasse mich — und bin schon Zuschauer meines Selbsterlebten. Die Seele wird durchgeackert, durchgepflügt. Oft glaubte ich, nicht weiter zu können, oft glaube ich, ich ersticke! Aber es geht weiter. Und irgendwie freut es mich doch — diese Selbstüberwindung.

Ein großes Glücksgefühl hatte ich, als ich hörte, mein Bruder Leo ist auf dem Transport über Frankfurt.

Es wachsen mir Kräfte zu; ja, es ist wahr, leben bleiben möchte ich, leben bei Euch, mit Euch zu Hause. Und betrachte ich mein bisheriges Leben, so weiß ich: Alles, was ich bisher negiert habe, alles das muß ich jetzt machen. Aber Liebe strömt mir von Wien zu, und Liebe bleibt trotz allem mein höchstes Gebot, der bleibe ich treu! Liebe, Liebe, du bleibst bis zum Tode.

Adieu! Immer

D. T.

Aslan an Tonio

Wien, 24. September 1944.

M. g. E.

Jetzt bekomme ich es langsam mit der Angst zu tun. Ich will Dich nicht quälen und beunruhigen (vielleicht irre ich mich), aber nun ist es mir nicht mehr geheuer, so getrennt von Dir zu sein. Mehr sage ich nicht. Wirst Du nicht wenigstens ein paar Tage Urlaub kriegen? Mündlich sagt sich so etwas besser. Vielleicht bin ich auch so nervös, weil ich nicht rauche. Aber gerade heute bin ich so unruhig. Oder kommt es daher, daß das Datum Deines letzten Briefes der 16. September war und daß (in meiner Phantasie) seitdem viel passiert sein kann, was ich nicht weiß? Oder sind wir eben nicht mehr so widerstandsfähig wie früher? Dann wieder bin ich momentweise ganz glücklich, wenn ich (wieder in der Phantasie) ganz weg von dieser Welt in meiner höheren und besseren Welt weile. Dann kommen Momente, in denen mir (wieder in der Phantasie) Riesenkräfte zuwachsen, in denen ich sozusagen das Steuer lenke! Dann wieder Momente grenzenloser Depression. Und die sind nicht in der Phantasie. Die sind wirklich da.

Aber die couragierte Art, in der Du alles trägst, gefällt mir schon sehr. Das ist männliche Haltung. Das ist etwas sehr Edles. Wenn wir uns nicht bald sehen, muß ich doch mit der Rosl zu Dir. Warte nur ab: 1. was Du dazu sagst, 2. ob technische Möglichkeit ist (Polizei, Bahn, Übertritt u. s. w.).

Also, Liebster, wann ist die Prüfung vorbei? Wieder ein Stückchen weitergehen.

Tausendmal wie eh' und je

D. R.

Aslan an Tonio

Wien, 25. September 1944.

M. g. E.

Ich habe Dir so ziemlich täglich geschrieben.

Eben erfahre ich, daß mein Gesuch, das zirka vor acht Tagen abgegangen ist, ungefähr vierzehn Tage für seine Erledigung braucht, also noch sechs bis acht Tage. Gelingt es, würdest Du nach hierher überstellt werden, und dann sehen wir weiter!! — — Unausdenkbares Glück!

Die letzten Wochen waren schwerer als der ganze bisherige Krieg. Und die folgenden würden noch schwerer werden, wenn Du nicht kämst. Dazu der ausgelöschte Beruf und die traurige Perspektive für die Zukunft. Na, ich muß sagen, fast glaube ich, der Vorhang ist gefallen und die Lichter werden ausgelöscht. Es folgt Dämmerung und dann Dunkelheit.

Hofrat Hugo Thimig und Frau [1] sind beide gestorben und werden gemeinsam begraben. Die Menschen sind alle derart mit sich selbst beschäftigt, daß jeder Kontakt aufgehört hat. Man lebt nur mehr in zwei bis drei oder vier Menschen. Der Rest ist Schweigen. Früher gab es so gewisse Interessen, die irgendwie mit andern und mit der Welt und mit dem, was man „Mitmenschen" nennt, zusammenhingen. Jetzt ist das alles abgebrochen. Was einem nicht direkt selbst an die Nieren und in die Herzkammern geht, ist einem jetzt ganz gleichgültig. Ist es bei mir auch so? Ja und nein. Gewiß gehen nur wenige Dinge in die Herzkammern. Aber ich spüre doch die Welt und leide an ihr.

Hast Du eine Ahnung, was mit Dir geschieht, oder weißt Du nichts? Ich warte noch ein paar Tage, dann bitte ich um einen Durchlaßschein fürs Protektorat und komme. Ich will Dich ganz einfach sehen. Wer wird mich hindern?

Stets
D. R.

[1] Der berühmte alte Burgschauspieler Hugo Thimig (1912—1917 auch Direktor des Hauses) und seine Frau, die Eltern von Helene, Hermann und Hans Thimig.

Tonio an Aslan

Gutenfeld, 27. September 1944.

M. g. R.

Gestern anstrengender Nachtmarsch. Zu Hause fiel ich nur so um. Meine Füße sind wund gelaufen. Jetzt in der Früh um $1/2$ 6 Uhr habe ich ein paar Minuten Zeit. Ich versuche Dir schnell ein paar Zeilen zu schreiben. Der Stubenälteste darf es aber nicht sehen.

Meine philosophische Erkenntnis in diesen Wochen: Alles baut sich auf dem Urgefühl der Angst auf. Wenn ich Zeit habe, schreibe ich das ausführlich. Alles sehr interessant.

Schon wird zum Antreten gepfiffen. Vielleicht abends weiter. —
Eben wurde wieder gesagt: Noch zehn Minuten Zeit. Weißt Du, was das bedeutet? Zehn Minuten „sitzen". Eine Wonne. Nicht stehen müssen! Die Füße sind so schmerzhaft. Der ganze Körper ist so in Mitleidenschaft gezogen. Die Kleider kleben noch von der gestrigen Nachtnässe. Gestern habe ich wieder einmal in meinem Bett still geweint.

Du schreibst, Du willst mich ev. besuchen. Ich kann ja gar nicht aus der Kaserne heraus. Seit vier Wochen habe ich nicht einen Schritt allein in Freiheit getan. (Außer in Bamberg). Alles, aber auch alles wird mit dem Gefühl der Angst durchsetzt.

Die arme Erni, wie geht es ihr? Armer Didier! O ja, ich weiß zu genau, daß überall Leid ist, und nie glaube ich, daß meines das größte ist. (Ich brauche nur an die Luise Marie zu denken.) Aber fertig werden muß man ja selbst und allein mit seinem Leid.

Daß ich nach Wien versetzt werde, wage ich nicht mehr zu glauben. Was ist mit Dir los? Schreibe ausführlich, was Du machst! Machst Du Rundfunk oder sonst etwas Ähnliches? Du schreibst über Dein äußeres Leben gar nichts!

Jetzt muß ich antreten. — — —

Mittags war eine Stunde Pause. Dann mußte das ganze Revier von oben bis unten mit allen Aborten gereinigt werden. Dann war wieder Dienst. Meine Hände sind zerrissen und wund vom Robben über nasse Äcker. Nervenschmerzen melden sich. Es ist mir sehr elend. Du sagst zwar, ich ertrage alles erstaunlich. Ja, ja! Aber wenn ich dabei bleiben muß, kann ich wahrscheinlich meinen geliebten Beruf nie mehr ausüben.

Aber vielleicht soll alles so sein. Und vielleicht soll ich eben zugrunde gehen. Ausgelöscht werden, was an mir Persönlichkeit war. War ich eigentlich je hochmütig? War nicht oberstes Gesetz meines Lebens die Liebe, die Menschenliebe? Sagte und wollte ich nicht die Liebe in allem Geschehen obwalten lassen?

Geschrieben habe ich Dir fast täglich.

Das Rauchen hast Du aufgegeben? Ein großes Opfer! Was könnte ich für ein Opfer bringen? Ich bin so müde und kaputt, daß ich keinen Gedanken zu Ende führen kann. Ich bin nur Müdigkeit und Schmerz. Komm, Schlaf, und wiege mich in meine Welt zurück! Wenn ich Dich wieder sehen werde, habe ich Dir viel, viel zu sagen.

Ich gehe ins Bett, ich kann nicht mehr. Grüße alle zu Hause!

Adieu, adieu, gedenke mein! Ich liebe Dich wie nie zuvor.

D. T.

Aslan an Tonio

Wien, 27. September 1944.

M. g. E.

Ich bin glücklich, daß Du alle Briefe erhalten hast. Es steht zwar in allen dasselbe, denn ich kann jetzt nichts anderes Wesentliches denken, aber Du spürst schon in der Wiederholung die Vertiefung und die Vielfalt. Gewiß fühle ich auch anderes. Z. B. die Zerstörungen durch die Bomben rühren durch ihren Anblick manches an, was man früher wohl wußte, aber weniger tief empfand, nämlich die Vergänglichkeit der Dinge, oder meine Toten reden zu mir durch das Geschehen um mich. Aber all diese und ähnliche Dinge sind keine Themen für einen Brief an den Pz.-Jäger-Grenadier im Zustand der Ausbildung. Und die Wiederholung hat auch ihre zwingende Bedeutung. Ich denke an die Büßerin Maria Aegyptiaca, die 40 Jahre lang nur mehr „Erbarme Dich meiner!" sagen konnte und schließlich, als sie nicht mehr sprechen konnte, diese Worte in den Sand der Wüste schrieb. Dann wurde sie von Engeln entführt. Aber selbst, wenn einige das bezweifeln wollten, das können sie nicht leugnen, daß Goethe im „Faust II." ganz zum Schluß sie verewigt hat [1].

Ich bin auch glücklich, daß Du mich bisher nicht „verarbeitet" hast, wie Du sonst Erlebtes erlebst, erleidest, Abstand gewinnst, überwindest, verarbeitest, umgruppierst und Zuschauer des Erlebten wirst. Gelt? Mich sollst Du nicht überwinden! Bleibe, bleibe! Du tust es ja, und das entzückt mich in jedem Brief von neuem. Scheinbar auch immer dasselbe. O nein. Immer anders, immer neu. Wie Sonne, Luft, Wasser, Brot, wie das Gebet und das Mysterium des Glaubens! Immer neu, unergründbar, abgründig!

Mama, Melitta, Didier grüßen. Letzterem sagte ich: „Im Grunde hat Tonio Anlagen für das Heilig-Sein!" Didier lachte herzlichst, Mama hatte irgendwie ein nasses Auge, Melitta meinte, was immer ich sage, es hat etwas Tiefes in sich. Gewiß ist eines: Alle drei hielten diesen Ausspruch für ein Bonmot, für eine Spielart meiner Phantasie. Ich aber meinte es ernst. D. h. — man höre genau hin — ich sagte: „Im Grunde und in den Anlagen". Und wir wissen: Selten gelangen wir auf den Grund, und selten reifen Anlagen bis zur Vollendung. Oder anders ausgedrückt: Wenn Du auch (wahrscheinlich) kein Heiliger wirst im Sinne eines Franz oder Antonius, trotzdem ist im Grunde doch eine Anlage da.

Das Gesuch ist bis heute ohne Antwort. Erst bis ich weiß, was mit Dir nach der Ausbildung geschieht, kann ich wieder normal denken.

Danke Dir nochmals für jedes gute Wort! Kuß, Kuß!

D. R.

[1] Am mystischen Schluß vom Faust (II) läßt Goethe mit „Una poenitentium" (Gretchen) auch die drei Büßerinnen „Magna peccatrix" (Maria Magdalena), „Mulier Samaritana" (die Samariterin am Jakobsbrunnen) und eben auch die „Maria Aegyptiaca" (die ägyptische Maria) für Fausts Seele Fürbitte einlegen.

Tonio an Aslan

Gutenfeld, 28. September 1944.

M. g. R.

Auch die Freistunde ist erfüllt mit Arbeit und Gehetztheit. Aber heute morgens um 6 Uhr hatte ich eine halbe Stunde, da war ich irgendwie glücklich. Ich stand Wache, allein, mitten im Wald. Das war ganz zauberhaft. Der Auerhahn balzte, die Wiesen und die Bäume waren voll des Morgentaues, die Stille — irgendwie fühlte ich mich frei im Alleinsein in der Natur und mit meinen Gedanken an Dich. Ich fühlte Dich so nah', sprach mit Dir und hatte alle unsere Spaziergänge in der Natur plötzlich vor meinem geistigen Auge. Glücksgefühl überkam mich.

Dann hatte ich Schießübung. Ich kann schwer zielen, obwohl ich 17 Ringe geschossen habe. Durch Zwang lerne ich vielleicht noch, Soldat zu werden.

Heute war ein Tag, da ich keinen Brief bekam. Aber zu lesen habe ich ja genug. Deine Briefe, so voll des Inhalts, geben mir so glücklich erwünschte Lektüre, wenn auch viel Trauriges darin zu lesen ist.

Die wenigen kurzen Sekunden, die ich mir stehle, um in meiner Welt zu sein, sind so köstlich, so voll der Wunder. Ich muß auch an die Deutung meines Horoskopes denken. Alles Geschehen aber wandelt sich in Philosophie um, und daher ertrage ich fast jede Heimsuchung. Auch tatsächliches Geschehen wandelt sich ins Unwirkliche um, und Wirkliches in Unwirkliches.

So lebe ich, so denke ich, so fühle, leide, liebe ich.

D. T.

Aslan an Tonio

Wien, 29. September 1944.

M. g. E.

Heute ist das Fest des heiligen Erzengels Michael. Ein ganz besonderer Tag für mich. Darum war ich auch gestern bei der Beichte und heute früh bei der Kommunion. Und wenn ich Dir nicht ohnehin fast täglich schriebe, heute schriebe ich Dir bestimmt. Du weißt doch, daß ich im III. Orden des heiligen Franz den Namen „Bruder Michael" [1] trage. Das ist auch die Doppelbedeutung des M., das ich zwischen Vor- und Zunamen schreibe. (Maria und Michael) [2].

Die Antwort auf das Gesuch ist noch nicht da. Aber ich spüre in meinen Gebeten, daß es gut gehen wird mit Dir. Wie, weiß ich nicht. Ob so, wie ich es wünsche, weiß ich auch nicht. Aber jedenfalls gut für Dich. Und das muß mir genügen. Ich seufze schwer, aber ich harre aus. Und so möge am Tage des heiligen Michael mein Gruß an Dich lauten: Alle Engel mögen Dich beschützen!

Erni liegt noch. Es ist eine Gelenksentzündung mit Erguß. Aber auch Gedärme und Herz usw. sind nicht in Ordnung.

Schreib' mir, bitte, ob mein Besuch (ev. mit Rosl) angenehm ist. Für alle Fälle. Es ist nicht gesagt, daß es möglich ist, aber für alle Fälle.

Wie immer

D. R.

[1] Aslan gehörte dem „III. Orden" der Franziskaner an.
[2] Aslan schrieb sich „Raoul M. Aslan". So steht der Name auch auf seinem Grabstein. Nach außen hin aber ließ er dieses M. als Anfangsbuchstaben von „Marcel" gelten.

Aslan an Tonio

Wien, 30. September 1944.

M. g. E.

Wie ich von einigen Freunden höre, sind Deine Briefe an sie ziemlich verzweifelt, während Deine Briefe an mich irgendwie Kraft, Mut und Zuversicht ausströmen. Solltest Du, um mich zu schonen, mir nicht die volle Wahrheit sagen? Das glaub' ich nicht.

Das Gesuch (von dem ich lebe) ist am 12. September abgegangen. Alle meinen, man müsse noch ein paar Tage warten. Ich fürchte, Du siehst mich als Greis wieder. So sehr regt mich die Geschichte auf.

Zum 4. Oktober (Todestag des seraphischen Vaters von Assisi) schicke ich Dir dieses Büchlein. Du weißt doch, daß der heilige Antonius ein Schüler und Jünger des heiligen Franz war? Es liest sich leicht und schnell. Gib's dann weiter, damit auch andere vom Geiste des Poverello [1] erfaßt werden.

Wenn nur das Gesuch durchgeht und Du her könntest! Auch darauf hast Du noch nicht geantwortet, ob mein Besuch (wenn überhaupt möglich) erwünscht und technisch durchführbar ist. Ich weiß es ja nicht.

Didier ist schon abgefahren nach Gastein.

Meine Gedanken kreisen und kreisen, ich will mich doch für Dich erhalten! Regt mich doch sehr auf. Schwer, schwer. Beten, beten!

Also, Liebes, viele Küsse!
D. R.

[1] Il Poverello (der Arme), Beiname des heiligen Franz von Assisi.

Tonio an Aslan

Gutenfeld, 1. Oktober 1944.

M. g. R.

Ja, ich glaube, Deine Briefe habe ich alle erhalten. Wie herrlich sie alle sind! Dank' Dir immer wieder aufs neue. Deine Liebe gibt mir viel, viel Kraft!

Gestern stand plötzlich eine Metzer Kollegin in der Stube. Eine Frau, zu der ich keine rechte Beziehung hatte, aber es war alles so herzlich. Sie kam aus Prag, und meine versunkene Welt stand vor mir. Ich umarmte sie wie einen Engel. Ich hatte dann durch sie ein paar Stunden frei und durfte nach vier Wochen zum ersten Male aus der Kaserne. Plötzlich steht dieses Geschöpf wie eine Lichtgestalt in diesem meinem jetzigen Schattendasein.

Vielleicht hat jeder Mensch die Anlage zum Heiligsein, da finde ich gar nichts zu lachen. Kreuzträger mit vollem Bewußtsein aber ist schon eine Stufe über diese Anlage hinaus. Und da auf dieser Stufe stehe ich jetzt. Die letzte Schriftausdeutung [1], die Du mir seinerzeit noch nach Metz schicktest, sagte von mir, ich hätte ein Kreuz zu tragen, aber ich würde mich wehren, es sichtbar zu tragen. Jetzt nicht mehr! Also bin ich weiter. Die Demütigungen, die ich mir gefallen lassen muß, nehme ich hin, oft ohne Murren, tue mir auch nicht leid, sondern trage, trage sichtbar. Ich fühle, wie alles gewollt ist, wie ich durch muß durch all das scheinbar nicht zu Bezwingende. Und am Ende wachsen mir dann doch Kräfte zu. Natürlich, oft, wenn der Schweiß der Angst, der Erschöpfung auf meiner Miene steht, bitte ich Gott: „Laß auch diesen Kelch an mir vorüber gehen!" Aber das Leben, je enger es wird, für mich wächst es geistig.

Auch Du, geliebtester Mensch meines Erdendaseins, auch Du wächst. Wir haben im Laufe dieser Jahre unseres gemeinsamen Lebens Gnaden und wieder Gnaden empfangen. Ja, Du, ich weiß es jetzt so genau, wie unsere Beziehung gewollt ist, richtig ist.

Heute ist der fünfte Sonntag meiner Gefangenschaft. Wie lange ist die Zeit, wieviel Erleben liegt in ihr! Bei den im Liegen durchgeführten Zielübungen mit dem Gewehr um 6 Uhr früh habe ich die Blumen mit ihren Tautropfen zu meinen Vertrauten gemacht, und das Schauen über die Landschaft des Böhmerlandes gibt mir manchmal das Vertrautsein mit meinen Ahnen mütterlicherseits.

Vom Gesuch habe ich nichts gehört.

Nach Metz kann ich nicht mehr schreiben, da keine Postverbindung mehr besteht.

Wie geht es Erni? Grüße sie von Herzen, auch Deine Mama, Didier, alle, die ein Fühlen für mich haben.

Mein Gott, ob ich wieder einmal mit Dir über die Spitalgasse [2] gehen werde? Ich komme nicht los von der Sehnsucht, von dem Heimweh nach meiner Traum-(Wirklichkeits-)Welt!

Ich umarme Dich und bin und bleibe

D. T.

[1] Graphologische Deutung.
[2] Gasse in der Nähe von Aslans Wiener Wohnung.

Aslan an Tonio

Wien, 2. Oktober 1944.

M. g. E.

Lächeln muß ich, wenn ich lese, Du findest meine Briefe inhaltsreich. Mein Guter, so was von ohne Inhalt und ohne Form, wie meine Briefe an den lieben Grenadier es sind, gibt's ja gar nicht. Der Schreiber, ich, ja, ich bin voll des köstlichsten Inhalts, voll Liebes-Inhalt, aber meine Briefe sind es nicht; die sind nur voll zitternder Bangigkeit. Aber Du spürst zwischen den Zeilen den, der schreibt, und das verwechselst Du mit dem, was er schreibt. Aber das macht alles nichts. Liebe ist ja voll von köstlicher Torheit.

Du mußt gewiß sehr schön sein als Wachtposten im großen Raum unter der Sternenkuppel. Wie ein großer, blonder Kater marschierst Du auf und ab, äußerlich geschmeidig, stolz und einsam, im Innern voll hundertjähriger Katzenweisheit.

Ja, und auch sonst ist alles gut. Alles wollen wir tragen. Nur komm' mir bald und unverletzt zurück! Dann soll alles gut genannt werden. Ich spreche gar nicht mehr vom Gesuch. Entweder es kommt bewilligt zurück — oder nicht. Reden nützt nichts.

Wie ist denn die Verpflegung? Kann man Dir was schicken? Was möchtest Du haben? Will fragen, ob es nicht doch irgendwo Schokolade gibt.

Angriffe waren hier keine, und bis jetzt ist alles ruhig und in Ordnung. Nur die böse Kiste ist noch nicht da.

Erni geht es noch nicht viel besser. Das mußte ja kommen. Red' ich nicht seit Jahren vom Rollstuhl?

Hätte nicht gedacht, daß ich der Leidenschaft des Rauchens so verfallen wäre. Leide noch immer, halte es aber bis jetzt durch!

Heute, 2. Oktober, ist das Fest der heiligen Schutzengel. Hab' sie recht gebeten, meine lieben kleinen Freunde, auf Dich aufzupassen, bitte sie andauernd.

In Liebe und Bangigkeit

D. R.

Tonio an Aslan

Gutenfeld, 3. Oktober 1944.

M. g. R.

Ich habe Dir bis jetzt fast täglich geschrieben, werde das aber kaum durchhalten können, weil ich in der Freizeit so irrsinnig viel Dreck zu putzen habe und dann vor Müdigkeit umfalle.

Du stellst Dir mein Leben ganz anders vor, als es tatsächlich ist. Von Schönheit, Feschheit u. s. w. ist nicht die kleinste Spur zu merken. Arm, häßlich, verfroren, ängstlich und klein, unsicher. Du ahnst nicht, was es für unsereinen heißt, Rekrut zu sein. Heute nachmittag z. B. habe ich geschanzt. Meine Hände sind blau und verfroren. Ich will Dir nicht immer alle Einzelheiten schreiben. Auch sind meine Briefe impulsiv und immer echt, weil sie aus der jeweiligen Stimmung primär geschrieben werden. Es gibt Momente, wo es geht, aber dann sackt die Stimmung wieder ab.

Natürlich versuche ich andauernd, geistig Herr über diese meine neue Lebensweise zu werden. So mag auch mancher Brief an Freunde in einer depressiven Stimmung geschrieben worden sein.

Ja, an das Gesuch denke ich zwar jeden Augenblick, aber erhoffe mir kaum mehr eine Erlösung. Daß alles unter Zwang geschieht, macht einen zu unwahrscheinlichen Anstrengungen und Leistungen fähig.

Das Büchlein über den Poverello ist Balsam. Seine Heiligkeit entspringt aber seiner Willensfreiheit. Wie hätte er in dieser Zwangsanstalt reagiert? Wie wäre er heute und hier mit allem fertig geworden?

Du schreibst wieder von Deinem ev. Besuch. Aber ich darf ja vorläufig gar nicht aus der Kaserne heraus.

Die Verpflegung ist ganz gut. Doch hab' ich viel Magendrücken. Das Brot ist nicht gut. Und das ißt man hauptsächlich, weil man ja dauernd durch das viele In-der-frischen-Luft-Sein bei Regen und Wind Hunger hat.

Was machst Du so den ganzen Tag? Dank' Dir, daß Du mir jeden Tag schreibst. Aber was machst Du sonst? Schreibe mir ein bißchen darüber!

Ach, einmal wieder in einem richtigen Bett liegen, baden, gut essen, gepflegt sein! Verzeih', daß ich so irdisch wünsche! Aber ich sehne mich so nach allem, was Schönheit ist und nicht Militär.

Adieu! Ich denk', ich wünsch', ich ersehne Dich! Immer, immer

T.

Aslan an Tonio

Wien, 3. Oktober 1944.

M. g. E.

Wenn Deine Füße wund sind und Dein ganzer Körper übermüdet, kannst Du nicht 14 Tage ins Lazarett? Sind doch wieder 14 gewonnene Tage!! Hab's zwar nicht mitgemacht, so eine militärische Ausbildung, aber ich fühle es deutlich, wie schwer es ist. Körperlich, seelisch und geistig.

Deine Erkenntnis: „Alles baut sich auf dem Urgefühl der Angst auf", ist begreiflich und einleuchtend. Und doch ist sie äußerst verhängnisvoll und natürlich nur eine bedingte Teil-Wahrheit, keinesfalls aber eine fundamentale Grund-Wahrheit. Bestechend, verführerisch, einleuchtend, aber doch nicht im Tiefsten wahr. Die Angst ist ein Urgefühl oder Urinstinkt wie Hunger, Durst. Ein Zustand. Gehört in die Familie der Urtriebe. Trieb ist aktiv (Gefühl) oder Instinkt, in diesem Fall mehr latent, ein Seinszustand, obwohl man sagt: „Die Angst treibt mich." Trieb ist: Selbstliebe, Wille zur Macht, Geltungstrieb, Geschlechtstrieb, Vernichtungstrieb u. s. w. Angst ist Zustand, Instinkt. Beides, Instinkt und Trieb, gehört in die natürliche, kreatürliche Sphäre, in die auch das Tier gehört. Und der Mensch ist seiner Natur nach so wie das Tier etwas Kreatürliches, Naturgebundenes, Animalisches. Aber der Mensch ist mehr. Der Mensch ist auch geistbegabt. Und der Geist beherrscht die Materie, freilich gewiß mehr in der Theorie. Es sollte so sein. Wir sehen aber, wie die Materie den Geist beherrscht. Ich weiß es wohl. Das können wir konstatieren, aber wir dürfen es nicht als Wahrheit oder Erkenntnis hinstellen. Ziel ist und bleibt die Tugend, auf lateinisch „Virtus", d. h. Manneskraft (herrlich). Und Tugend heißt: durch Kraft die Natur überhöhen. Aufsteigen. Das ist das Ziel. Ich weiß wohl, daß der Mensch zu schwach ist. Aber nie, Tonio, das Ziel aus dem Auge lassen! Das Ziel ist: †, d. h. hinauf, hinunter, seitlich, links, rechts, ins Endlose, ins Ewige. Über alles lieben heißt eben: ins Ewige lieben, also Gott lieben, also die Liebe lieben. Leicht gesagt, ich weiß wohl, aber es ist das Ziel. Darum 1. Gebot: Du sollst Gott über alles lieben u. s. w. Also: Alles baut sich auf der Liebe auf, nicht auf der Angst. Wohl aber auf der Furcht, die aus der Liebe hervorgeht, daher Gottesfurcht. Es ist nämlich so: Diese Liebe ist so groß, und zwar Gottes Liebe zu uns sowie unsere Liebe zu Ihm, so groß, daß sie Furcht und Schaudern erregt. Sie fällt nämlich in den Abgrund. Wieder †: Zeichen des Abgrunds. In den endlosen Abgrund. Diese Abgrund-Furcht-Liebe ist etwas anderes als Angst. Alles Leiden dient dem Menschen dazu, in den Abgrund, also in Gott, hineinzufallen.

Ich begreife, daß Besuch sinnlos, da Du nicht aus der Kaserne herauskannst. Mir geht es äußerlich gut. Ich privatisiere, bekomme Gage, es ist phantastisch. Ich bitte Gott, mir auch äußeres Leid zu schicken, weil ich es nicht verdiene, daß es mir so gut geht. Darum das Rauch-Opfer. Verstehst Du? Ist namenlos schwer. Ich trockne aus und verdurste. Der Leib schreit nach Gift. Ich kämpfe. Bis jetzt habe ich durchgehalten. Innerlich leide ich sehr: an meiner Sündigkeit und Unvollkommenheit und natürlich an Deinem Schicksal und an manchem anderen. Aber all das sieht nur Gott. So menschlich gesehen, geht es mir ausgezeichnet. Was ich tue? Luftschutz, lesen, schreiben, weinen, in die Kirche gehen, basteln, pflegen, Kranke besuchen, Haushalt, denken, beten, einige andere Besuche machen,

Pläne schmieden, warten. Eben der Alltag und sein — Telefon. Und obwohl ich jetzt nichts zu tun habe, komme ich nicht zu allem, was ich mir vornehme, jedenfalls nicht an dem Tage, an dem ich es mir vornehme. Das kennst Du ja: Vor lauter Nichtstun kommt man zu nichts. Ich bin nichts, ich kann nichts, ich tu' nichts. Aber für Dich wünsche ich alles Beste und Schönste. Bin ehrgeizig — für Dich. Mir genügt es, wenn Du mich liebst wie bisher. Meine Gedanken kreisen um Dich, um den Alltag, um meine Sorgen, um meinen Geist- und Körperzustand, um meine Sehnsucht und um philosophische und theologische Probleme. Und wie immer ist mir mein Frühstündchen in der Seminar-Kapelle [1] mit das Liebste. Und das alles ist vorläufig. Morgen kann alles anders sein.

Danke Dir für jedes Wort Deiner lieben Briefli!

D. R.

[1] Seminarkapelle: in dem Aslans Wohnung nahe gelegenen Priesterseminar in der Boltzmanngasse.

Tonio an Aslan

Gutenfeld, 4. Oktober 1944.

Lieber!

Den Todestag des Poverello fing ich um 3 Uhr früh an. Wir machten eine Nachtübung. Der Himmel war mondhell. Ich ging in Reih' und Glied, war dann Vorhutmann und Melder. Aber meine Gedanken waren nicht beim Kriegsspiel. Ich dachte an den Poverello. Möchte auch in den III. Orden eintreten. Assisi war ganz lebhaft vor meinen Augen [1]. Und der Gang in die Bergeinsamkeit, wo das Brunnen-Bild von uns gemacht wurde [2]. Die Straßen in Assisi, der Duft der Linden, alles war da in dieser Oktobernacht. Dann kamen die Nebel. Ich lag und lugte nach dem „Feind". Aber der Nebel ward zum Meer, und Du tauchtest wie ein Patriarch im langen wallenden Gewand und mit langem weißem Bart vor mir auf. Das Meer schwoll immer mehr an, eine neue Sintflut, und eine Arche stand da, eine Arche, Raoul, und wir gingen in diese Arche hinein. Und so träumte ich zu den Sternen. Den großen, den kleinen Wagen, den Polarstern, die siehst Du auch von Deinem Atelier-Fenster aus. Dann wieder war es der heilige Franz, der mir Italien in seiner ganzen Schönheit und Süße vor Augen führte. Ich weiß, alles das waren höchst irdische Gefühle.

Da plötzlich krachten die Schüsse. Ich legte an. Da war plötzlich eine andere Wirklichkeit. Aber der vorhergehende Wachtraum war doch meine eigentliche Wirklichkeit, und die sogenannte Wirklichkeit war Traum.

Nie liebte ich das Soldatenspiel, auch nicht als Kind. Die Spiele meiner Knabenzeit waren andere. „O. daß wir ruhen und wieder Knaben sind, ferne vom Tag...", sagt Ernst Penzoldt.

Dunkle Melancholie breitet sich über mich wie der Schatten eines großen Engels. Ich muß gegen meinen Willen ein Leben leben, das mir bis in seine kleinsten Kleinigkeiten ewig fremd bleiben wird. Wie Hohn ist es gegen mein bisher gelebtes, bisher erstrebtes Dasein.

Der Tag war lang, es ist $^1/_2$ 9 Uhr. Ich will zu Bett und noch ein wenig in den Gedanken über Musik von Elly Ney lesen. Sie schrieb mir heute, lieb, herzlich, als Freundin. In meine Müdigkeit nehme ich den Poverello mit, flehe um seine Fürbitte.

Immer

D. T.

[1] Bezieht sich auf den gemeinsamen Besuch Assisis, bei dem sie auch zur Einsiedelei hinaufstiegen. (S. Tonios „Testament".)
[2] Ein Foto.

Aslan an Tonio

Wien, 6. Oktober 1944.

M. g. E.

Heute eine erfreuliche Nachricht: Die Kiste ist da. Ist das nicht schön? Ich war geradezu gerührt, als ich die Nachricht bekam. Alles kommt richtig und gut. Nur warten muß man.

Ich werde jetzt ein Möbelstück verkaufen. Ich muß damit rechnen, daß die Erni zirka 1000 Mark brauchen wird, wenn nicht mehr. (Operation). Aber das geht alles. Wenn Du nur hier wärest, ach, und so etwas Ruhe in unser Leben käme! Was sind dagegen 1000 Mark! Was ist ein Kasten, eine Chaiselongue, ein Teppich oder ein Luster?

Es hieß auch immer, wenn ich einige Monate nicht spiele, werd' ich sehen, daß ich ohne Theater nicht leben kann. Nun hat der vierte Monat des Nichtspielens begonnen, und ich spüre noch kein Bedürfnis zu spielen. Es kommt mir rätselhaft vor, daß ich früher bis zu 30mal im Monat spielte und probte, und dies durch fast 38 Jahre, und daß ich jetzt nichts tue.

Alles das scheint mir nicht das Wesentlichste zu sein. Nicht die Arbeit und der Rummel und der Ruhm und die Vergnügungen und die Genüsse und alle Freuden der Welt sind das Wesentlichste. Das Wesentlichste ist der innere Weg. Zu wissen: es gibt ein Ziel. Und dahin führt ein Weg. Der Weg führt durch liebliche Gegenden, aber auch durch steinige, durch Freud' und Leid, aber man geht eben weiter auf dem Weg. Und dieses Gehen scheint mir das Wesentlichste. Alles Übrige sind Jausenstationen. Freilich geh' ich eben mit Dir. Allein zu gehen, so weit bin ich noch nicht. Das ist der Wermutstropfen im Lebenskelch, die Schwierigkeit beim Gehen, daß ich jetzt so viel allein gehe, d. h.: wohl mit Dir, aber im Konkreten oder Materiellen, oder wie man's sonst nennen will, im rein Menschlichen, Natürlichen bin ich so viel allein.

Heute freu' ich mich, daß die Kiste da ist.

Innigst

D. R.

Tonio an Aslan

Gutenfeld, 6. Oktober 1944.

M. g. R.

Noch immer keine Spur von Deinem Gesuch. Ich halte jetzt auch kaum mehr körperlich durch. Gestern beim Hinlegen fiel ich so unglücklich auf meine Gasmasken-Büchse [1], daß ich um die Herzgegend starke Schmerzen habe. Sollten sie nicht aufhören, melde ich mich zum Arzt. Heute wurde ich in die Brust geimpft, vorige Woche in den Arm. Alles schwillt an.

Seit Tagen sind wir im Gelände. An die 150mal heißt es da, sich in den Dreck hineinwerfen. Oft glaube ich, liegen bleiben zu müssen. So wird es auch kommen.

Du kannst Dir mein jetziges Leben absolut nicht vorstellen. Ich werde meinen Beruf kaum mehr ausüben können, wenn ich hier dabei bleiben muß.

Das Essen ist auch zu wenig und zu gleichförmig. Hauptsächlich Kartoffeln.

Mein Kommandeur in Prag ist Generalmajor von Geyso, Division 193. Raoul, es muß was geschehen. Ich will Dich nicht noch mehr durcheinander bringen, aber denk' und versuche noch einmal, etwas zu unternehmen! Ob man Dir alles nur so versprochen hat, oder ob man tatsächlich etwas unternommen hat?

Ich bin körperlich und geistig so abgemagert, daß ich nur auf meinen Strohsack sinken kann.

Über die Angst als Urgefühl habe ich mich in meiner Soldaten-Unbeholfenheit sicher falsch ausgedrückt. Aber Deine Briefe, das verstehst Du doch, sind eine Erholung für mich, weil Geist aus ihnen weht. Hier, wo ich zu kreatürlicher Materie herabsinken muß, bist Du mein Geistspender. Bist es ja wohl immer gewesen. Ehrgeizig bist Du für mich? Was willst Du für mich erreichen? Man muß ganz tief gefallen sein, in die Abgründe unendlichen Elends hinabgestiegen sein, um sich dann phönixhaft wieder aus der Asche zu erheben. Meine Flügel sind lahm, ich schlage um mich, aber wund bleibe ich liegen.

Du sollst nicht für Dich um äußerliches Leid bitten, es kommt, wenn es sein soll, von selbst. Du lebst ja auch so im Geist Leid mit. Genügt das nicht? Wer kann so leiden wie Du?! Welten-Sternen-Leid sah ich schon in Deinem schönen Gesicht, und Menschenleid sah ich an Dir! O, unvergeßlich Deine Tränen, die Du schon um mich geweint hast! Froh bin ich, daß Du noch irgendwie in Deinem Leben belassen bist, wenn auch ohne Theater.

Könnte man doch in einer Bergeinsamkeit leben! Da oben in Kirchschlag bei den Bauern, wo wir im Sommer die Kirschen gepflückt haben! Könnte ich das Rad des Geschehens zurückdrehen!

Ich kann Dir brieflich so vieles nicht sagen, worüber ich mündlich sprechen könnte.

Von Melitta und Mama kamen liebe Zeilen, ich antworte, wenn ich einen Moment Zeit habe. Gefreut habe ich mich sehr und danke auch. Dir muß ich fast täglich schreiben, weil es mir Bedürfnis ist. Ohne diese Briefe an Dich könnte ich nicht mehr atmen.

Dein, auch im tiefsten Unglück Dein
Tonio

[1] Diese wurde an einem Schulterriemen getragen und kam so beim Sturz unter die Herzgegend zu liegen.

Aslan an Tonio

Wien, 8. Oktober 1944.

M. g. E.

Ich stell' mir's schon richtig vor. Ich weiß, daß Dein Leben arm, häßlich, verfroren, ängstlich, klein und unsicher ist. Ich leide genug.

Wenn ich scheinbar darüber hinträllere, so denke ich da wie manche Mütter, die ihre kranken Kinder im Arm wiegen und ganz lustige Hopp-hopp-Weisen singen, während ihnen das Herz bricht. Aber warum sollst Du immer mein brechendes Herz spüren und meine Tränen sehen? Die zeige ich lieber der „Mutter der Barmherzigkeit". Dich möchte ich ja mit meinem Geschreibsel etwas zerstreuen, ein bißchen froh machen, nicht drücken, beschweren, traurig machen. Verstehst Du?

Dein Briefli vom 4. Oktober handelt vom Poverello. Glaubst Du, daß ich gerne für Dich dieses elende Rekruten-Dasein ein paar Wochen mitmachen möchte? Es quält mich, daß es mir so gut geht, und ich bitte den Himmel um Schmerzen und Qualen, weil ich's ja nicht verdiene, daß es mir (relativ) so gut geht. Wodurch?

Erni geht es nicht besser. Wahrscheinlich Operation nötig.

Ich bin glücklich, wenn Du mir jeden vierten Tag schreibst. Hast ja auch andere Briefe zu schreiben. Versteh's ja gut, daß es für Dich zu anstrengend ist, täglich zu schreiben. Ich hab' ja jetzt viel mehr Zeit. Versteh's nicht, daß ich 30 Jahre lang keine Zeit hatte.

Was geschieht nun? Wird die Ausbildung noch vier Wochen dauern? Gewinnt man etwas Zeit? Kann's nicht zu Ende denken. Jeder Schuß, den Du abgibst, trifft mich hier. Ich hör's knattern.

Dank Dir für alles, alles! Es ist ja doch so schön, Deine Liebe!

D. R.

Tonio an Aslan

Gutenfeld, 8. Oktober 1944.

M. g. R.

Der alte Thimig ist tot. Wie poetisch, daß das alte Paar zusammen ging! Es ist wie ein altes Liebeslied. Ob es ein glückliches Leben war? Ich nehme es an.

Heute ist wieder ein Sonntag. Wir bekamen Ausgang zugesprochen. Aber in letzter Minute wurde er wieder abgesagt. Doch Ruhe haben wir wenigstens nach Tagen der fürchterlichsten Hetzjagd. So sitzen wir zu 23 Mann im weißen Drillichanzug wie Strafgefangene am langen Tisch, teils schreibend, teils nähend. Alle leiden an Heimweh. So verbindet Leid auch die verschiedensten Charaktere irgendwie schicksalhaft miteinander.

Rudolph [1], der noch immer im Lazarett Neustadt liegt, legte mir bei seinem Fortgang das Buch von Ihering „Von Kainz bis Wessely" unter mein Kopfkissen. Darin versuche ich oft abends ein paar Seiten zu lesen. Aber die Augen fallen mir nach den ersten Zeilen schon zu.

Warum hat Ihering nicht auch Dich in sein Buch genommen? Es scheint zu stimmen, was Du immer sagst, daß Du zu Deinen zeitgenössischen Schreibern immer beziehungslos warst und bist. Obwohl ich das weiß, verstimmt es mich immer wieder, dieses tiefe Unverständnis Dir gegenüber, dieses Dich-nicht-begreifen-Wollen, Dich als künstlerische große Persönlichkeit nicht als einen der führendsten Schauspieler anzuerkennen und sich mit Dir auseinandersetzen zu wollen. Das ist eine mir nicht zu fassende Tatsache. Hätte ich nur eine kleine Schreibbegabung, würde ich versuchen, den Menschen zu erzählen, was für eine Kraftquelle der Kunst durch Dich in die Schauspielerei gekommen ist, wie unentbehrlich Deine Wesenheit der deutschen Schauspielkunst geworden ist. Wie stehen solche Leute wie Herr Ihering zu dieser Tatsache? Auch als Kultur-Ausdruck (Kultur als Zustand des Charakters, des Herzens, der Seele, des Geistes verstanden) mußt Du doch gesehen, gefühlt werden. Was ist es mit dem Buschbeck-Buch? Es sollte doch noch im August erscheinen?

In meinem Herzen wird die Sehnsucht nach dem Guten und Edlen stark und immer stärker. Und ich bin mir bewußt, wie wichtig es ist, diese Keime in mir (vor allem in schweren Prüfungszeiten) zu nähren und zu stärken, damit den Minderwertigkeiten der Nährboden entzogen wird. So erkenne ich täglich immer neu, immer stärker (wenn das überhaupt noch möglich ist) Deine künstlerische Größe. Du hast meine Seele erfüllt mit Deinen edlen Gaben, mit Deiner Gemütstiefe, Deiner Kraft, sodaß ich Dich lieben muß bis an mein Lebensende. Wenn ich mich jetzt stündlich mit den Widerwärtigkeiten des Alltags auseinandersetzen muß und oft daran fast am Zerbrechen bin, gibt mir Dein innerer Reichtum Kraft, doch weiter zu gehen, zu tragen, zu leben. Und so, wie Du mich zu Deinem Jünger gemacht hast, so hast Du auch ins Volk hinein gewirkt. In Liebe hängt Dir das Wiener Publikum an.

Jetzt werde ich zum Flurwaschen aufgepfiffen. Der Alltag ruft und rüttelt.

Dank Dir, daß Du mir lebst!

Immer

D. T.

[1] S. Tonios Karte vom 1. September 1944.

Aslan an Tonio

Wien, 9. Oktober 1944.

M. g. E.

Das Gesuch ist am 12. September abgegangen. Heute sagten mir die Herren Oberst Kern und Oberst Mayer, daß die Erledigung so eines Gesuches 14 Tage bis 4 Wochen dauert. Sie warten noch bis Samstag. Dann wollen sie (was nicht üblich ist) urgieren. Habe ihnen den Namen von Generalmajor Geyso, Division 193, angegeben. Außer diesen beiden Herren habe ich noch zwei Menschen interessiert und zu bestechen versucht. Beide sind willig und wollen sich bemühen. Aber das ist nur guter Wille, glaub' ich. Das reguläre Gesuch, das müßte zurück kommen und zwar bewilligt. Weiters sagten mir die Herren, daß nach der Grundausbildung eine gewisse Zeit verstreicht, ehe man einberufen wird. Diese Zeit könntest Du in Wien sein. Das können 2 Tage sein oder 4 Wochen oder 14 Tage oder wie immer. Ich aber meinte und bat die Herren, eben die Ausbildungszeit nach hieher zu verlegen. Wiederum heißt es also abwarten. Natürlich halten das die Nerven kaum aus. Und ich wunderte mich, daß Du's bis jetzt aushieltest. Wenn Du eben körperlich nicht kannst, mußt Du ins Lazarett.

Du fragtest mich öfters, wie ich lebe. Nun, ich lebe halt in Sorge, sehe dann und wann einige Kollegen und ein paar Franzosen [1], denen ich zu helfen versuche und die mir helfen wollen, wenn's brenzlig wird. Also äußerlich ein richtiges Pensionistendasein. Nichts zu sagen. Eigentlich gut. Aber innerlich! Da sieht's wüst aus!

Für heute innigste Küsse!

D. R.

[1] Über diese Franzosen ist nichts Näheres bekannt. Möglicherweise Kriegsgefangene.

Tonio an Aslan

Gutenfeld, 10. Oktober 1944.
(Kranken-Revier)

M. g. R.

Deine beiden Päckchen sind gestern angekommen. Jedenfalls vielen Dank für das herrliche Obst. Hab' es schon verschlungen. Und Dank an Mama für die gute Marmelade.

Ich kam gerade vom Sanitäter zurück. Es war mir den ganzen Tag schon nicht mehr gut. Am Vormittag war ich noch im Gelände. Ich hatte Schüttelfrost, und jeder Muskel, jeder Knochen schmerzte. Das Thermometer zeigte auf 40 Grad. Er verordnete Kranken-Revier. Als ich in die Stube kam, waren die Packerln da. So zog ich mit Decken, Waschzeug, Büchern, Briefpapier und Euren Paketen ins Revier ein. Bekam Chinin. Und im Traum des Fiebers standest Du wie in „Hanneles Himmelfahrt"' als Todesengel milde und ernst an meinem Bett. Du nahmst mich an der Hand und führtest mich die Himmelsleiter hinauf. Das sorgenvolle liebe Gesicht meiner Mutter sah ich am anderen Ende. Es war ein Glückstraum. Als ich die Augen aufmachte, dauerte dieses Glücksgefühl an.

Ich bin in einer Stube zu zweit, kann liegen, keinen Dienst, kann ein Buch lesen, meinen Gedanken nachhängen. So lag ich stundenlang und schaute zur Decke hinauf, die sich immer mehr weitete. Alle gelebte Schönheit meines Lebens stand mir vor Augen. O unbeschreibliches Glück!

Die Nacht war unruhig. Auch scheint die Blase erkältet zu sein. In der Früh war der Arzt da. Das Fieber ging zurück auf 37 Grad. Er untersuchte mich und stellte eine Brustfellentzündung fest. Es werden Umschläge gemacht. Die Schmerzen sind anhaltend. Trotzdem, fürchte ich, werden sie mich nicht lange hier lassen.

Mein Soldaten-Dasein ist irgendwie grotesk. Ich werde es nie erlernen, mit all diesen Mordgeräten umzugehen. Ich denke immer, Gott wird Erbarmen mit mir haben und, wenn ich an der Front sein werde, mich „hinwegheben" vom Mordfeld und mich zu sich holen. Aber dann müßte ich Deinem Gesicht auf Erdendauer entzogen werden. Doch drüben, das weiß ich, da sehen wir uns, und da bleiben wir schmerzlos vereint. Ja, das weiß ich!

Post bekomme ich viel. Du bestreitest natürlich den Hauptteil. Ich kann mir gar nicht denken, daß Du jetzt so viele freie Zeit für Dich hast. —

Hier wurde ich unterbrochen, weil ich bestrahlt wurde. Das tat gut. Jetzt sitzt der Musik-Kamerad an meinem Bett, er will den Brief einstecken. Darum beende ich ihn.

Großer, schöner Mensch, ich denk' und wünsch' und denk' und wünsch'.

Immer

D. T.

Aslan an Tonio

Wien, 11. Oktober 1944.

M. g. E.

Heute zumeist nur Meldungen von Tatsachen.

Ihering, dessen Buch ich nicht kenne, war mir von jeher fremd und unsympathisch. Äußerlich sehr höflich und fast zu liebenswürdig, innerlich fremd und leer. Einmal traf ich ihn im Speisewagen zwischen Berlin und Hamburg, als ich Dich besuchte. Er saß mir gegenüber am zweiten oder dritten Tisch. Um nicht grüßen zu müssen, starrte ich krampfhaft durchs Fenster.

Das Buch von Buschbeck [1] hab' ich bis auf 20 bis 30 Seiten, die noch nicht fertig waren, gelesen. Es ist gewiß vieles gut und in keiner Zeile weihrauchduftend wie die meisten dieser Bücher. Eher herb. Aber es ist halt nur ein „Teil von mir", also Horatio und nicht Hamlet. Steht doch weder von Dir noch von Zeljko darin ein Wort. Weder von Höllen noch von Himmeln ist die Rede, nur vom dazwischen liegenden Theater. Aber jetzt kann's doch nicht gedruckt werden. Also Geduld!

Natürlich könntest Du schreiben, Du schreibst sehr gut. Fehlt nur die Konzentration. Bei Deinem Buch über mich würde ich dauernd rot werden und weinen. Beim Buschbeck nicke ich pagodenhaft und stumm mit dem Kopf.

Über den Tod der Thimigs: Zuerst starb Frau Thimig. Er wollte das nicht überleben und nahm Veronal (mit 91 Jahren!) [2]. Menschlich gesehen, groß, tapfer, rührend. Philemon und Baucis. Musterhafteste Ehe. Über 60 Jahre. Von Gott her gesehen? Aber das ist ein tiefes mystisches Thema! Hermann gab mir im Auftrag seines Vaters (testamentarisch) eine Elfenbeinschnitzerei. Ist das nicht schön?

Am Samstag und Sonntag spreche ich im Burgtheater Schiller. Ein Versuch. Wird nicht lange dauern. Wenn Wien verteidigt wird, wirklich Kriegsschauplatz wird, hört sich das Gedichteaufsagen auf.

Eben ruft der Kuckuck [3].

Erni liegt noch und hat große Schmerzen. Auch ein Thema! Hab' sie sehr gern, sehr.

Bin sehr, sehr nervös, da ich vom Gesuch nichts höre, aber immer beglückt, wenn ich aus Deinen Briefen lese, daß Gott Dich ganz besonders führt. Das ist mehr, als Worte ausdrücken können.

Ich umarme Dich innigst.

D. R.

[1] Buschbecks Buch über Aslan. Über das Folgende s. auch Aslans Brief vom 7. August 1942.
[2] Diese Tatsache war erst jetzt bekanntgeworden.
[3] Wiens Vorwarnungszeichen vor Fliegerangriffen.

Tonio an Aslan

Gutenfeld, 11. Oktober 1944.
(Kranken-Revier)

M. i. g. R.

Meine Nächte sind erfüllt mit Alpträumen: Waffen, das Gewehr fällt mir aus den Händen, die Augen versagen, ich sehe kein Ziel, Panzerwagen rollen nur so über mich weg, Panzerschrecks und Maschinengewehre gehen im unrichtigen Augenblick los und richten sich anklagend gegen mich, meine Vorgesetzten werfen strafende Blicke auf mich. Dazwischen das viele Aufwachen, Aufatmen, ich sehe, ich liege im Bett. Aber sonst ist diese geträumte Wirklichkeit — wirkliche Wirklichkeit. Es ist, rein real gesehen, auch so. Bin eigentlich in ständigem Fieber. Meine Augen sind rot, meine Zähne tun alle weh. Es ist ein völliges Einschrumpfen. Das Lächeln wird idiotisches Grinsen.

Heute sind wir in der Stube vier Mann. Aber sie schlafen noch alle, und so benütze ich die Zeit, um ein paar Briefe zu schreiben. Dieses Nicht-mehr-allein-sein-Können gehört zum Allerschwersten. Die Männer sprechen alle so verschiedene Dialekte, daß ich oft nicht die primitivsten Ausdrucksweisen verstehe. Und meine Sprache erscheint ihnen sicher unnatürlich und gekünstelt. Auch die Welt ihrer Interessen ist mir so fremd. Wie begreife ich das Gesetz, daß es nie und nimmer eine Gleichheit geben kann! In aller Demut sage ich diese Erkenntnis. Es gibt nur eine Gleichheit, und die ist vor Gott. Alles andere ist Politik. Und Politik ist auch wieder etwas, was ich nicht fasse und verstehe. Mir kommt Begreifen aus der Seele, aus dem Geist, und so war ich nie Mitläufer. Die andern, die es auch nicht verstehen, sind entweder zu stur, zu primitiv oder zu faul und nehmen Phrasen für Wahrheit, für die Tat. So bleibe ich in meiner Sehnsucht, meiner schwermütigen Bangigkeit, meiner jauchzenden Glückseligkeit zutiefst allein. Ich hoffe immer wieder auf das Erbarmen Gottes, der mich führt und leitet. Ich hoffe, daß er mich an der Katastrophe vorübergehen lassen wird.

Wenn Du die Ebba Johannsen siehst, bitte sie um ein Candida-Bild für mich! Sie war meine letzte Partnerin und meine letzte Candida. Auch wenn Du eine Füllfeder auftreiben könntest, wäre es schön. Meine verschwand in Bamberg. Vielleicht hast Du jemanden, der Dir eine verschaffen kann.

Aus meiner Schaffens- und Lebenswelt, die seelenhaft geistig war, in eine Welt der Materie, der Realität, der Mordgeräte verstoßen zu werden, ist wohl ein großer Sturz. Ich muß ihn gezwungenermaßen ertragen. Aber wird es mir auf die Dauer gelingen? Das ist die Frage, die jeden Augenblick, heiß verwirrend, in mir wühlt.

Noch im Bett. Ich bin dankbar!

Adieu! Lebe wohl!

D. T.

Tonio an Aslan

Gutenfeld, 12. Oktober 1944.
(Kranken-Revier)

Lieber!

Ich sitze und warte auf den abgehenden Zug. Ich fahre nach Neustadt ins Lazarett. Heute, als der Arzt im Revier war, sagte er, es sei eine Rippenfellentzündung. Ich verstehe nichts davon, ich muß es so nehmen, wie man es mir sagt. Der Zug fährt um 6 Uhr. Mit Umsteigen und Anschluß bin ich erst gegen 8 Uhr in Neustadt. Dort liegt auch Rudolph. Ich denke, dort wird man mich gründlich untersuchen, vielleicht sogar röntgenisieren. Vielleicht waren doch die Anstrengungen zu groß. Ich fühle mich sehr schwach. Bin abgemagert. Habe gar keine Beine mehr. Und wie gut ich im Sommer erholt war!

Schöne Bilder bekam ich aus Kirchschlag. Herrliche Sonnentage sprechen aus ihnen und fast unbeschwertes Glück. Zu Tränen gerührt, schaue ich immer wieder auf sie. Du sagtest ja auch schon, diesmal wäre Kirchschlag so besonders schön gewesen.

Zu meiner Schlappheit dazu hat mich der Sanitäter heute noch schnell einmal in die linke Brust geimpft — gegen Pocken, zum dritten Mal in drei Wochen! Ich fühl' mich doch sehr elend!

Um 9 Uhr jagten sie mich aus dem Bett. „Schnell, schnell", hieß es, „vormittag geht der Zug!" Dann hieß es, er ginge um 3 Uhr. Und jetzt ist es 5 Uhr! So wartet man beim Militär dauernd. Stehen und warten, das ist das Los eines armen Grenadiers.

Was Du über das Gesuch schreibst, leuchtet mir ein. Hoffentlich klappt es doch noch! Die Sehnsucht nach Euch und nach Wien wird von Tag zu Tag größer. Es war wieder ein Angriff auf Wien in den letzten Tagen? So oft das Radio „Nieder-Donau" meldet, trifft es mich besonders. Wie ein gefangener Vogel mit gestutzten Flügeln irre ich hier herum — und doch irgendwie froh, im Bett bleiben zu können, obwohl draußen goldene Herbsttage sind. Den Frühling und den Herbst erlebte ich so besonders schön in Metz, im Lothringer Land, in der Natur. Das Böhmerland ist auch schön, wenn auch ganz anders. Die Natur ist für mich überall liebenswert und anziehend. Und sogar in der Marschkolonne, im Stahlhelm, mit Gewehr und Gasmaske, in schlecht sitzenden Schuhen, laut singend, empfange ich in meinem Innern immer eine stille Beglückung durch den Anblick der Natur.

Goldene Herbstsonne, ich grüße dich. Es ist auch Deine Zeit, der Herbst, die leisen Melancholien, die langen Schatten, die Farben, und über allem das Gold der Sonne. Wenn ich einen tiefen Seufzer mache oder ganz tief atme, dann schmerzt die ganze linke Brust. In den Rippen und im Rücken fühle ich leise Stiche.

Jetzt habe ich eine kleine Schwäche. Ich will mich noch eine Stunde vor Antritt meiner Reise ein wenig auf den Strohsack legen.

Mein Lieber, dank' Dir tausendmal für jeden Liebesbeweis! Und verzeih, wenn ich mich so oft schwach und klein zeige! Ich muß Dir gegenüber doch vor allem wahrhaft bleiben!

Ich grüße Dich mit allen Herbstfarben! Bleib', bleib' so, wie Du bist!

D. T.

Tonio an Aslan

Neustadt, 13. Oktober 1944.
(Lazarett)

M. g. R.

Schnell und kurz: Nachricht und vorläufig neue Anschrift. Der Arzt verordnete strenge Bettruhe. Das Fieber ist gefallen. In der Nacht hatte ich kalten Schüttelfrost. Die kleine Nachtfahrt (d. h. es war so zwischen 7 und 9 Uhr, aber schon sehr dunkel) war merkwürdig. Ich saß im dunklen Waggon zwischen lauter tschechisch sprechenden Bauern und Arbeitern, faltete meine Hände und hatte starke Schmerzen. Es war kalt. Ich war überwältigt von einem Gefühl des Alles-Hinnehmens. Plötzlich wußte ich es: Dieses Kranksein schickt mir Gott, weil ich eine Rast haben soll im schweren Kreuzestragen. Irgendwie weinte ich vor Seligkeit. Kannst Du das begreifen?

Hier fand ich Rudolph. Heute ist seine Frau von Reichenberg mit dem älteren Buben hergekommen. Sie gab mir herrlichen Apfelstrudel. Auch das noch!

Ich soll mit Schmierseife eingerieben werden. Wenn es wirklich Rippenfellentzündung ist, wie die Fieberkurventafel anzeigt, so wäre die Behandlung langwierig. Ich selbst glaube immer noch an Brustprellung und war auch so ehrlich, dem Arzt hier das zu sagen.

Eben sagt das Radio: Anflug auf Nieder-Donau! Es regt mich sehr auf. Gestern hieß es: Bombenabwurf auf Wien. Du sagst mir doch gleich telegrafisch, wenn bei uns etwas passiert wäre?

Wie geht es der Erni? Grüße sie! Ach, was zu jeder Minute Grauenhaftes und Trauriges geschieht!

Einer von den Sanitätern hier ist katholischer Priester. Als ich gestern nachts ankam, war es sein Blick, der mir Mut machte. Er drückte mir auch zwei Birnen in die Hand.

So ist wieder ein anderes Stadium eingetreten. Ich bin sehr müde. Sonst aber geht es mir schon gut. Das sage ich zum ersten Mal seit Wochen. Du verstehst gewiß.

Adieu, Lieber, adieu!

D. T.

Aslan an Tonio

Wien, 14. Oktober 1944.
(Garderobe: Luftschutz) [1]

M. g. E.

Ich habe die letzten zwei bis drei Tage nicht geschrieben. Das hat seinen Grund. Ich habe sehr viel gelitten um Dich und leide noch immer. Es ist nämlich so, daß das Gesuch in Prag und Berlin ungünstig beurteilt wurde, während man in Wien freundlich und zuversichtlich war. Gewiß ist das für den Moment unangenehm. Wenn ich auch weiß, daß Du aus allem siegreich hervorgehen wirst, und den festen Glauben habe an ein gutes Ende, so ist doch die Zeit bis dahin äußerst qualvoll für Dich und für mich.

Heute abends zwischen 7 und 8 Uhr kommt die Rosl in meine Garderobe und wird mir den Brief vorlesen, den Du ihr aus dem Lazarett geschrieben hast, wie sie mir telefonierte. Dann schreib' ich Dir wieder morgen Sonntag.

Unsere Situation in Wien wird in kurzer Zeit vielleicht ärger sein als die an der sogenannten Front. Trotzdem wäre es besser, zusammen zu sein. Wir sind eben dem Höhepunkt der Krise nahe, und da heißt es: durch!

Gewiß hat alles einen tiefen Sinn. Und gewiß werden wir eines Tages ganz leicht und von ohngefähr von diesen Dingen sprechen wie etwa jetzt vom ersten Weltkrieg. Das ist das unfaßbar Unwichtige der scheinbar wichtigen Dinge. Wieviel tausend Beispiele kenne ich dafür, habe ich selbst erlebt. Allerdings — man muß es überstehen, man muß es überleben. Mehr will ich ja auch nicht. Ich weiß genau, was Du durchmachst, kenne die Abgründe, in die man wechselnd geschleudert wird, die Reaktionen, die Mutlosigkeiten. Gestern wollte ich wieder zu rauchen anfangen, auf den lieben Herrgott verzichten und justament nur leben — egal wie. Heute früh 1/2 7 Uhr hab' ich mich aber wieder herumgerissen. Ich bleibe fest, ich habe Vertrauen, geschehe, was da wolle. Darum habe ich Dir gleich geschrieben und morgen schreibe ich wieder. Eine Füllfeder suche ich. Alles ist gekommen, so wird auch die Füllfeder kommen.

Unter Schluchzen und Beten und Hoffen und Glauben und Lieben bin ich

D. R.

[1] Vorstellungen fanden keine statt. Aber die Schauspieler hatten abwechselnd Luftschutzdienst im Theater.

Tonio an Aslan

Neustadt, 16. Oktober 1944.
(Lazarett)

Mein großer Freund!

Gestern Sonntag kam Dein Päckchen mit den wundervollen Bäckereien!! Wer hat die gebacken? Ich schwelge! So habe ich Geburtstagsbäckereien [1]. Ein Sanitäter brachte mir noch Äpfel und Birnen. So feiere ich diesen Deinen Tag auch in materieller Hinsicht. Gestern bekam ich auch ein Wannenbad. Ach, wie alles plötzlich so einen anderen Wert bekommt!

Ich bin unruhig und nervös, weil doch wieder Bombenangriffe auf Wien waren. Wollen sie uns jetzt also auch ganz zusammenhauen? Das Radio meldet fast dauernd Angriffe auf irgendeinen Teil Deutschlands. So traurig!

Zur Feier des heutigen Tages lese ich dann abends alle Deine an mich als Soldaten gerichteten Briefe. In der Ruhe zieht Leben klarer, eindeutiger an meinem Auge vorbei. Es ist mir, als wäre es gestern, der Moment Deines Erklärens, da Du mir zum ersten Mal begegnet bist. Wie ein trauernder Genius glänzt Du da in mein Leben herein. Wie schön Du warst mit Deinem Blick auf mich! Die Strahlen eines ganzen Himmels leuchteten aus diesen Deinen Augen. Dein Bild, gewebt aus Größe und Leid, so stehst Du vor mir. Ich wollte immer lauter Freude für Dich sein. Aber ich fürchte, auch ich goß in den Becher Deines Leides mein Maß.

Es ist ein großes Glück, daß meine Natur so geartet ist, wie sie eben ist. Sonst hätte ich in all den Jahren in eine große Torheit fallen müssen bei dem Wissen, daß dieser Mensch nichts liebt als mich. Das sagte ich mir letzthin bei einem Wachtraum. Wer bin ich denn wirklich, daß ich Dich mein nennen darf? Wer bin ich, und was habe ich getan, daß mir schon in diesem Leben Freundschaft, Liebe in so hohem, überirdischem Maß zuteil wird?

Und, gelt, Raoul, seit ich meinen Leidensweg gehe, bin ich Dir auch ähnlicher geworden? Wie müßte ich mich vollenden! Im Lichte Deiner Liebe hätte ich Großes schaffen müssen. Aber das lebendige Menschenherz wird oft abgezogen vom geraden Weg, und oft wählt es die unmöglichsten Umwege, um plötzlich einfachste Erkenntnisse zu gewinnen. —

Hier wurde ich vom Postboten unterbrochen, der mir Deinen Brief brachte.

Ich kann mir gut denken, wie das Buch Buschbecks über Dich sein wird. Trotzdem ist es gut, daß überhaupt endlich einmal etwas über Dich erscheint.

So geht der Tag auch hier in seiner Tagesordnung zu Ende. Auf dem Tisch steht ein großer Stock weißer Astern. Es hat etwas Trauriges, obwohl die Blumen schön sind. Ein bißchen Friedhofsatmosphäre, Allerseelenstimmung. Auf meinem Nachttisch liegen ein paar Gänseblümchen. Die hat der kleine Peter, der Sohn von Rudolph, mir gepflückt. Also zu Deinem Tag auch Blumen, zwar leise traurig, aber diese Natur hat eine Süße der Melancholie, die meinem Zustand irgendwie entspricht.

Ich sehe ahnungsvoll Schreckliches noch über Wien kommen. Wenn wir uns nur das Leben bewahren, will ich ja dankbar sein. Es ist jetzt überall Kriegsschauplatz. Sich versenken und vertiefen ins Gebet, bitten, flehen, warten, sich halten in Geduld, mehr kann man nicht tun.

Am Sonntag hast Du Schiller gesprochen. Deine Stimme, ich will sie wieder hören.

Lebe wohl, und immer wie heute bleibe ich

D. T.

---

[1] Aslans Geburtstag am 16. Oktober.

Aslan an Tonio

M. g. E.
Wien, 16. Oktober 1944.

Wenn es Rippenfellentzündung ist und langwierig, könntest Du doch den Arzt bitten, Dich nach Wien überstellen zu lassen. Das ist durchaus möglich und kommt oft vor. Wenn er's erlaubt, schreib' mir's gleich! Im Reserve-Lazarett 26 (Lainz) wäre eine Möglichkeit. Hier wäre auch eine besondere ärztliche Pflege möglich. Alles schon eingeleitet.

Gewiß ist alles richtig. Muß so sein. Und vielleicht ist die Krankheit ein Segen. Aber man muß alles tun, was möglich und richtig ist. Du müßtest wie so viele andere hierher überstellt werden als Kranker, dann kann ja Deine Ausbildung weitergehen. Wenn Du nur erst da bist, wird alles Weitere sich ergeben!! Bitte, frage, ob das möglich ist, und teile mir's gleich mit, damit ich hier das Lazarett verständige. Rippenfell gefällt mir nicht. Lang kann es dauern, aber gefährlich soll's nicht sein. Es ist mir auch ganz klar. Da kommt alles zusammen: Überanstrengung, Erkältung, Vitaminmangel, Rheuma und Herz. Schließlich ist es das sechste Kriegsjahr, das ungewohnte Training, und dann bist Du ja auch nicht mehr zwanzig. Es ist eben zu viel, und das hält der Körper nicht aus. Also, wenn möglich, hierher zur Pflege und dann — das Übrige!! So stell' ich mir's vor.

Mache alles innerlich sehr mit und bin daher sehr nervös. Aber gewiß muß alles so sein. Vielleicht kann Dir der Sanitäter die heilige Kommunion reichen [1].

Hoffentlich kann ich schlafen!

Gute Nacht! Vielleicht geht's doch, daß Du herkommst.

Immer innigst
D. R.

[1] Da er, wie Tonio schrieb, Geistlicher war.

Tonio an Aslan

M. g. R.
Neustadt, 19. Oktober 1944.
(Lazarett)

Heute kam Dein Kuchenpackerl. Herrliche Speise. Ich denke, es war Dein Geburtstagskuchen. Du bist wirklich so lieb und besorgt.

Ich fühle, wie Du bei jeder Begebenheit an mich denkst und wie Du verstehst und mitfühlst. Erfreulich ist, daß die Post hierher so knapp und gut funktioniert. Das gibt mir auch immer das Gefühl, ich bin ja gar nicht so weit von Wien entfernt.

Mein Krankheitsverlauf ist gleichbleibend. Ich bekomme Heißluft, Pyramidon, Wickel; zweimal wurde ich auch mit Schmierseife eingeschmiert. Die Fieberkurve verläuft immer zwischen 37 und 37,6. Der Arzt kommt täglich. Abwechselnd der Stabsarzt und ein tschechischer Arzt. Trotzdem glaube ich, werden sie mich in den nächsten drei Tagen entlassen, obwohl der Schmerz an der linken Brustrippenseite dauernd und, mich in allem behindernd, da ist. Ich denke darüber nicht nach. Ich mache dann wieder Dienst, solange es eben geht.

Rudolph verläßt heute das Revier, obwohl seine Füße noch eitern. In drei Tagen spätestens muß er wieder ins Revier.

Gestern war im Radio eine Ansprache an das erste „Volksbataillon". Von 16—60 Jahren. Ob Du auch dazu mußt?! Wie alles enger wird! Ob der Krieg bis zum Letzten seine Schrecken ausbreiten wird? Ob bald nichts mehr von unseren Städten da sein wird? Wien, armes, altes Kulturzentrum! Mir bricht das Herz. Wo bleiben alle Prophezeiungen: Wien wird stehen u. s. w.? Es ist alles so traurig, überall ist ja jetzt der Kriegsschauplatz.

Hat Erni meine beiden Briefe erhalten? Sie braucht nicht zu antworten. Du sagst mir schon immer kurz, wie es ihr geht. Grüße sie!

Wie war Dein Geburtstag? Ach, Raoul, wie gerne würde ich mit Dir einmal wieder einen Spaziergang in den Kirchschlager Wäldern machen! Am Wege stehen bleiben, Deine Gespräche mit dem Pfarrer Füssl hören, oder selbst teilnehmend aktiv eingreifen! Die letzten tiefen Gespräche sind so intensiv lebendig in mir: die Sorge um unsere Seelen, der Höhenflug, das Werden im Geiste! Doch armer, schwacher Körper, du nimmst Rechte an dich; und du, Seele, du mußt durch manche Feuer, um nur im Kleinsten bestehen zu können, wenn du nicht in der Ästhetik stecken bleiben willst.

Lieber, ich bin

D. T.

Aslan an Tonio

Wien, 19. Oktober 1944.

M. g. E.

Dein liebes Geburtstagsbriefli vom 16. vor fünf Minuten erhalten. Freue mich, daß Du im Lazarett bist, Ruhe hast und hoffentlich ganz gute Pflege. Wie lange wirst Du wohl dort bleiben? Wenn noch einige Zeit, könnt' ich denn da nicht hinkommen und Dich besuchen? Ich brauchte die Erlaubnis von der Gestapo fürs Protektorat und (seit heute) die Dispens vom „Volkssturm". Denn jetzt werde ich wahrscheinlich auch zum Gewehr greifen müssen. Von der Proklamation über den Volkssturm wirst Du wohl auch gehört haben. Aber trotz allem: Wenn Du lang genug im Lazarett bliebst, würde ich doch versuchen, hinzukommen. In meinem vorigen Brief sagte ich Dir, Du solltest versuchen, Dich überstellen zu lassen nach hierher (Lazarett 26). Das bleibt natürlich aufrecht und wäre herrlich. Es muß nur der Arzt das verfügen. Es ist nichts Besonderes. Ich gehe heute übrigens wieder zu Oberst Kern. Wenn das Gesuch in Prag und Berlin abschlägig beschieden wurde, kann mir Oberst Kern in der Lazarettfrage vielleicht etwas sagen!

Die schwerste Zeit hat mit 1. September begonnen. Nun steigert sich alles gewiß bis Weihnachten. Der Feind ist nahe, Wien soll verteidigt werden?! Was bleibt noch? In solcher Zeit wär's freilich schöner, Du wärest hier, und sei es auch nur, um gemeinsam zu sterben. Es geht jetzt alles aufs Ganze. Vielleicht wird alles auch sehr schön. Irgendwie bin ich ruhig. Nur in der Nähe hätt' ich Dich halt gern. Auch sonst sind viele Sorgen: kein Holz, wenig Gas, wenig Wasser, viel Krankheit rings umher und andere Einschränkungen und Bedrückungen. Aber das macht alles nichts. Mir wäre das Wichtigste der Kontakt fürs Leben und fürs Sterben.

Es ist nichts sicher. Die letzten Angriffe waren anscheinend doch Terror. Auch daß Du gerade im Protektorat bist, ist nicht so günstig. Eher noch im Altreich. Also laß mich wissen, ob Versetzung möglich, damit ich Platz mache im Lazarett 26. Ich schreibe Dir, was Oberst Kern sagte.

Mit tiefen Dankesküssen — und Grüßen

D. R.

Tonio an Aslan

Neustadt, 20. Oktober 1944.
(Lazarett)

M. g. R.

Also eine große Hoffnung sank. Dein Brief vom 14. sagt es mir: Das Gesuch in Prag und Berlin ungünstig beurteilt. Eigentlich nahm ich diese Nachricht erstaunlich ruhig hin. Die Augen bohren sich weiter in den Hoffnungshimmel, der ja voller Wunder ist. Und so warte ich weiter auf das Wunder. Im katholisch-christlichen Glauben ist es, glaube ich, Sünde, auf das Wunder zu warten. Und wenn das erhoffte Wunder dann auch nicht eintrifft, schaltet sich wie von selbst meine Seele ohne jedes Murren, ohne jede Enttäuschung sofort um. Und meistens verwandelt sich dann mein ganzes Wesen noch mehr in Glauben um. So werde ich eigentlich immer reicher an Glauben, und eines Tages wird mir alles Glauben sein.

Erschüttert hat mich aber die andere Nachricht, die Du mir sagst: „Unsere Situation in Wien ist in kurzer Zeit vielleicht ärger als die an der sogenannten Front." Das macht mir so tiefen Kummer, daß ich vor Sorge um Dich, Mutter, Rosl und alle anderen in Wien ganz erstarre.

Ja, wenn wir schon durch müssen, vielleicht auch alles verlieren, Herrgott, laß uns das Leben, laß uns dann aus dem Chaos ein neues Leben aufbauen! Ich fühle noch so viel Kraft und Jugend in mir, für Euch alle zu sorgen! Oder sollte uns das Ärgste bevorstehen? Sollte alles erst Anfang sein? Und wirklicher Jammer? Unergründlich ist Gottes Wille, das Meer von Tränen reicht noch nicht zu seinem Erbarmen.

Wäre es nicht klug, doch zu packen und auch Besitz in Sicherheit zu bringen? Nicht aus Anhangen, nur aus Vorsorge und Klugheit. Du mußt soviel um mich leiden. Und weißt du, daß mein töricht Herz Dich immer davon verschonen wollte? Raoul bedeutet in meinem Leben die Schönheit, und alles Leid, alle Häßlichkeit wollte ich auf mich nehmen. Ich wollte Lastträger sein, das Eselein mit dem Kreuz [1], wenn nur Raoul von allem verschont bliebe. Nun, Dein Leidthermometer will es anders. So bitte ich halt für Dich und mich um die Kraft im Geiste, um die Kraft des inneren Lebens, vor dem das äußere Leben auf Erden schwindet. Und ich warte nur auf den Moment, diese meine überwallende Seele Dir als Opferwein auszugießen und meines Lebens Stückwerk wieder mit Dir vereint zu sehen zu einem Ganzen.

Heute, morgen und immer
D. T.

[1] Das Eselein mit dem Kreuz (s. hl. Franz von Assisi) hatte Aslan als Symbol in sein Exlibris aufgenommen.

Aslan an Tonio

Wien, 20. Oktober 1944.

M. g. E.

Gestern sagte mir Oberst Kern: Wenn Du durch Deinen Arzt, der es befürworten müßte, ein Gesuch hieher richtest, nach Wien überstellt zu werden, so würde der Oberarzt des hiesigen Wehrkreises dem zustimmen. Und wenn ich das rechtzeitig erfahre, könnte ich beim Lazarett 26 ein Bett bekommen. Was sagst Du dazu? Oder ist Deine Krankheit so abgeklungen, daß Du wieder zurück mußt nach Gutenfeld? Das hoffe ich nicht. Es ist auch da alles Schiebung, Geschicklichkeit und Glück. Wenn es Dir gelänge, womöglich gesund zu sein und krank zu scheinen, so, daß Deine Überstellung nach Wien natürlich erscheint (Familie, kranke Mutter, Braut, Pflege, Familienordnung, Erbschaft, Heirat der Nichte, Rechtsanwalt, Vermögenssachen u. s. w. und auch noch Berufsordnung und wichtige Erledigungen in immerhin kritischen Zeiten, wenn wir auch siegen)!! Alles das könnte doch den Arzt, wenn er nett ist, bewegen, Dein Gesuch zu befürworten, und hier im Wehrkreis Wien würde es durch Oberst Kern zustimmend erledigt werden, dann hätten wir Dich da. Das Übrige findet sich. Wenn auch Wien in kurzer Zeit ein äußerst gefährlicher Boden werden wird, ist man doch beisammen. Und das Protektorat ist auch brenzlig. So lebt man von heut' auf morgen. Laß mich wissen, wie's Dir am liebsten wäre und welche Lösung man anstreben sollte.

Vom „Volkssturm" hast Du ja schon gehört. Praktisch heißt das: Jeder verteidigt sein Haus und seinen Hof. Na. Ich hoffe, für mich und für Dich kämpfen meine Engel. Aber vielleicht kommt alles auch ganz anders. Ich denke nur, daß es gut ist, wenn man beisammen ist.

Sonst kann ich nicht viel berichten. Morgen gehe ich in die „Neunte" (Oper, Furtwängler).

Dann muß ich doch sagen, daß ich das Nicht-Rauchen immer noch äußerst schmerzhaft empfinde.

D. R.

Aslan an Tonio

Wien, 21. Oktober 1944.

M. g. E.

Rosl war gestern abends in meiner Garderobe, und so erfuhr ich [1], daß Du das Lazarett schon verlassen mußt und in die Tretmühle zurückkehrst, während ich noch in meinem gestrigen Brief Kombinationen für eine Überstellung des Patienten ersann. Es kam wieder einmal anders. Vielleicht kommt es wieder anders und günstiger. Ich nehme aber an, daß Du in acht Tagen wieder auf acht Tage ins Lazarett mußt, 1. weil Du nicht ausgeheilt sein kannst, 2. weil die Strapazen zu groß sind. Jedenfalls scheint es doch keine Rippenfellentzündung zu sein. So steckt in jedem Schlechten auch was Gutes.

Denk' Dir, das Holz kann wegen Benzinmangels nicht von Kirchschlag herkommen. Eigentlich muß ich frieren. Aber diese Dinge machen nichts, da finde ich immer einen Ausweg. Wichtig ist nur das eine, daß Du da wärst.

Meinen Geburtstag habe ich ein wenig weggeschminkt [2] in Gedanken. Es ist doch zu beeindruckend, sich selbst sagen zu müssen: „Mein Junge, Du hüpfst in den Sechziger." Nein, nein, es ist nicht so. Darin will ich eben ein Phänomen sein. Und schließlich sind es doch noch zwei Jahre bis dahin, sowie es doch noch zwei Jahre sind, bis Du in die Vierziger hüpfest.

Resultat: Aus mannigfachen Gründen bin ich sehr, sehr besorgt und nervös. Was machen eigentlich die Menschen ohne religiösen Halt? Ich fasse es nicht.

Mein innigst Geliebtes, für heute leb' wohl!

D. R.

[1] Tonio hatte es Rosl geschrieben.
[2] Ausdruck aus der Schauspielerwelt. Hier: übergangen.

Tonio an Aslan

Neustadt, 22. Oktober 1944.
(Lazarett)

Lieber!

Ich denke, morgen werde ich aus dem Revier entlassen. So bin ich gerade 14 Tage dort gelegen. Der Schmerz an der linken Brustseite ist genau so da wie am ersten Tag. Aber da ich kein Fieber habe und äußerlich nichts sichtbar ist, bin ich für den Militärarzt dienstfähig. So werde ich morgen Montag um 6 Uhr abends nach Gutenfeld zurückfahren.

Habe auch ein Packerl mit Deinen Briefen gemacht, das schicke ich bei dem ersten Gang durch den Marktflecken eingeschrieben ab. Ich hätte sie gerne bei mir behalten, jedoch ich muß mich an gar keine Habe gewöhnen, da alles auf kleinsten Platz beschränkt ist. Habe sie alle nochmals gelesen, und Tränen liefen in sie hinein.

Weißt Du übrigens, daß ich seit 31. August (bis auf den Spaziergang in Bamberg und zwei Stunden Besuch in Neustadt mit Ruth

Gerntholz) nicht ausgehen durfte? Wenn ich jetzt nach Gutenfeld komme, darf ich abends zwei Stunden ausgehen, da die erste Rekrutenzeit schon vorüber ist. Wieder etwas, auf das ich mich freuen kann.

Habe ich Dir übrigens gesagt, daß ich von Freitag auf Samstag lebhaft von Dir geträumt habe und auf den lauten Ruf „Gyges, Gyges" wach wurde und immer noch laut Deine Stimme deutlich „Gyges" rufen hörte? Aber merkwürdig, im Traum war ich Kandaules.

Du, übrigens, die ersten weißen Haare habe ich bei mir entdeckt. Ich lasse sie, Du sollst sie sehen. Bald sind wir beide weiß, wie schön! In hundert Jahren sind wir gleich alt. Ich bin Dir sooooo nah'. Spürst Du's?

Ich liege stundenweise nachts wach, seltsam hell und klar bin ich da — und bete.

Immer nur

Dein T.

Aslan an Tonio

Wien, 22. Oktober 1944.

M. g. E.

Ich bin wirklich glücklich, Dir heute die Füllfeder, die Du Dir wünschtest, schicken zu können. Sie ist ganz neu und das Beste, was man jetzt hat; Es ist keine Goldfüllfeder, sondern eine andere Masse. Gebrauchsanweisung liegt in der Schachtel. Wie ist es aber nun mit der Tinte für eine solche Füllfeder? Soll ich Dir auch eine schicken? Ich kenn' mich bei Maschinen nicht aus!

So geht ja doch allmählich jeder Wunsch in Erfüllung. Warum sollte mir nicht auch die Erfüllung des Wunsches vergönnt sein, daß Du bald und ganz zurück in Deine Heimat kommst, in Deine Wohnung, in Deinen Beruf, in Deine Familie und — in meine Arme, an mein Herz.

Am Mittwoch (25. Oktober) melde ich mich zum Volkssturm und lerne schießen. Es erwischt einmal jeden. Und sonst ist auch viel Jammer um mich, und ich möchte allen helfen. Aber wie? Nun bist Du Ärmster wieder in Gang gesetzt. Hast Dich kaum ausruhen können. Was geschieht nun?

Gestern war ich, wie ich schon schrieb, in der „Neunten". Ich bin ehrlich: Also, der große Eindruck blieb diesmal aus. Der Aufbau war mir nicht klar. Kenne diese Musik eben doch zu wenig. Es geht nicht mit Nur-Ergriffenheit. Es gehört auch Erkenntnis, Erfassung und etwas Wissenschaft dazu. Mehr Gründlichkeit. Bin eben in Kunstsachen zu ehrlich, zu streng gegen mich, zu unerbittlich. Lieber dumm und ungebildet als unwahr.

Ich las in meinen Briefen aus dem Jahre 1907 etwas über die Neunte. Ich lasse es tippen und schicke es Dir.

Du freust Dich gewiß über die Feder, das macht mich froh.

D. R.

Tonio an Aslan

Neustadt, 23. Oktober 1944.
(Lazarett)

M. i. g. R.

Eben war der Stabsarzt da. Ich bin entlassen. Fahre um 6 Uhr abends nach Gutenfeld zurück. Mit gemischten Gefühlen! Bis auf den andauernden Schmerz an der unteren linken Brustseite geht es mir gut. Diese 14 Tage haben mich seelisch und körperlich gestärkt. Ein Sinn erfüllte sich. Bin neugierig, wie es weiter geht.

Wann werde ich Dich wiedersehen? Wann? Die großen Fragen, die man immer wieder stellt. Und Wien? Was wird geschehen? Wird es Kriegsschauplatz werden? Es ist beim Denken so merkwürdig, daß man viele Gedanken nicht zu Ende denken kann, und es dreht sich immer wieder im Kreise, und dann wird der Kopf müde, und ein milder, versöhnender Schlaf senkt sich auf die Lider und auf die Seele.

Was glaubst Du, was ich dafür gäbe, Dich zu sehen, mit Dir Wanderungen zu machen oben auf dem Feuerkogel! Aber auch das Land des Erinnerns ist Elysium. Und nicht begreife ich es, wenn Du sagtest, nichts sei schwerer, als im Leid sich der goldenen Zeit zu erinnern [1].

Ich denk' und denk' und hoff' und hoff'. Servus!

D. T.

[1] S. das berühmte Dante-Zitat aus der „Göttlichen Kömödie".

Aslan an Tonio

Wien, 24. Oktober 1944.

M. g. E.

Deine Briefe werden immer schöner. Und ich verdiene sie gewiß nicht. Du findest es so schön, daß ich dauernd an Dich denke und besorgt bin! Ja, mein Lieber, was kann ich sonst noch tun? Für meine toten Freunde beten und für meine lebenden sorgen. Daß Du unter den lebenden an erster Stelle stehst, ist weiter nicht merkwürdig.

Morgen melde ich mich zum Volkssturm. Nun muß ich wie Du das Schießen lernen. Das wird eine schlechte Rolle von mir werden. Irgendwie ist für mich auch das interimistisch, nicht endgültig, ich möchte fast sagen: unwichtig. Ich werd's halt machen.

Wielange dauert Deine Ausbildung noch? Der Abstellurlaub, glaube ich, ist gewiß. Ich glaube, er dauert 16 Tage, dann erst kommt man (ev.) hinaus. Nun baue ich auf diese 16 Tage. Weiß nicht genau, was geschehen soll, aber etwas soll geschehen! Wann glaubst Du also, wird das sein? Du bist jetzt bald acht Wochen dabei.

Auf das Wunder warten ist keine Sünde. Da hast Du schon ein ganz richtiges Gefühl. Es gibt eine Naturordnung. Aber Gott kann diese Ordnung durchbrechen. Wann, wo, warum, wie oft er das tut, ist seine Sache. Aber er tut es und hat es getan. Das wissen wir. Darum können wir auch darauf warten. Wir können es hoffen, ja, wir dürfen darum bitten. Ist alles keine Sünde. Die vielen Gnaden, die wir täglich erhalten, sind keine Wunder, nur Geschenke. Aber wir pflegen diese Geschenke „wunderbar" zu nennen. Ich warte auch, daß er die Ordnung durchbricht und uns bald von dieser „Ordnung" erlöst.

Daß das, was ev. mit Wien geschieht, Dich aufregt, ist klar. Es regt uns alle auf. Aber da heißt es: am festesten glauben. Dann wird es am ehesten zu ertragen sein, wie es auch ist.

Danke Dir für Deine herrlichen Gedanken und Gefühle. Wie wirst Du doch wunderbar geführt!

Ich umarme Dich mit aller Kraft der Liebe.

D. R.

Tonio an Aslan

Gutenfeld, 24. Oktober 1944.

M. i. g. R.

Als ich gestern abends von Neustadt hier ankam, lag tatsächlich ein Brief von Dir da, wie ich es mir gewünscht habe. Ich lese ihn erst richtig und langsam im Bett.

Der Tag war so ermüdend, ich kann kaum schauen, trotzdem will ich Dir kurz ein paar Zeilen schreiben. In Neustadt mußte ich noch nach der Visite des Stabsarztes die Aborte reinigen.

Ich fuhr mit dem Autobus. Dunkel war's um mich herum, dazu die fremde Sprache, die oft wie russisch klingt. Ich saß ganz still und lächelte vor mich hin, wohl auch, um die finstern Blicke um mich herum heller zu machen, die vielleicht meiner Uniform galten.

In der Kaserne war es still. Die Kompagnie war im Kino. (Montag abends ist immer Kino, zwangshaft. Ich schlief jedesmal ein, so müde war ich immer.) Vorher war ich in einem Restaurant essen. Zum ersten Mal in Gutenfeld. Die Nacht schlief ich schlecht. Dein Brief hat mich so wach gemacht. Ich antworte eingehender darauf, wenn ich weniger müde bin. Die Begrüßung durch die Kameraden war sehr herzlich. Ich hielt „Jour" im Bett. Alle sind mager und müde geworden.

Um $^1/_2$ 6 Uhr war Wecken, um $^1/_2$ 7 Uhr Unterricht. Dann ging's auf den Kasernenhof zur Ausbildung in Maschinengewehr — und Panzerabwehr. Wie schwer mir das alles fällt, ist unbeschreiblich. Und der Kampf gegen den großen Dreck! Wir putzen stunden- und stundenlang sinnlos unsere Stiefel und Uniformen. Um $^1/_2$12 Uhr waren wir wieder in der Stube. Dann schnell essen, putzen und um 1 Uhr wieder antreten zum Dienst. Nachmittag habe ich geschanzt und geschaufelt. Die Hände sind voll Blasen. Jetzt habe ich in der Stube Tee getrunken und etwas gegessen, wasche mich und sinke auf den Strohsack. Ich bin so erschöpft.

Leb' wohl!

D. T.

Aslan an Tonio

Wien, 25. Oktober 1944.

M. g. E.

Nun habe ich doch die Tinte, nach der ich mich solange sehnte, habe sie in meiner Garderobe und kann daher während meiner Luftschutzstunden schreiben.

Heute wurde ich als Volkssturmmann gemustert. Praktisch ein ähnlicher Fall wie Deiner. Ich kann dahin oder dorthin befohlen werden und muß schießen. Ein Unterschied ist allerdings. Wenn mich der Feind erwischt, schießt er mich nieder. Denn für ihn bin ich ein Heckenschütze. Du bist ein Soldat und genießt Achtung. Du kannst in Gefangenschaft kommen, ich nicht. Aber das alles wollen wir abwarten und nicht im vorhinein totreden. Vielleicht kommt alles anders.

Nach Deiner Ausbildung bekommst Du doch zweifellos den üblichen Abstellurlaub. Ich habe für diesen Fall mit 90% Sicherheit ein Mittel, Dich wochenlang im Lazarett festzuhalten. (Verstehst Du?) Das ist eminent wichtig.

Ich habe heute versucht, wieder den Faust zu memorieren. Aus Training. Um nicht rostig zu werden. Der Versuch mißglückte. Hab' alles verschwitzt.

Erni wird vielleicht bis über Weihnachten im Spital bleiben müssen.

Vielleicht bekomme ich doch eine Transport-Möglichkeit fürs Holz von Kirchschlag. Sonst wär's arg kalt in meinem Zimmer.

Hoffentlich bist Du nicht krank (Rippenfell u. s. w.), und hoffentlich kommst Du bald und wirst krank [1]! Um diese beiden Möglichkeiten kreist mein Gehirn.

Aber heute drücke ich Dich noch fest, fest an meine Brust!

D. R.

[1] Durch die Blume ausgedrückt: damit er in ein Wiener Lazarett kommt.

Tonio an Aslan

Gutenfeld, 25. Oktober 1944.

M. i. g. R.

Ganz kurz! Ich kann auf Deine Briefli nicht mehr ausführlich eingehen. Der Dienst wird von Tag zu Tag schwerer, und ich bin schon wieder so elend.

Nur kurz. Die Füllfeder! Ich schreibe hier die ersten Zeilen damit und jubiliere.

Ich habe viele Briefe zu beantworten, kann aber nicht. Von 6 Uhr früh bis abends 9 Uhr ist ununterbrochen zu tun. Wie soll ich das aushalten, ich weiß es nicht. Weißt Du, man wird nicht gefragt, es heißt weiter, weiter.

So elend war mir noch nie. Meine seelische Verfassung ist auf dem Nullpunkt.

Aber darf ich Dir Dein Herz noch mehr beschweren? Du leidest ohnehin schon mehr, als Dir zukommt.

Und Wien, mein Gott, das lastet auch so auf mir. Ob wir uns alle lebend wiedersehn? Wien Kriegsschauplatz: Ach, es ist zu entsetzlich!

Die arme Erni! Dank für ihre Zeilen. Sowie ich schnaufen kann, schreibe ich ihr. Vorläufig grüße sie mir!

Penzoldt hat reizend geschrieben. Er lag im Sterben — Magendurchbruch.

Von überall kriege ich Briefe. Raoul, es ist keine Lüge, wenn ich das sage: Aber es klingt nichts in mir auf. Vergangenes löscht aus! Gegenwart — Zuchthaus — hält über allem große Gewalt.

Jetzt begreife ich, daß es Männer vorziehen, an die Front zu gehen. Auch Selbstmord begreife ich. Ich empfange immer noch Kraft von oben, von oben!

Verzeih mein Gejammer, ich bin so im Dunkel. Licht, Licht, scheine mir bald wieder — oder verlösche ganz!

In Liebe

T.

Aslan an Tonio

Wien, 27. Oktober 1944.

M. g. E.

Da Du bisher 7 Wochen in der Ausbildung warst und davon 2 im Lazarett, also eigentlich nur 5 Wochen in der Ausbildung, hättest Du noch 7 Wochen Dienst, wenn die Ausbildung 12 Wochen dauert. In 7 Wochen hättest Du dann 2 Wochen Urlaub. Also blieben noch 9 Wochen, ehe Du ev. ins Feld kämest. Das sind über 2 Monate, also nicht vor Jänner. Ich rechne auch noch 4 Wochen Lazarett (??) dazu, also dauert es bis Februar! Ist bis dahin der Krieg nicht aus???

Langes, schreckliches Warten! Lange, schreckliche Qual-Wochen waren das, sind das und werden es noch sein!

Meine „Volkssturm"-Tätigkeit hat noch nicht begonnen. Ich kann's leider nicht ernst nehmen, ich glaube einfach nicht daran. Es wird schon was geschehen!

Was will ich denn? Dich will ich. Ganz einfach. Mehr kann ich nicht sagen.

Dein Gyges-Kandaules-Traum ist mir greifbar. Ich und Du gehen über in Traum und Wirklichkeit. Grenzen verwischen sich. Deine Tugend wird meine Tugend, und meine Sünde wird Deine Sünde! Zwei und eins, in einem zwei, keins in einem, zwei in allem, eins in keinem, das ist das bekannte Hexeneinmaleins, die wahre Lebensrechnung und die Lebensmethode, immer wieder fällt mir das Wort des heiligen Augustinus ein: „... bis es ruhet in Dir". Bis die Gleichung aufgeht, bis der Knoten gelöst ist — — —

War eben im Theater. Rendezvous mit Lietzau, der auf einen Tag hier ist. Zuerst machte er mich wieder aufmerksam, daß Briefstichproben gelesen werden. Ich erschrak. Nun, bitte, zerreiße die beiden letzten Briefe! Ich will vorsichtiger sein! Dann sagte er mir was Wichtiges: Die Gauleiter-Rekruten oder Volksgrenadiere wie er und Du bekommen keinen Abstell-Urlaub, wie es früher üblich war. Das gab mir einen mächtigen Schreck. Man könne nur, meinte er, durch den Hauptfeldwebel (die „Mutter der Kompagnie" oder den „Spieß") irgendwie ein paar Tage weg. Und in diesen paar Tagen müsse man tun — was man eben tun will!!!

Bitte, schreibe mir, wie Du darüber denkst! Ich will gleich morgen meine Dispositionen treffen. Ich gebe nicht nach. Sage mir nur, wie Du glaubst, daß es voraussichtlich in den nächsten Wochen bei Dir ausschauen dürfte, wielange nach Deiner Meinung die Ausbildung noch dauert. Und zerreiße gleich diesen und die letzten Briefe! Was ich hier vorbereite, wäre eben etwas, das gleich funktionieren müßte, wenn Du ein paar Tage herkämst. Bin sehr erschrocken, aber nicht schlapp.

Wie's Dr. Goebbels will: Kampf bis zum Sieg..

Stets

D. R.

Tonio an Aslan

Gutenfeld, 28. Oktober 1944.

M. i. g. R.

Bin so glücklich mit meiner neuen Füllfeder. Leider schreibt sie bisher nur Elendsbriefe. Du willst ja, daß ich wahr zu Dir bin, und so wirst Du auch meine „De profundis"-Briefe mit ebenso vieler Liebe empfangen wie meine Liebesbriefe.

Hast Du alle meine Briefe bekommen? Ich habe Dir fast täglich geschrieben, (vor allem aus meiner Lazarett-Zeit) bis auf die letzten zwei Tage, die elend, bös' und anstrengend waren. Keine Erniedrigung bleibt mir erspart. Und mein Körper biegt und windet sich in Schmerzen.

Von früh $^1/_2$ 5 Uhr an ging es gestern los, nachdem wir abends nach dem Dienst noch das ganze Revier, die ganze Kaserne hatten reinigen müssen. In der Früh $^1/_2$ 5 Uhr ging die Reinigung der ganzen Kaserne strafweise nochmals los. Dann mußte ich mit fünf anderen Kameraden ein Geschütz von 20 Zentner 2 $^1/_2$ km weit ziehen. Mein Herz, meine Lunge, alles sticht mich. Am Schießplatz war dann Schulschießen. Ich mußte mich zur Belustigung einiger Unteroffiziere dauernd in nasse Erdlöcher schmeißen. Getroffen habe ich beim Schießen nichts, weil ich vor Tränen und Schmerz nichts mehr sah. Dann auf dem Nachhauseweg mußte ich wieder ein Maschinengewehr schleppen. Immer noch zu dem Gewicht meines Gewehrs, der Gasmaske, des Stahlhelms.

Kannst Du im entferntesten die Gefühle in mir erraten? Du glaubst vielleicht, ich hasse oder wünsche meinen Peinigern alles Schlechte. Nein, Du irrst, diese armen Kreaturen tun mir so leid, und ich bete und bitte: „Lieber Gott, laß mich nicht schwach werden! Vergib ihnen, denn sie wissen nicht, was sie tun!"

Als ich das schwere Geschütz zog, hatte ich die deutliche Impression eines Galeerensträflings. Alles das muß ich jetzt nachholen, was ich in meinem bisherigen Leben bekämpfte. Eine merkwürdige Prüfungszeit.

Du bist das Gute, das Licht, die Sehnsucht in meinem Leben. Wärest Du nicht und meine Mutter und die Rosl, ich würde Gott bitten, mich aus dieser Welt abzuberufen. Auch Kreuzwegstationen müssen ein Ende nehmen.

Du beim Volkssturm! Ich fasse es nicht, schweige, bete, bitte, mehr vermag ich nicht. Wenn Dir was geschieht, gehe ich freiwillig aus diesem Leben. Wenn es auch Sünde ist, es ist dann für mich das Ende, und es gibt nichts mehr für mich! Ein neuer, fester Entschluß!

Die Ausbildungszeit soll 12 Wochen dauern. Das wäre also bis zur ersten Dezemberwoche. Wir hoffen alle auf einen Abstell-Urlaub. Ob wir ihn bekommen, vor allem die Ledigen, weiß ich nicht.

Du hast den Faust memoriert. (Seliges Erinnern an Feuerkogel, Kirchschlag [1].) Ich wäre nicht fähig, ein dreizeiliges Gedicht zu sagen. Alles ist vorläufig in mir erschlagen, jede produktive Handlung. Vollkommen verändert gehe ich meinen schweren Weg.

An die Luise Marie denke ich viel. Parallele Schicksale. Wenn ich an unsere Griechenlandreise denke [2] und jetzt dieses Dasein! Dort an den Quellen der Kultur, das wichtige, das geistige Erlebnis — und jetzt!

An Erni will ich schreiben. Ihre Schrift ist so verwandelt. Sie wird doch nicht sterben!

Bleibe Du mir nur erhalten! Als Fels, an den ich mich klammere, wenn das Wasser mir bis zum Munde steht und ich glaube, ertrinken zu müssen.

Deinen Brief über die 9. Symphonie lese ich morgen Sonntag. Dann will ich Dir auch meine Gedanken über Musik von der Ney schicken.

Es ist 9 Uhr abends, ich hätte Dir noch soviel zu sagen und zu schreiben, aber der Stubenälteste mahnt, wir müssen ins Bett.

Adieu! Komm' wenigstens im Traum zu mir! Gedenke mein, sowie ich immer nur für Dich lebe, für Dich dasein mag.

T.

[1] An diesen wiederholt genannten Ferienorten hatte Tonio Aslan den Mephisto-Part aus dem „Faust" abgehört.
[2] Erinnerung an die gemeinsame Griechenland-Reise.

Aslan an Tonio

Wien, 29. Oktober 1944.

M. g. E.

Selbstverständlich sollst Du nicht alle Briefe beantworten. Es genügt, wenn Du mir einmal in der Woche schreibst. Ich habe eine lebhafte Vorstellung von der Ausbildungsqual. Ich sage nur la la la, aber ich weiß schon, was los ist. Als ob ich's selbst erlebte. Es ist auch ein Unterschied, in welchem Alter man so was mitmacht. Darum denke ich doch Tag und Nacht darüber nach, wie ...! Und ich glaube sogar, es jetzt zu wissen!! —

Meine Lage hat sich auch verschlechtert, dadurch wird sie Deiner ähnlicher. Ich bin nämlich k. v.[1], kann also jeden Moment als Volkssturmmann an die Front. Nun soll ich mich auf Wunsch meines Arztes nachmustern lassen. Wenn die Wehrmacht mich wieder k. v. erklärt, will ich mich freiwillig zur Wehrmacht melden. Das ist besser, als in Gestalt eines Franctireurs hinter einem Baum zu schießen. So muß ich diese Woche Untersuchungen über mich ergehen lassen und die Nachmusterung anstreben. Zugleich muß ich aber gewisse Vorbereitungen treffen für Dich! Außerdem muß ich zwei Rezitations-Abende und ev. solche in Passau und Salzburg vorbereiten. Plötzlich habe ich also viel zu tun.

Alles, was man über Wien als Kriegsschauplatz, über Dauer des Krieges, über Sieg oder Nicht-Sieg sagt, ist nur ungefähres Zeug, Privat-Strategie und Privat-Diplomatie. Man muß nur hoffen, daß man's überlebt, und muß etwas dazu tun. Das eben tue ich für Dich und für mich. Aber ich werde nicht darüber schreiben. (Diese vielen Pst-Plakate sind nicht umsonst!)

Sieh Du nur zu, daß Du, so oder so, doch irgendwann drei bis vier Tage Urlaub bekommst! Und solltest Du wieder nach Neustadt müssen, bitte um Überstellung nach Wien! In beiden Fällen verständige mich rechtzeitig! Ich versuche hier, alles richtig zu machen.

Nun, Frau Zensur, sind Sie mit dem Ton meines Briefes zufrieden?

Ja, Du bist mir auch naaaaah', und ich haaaandle danach.

D. R.

[1] Kriegsverwendbar.

Tonio an Aslan

Gutenfeld, 30. Oktober 1944.

M. i. g. R.

Ich benütze die kurze Mittagspause, um Dir schnell ein paar Zeilen zu schreiben. Abends komme ich nicht dazu.

Daß ich keinen Abstell-Urlaub (laut Lietzau) bekommen soll, traf mich sehr. Ich muß überlegen, wie ich ein paar Tage Urlaub bekommen könnte. Meine Ausbildung ist laut meines Kalenders in der ersten Dezemberwoche beendet. Dank Dir, daß Du überlegst und sinnst, wie Du mir helfen könntest.

Gestern Sonntag durfte ich ausgehen. Um 5 Uhr war ich im Dorf. Nun lerne ich auch dieses Sitzen en masse in einem kleinen Dorfwirtshaus kennen. Trostlos! Dann ging ich wieder in die Kaserne und schrieb ein paar Briefe.

Heute vormittag war der Dienst leichter. Als ich auf „Feindlauer" an einem Waldesrand lag, stand gerade bei meinem Munde eine Herbstzeitlose. Ich wollte sie Dir schicken. Doch sie welkte an meiner Koppel. Ich lauschte, und es war mir, als singe sie mir ein Herbstlied, Deine Melodie, Deinen Rhythmus. Dann fiel mein Blick auf den Wald; dunkelgrüne Tannen und Fichten und zwischendurch das Gold, das Braun und Rot des Herbstes. Alle möglichen Gedanken hatte ich, nur keine militärischen.

Ob es sich rächt, daß ich auch in meiner Knabenzeit nie Soldat gespielt habe? Die Spiele dieser Jahre waren so ganz andere. Dieses Freude-Haben am Nur-Mann-Sein liegt meiner ganzen Natur fern.

Ja, Raoul, wann werd' ich Dich wiedersehn? Wann werden die qualvollen Ausbildungswochen- und Monate vorüber sein? Werd' ich dann von Dir gerissen werden, um vielleicht irgendwo auf einer fremden Erde meine Augen zu schließen? Ich spielte heute bei der Herbstzeitlose auch mit der Überlegung, mit Dir in einem Grabe zu liegen. Wär' das nicht schön? Aber Du willst ja in einer Kirche begraben werden.

Mein Gott, schon pfeift es! Ich muß mich anschirren! Es geht wieder ans schwere Geschütz.

Adieu! Immer bist Du bei mir, mehr denn je denke ich an Dich.

T.

Aslan an Tonio

Wien, 31. Oktober 1944.

M. g. E.

Ich war wieder bei Oberst Kern. Bitte, sage mir, wenn Du ins Lazarett kommen solltest wegen Deiner Schmerzen, ob es Lazarett ist oder Krankenstube! Im ersteren Fall könnte man was tun!! Wegen Übersiedlung! Du spricht immer von Brustfell! Weißt Du, daß Brustfell gefährlicher ist als Rippenfell? Ich wußte es auch nicht. Der Oberst hat mich belehrt. Aber auch sonst wird trotz des nicht bewilligten Gesuches etwas versucht. Die Menschen sind ja gut. Ich hab's immer gesagt. Das Böse macht sich nur bemerkbarer, ist prominenter! Das Gute ist halt bescheiden und versteckt. Aber ich glaube, es gibt mehr Gutes als Böses.

Sehr gerührt hat mich die Nachricht, daß Du weiße Haare bei Dir entdeckst. Finde es bei Dir reizvoll, und irgendwie freut es mich. Ist das boshaft? Nein. Aber je älter Du wirst, umso näher kommst Du mir.

Von mir wäre zu sagen, daß ich jetzt damit zu tun habe, meine Lage zu ordnen. Denn als K. v.-Mann und Volkssturm-Mann kann ich, so komisch es klingt, vor Dir an der Front sein.

Herzlichst wie immer und trotz allem

D. R.

Tonio an Aslan

Gutenfeld, 31. Oktober 1944.

M. i. g. R.

Die Tage sind schrecklich, und von Tag zu Tag wird alles schlimmer. Die Vorstellung in der Phantasie ist nichts, gemessen an der Realität. Heute war ich wieder Pferd am Geschütz bei strömendem Regen.

Oft denke ich, die Ausbildner wollen sich rächen, weil sie keine Vorstellung von meinem früheren Leben haben und glauben, ein Schauspieler sei ein Nichtstuer. Oder ist das Niveau so tief? Alles baut sich auf Haß auf, auf Ungeduld, auf Geschrei und Einschüchterung. Ich kann halt keine Maschinen zerlegen, das wollen sie mir nicht glauben. Auch behält mein Gehirn nichts von all den Schrauben, Hebeln und Bolzen. So geht es den ganzen Tag. Es ist eher eine Behandlung für Zuchthäusler.

Ich weiß, daß ich das alles nicht schreiben dürfte, und vielleicht liest die Zensur diesen Brief und sperrt mich ein. Man wird so weit gebracht, daß einem alles gleichgültig wird. Sie glauben immer noch — und das wird einem hundertmal am Tag gesagt: „Das ist alles nichts. Wartet nur, bis ihr draußen seid!"

Alles ist verboten, hinter allem lauern Strafen. Sinnlose ewige Schmutz- und Dreckputzereien. Verzeih, daß ich Dir alles immer wieder schreibe! Aber mein Sein kreist jetzt um dieses enge Geschehen, und daran muß ich zugrunde gehen, weil es mich aushöhlt. Ich wundere mich, daß ich nicht plötzlich irrsinnig werde.

Es ist, als ob ich in eine andere Hülle geschlüpft wäre. Und doch sieht meine Seele, mein Geist, gleichsam daneben stehend und leidend, dieses arme, unglückliche Menschenkind. Ich habe nie geahnt, daß man als Mensch ewig auf nassem, schmutzigem, lehmigem Erdboden kriechen soll und muß. Die Hauptzeit meines Daseins verbringe ich kriechend. Das Hinab-gestoßen-Werden zur willenlosen Kreatur ist wohl eine der fürchterlichsten Strafen, die mich treffen konnte. Ich habe eine Vorahnung von der Hölle. Und nie mehr eine Minute allein sein können, geschmiedet mit andern fremden Kreaturen an die Galeere!

Und jetzt noch das Denken an Wien, das Zittern um meine geliebtesten Menschen. Ich wollte, ich wüßte Euch alle wenigstens in Ruhe. Und wenn ich denke, auch Du sollst herangezogen werden, vielleicht sogar im Kampf eingesetzt werden — grotesk!

Daß die neunte Symphonie Dir nicht diesen Eindruck gemacht hat, kann vielleicht auch an der Interpretation gelegen haben. Der Brief von 1907 [1] ist interessant — und doch ein klein bißchen snobistisch, und doch wieder ehrlich, weil Du Dir so treu geblieben bist. Aber mit Musik ist das so eine eigene Sache. Ich, der ich gar keinen Musikverstand habe, fühle das Werk (nicht nur durch Ergriffenheit), aber so vieles wird dabei lebendig in mir: Gutes, Edles; und alle Minderwertigkeiten werden verabschiedet, jeder Platz wird ihnen genommen. Es ist dann nur Raum in mir zum Guten, Schönen. Alles das ist geheimnisvoll, und ich kann es auch nicht beschreiben. Aber ich liebe die große Musik. Die Seele füllt sich mit den edelsten Gaben, und die Kraft, die Ruhe, die Innigkeit, Gemütstiefe, innere Wahrhaftigkeit der großen Meister spüre ich, weil ich natürlich auch die Erlebniskraft habe, das zu fühlen. Auch das ist Gnade, diese Begnadeten zu lieben. Denn an ihnen wächst ja auch meine Kraft. Die Ney z. B. hat mir dieses große Erlebnis immer gegeben, und ich glaube, wenn sie spielt, geht ein Strahlen und Leuchten von mir aus, weil ich dann transparent bin, fast wie ein Medium.

Interessant wäre es, ob dieser Vorgang bei mir auch da wäre wie bei Künstlern, die in der Interpretation Irrtümer begehen. Aber ich fühle es ja auch in der Malerei, der Bildhauerei — und nicht zuletzt in unserer Kunst, der Schauspielkunst, wie da dieser Vorgang in mir ausgelöst wird. Ich glaube sogar, es findet dann ein Übersteigen des subjektiven Erlebnisses statt (obwohl das auch ganz stark da ist) zum objektiven, intuitiven Erkennen.

Ja, sogar mein eigenes reales Erleben wächst über das subjektive hinaus und erweitert sich zur großen menschlichen Ethik. Verstehst Du das?

Ach, Du, es ist $^1/_2$ 9 Uhr, ich sinke ins Elend zurück, und Du bist so weit weg. Aber die Schönheit aller meiner Kunst — und aller meiner menschlichen Erlebnisse bleibst Du!

Adieu! Gedenke mein!

D. T.

[1] Den Aslan ihm geschickt hatte (s. Aslans Brief vom 22. Oktober 1944).

Aslan an Tonio

Wien, 1. November 1944.

M. g. E.

Natürlich mußt Du alles sagen. Das wäre eine sehr „gsölschaftliche" Beziehung und Freundschaft, wollte man sich nur Angenehmes schreiben und sagen. Die Freundschaft wie die Liebe will die ganze Not, weil sie auch die ganze Freude ist. Die ganze Not: Not des Herzens, Not der Nerven, Not der Wirtschaft, Not des Berufs. Sie hat doch auch die Freuden des Herzens, Freuden der Nerven, Freuden der Wirtschaft, Freuden des Berufs. Und Deine jetzige Not ist groß. Ich weiß, wie diese Institution in der Abrichtungszeit jeden Willen bricht, um das Instrument besser zu gebrauchen. Die geistlichen Orden machen's auch. Aber es ist doch ein Unterschied, mit welcher Zielsetzung man den Willen bricht. Ruhe — Vorsicht — pst — pst! Wenn Du nur körperlich durchstehst! Seelisch wird es Dir nützen und hat Dir schon genützt. Das ersehe ich klar aus Deinen Briefen. Nur körperlich fürchte ich die Strapazen und irgend einen Klaps.

Ich will nichts versprechen, aber wenn ich eine Einreise ins Protektorat erhalte, komme ich mit oder ohne Rosl auf einen Tag dorthin. Ein Stündchen werde ich Dich doch sehen.

Von mir reden wir nicht. Bei meinem oberflächlichem Wesen, die Dinge dieser Zeit zu sehen, habe ich in dem Brief vom Ministerium die Stelle übersehen, daß ich vom „Wehrmachts- und Arbeits-Einsatz freigestellt" bin. Hermann Thimig hat mich erst aufmerksam gemacht. Das ändert die Sache, und, wenn es dabei bleibt, kann ich mir's doch irgendwie richten. Nein, nein, um mich und von mir nix reden! Hier heißt es nur: Du. Dahin gehen die Gedanken. Es gibt nur zwei Sachen: überleben und gesund bleiben. Alles andere ist Nebensache.

Deine Briefe alle erhalten. Herrlich. Brauche später wenige Bücher. Lese die Briefe. Genug.

Immer wieder

D. R.

Tonio an Aslan

Gutenfeld, 1. November 1944.

M. i. g. R.

Ein Allerheiligen, wie ich es noch nie erlebt habe. Mit der Flinte auf dem Rücken marschierte ich um 6 Uhr früh zum Scharf-Handgranaten-Werfen. Durch graue Schleier und viel Nässe erlebte ich dann, auf Wache stehend in einem Dorf, Allerheiligen und Allerseelen. Das sind glückliche Viertel- und halbe Stunden. Ich bin allein, und, wenn ich auch aufzupassen habe, kann ich doch meiner

Innenschau nachhängen. Meine Toten zogen an mir vorbei: Heini, mein Bruder, mein guter, guter Vater, Franzl, der jahrelange lustig-melancholische Freund, und nicht zuletzt Dein langjähriger Begleiter Zeljko. Es hat mir immer leid getan, daß es zwischen uns zu keiner Verständigung kam. Ich wäre bereit gewesen, meine Hand und mein Herz zu einer Verbindung zu reichen. Er nahm seine Versöhnungslosigkeit mit hinüber. Ich hoffe, in der großen Allmacht, in der allgemeinen Güte, in der Liebe drüben wird er zur Einsicht gekommen sein und vielleicht jetzt Verbindung zu mir finden. Ich habe hier auf dieser Welt sein Leben in eine andere Bahn gebracht, ganz unbewußt und ohne jeden Willen, das ist wahr, so wahr mir Gott helfe. Ich denke nur in Liebe an ihn und forsche in meinem Innern, ob ich anders hätte handeln können, um ihm viel Unglück zu ersparen, und komme zu der klaren Einsicht: Nein, mein Handeln, es war kein Handeln, ich mußte das leben, was mir Schicksal war und ist. So war ich auch für ihn Schicksal, leider tragisches Schicksal. Ich wollte, es wäre anders gewesen.

Auf die Gräber stellt man weiße Blumen und Kerzen. Auch ich stellte heute in Gedanken auf die Gräber meiner Toten Blumen und Kerzen, und so hatte ich auch eine kleine Feierstunde.

Für heute dies. Ich habe auch viel Arbeit. Und ich bin so — müde! Ich möchte die Augen schließen neben Dir, nicht reden, nur träumen, träumen! O Herrgott, hab' ein Erbarmen! Hilf, hilf uns allen!

Dein T.

Aslan an Tonio

Wien, 2. November 1944.

M. g. E.

Feindlauer am Waldesrand, welkende Herbstzeitlose! Du wirst daran zurückdenken in vielen, vielen Jahren, und es wird Dir ganz fern, ganz unbeschwert, ganz unwichtig, ganz traumhaft erscheinen, was jetzt blutig, entsetzlich wirklich, quälend und voller Bangigkeit ist für Dich und mich.

Was von beiden ist nun das Wahre? Beides. Und das ist das Rätselhafteste im Rätsel Mensch. Etwas ist nur wahr, wenn es da ist. Sowie es uns körperlich verläßt, Vergangenheit wird, ist es nur eine Empfindungs-Wahrheit, eine traumhafte Gewißheit, angenehm oder unangenehm, aber entrückt.

Etwas muß doch aber immer wahr an sich sein. Und das ist also doch nur Gott. Denn selbst Kunst und Liebe könnten in den Zustand von Vergangenheit übergehen, Traum werden, Gott nicht. Wem Er ist, dem ist Er. Denn Er ist, der Er ist. Er ist das Sein schlechthin. Alles andere ist Abbild des Seins.

Am 5. soll ich einen Homer-Abend in Salzburg machen im großen Saal des Mozarteums. Um diese Zeit wird Deine Ausbildung zu Ende sein. Ob Du dann wohl herkommst? Wenn Du nicht wieder ein bis zwei Wochen ins Lazarett mußt! Der Fall, daß Du ins Feld abgestellt wirst, ist für mich heute noch nicht faßbar, wie mir überhaupt diese ganze Episode Militär noch nicht ganz klar ist. Was will Gott damit? Sicher was Gutes! Aber fassen kann ich's noch nicht. Sind wir doch am Ende eines Abschnitts? So ähnlich wie etwa Untergang der Antike? Kommt ein neuer Gestalter? Ich sage nicht: Ich bin dafür zu alt. Ich sage auch nicht: Es muß so sein, wie es mir paßt. Ich sage nur: Ich will es erleben, sehen, mitmachen. Mit Dir. Ich brauche ja noch Zeit, um besser zu werden. Bin ja mit mir nicht zufrieden. Wohl aber mit Dir.

Für mich werden die meisten Menschen in dem Maße erst interessant, als sie für diejenigen was tun, die mir nahe stehen. Das ist die indirekte Beziehung von Mensch zu Mensch. (Es gibt natürlich Ausnahmen.) Wie komisch! Ich philosophiere, und Du liegst auf der Feindlauer am Waldesrand. Ach! Ich seufze schwer.

Kuß, Kuß!
D. R.

Tonio an Aslan

Gutenfeld, 3. November 1944.

M. i. g. R.

Es ist 8 Uhr abends. Endlich bin ich so weit seit 6 Uhr früh, daß ich mich ruhig hinsetzen kann. Das ist dann immer der Moment, wo ich an Dich schreibe.

Heute war Gewehr- und Maschinengewehr-Schießen. Ich habe keine Bedingung erfüllt. Sonntag muß ich wahrscheinlich strafweise nachholschießen. Es ist mir unmöglich zu treffen, ja, ein Gewehr überhaupt richtig zu halten, die Bestandteile zu wissen, es auseinanderzunehmen und wieder zusammenzusetzen; noch weniger kann ich das beim Maschinengewehr. Es ist katastrophal, wie mir das nicht ins Gehirn will, die Hände weigern sich. Ich glaube, es ist ein Sonderfall.

Sicher halten sie mich alle für einen Vollidioten. Das macht mir aber nichts. Mein ganzes Wesen weigert sich, ohne das ich es bewußt will, eben mit seinem ganzen Sein, gegen den Militarismus. Ich könnte Dir das bis ins letzte Detail ausführen. Es ist einfach grotesk.

In wenigen Stunden haben wir einen 30-Kilometer-Nachtmarsch zu machen. So stehe ich von 6 Uhr früh bis wieder 8 Uhr früh in der Nässe, im Regen. Mein Körper krümmt sich bereits unter quälendsten Rückenschmerzen. Ich weiß nicht, ist es die Lunge, sind es die Nieren, oder will das Herz nicht. Durch die ewig feuchten, immer selben Kleider machen sich die Knie rheumatisch bemerkbar. Ich finde mich nicht mehr zurecht. Ich taumle von Müdigkeit zu Müdigkeit.

Dein Cakes-Packerl kam gestern an. Jedes Packerl schneiden sie an einer Ecke auf. Ich weiß nicht, welche Post das macht. Jedenfalls ist das Diebstahl. Sie suchen sicher Rauchware.

Eine große Beruhigung ist mir Deine Freistellung von Wehrmacht und Arbeitseinsatz. Das ist gut und herrlich und gibt mir Freude, einen Lichtblick im Elend. Ich habe gezittert und gebebt, habe gebetet: „Vater im Himmel, bewahre mir den!!" Ja, jetzt will ich wieder vieles ertragen.

Vielleicht melde ich mich Montag zum Arzt. Ja, überleben und gesund bleiben, das ist das Wichtigste, alles andere ist wirklich Nebensache! Ich weiß schon, wie alles mit einem geschieht. Und ich versuche manchmal Gott, das ist eine große Sünde. Ich werde Dir mündlich das alles einmal erklären. Aber durch dieses Versuchen komme ich zu vieler Erkenntnis. Durch die Sünde kam ich merkwürdigerweise immer zur Erkenntnis, und über die Erkenntnis komme ich zu Gott. Also durch den Fall zur Erhebung.

Aber wenn ich ins Feld soll (ich kann nicht schießen), soll es dann meine Bestimmung sein, durch irgendeine Kugel meine Seele auf irgendeinem fremden Fleck der Erde sinnlos auszuhauchen? Noch fehlt mir hierzu die Erkenntnis.

Dank für alles, Lieber, Dank und Liebe!

D. T.

Aslan an Tonio

Wien, 4. November 1944.

M. g. E.

Natürlich bin ich überglücklich, wenn Du oft schreibst. Aber es ist nicht so wichtig, daß ich überglücklich bin, als es notwendig ist, daß

Du jede freie Minute benützest, Dich auszuruhen, Dich abzuspannen, ja, womöglich zu schlafen. Was Du von der Ausbildung andeutest, genügt. Ich möchte nur wissen: Ist das für alle so, oder ist es ein persönliches Schicksal, daß sie gerade Dich so hart anfassen? Das wäre durchaus denkbar, daß sie sich an denen austoben, die am empfindlichsten reagieren. Ich sage nur. Es tut mir aufrichtig leid, daß ich nicht dabei sein kann. Ich möchte diese Ausbildung mitmachen. Ich wäre tief dankbar, wenn ich das alles mit-tragen könnte. Es wäre leichter und anders. Warum darf ich nicht? Warum sollst Du allein gequält werden? Ich bin darauf neidisch, so komisch das klingt.

Wir sind hier durch die häufigen Alarme sehr behindert. Man kommt zu nichts, weil man schlecht disponieren kann. Es ist auch viel geschehen, Gott sei Dank, den Deinen und uns bisher noch nichts.

Gestern war Dr. Kornfeld bei mir, Spezialist für Altes Testament. Sehr tiefes, schönes instruktives Gespräch. Am 8. lese ich Dante bei der Gräfin Thurn u. s. w. Ich will nur sagen: Immer wieder die Parallelität: Bomben und Konzerte, Grauen und Erhebung, Lachen und Weinen, Tod und Geburt, Hochzeit und Begräbnis! Wie das alles nebeneinander dahertrottet oder dahinjagt!

Wenn ich mein Zimmer ordne und alles zurecht lege, denke ich mir immer: Wird das morgen auch noch so sein?

Brauchst Du Zigaretten zum Bestechen? Das ist eine Idee. Ich werde sofort auf die Suche gehen.

Innigst und zutiefst

D. R.

Tonio an Aslan

Gutenfeld, 4. November 1944.

M. i. g. R.

Zum 16. Oktober schrieb ich zwei Briefe, einen an Dich und einen an Deine Mama. Ich schrieb ihr so recht von Herzen und aus ganzer Seele und bat sie, die Verbündete unseres Herzensgeheimnisses zu sein. Ich feierte sie als Deine Mutter zu diesem 16. Oktober. Du ahnst kaum, wie ich mich freuen würde, Dich zu sehen, aber hier und unter diesen Umständen? Werktags komme ich nie aus dem Haus. Sie beschäftigen uns bis zur letzten Minute. Sonntags bin ich in diesen acht Wochen erst einmal ausgegangen.

Heute z. B. begann mein Tag um 2 Uhr früh. Aufstehen, anziehen und in ein paar Minuten auf dem Kasernenhof stehen, dann los zum

Nachtmarsch, der bis 9 Uhr vormittags dauerte. Es war ein bewegter Morgenhimmel. Ich sah nach dem Polarstern zur Orientierung und sah lange zum Mond auf, der immerfort „in seiner Scheibe wechselte" [1]. Getrieben von Wolken und Nebeln, raste er am Himmelszelt entlang, hinter sich die Sterne nachziehend. Die Farben waren dramatisch wundervoll, ganz El Greco. Irgendwie sind diese Märsche sonderbar, weil ich tief in meine Welt steigen kann. So erlebte ich viele Stationen meines Daseins wieder neu. Auch sah der Mond manchmal wie eine Riesenhostie aus! Es war ziemlich hell. So sah ich auch die Landschaft, die Dörfer. Alles seh' und denke ich, nur nicht Barras [2].

Um $^1/_2$ 10 Uhr hatten wir unser Frühstück. Ja, das wollte ich noch sagen: Nie sah ich den Morgenstern so aufsteigen wie heute. Ich sah und sah immer wieder hin zu ihm. Alles Heil kommt aus dem Osten. (Du kamst mir auch aus dem Osten zu meinem Heil [3].)

Dann badeten wir ein paar Minuten unter Brausen. Dann Wäschewechsel, Essen, Putz- und Flickstunde. (Alle 22 Männer sitzen dann und stopfen ihre Sachen.) Dann Waffenreinigen, anschließend Waffen-Appell, wobei sie immer etwas auszusetzen haben. Dann Revierreinigen. Ich war zum Stiegenwaschen eingeteilt. Das erzähle ich Dir alles einmal mündlich. Dann Abendgesangsstunde [4], Appell, Essen — und jetzt ist es 9 Uhr — frei!!

So rast und jagt eine Sache die andere. Man muß durch, ich weiß es, aber wie?!

Gestern waren sie wieder in Wien. Vor zwei Tagen auch. Ich zittere — ich zittere! Ach, lieber, lieber Herrgott, laß nicht zu viel Übel über unser Wien kommen!

Seit dem 31. August bin ich Tag und Nacht mit vielen fremden Männern zusammen. Jetzt weiß ich auch das: Ich bin ein matriarchalischer Mann. Bin gegen die Männerherrschaft. Lebte eigentlich immer nur mit Frauen.

     Kuß, Kuß!

        T.

---

[1] Zitat aus „Romeo und Julia".
[2] Barras: Soldatenausdruck für Militär.
[3] Anspielung auf Aslans armenischen Vater.
[4] Bekanntlich mußten überall die nationalsozialistischen Lieder gelernt und gesungen werden.

Aslan an Tonio

Wien, 6. November 1944.

M. g. E.

Dein Allerseelen-Brief ist da und schneidet mir tief ins Herz. Warum sagst Du nicht: „Ich kann nicht. Es tut mir leid", und gehst ins Bett. Der Laie sagt sich: Was ist, wenn man wirklich nicht kann? Warum kann man sich nicht krank melden? Gewiß ist das nicht so einfach. Sonst tätest Du es ja. Aber man kann halt vor Besorgtheit nicht mehr geordnet denken, alles geht durcheinander. Granaten, Nässe, Brustfell, Tote, Gräber, Bomben, Krieg, Einsamkeit und so und soviel groteske Gegenkräfte, Träume, Wünsche, Sehnsüchte — alles durcheinander.

Auch der gestrige starke Angriff ging für uns gut vorüber. Alle diese Aufregungen habe ich früher zum Teil durch Zigaretten abreagiert. Nun muß ich ein neues Geleise, oder besser gesagt, ein neues Strombett graben für den Fluß (Abfluß) des angstvoll hinströmenden Lebens. Es wird sich schon bilden. Aus Gestrüpp und Steinen, durch Fels und Klippen hindurch sucht und erzwingt er sich seinen Lauf, dieser wilde Lebensfluß — ins Meer — ins Meer hinaus, in die Ruhe! Wie viele Nebenströme haben ins eigene Bett gemündet, wieviel Schmutz und Sand und Geröll treibt der Strom mit sich, wie oft hat er seinen Lauf geändert! Die Ohnmacht, mit der man allem gegenübersteht, das ist das Erschütterndste. Daß ich hier sitze und nicht einfach hingehen kann, Dich nehmen kann und fortgehen kann, wohin ich will, das macht mich steif. Ich kann's nicht fassen, bin zu primär. Und so fasse ich es eben auch nicht, daß Du nicht hier im Lazarett liegst und von mir gepflegt werden kannst. Jetzt merk' ich auch, daß meine Schrift heute etwas pathologische Züge aufweist.

Tausendmal

D. R.

Tonio an Aslan

Gutenfeld, 7. November 1944.

M. i. g. R.

Heute sind wir neu eingeteilt worden. Rudolph ist getrennt von mir. Ich komme in eine andere Stube, in einen anderen Zug, zu anderen Leuten. Das ist wieder zu allem Schweren ein neues Leid.

Ich bin in die Gruppe „Panzerknacker" eingeteilt! Einfach grotesk. Die Wochen und Tage der Ausbildung werden jetzt noch schwerer für mich.

Ach Gott, und seit drei Tagen höre ich im Wehrmachtsbericht von großen Bombardements auf Wien. Ich bin voll Sorge und kann es nicht fassen, daß mein geliebtes, schönes Wien auch nur mehr ein Trümmerhaufen werden soll. Und ob Euch allen nichts geschehen ist? Und ob Ihr noch Euer Eigentum habt? Wielange soll das noch so weitergehen, bis „unsere Feinde endlich bezwungen sein werden"? Mein Gott, mein R., was haben wir noch zu leiden, was wird mit uns geschehen? Welche Bestimmung ist für uns vorgesehen? Es ist ein dauerndes Sorgen und Sehnen. Und in all dem Elend muß man allein sein. So wartet man immer auf das Wunder.

Die Tage, die Wochen jagen. In vier Wochen längstens ist die Ausbildung zu Ende. Dann soll ich an die Front. Ich kann diese Tatsache einfach real wirklich nicht denken.

Sehr wichtig und schön, was Du über das Wahre und Wirkliche sagst. So fühle ich es auch. Und doch ist dieses Erleben jetzt so hart und grausam, daß der Tod mir willkommen wäre, wenn nicht die Liebe zu einem Menschen, die Liebe zu meiner Mutter und ein paar anderen nahestehenden Menschen in mir wäre. Ja, ja, alles wankt und schwankt, nur Gott bleibt, weil Er ist. Und doch und doch möchte ich Ihn mit Gebeten und Bitten zu einem Entscheid drängen. So größenwahnsinnig bin ich zu glauben, Er könne darauf überhaupt hören. So ist man plötzlich ärmste Kreatur, obwohl man Gotteskindschaft in sich trägt.

Ein Ruhepunkt für mich ist immer wieder, daß Du weiterhin Menschen beglücken kannst mit Dante, Homer, mit Deinem Wirken. Gott sei Dank, gibt es das in all diesem Chaos: Dich. Das ist meine einzige Trost-Insel, an die ich mich wie ein Ertrinkender anklammere.

Es sind jetzt Momente in meinem Dasein, wo ich immer stiller und stiller werde, so still war ich sonst nicht. Aller Jammer und alles Leid spiegelt sich offenbar auf meinem Gesicht. Rudolph, der heute aus dem Revier kam, sagte, ich sei sehr schmal geworden und sehr verändert. Wenn das hier alles die Vorbereitung auf den Tod sein soll, dann fasse ich eigentlich nicht mehr Gottes Willen. Das Rätsel bleibt. Ich löse es nicht. Aber wenn ich gehen soll, kommst Du mir dann bald nach? Es kann nicht sein, daß Du mich drüben warten läßt, Du hast mich doch auch hier nie warten lassen. Und Pünktlichkeit ist eine Deiner schönsten Tugenden. Liebster, geliebtester Mensch! Das Lächeln ist von meinem Mund gekommen, die Augen liegen in tiefem Schatten, denn meine Seele kann nicht mehr hinaus über all dies Leid.

Du siehst, ich bleibe mir selbst treu, ich mache Dich mehr weinen als lachen. Ich sehe, wie traurig auch Du jetzt bist.

Lebe wohl! Ich umarme Dich in alle Ewigkeit.

D. T.

Aslan an Tonio

Wien, 10. November 1944.

M. g. E.

Du kannst mit Gewehr und Maschine nicht fertig werden, gerade so wie ich mit Mathematik, Algebra, Logarithmen, Geometrie, Trigonometrie nicht fertig wurde. Acht Jahre habe ich darüber gesessen und nichts davon gelernt. Ebensowenig wie von Physik, Chemie, Botanik, Zoologie. Es wundert mich also gar nicht. Sowas gibt's. Und wenn Du später das Buch gelesen haben wirst, das ich jetzt lese, „Der Mensch, das unbekannte Wesen" von Alexis Carrel, wird Dir alles noch klarer. Eines bleibt doch sicher: Wenn wir auch nichts gelernt haben, etwas haben wir doch profitiert: Du vom Militär, ich von der Mathematik. Was das ist, wirst Du auch später erkennen, sowie ich die acht Jahre heute erkenne, die ich damals verfluchte. Freilich dürfen diese Erkenntnisse einen nicht schädigen oder umbringen. Darum sage ich immer wieder: gesund heraussteigen, dann soll alles verziehen und vergessen sein. Momentan ist es gräßlich, aber ich vertraue!

Wie war's mit Deiner Krankheit? Was sagt der Arzt? Kannst Du Dich wenigstens ein paar Tage pflegen und ruhen? Und wie wird's mit dem Abstellurlaub und vor allem: wann?

Daß Du ins Feld sollst und Deine Seele durch eine Kugel aushauchen sollst, das sehe ich nicht, das glaube ich nicht. Ich glaube eher, es wird was geschehen. Ich weiß nicht was, aber es wird was geschehen!

Gut, daß Du auf die Zensur achtest. Ich auch. Es sieht hier Verschiedenes bös' aus. Trotzdem, bitte, denke an nichts, und ich kann und will nicht reden. Es hat keinen Sinn. Beten und richtig klug handeln, aufpassen, abwarten und konzentriert sein! Sonst nichts. Ich arbeite täglich im Kleinen da und dort, damit etwas gelinge. Nur Ruhe! Es ist schwer, sehr schwer. Für Dich unglaublich schwer. Aber es wird gehen!

Alle grüßen Dich — und ich — na — Du weißt es ja.

D. R.

Tonio an Aslan

Gutenfeld, 12. November 1944.

Du, mein i. g. R.

Ja, das gibt mir immer wieder auch Kraft und Vertrauen, daß Du soviel Vertrauen hast, daß alles noch gut wird. Ich schreibe in Eile, in einer Ecke sitzend. Nie bin ich allein, die Stube ist so voll, auf meinen Knien schreibe ich diese Zeilen.

Penzoldt schreibt plötzlich, weil er mich im Leid weiß, die Ney schrieb mütterlich rührend. Nein, wirklich, an Liebe und Teilnahme fehlt es mir von keiner Seite.

Ja, Du, die Angriffe auf Wien machen mein Herz stille stehen. Muß das alles sein? Wenn nur Euch, meinen geliebten Menschen, nichts geschieht! Die Sorge frißt sich zu allem andern Leid tief in mein Herz und meine Seele.

Noch vier Wochen Ausbildung. Ob es einen Abstellurlaub gibt? Die Kameraden glauben alle: ja. Aber die Zeit bringt jeden Tag andere Entscheidungen. Jedenfalls sind die Kampfgrenzen enger und enger.

Was sagst Du zu Metz [1]? Bald wird es mit Wien auch so sein. Könnt Ihr Euch denn in Sicherheit halten?

Morgen kommt der General. Große Aufregung und Vorbereitung.

Es ist über Nacht Winter geworden. Es ist eisig kalt und viel Schnee. Die Füße sind naß, kalt und geschwollen, der Dienst schwer und oft trostlos.

Heute war auch der Stabsarzt da. Er hat mich für dienstfähig erklärt. Beim Barras gibt es eben kein Kranksein.

Aber auch dies wird vorbei gehen, und Du sagst ja, es wird alles gut. Und Du glaubst sogar, daß ich einmal an diese Zeit, die mir Erkenntnis brachte, wie an einen Traum zurückdenken werde.

Jetzt müssen noch die Waffen nachgereinigt werden, dann geht's aufs Strohsackl. Mit Gedanken an die Heimat schließe ich dann meine müden Augen.

Adieu! Immer

D. T.

[1] Schwerer Angriff auf Metz.

Aslan an Tonio

Wien, 12. November 1944.

M. g. E.

Ich muß Dich etwas enttäuschen. Bin zwar von Wehrmacht und Rüstung freigestellt durch Propaganda-Ministerium, aber nicht vom Volkssturm. Heute wurde ich vereidigt! Und ob der Amtsarzt des Volkssturmes, bei dem ich untersucht zu werden verlangte, mich befreit, ist höchst unwahrscheinlich. Wie sie mich nun einsetzen werden, ist Glückssache. Ob mit Waffe zur Verteidigung in- oder außerhalb der Stadt, oder ob ohne Waffe zum Schanzen. Das eine wie das andere ist — ungewohnt! Aber von allem frei, das sind nur die Lahmen und Blinden. Vorläufig ist noch keine Übung gewesen, und für jeden freien Tag bin ich dankbar.

Nun zu Dir. Was ist's mit Deiner Widerstandskraft? Geht's? Oder bist Du im Lazarett? Wann ist die Ausbildung zu Ende? Wann ist Abstellurlaub?

Am 5. habe ich Vortragsabend in Salzburg.

Meinrad und Gottschlich [1] müssen schwer arbeiten am Westwall! Es muß dort furchtbar zugehen.

Heute habe ich Dir bloß einige Nachrichten gegeben! Von meinen inneren Vorgängen habe ich diesmal geschwiegen.

Wenn ich die Augen schließe, fühle ich Deinen Kopf an meiner Brust. Das Herz schlägt. Langsam rinnen die Tränen.

D. R.

[1] Heute beide Burgschauspieler.

Tonio an Aslan

Gutenfeld, 15. November 1944.

M. i. g. R.

Du hast selbst soviele Sorgen, und immer komme ich wieder mit meinen Klagen.

Also doch Volkssturm, Raoul, das macht mir alles soviel Sorge! Ich habe schwere Träume, obwohl ich bei Dir fast 100%-ig fühle, es geht gut. Du stehst unter besonderem göttlichen Schutz. Alle Deine Engel umflattern Dich. Still, still, wie Du immer sagst!

Und Wien steht in Flammen! Und viel ist in der nächsten Nähe meiner Wohnung geschehen. Ob mein kleines, schönes Heim bleiben wird?

Du fragst nach meiner Widerstandskraft. Was soll ich dazu sagen? Es geht unter Qualen weiter. Beim Barras ist alles ein Muß. Ein Kamerad starb an einer Lungenentzündung. Der erste. Ins Lazarett komme ich gewiß nicht. Der Arzt findet mich gesund. Ich fürchte, wir werden hier früher frontreif gemacht, als wir alle dachten. Ich kann mir mit bestem Willen meinen Fronteinsatz nicht vorstellen. Ich kann nichts als Soldat. Nur frieren tu' ich. Und die letzten Tage stand und lag ich stundenlang im Schnee und Grundwasser mit schlechten Stiefeln. Aus Schüttelfrost komm' ich überhaupt nicht mehr heraus. Vom Abstellurlaub höre ich Verschiedenes. Die Grundausbildung, wenn sie zwölf Wochen dauert, wäre so am 5. Dezember, an Deinem Vortragsabend in Salzburg, aus. In welche Höllen werde ich noch untertauchen müssen?

Was mag mit uns allen letzten Endes geschehen? Wir haben es beide diesen Sommer geahnt, daß jetzt die schwersten Monate unseres Daseins kommen würden. Der letzte Sommer glänzt über diese Leidenszeit wie eine goldene, wärmende Sonne. Verstoßen in Nacht und Schatten, aus dem Hellen ins Dunkle. Doch lebt in mir eine Ahnung, daß dieser Weg der Qual doch noch einmal in Licht und Erhebung führen wird. So wie ich von Dir verbannt bin und Du mir Licht, Schönheit, Welt, Leben bedeutest, so warte ich auf das Wunder der Verwandlung — daß ich nach diesem Kreuztragen als neu Gewandelter diese meine Lichtwelt wieder betreten werde und Dich dort treffe, Dich halten darf, Dich schauen, Dich lieben in alle Ewigkeit. So Gott es will.

Grüße alle, die an mich mit Teilnahme denken, und danke ihnen in meinem Namen!

D. T.

Aslan an Tonio

Wien, 15. November 1944.

M. g. E.

Dein Brief an die Mama ist nicht angekommen. Aber ich kann mir denken, wie schön er war. Mama fragt oft nach Dir, Deine matriarchalische Zuwendung [1], Liebster, ist aus dem Schmerz geboren. Wie soll man Männern glauben, die einen so martern! Freilich, Weiber sollen auch fürchterlich sein, wenn sie losgelassen sind. Ich glaube, nichts dürfte ausschließlich einem Geschlecht anvertraut sein. Erst in der gerechten Dosierung, in der naturgewollten Einteilung und vor allem im gegenseitigen Respekt für das jedem Zukommende, jedem Gehörige liegt die Wirkung. Aber ich freue mich immer, wenn Du die Frau in Deinem Leben suchst.

Das Propaganda-Ministerium hat eine gewisse Liste freigestellt, auf der auch ich stehe, hat uns aber alle an den Volkssturm freigegeben.

Die Angriffe auf Wien sollen Dich nicht aufregen. Uns ist bisher nichts geschehen. Was mich aufregt, ist nur die Angst um Dich. Wenn wir beide den Krieg nicht überleben, soll's mir aber auch recht sein. Ach, auch ich bin müde!

Kuß, Kuß
D. R.

[1] S. Tonios Brief vom 4. November 1944.

Aslan an Tonio

Wien, 15. November 1944.

M. g. E.

Eben mit Rundfunk gesprochen. Es ist durchaus möglich, daß ein offizielles Telegramm an Dich kommt, darin Du für zwei Tage nach Wien gebeten wirst. Dein Kommandant wird begreifen, daß incl. Reise mindestens vier bis fünf Tage nötig sind, und bewilligt sogar sechs Tage. Sollte das gelingen, würde ich versuchen, wenn ich rechtzeitig von Deinem Kommen verständigt werde, den Generalarzt Dr. Zimmer für Dich hier zu mobilisieren. Freilich, sehr riskant und fraglich, aber warum nicht? Wenn Dich der nun in den zwei Tagen untersuchen sollte, kann er, wenn er will, Deinen Urlaub beliebig verlängern! Das ist nun eine Chance. Vielleicht geht's. Sollte es aber nicht gehen, verzweifle nicht, Liebes! Laß mich allein verzweifeln, und vertraue Du auf Deine Jugend, Deine Kraft! Es wird schon gehen.

In Eile, Kuß, Kuß!
D. R.

Tonio an Aslan

M. i. g. R. Gutenfeld, 16. November 1944.

Wieder sitze ich in meiner Ecke zwischen Bett und Spind und schreibe auf meinen Knien. Morgen geht das Telegramm an Riemerschmied [1] ab. Absage. Während der Ausbildung, sagt der Kompagnie-Chef, gibt es nur bei einem Todesfall oder bei Total-Ausgebombtsein einen Urlaub. Wieder sinkt eine Hoffnung ins Wasser. Doch Dir immer wieder Dank für Dein immer erneutes Bemühen.

Die Nächte schlafe ich nur zu einem Drittel. Die beiden andern Drittel liege ich im Schutze der Dunkelheit mit offenen Augen. Der Atem von 20 mir fremden Männern umweht mich. Doch da im Dunkel habe ich so etwas wie mein Alleinsein. Die Tränen rinnen mir die Wangen herab, ich sinne, denke, bete, flehe. Dann kommen mir alle Leiden, die ich zu erdulden habe, wie Sühne für begangene Sünden vor, dann habe ich die besten Vorsätze zu neuem, reinem Leben.

Heute hatte ich einen überraschenden Festtag. Um $1/2$ 4 Uhr war Kirchgang der ganzen Kompagnie. Die Kirche, wie fast alle katholischen Kirchen, hat ihre Schönheit und ihren Zauber. Viele Blumen und viele echte Wachskerzen. Der Geistliche sprach uns von unseren Sünden frei, und so gingen wir zur Kommunion. Ich war sehr ergriffen. Doch eine Seligkeit kam über mich und hält auch den ganzen Abend an. Ich habe Dich und alle meine Lieben innigst in meine Bitten und Gebete eingeschlossen. Schöne Aufgabe, Licht zu werden und den andern zu leuchten! Wenn Gott mir das Leben läßt, will ich Christleuchte sein, das gelobe ich in der heurigen Adventzeit. Wenn Gott mich anzündet, will ich Kerze sein. Der Geistliche sagte heute, alles sei Gottes Wille. Aber Gottes Willen zu erkennen oder auch nur rein passiv hinzunehmen, muß eben in ständiger Demut geübt werden.

Morgen um 5 Uhr früh gehen wir auf den Schießplatz. Ich kann es immer noch nicht, und es gibt wieder eine Orgie des Lachens und Entsetzens bei meinen Vorgesetzten. Hohn und Beschimpfung ertrage ich noch eine Weile.

Das Reden meiner Kameraden klingt wie fernes Rauschen. Die Augen fallen mir zu.

Alles Liebe Dir von Herzen! Ich sinke um und auf den Strohsack. Ich umarme Dich!

Dein T.

---

[1] Werner Riemerschmied vom Wiener Rundfunk. Aslans Plan war also nicht gelungen.

Tonio an Aslan

Gutenfeld, 17. November 1944.

M. R.

Schnell vor dem Schlafengehen einen kurzen Gruß. Wieder ein Leidenstag zu Ende. In Nässe und Matsch. Es wurde geschossen, ich traf nichts, der Leutnant sagte, ich sei ein trauriger Soldat. Wenn er wüßte, was für ein Psychologe er war! Wie traurig ist meine Seele, zum Sterben traurig über all dieses Soldatenglück, das ich ehrenhalber mitmachen darf!

Du bangst so um mich! Du trägst meine Verzweiflung! Wodurch habe ich es verdient, Dich für mein Leben so zu finden, so zu halten? Im tiefsten Unglück fühle ich Dich stärker denn je. Ich will dir alle Liebe — wenn es mir vergönnt ist — einmal mit Zinseszinsen zurückgeben.

Ich küsse Dich tief und innig!

Dein, nur Dein Tonio

Aslan an Tonio

Wien, 18. November 1944.

M. g. E.

Heute vormittag telefonierte Dr. Riemerschmied, er habe von Dir ein Absagetelegramm erhalten: „Urlaub für Sendung nicht bewilligt!" Also ist auch das fehlgeschlagen. Das hat aber mit dem andern Unternehmen, das ich andeutete, nichts zu tun. Jetzt sollst Du diese letzten vier Wochen der Ausbildung gut überstehen. Dann sehen wir weiter!

In der Stadt liegen die Blindgänger und Zeitzünder nur so herum. Aber reg' Dich nicht auf, es wird alles wieder gut. Augenblicklich gibt es freilich weder Gas noch Spiritus noch sonst was.

Ich muß für den Amtsarzt vom Volkssturm so und soviele Zeugnisse beschaffen. Vielleicht kann ich mich drücken. Sonst — grotesk — muß ich auch drei Wochen Ausbildung mitmachen und werde kaserniert. Wie's geht, geht's. Wenn Du gemartert wirst, warum soll ich nix spüren? Bin ganz ruhig. Der Jammer hat am 1. September begonnen [1], und wann wird er zu Ende gehn? Nun, fast drei Monate wären überstanden.

Armes Metz, das ich so liebe! Was machst Du jetzt durch [2]!

Tausendmal

D. R.

[1] Beginn von Tonios militärischer Ausbildungszeit.
[2] Zerstörung von Metz.

Aslan an Tonio

Wien, 19. November 1944.

M. g. E.

Was wirst Du jetzt wohl gerade machen? An was denken? Ich bin wieder einmal in meiner Garderobe und schütze die Luft. Ein Gedenktag ist das heute. Von morgen an wird der Garderobe-Trakt des Burgtheaters nicht mehr geheizt. Bin heute vielleicht zum letztenmal in meiner Garderobe. In Zukunft werde ich in irgend einem Raum leben und übernachten [1]. Meine Garderobe werde ich nur mehr im Pelz besuchen und mir sagen: Hier hast du dies — und hier hast du jenes — und damals hast du so — und damals so — — —. Aber das alles will ich gerne in Kauf nehmen, wenn am Ende alles gut wird.

Der heutige Alarm ist auch gut vorbei.

Heute abends ist im Burgtheater Gerhart-Hauptmann-Rezitationsabend: Balser, Seidler, Caspar. Ich hör' mir's an und schreibe dann meinen Brief weiter.

Nach der Rezitation

Ich saß in Müthels Loge mit Grete Kainz [2]. Balser war gut, Seidler süß, innig, verweht, auf ironischem Hintergrund, Caspar sehr begabt und sympathisch. Gerhart Hauptmann ist doch ein großer, wirklicher Dichter. Daß es das gibt in dieser Welt.

Nächsten Samstag soll ein Grillparzer-Abend sein: Gusti Huber, Hermann Thimig und ich.

Gewiß sagen viele: Nun, das ist doch schön, daß man zwischen Alarmen und Jammer und Vernichtung auch Kunst hat. Ich sage: Alarm ist Alarm, Jammer ist Jammer, Vernichtung ist Vernichtung, und Kunst ist Kunst. Man kann nicht entschädigt werden, nicht eins fürs andere setzen, teilweise vergessen u. s. w. Bei mir geht alles parallel. Und alles verwandelt sich! Aus Alarmen werden Gerichtstrompeten, aus Jammer und Vernichtung steigt Erkenntnis und Läuterung, Kunst wird Sehnsucht, die unerfüllt bleibt und hart macht. Am Schluß steht das Gebet und das Schweigen.

Wie werde ich wohl in meiner Garderobe heute schlafen?

Die kommende Woche ist voll Arbeit, trotzdem ich ohne Beruf bin.

Was machst Du wohl jetzt, mein armes, liebes Kind? Kannst Du schlafen?

Schlaf' gut! Schlaf' gut! Stets

D. R.

[1] Wenn er im Burgtheater Luftschutzdienst hatte.
[2] Die Witwe des berühmten Schauspielers Josef Kainz.

Aslan an Tonio

Wien, 21. November 1944.

M. g. E.

Heute bin ich besonders deprimiert, nicht weil Zeljkos Geburtstag ist — das löst sich alles im Gebet auf — sondern weil ich heute die Nachricht erhielt, daß mein letztes Unternehmen Deinetwegen nicht gelang. Aber auch diese Depression wirft mich nicht um. Wahrscheinlich kommt was anderes, das besser ist. Sage mir nur die Daten, wie, was, wann, denn Deine Ausbildungszeit geht in zirka 14 Tagen zu Ende. Es wird doch irgend ein Übergang möglich sein zwischen Ausbildung und Front. Nun, in acht bis zehn Tagen wirst Du mehr wissen. Ich bin auch trotz meiner Depression ganz ruhig.

D. R.

Aslan an Tonio

Wien, 23. November 1944.

M. g. E.

Heute etwas ganz anderes! Ich habe den süßesten kleinen Barockschreibtisch gesehen und gleich mit Beschlag belegt, d. h., er wird mir eine Zeitlang reserviert. Ich möchte ihn fotografieren und Dir das Bild schicken. Wenn er Dir gefällt, ist die Sache gemacht. Er ist sehr klein, paßt aber herrlich in Dein Zimmerl. Er ist direkt hineinkomponiert. In einer größeren Wohnung bliebe er als Toilette-Tisch, und man könnte dann einen größeren kaufen. Was meinst Du dazu? Es ist zwar grotesk, von Bomben umtanzt, daran zu denken. Und doch! Warum nicht? Nichts ist auf Ewigkeit gegründet, was rein menschlich ist. Und warum sollst Du nicht 90 Jahre alt werden und dann noch als alte Barockpuppe an diesem Miniatur-Tischchen sitzen und Memoiren schreiben? Mir gefällt die Idee sehr. Also hoffe ich, schnell ein Bildl schicken zu können.

Hörst Du was von Urlaub? Wenn Du nicht kämest, käme ich mit Rosl zu Dir. Erni geht es nicht sehr gut.

D. R.

Tonio an Aslan

M. i. g. R.
Gutenfeld, 25. November 1944.

Ich sitze in einem kalten ungemütlichen Raum im Hotel Hirsch, wo wir Sonntag eine Veranstaltung machen. Wir wollen dort Probe halten. Ich soll Gedichte sprechen. Seit gestern bin ich dienstfrei.

Heute morgens war ich in der Kirche und habe meine Gedichte dort leise durchgesprochen. Meine Zuflucht sind Kirchen und Kapellen. Wenn es auch kalt ist, kann ich mich doch dort innigst freilassen. Es geht mir gut, Raoul, heute, schon seit gestern geht es mir gut! Bin sogar gebadet, habe frische Wäsche an, saubere, trockene Uniform und bin scheinbar frei, kann abends in ein gemütliches Restaurant essen gehen. Ich bin so dankbar für jeden menschlichen freien Moment.

Jetzt spielt unser Pianist aus der Pathétique, herrlich! Er spielt wirklich gut, ist vom Heidelberger Stadttheater. Er spielte zuerst einen Mozart, Variationen, entzückend! Mein Gott, Salzburg fällt mir ein — auch von Bomben heimgesucht!! Mozart, Beethoven, Chopin, Schumann! Ich höre, ich fühle bei diesen Klängen meine, Deine Welt, unser Leben!

Lieber Gott im Himmel, laß mich wieder zu meinem Raoul, laß mich wieder Mensch sein ohne Uniform!

Jetzt klingt eine Mazurka von Chopin auf. Ach, bin ich heute froh, sogar glücklich, das wollte ich Dir nur sagen. Und bei all diesen Klängen hab' ich nur eine tiefe Sehnsucht: Dich!

Adieu! Ich liebe Dich!

D. T.

Aslan an Tonio

M. g. E.
Wien, 25. November 1944.

Heute erst erfuhr ich im Spital die Wahrheit über die Erni. Es steht also nicht gut. Sie hat eine Arteriosklerose, die sich auf die Kranzgefäße um das Herz lagert. Das ergibt so etwas wie Angina pectoris, und da das Herz auch nicht voll aus- und einpumpt, entsteht auch Wasser. Dazu die Gelenksentzündung im Fuß. Kurz, mit guter Pflege, viel Ruhe und wenig Aufregung kann sie auch noch zehn Jahre leben. Aber es kann auch noch anders kommen. Du kannst Dir denden, daß mich das alles doch sehr beeindruckt. Was ist der Mensch?

Viele Sorgen und Gedanken gehen mir durch Kopf und Herz. Wenn Du Dir einen Gelenksrheumatismus einwirtschaftest durch Nässe u. s. w., könntest Du auch vorzeitig leidend werden. Mannigfache Betrachtungen erfüllen mein besorgtes Herz.

Ich soll von Prag einen Durchlaßschein fürs Protektorat erhalten. Solltest Du also keinen Urlaub bekommen, versuche ich, Dich mit Rosl zu besuchen. Ich sage gar nicht mehr, daß ich noch etwas versuche, es ist so dumm, immer dann sagen zu müssen: mißlungen.

Mich trösten nur Deine Briefe und Deine innere gnadenvolle Haltung. Das ist eben das Richtige, ob's nun angenehm ist oder nicht. Unendlicher Lohn winkt denen, die um der Gerechtigkeit willen leiden. An manchen Tagen sehe ich alles wieder voll Hoffnung, an manchen ist man deprimiert. Aber das ist ja ganz natürlich. Daß außerdem heute Grillparzer-Abend ist, daß die Bomben so zum täglichen Brot gehören, und andere Sächelchen, das nur nebenbei. Wenn Du gesund heraussteigst, soll alles gut sein.

Alle grüßen Dich herzlichst. Ich umarme Dich innigst.

D. R.

Tonio an Aslan

Gutenfeld, 26. November 1944.

Raoul!

Ich sitze wieder im kleinen Saal des Hotels Hirsch, wo heute mein Vortragsabend stattfindet. Der Saal ist geheizt, und eben haben wir fünf Wachskerzen am Flügel befestigt, die uns der Pfarrer der Gutenfelder Kirche gegeben hat. Wir sind seit 1 Uhr mittags hier, proben, schlafen, schreiben. Irgendwie noch ein bisserl Freizeit. Morgen beginnt gleich in der Frühe wieder schwerster Dienst: langer Gang zu waschen mit sämtlichen Aborten. Das ist halt einmal so: Heute literarisch und kammermusikalisch — morgen abortisch.

Am Tage von Zeljkos Geburtstag hast Du Deinen letzten Brief an mich geschrieben. Ob Zeljko um kommende Schicksalsgeschehnisse von uns weiß? Die Erkenntnis wird ihm ja dort im Licht zuteil geworden sein. Möge er drüben in Gnade stehen und viel Verzeihen für seine Irrtümer finden! Gnade, Güte, Verzeihen, wir brauchen sie alle. Vielleicht bittet er sogar für mich drüben. Ich halte das für absolut möglich, wenn er im wahren Lichte wandelt!!

Und dann Deine Mitteilung, daß Dein letztes für mich versuchtes Unternehmen gescheitert ist! Ich kann nichts dazu sagen, weil schweigendes Erdulden mir Aufgabe wurde.

Die Ausbildung dauert noch 14 Tage. Ich verständige Dich laufend. Es werden heiße 14 Tage werden. Hoffentlich ist dann ein Urlaub in Sicht! Einmal heißt es: ja, einmal: nein. Er wäre so notwendig als Brücke von einer Station in eine noch ärgere Station. Dich sehen, ist für mich notwendig, so notwendig wie Lebensatem.

Erni geht es nicht gut? Ich sorge mich sehr um sie. Sie wird doch nicht...! Ich denke viel an sie.

Dann das andere Kärtchen: bizarr — und doch so ganz Du. Ich habe herzlich gelacht, sicher hätte ich am kleinen Barockschreibtisch meine helle Freude. Man soll zwar so leben, daß einen der Tod nicht überraschen kann, aber der Glaube ans Leben ist auch wichtig. Und darum danke ich Dir, daß Du mich 90 Jahre alt werden lassen willst — und Memoiren schreibend! Auch ist das ein Bild von mir, das ich lieber sähe, als mich auf irgend einem Schlachtfeld als tapferen Soldaten meine Seele aushauchend. Ich habe nichts von einem Kriegshelden an mir.

Wie gut verstehe ich Dein Denken und Fühlen, Dein Leben, Deine Phantasie, Dein Mir-helfen-Wollen, Dein Mich-befreien-Wollen aus allen Qualen. Wie sollte es anders sein bei unserem Ineinander-Aufgehen, bei unserer Einheit!

Von Bomben spüre ich hier noch nichts. Doch habt Ihr alle, meine geliebten Menschen, in Wien jetzt zu tragen, und das macht mir die Sorge, die Angst um Euch. Ich möchte mehr Kreuz auf mich nehmen, um Euch Erleichterung in diesen schweren Tagen zu schaffen.

Eine leise Trauer kommt jedesmal über mich, wenn ich Dir im Brief Lebewohl sage. Kuß!

T.

Aslan an Tonio

Wien, 30. November 1944.

M. g. E.

Wie gerne wohnte ich im Hotel Hirsch! Wochenlang. Und hätte Euren Abend mitgemacht. Sage mir, bitte, was Du vortrugst und wie es gefiel! Wie schön, daß auch solche Momente dazwischen sind in einer so traurigen Periode! Wenn du das alles durchstehst und dabei nicht krank bist, soll's mir ja recht sein. Ich dachte, Du kämest doch ins Lazarett und könntest nach hier überstellt werden. Aber Du bist ein Mordskerl und — toi, toi, toi — nicht krank!

Also noch zirka 14 Tage. Innerhalb dieser Zeit werdet Ihr doch bestimmt wissen: wie, was, wann! Bitte, schreibe mir auf alle Fälle die Namen Deiner wichtigsten Vorgesetzten und des Kommandeurs! Es gibt merkwürdige Zusammenhänge. Ich will ja nur, daß Du in den Wehrkreis Wien 17 (?) hereinkommst, sonst nichts. Jetzt bist Du im Wehrkreis 13 (?). Vielleicht durch Austausch möglich. Das gibt's. Wird aber von Kommandeur zu Kommandeur gemacht.

Weiß nicht, ob Salzburger Abend verschoben werden kann und auf wann. Soll nicht mit Deinem Urlaub zusammenfallen.

Alle Probleme der Zeit, der Krisen, des Untergangs, des Lebens, der Geschichte können im betrachtenden Gebet gelöst werden. Ganz großes Geheimnis. Ja, wer das kann?!

Wenn Du damals am 24. August kühn und frech, ohne zu fragen, nach Wien gefahren wärest, wäre alles anders gekommen. Ist hinterher natürlich leicht zu sagen. Ich will nicht klagen. Hoffe nur, daß alles gut wird. Nur glaube ich nicht mehr, daß der Krieg zu Weihnachten aus ist. Vielleicht zu Ostern.

In herzlichster Umarmung stets

D. R.

Tonio an Aslan

Gutenfeld, 30. November 1944.

M. i. g. R.

Ich habe Hoffnung, einen Abstellurlaub zu kriegen. Nächste Woche soll Besichtigung sein. Dann ist wohl im Großen und Ganzen die Grundausbildung vorbei. Ich denke Tag und Nacht an diesen Urlaub. Was dahinter steht, ist mir nicht klar, weil ich nicht fähig bin, weiter zu denken. Dich will ich sehen, mit Dir sprechen. Dann soll der neue dunkle Abschnitt meines Lebens beginnen! Ob es wohl Auftakt zu neuem Leben ist?! Oder?!

Die Impfungen — ich habe seither fünf bekommen — scheinen mich vorläufig soweit gesund zu erhalten.

Wir sollen unseren Vortragsabend für die ganze Kompagnie in großem Rahmen als Abschluß unserer Ausbildungszeit wiederholen. Er hat großen Eindruck hinterlassen.

Jeder Tag, jede Stunde stellt neue große Anforderungen an meinen Überwindungswillen. Freizeit habe ich fast keine. Bis zum Schlafengehen beschäftigen sie uns.

Die Briefe an Dich muß ich schreiben, weil mir das tägliches Brot ist.
Die Erni grüße ganz besonders!

    Ganz bei Dir und innigst
          D. T.

Aslan an Tonio

         Wien, 3. Dezember 1944.
         Garderobe (Luftschutz)
 M. g. E.

Vor dem Schlafengehen will ich mit Dir plaudern.
Also heute abends habe ich nach langer Zeit gut gegessen. Bei Judith Holzmeister [1] (Kennst Du sie?), die jetzt mit Curd Jürgens sehr liiert ist. Ich bekam ausgezeichnete Beefsteaks, Kuchen, Türkischen.
Um 9 Uhr mußte ich wieder im Theater sein. Da hörte ich noch die Appassionata [2], von Panhofer gespielt, und den Guiskard (Kleist) [2], von Balser vorgetragen. Dann ging ich in meine Garderobe, und da sitze ich nun und plausche.
Hoffentlich erfahre ich bald, wann ich den verschobenen Abend in Salzburg terminieren kann. Es soll so eingeteilt sein, daß es mit Deinem Kommen nicht kollidiert!
Will recht innig für alles danken. Wenn auch nicht alle Blütenträume reiften [3], wenn ich auch in der Kunst und im Dienste Gottes ein recht durchschnittlicher (besonders im Dienste Gottes) Soldat geblieben bin, ich habe viel mehr, als ich verdiene. Und irgend etwas Besonderes muß ich wohl noch leisten. Das Bisherige war zu wenig. Denk' Dir, in fünf Tagen sind es drei Monate, daß ich nicht geraucht habe! Ist das das Besondere?
Gegen Weihnachten machen wir im Burgtheater „Hermann und Dorothea" mit verteilten Rollen [4].
Das wäre so im Großen und Ganzen das äußere Leben. Es ist nicht so unwichtig. Auch die kleinen Dinge haben eine Seele; klein sind sie ja nur losgelöst von den anderen Dingen, aber im Zusammenhang haben sie einen Sinn und sogar einen Rhythmus. Das beschäftigt mich immer. Stehen wir am Schluß eines Abschnitts oder am Anfang eines Kapitels? Du sowohl wie ich, wenn Du auch 20 Jahre jünger bist. In diesem Dilemma sitzt man gefangen und ist ratlos. Ich möchte so

gerne von vorne beginnen und alles besser machen. Wüßte ich aber, ich stehe am Schluß, dann doch erst recht das Werk krönen! Da hab' ich es allerdings eiliger als Du!

Gute Nacht, Liebes!

D. R.

[1] Burgschauspielerin, Tochter des berühmten Architekten Clemens Holzmeister, später Gattin von Curd Jürgens.
[2] Die Beethoven-Sonate und das Kleist-Fragment bildeten Bestandteile eines jener bunten Abende, wie sie das Burgtheater an Stelle von Vorstellungen damals veranstaltete.
[3] S. Goethes „Prometheus", den Aslan an seinen Vortragsabenden gerne sprach.
[4] S. Anmerkung 2.

Tonio an Aslan

Gutenfeld, 3. Dezember 1944.
(1. Advent-Sonntag)

M. i. g. R.

Der Vortragsabend hat meinem Kompagnie-Chef so gefallen, daß er um eine Wiederholung im Rahmen der ganzen Kompagnie bat. Sonntag den 10. d. M. soll das in einem großen Kinosaal stattfinden, anscheinend als Abschiedsabend für die Kompagnie gedacht. Ich werde zu meinem alten Programm noch aus dem „Don Carlos" und dem „Homburg" sprechen. Hoffentlich habe ich zur Vorbereitung wieder ein bis zwei Tage frei. Rudolph, der überhaupt klug und geschickt seine Barras-Zeit anpackt, war zwei Tage zu Hause (in Reichenberg), um Material zu holen [1]. Mir würden solche Züge nie gelingen.

Der General des XIII. A. K. Nürnberg ist General der Infanterie Weissenberger.

Daß ich noch gesund bin, ist ein Wunder. Von Mordskerl ist keine Rede! Ich bin eine arme, schwache, hilflose Kreatur, die Gott sogar oft um Krankheit bat. Aber seltsam und wundervoll ist jegliche Wandlung — Verwandlung. Ich erzähle Dir später, wenn ich Dich erst wiedersehe, vieles von diesem Wunderbaren. Ich gehe, marschiere (oft singend) ins Elend. Nichts hat das mit Gewöhnung zu tun. Man komme mir nicht damit! Nie gewöhne ich mich an dieses Marschieren, dieses Mißbrauchtwerden. Jede halbe Stunde ist eine neue Behauptung meiner Willensanstrengungen, meiner Bemühungen, das Leben ganz zu leben, in alle Tiefschmerzen hinabzusteigen, sie zu fühlen bis zur Verzweiflung — und doch nicht zu verzweifeln, sondern zu lernen, zu staunen, zu begreifen, geformt zu werden!! O größtes Wunder aller Wunder: die Menschwerdung, die seelische Menschwerdung!

Wir haben uns in die Stube einen Riesen-Adventkranz gehängt. Die Zweige brachten wir uns aus dem Wald mit heim. Die Zeit des Licht-Anzündens ist da. Wie herrlich ist das! Weihnacht, tiefe Bedeutung, Licht kam in die Welt. Auch heute schauen wir alle, warten wir alle auf das Licht. Mehr als sonst blickt die ganze Menschheit in blinder Suche nach einem Licht aus. Ich könnte es ihnen sagen, wo sie es finden, auf daß es ihnen in alle Dunkelheiten hineinscheine. Mir leuchtet Licht in die Finsternis!!

Mit dem morgigen Montag beginnt die letzte Ausbildungswoche. Ich hoffe, nach der Besichtigung Dir eine bestimmtere Zeit angeben zu können, ob und wann ich ev. auf Urlaub fahren kann. Ich rechne so damit. Er wäre unfaßbares Geschehen, wenn ich gleich an die Front müßte.

Wenn die Ney bei Deinem Salzburger Abend erscheinen sollte, sei nett zu ihr! Ich schrieb ihr, mein Gedanke ist, Euch beide an einem gemeinsamen Abend einmal wirken zu sehen. Das ist so ein Wunsch von mir, Euch beide an einem Abend als künstlerische Höhepunkte zu erleben.

Wenn der Krieg noch bis Ostern dauern sollte, sind noch viele harte Proben für mich zu bestehen. Aber sterben will ich noch nicht.

Wie geht's der Erni [2]? Bleib' Du mir nur gesund und schau' auf Dich!

Ich warte mit jeder Sekunde meines Atmens auf unser Wiedersehn.

Innigst

D. T.

[1] Zum Vortrag.
[2] Diese treue Freundin Aslans und Tonios starb im darauffolgenden März im Spital in Anwesenheit beider Freunde.

Aslan an Tonio

Wien, 5. Dezember 1944.

M. g. E.

In Deinem letzten Brief stellst Du einen Abstellurlaub in Aussicht für zirka Mitte Dezember. Ich will mich daran klammern und abwarten.

Bin neugierig, was Du beim Vortragsabend gesprochen hast.

Daß Du gesund bist, ist herrlich — einerseits. Anderseits — wäre Lazarett besser. Alle Kollegen, die irgendwie entschlüpft sind, sind eben nicht k. v. [1]. Das ist's.

Die letzten Alarme sind für uns alle gut ausgegangen, Gott sei Dank!

Wie eh' und je innigst bei Dir!

D. R.

[1] Kriegsverwendungsfähig.

Tonio an Aslan

Gutenfeld, 5. Dezember 1944.

M. i. g. R.

Es ist 1 Uhr nachts. Meine erste Kasernenwache. Alle zwei Stunden muß ich das Kasernenbereich abgehen. Der Tagesdienst begann um 5 Uhr früh. Die Müdigkeit, die Nässe, das Weh in allen Gliedern zieht, zerrt und reißt nur so an mir. Ich bin um viele Jahre älter geworden, seit ich das graue Soldaten-Ehrenkleid angezogen habe.

Heute mittags kam aus einem Prager Lazarett die Nachricht vom armen Hans Schmidt [1]. Ein Granatsplitter hat ihm den Mund aufgerissen und die halbe Nase weggerissen. Er hofft auf die Kunst der Ärzte. Ich bin voll tiefen Mitfühlens im Geiste bei ihm.

Gestern war Vorbesichtigung einer großen Übung. Wir warten alle hier auf einen bestimmten Bescheid, was mit uns in der nächsten Zukunft geschehen soll. Keiner weiß etwas Positives. Alles Vermutungen, ein Rätselraten. Wie ich auf Urlaub warte, hoffe, brauche ich Dir erst gar nicht zu sagen. Vielleicht aber werden wir dringend vorne an der Front gebraucht. Ohne Euch alle noch einmal gesehen und umarmt zu haben, erscheint mir das Hinausgehen unfaßbar schwer. Es muß doch ein Abschiednehmen — ev. auf immer — geben!

Vorigen Sonntag hatten wir einen Kameradschaftsabend. Ich wurde dauernd gebeten, etwas vorzutragen, weigerte mich aber, da ich ja nichts Lustiges, Unterhaltendes zu sagen hatte. (Ich bin halt ein trauriger Soldat!) Am Abend selbst aber bettelte man immer wieder, und so sang ich (zum ersten Mal), gewissermaßen als Chansonnier drei Wiener Lieder. Ich fand es schlecht, doch der Applaus war so stark; und so hätte ich auch das versucht.

Der Schlaf und die Müdigkeit sind grenzenlos. In einer Stunde kann ich mich, angezogen, wie ich bin, auf eine Holzpritsche legen. Morgen früh geht gleich das Schanzen los. Meine Hände wirst Du nicht mehr erkennen.

Ach, armer Schmidt! Wenn ich nach Wien Urlaub bekomme, besuche ich ihn in Prag. Ich glaube, er hat nach Prag ins Lazarett gebeten, um mir näher zu sein.

So geht das Leben seinen Gang. Unbegreiflicherweise geht es weiter. Nicht zu fassendes, entsetzliches Geschehen wird Alltag. So sage ich am Ende, immer demütiger werdend: Herrgott, Dein Wille geschehe, ja, ja, ja, und immer wieder ja — auch im Elend — ja!

Ich umarme Dich!
T.

[1] Hans Schmidt, Freund Tonios aus der Metzer Zeit, später Sekretär Aslans.

Aslan an Tonio

Wien, 7. Dezember 1944.

M. g. E.

Heute kam Dein „Testament" [1]. Ich habe es unter heißen Tränen gelesen. Aber oft während des Lesens habe ich auch irgendwie gelächelt und den Kopf geschüttelt. Das bin doch nicht ich, der da erhoben wird zum Range eines Genius. Das ist rührend, aber doch nicht wahr. Nur in Deiner schönen Phantasie ist das so, wie ich etwa glaube, daß Du was Heiliges an Dir hast, und mich vielleicht doch darin selbst täusche. Oder vielmehr ist es so, daß die Maße sich vergrößern durch das Prisma der Liebe. Etwas wird schon dran sein bei Dir und bei mir! Aber wie ist es wirklich, und wie sehen wir es? Also, ich für meinen Teil achte mich nicht für bedeutend. Bedeutend ist ein Dichter wie Claudel oder Verlaine, Homer oder Shakespeare, bedeutend sind gewisse Maler, Bildhauer, Architekten, Musiker und von Schauspielern etwa die, deren Ruf die ganze Welt erfüllt. Ich bin ein Schauspieler, der in Graz, Stuttgart und Wien außerordentlich beliebt war, fürs Burgtheater einige Bedeutung hat — und Schluß. Als Mensch liegt mein Besonderes in meinem ungewöhnlichen Intuitionsleben für jede Kunst und in meiner echten Sehnsucht nach Heiligkeit. Charaktermäßig bin ich ein sehr guter Freund und seit 13 Jahren wirklich liebend, in dieser Liebe wachsend und durch diese Liebe wachsend. Ist das so bedeutend? Aber, bitte, bleib' dabei! Es ist so wunderschön. Ich möchte nichts vermissen. Wenn ich nur die Sicherheit hätte, daß nichts, aber auch gar nichts mich in Deinen Augen herabsetzen könnte und ich immer so ein gottgleiches Leben führen kann in Deiner Seele! Ich hab' Angst, Du könntest plötzlich zu träumen aufhören, und ich bin dann einer, der halt auch eine Enttäuschung ist. Aber das kann ja nicht sein. Darüber wacht schon das Engerl.

Komm' bald! Ich bin voller Sehnsucht.

D. R.

[1] S. Tonios „Testament", das wir an den Anfang des Briefwechsels setzten. Damit schließt sich der Kreis. Tonio kam nicht an die Front, sondern fuhr bei Antritt seines Abstellurlaubes nach Wien, wo es gelang, ihn bis Kriegsende in einem Lazarett festzuhalten. Über die ferneren Ereignisse s. Einleitung.

ABBILDUNGEN

Abb. 1: Marquis Posa, 1926

Abb. 2: Gyges, 1920

Abb. 3: Orestes, 1923

Abb. 4: Coriolanus, 1922

Abb. 5: Todesengel, 1921

Abb. 6: Mephisto, 1932

Abb. 7: Mephisto, 1955

Abb. 8: Tasso, 1932 (mit Else Wohlgemuth)

Abb. 9: Bruder Lorenzo, 1925

Abb. 10: Chevalier Dumont, 1935

Abb. 11: Der alte Klingsberg, 1942

Abb. 12: Nathan, 1945

Abb. 13: Othello, 1935

Abb. 14: Philipp II., 1938

Abb. 15: Teiresias, 1940

Abb. 16: Tonio Riedl, 1931

Abb. 17: Fabrizius, 1941

Abb. 18: Jakob Dorn, 1942

Abb. 19: Carlos, 1942

Abb. 20: Prinz von Homburg, 1943

Abb. 21: Bruder Martin, 1936

Abb. 22: Romeo, 1944

Abb. 23: Louis Ferdinand, 1942

Abb. 24: Jason (mit Paula Nova), 1943

Abb. 25: Eugen Marchbanks (mit Dagny Servas als Candida), 1943

Abb. 26: Hansl, 1943

Abb. 27: Konditorgeselle Pepuschka, 1943

Abb. 28: Sommer in Salzburg, 1951

Abb. 29: Sommer, 1942

Abb. 30: Wien, 1937

Abb. 31: Wien, 1955

Abb. 32: Raoul Aslan im „Engelszimmer", 1955

Abb. 33: In der Wiener Wohnung, 1955

Abb. 34: Rondiris Dimitri, Athen, 1933